논어

상

공자 지음
박삼수 옮김

논어

쉽고 바르게 읽는 고전

상   論語 上

ㅎ 문예출판사

일러두기

1. 이 책의 『논어』 역해譯解는 고금古今의 통행본을 두루 참고하여 최대한 공자와 『논어』의 철학 사상에 부합토록 '쉽고 바르게' 하고자 했다. 또한 그 과정에서 발견된 국내의 기존 역해에 존재하는 오류와 왜곡은 새롭게 바로잡았으며, 그 근거를 일일이 '주석'과 '해설'을 통해 제시하고 설명함으로써 학문적 신뢰를 높였다.

2. 이 책의 역해와 편집은 한문에 관심과 조예가 있는 독자는 물론, 어려운 한문은 피하고 한글 위주로 읽고 이해하려는 독자도 아울러 염두에 둔 것이다.

3. 각 편篇은 먼저 첫머리에 편별篇別 대의大意 내지 요지를 개괄 설명했다. 그리고 각 장章의 역해는 한글 역문譯文을 정점으로 그 바로 아래에 한문 원문을 배치해, 한글 역문 위주로 읽거나 역문과 원문을 대조해 읽기에 두루 편리하도록 했다. 또한 원문에는 일일이 독음 (두음법칙 적용)을 달아 한자 학습에 편리를 도모했고, 필요한 경우 '주석'을 달아 원문 자구字句에 대한 이해를 도왔다. 또한 장마다 '해설'을 덧붙여 공자와 『논어』의 철학 사상에 대한 보다 심층적인 이해와 사색에 도움이 되게 했다.

4. 한문 원문의 번역은 충실한 축어역逐語譯, 즉 직역을 원칙으로 하여 독자의 한문 문리文理 터득에 도움이 되고자 했다. 다만 우리말 문맥의 자연스러움을 높이기 위해 적절히 신축성을 가미해 원문에 함축된 의미나 행간에 숨은 뜻을 드러내거나, 우리말 표현에 가능한 한 현대적 감각을 살리기도 했다.

5. 공자를 비롯한 여러 사람의 어록語錄인 『논어』는 모두 20편으로 구성되었으며, 각 편은 적게는 1장(이런 경우에는 다시 여러 절節로 나뉨)에서 많게는 40여 장으로 나뉘는 마디마디의 말들로 엮어져 있다. 이 책에서는 편의상 '편'·'장'·'절'의 표시를 '2-5'나 '20-1-2'와 같이 표기했는데, 전자는 '제2편 제5장' 즉 「위정편」 제5장이라는 말이고, 후자는 '제20편 제1장 제2절' 즉 「요왈편」 제1장 제2절이라는 말이다.

6. 책의 '머리말' 가운데 「공자와 『논어』」는 역자가 지은 『논어』 해설서인 『논어 읽기』(세창미디어, 2013)에서 발췌 요약한 내용이다.

7. 이 책의 주요 '참고 문헌'은 권말卷末에 열거했는데, 책의 서술 과정에 필요한 경우 문맥에 따라 참고 문헌의 저작자 이름을 밝히거나 해당 도서명을 밝혔다. 다만 전자의 경우에는 가능한 한 해당 도서명은 생략하고(단, 주자의 경우는 『논어집주』는 생략하고, 『사서혹문』 등 다른 도서는 밝힘), 후자의 경우는 가능한 한 권말 '참고 문헌'에 함께 열거한 해당 도서의 약칭으로 밝혔다.

머리말

사람을 사랑하는 마음이 넘치는 아름다운 세상을 꿈꾸며

'춘추전국春秋戰國시대!' 주지하다시피 역사상 유례가 없는 난세亂世로 알려진 시대이다. 공자孔子는 지금으로부터 2,500년 전, 정치·사회적 혼란이 날로 가속화하던 춘추시대 말엽을 살았다. 예나 지금이나 혼란한 사회에서 그 누구보다도 힘든 삶을 살 수밖에 없는 사람은 두말할 나위 없이 일반 백성들, 서민들이다. 당시 남달리 거룩하고 슬기로운 덕성과 의식을 가졌던 공자는, 같은 시대의 노자老子가 그랬듯이 현실 사회에 대한 불만과 우려가 깊었고, 도탄에서 허덕이는 민중들을 안타까이 바라보며 구세救世의 일념을 불태웠다. '인仁'을 핵심으로 하는 공자의 사상은 바로 그 당시 구세를 위한 최상의 방안으로 창시된 것이다.

공자가 말하는 '인'은 한마디로 '애인愛人'(12-22. 이는 『논어』 제12편 제22장'이라는 말이며, 이하 같은 방식으로 출처를 밝힘), 즉 사람을 사랑하는 것이다. 천명天命과 귀신 관념이 팽배했던 당시에 공자는 오히려 인간이 얼마나 존귀한 존재인가를 깊이 인식했고, 그 때문에 사람을, 그것도 당시로서는 제대로 '사람 취급'도 받지 못한 일반 민중을 포함한 모든 사람을 사랑하라고 역설했다. 이 같은 인본人本 내지 민본民本 관념에 기초해 건립된 공자의 '인' 사상은 동서양을 통틀어서 시원적 의의를 띤 휴머니즘의 전형을 보여준다. 더욱이 인류 사회에는 오늘날까지도 휴머니즘에 반하는 의식과 행동들이 넘쳐나고 있음을 감안할 때, 공자가 주창한 '인' 사상의 진보적 의의를 어찌 말로 다할 수 있겠는가?

공자의 원대한 그리고 숭고한 이상은 바로 온 세상에 인정仁政 덕치德治를 시행해 "백성들에게 널리 은혜를 베풀고, 또한 능히 민중을 환난에서 구제하는〔博施於民, 而能濟衆〕"(6-28) 것이다. 성인 공자는 그야말로 '사람을 사랑하는 마음이 넘치는 아름다운 세상을 꿈꾸었다.' 하지만 안타깝게도 그 꿈은 아직 실현되지 못하고 있다. 우리 모두가 같은 꿈을 꾸며 그 실현에 매진해야 하리라.

공자와 『논어』

1. 공자와 『논어』의 시대적 배경

공자가 산 시대는 춘추시대 말이고, 『논어論語』가 최종적으로 편찬된 시대는 전국시대 초인데, 이는 모두 주周나라(기원전 11세기~기원전 221년)의 특정한 시기를 일컫는다.

주나라는, 은殷나라 말 서백西伯(서방 뭇 제후의 우두머리) 희창姬昌이 죽은 후 그 제위를 계승한 아들 희발姬發이 폭군 은 주왕紂王을 토벌하고 세운 왕조이다. 희창이 곧 주 문왕文王이요, 희발은 곧 주 무왕武王이다. 얼마 후 무왕은 병사하고 아들 희송姬誦이 즉위하니, 그가 주 성왕成王이다. 성왕은 아직 나이가 어렸으므로 숙부인 희단姬旦 주공周公이 섭정했다.

주공은 건국 초기의 불안한 정국을 안정시켰을 뿐만 아니라, 예악禮樂 제도를 제정 확립함으로써 국가의 통치 기반을 마련했다. 그리하여 주 왕조 초기, 왕실은 제후국에 대해 절대적인 통치권을 행사하며 나라를 번영과 창성으로 이끌었다.

하지만 우매하고 잔학한 여왕厲王과 유왕幽王의 통치가 이어지면서 주나라는 점차 쇠락의 길을 걸었다. 평왕平王에 이르러서는 견융犬戎의 침입을 피해 도성 호경鎬京을 버리고 낙읍洛邑으로 천도했다. 호경은 서쪽, 낙읍은 동쪽에 위치했으므로, 역사에서는 주나라가 호경에 도읍한 시기를 서주西周, 낙읍으로 천도한 이후를 동주東周라고 일컫는다. 동주는 다시 춘추시대(기원전 770년~기원전 476년)와 전국시대(기원전 475년~기원전 221년)로 나뉘는데, 이 두 시기는 전통적 예악 제도가 붕괴되고 사회질서와 도덕규범의 혼란이 극에 달한, 그야말로 전무후무한 난세였다.

평왕 이후 주 왕실은 지난날의 권위와 위신이 땅에 떨어지고, 왕명王命도 완전히 힘을 잃었다. 제후들은 세력을 확대하기 위해 겸병兼倂을 일삼았고, 약육강식의 전쟁은 하루도 끊일 날이 없었다. 이런 혼란의 와중에 도탄에 빠진 백성들의 삶은 이루 말로 형용할 수 없을 정도였다. 또한 적잖은 귀족들이 평민으로 전락해 민간으로 흘러들면서 교양과 학문을 갖춘 재야在野 인사 계층을 형성했다. 그들은 공전空前

의 난세를 살며 사회 현실에 강한 우려와 불만 그리고 깊은 관심을 함께 가지며, 세상과 백성을 구제하기 위한 나름의 방책을 내놓기 시작했다. 현대 중국의 대표적 문학가이자 사상가인 후스胡適(1891~1962)는 당시의 사회 현실에 대한 지식인들의 대응을 세 가지 유형으로 요약했다. 첫째, 극단적 파괴파破壞派. 일체의 문물제도를 폐지하고 극단적 방임과 무위無爲의 정책을 펼 것을 주장한 노자 같은 인물이 이에 해당한다. 둘째, 극단적 염세파厭世派. 부패하기 그지없는 정치 현실을 목도하면서 낙담하고 절망한 나머지, 이름을 감추고 은거해 기꺼이 최하등의 삶을 살며 세상사에는 일체 간여하지 않은 장저長沮와 걸닉桀溺 같은 인물이 이에 해당한다. 셋째, 적극적 구세파救世派. 공자가 바로 이에 해당한다. 앞의 두 파를 모두 반대한 공자는, 서주의 예악제도를 회복해야 한다는 관점에서, '인'을 핵심으로 한 사상을 창시해 현실 사회의 갖가지 모순과 갈등이 해소되고 천하가 잘 다스려져 백성들이 편안히 살 수 있도록 하기 위해 갖은 애를 다 썼다.

2. 공자의 생애 사적

공자(기원전 551년~기원전 479년)는 중국 춘추시대 말엽 노魯나라 추읍陬邑(지금의 산동성 곡부曲阜) 사람이다. 유가 학파를 창시한 위대한 사상가이자 교육가이며, 후세에는 인류 역사상 동서고금에 가장 으뜸가는 사대성인四大聖人의 한 사람으로 존숭받고 있다.

공자의 선조先祖는 은나라 왕족의 후예로, 본시 송宋나라의 귀족이었으나 정변政變의 소용돌이 속에 노나라로 망명해 정착하면서 평민으로 전락했다.

공자의 아버지 숙량흘叔梁紇('숙량'은 자, '흘'은 이름)은 노나라의 이름난 무사武士로, 추읍의 대부大夫를 지냈다. 본부인이 딸 아홉을 낳았으나 아들이 없었고, 첩실妾室은 아들 맹피孟皮(자는 백니伯尼)를 낳았으나 불구자였다. 이에 숙량흘은 건강한 후사를 얻기 위해 일흔이 다 된 나이에 스무 살도 안 된 소첩少妾 안징재安徵在를 다시 맞아들였다. 그들이 이구산尼丘山에서 천지신명께 기도를 드려 얻은 아들이 바로 공자이다. 그리하여 공자의 이름을 '구丘', 자를 '중니仲尼'라고 했다고 한다. 일설에는 공자가 태어날 때 정수리 부분이 움푹 들어가 있었기 때문에 이름을 '구'(언덕·구릉을 뜻함)라고 했다고 한다.

공자는 세 살 때 아버지를 여의고, 홀어머니와 함께 빈천하고 곤고困苦하기 그지없는 삶을 살았다. 한데 노나라는 본디 주공의 봉지封地로, 서주의 예악 제도가 아주 잘 보존 시행되어온 곳이었다. 이런 노나라의 문화 전통과 학문 풍토가 궁극적으로 공자의 학술 사상의 형성에 적잖은 영향을 미친 것으로 보인다.

열일곱 살 때 어머니마저 세상을 떠나고, 공자는 의지할 곳 하나 없이 홀로 어렵게 생계를 꾸려나가며 온갖 궂은일도 마다하지 않았다. 열아홉 살 때는 송나라 기관씨丌官氏와 결혼했고, 이듬해 아들 공리孔鯉를 낳았다. 공자는 생계를 잇기 위해 어려서부터 남의 혼례나 장례를 돕는 일을 하고, 수레를 몰거나 나팔수나 고수鼓手를 하기도 했다. 또 노나라 대부 계씨가季氏家의 위리委吏(창고 관리원), 승전乘田(목장 관리원) 같은 낮은 벼슬도 했다.

공자는 어려서부터 가난하고 고생스런 삶 속에서도 누구보다 호학好學, 즉 배우기를 좋아했다. 열다섯 어린 나이에 이미 정식으로 학문에 뜻을 두고, 더욱 분발 정진해 점차 박학다식하고 예악에 정통해 갔다. 공자의 젊은 시절은 그야말로 일하며 공부하는 각고의 나날이 었다. 자발적이고 즐거운 면학으로 상당한 학문적 성취가 있은 이후, 공자는 대략 서른 살을 전후해 가르침을 구하는 제자들을 받아들이면서 사학私學(사립학교)을 열기에 이르렀다. 그렇게 여러 해 교육에 헌신하며 수많은 제자를 배출한 공자는 학자이자 명사名士로서 명망과 위상이 날로 높아졌다.

공자는 쉰한 살 때 노 정공定公의 부름을 받아 중도재中都宰(국도國都의 장관)에 오르면서 비로소 정치에 참여했다. 첫 출사出仕에서 크게 선정을 베풀며 다방면에 두드러진 치적을 낸 공자는, 이듬해에 소사공小司空(건설부 차관)을 거쳐 대사구大司寇(사법부 장관)로 승진하면서 대부의 반열에 올랐고, 다시 얼마 후에는 재상을 겸임했다. 대략 3년간 대사구로 있으면서 공자가 이룩한 내정과 외교에 걸친 탁월한 정치적 업적은 노나라를 안정과 번영으로 이끌었다.

하지만 공자의 집정執政은 결국 왕권을 위협하며 전횡을 일삼던 세도가들의 이익을 침해했고, 급기야 공자와 세도가 계씨 사이의 대립과 갈등을 야기했다. 또한 날로 부강해져가는 노나라를 바라보며, 이웃 나라 위정자들이 두려움을 느끼기 시작했다. 위기감에 휩싸인 간교한 무리들은 비열한 술책을 부렸고, 그에 현혹된 노나라 임금과 신하들은 성색聲色에 빠져 정사政事는 거들떠보지도 않으면서 서로 의기투합해 공자를 멀리했다. 이에 공자는 처음에 벼슬길에 오르며 꿈꿨던 이상 정치의 실현이 요원해졌음을 직감했다.

노 정공 13년(기원전 497년), 쉰다섯 살의 공자는 제자들을 대동하고 고국 노나라를 떠나 주유열국周遊列國의 장도에 올랐다. 그것은 여러 나라 군주들을 설득해 어떻게든 당신의 정치적 이상을 실현하고픈 열정으로 내딛은 새 희망의 거보巨步였다. 이후 공자는 14년간 위衛, 조曹, 송, 진陳, 정鄭, 채蔡, 초楚 등 여러 나라를 두루 돌아다녔는데, 나라에 따라 상빈上賓으로 예우하기도 하고 냉담하거나 무덤덤한 태도를 보이기도 했다. 하지만 어느 한 나라도 공자를 중용해 그 정치적 주장을 시행하려고 하지는 않았다.

노 애공哀公 11년(기원전 484년), 예순여덟 살의 공자는 노나라 집정자 계강자季康子의 요청에 응해 고국으로 돌아옴으로써 길고 긴 방랑 생활을 마감했다. 노나라는 공자를 국로國老(퇴임한 공경대부에 대한 존칭으로, 곧 국가의 원로를 일컬음)로 예우하며 국사를 자문하기도 했으나, 결코 공자의 견해를 적극적으로 채택하지는 않았다. 이 시기 공자는 정치에 대한 관심은 여전했으나, 참정에 대한 열정은 이전 같지 않았다. 반면 이제껏 계속해온 제자 교육에 더욱 심혈을 기울였으며, 아울러 고대 문헌 연구와 정리에 몰두했다. 대개 『시詩』, 『서書』, 『역易』, 『예禮』, 『악樂』, 『춘추春秋』 육경六經은 모두 공자가 정리하거나 편찬함으로써 경전으로서의 고전적 의미와 가치를 한껏 제고했다고 평가된다.

공자는 노년에야 비로소 비교적 평온한 생활을 하게 되었으나, 불행하게도 그즈음 부인과 아들 그리고 제자 안회顏回와 자로子路를 잇달아 앞세운 비통함에 몸을 가누기조차 힘들어했다. 그리고 주 경왕敬王 41년·노 애공 16년(기원전 479년) 4월, 공자는 천하에 성군聖君이 없는 데 대한 아쉬움과 이상 실현에 대한 미련을 간직한 채 향년 73세를 일기로 세상을 떠났다.

수많은 제자들이 3년간 시묘侍墓했으며, 특히 자공子貢은 6년간 시묘했다. 또한 일부 제자들과 노나라 사람들은 불세출의 성자聖者 공자를 추모해 아예 그 무덤 근처로 거처를 옮겨 집을 짓고 살며, 훗날 '공리孔里'라고 불린 마을을 이루었다고 한다.

3. 『논어』는 어떤 책인가?

『논어』는 공자의 언행言行을 위주로 하면서 몇몇 제자들의 언행을 함께 기록한 어록체語錄體 저술로, 공자의 사상과 지혜를 집중적으로 보존한 만세불후의 유가儒家 경전이다. 공자의 언론과 행적은 『논어』외에도 『예기禮記』, 『춘추좌씨전春秋左氏傳』, 『순자荀子』, 『사기史記』 등 여러 전적典籍에 두루 기록되어 전하지만, 뭐니 뭐니 해도 『논어』의 기록이 가장 알차고 믿을 만하다. 다만 『논어』는 공자가 직접 저술한 것이 아니라, 공자의 제자와 제자의 제자들이 공동 편찬한 것이다. 『한서漢書』 「예문지藝文志」의 설명에 따르면, 『논어』는 공자가 제자나 당시 사람들의 질문에 응답한 말과 제자들이 서로 주고받은 말, 또 제자들이 스승 공자에게 들은 말을 기록한 것이다. 당시 제자들은 각자 관련 기록들을 가지고 있다가, 공자께서 돌아가신 뒤에 함께 수집해 논찬論纂했으며, 그래서 『논어』라고 이름했다고 한다. 아무튼 『논어』는 공문孔門의 여러 제자들이 상당한 기간에 걸쳐 편찬한 책으로, 대략 공자 사후死後 70여 년이 지난 기원전 400년 전후, 즉 전국시대 초엽에 이르러 증자曾子의 문인들이 가장 나중에 완성한 것으로 추정된다.

유가는 본시 선진先秦 제자백가의 일파로서 결코 우월한 지위에 있지 않았으며, 오히려 진시황秦始皇이 자행한 분서갱유焚書坑儒로 인해 치명적인 타격을 입었을 뿐이다. 하지만 한漢 무제武帝가 백가百家를 배척하고 오직 유가만을 존숭하면서 유가는 정통의 지위에 올랐고, 유학은 국가의 통치 이념으로 자리를 잡았다. 이 같은 분위기에서『논어』의 가치와 지위는 날로 높아졌으며, 조정에 '박사博士'를 두어『논어』를 전문적으로 연구하고 전수하게 했다.

『논어』는 분서갱유 같은 절체절명의 위기와 수많은 전란을 겪으면서도, 한대 초·중엽까지 옛 노나라 지역의 학자들이 구술해 전한『노논어魯論語』와 옛 제나라 지역 학자들이 구술해 전한『제논어齊論語』, 한 경제景帝 때 공자의 고택古宅 벽 속에서 발견된『고논어古論語』등 세 종류의 판본이 전해졌다. 그리하여 경학대가經學大家 정현鄭玄(127~200)이『논어주論語注』를 편찬하는 등 여러 종의『논어』주석본이 나왔지만, 아쉽게도 한대의 연구 성과는 현재 제대로 전하는 것이 없다.

현존하는 최고最古의 완정完整한『논어』주석본은 위대魏代 하안何晏 등이 편찬한『논어집해論語集解』로, 정현의 주석본을 기본으로 하면서 공안국孔安國·포함包咸·주위周威·마융馬融·진군陳群·왕숙王肅·주생열周生烈 등 한·위대 여러 명가名家의 고주古注를 집대성했다.

이후 양대梁代 황간皇侃(488~545)의『논어집해의소論語集解義疏』(약칭『논어의소』), 북송北宋 형병邢昺(932~1010)의『논어주소論語注疏』(『논어주소해경論語注疏解經』이나『논어정의論語正義』라고도 함), 남송南宋 주희朱熹(1130~1200), 즉 주자朱子의『논어집주論語集註』, 청대淸代 유보남劉寶楠(1791~1855)의『논어정의論語正義』, 또 근대 양쑤다楊樹達(1855~1956)의『논어소증論語疏證』, 청쑤드어程樹德(1877~1944)의『논어집석論語集釋』,

양보어쥔楊伯峻(1909~1990)의『논어역주論語譯注』등이 속속 세상에 나왔는데, 이는 모두 후세의『논어』풀이를 이끈 중요한 참고서들이다. 그 가운데 예로부터 우리나라의 논어 풀이에 가장 큰 영향을 준 것은 주자의『집주』이며, 조선시대 다산茶山 정약용丁若鏞의『논어고금주論語古今註』는 우리나라 역대『논어』주석서 가운데 가장 대표적이다.

4.『논어』를 통해 본 공자의 사상

공자의 시대는 전통적 예악이 붕괴되고 도덕이 문란해지면서 정치·사회적 혼란과 불안이 가중된, 그야말로 천하무도天下無道의 난세였다. 이에 공자는 '어떻게 하면 정치·사회적 개혁을 이루어 세상 사람들을 불행과 고통에서 구할 수 있을까?' 하는 고민이 깊어졌는데, 공자의 사상은 바로 그 같은 고민에서 싹텄다.

(1) 공자 사상의 핵심 그리고 3대大 요소

『논어』를 탐독하노라면 전편을 관통하는 내재적 사상을 감지하게 되는데, 공자 사상의 핵심은 바로 '인仁'이다.『논어』의 사상 체계는 '인'을 중심으로 전개 구성된 것이며, 공자의 모든 언론은 '인'에 대한 천명闡明과 부연敷衍이라고 할 수 있다. 또한 '인'은 다시 그 표현 형식으로서의 '예禮', 그리고 그 표현 방법으로서의 '중용中庸'과 밀접히 결합되어 있다. 이 세 가지는 곧 공자 사상의 골간을 이루는 3대 요소이다.

인: 공자가 주창한 '인'의 함의는 무엇일까? 간명하면서도 개괄적인 언급이지만, '인'은 한마디로 사람을 사랑하는 것이다. 이는 '인'이 무엇인지를 묻는 제자 번지樊遲에게 공자가 직접 설명한 것으로, '인'에

대한 가장 본질적인 풀이요, 핵심적인 정의다.

이른바 사람을 사랑한다는 것은 곧 '충忠'과 '서恕'의 자세로 처신·처사함을 말한다. 주자의 설명에 따르면, '충'은 '진기盡己', 즉 자기 자신의 온 심력心力을 다해 사람을 대하고 일에 임하는 것이요, '서'는 '추기推己', 즉 자기 자신의 마음으로 미루어 다른 사람의 마음을 헤아리는 것이다. 이처럼 '충'·'서'의 자세로 사람을 사랑하는 '인', 즉 인애仁愛 사상은 부모를 효경孝敬하고, 육친을 친애함을 근본으로 하면서, 궁극적으로는 혈연과 가족의 범위를 넘어 천하 만인을 사랑하는 범애汎愛요, 박애博愛의 사상이다.

예: 학문 도덕의 최고의 표준인 '인'도 공언空言에 그쳐서는 아무런 의미나 가치를 갖지 못한다. '인'은 반드시 사람과 사람 사이에서 혹은 사람과 일 사이에서 명실상부하게 구현되어야 한다. '예'는 간단히 말해서 사회의 안정과 조화, 질서를 유지하는 데 유용한 방편으로서의 문물제도와 도덕규범, 예절 습속을 총칭한다. 공자는 '인'의 실현은 바로 이 같은 '예'를 통해서 이뤄져야 한다고 했다. 곧 "자신의 사사로운 욕망을 이기고, 모든 언행을 예의禮儀 규범에 맞게 하는 것이 바로 인을 행하는 것[克己復禮爲仁]"(12-1)이라는 얘기다. 사람은 인애의 마음만으로는 부족하며, 반드시 '예'의 규범과 의의에 맞게 자신의 언행을 조절하여 아름답고 고귀한 풍모를 자아내게 해야 한다.

중용: '중용'은 '인'의 실천 원칙론 내지 방법론으로서의 의의와 가치를 지닌다. '중용'은 지나치거나 모자라지 않고 또 어느 쪽으로도 치우치지 않으면서 평상적이고 변함없는 덕성으로, 중정中正·중화中和·중도中道 등의 개념을 포괄하는 것으로 이해된다. 그래서 공자는 조화

와 융화를 귀중히 여기며, '문채와 질박함이 고르게 어울려 조화로운
다음에야 비로소 군자다움(文質彬彬, 然後君子)'(6-16)과 '꼭 어떻게 해
야 되는 것도 없고, 절대로 어떻게 하면 안 되는 것도 없음(無可無不可)'
(18-8)을 강조했다.

(2) 정치사상

구세에의 고민이 깊었던 공자는, 당시 각국의 위정자들에게 무엇보
다 스스로 덕성을 함양하고 품행을 단정히 해 백성들에게 모범을 보
이는가 하면, 백성들을 진정으로 아끼고 사랑하는 마음으로 덕정德政
을 베풀 것을 강력히 요구했다. 아울러 예의 규범과 윤리 도덕으로 백
성을 교화하고 계도하는 예치禮治를 펼 것을 주문했다. 또한 적극적으
로 현인賢人을 등용해, 인정 덕치의 선봉장으로 삼을 것을 역설했다.

이처럼 덕정을 베풀며 솔선수범하고 예치를 펴며, 현인을 등용해
정사를 맡기는 등의 노력은, 결국 최고통치자로 하여금 인애의 마음
으로 만백성을 어루만지고 이끌어주며, 그들의 믿음과 지지를 얻음으
로써 능히 치세를 이루게 할 것이다.

(3) 윤리 사상

무릇 위정자, 특히 최고통치자의 위인爲人과 처사處事는 한 국가의
사회 분위기나 민정民情 전반을 좌우할 만큼 정치·사회적 영향력이 지
대하다. 공자가 구세에의 고민을 반영한 그 정치사상에서, 당시의 위
정자들을 일차적 대상으로 삼아 인정 덕치를 주창하고 권면한 것도
바로 그 때문이다. 한데 위정자의 위상과 영향이 분명 상당하기는 하

나, 그들의 덕정 예치가 정치·사회적 안정과 번영의 필요충분조건이라고 하기에는 뭔가 부족함이 있다. 한 나라가 치세와 성세를 이룩하기 위해서는, 위정자는 물론 국가 사회의 구성원 모두가 자각적이고 내재적인 인덕仁德을 기르고, 인애의 마음을 가져야 한다. 그러므로 공자는 윤리 도덕의 사회적 작용과 영향을 한껏 중시했다.

이른바 '윤리'란 인륜 도덕의 기본 도리로, 군신·부자·부부·장유·붕우 등 각종 인간관계상의 도리와 준칙을 말한다. 공자의 윤리 사상은 '인' 관념의 기초 위에 건립된 것으로, 기본적으로 사람을 사랑하는 인애의 마음에서 출발한다. '인'은 공자 사상의 최고 도덕 표준으로, 세상 모든 사람들이 각기 본분에 충실하고 책임을 다하며, 서로 친애하고 화목하게 어울려 지내기를 요구했다.

(4) 교육 사상

공자는 역사상 최초로 사학을 열어 종신토록 후학 양성에 매진한 교육가이다. 또한 후세에 '만세萬世의 사표師表'로 추앙받는 지성至聖·선사先師이다. 고대에는 본디 귀족의 자제만이 교육을 받을 수 있었다. 하지만 공자는 "오직 가르침이 있을 뿐, 사람의 유별類別은 없다(有敎無類)"(15-39)는 의식하에 교육의 대중화를 선도했다. 또한 공자는 덕육德育을 근본으로 하면서, 지육智育은 부차副次로 여겼다. 교학 방법에 있어서는 '인재시교因材施敎', 즉 학생 개개인의 자질과 개성에 따라 개인별 맞춤 교육을 실시했다. 또 '거일반삼擧一反三', 즉 하나를 가르치면 둘, 셋을 유추해 알아야 한다는 계발식啓發式 교육을 통해, 학습자의 향학열과 사고력 및 창의력을 최대한 자극하고 증진했다. 그 밖에도 공자는 배우기를 좋아함(好學)과 생각하는 공부(學而思之), 그리고 학이시습學而時習(배우고 수시로 익힘)과 온고지신溫故知新(배운 것을 거듭 익혀서 새로운 것을 앎), 불치하문不恥下問(자기보다 못한 이에게 묻는 것을 부끄러워하지 않음) 등의 자세와 방법을 강조함으로써, 실로 시대를 앞선 효율적인 교육 사상을 창도唱導했다.

왜 '쉽고 바르게 읽기'인가?

『논어』는 공자를 비롯한 여러 사람의 문답과 대화와 언설言說을 기록하고 있다. 문장이 구어口語 일변도인『논어』는, 논변論辯이나 논설체가 위주인 여타의 한문 고전들에 비해 읽고 이해하기 쉽다는 느낌을 갖게 한다. 하지만 입말은 화자話者의 본의와 어감을 여실히 간파하고 감지해내지 않으면, 오히려 혼란에 빠질 수 있음을 간과해서는 안 된다.『논어』의 문장은 쉬운 듯 어렵다는 얘기다. 그래서이겠지만 실제로 국내의 기존 역해譯解에는『논어』의 문의文意와 사상에 대한 심층적 분석과 이해가 부족하거나 잘못된 경우가 적지 않다.『논어』야말로 그 어떤 고전보다 오랜 세월 동안 많은 사람들에 의해 풀이되고 널리 읽혀왔거늘, 그 무슨 뜬금없는 얘긴가 할 것이다. 하지만 그것은 분명 사실이다.

『논어』는 기원전 400년을 전후해 공문의 제자들이 편찬해 세상에 나온 이후, 실로 끊임없이 후세 사람들의 삶의 길을 밝혀주는 '숭고한' 등대로 기능해왔다. 그 과정에 역대 저명 주석가들의 고견이, 후세 사람들의『논어』풀이와 이해와 체득을 이끌었음은 두말할 나위가 없다. 한데 2,000여 년 전의 글을 오늘날 우리가 제대로 풀이하기는 결코 쉬운 일이 아니다. 일부 구절들에 대해서는 역대 주석 명가들 사이에도 다양한 이론異論이 존재하는 것을 보면, 그 난해성을 짐작하고도 남는다.

역대 주석가들의 다양한 견해에는 『논어』 풀이에서 가능한 거의 모든 문맥적 사색이 망라되어 있다고 해도 과언이 아니다. 오늘날 우리 나름의 '새로운' 풀이를 할 수 있는 여지가 거의 없다는 얘기다. 우리는 『논어』를 풀이함에 있어, 당연한 말이지만 역대 주석가들의 일가견을 면밀히 비교 검토하여 취사取捨에 신중을 기해, 보다 객관적이고 논리 타당한 논지論旨로 풀어내야 한다. 역자가 말하는 '바르게 읽기'란 바로 이 같은 견지의 표현이다. 역자는 적지 않은 구절에서 항간의 일반적인 풀이와는 다른 결론에 이르곤 했다. 물론 추가 설명이 필요치 않다고 판단되는 극소수를 제외한, 다른 모든 경우에 그 근거와 까닭을 '주석'을 통해, 때로는 '해설'을 통해 상세히 부연 설명했다.

몇 가지 예를 들어 보자(보다 자세한 근거와 까닭은 해당 구절의 '주석'과 '해설' 참조). 「위정편爲政篇」의 이른바 "온고이지신, 가이위사의溫故而知新, 可以爲師矣"(2-11)에서, '고' 자가 과연 우리가 익히 알듯이 '옛것'을 뜻할까? 결론은, 주자가 이를 '예전에 들은 것〔舊所聞〕'으로 풀이했듯이, 이미 배운 것을 말한다는 것이다. '옛것'이라는 풀이에는 오로지 옛 문물만을 높여 소중히 여긴다는 폐단이 있다. 누구보다도 중용의 미덕을 강조한 공자가, 그같이 편향된 안목과 시각을 스승의 자질로 제시했다고 보기는 어렵다.

또 이른바 "공호이단攻乎異端"(2-16)에서, '이단'이 과연 일반적인 풀이처럼 '이단·사설邪說'을 말할까? 공자 당시에는 유가와 도가라는 양대 학설이 결코 서로 이단·적대시하지 않았을 뿐만 아니라 제자백가의 학설이 아직 흥성하지 않았으므로, 그렇게 보기에는 무리가 있다. 결론은, 청쑤드어가 이를 『중용中庸』에서 말한 '양단兩端'과 같은 말로 보았듯이, 사물의 상이한 양단, 즉 양극단兩極端을 이른다고 이해해야 한다는 것이다. 해당 장章은 곧 양극단을 아울러 최적의 이상理想 상태에 이른 '중용'의 이로움과 중요성을 강조한 것이다. 공자가 과연 이단·사설을 배척하는 말을 했을지 새겨볼 일이다.

「이인편里仁篇」의 "빈여천, 시인지소오야, 불이기도득지, 불거야貧與賤, 是人之所惡也, 不以其道得之, 不去也"(4-5)에서 이른바 '불이기도득지' 또한 갖가지 풀이를 낳고 있다. '빈천함은 모든 사람이 다 싫어하는 것이지만, '정당하게 그렇게 되지 않았더라도(또는 않았다면)' 벗어나려고 해서는 안 된다'라는 게 일반적인 풀이다. 빈천함이란 결코 어느 누구도 그렇게 되고자 하는 것이 아니며, 오히려 어떻게든 벗어나고자 하는 것이다. 그러므로 이 구절은 본시 논리적 모순을 안고 있다. 여기서 공자는 사람이 빈천하게 된 경위가 아니라 빈천함에서 벗어나는 방법을 논하고 있음을 알아야 한다. 역대 주석가의 견해를 살펴보건대, 여기서 '득得'은 '거去'의 잘못이라고 한 왕충王充의 주장이야말로 이 구절의 모순을 해결할 수 있는 탁견이다. 아마 옛 사람들이 전사傳寫하는 과정에 앞 구절에 있는 '득' 자의 영향을 받아 잘못 필사했을 개연성이 크다. 그렇다면 이 구절은 곧 "빈천함은 모든 사람이 다 싫어하는 것이나, 정당한 방법으로 벗어나지 못하면 군자는 그것을 벗어나지 않는다"라는 뜻으로 이해되니, 논리적으로나 사상적으로 한껏 자연스럽고 유의미하다.

「자한편子罕篇」의 "대재, 공자! 박학이무소성명大哉, 孔子! 博學而無所成
名"(9-2)은 흔히 '위대하도다, 공자여! 폭넓게는 배웠지만 어느 한 분
야에서도 명성을 이루지는 못했구나'라는 뜻으로 이해한다. 이는 대
개 '그 학식이 넓음을 찬미하면서도 한 가지 기예技藝의 명성도 얻지
못했음을 애석해한 것'으로 풀이한 주자의 견해를 따른 것이다. 하지
만 그 같은 풀이는 "위대하도다, 공자여!"라는 탄사歎辭의 의미나 어
감과 부조화를 이룬다는 문제점이 있다. 그것은 곧 접속사 '이'를 역접
으로 본 결과인데, 여기서 '이'는 순접으로 보는 것이 옳다. 결국 이 구
절은 '실로 박학하여 특정한 한 가지 기예로 명성을 얻지는 않았다'는
뜻으로 이해해야 한다. 이는 찬탄을 극한 말이지, 결코 안타까워한 말
이 아니다. 정현, 황간 등이 모두 이같이 풀이했으며, 다산도 "'대재' 두
자는 유감스러움이 없는 말이거니, 어찌 애석해하는 뜻이 있겠는가?"
라고 했다.

이처럼 역자가 고금의 주석 명가들의 견해를 참고해 새로이 '바르
게' 풀이한 경우는 『논어』 전권全卷을 통해 어림잡아 100여 구절에 이
른다. 다만 그 문의나 사상상의 비중은 미미한 것도 있고, 중대한 것
도 있다.

역자는 평소 한문 고전을 역주 해설하면서 나름의 '3원칙'을 세워
그대로 이뤄내고자 심력心力을 다한다. 그것은 곧 고전을 '바르게' 읽
고 풀이하기 위해 필수 불가결한 노력으로, 첫째, 한문 문법에 맞아야
하고, 둘째, 논리적 모순이 없어야 하며, 셋째, 원전의 기본 사상에 부

합해야 한다는 것이다. 생각건대 한문 고전의 풀이는 이 3원칙을 동시에 만족시킬 때, 비로소 원전의 종지宗旨를 바르게 풀어냈다고 할 수 있다. 역자가 감히 『논어』에 대한 기존 역해의 이해 부족이나 잘못을, 다시 말해 오류나 왜곡을 운운하는 것은 바로 이 3원칙의 견지에서 볼 때 일련의 모순이 분명하기 때문이다. 아무튼 『논어』 풀이에 문법적으로나 논리·사상적으로 최대한 객관 타당성을 더함으로써, 성인 공자와 현賢제자들의 본의에 근접하기 위한 역자의 '바르게 읽기'가, 독자 제현의 가차 없는 질정에 힘입어 진정 무결함으로 나아갈 수 있기를 바라 마지않는다.

사실 글머리에서 '『논어』가 쉽다'고 한 것은 어디까지나 다른 한문 고전과 비교했을 때의 상대적인 느낌일 뿐이다. 우리는 누구나(물론 역자도 예외가 아니다) 『논어』 특유의 문리文理나 논리의 난해함에 곤혹스러워한다. 역자가 말하는 '쉽게 읽기'는 바로 그 곤혹으로부터 벗어나려는 노력의 표현이다. 다시 말해 그것은 곧 한글 번역문만으로도 각 장의 문의를 파악하고 이해하는 데 큰 어려움이 없도록 해야 한다는 마음의 발로이다.

어려운 한문 고전을 '쉽게' 읽기 위해서는 무엇보다 '바르게' 읽어야 한다. 왜냐하면 '바르게' 읽기는, 그 글의 문리와 논리를 '쉽게' 통하게 하는 지름길이기 때문이다. 그 밖에 '쉽게' 읽기 위한 역자의 노력으로, 한문 원문의 번역은 충실한 축어역逐語譯, 즉 직역을 원칙으로 해, 독자의 문리 터득에 도움이 되고자 했다. 다만 한글 문맥의 자연스러움을 제고하기 위해 그때그때 적절히 신축성을 가미했다. 여기서 신축성이라 함은 한문 원문에 함축된 의미나 행간에 숨은 뜻을 드러내거나, 우리말 표현에 가능한 한 오늘날의 언어적 감각을 살리는 것 등등을 말한다. 또한 필요한 경우 '주석'을 통해 어구語句의 이해를 도왔다. 그리고 마무리는 '해설'로, '쉽게 읽기'에 점정點睛하고자 했다. 특히 모든 '해설'은 가급적 장황함을 피하고, 각 장의 본의本義에 대한 보다 간결하고 명쾌한 설명으로, 독자 나름의 창의적인 이해와 사색에 단초를 제공하고자 했다.

이 책의 『논어』 역해는 이상과 같은 일련의 관점에 입각한 만큼, 학문적 신뢰성을 높이는 데 주력하면서도 보편적 접근성까지 아울러 갖추고자 했다. 하지만 『논어』 같은 인생 철리哲理를 담은 고전은 아무리 쉽게 풀이한다 해도 동화나 소설처럼 쉬울 수 없다. 인생이란 결코 한두 마디로 쉽게 말할 수 없기 때문일 것이다. 그런 만큼 우리는 고전을 읽고, 그 철리를 배우며 삶의 지혜를 얻음에 있어 기꺼이 관심과 끈기를 가지고 꾸준한 노력을 기울여야 한다. 왜냐하면 그것은 사람이 보다 사람다운, 멋진 삶을 살아야 한다는 견지에서 볼 때, 분명 그럴 만한 충분한 의의와 가치가 있기 때문이다. 오늘날 우리 사회에 '인문학' 열풍이 휘몰아치면서 고전 읽기에 대한 관심이 고조되고 있는 것은 바로 그 같은 맥락의 시대 흐름이다.

성인 공자의 숨결을 느끼며

"아는 것은 좋아하는 것만 못하고, 좋아하는 것은 즐기는 것만 못하다."(6-18) 공자의 말이다. 사람이 일상의 삶 속에서 앎과 좋아함의 단계를 거쳐 궁극적으로 즐김의 경지에 이른다면, 그 환희와 희열은 진정 필설로 형용할 수 없으리라.

이 세상에 공자와 『논어』를 모르는 이는 없을 것이다. 또한 누구나 『논어』 두어 구절쯤은 익히 읽거나 들어서 알 것이다. 『논어』 읽기의 열풍은 예나 지금이나 변함이 없다. 동서양 고전 가운데 가장 대표적인 것이 『논어』요, 인류의 위대한 스승인 사대성인 가운데 누구보다도 인간의 현세적 삶 속에 깊숙이 들어가 고뇌하고 사색하며, 복잡다단한 현실 문제에 대한 선지先知·선각先覺적 처방을 내놓은 이가 바로 공자인 점을 감안하면, 당연하고 또 다행한 일이다.

많은 사람들이 그랬듯이, 역자도 『논어』를 알기 위해 많은 세월을 보냈다. 물론 그래서 이제는 『논어』를 다 안다는 말이 아니다. 그 많은 세월 동안 뜨뜻미지근한 역자의 『논어』 알기는 큰 진전이 없었다. 그럼에도 불구하고 뭔가를 아는 양한 것 같아 부끄럽기 짝이 없다. 공자가 "아는 것을 안다고 하고 모르는 것을 모른다고 하는 것, 그것이 아는 것"(2-17)이라 하지 않았던가?

역자는 근년에 들어 새로이 공자와 『논어』 알기에 몰두했다. 『논어』를 통해 본 공자는 실로 위대한, 명실상부한 '성인'이었다. 요堯·순舜임금을 비롯한 공자 이전의 성인들이 후세 사람들에 의해 극단적으로 미화되고 이상화된 것과는 분명히 달랐다. 공자가 산 춘추시대 말엽은 그야말로 말세末世가 따로 없는, 난세 중의 난세였다. 끝을 모르는 위정자들의 탐욕에 도덕은 땅에 떨어지고, 백성들은 도탄에 빠져 허덕였다. 그러한 와중에 오로지 구세의 일념과 사명감으로 평생을 헌신한 공자의 인생 역정은 진정 '위대함'과 '숭고함' 그 자체였다. 또한 그 까마득한 옛날에 이미 인간의 존엄성을 최고의 가치로 여긴 공자의 휴머니즘은 시공간을 초월해 오늘날까지(아니 앞으로도 영원히 그럴 것이다) 우리의 인생에 촛불이 되고 등대가 되고 있으니, 그 성명聖明함에 어찌 경외의 마음이 일지 않으랴?

공자의 사상은 결국 2,500년을 앞섰으니, 진보로 말하자면 이보다 더한 진보가 없다. 하지만 공자에게 범인凡人들이 말하는 보수니 진보니 하는 편협함은 애당초 없었다. 오직 인애의 마음을 바탕으로 한 '중용'의 이상만이 있었을 뿐이다. 공자는 일찍이, 당신이 주창한 이상 정치를 시행하기에는 너무나 암담한 중원中原의 현실에 실망하다 못해, 아예 우리 민족의 주거지였던 구이九夷 지역으로 이주할 생각을 하기도 했다.(9-14 참조) 우리로 하여금 참 많은 생각을 하게 하는 대목이 아닐 수 없다.

역자의 공자와 『논어』 알기는 아직 끝나지 않았다. 한데 『논어』를 읽고 공자를 얘기하면 마냥 좋고 즐겁다. 그러는 사이 역자는 성인 공자의 숨결을 가슴 깊이 느끼며, 혼자만의 주제넘은 착각에 빠진 듯하다. 흔히, 고난의 역사를 극복하고 그 얼마 안 되는 인구로 오늘날 '세계의 리더'를 무수히 배출한 유대인의 우월한 성공 스토리 뒤에는 『탈무드』를 중심으로 한 가정교육이 있었음을 강조한다. 사실 그뿐만이 아니다. 유대인의 『탈무드』 읽기는 어른·아이도 없고, 밤낮도, 사철도 없다. 오늘날 우리 사회는 인간성의 상실과 인간 정신의 피폐를 우려하는 지경에 이르렀다. 이제 고전에서 길을 찾는 일환으로, 무엇보다 『논어』를 읽자. 유대인들이 『탈무드』를 읽듯이 말이다. 필시, 경쟁에 내몰리고 일상에 찌든 심신을 힐링하고, 참된 삶의 의미와 가치를 추구하며 아름다운 삶을 향유함에 흡족한 미소를 지으리라.

　역자는 『논어』를 읽으며 때로는, 감히 공문의 말석에 앉아 성인과 현賢제자의 문답과 담론을 경청하는 듯한 착각에 젖으며 남몰래 즐거워했다. 이 책은 공자와 『논어』를 알아가는 과정의 부산물이다. 독자 제현의 가차 없는 질정과 아낌없는 성원은 앞으로 역자가 스스로 허술함을 메워나가는 데 큰 힘이 될 것이다.

2021년 6월
문수산 기슭에서
박삼수

차례

하권 차례

제1편

학이

學而

：

『논어』의 편명은 각 편의 첫 구절에서 의미에 따라 첫 두세 글자(단, '자왈子曰'은 제외)를 취해 명명했으며, 표제 기능 외에 별다른 의미는 없다. 이는 중국 고대 문헌의 일반적인 표제 방식이다. 이「학이편」은 모두 16장으로 나뉘며, 대체로 사람이 배움을 통해 올바른 사람으로 살아가는 길을 제시한다. 주자는 이 편이『논어』의 첫 편인 까닭에 주로 '무본務本', 즉 근본에 힘써야 한다는 뜻을 기술하고 있으며, 그것은 곧 도道를 닦는 길로 드는 문이요, 덕을 쌓는 바탕으로서 배우는 사람이 무엇보다 먼저 힘써야 할 바라고 했다.

1-1

공자께서 말씀하셨다. "배우고 또 그것을 수시로 익히면 어찌 기쁘지 아니하겠는가? 벗이 먼 곳에서 찾아오면 어찌 즐겁지 아니하겠는가? 사람들이 알아주지 않아도 성내지 않으면 어찌 군자답지 아니하겠는가?"

子^{1}曰: "學^{2}而^{3}時^{4}習^{2}之,^{5} 不亦說^{6}乎^7? 有朋^{8}自^{9}遠方^{10}來, 不亦樂乎?
자왈 학 이 시 습 지 불 역 열 호 유 붕 자 원 방 래 불 역 락 호
人^{11}不知而^{12}不慍,^{13} 不亦君子^{14}乎?"
인 부 지 이 불 온 불 역 군 자 호

주석

1 子(자): 스승이나 학문이 높은 사람에 대한 옛 존칭. 오늘날의 선생님과 같은 말이나 존엄성은 훨씬 높음. 『논어』에서 '자왈子曰'의 '자'는 모두 공자를 지칭함. 공자 제자 가운데 유약有若과 증삼曾參은 각각 '유자有子'와 '증자曾子'로 일컫고, 염유冉有와 민자건閔子騫은 한두 번 정도 각각 '염자冉子'와 '민자閔子'로 일컬음. 이 때문에 북송 정이程頤는 『논어』가 유자와 증자의 제자에 의해 편찬되었다고 하

32

나 단정하기는 어려움.

2 學(학)·習(습): 배움과 익힘. '학'과 '습'은 고대에는 두 단어로, 서로 다른 행위를 말함.『설문해자說文解字』에서 '학'은 '각오覺悟', 즉 깨달음이라고 했으니, 곧 도리를 깨쳐 앎, 그렇게 해서 몽매함에서 벗어남을 이름. '습'은 '삭비數飛', 즉 여러 번 반복해서 나는 것이라고 했으니, 곧 어린 새가 처음으로 어미 새를 본받아 실제로 거듭거듭 날아봄을 이름. 주자 역시『설문해자』에 근거해, '학' 즉 배움이란 곧 '본받는 것(效)'이요, '습' 즉 익힘이란 곧 새가 여러 번 나는 것이니, 배우기를 그치지 않음은 마치 어린 새가 여러 번 거듭해서 나는 것과 같다고 함. '익힘'은 요즘 말로 하면, 학습의 대상에 따라 복습이나 연습 또는 실습으로 이해됨.

3 而(이): 순접의 접속사로, 동작이 잇따라 발생함을 나타냄. 여기서는 또, 또한, 연후然後에 등의 뜻을 함축함.

4 時(시): 수시隨時로, 즉 그때그때 틈만 나면 늘. 또는 제때에. 이를 흔히 때때로라고 풀이하나, 공자가 이르기를 "배움이란 마치 앞선 것을 따라잡지 못할까봐 안달하듯이 하고, 또 따라잡은 뒤에는 그것을 잃어버리지나 않을까 두려워하듯이 하는 것"(8-17)임을 강조했음을 감안하면 이론의 여지가 있음.

5 之(지): 지시대명사. 여기서는 배우는 대상을 가리킴.

6 說(열): 열悅과 같음. 기쁨, 유쾌함. '열'은 마음속으로 기쁜 감정이 이는 것을 나타내며, 다음 구절의 '락樂'은 즐거운 감정이 밖으로 드러남을 나타냄. 열悅 자는『논어』편찬 당시에는 존재하지 않았으며, 한대에 이르러서야 비로소 생성된 글자임.

7 不亦(불역)~乎(호): 반문의 뜻을 나타내는 관용구. '불역'은 '기불豈不', 즉 '어찌 ~하지 아니한가'의 뜻으로 이해되는데, 그 가운데 '역'은 특별한 뜻 없이 단지 긍정과 단정의 어기語氣를 나타낼 뿐임. '호'는 의문의 어조사로, 여기서는 감탄의 어기를 아울러 내포함.

8 有朋(유붕): 후한後漢 반고班固의『백호통의白虎通義』「벽옹편辟雍篇」에서는 스승과 제자의 도道는 세 가지이며, 그중 한 가지가 '붕우지도朋友之道'라고 하면서 이 구절을 "붕우자원방래朋友自遠方來"로 인용했는데, 아마 본래의 모습이 아닌가 함. 한편 몇몇 옛 판본에는 '우붕友朋'으로 되어 있으나, 당대唐代 육덕명陸德明은『경전석문經典釋文』에서 옳지 않다고 함.『논어』에 '우붕'은 한 차례도 나오지 않는 반면, '붕우'는 여덟 차례나 나오는 것으로 보아, 후자가 공자 시대의 상용

어였던 듯함. 옛 주注에 "동문을 '붕'이라 하고, 동지를 '우'라 한다(同門曰朋, 同志曰友)"고 했으니, 이른바 '붕우'란 뜻이 서로 같은 사람으로, 특히 한 스승 밑에서 함께 학문을 배우는 관계에 있는 이를 지칭함. 또 청쑤드어의 『집석』에서는 '붕우'가 제자를 가리킨다고 했듯이, 공자가 말하는 '벗'은 학우는 물론 제자까지 포함한다고 이해할 수 있으며, 그것이 보다 심층적인 의미가 있음.

9 自(자): ~로부터[從].

10 遠方(원방): 먼 곳, 먼 지방. 곧 근방近方과 상대되는 말.

11 人(인): 타인他人, 즉 다른 사람(들), 남(들). '인' 자는, 예외가 없지는 않으나, 한문 문장에서 대체로 다른 사람을 뜻함.

12 而(이): 역접의 접속사.

13 慍(온): 성냄, 원망함.

14 君子(군자): 옛날에 신분 지위나 도덕 수양이 높은 사람을 일컬음. 여기서는 후자, 즉 도덕군자를 가리킴. 다만 형용사로 쓰여, 군자다움을 이름.

해설

사람이 보다 사람다운, 아름다운 삶을 살기 위해서는 무엇보다 배워야 한다. 공자는 일생동안 사람들에게 호학好學, 즉 배우기를 좋아해야 한다고 끊임없이 강조했는데, 바로 그 때문이다. 또한 『논어』 맨 첫머리에 곧바로 이상적 배움의 전형典型과 그 궁극적 지향을 제시하고 설명한 공자의 가르침을 배열한 것 역시 같은 맥락으로 이해된다.

이른바 '배우고 또 그것을 수시로 익히는 것'은 배움의 기본 방법이다. 배움이란 주자가 이른 대로, 우선은 본받는 것이다. 그리고 어린 새가 어미 새를 본받아 날고 또 날듯이 배운 것을 수시로 익히고 또 익힘으로써 '자기화自己化'해야 한다. 그리고 나아가 새로운 도리와 이치를 깨달아 쉼 없이 향상과 발전을 추구해가는 것이 곧 배움이니, 그 기쁨은 진정 당사자만이 아는 내심의 희열이다.

그뿐만이 아니다. 마음이 맞고 뜻이 통하는 벗이 멀리서 찾아와 함께 절차탁마切磋琢磨하며 정진하는 것은, 스승이나 학우도 없이 홀로 배움으로써 자칫 초래될 편협함에 빠지지 않고, 개방과 융통의 미덕을 갖추게 해주는 배움의 또 다른 방법이요, 즐거움이다. 멀리 사는 벗이 찾아왔음은 그 열정과 절실함을 족히 말해주거니와, 가까이 사는 벗들은 더욱 자주 즐겨 찾아옴을 아울러 암시한다. 배움에 목말라 찾아오는 벗이 때로는 제자일 수도 있으며, 그러면 가르치는 것과 배우는 것이 서로 성장과 발전을 돕는 '교학상장敎學相長'(한 사람이 가르침과 배움이 서로 나아지게 하고, 또 가르치는 이와 배우는 이가 서로 성장하게 함)의 효과와 즐거움까지 향유할 수 있다. 예컨대 「선진편先進篇」에서 "민자건은 공자를 곁에서 모실 때 온화하고 기쁜 모습이었고, 자로는 굳세고 용맹한 모습이었으며, 염유와 자공은 강직한 모습이었다. 이에 공자께서는 매우 즐거워하셨다"(11-13)라고 한 장면이 떠오른다. 그리고 증자가 "군자는 학문과 문예로 벗을 사귀고"(12-24)라고 했는데, 그 역시 공자의 이런 가르침과 무관하지 않다.

공자가 말하는 배움은 실용적 지식이나 기능의 습득보다는, 사람으로서 갖추어야 할 기본적인 품성이나 덕행의 수양을 우선한다. '사람들이 알아주지 않아도 성내지 않는 것'은 곧 배움의 태도이자 수양修養이다. 공자가 「헌문편憲問篇」에서 "옛날에 배우는 이들은 스스로 내실을 다지기 위해 공부하였거늘, 오늘날 배우는 이들은 다른 사람에게 보이기 위해 공부한다"(14-25)라고 했듯이, 배움은 결국 남에게 보이기 위해서가 아니라, 자신의 도덕적 수양과 학문을 충실히 하기 위해서 해야 한다. 그러니 다른 사람이 나를 알아주지 않는다고 해서 성낼 일이 아니다. 그저 배우는 기쁨과 즐거움에 흐뭇한 미소를 지을 뿐이다. 그것이 바로 배움의 궁극적 지향이어야 하는 군자의 풍모이자 경지이다. 『중용』에서 "설사 세상을 피해 은둔하여 사람들이 알아주지 않더라도 후회하지 않는 것은 오직 성인만이 그렇게 할 수가 있다(遯世不見知而不悔, 唯聖者能之)"라고 한 것도 그 말이요, 『논어』에서 공자가 거듭 '남이 나를 알아주지 않음을 걱정하지 말라'(1-16 '해설' 참조)고 한 것도 같은 맥락의 말이다.

공자가 주창한 교육 사상의 궁극적 지향과 목표는 군자의 덕목을 갖춘 인재 배양이다. 이른바 군자는 '인'의 덕성을 함양한 사람이니, 공자는 배움을 통해 결국 구인求仁, 즉 '인'의 도덕을 추구하고 체득해야 함을 역설한 것이다. 공자 스스로도 "나는 열다섯 살에 배움에 뜻을 두었다"(2-4)고 했는데, 이는 곧 인도仁道에 뜻을 둔 배움이자 군자를 목표로 한 배움을 두고 한 말이다. 또한 필시 『예기』 「학기편學記篇」에서 이른 대로, "사람은 배우지 않으면 도를 알지 못한다(人不學, 不知道)"는 인식에서 비롯되었을 것이다. 『논어』는 공자 사후에 스승의 귀중한 가르침을 보존하고 전수해나가야겠다는 생각에서, 공문의 제자들이 함께 논의해 편찬했다. 그 과정에 『논어』 첫 편 첫머리에 "학이시습지學而時習之"로 시작해 "불역군자호不亦君子乎"로 마무리하는 성인 공자의 숭고한 교육 사상의 기본 이론을 설파한 가르침을 배치했으니, 스승의 철학 사상의 핵심을 정확히 짚어냈다고 할 만하다.

사람에게 있어 배움이라는 행위와 노력이 얼마나 중차대한 의의와 가치가 있는지, 우리 모두가 바르게 알고, 또 가슴 깊이 새기고, 온 심력을 다해 매진해야 할 것이다.

1-2

유자가 말하였다. "그 사람됨이 부모에게 효도하고 형을 공경하면
서 윗사람에게 못되게 굴기를 좋아하는 사람은 드물다. 윗사람에게
못되게 굴기를 좋아하지 않으면서 도리나 규범을 어지럽히기를 좋아
하는 사람은 일찍이 없었다. 군자는 근본에 힘쓰나니, 근본이 바로 서
면 도道는 저절로 살아난다. 부모에게 효도하고 형을 공경하는 것, 아
마도 그것이 바로 인仁의 근본이렷다!"

有子¹曰: "其²爲人³也⁴孝弟,⁵ 而⁶好⁷犯上⁸者, 鮮⁹矣; 不好犯上, 而好
作亂¹⁰者, 未之有也.¹¹ 君子務本, 本立而道¹³生. 孝弟也者,¹⁴ 其¹⁵
爲¹⁶仁¹⁷之本與¹⁸!"

주석

1 有子(유자): 공자 만년晩年의 제자 유약. 노나라 사람으로, 자는 자유子有. 공자와
　모습이 흡사해, 공자 사후에 제자들이 스승을 너무나 그리워한 나머지 유약을
　스승으로 삼은 적이 있다고 하는데, 『논어』에서 그를 '유자'로 높여 일컬은 것은
　그 때문일 수 있음. 『논어』에 기록된 유자의 말은 네 장(1-2·12·13, 12-9)에 불과하
　나, 그 사상적 가치와 중요성은 대단히 높음.
2 其(기): 부정不定 지시대명사. 여기서는 사람을 통칭함.
3 爲人(위인): 사람의 됨됨이, 사람됨.
4 也(야): 어조사로, 제시提示와 일시 멈춤의 어기를 나타냄. 일설에는 어기를 강화
　하는 작용을 한다고 함.
5 孝弟(효제): 효제孝悌와 같음. '효'는 자식이 부모에게 효도함. '제'는 아우가 형을
　공경함. 이는 유가에서 특별히 강조한 기본적인 도덕규범으로, 고대사회를 유

지한 일종의 도덕적 역량이었음. '효제'의 '제悌'는 후대에 만들어진 글자이므로
『논어』에서는 모두 '제弟'로 그 뜻을 나타냄.

6 而(이): 역접의 접속사.

7 好(호): 좋아함.

8 犯上(범상): 윗사람에게 못되게 굶. 곧 아랫사람이 윗사람에게 해서는 안 될 못된
짓을 함을 이름. '범'은 범함, 못되게 굶.

9 鮮(선): 적음, 드묾. 『논어』에서 '선' 자는 모두 이러한 뜻으로 쓰임.

10 作亂(작란): 혼란을 야기함, 난을 일으킴. '작'은 (어떤 일을) 행함, 일으킴. '란'은
여기서는 대략 도리에 어긋나고 상규常規를 어지럽히는 짓을 이르는 것으로 이
해됨.

11 未之有也(미지유야): '미유지야未有之也'의 도치. 한문 문법상 부정문이나 의문
문에서 목적어가 대명사인 경우 목적어를 동사 앞으로 옮겨 어기를 강화한 형
식임.

12 而(이): 순접의 접속사.

13 道(도): 고대 동양 사상의 핵심 개념으로 여러 가지 함축적 의미를 가지나, 여기
서는 공자가 제창한 인도仁道를 가리킴.

14 也者(야자): 어조사로, 주어 뒤에 쓰여서 비교적 강한 일시 멈춤의 어기를 나타
내면서 아래에 이어지는 말을 부각함.

15 其(기): 추측의 어기 부사. 아마, 대개.

16 爲(위): ~이다. 일설에는 행한다는 뜻이라고 함.

17 仁(인): 공자 사상의 주체主體이자 핵심적 도덕관념. 간단히 말하면 '애인愛人',
즉 사람을 사랑하는 것임. 주자는 이를 '사랑의 원리요, 마음의 덕'이라고 함.

18 與(여): 여歟와 같음. 문장 끝에 쓰이는 어조사로, 주로 의문의 어기를 나타냄.
'호乎'에 비해서는 다소 완곡한 의문의 어기를 나타내면서 아울러 감탄의 어조
를 띰. 여기서는 의문의 어조사로 쓰인 것이 아니며, 단지 겸손하고 완곡한 어
기를 나타냄. 『논어』에서는 '여歟'의 뜻을 표현할 때 모두 '여與' 자를 빌려 씀.

해설 ──

 공자 사상의 핵심인 인은 사람을 사랑하는 것이다. 그리고 그 근본은
바로 효제孝悌이다. 부모에게 효도하고 형을 공경하는 이는 인애仁愛
의 마음으로 충만한 사람이다. 그런 사람이 인륜을 파괴하고 사회를
혼란하게 할 리는 만무하다. 그러니 효제가 인류 사회에서 영원히 강
조되어야 함은 두말할 나위가 없다.

 공자와 유자의 시대에도 이미 인륜이 파괴되고 풍속이 문란해져 심
지어 신하가 임금을 죽이고, 자제子弟가 부형父兄을 죽이는 극단적 패
륜 현상까지 발생하는 지경에 이르렀다. 유자는 그런 사회를 치유하
는 근본 대책이 바로 '효제'로부터 출발해야 함을 강조했다. 효제란 본
디 가정 생활상의 도덕규범이다. 하지만 가정이 광대한 사회의 핵을
이루는 기본 단위이듯이, 효제 또한 사회를 유지하는 도덕규범의 근
본이라고 유자는 설명한다.

 윗사람에게 못되게 구느냐 어떠냐는 곧 그 사람의 효제 여부에 달
렸다고 할 수 있다. 그러므로 예로부터 현명한 임금들은 효제의 도로
써 나라를 다스렸다. 그들은 "임금이 노인을 공경하면 백성들이 모두
효도를 행하게 되고, 임금이 손윗사람을 존중하면 백성들은 모두 제
도悌道를 행하게 된다〔上老老而民興孝, 上長長而民興弟〕"(『대학大學』)고 생
각해, 효제를 사람됨의 귀감으로 높임으로써 봉건사회의 통치 질서
를 유지하고자 했다. '사랑의 원리요, 마음의 덕'으로 풀이되는 인도仁
道를 근간으로 하는, 이른바 '수신修身·제가齊家·치국治國·평천하平天下'
(『대학』)의 사상도 유가의 교육 이상과 통치 이념으로서 그 근본 맥락
은 같다. 또한 맹자가 "사람들은, 도란 본디 가까운 곳에 있거늘 애써

면 곳에서 찾고, 일이란 본디 쉬운 것이거늘 애써 어렵게 하도다. 요컨 대 사람마다 각기 부모를 친애하고 어른을 공경하면, 천하가 절로 태 평해질 것이다(道在爾, 而求諸遠; 事在易, 而求諸難. 人人親其親, 長其長, 而天下 平)"(『맹자孟子』「이루 상離婁上」)라고 한 말도 같은 맥락으로 이해된다.

1-3

공자께서 말씀하셨다. "듣기 좋은 말과 보기 좋은 얼굴빛을 꾸며 아 첨하는 사람은 인한 이가 드물다!"

子曰: "巧言令色,¹ 鮮矣仁²!"
자 왈   교 언 영 색   선 의 인

주석

1 **巧言令色**(교언영색): '교언'은 듣기 좋게 꾸며 아첨하는 말, 또 그렇게 말함. '영색' 은 보기 좋게 꾸며 알랑거리는 얼굴빛, 또 그렇게 얼굴빛을 지음. 여기서는 둘 다 그렇게 아첨하는 사람을 이름. '교'는 아름답게 꾸밈. '영'은 선량하게 꾸밈. '색'은 안색顔色 또는 태도를 이름.
2 **鮮矣仁**(선의인): '인선의仁鮮矣'의 도치. 감탄이나 개탄의 어기를 강화하기 위해 도치함. '선'은 드묾, 적음. '인'은 인인仁人, 즉 인한 사람. 곧 인의 덕성을 갖춘 사 람을 이름.

해설

사람들 가운데에는 간혹 "그 말을 듣기 좋게 하고, 그 얼굴빛을 보기 좋게 함으로써 외양外樣을 한껏 꾸며 다른 사람의 환심을 사고자 힘쓰는〔好其言, 善其色, 致飾於外, 務以悅人〕"(『집주』) 이들이 있다. 사람이 습관적인 교언영색으로 남의 환심을 사거나 비위를 맞추려고 하는 것은 대개 사리사욕을 채우기에 급급하기 때문이다. 인한 사람은 말이 진실되고, 태도가 신실하다. 하지만 사리사욕에 눈이 어두워진 사람에게 그런 인의 덕성을 기대하기는 어렵다. 공자는 교언영색과 같은 가식적이고 위선적인 언행의 폐해와 해악이 얼마나 심각한지를 누구보다도 잘 알았다. 그렇기 때문에 모든 사람들이 반드시 경각심을 가져야 함을 일깨웠다. 주자가 이른 대로, 공자가 여기서 '드물다〔鮮〕'고 한 것은 단지 성인聖人의 박절하지 않은 말투일 뿐이며, 결국 교언영색하는 사람은 인한 이가 절대로 없다는 뜻이니, 배움의 길을 가는 이들은 깊이 경계해야 한다.

　중복 수록된 듯하지만, 「양화편陽貨篇」17장에도 이 장과 같은 말이 보인다. 그뿐만 아니라 「공야장편公冶長篇」에서는 "듣기 좋게 말을 꾸며서 하고 보기 좋게 얼굴빛을 꾸며서 지으며, 아첨하는 태도로 남을 공경하는 것을 좌구명이 부끄러워하였는데, 나도 그것을 부끄럽게 여긴다"(5-25)고 했고, 「위영공편衛靈公篇」에서는 또 "교묘히 꾸며대는 말은 사람의 덕성을 어지럽힌다"(15-27)고 했다. 모름지기 사람은 인덕을 길러야 한다. 한데 인덕은 곧 진실함과 성실함에 근원한다. 그러므로 공자가 일찍이 "강직함과 과감함, 질박함, 어눌함은 모두 인에 가깝다"(13-27)고 했듯이, 성정性情이 질박하지만 돈후敦厚하고, 말이 어눌하지만 진실한 사람이 바로 인도仁道에 근접한 사람이라고 할 수 있다. 공자는 한편으론 또 우리에게 사람의 됨됨이를 알아보는 안목과 식견을 기르라고 요구한다.

1-4

증자가 말하였다. "나는 하루에 세 번 나 자신을 반성하나니, '다른 사람을 위해 일을 도모하며 성심을 다하지 않은 바가 있는가?' '벗과 사귀며 신의를 다하지 않은 바가 있는가?' '선생님께 배운 것을 익히지 않은 바가 있는가?'이다."

曾子¹曰: "吾²日三省³吾身: 爲人謀而不忠⁴乎⁵? 與朋友交而不信
증 자 왈   오 일 삼 성 오 신   위 인 모 이 불 충 호   여 붕 우 교 이 불 신
乎? 傳⁶不習乎?"
호   전 불 습 호

주석

1 **曾子**(증자): 공자 만년의 수제자首弟子 증삼. 노나라 사람으로, 자는 자여子輿. 공자 제자 가운데 가장 나이가 어렸으며, 아버지 증점曾點도 공자의 제자였음. 효성이 지극하기로 유명하며, 『효경孝經』을 저술했다고 알려짐. 주자는 『대학』도 증자가 지었다고 함. 공자의 손자로 『중용』을 지은 것으로 알려진 자사子思가 증자의 제자이고, 맹자가 또 자사를 사숙私淑함으로써 유가 사상의 정통正統을 형성함. 그리하여 증자는 유가 사상의 기틀을 다진 사람 가운데 하나로, 후세에 '종성宗聖'으로 존숭을 받음.

2 **吾**(오): 나(我). 때로는 '우리'의 뜻으로 쓰임.

3 **三省**(삼성): (하루에 오전·오후·저녁) 세 번 반성함. 흔히 증자가 반성한 것이 세 가지인 데에 근거해, 여기서 '삼'을 세 가지의 뜻으로 풀이해야 한다고 하나, 그것은 단지 우연의 일치로 봐야 할 듯함. 양보어쥔은 '삼'이 만약 세 가지의 뜻이라면,

「헌문편」에서 "군자가 행해야 할 도덕에는 세 가지가 있다(君子道者三)"(14-29)라고 한 것처럼 『논어』의 기본 문법에 맞게 '오일성자삼吾日省者三'이라고 해야 한다고 함. 상식적으로는 세 가지를 반성한다는 뜻도 무리가 없으나, 당시의 문법을 무시할 수는 없을 것임. '삼'을 일설에는 옛날에 흔히 '삼'과 '구九' 자를 써서 횟수의 많음을 나타낸 데에 근거해, 여러 번의 뜻으로 봐야 한다고 하나, 이론의 여지가 있음.

4 忠(충): 전심전력全心全力·성심성의를 다함.

5 乎(호): 의문의 어조사.

6 傳(전): 스승에게 전수받은 것. 일설에는 남에게 전수함을 이른다고 하나, 적절치 않음. 곧 주자가 『혹문或問』에서 이른 대로, 아래의 1-6장에서 "이를 행하고도 여력이 있으면 그제야 옛 글을 공부하는 것이다"라고 했듯이, 먼저 '충忠'·'신信'을 다한 후에 '전습傳習', 즉 스승에게 배운 것을 익힘으로 볼 수 있음.

해설

공자가 "군자는 일의 탓이나 해법을 자기에게서 찾는다"(15-21)고 했다. 그래서인가 전통적으로 유가는 자성自省을 중시한다. 그것은 곧 사람은 오직 자아 성찰을 통해서만 이상적으로 자아를 완성시켜갈 수 있다고 보기 때문이다. 『역경易經』「건괘蹇卦」에서도 "군자는 자신을 되돌아보며 덕을 닦는다(君子以反身修德)"라고 했고, 『순자』「권학편勸學篇」에서는 또 "군자는 널리 배우고 하루에 세 번 자신을 성찰하는 까닭에 지혜로움이 늘어 행실에 과오가 없어진다(君子博學而日參省乎己, 則知明而行無過矣)"라고 했다.

증자는 자아 성찰이 무엇보다 효과적인 수신修身 방법임을 잘 알고 성실히 실천했다. 명대明代 왕양명王陽明이 "자하子夏가 성인을 독실히 믿었다면, 증자는 자신에게로 되돌아와 구하였다(子夏篤信聖人, 曾子反

求諸己)"(『전습록傳習錄』)라고 한 것은 바로 그 때문일 것이다. 주자가 이른 대로, 증자는 날마다 자신을 반성하여 잘못이 있으면 고치고, 잘못이 없으면 더욱 힘씀으로써 자신을 다스림에 정성스럽고 간절함이 이와 같았으니, 배움의 근본을 터득했다고 할 수 있다.

한편 공자는 "주충신主忠信"(1-8, 12-10), 즉 언행을 함에는 충성과 신의를 위주로 할 것을 강조하며 '충忠'과 '신信'을 사회생활의 중요한 덕목으로 가르쳤다. 대개 '충'은 일(事)과 관련되고, '신'은 말(言)과 연관된다. 예를 들면 다른 사람을 위해 어떤 일을 꾀하거나 나라를 위해 정사를 도모한다면, 마땅히 '충'을 최상의 준칙으로 삼아야 한다. 그리고 벗과 교유하거나 이웃 나라와 외교를 한다면, 마땅히 '신'을 최고의 법칙으로 삼아야 한다. 증자는 이러한 공자의 가르침을 성실히 실천했을 뿐만 아니라, 그 '여력餘力'으로 '학이시습지'에 충실했으니, 진실로 공자 만년의 수제자로서 손색이 없다.

사람은 학문적, 도덕적으로 끊임없이 향상과 발전을 추구해야 한다. 그러자면 무엇보다 자기반성을 생활화할 필요가 있다. 자기반성이야말로 자율성과 자각성을 극대화하면서 수신할 수 있는, 더할 나위 없이 좋은 방법이기 때문이다. 또한 사람은 자기반성을 통해 수신을 향상시키고 발전시키면서 궁극적으로는 자아 완성을 향해 나아갈 수 있다. 인간 사회 어느 곳에서든 사람들에게 타율성보다는 자율성을 부여해야 하는 것은 바로 그 때문이다.

1-5

공자께서 말씀하셨다. "병거兵車 1,000승을 보유한 나라를 다스림에 있어서는 정사政事를 신중하면서도 성심성의껏 처리하며 신실함을 다하고, 재정 지출을 아끼면서 만백성을 사랑하며, 특히 백성을 부릴 때에는 농한기에 맞추어야 한다."

子曰: "道¹千乘之國,² 敬事³而信, 節用⁴而愛人,⁵ 使⁶民以時.⁷"
자왈　도 천 승 지 국　경 사 이 신　절 용 이 애 인　사 민 이 시

주석

1 道(도): 도導와 같음. 영도領導함, 다스림.
2 千乘之國(천승지국): 병거(전쟁할 때 쓰는 수레) 1,000승을 보유한 중등 국력의 제후국. '승'은 말 네 필이 끄는 병거 한 대를 이름. 춘추시대에는 여러 나라가 전쟁을 하면서 모두 병거를 사용했기 때문에, 한 나라의 국력을 대개 각국이 소유한 병거의 수량으로 평가했음.
3 敬事(경사): '경'은 (일을) 신중하고 진지하게 함. '사'는 정사政事.
4 節用(절용): 비용을 절약함, 아낌. '용'은 비용으로, 곧 나라의 재정財政 지출을 이름.
5 愛人(애인): 백성을 사랑함. 한대 유향劉向의 『설원說苑』에 보면, 주 무왕이 강태공姜太公에게 '치국治國의 도道'가 무엇인지를 물었을 때, 강태공이 대답하기를 오직 '애민愛民', 즉 백성을 사랑하는 것일 따름임을 강조했는데, 여기서 말하는 '애인'은 곧 '애민'의 뜻으로 봄이 타당함. 한편 양보어쥔은 고대의 '인人' 자는 넓은 의미로는 민중·백성을 뜻하고, 좁은 의미로는 단지 사대부 이상의 높은 벼슬아치만을 가리키는데, 이 '애인'의 '인'은 다음 구절 '사민使民'의 '민'과 상대적으로 쓰였으므로, 좁은 의미로 봐야 한다고 함. 하지만 이 견해는 지나치게 천착穿鑿한 감이 있어 따르기 어려움. 여기서 '애인'의 '인'을 통치 집단 내부의 사람으로 보고, '사민'의 '민'은 통치자의 사역 대상으로 보는 것은 공자의 정치사상에

결코 부합하지 않음.

6 使(사): (백성을) 부림, 사역使役함, 징용徵用함.

7 時(시): 때. 여기서는 농극農隙(농사의 여가)·농한農閑의 시기를 가리킴. "사민이 시使民以時"는 곧 백성을 징용함에 "농사철을 그르치게 하지 않는다(不違農時)"(『맹자』「양혜왕 상梁惠王上」)는 뜻임.

해설

공자 정치사상의 핵심은 애민愛民으로, 인정 덕치를 실행하는 데에 목표를 둔다. 당 태종太宗 이세민李世民이 일찍이 그의 아들에게 경계해 이르기를 "배는 임금에게 비유되고, 물은 백성에게 비유되나니, 물은 배를 띄울 수도 있지만, 배를 뒤집어버릴 수도 있도다(舟所以比人君, 水所以比黎庶; 水能載舟, 亦能覆舟)"(『정관정요貞觀政要』)라고 했다. '민심이 곧 천심'인 것이다. 여기서 공자가 논한 치국의 도가 민본民本 관념에 바탕을 두고 있음도 그 때문이다. "군자는 근본에 힘쓴다(君子務本)"(1-2)고 했던가? 주자가 이른 대로, 치국의 요체는 공자가 말한 이 다섯 가지에 있으니, 이 또한 근본에 힘쓴다는 뜻이다.

아무튼 훌륭한 위정자라면 진정으로 백성의 마음을 헤아리고 어루만져줄 줄 알아야 한다. 정사를 신중하고 진지하게 처리하지 못하고, 조령모개朝令暮改로 통치자의 위신威信을 지키지 못한다면 민심을 얻기는 요원하다. 나라의 재정 지출을 남발해 국고가 부족하다면 필시 가렴주구苛斂誅求를 일삼을 테니, 만백성을 사랑해 구제하기는 본시 가당치 않다. 또한 고대 농경사회에서 인정 덕치의 요체가 무엇인지를 아는 통치자라면 무엇보다 농사철을 그르치지 않아야 한다. 이것이 가장 중요하고 가장 실질적인 '애민'의 표현이다. 다만 백성을 사랑하는 위정자의 마음에 진정眞情이 충만해지기 위해서는 무엇보다 먼저 그에 걸맞은 인성과 덕성을 갖추어야 한다. 그것은 물론 오늘날이라고 다를 게 없다.

1-6

공자께서 말씀하셨다. "젊은이는 집 안에 들어가서는 부모에게 효도하고, 집 밖에 나가서는 어른을 공경하며, 말을 삼가서 신실하게 하고, 뭇사람을 두루 사랑하되 인한 사람을 특히 가까이해야 하나니, 이를 행하고도 여력이 있으면 그제야 옛 글을 공부하는 것이다."

子曰: "弟子^{1}入則孝, 出則弟,^{2} 謹而信,^{3} 汎^{4}愛衆,^{5} 而親仁.^{6} 行^{7}有
자왈　　　제자 입즉효　출즉제　근이신　범 애중　이친인　행 유
餘力, 則以^{8}學文.^{9}"
여력　즉이 학문

주석

1 **弟子**(제자): 이는 『논어』에서 모두 일곱 차례 나오는데, 이 장과 2-8장에서는 형과 아버지에 대해 이르는 말로, 자제子弟, 즉 한 집안의 아들이자 아우인 젊은이를 일컬음. 그리고 나머지는 모두 문인門人을 일컬음.
2 **弟**(제): 제悌와 같음. 1-2 주석 5 참조. 여기서는 윗사람을 공경함을 이름.
3 **謹而信**(근이신): 말을 삼가서 신실信實하게 함. 주자는 '근'은 행동이 상도常道에 부합함이고, '신'은 말이 신실함이라고 해 전자는 행동을, 후자는 말을 두고 일렀다고 풀이함. 하지만 앞뒤 문의文意에 따르면, 공자의 본의는 '효'·'제'가 행동의 문제이고, '근'·'신'은 말의 문제인 것으로 보임. 말을 삼감이야말로 진정 신실할 수 있는 요체일 것임.

4 汎(범): 널리, 두루.

5 衆(중): 중인衆人, 뭇사람.

6 親仁(친인): 인한 사람을 특히 가까이함. '친'은 친애함, 가까이함. '인'은 여기서는 인인仁人을 이름. 이 '친인'은 앞의 '애중愛衆'과 짝을 이룸.

7 行(행): 곧 앞에서 말한 '효제'·'근신'·'애중'·'친인'의 행실을 두고 이름.

8 以(이): 곧 '이지以之'의 뜻으로, '지之'가 생략된 형식임. 그것으로써, 그것을 이용하여. '그것(之)'은 앞에서 말한 '여력餘力'을 가리킴.

9 文(문): 옛 글. 곧 고대 문헌으로,『시』·『서』·『역』·『예』·『악』·『춘추』 육경六經을 통칭하는 것으로 보임. 후한의 경학자 마융은 이를 '옛 사람이 남긴 글(古之遺文)'이라고 풀이함.

해설

공자 사상의 지향은 올바른 사람이 되는 이치를 궁구하고 설파함에 있다. 그렇기 때문에 공자는 덕육德育을 우선시하고, 지육智育은 부차로 여겼다. 결국 배움은 도덕의 수양과 실천에 주력해야 하며, 부차적으로 지식의 습득과 증진에 노력을 기울여야 한다는 것이다.

도덕은 인간 행위의 준칙이자 규범으로서 사람됨의 표준이다. 공자는 젊은이들에게 올바른 사람이 되기 위해서 먼저 덕행德行에 힘쓸 것을 강조한다. "군자는 근본에 힘쓴다"(1-2)고 하지 않았던가? 그 가운데서도 특히 '효제'는 '인'의 근본(1-2 참조)으로, 근본 중의 근본이다. 따라서 공자의 가르침은 효제로부터 출발한다. 효제는 한 사람이 어려서부터 가정에서 함양하는 기본 덕행이다. 그 바탕 위에 다양한 인간관계에서 말을 삼감으로써 신실함을 다하고, 뭇사람을 두루 사랑하는 박애博愛를 실행하며, 또한 나아가 인자仁者를 가까이하며 위인爲人의 기본 이치를 배워야 한다. 그리고 여력이 있으면 다시 옛 문헌 속

성현聖賢의 말씀을 공부함으로써 전인全人을 추구한다.

다만 여기서 한 가지 유의할 것이 있으니, "이를 행하고도 여력이 있으면 그제야 옛 글을 공부하는 것이다"라고 한 가르침의 본의를 올바르게 이해해야 한다. 그것은 결코 덕행이 완성된 다음에 비로소 문헌 지식을 공부하라는 말이 아니다. 양자는 선후先後가 아니라 본말本末·주부主副의 문제일 따름이다. 도덕의 수양은 일정한 기간에 완성될 수 있는 것이 아니며, 누구에게나 평생의 과제이다. 따라서 "행유여력行有餘力"이란 덕을 닦고 행하는 틈틈이 남는 심력을 두고 하는 말로 이해된다. 이처럼 지식 위주의 교육보다는 인성과 가치관 교육을 우선시한 공자야말로 진정 '만세萬世의 사표師表'임에 틀림이 없다.

오늘날 우리 사회는 인성 교육의 부재로 인한 온갖 국가 사회적 문제와 폐해가 날로 심각해지고 있다. 게다가 교육의 근본을 무시한, 우리의 근시안적인 의식과 정책으로는 새로운 변화와 개선을 기대하기조차 어려울 것 같아 안타까움을 더한다.

1-7

자하가 말하였다. "아내의 현덕賢德을 높이 사되 미색美色은 대수롭지 않게 여기고, 부모를 모시되 온 힘을 다할 수 있으며, 임금을 섬기되 온몸을 다 바칠 수 있고, 벗과 사귀되 그 하는 말에 신의가 있으면, 그가 비록 아직 제대로 배우지 못했다고 하더라도 나는 반드시 그가 이미 다 배웠다고 하리라."

子夏¹曰: "賢賢易色²; 事³父母, 能竭⁴其力; 事君, 能致⁵其身; 與朋
자하 왈   현현이색   사부모 능갈기력   사군 능치기신   여붕

友交, 言而有信. 雖曰未學, 吾必謂⁶之學矣."
우교 언이유신 수왈미학 오필위 지학 의

주석

1 **子夏**(자하): 공자 만년의 제자 복상卜商. '자하'는 그의 자. 진晉나라 사람으로, 공
자보다 마흔네 살이 적었고, 문학文學에 정통함.

2 **賢賢易色**(현현이색): 이 구절에 대한 후세의 풀이는 '이' 자의 해석에 따라 차이
를 보이는데, 대략 다음과 같음. 주자는 '이'를 '역易', 즉 바꿈, 대체함의 뜻으로
보아 '현인을 존중하는 마음으로 미색을 좋아하는 마음을 바꾼다'는 뜻으로 풀
이했고, 왕염손王念孫은 『광아소증廣雅疏證』에서 '이'를 '여如', 즉 같음의 뜻으로
보아 '현덕을 애호하는 마음이 미색을 좋아하는 마음과 같이 지극하다'는 뜻으
로 풀이함. 반면에 안사고顏師古는 『한서』 「이심전李尋傳」 주注에서 '이'를 '경이輕
易', 즉 대수롭지 않게 여김, 경시함의 뜻으로 보아 '현인을 존중하고 미색을 가
벼이 여긴다'는 뜻으로 풀이함. 또 청대 송상봉宋翔鳳은 『박학재찰기樸學齋札記』
에서 아래 세 구절이 '부모 모시기'·'임금 섬기기'·'친구 사귀기'로 모두 기본적인
인간관계를 말하는 점을 감안하면, 이 또한 분명 하나의 인간관계를 말하는 것
으로 봐야 한다고 함. 아울러 고대에는 부부 사이의 합리적이고 원만한 관계를
대단히 중시했음을 강조함. 한편 양보어쥔과 왕시위엔王熙元은 이상의 해석들
중에서 논리적으로는 송상봉의 풀이가 가장 합당하고, '이' 자는 안사고의 풀이
가 가장 적절하다고 판단했는데, 설득력이 충분하여 따를 만함. 요컨대 이를 아
내에 대한 남편의 가치관 문제로 보아 '(남편이 아내의) 현덕을 중시하고 미색을 경
시한다'는 뜻으로 이해해야 함. 앞의 '현'은 동사로, 어질게 여김, 즉 높이 삼을 이
름. 뒤의 '현'은 명사로, 현량賢良한 품성·덕성을 이름. '색'은 여인의 미색을 이름.
이 구절을 '현인 존중의 문제'가 아니라 '부부 사이의 문제'로 봐야 하는 데에는
고대인들의 의식 또한 중요한 근거임. 고대인들은 인륜의 문제에서 부부의 존재
의의가 지대하다고 인식했는데, 『주역周易』 「서괘전序卦傳」에서 "만물이 있은 후
에 비로소 남녀가 있게 되었고, 남녀가 있은 후에 비로소 부부가 있게 되었으며,

……그러한 후에 예의가 일정한 정도로 시행되기에 이르렀다(有萬物然後有男女, 有男女然後有夫婦, ……然後禮義有所錯)"라고 하고,『예기』「내칙편內則篇」에서도 "예의는 정중한 부부 관계에서 비롯한다(禮始於謹夫婦)"라고 함. 이처럼 고대인의 의식 속에는 무엇보다 부부 사이의 원만한 관계가 바로 인륜 도덕의 시원始原이요, 발단으로 인식되었음. 따라서 이 구절을 부부 사이의 윤리 문제로 이해하는 것이 더욱 설득력을 가짐. 『중용』에서 "군자의 도는 부부에서 비롯한다(君子之道, 造端乎夫婦)"라고 한 것이나,『순자』「대략편大略篇」에서 "부부의 도는 바르지 않아서는 아니 되나니, 그것은 곧 군신君臣·부자지도父子之道의 근본이다(夫婦之道, 不可不正也, 君臣父子之本也)"라고 한 것도 모두 고대인들의 의식과 사상적 맥락을 같이함. 아무튼 여기서 이 같은 '부부 윤리'의 문제를 부자·군신·붕우의 윤리 문제에 앞서 거론하는 것은 충분히 논리적 타당성을 가짐. 반면 이를 여색을 좋아하는 마음을 바꾸어 현인을 존중한다는 뜻으로 풀이한, 주자의 견해는 앞뒤 문맥상 생뚱한 감을 지우기 어려움.

3 事(사): 섬김, 모심.

4 竭(갈): 다함(盡).

5 致(치): 다함, 바침.

6 謂(위): 말함. 곧 그렇게 생각한다는 뜻을 내포함.

해설

배움의 근본은 윤리 도덕의 실천에 있다는 자하의 견해는, 지육보다 덕육을 중시한 스승 공자의 교육 이념(앞 장 참조)과 완전히 일치한다. 인륜의 핵심인 부부·부자·군신·붕우의 사륜四倫에 어긋남이 없다면, 이미 배움의 지극한 경지에 이른 것이나 다름이 없다는 논리다. 이는 곧 윤리 도덕의 실천이 바로 배움의 궁극적 지향이요, 목표요, 이상임을 천명한 것이다.

혹자는 자하의 이 말이 너무 한쪽으로 치우쳐서, 사람들이 지식의 확충을 경시해 아예 배우지 않는 폐단이 생겨나지 않을까 우려했다.

일리가 있는 얘기다. 그러고 보니, 앞 장에서 "이를 행하고도 여력이 있으면 그제야 옛 글을 공부하는 것"임을 강조한 공자의 가르침이 한결 주전周全하다는 생각도 든다. 아무튼 혹자의 우려에 대해 첸무錢穆는 공문孔門에서 주창하는 배움이란 본디 도덕적 인격의 완성에 중점을 두나, 후세 사람들이 그것을 덕행과 학문學問으로 나누어 둘로 취급함으로써 1-6, 1-7 두 장의 본의를 왜곡했다는 견해를 피력하기도 했다.

오늘날 우리가 학식이니 학문이니 하면, 대개 그 분야의 전문 도서를 많이 읽고 강의를 많이 들으며 공부를 열심히 하여 전문 지식이 해박한 것을 먼저 떠올리기 마련이다. 하지만 그런 해박한 지식도 충분히 '자기화'해 생활 속에서 실제 행동으로 발현되지 않는다면, 과연 무슨 의의와 가치가 있을까? 문득 '자아 내면의 충실'보다는 '남에게 보이기 위한 공부'에 여념이 없는 현대인들이 공자나 자하 같은 옛 성현의 주장에 담긴 참 의미와 지향을 알까 하는 의구심이 든다.

1-8

공자께서 말씀하셨다. "군자가 진중하지 않으면 위엄이 없으나, 열심히 배우면 고루하지 않나니, 언행을 함에는 충성과 신의를 위주로 하고, 자기보다 못한 이를 벗하지 말며, 잘못이 있으면 고치기를 꺼리지 말아야 한다."

子曰: "君子不重¹則不威,² 學則不固,³ 主忠信,⁴ 無友不如己者,⁵ 過
자왈   군자부중 즉불위   학즉불고   주충신   무우불여기자   과

則勿憚⁶改."
즉 물 탄 개

주석

1 **重**(중): 진중鎭重함, 즉 무게가 있고 점잖음. 흔히 이를 신중하다는 뜻으로 풀이하나, 문맥상 적절치 않음.

2 **威**(위): 위엄威嚴함, 즉 존경할 만한 위세가 있어 점잖고 엄숙함.

3 **學則不固**(학즉불고): 이 구절 풀이의 관건은 '고' 자의 의미인데, 공안국은 '폐蔽', 즉 완고함, 고루함으로 보았고, 주자는 견고함으로 봄. 전자가 한결 타당한 견해로 판단됨. 주자는 『집주』에서 이 구절을 앞 구절과 인과관계로 보아 '(군자가 중후하지 못하면 위엄이 없어지고) 그 배운 것도 견고하지 못하게 된다'는 뜻으로 풀이한반면, 『혹문』에서는 또 문세文勢에 자연스럽지 못한 면이 있음을 지적하며, 이 구절을 "마땅히 '불학즉고'라고 해야 한다(當日'不學則固')"라고 함. 그렇다면 '배우지않으면 고루해진다'는 뜻이니, 인과관계가 절로 무너지면서 입론立論의 근거를잃음. 요컨대 이 구절은 앞 구절과는 별개로, 사람들에게 배우기를 힘쓰도록 권고한 것으로 이해해야 함. 일찍이 하안과 형병이 공안국의 견해에 근거해, 군자가 선현先賢의 가르침을 열심히 배우면 박학다식해져 고루하지 않게 된다는 뜻으로 풀이한 것이 옳음. 「양화편」에서 공자가 말한 '육언육폐六言六蔽'(17-8)가 호학하지 않음으로써 빚어지는 폐단을 설명했다면, 여기서 말한 '학즉불고'는 곧호학의 효과를 강조함.

4 **主忠信**(주충신): (언행을 함에) 충성과 신의를 위주로 함. 한대 정현이 '주'를 '친親', 즉 가까이함으로 주해註解한 것을 하안이 따른 이후, 형병과 유보남이 모두 그에 근거해 이 구절을 '충성스럽고 신의가 있는 사람을 가까이한다'는 뜻으로 풀이함. 하지만 이 장의 취지가 사람들에게 군자가 되도록 권면함에 있고, '충신'의덕목이 궁극적으로 나 자신의 존심存心(마음에 새겨두고 잊지 아니함) 문제임을 감안할 때, 앞의 풀이가 한결 나음. 양보어쥔이 '충신'을 도덕의 개념으로 본 것도 같은 배경으로 이해됨. 또 「안연편顏淵篇」의 "주충신(主忠信)"(12-10)도 같은 맥락과의미로 이해할 수 있음. 한편 공자가 말하는 '충', 즉 충성은 온 정성과 성심을 다함을 이르며, 그것은 1-4장 "위인모이불충호爲人謀而不忠乎"의 '충'도 마찬가지

임. 다만 후세에는 이른바 충성이 특히 임금이나 나라에 대한 것으로 변모했으며, 따라서 그 점에 유의해야 함.

5 **無友不如己者**(무우불여기자): '무'는 무毋와 같고, 또 다음 구절의 '물勿'과 같이 ∼ 하지 말라는 뜻임. '우'는 동사로, 벗한다는 뜻임. '불여기자'는 인덕이 자기보다 못한 사람을 이름. 주자는, 벗은 인덕을 닦도록 서로 돕는 존재이므로 벗이 자기보다 못하면 이로움은 없고 손해만 있을 뿐이라고 함. 그런데 만약 사람들이 각기 자기보다 나은 사람과 벗하고자 한다면, 나보다 나은 사람은 오히려 나와 벗하고자 하지 않을 것이 아니냐는 생각에서 예로부터 이 구절의 함의含意에 대해 의혹이 증폭되었는데, 그 점은 대개 다음과 같이 이해할 수 있음. 첫째, 스승과 벗이 모두 인덕을 닦는 데 도움이 되는 존재여야 하므로, 스승은 물론이고 벗도 반드시 자기보다 나은 사람을 택해야 한다는 마음을 가지고 있으면, 자연히 '견현사제見賢思齊'(4-17)하며 겸허하고 공손하게 남에게 배우는 자세를 견지하게 되며, 그러면 현자賢者도 기꺼이 나를 벗하고자 할 것임. 둘째, 벗과 사귈 때는 나보다 나은 점을 보고 배워야지, 나보다 못한 점에 물들어서는 안 됨.

6 **憚**(탄): 꺼림, 두려워함.

해설

여기서 공자는 군자의 이상적 인격 수양의 핵심을 설명했는데, 가장 먼저 강조한 것은 군자의 자존自尊이다. "부중즉불위不重則不威"의 '중'은 진중함, 장중莊重함으로 곧 자존, 자중自重을 말한다. 모름지기 군자는 경솔·경망하지 않고 자존·자중함으로써 경외敬畏의 위엄과 위의威儀를 갖춰야 한다. 「요왈편堯曰篇」에서 "군자가 의관을 정제하고 풍모를 존엄히 함으로써 한껏 위엄이 넘쳐 바라보는 사람들로 하여금 절로 경외케 한다면, 그 어찌 위엄이 있으되 사납지 않은 것이 아니겠느냐?"(20-2)라고 한 것 또한 그 부연 설명이나 다름이 없다.

다음으로 군자는 부단히 학문에 정진함으로써 편협함과 고루함에서 벗어나야 하나니, 그야말로 "군자는 곧고 바르지만, 자신이 믿는 바를 무조건 고집하지는 않을"(15-37) 수 있어야 한다. 그뿐만 아니라 학문적 진전과 성취는 궁극적으로 행동 실천으로 이어져야 하는데, 군자의 언행은 마땅히 충성스러움과 신실함을 위주로 해야 한다. 또한 그렇게 해서 다른 사람을 존중하는 가운데 자신의 품성과 덕성을 갈고 닦아야 한다. 충성스러움과 신실함, 이것이 바로 처세處世와 처사處事의 기본 준칙이다.

"세 사람이 함께 길을 가면 그 가운데에 반드시 나의 스승이 있다"(7-22)고 했다. 따라서 군자는 또 일상의 인간관계 속에서 겸허한 자세로 남에게 본받을 바를 배우고, 자신의 허물을 기꺼이 고쳐나가야 한다. 벗을 사귐은 바로 그런 면에서 볼 때 특히 중요한 의미를 가진다. 벗은 스승에 못지않게 인덕을 닦는 데 도움을 주고받는 존재로서, 품성과 덕성의 수양이나 학문 증진에 있어 피차 교학상장(1-1 '해설' 참조)할 수가 있다. 사람은 누구나 허물이 있고 잘못을 한다. 그리고 '개과改過'하지 않으면 '천선遷善'하지 못할 뿐만 아니라, 원만한 도덕적 수양은 더더욱 기대하기 어렵다. 모름지기 군자라면 잘못이 있으면 고치기를 꺼리지 말아야 한다. "잘못을 하고도 고치지 않는 것, 그것이야말로 진정 잘못이라"(15-30)는 사실을 잊어서는 안 된다.

요컨대 공자는 사람이 진중한 가운데 배우기를 좋아하고 도덕 수양에 힘씀으로써 이상적인 군자의 풍모와 형상을 갖춰가는 길을 일러줬다. 무릇 사람은 위엄과 학식을 겸비하고, 충성과 신의를 중히 여기며, 보다 발전적인 인간관계 속에서 겸허한 자세로 자신을 바르게 가꿔나가야 한다.

1-9

증자가 말하였다. "부모의 장사葬事에 슬픔과 예를 다하고 조상의
제사에 정성과 공경을 다하면, 민정民情 풍속이 돈후해질 것이다."

曾子曰: "愼終¹追遠,² 民德歸厚³矣."
증 자 왈　신 종 추 원　민 덕 귀 후 의

주석

1 愼終(신종): 장례葬禮를 삼감. 곧 부모의 장사에 슬픔과 예를 다함을 이름. '종'은
　마침, 죽음. 곧 장사·장례를 두고 이름.
2 追遠(추원): 조상을 추념追念해 제사祭祀함. 곧 조상의 제사에 정성과 공경을 다
　함을 이름. '추'는 추념함. 곧 제사·제례를 두고 이름. '원'은 돌아가신 지 오래된
　조상(부모 포함)을 이름.
3 厚(후): 돈후함, 인후仁厚함, 순후淳厚함.

해설

효도는 인도仁道의 근본이요, 장례와 제례祭禮는 끝없는 아쉬움과 그
윽한 그리움을 담은 효도의 마지막 단계이다. 그렇기 때문에 공문孔門
유가에서는 장제葬祭를 매우 중시하면서, 특히 상행하효上行下效(위에
서 행하고 아래서 본받음)를 강조했다. 통치자가 솔선수범해 장제에 정성
과 예를 다함으로써 만백성이 교화·감화되어 상하가 모두 음수사원飮
水思源(물을 마실 때면 그 근원을 생각함)하며 효도를 생활화하고, 그러한
가운데 인후한 민풍民風 도덕이 형성되기를 기대한 것이다. 다만 허식
적虛飾的인 후례厚禮·후장厚葬은 결코 유가의 본의가 아님을 알아야 한

다. 일찍이 묵자墨子가 유가를 반대해 박장薄葬을 주장했는데, 그 취지를 제대로 이해하지 못한 아쉬움이 없지 않다.

예로부터 백행百行의 근본이라던 효가, 오늘날엔 그 진정한 의미와 가치를 상실했다는 탄식의 목소리가 높다. 인생의 난제는 역시 '기본'과 '근본'으로 돌아가 풀어야 한다.

1-10

자금이 자공에게 물었다. "선생님께서는 한 나라에 가시면 반드시 그 나라의 정사를 들으시는데, 그것은 선생님께서 요구를 하시는 것인가? 아니면 그 나라에서 먼저 선생님께 말씀을 드리는 것인가?" 자공이 말했다. "선생님께서는 온화함·선량함·공손함·검박儉朴함·겸양함으로 그 나라의 정사를 듣게 되시는 것이니, 선생님께서 구하시는 이치는 아마도 다른 사람들이 구하는 것과는 다르리라!"

子禽[1]問於子貢[2]曰: "夫子[3]至於是[4]邦也, 必聞其政, 求之與[5]? 抑[6]與[7]
자금 문 어 자 공 왈   부 자 지 어 시 방 야, 필 문 기 정, 구 지 여?   억 여
之與[7]?" 子貢曰: "夫子溫良恭儉讓以得之. 夫子之[8]求之也,[9] 其諸[10]
지 여?   자 공 왈   부 자 온 량 공 검 양 이 득 지. 부 자 지 구 지 야,   기 저
異乎[11]人之求之與[12]!"
이 호 인 지 구 지 여

주석

1 子禽(자금): 공자의 제자 진항陳亢. '자금'은 그의 자. 진陳나라 사람. 일설에는 자공의 제자라고 함.

2 **子貢**(자공): 공자의 제자 단목사端木賜. '단목'은 복성複姓이고, '사'가 이름임. '자공'은 그의 자. 衛위나라 사람. 『논어』에 기록된 공자와 제자의 문답은 그와 한 경우가 가장 많음.

3 **夫子**(부자): 옛날 대부 이상의 벼슬을 한 사람에 대한 경칭敬稱. 공자는 노나라의 대사구를 지낸 적이 있기 때문에 제자들이 '부자'라고 불렀는데, 나중에는 이를 그대로 좇아 선생님을 '부자'라고 일컫게 됨. 『논어』에서는 다른 경우도 있지만, 대부분 공자를 지칭함.

4 **是**(시): 지시대명사. 이[此], 그[其].

5 **與**(여): 여歟와 같음. 의문의 어조사. 아래 '여지여與之與'에서 뒤의 '여'도 이와 같음.

6 **抑**(억): 선택의 접속사. 혹은, 그렇지 않으면.

7 **與**(여): 동사로, (말해)줌.

8 **之**(지): 어조사. 주어와 술어 사이에 쓰여서 양자의 연결을 강화함. 형태는 소유격이나 의미는 주격으로 풀이됨. ~은, 는, 이, 가.

9 **也**(야): 어조사. 일시 멈춤의 어기를 나타냄.

10 **其諸**(기저): 부사로, 추측의 뜻을 나타냄. 아마, 어쩌면.

11 **乎**(호): 어於와 같음. ~에, ~와(과).

12 **與**(여): 여歟와 같음. 여기서는 감탄의 어조사. 이는 앞의 '기저其諸'와 호응하여 한결 완곡한 어기를 나타냄. 이에는 자공이 공자 같은 스승이 있다는 데 강한 자긍심을 느끼며 대단히 자랑스럽게 여기는 마음이 짙게 묻어남.

해설 ───────────────────────────────────

자공은 공자 제자 가운데서도 특히 언어에 정통해 성인聖人의 형상과 덕행을 관찰하고 설명하는 데 뛰어났다. 여기서처럼 그가 공자에 대한 다른 사람들의 견해나 오해에 설명을 가한 기록이 『논어』에 여러 차례 보이는데, 대체로 모두 적확的確한 언설로 평가된다.

공자가 열국列國을 주유周遊할 때, 각국 위정자의 예우를 받으며 그

나라 정사에 대해 듣고 자문을 한 것은 그 숭고한 품성과 덕성의 감화에 힘입었다는 게 자공의 생각이다. 온화함·선량함·공손함·검박함·겸양함의 다섯 가지 미덕은 곧 밖으로 드러나는 풍채와 태도로, 공자 내면의 도덕적 수양의 깊이를 짐작케 한다. 한대 왕충이 이른 대로, 이 다섯 가지 풍도로 사람을 대하면 사람들이 절로 나를 존경하고 신뢰하여 마음을 털어놓게 될 것이다.

사람은 누구나 다른 사람에게 뭔가를 구하는 경우가 있다. 한데 어떤 이는 구하고자 갖은 애를 써도 구하지 못하는 반면, 어떤 이는 크게 힘들이지 않고도 쉽게 구한다. 여러 가지 이유가 있겠으나, 필시 그 사람의 도덕적 품성이나 인격적 매력과 상당한 관련이 있을 것이다. 공자는 그야말로 '구하지 않아도 절로 얻는 이치'를 몸으로 보여줬다. 다만 당시의 위정자들은 어느 누구도 공자를 정치 자문 역 이상으로 중용하지는 않았는데, 그것은 그들의 사리사욕이 공자의 정치 이상과 상충했기 때문이다.

1-11

공자께서 말씀하셨다. "아버지가 살아 있을 때는 아들의 뜻을 보고, 아버지가 죽은 뒤에는 아들의 행동을 보아야 하나니, 아들이 죽은 아버지의 처사 원칙을 3년 동안은 고치지 않아야 비로소 효성스럽다고 할 수 있다."

子曰: "父在, 觀其志[1]; 父沒,[2] 觀其行[1]; 三年[3]無改於父之道,[4] 可謂
자왈　부재　관기지　부몰　관기행　삼년　무개어부지도　가위

孝矣."
효 의

주석

1 **其志**(기지)·**其行**(기행): 아들의 뜻·아들의 행동. 곧 아버지가 살아 있을 때는 어떤 일을 아들이 독자적으로 행하기 어려우므로 그 뜻을 보고, 아버지가 죽은 뒤에 는 어떤 일을 아들이 스스로 할 수 있으므로 그 행동을 본다는 말임. 한편 왕시 위엔은 제삼자가 아들의 뜻과 행동을 보고 효·불효를 평가하는 게 아니라, 아들 이 아버지의 뜻과 행동을 살펴서 효도를 한다는 것으로 봐야 한다고 함. 하지만 다음 구절이 아버지가 죽은 후의 아들의 행위에 대한 평가인 점을 감안할 때, 설 득력이 떨어짐.

2 **沒**(몰): 몰歿과 같음. 죽음.

3 **三年**(삼년): 부모 사후死後 3년의 거상居喪 기간을 이름. 유보남은 이를 여러 해 동안의 뜻으로 풀이했는데, 너무 막연한 감이 있어 고대 예법에 규정된 부모의 복상服喪 기간으로 봄이 옳음.

4 **父之道**(부지도): 아버지가 생전에 가사家事를 처리하며 견지한 원칙을 높여 일컬 은 말. 다만 그 가운데 지극히 이상적이고 합리적인 부분이나, 한없이 모순되고 불합리한 부분은 제외됨. 아버지가 지켜온 지극히 바른 '도'라면 평생 그대로 본 받고 따름이 옳고, 한없이 그른 '도'라면 즉시 고침이 가可함. 하지만 그렇지 않 은 부분은 거상 3년간만이라도 마치 아버지가 살아계신 듯이 해 함부로 고치지 않아야 효자라고 할 수 있음. 주자가 아들이 3년 안에 아버지의 도를 고친다면, 그 행한 바가 설령 옳을지라도 효성스럽다고 할 수 없고, 또 3년 동안 고치지 않 는 것은 마땅히 고쳐야 할 바가 있으나 서둘러 고치지 않아도 되는 것을 말한다 고 한 것은 모두 같은 맥락으로 이해됨. 반면 일설에 이를 '마땅히 가야 하는 길 〔當行之路〕'(『집석』)이나 아버지의 품행 가운데 '합리적인 부분'(『역주』)을 이른다고 한 것은 모두 적절치 않음.

자식이 부모를 모시거나 신하가 임금을 섬기며 바른 것을 받들고, 그른 것을 고침은 어쩌면 당연하다. 그렇다면 효자의 심성과 행실은 어떠해야 할까? 물론 선악을 막론하고 부모의 뜻을 무조건 받들어 따르는 것이 효도는 아니다. 증자도 "군자가 말하는 효도란 부모가 표현하기 전에 먼저 그 뜻을 알고 받들어 행하면서 그 정도正道를 부모가 알게 하는 것이다(君子之所謂孝者, 先意承志, 諭父母於道)"(『예기』「제의祭義」)라고 해, 완곡한 방법으로 부모의 그릇됨을 고칠 수도 있음을 강조한 바 있다.

공자는 일찍이 "군자는 부모의 허물은 잊어버리고, 장점은 높여야 한다(君子弛其親之過, 而敬其美)"(『예기』「방기坊記」)라고 했다. 부모의 허물이 심각한 문제를 야기하는 경우가 아님이 전제되어야 하겠지만, 시비是非와 선악에 과민하게 반응할 게 아니라 부모의 심기를 보다 편하고 즐겁게 할 줄 아는 마음가짐을 요구한 것이다. 참된 효도는 무엇보다 부모를 공경하는 마음에서 비롯되어야 한다.(2-7 참조) 부모 생전에는 물론 사후에도 그 마음에 변함이 있어서는 안 된다. 특히 부모가 살아생전에 견지했지만 다소 문제가 있었던 처사 원칙조차 부모가 돌아가신 후에도 일정 기간 동안 차마 고치지 못한다면, 그 효심이 진정 지극하다고 할 수 있다.

공자의 이 같은 가르침은 단지 부모에 대한 공경과 효심을 부각해 강조함에 그 뜻이 있다. 혹여 어쭙잖은 이해로, 이를 변화와 혁신을 반대하는 주장으로 악용해서는 안 된다.

1-12

유자가 말하였다. "예의 작용은 조화를 귀중히 여긴다. 선대의 제왕들이 나라를 다스린 도도 그것을 이상으로 삼아, 크고 작은 정사를 모두 그 같은 원칙에 따라 행하였다. 하지만 조화도 통하지 않는 바가 있으니, 조화의 고귀함만 알고 어떻게든 조화를 추구하며 예로써 절제하지 않는다면, 그것은 세상에서 통할 수가 없다."

有子曰: "禮¹之用,² 和³爲貴. 先王之道⁴斯⁵爲美, 小大由⁶之. 有所
유자왈　　예지용　　화위귀　선왕지도사위미　　소대유지　유소
不行,⁷ 知和而和,⁸ 不以禮節⁹之, 亦不可行也."
불행　지화이화　불이례절지　역불가행야

주석

1　禮(예): 유가에서 주창한 일종의 사회 윤리와 도덕규범 및 생활 준칙으로, 각종 인간관계상 귀천貴賤·장유長幼·존비尊卑·친소親疏·원근遠近의 원만한 질서 유지를 위한 행위 규범과 예의 법도를 말함.

2　用(용): 작용, 효용.

3　和(화): 『중용』에는 "희로애락의 감정이 아직 일어나지 않아 치우치거나 넘치고 모자람이 없는 상태를 '중中'이라 하고, 또 그러한 감정이 일어났어도 모두가 자연 이치에 부합하여 사회규범과 법도에 어그러짐이 없는 상태를 '화和'라 한다〔喜怒哀樂之未發謂之中, 發而皆中節謂之和〕"라고 함. 다만 여기서 유자가 말하는 '화'는 대개 희로애락의 감정이나 어떤 일이 법도와 절도節度에 맞음을 이른다고 할 수 있으니, 곧 조화와 융화, 중화中和, 중용의 뜻으로 이해됨.

4　先王之道(선왕지도): 선대 제왕帝王들의 치국治國·치세治世의 도. '선왕'은 요·순·우禹·탕湯·문·무·주공 등 선대의 제왕으로, 공자가 숭앙하며 이상적 군주의 귀감으로 삼은 성군聖君들을 일컬음.

5　斯(사): 지시대명사. 이(此), 그(其). 곧 예禮의 조화 작용과 정신을 가리킴. 아래

"소대유지小大由之"의 '지'도 이와 같음.

6 由(유): 경유함, 말미암음. 곧 따름, 의거함을 이름.

7 行(행): 행해짐. 곧 두루 통함을 이름.

8 知和而和(지화이화): 조화가 좋고 고귀한 줄을 알고 어떻게든 조화하려고 함. 곧 무리하게 조화를 위한 조화를 추구함을 이름.

9 節(절): 절제함.

해설

'예', 즉 예의와 예절은 사람과 사람 사이의 아름다운 질서 유지를 위해 제정되었다. 그리고 그 작용은 궁극적으로 인심人心에 순응 부합하는 조화와 융화로 사람들이 모두 마음의 평화와 안정을 얻을 때, 비로소 고귀한 가치와 의미를 지닌다. 이 같은 '예'의 고귀한 정신은 공자가 주창하고 숭상한 '중용'의 도를 발양發揚하기에 충분하다. 「요왈편」에서 요임금은 순에게, 순임금은 우에게 각각 양위讓位하며 모두 "진실로 중정中正의 원칙을 받들어 행하도록 하라(允執其中)"(20-1-1)고 당부했다. 공자는 일찍이 순임금이 "지나침과 모자람의 양극단을 잡아 중도로써 백성을 다스렸다(執其兩端, 用其中於民)"(『중용』 제6장)고 했고, 맹자도 "탕왕이 처사에 중도를 견지하였다(湯執中)"(『맹자』「이루하離婁下」)고 했다. 선대의 성군들이 모두 중용의 도로써 치국·치민治民했음을 알 수 있다. 그러므로 공자는 선왕의 도에서 그 근원을 찾아 중용의 덕을 숭상했고, 자사는 또 공자의 뜻에 근거해 『중용』을 지었다. 여기서 유자가 "'예'의 작용은 조화를 귀중히 여긴다"고 한 말도 예란 기본적으로 중용을 핵심으로 함을 강조한 것이다.

요컨대 예의와 법도, 도의와 규범의 본연과 본지本旨를 무시한 채 무리하게 추구한 조화는 그 본연의 아름답고 고귀한 가치와 의의를 갖지 못함을 알아야 한다. 우리가 혹여 본질적 의미는 망각한 채 부질없는 명분과 모양새에 집착하지는 않는지 되돌아볼 일이다.

1-13

유자가 말하였다. "믿음의 언약이 의리에 맞으면 그 말을 이행할 수 있고, 다른 사람을 공경함이 예의에 맞으면 치욕을 당하지 않으며, 사람을 가까이함에 마땅히 가까이할 사람을 잃지 않으면 또한 그를 존경할 만하다."

有子曰: "信^{1}近^{2}於義,^{3} 言可復^{4}也. 恭近於禮, 遠^{5}恥辱也. 因不失
유자왈   신 근 어 의   언 가 복 야   공 근 어 례   원 치 욕 야   인 불 실
其親, 亦可宗也.^{6}"
기 친   역 가 종 야

주석

1 信(신): 신실함. 여기서는 특히 믿음으로써 한 언약을 이름.

2 近(근): 근접함. 곧 맞음, 부합함을 이름.

3 義(의): 의리, 도의道義.

4 復(복): 반복함. 여기서는 (언약을) 실천함, 이행함을 이름.

5 遠(원): 멀리함, 피함, 면免함.

6 "因不失(인불실)…" 2구: 이 구절에 대한 후세의 풀이는 대략 세 가지로 나뉨. 공안국 등은 '인'을 친애함, 가까이함으로, '종宗'은 존경함으로 이해함. 반면에 주자는 '인'을 의지함으로, '종'은 종주宗主로 삼음으로 보고, 청쑤드어 등은 '인'을 혼인함으로, '종'은 동종同宗으로 간주함으로 봄. 각각 '친애함'과 '존경함'으로

풀이한 공안국 등의 견해가 '의지함'과 '혼인함'의 의미를 포괄할 수 있을 뿐만 아니라, 이 장의 취지에 비춰 봐도 의미나 논리가 한결 자연스러워 따를 만함. '역亦'은 또한, 역시. 형병은 사람의 선행善行 가운데 존경하고 존숭할 만한 것이 많으며, 여기서 말하는 것은 그 가운데 한 가지일 뿐이므로 '역'이라고 했다고 함.

해설

이는 우리가 평소의 인간관계에서 자칫 신중하지 못해 회한悔恨에 빠질 수 있는 문제들이다. 믿음과 신의란 도의에 맞을 때 비로소 그것을 지키고 이행할 수 있다. 불의不義를 위한 신의는 지킬 필요도 없고, 지켜서도 안 된다. 신의는 모두가 다 아는 미덕이기 때문에, 우리는 자칫 과신過信하거나 작은 믿음과 작은 신의에도 집착할 수 있다. 그러나 공자는 "(다시 그 아래 등급은) 말은 반드시 신의를 지키려 하고, 행동은 반드시 성과를 내려 하는 사람인데, 그런 이는 외곬으로 고지식한 소인이로다!"(13-20) 하고 비판했고, "신의를 좋아하되 배우기를 좋아하지 않으면 그 폐단은 일도 그르치고 사람에게도 해가 되는 것"(17-8)이라고 했다. 외곬으로 믿음과 신의를 고집하면 결국 소인배에 지나지 않으며, 폐해와 폐단만 부를 뿐이다. 그러므로 "대인군자는 말을 함에 반드시 신실하지는 않고, 행동을 함에 반드시 관철하지는 않으며, 오로지 의리의 소재를 좇을 따름이다(大人者, 言不必信, 行不必果, 惟義所在)."(『맹자』「이루 하」)

공경도 미덕이나, 지나친 공손은 예가 아니다. 예로써 절제되지 않은 공경과 공손은 남에게 업신여김과 치욕을 당하게 하기 십상이다. 「태백편泰伯篇」에서 "공손하기만 하고 예로써 절제할 줄을 모르면 헛

되이 수고로울 뿐"(8-2)이라고 한 것이나, 『예기』「중니연거편仲尼燕居
篇」에서 "공경하지만 예의에 부합하지 않는 것을 아첨한다고 하는데,
……아첨을 하면 자애로운 인덕을 말살시킨다〔恭而不中禮謂之給……給奪
慈仁〕"고 한 것은 모두 예의에 맞지 않는 과공過恭의 폐단을 지적했다.
그러므로 군자는 "다른 사람에게 공손하며 예의를 지킬"(12-5) 따름
이다.

잘못된 인간관계는 심각한 폐해를 낳는다. 『대대례大戴禮』「증자입
사편曾子立事篇」에서 "친애하는 이를 보면 그 사람을 알 수 있다〔觀其所
愛親, 可以知其人矣〕"고 했다. 어떤 사람이 가까이할 사람을 진실로 두루
가까이할 줄 안다면, 그의 인격과 덕성이 방증되니 분명 존경할 만하
다. 그뿐만 아니라 나아가서 그를 벗이나 스승으로 가까이하며 의지
할 수 있고, 인척姻戚으로 맞아들일 수도 있다.

1-14

공자께서 말씀하셨다. "군자가 식사함에 배부름을 추구하지 않고,
거처함에 편안함을 추구하지 않으며, 일을 함에는 민첩하고 근면하
나, 말을 함에는 삼가고 조심하며, 도덕 수양이 높은 이에게 나아가
가르침을 받아 자신을 바로잡는다면, 배우기를 좋아한다고 할 수 있
다."

子曰: "君子食無求飽, 居無求安,[1] 敏[2]於事而慎於言, 就[3]有道[4]而
자왈   군자식무구포   거무구안   민 어사이신어언   취 유도 이
正焉,[5] 可謂好學也已.[6]"
정언   가 위 호 학 야 이

1 "君子(군자)…" 2구: 이는 군자는 일념으로 면학에 몰두하기 때문에 배부름과 편안함을 추구할 겨를이 없다는 말임.

2 敏(민): 민첩함. 곧 부지런히 힘씀을 이름.

3 就(취): 나아감, 다가감.

4 有道(유도): 유도자有道者, 즉 도덕 수양이 높은 사람.

5 正焉(정언): 자기 자신을 바로잡음. '정'은 교정矯正함, 바로잡음. 공안국은 옳고 그름을 묻는 것이라고 했는데, 곧 가르침을 청해 받음을 이름. '언'은 지시대명사 또는 제삼인칭대명사. 여기서는 이로써 자기 자신을 가리킴.

6 也己(야이): 복합 어조사. 강한 긍정과 단정의 어기를 나타냄. '이'는 의矣와 같음.

해설

공자는 일찍이 "나는 결코 태어나면서부터 인생의 진리를 아는 사람이 아니며, 단지 옛것을 좋아하여 급급히 탐구해 터득한 사람일 뿐이다"(7-20)라고 하며 '학이지지자學而知之者'(16-9)임을 자처했다. 그뿐만 아니라 "10호戶밖에 안 되는 작은 마을에도, 반드시 충성스럽고 신실함이 나와 같은 사람이 있을 것이다. 하지만 그 누구도 나만큼 배우기를 좋아하지는 못할 것이다"(5-28)라고 하며, 군자로서 겸허함도 잊은 채 호학함에 대한 강한 자부심을 피력했다. 따라서 학인學人에 대한 공자의 가르침은 자연히 '호학'을 강조하고 권면하는 데서 출발한다. 공자가 말하는 호학은 품행과 지식을 아울러 이르면서도 전자에 치중한다. "안회라는 친구가 배우기를 좋아하여 노여움을 제삼자에게 옮기지 않고, 같은 잘못을 두 번 저지르지 않았습니다."(6-2) 노나라 애공이 공자에게 제자 가운데 누가 가장 배우기를 좋아하는가를 물었을 때 답한 말이다. 공자가 극찬한 안회의 호학이 분명 품행 방면에 치우쳐 있음을 알 수 있다.

여기서 공자는 군자가 호학하는 이상적인 형상을 세 가지 측면으로 제시한다. 먼저 오로지 향학向學에 뜻을 두고 물질적 향유享有보다는 정신적 가치와 이상의 추구에 전념해야 한다. 그 표본은 역시 '한 대그릇의 밥을 먹고 한 바가지의 물을 마시며 누추한 거처에서 살면서도 안빈낙도의 즐거움을 다른 걸로 바꾸지 않는'(6-9 참조) 안회의 호학 정신이다. 진정 배부름과 편안함을 추구하는 마음도 겨를도 없이 오직 안빈낙도할 뿐이다. 또한 군자는 말보다는 행동을 앞세우고, 인성의 함양을 게을리하지 않아야 한다. 지행知行의 합일合一이 이상이다. 이상에 이르는 길은 지난至難한 여정이다. 그렇기 때문에 학인 군자는 또한 나보다 나은 도덕군자에게 나아가 배우며 끊임없이 스스로를 바로잡아가야 한다.

이상은 그야말로 배우기를 좋아하는 사람의 이상적인 모습이다. 이는 오늘날이라고 다르지 않다. 우리도 결국은 이 길을 가고, 이런 모습을 갖춰야 한다.

1-15

자공이 말하였다. "가난하지만 아첨하지 않고, 부유하지만 교만하지 않으면 어떻습니까?" 공자께서 말씀하셨다. "괜찮다. 그러나 가난하지만 도를 즐기고, 부유하지만 예를 좋아하는 것만은 못하다." 자공이 말하였다. "『시경詩經』에서 '뼈와 뿔을 자르고 간 것 같고 / 옥과 돌을 쪼고 간 것 같다'라고 하였는데, 그게 대개 이런 이치를 말하는 것이겠지요?" 공자께서 말씀하셨다. "사야, 이제 너와 『시경』을 논할 수 있겠도다! 네게 조금 전의 그 한 가지 이치를 일러주었더니, 아직 말하지 않은 것까지 미루어 아는구나!"

子貢曰: "貧而無諂,¹ 富而無驕,² 何如³?" 子曰: "可⁴也, 未若⁵
자공왈   빈이무첨   부이무교   하여   자왈   가야   미약
貧而樂,⁶ 富而好禮者也." 子貢曰: "詩⁷云: '如切如磋, 如琢如磨.'⁸
빈이락   부이호례자야   자공왈   시운   여절여차, 여탁여마
其⁹斯之謂¹⁰與¹¹?" 子曰: "賜¹²也, 始可與言詩已矣¹³! 告諸¹⁴往¹⁵
기 사지위 여   자왈   사 야   시가여언시이의   고저   왕
而知來者¹⁶!"
이 지 래 자

주석

1 諂(첨): 아첨함.

2 驕(교): 교만함.

3 何如(하여): 여하如何와 같음. 어떠한가? 이 뜻을 표현할 때 『논어』에서는 모두 이같이 말함.

4 可(가): 좋음, 괜찮음. 곧 다소 부족하거나 아쉬운 점이 있기는 하지만, 그런대로 괜찮음을 이름.

5 未若(미약): 불여不如와 같음. ~만 못함.

6 貧而樂(빈이락): 『사기』「중니제자열전仲尼弟子列傳」과 황간의 『의소義疏』에는 모두 '빈이락도貧而樂道'로 인용되어 있는데, 원래는 분명 그와 같이 아래의 '부이호례富而好禮'와 대구對句를 이뤘을 것임. 정현도 같은 맥락에서, '락'을 도에 뜻을 두고 가난함을 시름하거나 괴로워하지 않는 것을 말한다고 풀이함. 따라서 이에 '도'의 뜻을 더하여 이해하고자 하며, 그것이 곧 공자의 본의일 것임.

7 詩(시): 『시경』. 중국 주나라 때의 시가詩歌 총집總集으로, 당시 열국 사대부의 시작詩作과 민간 가요로 엮어져 있음. 전하는 바에 의하면 공자가 손수 정리했고, 제자를 가르칠 때에도 교재로 활용했다고 함. 고대에는 '시'라고만 일컫다가, 전

국시대 말기에 이르러 비로소 유가에서 '경經'의 명칭을 붙여 경서經書로 존숭함.

8 "如切(여절)…" 2구:『시경』「위풍衛風·기욱편淇奧篇」의 시구로, 오늘날까지 널리 쓰이는 '절차탁마'라는 성어의 출처. '절'은 자름, '차磋'는 갊, '탁琢'은 쫌(뾰족한 끝으로 쳐서 찍음), '마磨'는 갊. 이 두 구절에 대한 후세의 풀이는 두 가지로 나뉨. 첫째, 네 가지 재료의 가공 방법으로, '절'은 뼈, '차'는 상아象牙, '탁'은 옥玉, '마'는 돌을 다듬는 방법인데, 이 네 가지 재료는 각각 서로 다른 방법으로 가공하지 않으면 유용한 기물器物을 만들 수 없다는 데서 이로써 학문이나 성정의 도야를 위한 각고의 노력을 비유함. 둘째, 네 가지 재료의 가공 공정으로, 뼈와 뿔을 다듬을 때는 먼저 자르고 다시 갈아서 매끄럽게 하며, 옥과 돌을 다듬을 때는 먼저 쪼고 다시 갈아서 반드럽게 함을 이르는데, 이는 다듬은 것이 이미 정교한데도 다시 더욱 정교함을 추구하는 것으로, 대개 학문이나 덕행을 부단히 닦음을 비유함. 여기서는 두 가지가 다 통하나, 후자가 보다 적극적이고 진취적인 의미임.

9 其(기): 추측의 어기 부사. 대개, 대략, 아마.

10 斯之謂(사지위): '위사謂斯'의 도치. 이것을 말함. '사'는 지시대명사. 차此와 같음. '지'는 목적어를 전치前置하기 위해 쓴 어조사.

11 與(여): 여歟와 같음. 의문의 어조사.

12 賜(사): 자공의 이름. 1-10 주석 2 참조.『논어』에서 보면, 공자는 제자를 늘 이름으로 불렀음.

13 已矣(이의): 문장 끝에 쓰이는 복합 어조사. '의矣'와 같으나, 다만 긍정의 어기가 강화됨.

14 諸(저): 지시대명사로, 지之와 같음. 곧 자공을 가리킴.

15 往(왕): 기왕의 것. 곧 이미 말한 이치를 이름.

16 來者(내자): 미래의 것. 곧 아직 말하지 않은 이치를 이름.

해설

공자가 시종 강조한 '호학' 정신의 본질은 배움이 이미 상당한 경지에 이르렀는데도 결코 안주하지 않고 더욱 분발하여 끊임없이 정진함이다. 사람이 가난하면 모자람을 채우기 위해 남에게 아첨하기 쉽고, 부유하면 넉넉함만 믿고 스스로 교만하기 쉽다. 그 때문에 자공이 말한 "가난하지만 아첨하지 않고, 부유하지만 교만하지 않"는 것은 분명 훌륭한 인품이다. 그러나 그것은 비록 자신을 곧고 바르게 지키고 있기는 하나, 가난함과 부유함을 망각하거나 초월한 경지는 아니다. 반면 공자가 말한 "가난하지만 도를 즐기고, 부유하지만 예를 좋아하는 것"은 이미 가난함과 부유함을 초월한, 가일층 고상하고 고귀한 경지다. 배우는 사람에게 부단한 정진이 요구되는 것은 바로 그 때문이다.

한편 이 같은 공자의 설명에, 자공은 즉각 『시경』에서 읊은 '절차탁마'의 의미와 연관시켜 학문 도덕상 '정익구정精益求精', 즉 이미 정교한 경지에 이르렀는데도 끊임없이 더욱 정교함을 추구해야 한다는 함의를 깨닫는다. 그러자 평소 제자들에게 '학學'·'사思' 병행(2-15 참조)과 '온고지신溫故知新'(2-11)을 권면해온 공자는, 자공의 '거일반삼擧一反三'(7-8 참조), 즉 하나를 말하면 둘셋을 미루어 앎에 찬사와 격려를 아끼지 않았다.

1-16

공자께서 말씀하셨다. "사람은 다른 사람이 나를 알아주지 않음을 걱정할 것이 아니라, 내가 다른 사람을 알지 못할까 걱정하여야 한다."

子曰: "不患¹人之²不己知,³ 患不知人也."
자왈   불환 인지 불기지   환부지인야

1 患(환): 근심함, 걱정함.

2 之(지): 1-10 주석 8 참조.

3 不己知(불기지): '부지기不知己'의 도치. 부정문에서 목적어가 대명사인 경우에 어기를 강화하기 위해 목적어를 동사 앞으로 옮겨놓은 형식임.

해설

사람은 스스로 내실을 다지고, 다른 사람의 됨됨이를 알아보는 혜안慧眼을 기를 뿐, 헛된 명성을 추구해서는 안 된다. 공자가 여기서 배우는 사람들에게 "사람들이 알아주지 않아도 성내지 않"(1-1)는 군자를 목표로 정진하라고 강조한 것은 바로 그 때문이다.

자신의 재학才學과 도덕 수준을 남이 알아주기를 바람은 인지상정人之常情이다. 사람은 본디 허명虛名을 좇을 소지가 다분한 것이다. 하지만 배움은 근본적으로 자기 발전을 위한 것이며, 남이 나를 알아주지 않는다 해도 내가 잃을 것은 아무것도 없다. 그러므로 공자는 "다른 사람이 나를 알아주지 않음을 걱정할 것이 아니라"고 한다. 이뿐만이 아니다. 공자는 『논어』에서 누차 같은 뜻의 말을 반복했다. "자신을 알아주는 사람이 없음을 걱정하지 말고, 사람들이 알아줄 만한 사람이 되도록 해야 할 것이다."(4-14) "다른 사람이 나를 알아주지 않음을 걱정하지 말고, 스스로 훌륭한 자질을 갖추지 못함을 걱정하여라."(14-31) "군자는 스스로 참된 재능이 없음을 근심할 뿐, 다른 사람이 자신을 알아주지 않음은 근심하지 않는다."(15-19) 한마디로 "군자는 일의 탓이나 해법을 자기에게서 찾"(15-21)아야 한다는 것이다.

반면에 내가 다른 사람을 알아보는 혜안은 그야말로 필수 불가결하다. 사람이 만약 어리석은 식견과 안목으로 옥석을 가리지 못한다면, 현인을 만나서는 친애하고 존경하며 가르침을 청하지도 못할 것이요, 소인을 만나서는 멀리하고 경계하며 물리치지도 못할 것이니, 양 방면의 손실이 심대할 수밖에 없다. 내가 다른 사람을 여실히 알아보지 못할까 걱정해야 하는 이유다. 다른 사람의 현우賢愚를 알아야만 비로소 "사람은 어진 사람을 보면 그와 같기를 생각하고, 어질지 못한 사람을 보면 자신은 그렇지 않은지 스스로 마음 깊이 반성"(4-17)할 수가 있다.

제2편

위
정

爲
政

「위정편」은 모두 24장으로 나뉘며, 대체로 덕정을 중심으로 한 정치사상을 비롯해 인생 수양과 수학修學의 방법 등을 논했다. 황간은 『예기』「학기편」에서 "군자가 만약 백성을 교화하고 풍속을 개선하고자 한다면, 반드시 '배움'으로부터 시작해야 할 것〔君子如欲化民成俗, 其必由學乎〕"이라고 한 말을 거론하면서, 그것은 곧 먼저 배움을 튼튼히 한 다음에야 비로소 정치를 하며 백성을 교화할 수 있다는 뜻이며, 바로 그 때문에 이 편을 「학이편」 다음에 배열했다고 했다.

2-1

공자께서 말씀하셨다. "덕으로 나라를 다스리는 것은 비유하자면 북극성은 가만히 제자리를 지키고 있는데, 뭇 별들이 다 그 둘레를 에 워싸고 도는 것과 같다."

子曰: "爲政以德,¹ 譬如²北辰,³ 居其所,⁴ 而衆星共⁵之.⁶"
자 왈   위 정 이 덕   비 여 북 신   거 기 소   이 중 성 공 지

주석

1 **爲政以德**(위정이덕): 덕으로 나라를 다스림. 곧 덕치·덕정을 말함. '위정'은 여기
  서는 집정執政과 같은 말로, 정권을 잡고 정치를 행하며 나라를 다스림을 이름.
2 **譬如**(비여): 비유컨대 ~와 같음.
3 **北辰**(북신): 북극성. 고대인들은 북극성을 하늘의 중심으로 생각함.
4 **所**(소): 장소, 자리.
5 **共**(공): 공拱과 같음. 둘러쌈, 에워쌈. 이를 주자는 향向의 뜻으로, 다산은 동同의
  뜻으로 각각 풀이했는데, 그 함의는 이와 다르지 않음.
6 **之**(지): 지시대명사. 곧 앞의 '북신', 즉 북극성을 가리킴.

인仁을 핵심으로 하는 공자 사상의 궁극적인 지향은 두 가지로, 개인 수양의 측면에서 도덕군자요, 현실 정치의 측면에서 인정 덕치이다. 이른바 '위정이덕爲政以德'은 공자 정치사상의 핵심이다. 곧 형벌로 옥 죄기보다는 덕성으로 감화시켜 만백성이 마음으로 따르게 함으로써 성세盛世를 이룩한다는 사상이다. 그러기 위해서는 무엇보다 위정자의 높은 덕성과 고결한 품성이 전제되어야 한다. 그래야만 마음 깊이 백성을 사랑하는 '애민' 정신의 바탕 위에 백성들에게 두루 은혜를 베 푸는 '혜민惠民'의 진정眞情이 이어질 수 있고, 또 만백성은 위정자의 그 같은 높은 덕성과 덕행에 절로 교화되고 감화되어 심복心服함으로 써 '무위이치無爲而治'의 이상 정치를 실현하게 된다. 오늘날에도 최고 통치자를 비롯한 정치인이나 사회 지도층의 도덕성에 대한 요구가 높 은 것 또한 같은 맥락으로 이해된다.

공자는 요·순·우·탕·문·무·주공을 한껏 숭앙했는데, 그들은 모두 각기 내심에 넘치는 도덕 수양에 감화된 천하 만민들이 마음으로 기 뻐하고 성심으로 따름으로써 국태민안國泰民安을 이룩한 성군들이다. 공자가 「위영공편」에서 말했다. "일부러 어떻게 하지 않고도 천하가 절로 잘 다스려지게 한 사람은 아마도 순임금이겠지? 순임금께서 어 떻게 하셨더냐? 스스로 몸과 마음을 갈고닦아 단정하고 엄숙히 임금 의 자리를 지켰을 따름이로다."(15-5) 그야말로 "덕으로 나라를 다스 리면 행동하지 않아도 절로 감화되고, 말하지 않아도 절로 믿으며(爲 政以德, 則不動而化, 不言而信)""일부러 뭔가를 하지 않아도 천하가 절로 귀심歸心하나니(無爲而天下歸之)"(『집주』), 이를 일러 '무위이치'라 할 것이다.

한편 예로부터 일각에서는 '위정이덕'이란 인에 근거해 만물을 화육하고, 의義에 근거해 만민을 바로잡으며, 중화中和의 도에 근거해 예악을 제정하는 등 이미 정치적 행위를 하는 것이므로 결코 '무위'라 할 수 없으며, 단지 '무위' 같은 '유위有爲'일 따름이라고 하는(『정의正義』) 등 반론이 제기되어왔다. 하지만 그것은 최소한의 '인위人爲'조차 철저하게 배척하는 도가의 '무위'와 달리, 유가의 '무위'는 일정 성분의 '인위'를 제한적으로 수용해 인정한다는 점을 간과한 견해일 뿐이다.

2-2

공자께서 말씀하셨다. "『시경』300편을 한마디로 말하면 생각에 사악함이 없다는 것이다."

子曰: "詩三百,¹ 一言而蔽之,² 曰³思無邪.⁴"
자 왈   시 삼 백   일 언 이 폐 지   왈 사 무 사

주석

1 詩三百(시삼백):『시경』의 작품 총수總數를 이르는 말.『시경』의 실제 수록 작품은 모두 305편인데, 옛날에는 흔히 '시삼백'이나 '삼백편三百篇'으로 통칭함.
2 一言而蔽之(일언이폐지): 한마디로 말함, 개괄함. '폐'는 덮음. 곧 개괄함, 요약함을 이름.
3 曰(왈): 여기서는 '~이다'의 뜻.
4 思無邪(사무사): 사상에 사악함이 없음. 곧 사상이나 생각이 순수하고 올바르다

는 말. 이는 원래 『시경』「노송魯頌·경편駉篇」의 시구로, 말(馬)을 기르는 것을 읊은 내용임. 그 때문에 일설에는 '사思'가 원시原詩에서 발어사發語辭인 점을 들어 '사상'으로 풀이하는 것은 마땅치 않으며, '무사'가 원시에서 말이 곧장 앞으로 달려간다는 뜻인 데다 말에게 사악함이나 순정함이 있을 수 없다고 하여 '사악함이 없음'보다는 '참되고 애틋한 정을 거짓 없이 있는 그대로 서술함'으로 풀이해야 한다고 함. 하지만 이는 공자가 사람의 심성을 '온유돈후溫柔敦厚'하게 한다고 믿는 『시경』을 총평總評하는 말로 발췌했음을 감안할 때, 원시의 의미에 얽매인 일설은 오히려 공자의 본의와는 거리가 있는 것으로 판단됨.

해설

『시경』305편은 「풍風」, 「아雅」, 「송頌」 세 부분으로 나뉘며, 「풍」에는 15국풍國風 160편, 「아」에는 대아大雅·소아小雅 105편, 「송」에는 주송周頌·노송魯頌·상송商頌 40편이 각각 수록되어 있다. 공자는 여러 경전 가운데서도 『시경』을 특히 중시했는데, 『시경』이 갖는 교화적 의의와 가치를 높이 샀기 때문이다. 『논어』를 엮은이들이 이 장을 「위정편」에 편입 배열한 까닭 또한 『시경』의 정치·사회적 교화 기능을 중시해서일 것이다.

공자는 일찍이 "그 사람됨이 온유돈후함은 곧 『시경』의 교화 효과이다(是爲人也溫柔敦厚, 詩敎也)"(『예기』「경해經解」)라고 했는데, 여기서는 또 『시경』의 종지宗旨를 '사무사思無邪'로 요약했다. 요컨대 『시경』의 시가 권선징악, 즉 착한 일을 권장하고 악한 일을 징계하는 가운데 사람의 성정을 도야하고 순화하는 교화적 효용을 발휘하는 것은 바로 '사무사', 즉 그 사상의 순정純正·무사無邪함 때문이다. 『사기』「굴원열전屈原列傳」에서 "국풍은 호색적이나 음탕하지 않고, 소아는 원망·비방하나 문란하지 않다[國風好色而不淫, 小雅怨誹而不亂]"라고 했는데, '음탕하지 않고' '문란하지 않음'이란 바로 '무사함'을 부연하는 말이나 다름이 없다. 예나 지금이나 문학·예술 작품의 사회적 효용과 영향이 막대함을 잊어서는 안 된다.

2-3

공자께서 말씀하셨다. "정령政令으로 이끌고 형벌로 다스리면, 백성들이 형벌은 면하더라도 부끄러운 줄을 모른다. 하지만 덕으로 이끌고 예로써 가지런히 하면, 백성들이 부끄러움을 알면서 잘못을 고치고 착해진다."

子曰: "道之以政,¹ 齊之以刑,² 民免³而無恥; 道之以德, 齊之以禮,
자왈   도지이정   제지이형   민 면 이무치   도지이덕   제지이례
有恥且格.⁴"
유 치 차 격

주석

1 道之以政(도지이정): 정령으로 이끎. '도'는 도導와 같음. 인도함, 영도함. '정'은 정령, 즉 법제法制·금령禁令 따위.

2 齊之以刑(제지이형): 형벌로 다스림. '제'는 정제整齊함, 가지런히 함. 곧 따끔하게 다스림을 이름. 앞의 '도道'가 사전의 교도教導라면, 이는 사후의 처벌을 말함.

3 免(면): 양보어쥔이 이른 대로, 진대秦代 이전의 고서古書에서 '면' 자가 단독으로 쓰인 경우는 대개 죄罪나 형刑, 화禍를 면한다는 뜻임.

4 格(격): 이를 정현은 '래來'의 뜻으로 풀이했으니, 곧 선善함으로 돌아온다는 말이고, 하안은 '정正'의 뜻으로 풀이했으니, 곧 잘못을 고치고 바른 길로 돌아온다는

말임. 주자는 '지至'의 뜻으로 풀이하고, 또 선함에 이른다는 뜻을 부연함. 이들 세 사람의 풀이는 결국 매한가지로, 개과천선의 뜻으로 요약됨. 일설에는 가까이 다가감, 귀복歸服함의 뜻으로 풀이하거나 아예 '각恪'으로 써서 공경함의 뜻으로 풀이하기도 하나, 공자의 본의에 비춰 볼 때 모두 위 세 사람의 풀이만 못함.

해설

이 장은 2-1장의 연장선상에 있다. 공자의 정치 이상은 덕정과 예치禮治가 핵심이다. 『예기』 「치의편緇衣篇」에서 말했다. "대체로 덕으로 교화하고 예로써 가지런히 하면 백성들이 향선向善의 마음을 가지나, 정령으로 교도하고 형벌로 다스리면 백성들은 도피逃避의 마음을 갖는다(夫敎之以德, 齊之以禮, 則民有格心; 敎之以政, 齊之以刑, 則民有遯心)." 이는 곧 이 장을 인용해 부연한 것으로, 그 종지宗旨 또한 다르지 않다.

유가의 덕치와 법가法家의 법치, 양자를 어떻게 봐야 할까? 법령이 외부적인 강제 수단이라면, 도덕은 내재적인 자제自制의 역량이다. 법치가 힘으로 사람을 복종시킨다면, 덕치는 덕으로 사람을 감화시킨다. 따라서 전자는 치표治表, 즉 겉만 다스리는 데에 그칠 뿐이나, 후자는 치본治本, 즉 근본을 다스린다. 다만 현실적으로 치세의 이상을 실현하기 위해서는 법치나 덕치, 어느 한 가지만으로는 불가능하다. 최상의 대안은 바로 도덕과 예교禮敎에 의한 교화를 위주로 하면서 법제와 금령으로 보완하는 것이다. 주자가 이른 대로, "정령이 통치의 직접적인 도구이고, 형벌이 통치를 돕는 법제라면, 도덕과 예교는 곧 통치 행위의 근본이며, 도덕은 또 예교의 근본이다. 이들 양자는 서로 끝이 되고 시작이 되어 비록 어느 한쪽도 폐할 수는 없지만, 정령과 형벌은 단지 사람들로 하여금 죄를 멀리하게 할 뿐이다. 그러나 도덕과 예교의 효과는 오히려 능히 백성들로 하여금 날로 개과천선하면서도 스스로는 알지 못하게 할 수 있다. 그러므로 백성을 다스리는 자는 한갓 말단적인 정령과 형벌만을 믿어서는 안 되며, 근본적인 도덕과 예교를 깊이 탐구해야 한다."

2-4

공자께서 말씀하셨다. "나는 열다섯 살에 배움에 뜻을 두었고, 서른 살에는 스스로 일어섰으며, 마흔 살에는 사리事理에 의혹이 들지 않았고, 쉰 살에는 하늘로부터 부여받은 사명을 알았으며, 예순 살에는 귀가 순해졌고, 일흔 살에는 하고 싶은 대로 해도 법도에 어긋나지 않았다."

子曰: "吾十有¹五而志于學,² 三十而立,³ 四十而不惑,⁴ 五十而知天命,⁵ 六十而耳順,⁶ 七十而從心所欲,⁷ 不踰矩.⁸"
자왈　오 십 유 오 이 지 우 학　삼 십 이 립　사 십 이 불 혹　오 십 이 지 천
명　육 십 이 이 순　칠 십 이 종 심 소 욕　불 유 구

주석

1 十有五(십유오): 열다섯 살. '유'는 '우'로도 읽으며, 우又와 같음. 옛날에는 십 단위나 백 단위 등의 수, 특히 사람의 나이를 말할 때는 끝수 앞에 습관적으로 '유/우' 자를 덧붙였음.

2 志于學(지우학): 배움에 뜻을 세움, 둠. '지'는 입지立志함. '우'는 어於와 같음. '학'은 배움. 옛날에는 15세에 태학太學에 들어갔는데, 여기서 '학'이라 함은 곧 군자

의 인격과 품성을 함양함을 목표로 하는 학문을 이르는 것으로 이해됨.

3 立(립): 배움의 길을 가며 상당한 진보와 성취가 있어 사회적으로 능히 자립함.

4 不惑(불혹): 사물의 당연한 이치에 통달하여 의혹을 갖거나 미혹하지 않음.

5 天命(천명): 『설문해자』에서 "천명이란 하늘이 나로 하여금 그렇게 하게 한 것을 말한다(天命者, 言天使己如此也)"라고 함. 곧 하늘로부터 부여받은 사명을 이름. 한 편 주자는 이를 천도天道가 널리 운행하며 사물에 부여된 것으로, 만사만물萬事 萬物이 마땅히 그러한 소이所以라고 함. 곧 하늘이 주재하는 세상 만사만물의 생성과 발전의 근본 원리와 법칙이라는 말임. 하지만 공자의 구학求學 역정의 전후 맥락에서 볼 때, 이는 공자의 본의와는 거리가 있어 보임.

6 耳順(이순): 귀가 순해짐. 곧 자신과 상이하고 상반되는 의견이나 언론 또는 마음에 맞지 않고 거슬리는 반응이나 자극에 대해, 동요하거나 미혹되지 않으면서 전혀 귀에 거칠거나 거슬리지 않는 경지를 이름. 그와 같이 상이하고 상반되며 거슬리고 맞지 않는 일체의 외부 현상들도 각기 나름의 소이연所以然, 즉 그리된 까닭이 있음을 알아야 하며, 일체의 소이연을 통달하고 나면 자신은 물론 타자他 者도 알게 되고, 옳은 까닭은 물론 옳지 않은 까닭도 알게 되므로 귀에 거칠거나 거슬리지 않을 수 있음. 이를 정현은 남의 말을 듣고 그 함의를 이해함으로, 주자 는 다른 사람의 말을 들으면 곧 마음으로 통달하여 귀에 거슬리는 바가 없나니 그 앎이 지극해 사색하지 않아도 바로 심득心得함으로, 양보어원은 남의 말을 들 으면 곧 그 진위眞僞와 시비是非를 변별할 수 있음으로 각각 풀이했는데, 모두 그 심도深度나 경지境地 면에서 미흡함이 있음.

7 從心所欲(종심소욕): 마음이 하고자 하는 바를 따름. 곧 하고 싶은 대로 함, 마음 대로 함을 이름.

8 踰矩(유구): 법도를 벗어남, 어긋남. '유'는 넘음, 벗어남. '구'는 곡척曲尺. 또 전 의轉義되어 법도法度. 여기서는 인생의 법도, 준칙을 이름.

해설

공자의 일생은 그야말로 배움에 뜻을 두고 한결같이 일로매진一路邁 進(한길로 곧장 거침없이 나아감)한 나날이었다. 공자가 말하는 배움은 지

식의 증진과 도덕의 수양을 아울러 이르지만, 다분히 후자에 치중한
다. 그러므로 어린 시절의 초보적인 학습 단계를 지나 열다섯에 정식
으로 입지立志한 것은 대인군자가 되는 이치를 배우는 학문이었다. 또
서른에 "스스로 일어섰"다고 함은 "예를 공부하지 않으면 입신立身 처
세하기가 어렵다"(16-13)는 당시 사회에서 예의범절에 맞는 언행으로
당당히 자립했음을 말한다. 공자가 일찍이 "예의를 통해 사회적으로
우뚝 선다"(8-8)고 했는데, 이 또한 같은 맥락에서 한 말일 것이다. 「자
한편」과 「헌문편」에서 모두 "지혜로운 사람은 미혹하지 않는다"(9-29,
14-29)고 했는데, 공자는 마흔에 바야흐로 사리에 두루 통달해 의혹이
들거나 미혹하지 않는 '지자智者'의 경지에 이르렀다.

공자는 또 인생의 중요한 전환의 시기인 쉰에는 '지천명', 즉 천명을
아는 단계에 들어갔다. 그것은 물론 숙명론으로 기울었다는 뜻이 아
니라, 천도에 대한 깊은 통찰과 교감交感으로 하늘이 당신 자신에게
부여한 사명을 깨달았다는 말이다. 공자는 평소 "나를 알아주는 것은
아마도 하늘뿐이리라!"(14-36)라고 강조했다. 그뿐만 아니라 일찍이
송나라 환퇴桓魋에게 살해 위협을 받았을 때에는 "하늘이 나에게 구세
의 덕성을 주셨거니, 환퇴가 감히 나를 어떻게 하겠느냐?"(7-23)라고
하며 강한 자신감을 보였다. 이 모두는 곧 공자가 당신이 자임自任하
는, 문화 교육을 통한 구세의 사명이 하늘로부터 부여받은 것임을 깊
이 인식하고 자부하였음을 말해준다.

'천명을 알았다'는 것은 곧 천명을 저버리지 않았다는 말이다. 공자
는 진정 "하늘을 원망하지도 않고, 사람을 탓하지도 않으며, 오로지
아래로 인간사를 배우고, 위로 천명을 알았을 뿐"(14-36)이었으며, 예

순에는 다시 진일보하여 자타自他와 시비是非의 소이연을 꿰뚫어 보며 대아적大我的 포용성을 발휘하는 '이순' 단계에 다다랐다. 또한 그러한 과정을 거쳐 일흔에 이른 공자는 마침내 도덕적 수양이 극에 달하면서 주관적 사상·의식과 인생의 법도·도리가 절로 하나 되어 어긋남이 없었다. 그야말로 "편안히 행하며 힘쓰지 않아도 절로 중정지도中正之道에 부합하는(安而行之, 不勉而中)"(『집주』) 성인聖人의 경지였다.

첸무는 이상에서 '지학'·'입'·'불혹'의 3단계는 배우는 사람이 힘써서 이룰 수 있으나, '지천명' 이상은 주관적인 노력으로 미칠 수 있는 바가 아니라고 했다. 물론 공자 같은 성인의 자질은 천부적일 것이다. 그러나 그 점이 우리가 면학을 게을리하는 구실이 될 수는 없다. 정자程子가 이른 대로, "공자께서는 태어나면서부터 아셨는데도, 군이 배워서 그 지극한 경지에 이르렀다고 하신 것은 후인後人을 권면하여 앞으로 나아가게 하신 것이다(孔子生而知之也, 言亦由學而至, 所以勉進後人也)."

2-5

맹의자가 효에 대해 여쭙자, 공자께서 말씀하셨다. "예를 어기지 않는 것입니다." 번지가 공자의 수레를 몰고 가는데, 공자께서 그에게 말씀하셨다. "맹손씨孟孫氏가 나에게 효에 대해 묻기에, 내가 '예를 어기지 않는 것'이라고 대답하였다." 번지가 말하였다. "그게 무슨 말씀입니까?" 공자께서 말씀하셨다. "부모님이 살아계실 때는 예로써 섬기며, 돌아가시면 예로써 장사 지내고, 또 예로써 제사드리는 것을 말한다."

孟懿子¹問孝. 子曰: "無違.²" 樊遲³御,⁴ 子告之曰: "孟孫⁵問孝於我,
맹 의 자 문 효 자 왈   무 위   번 지 어   자 고 지 왈   맹 손 문 효 어 아

我對曰: '無違.'" 樊遲曰: "何謂也?" 子曰: "生, 事之以禮; 死, 葬
아 대 왈   무 위   번 지 왈   하 위 야   자 왈   생 사 지 이 례 사 장

之以禮, 祭之以禮."
지 이 례 제 지 이 례

주석

1 **孟懿子**(맹의자): 노나라 대부 중손하기仲孫何忌. '의'는 시호諡號. 중손씨仲孫氏는
   춘추시대 중엽 이후 노나라 권신權臣으로 전횡을 일삼은 '삼가三家'(3-2 주석 1 참
   조)의 하나로, 나중에는 '맹손孟孫'으로 성姓을 바꿈. 맹의자의 아버지 맹희자孟
   僖子, 즉 중손확仲孫貜이 임종 때, 특별히 아들에게 공자를 찾아가 예를 배우라고
   유언했다고 함.
2 **無違**(무위): 예를 어기지 않음. 이는 목적어가 생략된 말로, 아래의 문의에 비
   춰 볼 때 그 목적어는 분명 '예'일 것임. 혹자는 옛날에는 예를 어기는 것을 그냥
   '위違'라고 표현했다고 함.
3 **樊遲**(번지): 공자의 제자 번수樊須. 자는 자지子遲인데, 흔히 '번지'라 일컬음. 노나
   라 사람. 일설에는 제齊나라 사람이라고 함. 공자보다 36살(일설에는 46살)이 적었
   다고 함.
4 **御**(어): 수레를 몲.
5 **孟孫**(맹손): 곧 맹의자를 약칭한 것임.

해설

춘추시대 노나라 '삼가三家'는 하늘을 찌를 듯 세도勢道를 부리며 참
례僭禮(분수를 넘는 무례를 범함)를 일삼았다. 그들은 당시 신분에 따라 정
해진 예법을 어기고, 대부로서 때로는 제후의 예를 쓰기도 하고, 심지

어는 천자天子의 예를 쓰는 것도 서슴지 않았다. 그들의 이러한 참례와 위례違禮(예를 어김) 행위는 공자가 아주 심각한 문제로 여기며 통탄해 마지않았다. 이 장은 바로 그 같은 우려와 통탄의 발로로, 은근하면서도 강력한 경고의 의미를 담아 진정한 효도가 무엇인지를 설명했다.

효도란 '어기지 않는 것'이다. 공자의 이 말을 번지가 이해하지 못한 것을 보면, 맹의자라고 제대로 이해했을 리가 없다. 어쩌면 맹의자는 물론이거니와 많은 사람들이 자칫 '부모의 뜻'을 어기지 않는 것이 효도라고 오해할 수도 있다. 『효경』「간쟁장諫諍章」에서 공자가 말했다. "부모에게 바른 말로 간諫하는 자식이 있으면 곧 그 부모가 불의不義에 빠지지 않을 것이니, 부모의 불의한 언행에 직면하여 자식은 바른 말로 간하지 않을 수가 없다[父有爭子, 則身不陷於不義. 故當不義, 則子不可以不爭於父]." 부모에 대한 맹목적인 순종은 결코 진정한 효도가 아니라는 말이다. 이 때문에 공자는 효도의 참된 의미가 번지를 통해서 맹의자에게 전달되기를 바라면서 설명을 덧붙였는데, 참된 효도란 정해진 예법을 어기지 않아야 한다는 것이 핵심이다. 불급不及한 예가 불효임은 말할 것도 없거니와, 과례過禮나 참례는 결국 부모를 참람僭濫한, 즉 분수에 맞지 않게 너무 지나친 지경에 빠뜨리는 것이니 더욱 불효임을 알아야 한다.

한편 공자가 말한 부모 생전이나 사후에 자식이 행하는 효도에 대해 형병이 구체적으로 부연하여 이해를 돕는데, 참고할 만하다. 이른바 '생전에 예로써 섬김'은 겨울에는 따뜻하게, 여름에는 시원하게 해드리고, 저녁에는 편안히 쉬고 주무실 수 있도록 해드리며, 새벽에는 안부를 여쭙는 것 등이다. '사후에 예로써 장사 지냄'은 관곽棺槨과 수의壽衣를 마련해 시신을 거두고 좋은 묏자리를 보아 안장하는 것이요, '예로써 제사 지냄'은 봄가을로 제물을 차려 제사를 지내며 돌아가신 부모를 애모哀慕하는 것이다.

어느 사회든 그 나름의 예법, 즉 예의로써 지켜야 할 규범이 있다. 참된 효도란 바로 그 같은 예법의 범위 안에서 자식의 도리를 다하는 것이다. 누군가 말했듯이, 사람이 부모에게 효도하고자 하는 마음은 비록 끝이 없으나 그 분수는 한계가 있나니, 할 수 있는데도 하지 않는 것과 할 수 없는데도 하는 것은 모두 불효이다. 중요한 것은 진정 어린 공경이요, 진심 어린 친애와 애모의 정이다.

2-6

맹무백이 효에 대해 여쭙자, 공자께서 말씀하셨다. "부모란 오직 자식이 병들까 걱정할 따름이다."

孟武伯¹問孝. 子曰: "父母唯其疾之憂.²"
맹 무 백 문 효　자 왈　　부 모 유 기 질 지 우

주석

1 **孟武伯**(맹무백): 맹의자(2-5 주석 1 참조)의 아들 중손체仲孫彘. '무'는 시호.
2 **唯其疾之憂**(유기질지우): 이는 '지' 자를 써서 목적어를 동사 앞으로 옮겨 놓음으로써 어기를 강화한 것으로, 곧 '유우기질唯憂其疾'의 도치임. 이에 대한 후세의 풀이는 크게 두 가지로 나뉘는데, 관건은 제삼인칭 소유격 대명사인 '기'가 부모

와 자식 가운데 누구를 가리키냐임. 먼저 부모를 가리키는 것으로 본 경우는 이러함.『회남자淮南子』「설림훈편說林訓篇」에서 "부모의 병을 걱정하는 것은 자식이고, 치료하는 것은 의사이다(憂父之疾者子, 治之者醫)"라고 한 데 대해, 후한 고유高誘의 주에 이르기를 "『논어』에서 '부모에 대해서는 오직 그 병듦을 걱정한다'고 하였으므로 여기서 부모의 병을 걱정하는 것은 자식이라고 한 것이다(論語曰: 父母唯其疾之憂, 故曰憂之者子)"라고 함. 또 왕충의『논형論衡』「문공편問孔篇」에서 "맹무백이 부모에 대해 많은 걱정을 하므로 오직 그 병듦만을 걱정하라고 한 것이다(武伯善憂父母, 故曰唯其疾之憂)"라고 한 것임. 다음으로 자식을 가리키는 것으로 본 경우는 후한 마융이 "효자는 함부로 잘못을 저지르지 않으며, 오직 병이 난 후에야 부모로 하여금 걱정을 하게 한다(言孝子不妄爲非, 唯疾病然後使父母憂)"거나 주자가 "부모가 자식을 사랑하는 마음은 미치지 않는 데가 없으나 유독 자식이 병이 날까 두려워하여 항상 근심함을 말한다(言父母愛子之心, 無所不至, 唯恐其有疾病, 常以爲憂也)"라고 한 것임. 이상 두 가지 견해가 일반적으로는 모두 다 통함. 다만 공자가 평소 인재시교, 즉 학생의 성품이나 능력, 지향志向 등에 따라 개인별 맞춤 교육을 했다는 데에 의거하면, 마융과 주자의 풀이가 보다 적절함. 맹무백은 노나라 권문세가의 자손으로 어려서부터 응석받이로 자랐는데,『좌전』의 기록에 따르면 재능은 뛰어나지 않으면서 지기는 싫어하고 또 고집까지 셌다고 함. 그의 시호인 '무'도 시법諡法에 따르면 강건剛健·강경强勁하고 정직正直·무사無私한 사람에게 썼다고 하니 그의 사람됨을 짐작할 만한데, 맹무백은 필시 함부로 잘못을 저지를 소지가 많은 사람이었을 것임. 그 때문에 공자는 맹무백이 부모란 자식이 부귀·현달하기보다도 불의不義에 빠져 세상의 지탄을 받고 가문에 누가 되지 않기를 바라는 마음이 더욱 절실함을 헤아려, 진정한 효자라면 어쩔 수 없는 "질병 이외에는 함부로 잘못을 저질러 부모에게 걱정을 끼쳐서는 안된다(疾病之外, 不得妄爲非法貽憂於父母也)"(형병의 말)는 경계의 뜻을 담아 답한 것으로 보임.

해설

『효경』「기효행장紀孝行章」에 "효자가 부모를 섬기면서 만약 부모가 병이 들면 한없이 근심스런 마음으로 돌봐드려야 한다(孝子之事親也, 病

則致其憂)"라고 했다. 당연한 말이다. 자식이 어찌 부모의 병환을 걱정하지 않을 수 있겠는가? 하지만 맹무백과 같은 사람이라면 오히려 자신의 행실을 한껏 삼감으로써 "부모로 하여금 자식이 불의에 빠진 일로 근심하지 않도록 하는 것(使父母不以其陷於不義爲憂)"(『집주』)이 더 큰 효도라는 게 공자의 생각이다. 이는 보다 심층적인 의의가 있는 가르침인바, 진정한 효도는 부모의 마음을 편안하고 기쁘게 해드리는 것임을 잊지 말아야 한다.

2-7

자유가 효에 대해 여쭙자, 공자께서 말씀하셨다. "오늘날의 효는 단지 부모를 능히 부양하는 것을 말하나, 개나 말도 모두 사람이 능히 기르는 바가 있으니, 만약 부모를 공경하지 않는다면 그것을 어떻게 구별하겠느냐?"

子游¹問孝. 子曰: "今之孝者, 是²謂能養,³ 至於犬馬, 皆能有養,⁴ 不
자 유 문 효   자 왈   금 지 효 자   시 위 능 양   지 어 견 마   개 능 유 양   불
敬, 何以別乎?"
경   하 이 별 호

주석

1 **子游**(자유): 공자의 제자 언언言偃. '자유'는 그의 자. 오吳나라 사람으로, 공자보다 마흔다섯 살이 적었고, 문학文學에 뛰어났음. 자하·자장子張과 함께 공자 만년의 우수한 제자로 이름이 남.
2 **是**(시): 단지, 다만.

3 養(양): 이를 형병과 주자는 음식으로 공양供養하는 것이라고 한 반면, 다산은 가까이에서 받들어 모시는 것이라고 함. 다만 문맥상 이는 대개 의식주 위주의 물질적 부양을 이르는 것으로 이해됨.

4 "至於(지어)…" 2구: 개나 말도 모두 사람이 능히 기르는 바가 있음. '지어'는 ~에 대해서는, ~으로 말하자면. 곧 화제를 바꾸어 유관有關 및 부대附帶 사항을 언급할 때 쓰는 접속사. 이 구절에 대한 후세의 풀이는 대략 두 가지로 나뉘는데, 하안의 『집해集解』에 따르면, 하나는 개나 말도 사람을 위해 집을 지키거나 힘들여 수고하므로 그들 또한 사람을 봉양한다고 할 수 있다는 것이고, 다른 하나는 사람이 개나 말도 '기른다(養)'는 것임. 다만 전자는 논리의 비약이 다소 지나치니, 개나 말은 사람이 부리는 동물로 그들이 사람을 모신다고 보기는 어려움. 공자가 '~능양能養'이라고 하지 않고, '~능유양能有養'이라고 한 것은 곧 사람이 부모를 봉양할 뿐만 아니라, 개나 말도 기를 수 있다는 뜻을 나타내고자 한 것으로 보임. 한편 청대 유보남을 비롯한 유가 일각에서는, 후자의 풀이는 결국 개나 말로 부모를 비유하게 되므로 의미상 무리가 있어 통하기 어렵다고 함. 하지만 자식이 부모를 공경하는 마음도 없이 단지 물질적으로만 부양함을 강조하기 위해, 사람이 개나 말을 기르는 것으로 다소 극단적인 비유를 했을 뿐이라고 이해함이 옳음.

해설

자유는 사람을 대함에 친애함은 넘치나 공경함이 부족했다고 한다. 공자의 '인재시교'를 다시 확인할 수 있는 대목이다. 공자는 부모에 대한 효도에서 물질적인 부양은 너무나 당연하다는 견지에서, 무엇보다 부모를 공경하는 것이 핵심임을 강조했다. 공자가 『예기』 「방기편」에서 "소인들도 모두 능히 그 부모를 부양하나니, 만약에 군자가 부모를 공경하지 않는다면 어떻게 그들을 분별하겠는가?(小人皆能養其親, 君子不敬, 何以辨)"라고 한 것도 같은 맥락의 가르침이다. 증자는 "효에는 세 가지가 있는데, 가장 큰 효는 부모를 존경함이요, 그다음은 부모를

욕되게 하지 않음이요, 마지막으로 부모를 능히 부양함이다(孝者三: 大
孝尊親, 其次不辱, 其下能養)"(『대대례』「증자대효曾子大孝」)라고 했고, 맹자는
"먹이기는 하나 사랑하지 않으면 돼지로 기르는 것이요, 사랑하기는
하나 공경하지 않으면 개나 말로 기르는 것이다(食而弗愛, 豕交之也; 愛而
不敬, 獸畜之也)(『맹자』「진심 상盡心上」)라고 했는데, 모두가 공자 사상의
직·간접적인 부연이나 다름이 없다. 요컨대 부모를 '효경孝敬'하는 사
람이 바로 진정한 효자라는 뜻이니, 아무리 세월이 흐르고 시대가 변
한다 하더라도, 이 같은 효의 기본 정신은 변할 수 없으리라.

2-8

자하가 효에 대해 여쭙자, 공자께서 말씀하셨다. "부모를 봉양함에
있어 무엇보다 자식이 그 얼굴빛을 온화하게 하는 것이 어렵다. 일이
있으면 젊은이가 그 노고를 맡아서 하고, 술과 음식이 있으면 어른이
먼저 맛보게 하는 것, 설마 그런 것을 가지고 효라고 하겠느냐?"

子夏問孝. 子曰: "色難.¹ 有事, 弟子²服³其勞; 有酒食,⁴ 先生⁵饌,⁶
자하문효 자왈   색난   유사 제자복기로 유주사   선생 찬
曾⁷是⁸以爲孝乎?"
증 시 이위효호

주석

1 色難(색난): 이에 대한 후세의 풀이는 두 가지로 나뉨. 정현 등은 자식이 부모를
   받들어 모실 때 항상 그 얼굴빛을 온화하게 하기가 어려움으로 보았고, 포함과

마음 등은 자식이 부모의 여러 가지 얼굴빛을 잘 받들어 모시기가 어려움으로 봄. 주자는 전자를 따르면서 후자도 통한다고 함. 『예기』「제의편」에서 "효자가 부모와 육친에 대해 깊은 사랑이 있는 사람은 반드시 온화한 기운이 있고, 온화한 기운이 있는 사람은 또 반드시 유쾌한 기색이 있으며, 유쾌한 기색이 있는 사람은 또 반드시 온순한 용모가 있다(孝子之有深愛者, 必有和氣; 有和氣者, 必有愉色; 有愉色者, 必有婉容)"라고 했고, 여기서 공자의 말도 부모보다는 자식에게 초점을 맞춘 것으로 보이므로 이치상 전자가 타당함. 만약 후자의 의미라면, 다산이 이른 대로 '승순부모색난承順父母色難'이라고 하거나 양보어쥔이 이른 대로 '시색위난侍色爲難'이라고 해야 할 것임.

2 弟子(제자): 젊은이. 황간은 자제子弟를 말한다고 하나, 재론의 여지가 있음.

3 服(복): 복무함, 맡아 힘씀.

4 食(사): 명사로, 먹을거리를 뜻함. 현재는 '주식主食', '부식副食' 등과 같이 '식'으로도 읽음.

5 先生(선생): 어른. 마융은 부형을 말한다고 하나, 그 역시 재론의 여지가 있음. 공자의 뜻은 젊은이가 어른을 섬기며 힘든 일을 대신하고, 맛있는 음식을 먼저 드시게 하는 것은 상례常禮이며, 그런 정도를 효라고 하기는 미흡하다는 것임. 이 때문에 여기서 '제자'는 '자제'보다는 젊은이이고, '선생'은 '부형'보다는 어른으로, 일반적인 예법을 이르는 것으로 이해함이 옳음.

6 饌(찬): 먹고 마심. 다산은 진열함이라고 했는데, 음식을 차려 내어 맛보게 한다는 말이니, 결국 같은 뜻임.

7 曾(증): 곧, 바로. 여기서는 이에 설마, 의외로의 뜻을 함축함.

8 是(시): 지시대명사. 이(此), 그(其). 곧 상술한 두 가지 일을 가리킴.

해설

젊은이가 어른을 섬기며 힘든 일을 대신하고, 맛있는 음식을 먼저 들게 하는 것은 상례, 즉 누구나 지키는 보통의 예법이다. 그런 상례를 효라고 보기는 어렵다. 그러므로 공자는, 무릇 자식은 최대한 온화한 얼굴빛으로 부모를 봉양해야 함을 강조했다. 이는 앞 장의 취지와

도 맥락이 닿아 있다. 자식이 부모에 대해 깊이 공경하는 마음이 있으면 그 기색은 필시 공손할 것이요, 깊이 친애하는 마음이 있으면 그 기색은 필시 온화할 것이다. 사람의 얼굴빛은 진심과 진정眞情의 발로인 까닭에 거짓으로 꾸밀 수 있는 것이 아니다. 남조南朝 문사文士 안연지顏延之가 이른 대로, "대개 기색이 온화하면 정감과 심지心志가 통하지만, 부모를 잘 봉양하려는 마음이 반드시 그 기색을 온화하게 하는 것보다 먼저 있어야 하므로 '어렵다'고 한 것이다(夫氣色和, 則情志通, 善養親之志者, 必先和其色, 故曰難也)."(『의소』) '색난色難'은 결국 '심난心難'이다. 공자가 일찍이 "부모를 섬기면서 부모의 허물은 완곡하게 간해야 하나니, 간하는 뜻을 표하였으나 부모가 따르지 않더라도, 여전히 공경하고 거역하지 아니하며, 근심할지언정 원망하지 않아야 한다"(4-18)고 한 것도 자식 된 이가 '심난'과 '색난'을 기꺼이 극복하고, '색양色養'(얼굴빛을 온화하게 하여 봉양함)과 '효경'을 다할 것을 권면함에 그 뜻이 있다.

『논어』에서 효에 대해 물은 것은 이상의 네 장에 보이는 맹의자·맹무백·자유·자하 네 사람이다. 한데 공자의 대답은 모두 달랐으니, 같은 문제를 두고도 학생 개개인의 개성과 상황에 따라 상이한 방식과 내용으로 가르친, 이른바 '인재시교'의 전형을 볼 수 있다. 이에 대해서는 정자의 설명이 참고할 만하다. "공자께서 맹의자에게 말씀하신 것은 뭇사람에게 말씀하신 것이요, 맹무백에게 말씀하신 것은 그 사람이 우려할 만한 일이 많았기 때문이요, 자유는 부모를 부양하기는 잘하지만 혹시 공경하기를 잘못할까 해서요, 자하는 강직하고 정의롭지만 혹시 온화한 기색이 적을까 해서인바, 각기 그 재질의 높고 낮음과 단점들에 따라 일러주셨기 때문에 그 말씀이 같지 않은 것이다."

2-9

공자께서 말씀하셨다. "내가 안회와 함께 하루 종일 이야기를 하였는데, 묵묵히 내 말을 한 마디도 거스르지 않아 마치 어리석은 사람 같았다. 그러나 이야기를 마치고 나와 그의 사생활을 살펴보니, 내 가르침을 또한 충분히 스스로 깨달아 실천하나니, 안회는 결코 어리석지 않도다."

子曰: "吾與回^{1}言終日, 不違^{2}如愚. 退而省其私,^{3} 亦足以^{4}發,^{5} 回也
자왈   오여회 언종일 불위 여우 퇴이성기사   역족이 발   회야
不愚."
불우

주석

1 **回**(회): 안회顔回. 공자가 가장 아끼던 제자. 자는 자연子淵. 『논어』에서는 흔히 안연顔淵이라 일컬음. 노나라 사람으로, 공자보다 서른 살(일설에는 마흔 살)이 적었다고 함. 가정 형편이 심히 빈한했으나 평생 벼슬하지 않고 안빈낙도했으며, 총명하고 호학하여 문일지십聞一知十, 즉 하나를 들으면 열을 알았다고 함. 훌륭한 품행으로 이름이 났으며, 공자가 여러 차례 그의 현덕을 칭찬함. 애석하게도 일찍 죽어 공자가 한없이 비통해함. 후세에는 그를 '복성復聖'으로 존숭함.

2 **不違**(불위): 어기지 않음. 곧 묵묵히 듣기만 할 뿐 질의를 하거나 반론을 제기하지 않음을 이름. 이를 유보남은 공자의 말을 이해하지 못한 것 같음이라고 했고, 주자는 뜻이 서로 어긋나지 않아 묵묵히 듣기만 함이라고 함. 이 장은 안회가 처음 공자에게 배우기 시작한 시기의 일을 기술한 것으로, '여우如愚'라는 말과 연

관시켜 볼 때, 당시 공자가 '불위'하는 안회에게서 받은 느낌은 아마도 유보남의
생각과 같았을 것임.

3 退而省其私(퇴이성기사): 여기서 '퇴'의 주체는 안회로, '성'의 주체는 공자로 보
는 것이 일반적임. 반면 남송의 이학가理學家 장경부張敬夫는 "부자퇴이성기사夫
子退而省其私"라고 하여, 양자의 주체를 모두 공자로 보았는데(『혹문』), 문맥이나
문법에 비춰 볼 때 오히려 장경부의 견해가 타당함. '퇴'는 물러남. 곧 공자가 안
회와의 담론 내지 강론講論을 마치고 나옴을 이름. '성'은 살핌, 살펴봄. '기사'는
그의 사생활. 곧 스승 공자와의 담론을 마치고 난 이후 안회의 일상생활 속 언행
을 이름.

4 足以(족이): 족히·충분히 ~할 수 있음, ~하기에 족함·충분함.

5 發(발): 발명發明, 즉 (공자의 가르침을) 스스로 깨달아서 밝힘. 다산은 '발'이란 꽃망
울이 맺혀 있다가 꽃이 활짝 핌과 같은데, 여기서 공자의 말이 간결하고 엄격함
은 마치 꽃망울이 맺혀 있음과 같고, 안회가 공자의 뜻을 밝히는 것은 마치 꽃이
활짝 피어남과 같다고 함.

해설

공자는 일찍이 자공이 "안회는 하나를 들으면 열을 안다"고 한 데 크
게 공감하며, 심지어 당신도 안회만 못하다고까지 했다.(5-9 참조) 하
지만 그런 안회도 스승의 가르침에 조금도 거스르지 않아 마치 어리
석어 보였다고 하니, 진정 '대지약우大智若愚', 즉 크게 지혜로운 사람
은 오히려 어리석어 보이는가보다. 그것은 필시 안회가 문하에 들어
온 지 얼마 되지 않아서, 공자가 아직 그에 대해 잘 모를 때의 일일 것
이다. 『순자』「대략편」에 이르기를 "배우기에 능한 사람은 그 이치를
다 잘 안다(善學者盡其理)"라고 했는데, 공자가 「선진편」에서 "안회는
나를 도와주는 사람이 아니로다. 그는 내가 하는 말에 기뻐하지 않는
경우가 없나니"(11-4)라고 한 것을 보면, 안회는 '선학자善學者'였음에

틀림이 없다. 그뿐만이 아니다. 안회는 "배우고 또 그것을 수시로 익히는"(1-1) 일상 속에서 스승의 가르침을 한껏 발명함으로써 공자를 놀라게 했다. 공자가 「자한편」에서 "내가 일러주면 실천하기를 게을리하지 않는 사람은 아마도 회뿐이겠지?"(9-20)라고 감탄한 것 역시 이와 무관하지 않다. 아무튼 공자는 여기서 당신의 가르침을 묵묵히 이해하고 깨달아 일상에서 일일이 실천하는 안회의 태도와 품성을 마음속 깊이 흡족해하며 칭송했다. 다른 사람을 가르치는 스승의 보람과 즐거움이란 분명 이런 것이리라.

2-10

공자께서 말씀하셨다. "그 의도를 보고, 방법을 관찰하며, 편안히 여기는 바를 고찰한다면, 그 사람이 어떻게 자신의 사람됨을 숨길 수 있겠느냐? 그 사람이 어떻게 자신의 사람됨을 숨길 수 있겠느냐?"

子曰: "視¹其所以,² 觀³其所由,⁴ 察⁵其所安.⁶ 人焉⁷廋⁸哉⁹? 人焉廋
자 왈   시 기 소 이   관 기 소 유   찰 기 소 안   인 언 수 재   인 언 수
哉?"
재

주석

1 視(시): 일반적으로 봄을 이름.

2 以(이): 하안은 '용用', 즉 용의用意·의향意向의 뜻으로, 다산과 첸무는 '인因', 즉 기인起因·원인의 뜻으로 보았는데, 두 견해가 의미상 상통하며, 곧 행위의 의도나 동기를 이름. 주자는 '위爲', 즉 행함의 뜻으로 보았는데, 곧 행위의 선악善惡을

이름. 하지만 전자가 후자에 비해 한층 본질적인 의의가 있어 보다 타당한 것으로 판단됨.

3 觀(관): '시視'보다 자세히 봄을 이름.

4 由(유): 하안은 경유함으로, 주자는 따름으로 보았는데, 양자가 의미상 상통하며, 곧 행위의 수단과 방법, 방식을 이름.

5 察(찰): '관觀'보다 자세히 살펴봄을 이름.

6 安(안): 주자는 즐거워함이라고 하고, 다산은 그치어 옮기지 않음이라고 함. 양자가 역시 의미상 상통하며, 곧 "인자안인仁者安仁"(4-2)의 '안'과 같은 뜻으로, 마음 깊이 편안하고 즐겁게 여김을 이름.

7 焉(언): 의문사. 어찌, 어떻게. 일설에는 어디.

8 廋(수): 숨김, 감춤.

9 哉(재): 어조사. 의문사와 함께 쓰여 의문이나 반문의 어기를 나타냄.

해설

공자는 「학이편」에서 "사람은 다른 사람이 나를 알아주지 않음을 걱정할 것이 아니라, 내가 다른 사람을 알지 못할까 걱정하여야 한다"(1-16)고 하여, '지인知人', 즉 사람의 됨됨이를 알아보는 식견과 안목을 갖는 것이 무엇보다 중요함을 강조했다. 그리고 「공야장편」에서는 "처음에 나는 다른 사람에 대해 그의 말을 듣고 그의 행실을 믿었지만, 이제는 다른 사람에 대해 그의 말을 듣고도 그의 행실을 살펴보나니"(5-10)라고 하여, '지인'하기 위해서는 그 말보다는 행동을 면밀히 살펴볼 필요가 있음을 일깨웠다. 그런가 하면 또 "다른 사람이 하는 말의 시비선악을 분별해 알지 못하면 그 사람의 됨됨이를 알 수가 없다"(20-3)고 하여, 다른 사람이 하는 말의 진의를 간파할 줄 알아야 함을 역설하기도 했다.

이 장은 곧 '지인'의 방법을 설명하고 있다. 일차적으로 유념해야 할 것은 바로 그 동기나 의도가 순수하냐 아니냐요, 그다음은 그 수단과 방법이 정당하냐 아니냐이다. 행위의 동기나 의도가 아무리 순수하더라도, 수단과 방법이 정당하지 않다면 비난을 면키 어렵다. 일찍이 공자가 "부귀함은 모든 사람이 다 바라는 것이나, 정당한 방법으로 얻지 않으면 군자는 그것을 누리지 않는다"(4-5)고 하고, 또 "의롭지 못하게 부유하고 또 존귀함은 나에게 있어서는 뜬구름과 같은 것이다"(7-16)라고 한 것은 모두 같은 맥락의 가르침이다.

한 사람의 위인을 평가하는 데 이상의 두 가지면 족할까? 그렇지 않다. 그 두 가지보다 더 핵심적이고 궁극적인 의의를 갖는 것이 따로 있으니, 곧 그 결과나 성과에 대해 진심으로 편안히 여기느냐 그렇지 않느냐를 자세히 살펴보는 것이다. 주자가 이른 대로, "그 수단과 방법이 아무리 선善하더라도, 마음이 즐거운 바가 그에 있지 않다면 그 또한 위선僞善일 따름이니, 어찌 오래도록 변하지 않을 수 있겠는가?" 일의 모든 단계가 다 무난하더라도, 그 결과나 성과에 진심으로 즐거워하지 않는다면 위선이라는 비판에 떳떳이 맞서기는 어려울 것이다. 공자가 일찍이 "거친 밥을 먹고 찬물을 마시며 팔베개하고 누워도 즐거움이 또한 그 가운데에 있나니"(7-16)라고 하였고, 안회 또한 편안히 안빈낙도하며 그 "즐거움을 다른 걸로 바꾸지 않았으니"(6-9), 두 분이야말로 진정 성인 군자의 비범한 품격의 소유자였음을 믿어 의심치 않게 한다.

2-11

공자께서 말씀하셨다. "배운 것을 거듭 익혀서 새로운 것을 깨달아 알면 다른 사람의 스승이 될 수 있다."

子曰: "溫故而知新,[1] 可以爲師矣."
자 왈　온 고 이 지 신　가 이 위 사 의

주석

1 溫故而知新(온고이지신): 이에 대한 후세의 풀이는 '고'와 '신' 두 글자의 해석에 따라 대략 세 가지로 나뉨. 먼저 황간·형병 등은 하안의 주해를 좇아 '이미 배운 것을 복습하여 잊어버리지 않게 하고, 또 평소 알지 못하던 것을 새로 배워서 안다'는 뜻으로 풀이했고, 주자는 '이미 배운 것을 수시로 익혀서 새로운 것을 터득한다'는 뜻으로 풀이했으며, 왕충은 '고'와 '신'을 '고古'와 '금今'의 뜻으로 보아 '옛것도 알고 지금 것도 안다'는 뜻으로 풀이함. 여기서 주자의 견해가 다른 양자의 의미까지 포괄할 뿐만 아니라, 보다 심층적이고 창의적인 의의를 띠고 있어, 공자의 본의에 가장 가까운 것으로 판단됨. '온'은 온습溫習, 즉 복습함, 거듭 익힘. '고'는 주자가 '예전에 들은 것(舊所聞)'이라고 했듯이, 이미 배운 지식이나 이치를 말함. 한편 이 '고'를 흔히 '옛것'으로 풀이하나, 오로지 옛 문물만을 높여 소중히 여긴다는 폐단이 있어 적절치 않음. 누구보다도 중용의 미덕을 강조한 공자가 이처럼 편향된 안목과 시각을, 사람들을 가르치고 이끄는 스승의 자질로 제시했을까? '지'는 (배우지 않은 것을) 스스로 깨달아 앎을 이름. '신'은 주자가 '지금 새로이 터득한 것(今所得)'이라고 했듯이, (그 전에 배운 적이 없는) 새로운 지식이나 이치를 말함.

해설

다른 사람을 가르치고 이끄는 스승이라면 '선지先知'는 기본이요, '선각先覺'은 더더욱 필수 불가결하다. 공자가 '온고이지신溫故而知新'을 스승의 핵심 조건과 자질로 꼽은 이유도 바로 그 때문이다.

이른바 '온고이지신'이라는 한마디는 배움(學)과 가르침(敎)에 대한 공자의 근원적 인식과 통찰의 표현이요, 결정結晶이다. 무릇 구학求學, 즉 배움의 추구는 다름 아닌 바로 '온고'와 '지신'의 과정이요, 또한 그런 과정이어야 한다. '온고'는 곧 "학이시습지學而時習之"(1-1), 즉 배우고 또 그것을 수시로 익히는 것으로, 일차적으로 외부로부터 뭔가를 배워 익히는, 가장 기본적인 배움의 단계이다. 그리고 '지신'은 바로 '온고'의 과정을 통해서 새로운 뭔가를 스스로 깨달아 아는 것으로, 보다 심층적이고 창의적이며 발전적인 배움의 단계이다. 여기서 '지'는 물론 반드시 '자구自求', 즉 스스로 추구하여 '깨달아 아는 것'이요, '신'은 또한 반드시 '자득自得', 즉 스스로 터득한 '새로운 것'이어야 한다. 새로운 지식이나 이치, 그리고 그것을 탐구하고 터득하는 방법까지 결코 사전에 다른 누구로부터 배우지도, 또 스스로 알지도 못했던 것임은 두말할 나위가 없다.

예나 지금이나 사람이 배우는 과정은 단지 '온고'의 단계에 머물러 있을 뿐, '지신'의 단계로 나아가지 못하는 경우가 적지 않다. 그것은 바로 '온고'에서 '지신'으로 도약 발전해가기 위해 필수 불가결한 '창의적인 사고와 사유'를 하지 못하기 때문이다. "배우기만 하고 생각하지 않으면 쉬이 배운 지식에 얽매이고, 생각하기만 하고 배우지 않으면 옳고 그름을 가리지 못해 위험하다."(2-15) 이는 공자가 배우는 사람은 반드시 '학이사지學而思之', 즉 열심히 배우면서 또 그 배운 것을 깊이 음미하고 '생각하는 공부'를 해야 함을 강조한 말이다. 공자가 일찍이 또 '거일반삼擧一反三'(7-8 참조)의 논리로 배우는 이의 이해력과 연상聯想 및 창의적 사고력을 중시하고 강조한 것도 물론 같은 맥락의 가르침이다.

배움에서 가장 중요한 것은 배운 내용을 기억하고 서술하는 것이 아니다. 바로 '온고이지신'을 달성하는 것이니, 그것이야말로 진정 배움의 극치이다. 또한 가르침에서 가장 중요한 것은 지식 전수가 아니다. 바로 계발啓發, 즉 배우는 이의 지혜와 슬기를 일깨워주는 일이다. 그것이야말로 진정 '자구'·'자득'의 학습 능력을 배양하여, 배우는 이가 궁극적으로 '온고이지신'으로 나아갈 수 있도록 이끄는, 가르침의 극치이다. 다시 말해 진정한 가르침이란 배우는 이가 무언가를 할 줄 알도록 배우게 하는 것이 아니라, 무언가를 배울 줄 알도록 이끌어주는 것이다. 오늘날 대학 교육의 목표를 흔히 '독학 능력의 배양'에 둠도 바로 그 때문일 것이다. 공자는 당시에 이미 이 같은 교육철학에 깊은 사유思惟와 조예가 있었고, 그리하여 이른바 '계발식 교육'(7-8 해설 참조)을 창안해 실시하는가 하면, '배운 것을 거듭 익혀서 새로운 것을 깨달아 알면 다른 사람의 스승이 될 수 있다'는 궁극적이고 이상적인 지향을 제시했다. 이는 사실상 교수자의 교학 원칙론과 방법론 및 교육관에 대한 이상적 지향을 제시함과 동시에 학습자의 바람직한 자세와 태도를 아울러 일깨워준다.

아무튼 '온고이지신'은 배움의 길을 가는 사람이라면 누구나 마땅히 실천해야 하며, 특히 다른 사람을 가르치는 스승이 되고자 하는 사람이라면 더더욱 반드시 갖춰야 할 자질이요, 조예이다.

2-12

공자께서 말씀하셨다. "군자는 그릇처럼 특정한 기능과 역할에 국한되지 않는다."

子曰: "君子¹不器.²"
자 왈   군 자 불 기

주석

1 君子(군자): 재덕才德이 출중한 인격자人格者.
2 器(기): 기물, 그릇. 일반적으로 그릇이란 각기 특정한 용도에 적합해, 피차간에 통용하기가 어려움. 그 때문에 여기서는 그릇으로 한 가지 재능이나 기예만을 갖춘 사람의 면모를 비유함.

해설

『예기』「학기편」에 이르기를 "'대도'는 그릇처럼 특정한 용도에 국한되지 않는다(大道不器)"라고 했다. 무릇 성인군자라면 인생의 '대도'를 궁구하며 경세제민經世濟民의 원대한 포부를 실현하기 위해 정진해야 한다. 그러므로 진정한 군자는 정형적定型的 인물일 수 없으며, 진실로 학식이 높고 도량이 넓어 무소불통無所不通(통하지 않는 바가 없음)의 통재通才요, 대인大人이며, 또한 그런 인격자여야 한다. 공자 교육 사상의 궁극적 지향은 결국 '불기不器'의 군자를 배양하는 것이다.

한편 날로 분업화, 전문화되어가는 현대사회에서는 '군자불기'의 의의가 다한 것이 아니냐는 의혹이 제기될 수 있다. 주자가 이른 대로 "높은 덕성을 이룬 선비는 인성의 본체를 갖추지 않은 바가 없으며, 그러므로 그 작용이 두루 미치지 않는 바가 없으며, 결코 단지 한 가지 재능과 한 가지 기예에 한정되지 않는다." 다시 말해 공자가 강조한 군자의 형상은 특정한 상황에 한정되지 않고 어떠한 상황에서도 전체 국면을 두루 꿰뚫어 가장 적절히 대처할 줄 아는 영도적 인물로 이해될 수 있으며, 그렇다면 그 의의는 현대사회에도 여전히 유효하다. 문득 오늘날 우리의 교육이 올바른 방향으로 나아가고 있는지 의아해진다.

2-13

자공이 군자에 대해 여쭙자, 공자께서 말씀하셨다. "군자는 자신이 말하려는 것을 먼저 행하고, 그다음에 비로소 그것을 말한다."

子貢問君子. 子曰: "先行其言,[1] 而後從之.[2]"
자 공 문 군 자   자 왈   선 행 기 언   이 후 종 지

주석

1 其言(기언): 그 말. 곧 자신이 하려고 하는 말을 이름.
2 從之(종지): 곧 애초에 하려고 한 말을 비로소 한다는 뜻임. '종'은 따름, 딸림. '지'는 앞의 '기언其言'을 가리킴.

세상사 말하기는 쉬워도 행하기는 어렵다. 사람은 누구나 자칫하면 식언食言하기 십상이다. 사람이 말보다 행동을 앞세워야 함은 그 때문이다. '언행일치'가 우리의 영원한 화두인 까닭도 바로 그 때문이다. 더욱이 군자라면 '중행신언重行愼言(행하기를 중시하고 말하기를 신중히 함)'하고 '선행후언先行後言(행동을 먼저하고 말을 나중에 함)'해야 한다.

증자가 말했다. "(공자께서는) 선善을 들으면 반드시 몸소 실행하고, 그다음에 비로소 다른 사람을 이끄나니, 이는 선생님께서 능히 노고를 마다하지 않는 것이다(聞善, 必躬行之, 然後導之, 是夫子之能勞也)."(『공자가어孔子家語』「육본六本」) 이를 보면 공자는 몸소 선행후언을 실천하며 솔선수범했음을 알 수 있다. 그뿐이 아니다. 공자는 『논어』에서 그 같은 취지를 거듭 강조하기도 했다. "일을 함에는 민첩하고 근면하나, 말을 함에는 삼가고 조심한다."(1-14) "옛날에 사람들이 말을 함부로 하지 않은 것은 자신의 행동이 그에 따르지 못함을 부끄럽게 여겼기 때문이다."(4-22) "군자는 말은 신중히 하고, 행동은 민첩하게 하려고 한다."(4-24) "사람이 큰소리를 치면서 부끄러워하지 않는다면, 그 말을 실천하기는 어렵다."(14-21) "군자는 자신이 하는 말이 그 행동 범위를 넘어서는 것을 부끄럽게 여긴다."(14-28) 또한 『예기』「치의편」에서도 말했다. "말을 한 후에 반드시 그대로 실행하면 그 말을 꾸밀 수가 없고, 행동을 한 후에 반드시 그대로 말하면 그 행동을 꾸밀 수가 없다. 그러므로 군자는 말을 적게 하고 행동을 함으로써 그 성신誠信함을 이룬다(言從而行之, 則言不可飾也; 行從而言之, 則行不可飾也. 故君子寡言而行, 以成其信)." 공자가 사람들에게 중행신언을 권면함이 참으로 간곡하다.

2-14

공자께서 말씀하셨다. "군자는 두루 융화하나 사사로이 결탁하지
않고, 소인은 사사로이 결탁하나 두루 융화하지 않는다."

子曰: "君子周¹而不比,¹ 小人²比而不周."
자 왈   군 자 주 이 불 비   소 인 비 이 부 주

주석

1 周(주)·比(비): '주'는 두루 융화함. '비'는 사사로이 결탁함. 공안국은 충성과 신의
   를 다함이 '주'요, 사사로이 작당作黨함이 '비'라 했고, 주자는 두루 친후親厚함이
   '주'요, 편당偏黨을 지음이 '비'라고 했으며, 왕인지王引之는 공의公義로 합치는 것
   이 '주'요, 사리私利로 합치는 것이 '비'로, 합침은 같으나 그 소이는 다르다고 함.
   이상에서 주자의 견해가 가장 무난한바, 대개 '주'는 두루 융화하며 정의와 공익
   을 추구함이요, '비'는 사사로이 결탁하여 사리와 사욕을 꾀함으로 이해됨.
2 小人(소인): 『논어』에서 흔히 군자(1-1 주석 14 참조)와 대비해 거론되는 인물 형상
   으로, 신분 지위나 도덕 수양이 낮은 사람을 일컬음. 여기서는 후자, 즉 도덕 수
   양이 결여된 사람을 가리킴.

해설

군자는 처세함에 있어 기꺼이 두루 융화하지만 결코 사사로이 결탁하
지는 않는다. 반면 소인은 그와 정반대다. 군자는 도의를 추구하지만,
소인은 사리를 탐한다. 군자와 소인의 처세 태도가 다른 것은 바로 그

때문이다. 또한 그 밑바탕에는 그들의 도덕적 품격의 격차가 그대로 작용하고 있다. 그러므로 공자는 사람들에게 끊임없이 도덕 수양을 권면했다.

2-15

공자께서 말씀하셨다. "배우기만 하고 생각하지 않으면 쉬이 배운 지식에 얽매이고, 생각하기만 하고 배우지 않으면 옳고 그름을 가리지 못해 위험하다."

子曰: "學而不思¹則罔,² 思而不學則殆.³"
자 왈   학 이 불 사 즉 망   사 이 불 학 즉 태

주석 ─────────────

1 思(사): 사고함, 사색함, 사변思辨함.
2 罔(망): 포함은 망연히 얻는 바가 없음으로, 황간은 무망誣罔·기만당함으로 각각 풀이함. 주자는 전자를, 다산은 후자를 따름. 한편 왕시위엔은 이 '망'이 그물 '망網'과 통하는 데 착안해 구속됨·얽매임으로 풀이함. '학이불사學而不思'의 폐단에 있어 삼자는 일맥상통함이 있으나, '얻는 바가 없음'이 일차적이라면, '기만당함'과 '얽매임'은 이차적이요, 보다 궁극적이라고 할 수 있음. 다만 '기만당함'은 '얽매임'으로 인해 빚어진 하나의 현상에 불과하므로, 왕시위엔의 견해가 가장 적절해 따를 만함.
3 殆(태): (시비선악을 분별하지 못해) 위태로움, 위험함. 포함·황간·형병은 정신적으로 피로함으로, 주자는 위태롭고 불안함으로, 왕인지는 의혹에 싸여 시비是非를 판정하지 못함으로 각각 풀이함. 포함 등의 견해는 문자나 문의文意에 비춰 볼 때

다소 거리가 있음. 주자와 왕인지의 견해는 피차간에 인과因果적 상관성이 있는데, 전자가 보다 궁극적인 의미를 띰. 다산은 이를 시비·사정邪正을 판정할 수 없어 위태롭다는 뜻으로 풀이함. 이 밖에도 『논어』에서 쓰인 '태' 자(2-18, 15-11, 18-5)는 모두 위태롭다는 뜻으로 풀이됨.

해설

학습이 외부로부터 지식이나 사리事理를 습득하는 과정이라면, 사색은 내면적으로 그 함의와 진리를 터득하는 과정이다. 배우는 사람에게 이 두 가지는 필수 불가결하다. 그러한 과정을 거쳐야만 비로소 '온고지신'(2-11)할 수 있다. 하지만 공자도 "나는 일찍이 온종일 먹지도 않고 밤새도록 자지도 않으면서 괜한 생각에 빠졌었는데, 아무 도움도 되지 않았나니, 진정 공부를 하는 것만 못하더라"(15-31)라고 했듯이, 만약 그 둘 가운데 어느 한 과정이라도 빠트린다면, 소기의 성과는커녕 그 폐해가 자못 심각할 것이다. 배운 지식에 쉬이 얽매여 하나만 알고 둘은 모르는 미련과 편협에 빠질 수도 있고, 옳고 그름을 가리지 못해 생각지도 못한 위험에 빠질 수도 있다. 그러므로 배우는 사람은 반드시 '학이사지學而思之', 즉 열심히 배우면서 그 배운 것을 깊이 생각하며 진일보한 탐구를 할 줄 알아야 한다는 것이 공자의 가르침이다.

「자장편子張篇」에서 자하가 "배우기를 넓게 하고 뜻을 돈독히 하며, 절실히 묻고 가까이 생각한다면"(19-6)이라고 한 것이나, 『중용』에서 "널리 배우고 자세히 묻고 신중히 생각하고 분명히 변별한다(博學之, 審問之, 愼思之, 明辨之)"라고 한 것이나, 맹자가 "사람의 마음이라는 기관은 사고思考를 하는 것으로, 사고를 하면 진리를 터득하나 사고하지 않으면 진리를 터득하지 못한다(心之官則思, 思則得之, 不思則不得也)"(『맹자』「고자 상告子上」)라고 한 것이나, 순자荀子가 "소인의 배움은 귀로 들어서 입으로 뱉어내는데, 귀와 입 사이의 거리가 겨우 네 치밖에 되지 않거니, 어찌 7척의 몸을 두루 아름답게 할 수 있겠는가?(小人之學也, 入乎耳, 出乎口, 口耳之間, 則四寸耳, 曷足以美七尺之軀哉)"(『순자』「권학」)라고 한 것이 모두 '학學'·'사思' 겸행兼行의 중요성을 강조하고 있는데, 이는 곧 공자의 취지를 계승한 것이다.

오늘날 우리도 '학이불사學而不思'와 '사이불학思而不學'은 배우는 이의 두 가지 상반된 극단적 자세와 태도임을 깊이 인식하고, 능히 양자를 아울러 '학이사지'의 생각하는 공부를 해야 한다. 문득 우리의 교육현장에서는 과연 학생들에게 얼마나 생각할 여지를 주고 있는지 우려가 인다.

2-16

공자께서 말씀하셨다. "세상만사를 양극단에 집착하면 심히 해롭다."

子曰: "攻乎異端,[1] 斯[2]害[3]也已.[4]"
자 왈   공 호 이 단   사 해 야 이

1 攻乎異端(공호이단): 이는 흔히 이단異端·사설邪說을 겨냥한 것으로 풀이하나 이론의 여지가 있는데, 응당 샤오민위엔蕭民元의 『변혹辨惑』에서의 견해(이는 청쑤드어의 『집석』에서의 풀이에 근거한 것으로 보임)처럼 '중용'을 강조한 공자의 본의를 읽어내야 함. 먼저 '공'은 전통적으로 전치專治함, 전공專攻함으로 풀이한 데서 진일보하여 '~에 오로지 힘을 쏟음', 곧 집착함, 고집함의 뜻으로 이해됨. 한편 양보어쥔이나 왕시위엔은 「선진편」의 "너희들은 크게 북을 쳐 그를 공박攻駁해도〔小子鳴鼓而攻之〕"(11-17)와 「안연편」의 "자신의 나쁜 점은 비판하되 다른 사람의 나쁜 점은 비판하지 않는다면〔攻其惡, 無攻人之惡〕"(12-21)에서와 같이 공격한다는 뜻으로 봐야 한다고 하나, 그것은 '공호'와 '공'의 문법적 차이를 간과한 견해로 논란의 여지가 있음. '호'는 어於와 같음. '이단'을 하안은 선도善道가 아닌 것으로, 황간은 제자백가의 잡서雜書로, 주자는 성인聖人의 도가 아닌 것으로 보아, 삼가三家가 모두 이단·사설로 풀이함. 하지만 공자 당시에는 유가와 도가의 양대兩大 학설이 결코 서로 이단·적대시하지 않았을 뿐만 아니라, 제자백가의 학설이 아직 흥성하지 않았으므로 그같이 보기는 어려움. 또 다산은 농사나 병법兵法 같은 소기小技·소도小道로, 양보어쥔은 부정확한 의론議論으로 보았는데, 그 또한 적절치 않음. 요컨대 여기서 '이단'은 청쑤드어가 이른 대로(이는 정현의 풀이에 근거함) 『중용』에서 "그 '양단'의 의견을 확실히 파악한 후 그 중용을 취해 백성들에게 시행함〔執其兩端, 用其中於民〕"(제6장)의 '양단'과 같은 말로 이해됨. '양단'은 곧 두 끝을 이르는데, 모든 사물의 성향은 양단이 있으니, 굳셈과 부드러움을 예로 들면 굳셈이 한끝 즉 일단一端이라면, 부드러움은 또 다른 한끝임. 결국 여기서 이른바 '이단'은 사물의 상이相異한 양단, 즉 양극단을 이름. 무릇 양극단을 아울러 최적의 이상理想 상태에 이르는 것이 곧 중용이요, 중도일 것임.

2 斯(사): 즉則과 같음. 일설에는 차此와 같다고 함.

3 害(해): 해로움. 곧 불미不美한 문제를 야기할 수 있다는 말.

4 也已(야이): 어조사. 1-14 주석 6 참조. 일설에는 여기서 '이'를 그치다, 사라지다는 뜻이라고 하나, 문맥상 적절치 않음.

이는 한마디로 양극단을 아우르는 '중용'의 이로움과 중요성을 강조한 것이다. 이 세상에 절대적인 시비, 즉 옳음과 그름이 있을까? 공자가 일찍이 "군자는 천하만사에 있어 반드시 어떻게 해야 된다는 것도 없고, 또 절대로 어떻게 하면 안 된다는 것도 없으며, 오직 알맞고 마땅함에 따를 뿐이다"(4-10)라고 하는가 하면, "하지만 나는 그들과 달라서, 꼭 어떻게 해야 되는 것도 없고, 절대로 어떻게 하면 안 되는 것도 없다"(18-8)라고 하며, 스스로 극단적인 아집에 빠지지 않고 오직 타당성과 합리성을 추구하고자 한 것은 바로 그 때문이다.

사람이 한 사물(일과 물건)에 대해 양단을 아울러 중용으로 가지 못하고 극단을 고집한다면, 필시 그 나름의 사사로운 의도와 사사로이 꾀하는 바가 있을 것이다. 극단주의의 폐해가 얼마나 심각한지는 불문가지다. 그러므로 공자는 평소 학인들에게 '학學'과 '사思'(2-15 참조), '문文'과 '질質'(6-16 참조)을 아울러 중용의 최적 상태와 경지를 추구할 것을 권면하곤 했다. 공자가 「선진편」에서 "구는 평소 소극적이라 좀 진취進取하도록 북돋운 것이고, 유는 본시 용맹이 넘치는지라 좀 신중하도록 억제시킨 것이다"(11-22)라고 하며, 염구冉求와 자로의 성격이 지나치게 소극적이거나 적극적인 것을 교정하기 위해 각각 서로 다른 일단을 주문한 것 역시 같은 맥락으로 이해된다. 공자는 또 같은 견지에서 순임금이 사물의 양극단을 잡아 중도로써 백성을 다스렸기 때문에 성군이 될 수 있었음을 강조하기도 했다.(1-12 '해설' 참조)

한데 사람이 세상만사에 극단적 아집에 빠지지 않고 최대한 타당성과 합리성을 추구하기 위해서는 먼저 그에 걸맞은 학식과 품성을 갖추고 있지 않으면 안 된다. 우리 모두가 더욱 분발하여 인격과 품성의 함양에 진력하는 한편, 진리와 사리事理를 배우는 데 박차를 가해야 할 것이다.

2-17

공자께서 말씀하셨다. "유야! 너에게 아는 것이 무엇인지 가르쳐주랴? 아는 것을 안다고 하고 모르는 것을 모른다고 하는 것, 그것이 아는 것이다."

子曰: "由¹! 誨²女³知之乎? 知之爲知之, 不知爲不知, 是知也."
자 왈   유   회 여 지 지 호   지 지 위 지 지   부 지 위 부 지   시 지 야

주석

1 由(유): 공자의 제자 중유仲由. 자는 자로. 또 일찍이 노나라 계씨季氏 아래에서 벼슬한 적이 있기 때문에 계로季路라고도 함. 노나라 사람으로, 공자보다 9살이 적었다고 함.
2 誨(회): 가르침.
3 女(여): 여汝와 같음. 제이인칭대명사. 너, 그대

해설

공자는 「자로편子路篇」에서 '정명正名'의 중요성을 제대로 알지 못하면서 경솔히 나서는 자로에게 "군자는 자기가 알지 못하는 것에 대해서는 함부로 이러쿵저러쿵하지 않아야 하느니라"(13-3)라고 은근히 나

무란 적이 있다. 자로는 용맹을 좋아하고 승벽勝癖(남과 겨루어 이기기를 좋아하는 성미)이 있어 아마도 왕왕 알지 못하면서 아는 척하고, 능하지 못하면서 능한 척한 것 같다. 여기서도 우리는 공자의 '인재시교'를 보게 된다. 『순자』「자도편子道篇」에 따르면, 공자는 자로를 일깨워 "그러므로 군자는 알면 안다고 하고, 모르면 모른다고 하나니, 그것이 말하는 요령이다(故君子知之曰知之, 不知曰不知, 言之要也)"라고 한 바 있다. 『순자』「비십이자편非十二子篇」에서는 "말을 해서 마땅하면 물론 지혜로우나, 말을 하지 않아서 마땅하면 그 역시 지혜롭다(言而當, 知也. 黙而當, 亦知也)"라고 했으니, 이 또한 같은 취지의 말이다.

한편 『순자』「유효편儒效篇」에서는 "알면 안다고 하고 모르면 모른다고 하면, 안으로는 자신을 속이지 않고, 밖으로는 남을 속이지 않게 된다(知之曰知之, 不知曰不知, 內不自以誣, 外不自以欺)"라고 했다. 사람은 어느 누구도 천하만사를 다 알지 못한다. 따라서 우리는 모르면서 아는 척해 자신을 속이고 남을 속이는 우를 범해서는 안 된다. 오히려 겸허한 자세로 자신의 '알지 못함'을 솔직히 인정할 줄 알아야 한다. 그러면 능히 더욱 분발하여 성실히 배워서 날로 앎을 키워갈 수 있을 것이다. 그것이 바로 진실로 앎을 향해 나아가는 길이다.

2-18

자장이 벼슬을 구하는 방도를 배우려고 하자, 공자께서 말씀하셨다. "많이 듣되 의문스러운 것은 그대로 두고, 그 나머지를 신중하게 말하면 과오를 줄일 수 있다. 또 많이 보되 위태로워 의혹이 드는 것은 그대로 두고 그 나머지를 조심스럽게 행하면, 회한을 줄일 수 있다. 그렇게 하여 말에 과오가 적고 행동에 회한이 적으면, 벼슬과 녹봉은 바로 그 가운데에 있을 것이다."

子張¹學²干祿.³ 子曰: "多聞闕⁴疑, 愼言其餘, 則寡尤⁵; 多見闕殆,⁶
자장 학 간록   자왈   다문궐 의 신언기여 즉과우   다견궐태
愼行其餘, 則寡悔. 言寡尤, 行寡悔, 祿在其中矣."
신 행 기 여   즉 과 회   언 과 우   행 과 회   녹 재 기 중 의

주석

1 子張(자장): 공자의 제자 전손사顓孫師. '전손'은 복성이고, '사'가 이름임. '자장'은
   그의 자. 진陳나라 사람으로, 공자보다 마흔여덟 살이 적었다고 함.
2 學(학): 사마천司馬遷의 『사기』 「중니제자열전」에 인용된 구절에는 '문問' 자로 되
   어 있는데, 의미상 보다 적절해 아마 그게 원래의 모습이었을 것으로 추정됨. 첸
   무는 여기서 '학'은 '문問'과 같은 뜻이라고 함.
3 干祿(간록): 벼슬을 구求함. '간'은 구함. '록'은 녹위祿位·봉록俸祿, 곧 벼슬을 이
   름.
4 闕(궐): 결缺과 같음. 할 것을 하지 않음. 곧 내버려 둠, 보류함을 이름.
5 寡尤(과우): 과오를 범하기를 적게 함, 줄임. '과'는 적음, 적게 함, 줄임. '우'는 허
   물, 과오, 잘못.
6 殆(태): 위태로움, 위험함. 곧 뭔가 위태로워서 불안하고 의혹이 드는 것을 이름.
   왕인지는 앞의 '의疑'와 같은 뜻이라고 함.

해설

군자는 '무본務本', 즉 근본에 힘쓴다고 했다. 공자는 일찍이 "군자는 일의 탓이나 해법을 자기에게서 찾는다"(15-21)고 하는가 하면, "사

람은 벼슬이 없음을 걱정하지 말고 벼슬할 만한 자질이 있는가를 걱정할 것"(4-14)이라고 했으니, 결국 '무본'을 강조한 것이나 다름이 없다. 그 때문에 공자는 벼슬길을 모색하는 자장에게 처신·처세의 근본에 힘쓸 것을 주문했다. 널리 배우며 견문을 넓히고, 명철한 사고思考로 시비선악을 가려 언행을 삼감으로써 과오와 회한을 줄여야 한다. 그러면 벼슬과 봉록은 구하지 않아도 절로 다가온다는 것이다. 맹자도 "'천작'을 닦으면 '인작'은 절로 따라온다(修其天爵, 而人爵從之)"(『맹자』「고자 상」)라고 했는데, '천작'은 하늘이 내리는 작위로 도덕 수양을 말하고, '인작'은 사람이 주는 작위로 관직·봉록을 말한다. 정자가 훗날 "천작을 닦으면 곧 인작이 이르나니, 군자가 언행을 삼갈 수 있음은 봉록을 얻는 방도이다(修天爵, 則人爵至, 君子言行能謹, 得祿之道也)"라고 함은 곧 공孔·맹孟의 뜻을 올바르게 부연한 것이다. 다산이 이른 대로 "군자가 일찍이 벼슬하려고 하지 않은 적이 없으나 다만 도로써 구할 따름이니, 이른바 '공자께서 구하시는 것은 다른 사람들이 구하는 것과는 다르다'(1-10 참조)는 것이다(君子未嘗不欲仕, 特求之以道, 所謂'夫子之求, 異乎人之求也')."

2-19

애공이 물었다. "어떻게 하면 백성들이 기꺼이 따르겠소이까?" 공자께서 대답하셨다. "올곧은 사람을 등용해 올곧지 못한 사람 위에 두면 백성들이 기꺼이 따를 것이고, 올곧지 못한 사람을 등용해 올곧은 사람 위에 두면 백성들은 따르지 않을 것입니다."

哀公[1]問曰: "何爲[2]則民服[3]?" 孔子對曰[4]: "擧直錯諸枉,[5] 則民服; 擧
애 공 문 왈   하 위   즉 민 복   공 자 대 왈   거 직 조 저 왕   즉 민 복 거

枉錯諸直, 則民不服."
왕 조 저 직   즉 민 불 복

주석

1 哀公(애공): 노나라 마지막 임금 희장姬蔣. 정공의 아들로, 정공에 이어 즉위해 27
   년간 재위함. '애'는 시호.

2 何爲(하위): '위하爲何'의 도치. 무엇을 함, 어떻게 함.

3 服(복): 복종함. 여기서는 특히 기꺼이 따름을 이름.

4 孔子對曰(공자대왈): 『논어』에서 공자가 임금의 물음에 대답하는 경우에는 모두
   '공자대왈'이라고 해서 군왕에 대한 공경의 뜻을 나타냄.

5 擧直錯諸枉(거직조저왕): 올곧은 사람을 등용해 올곧지 못한 사람 위에 둠. '거'는
   들어서 씀. 곧 발탁함, 등용함을 이름. '조'는 조措와 같음. 둠(置). '저'는 '지어之於'
   의 합음자合音字(둘 이상의 글자를 합해 한 글자로 만든 글자). '왕'은 왕곡枉曲함. 여기서
   는 왕곡한·부정직한·올곧지 못한 사람을 이름. 이상은 유보남의 풀이에 근거함.
   반면 포함은 '조'를 버려둠, 즉 들어 쓰지 않음으로 보고, 주자도 그에 동조하면
   서 또 '저'를 '중衆'의 뜻으로 '모든'·'많은'의 '제諸' 자로 보아 '정직한 사람을 들
   어 쓰고, 모든 왕곡한 사람을 버려둔다'는 뜻으로 풀이함. 하지만 이러한 풀이는,
   왕시위엔이 이른 대로, 한문 문법과 『논어』 용자用字의 관례에 어긋난다는 문제
   점이 있음. '저'를 '중衆'의 뜻으로 보면, 그것은 수량 형용사, 즉 수數관형사로, 일
   반적으로 구상具象명사 앞에만 놓이는데, 여기에서 '왕'과 '직'은 추상으로 구상
   을 대신한 명사로 진정한 의미의 구상명사가 아님. 예를 들면 「팔일편八佾篇」의
   "불여제하지무야不如諸夏之亡也"(3-5)에서 '하'는 화하華夏 민족을 지칭하는 구상
   명사이므로, '제하'의 '제'는 '중衆'의 뜻으로 풀이되는 반면, 이 '거직조저왕'의
   '저'는 「공야장편」 "걸저기린이여지乞諸其隣而與之"(5-24)와 「위영공편」 "자장서저
   신子張書諸紳"(15-6)의 '저' 자의 용법과 같으며, 모두 동사 아래에 쓰였음. 『예기』
   에도 '조저' 두 글자를 쓴 예가 있는데, 바로 「제의편」의 "효성의 마음으로 부모
   를 모시고, 순종의 자세로 명령을 들으며, 또한 그것을 온 천하에 시행하면 통하

지 않을 일이 없을 것이다(孝以事親, 順以聽命, 錯諸天下, 無所不行)"임.

공자의 정치사상은 '위정이덕爲政以德'(2-1)이 핵심으로, 현덕한 인재들이 적재적소에서 '덕화德化'의 첨병 역할을 해야 한다. 하지만 춘추 시대에는 권문세가가 높은 벼슬자리를 차지하고 국록만 축내는 경우가 많았다. 반면 어질고 유덕有德한 군자는 오히려 왕왕 피세 은둔하거나, 설령 벼슬을 하더라도 낮은 자리에 머무를 뿐이었다. 그리하여 공자는 애공에게 치국의 기본으로 올바른 인재 등용을 강조한 것이다.

유보남이 이른 대로, 정직한 현자賢者를 등용해 불초한 소인의 상위上位에 두면, 현자로 하여금 그 재능을 다하게 하는 한편, 소인은 현자의 통제를 받게 할 수가 있다. 그것은 소인에게 일정한 직위를 주어 심하게 배척하지 않음으로써 그들도 감동해서 분발하면 오히려 중용될 수 있음을 알게 하는 효과가 있다. 요컨대 공자가 일찍이 번지에게 사람을 알아보는 지혜로움을 설명하며 "올곧은 사람을 등용해 올곧지 못한 사람 위에 두면, 올곧지 못한 사람을 올곧게 변화시킬 수가 있느니라"(12-22)라고 말한 것이 바로 그 뜻이니, 자하가 부연한 대로 역사상 "옛날에 순임금이 천하를 차지한 후 뭇사람들 가운데서 고르고 골라 고요皐陶를 등용하자, 인하지 않은 사람들이 사라졌"고, "또 탕임금이 천하를 차지한 후 뭇사람들 가운데서 고르고 골라 이윤伊尹을 등용하자, 인하지 않은 사람들이 사라졌"(12-22)던 것이다. 공자는 또 다음 장에서는 계강자에게 "어질고 유능한 이를 등용하고 그렇지 못한 이를 가르치면 서로 격려하며 열심히 살 것입니다"(2-20)라고 했으니, 이 또한 같은 맥락에서 이해될 수 있다. 이와 같이 현인을 존중하고 소인을 포용하는 덕치야말로 진정 천하의 민심을 얻는 요체가 아니고 무엇이겠는가?

2-20

계강자가 여쭈었다. "백성들로 하여금 위정자를 공경하며 충성을 다하고, 서로 격려하며 열심히 살게 하려면 어떻게 해야 합니까?" 공자께서 말씀하셨다. "위정자가 백성을 대함에 엄정함을 지키면 공경할 것이요, 위정자가 부모에게 효도하고 만백성에게 자애로우면 충성할 것이며, 어질고 유능한 이를 등용하고 그렇지 못한 이를 가르치면 서로 격려하며 열심히 살 것입니다."

季康子[1]問: "使民敬忠以[2]勸,[3] 如之何[4]?" 子曰: "臨之[5]以莊[6]則敬,
계 강 자 문   사 민 경 충 이 권   여 지 하   자 왈   임 지 이 장 즉 경
孝慈則忠, 擧善[7]而敎不能則勸."
효 자 즉 충   거 선 이 교 불 능 즉 권

주석

1 **季康子**(계강자): 노나라 대부 계손비季孫肥. 계환자季桓子, 즉 계손사季孫斯의 서자庶子로, 애공 때 정경正卿(춘추시대 제후국의 최고 집정 대신으로, 그 지위와 권력은 일인지하一人之下·만인지상萬人之上이었음. '상경上卿'이라고도 함)으로 섭정攝政한 당시의 최고 권력자. '강'은 시호.
2 **以**(이): 접속사. 여與나 이而와 같음.

120

3 勸(권): 서로 권면·격려함. 다산은 백성이 스스로 일어나 도덕과 기예로 나아감을 말한다고 했는데, 보다 구체적인 풀이로 참고할 만함.

4 如之何(여지하): 여하지如何之와 같음. (그것을) 어떻게 해야 하는가. '지'는 허사虛辭.

5 臨之(임지): 그들(백성)을 대함. '임'은 위에서 아래를 내려다봄. 여기서는 곧 위정자가 백성을 상대함을 이름. '지'는 지시대명사로, 앞에서 말한 '사민使民'의 '민', 즉 백성을 가리킴.

6 莊(장): 장중함, 엄정嚴正함. 주자는 용모가 단정하고 엄숙함을, 다산은 정령政令을 내림에 경솔함과 거만함이 없음을 말한다고 했는데, 대개 그 두 가지 의미를 모두 포함한 위정爲政의 기본자세와 태도를 두루 이르는 것으로 이해됨.

7 善(선): 이는 다음 구절 '교불능教不能'의 '불능'과 상대되는 말로, 곧 유능·현능賢能한 사람을 이름. 다산이 이를 현능한 사람을 말한다고 한 것은 바로 그같이 이해한 것임. 다시 말해 이를 흔히 선량한 사람으로 풀이하는 것은 이론의 여지가 있음.

해설

정치를 잘하는 비결이 무엇일까? 위정자가 몸소 도덕을 수양하고, 매사에 솔선수범하라는 것이 공자의 가르침이다. 공자가 노 애공 때의 권신으로 참람히 전횡을 일삼던 계강자에게 이를 강조한 것은, 은근하면서도 강력한 경고나 다름이 없다. 계강자는 백성들이 스스로 자신을 공경하고 충성을 다하며 서로를 권면하기를 바랐겠지만, 공자는 오히려 계강자 본인이 스스로 마땅히 행할 바를 일러주었을 뿐이다.

2-21

어떤 사람이 공자께 말했다. "선생은 왜 직접 벼슬자리에 올라 정치를 하지 않습니까?" 공자께서 말씀하셨다. "『서경書經』에 이르기를 '효도할 것이로다! 오직 부모에게 효도하고, 나아가 형제간에 우애함으로써 정치에까지 영향을 미친다'고 하였는데, 이 또한 정치를 하는 것이거늘, 어찌하여 벼슬자리에 올라 하는 것만 정치를 하는 것이겠소?"

或謂¹孔子曰: "子²奚³不爲政?" 子曰: "書⁴云: '孝乎惟孝, 友于兄
혹 위 공 자 왈   자 해 불 위 정   자 왈   서 운   효 호 유 효 우 우 형
弟, 施⁵於有⁶政.' 是亦爲政, 奚其⁷爲⁸爲政?"
제 시 어 유 정   시 역 위 정 해 기 위 위 정

주석

1 謂(위): 말함. 여기서는 '문間', 즉 묻는다는 뜻을 내포함. 일설에는 위爲와 같은 전치사로, '향向'이나 '대對'의 뜻을 나타낸다고 함.
2 子(자): 제이인칭대명사. 주로 상대방에 대한 존칭으로 쓰임. 그대, 당신, 선생. 『논어』에서 '자왈子曰'의 '자'가 선생님의 뜻으로, 공자를 가리키는 것과는 다름.
3 奚(해): 하何와 같음. 어찌하여, 왜.
4 書(서): 『상서尙書』, 즉 『서경』. 이하 세 구절은 『상서』의 일문逸文으로, 훗날 『위고문상서僞古文尙書』 「군진편君陳篇」에 편입되었는데, 문자상 약간의 차이가 있음.
5 施(시): 베풂. 곧 미침, 파급됨을 이름.
6 有(유): 접두接頭 어조사로, 특별한 의미는 없음.
7 其(기): 지시대명사. 여기서는 '어떤 사람'이 말하는 '위정', 즉 직접 벼슬을 하며 정치에 종사함을 가리킴.
8 爲(위): ~이다.

해설

한 나라를 다스리는 정치도 결국 인륜 도덕을 바탕으로 해야 한다는 것이 공자의 생각이다. 공문孔門·유가에서 효제는 '인'의 근본이라 했

으니(1-2 참조), 그 정치·사회적 의의에서 효제나 효우孝友가 인정 덕치의 근본임은 두말할 나위가 없다. 『효경』「효치장孝治章」에서 공자가 강조한 대로, 고대의 성군들이 "효로써 천하를 다스린(以孝治天下)" 까닭도 바로 그 때문이다. 따라서 수신修身·제가齊家를 통해 인륜 도덕을 밝히는 일이 비록 직접적으로 벼슬하여 정사를 돌보는 일은 아닐지라도 그 정치·사회적인 의의는 결코 간과할 수 없다. 이 같은 공자의 사상은 훗날 『대학』에서 '수신·제가·치국·평천하'의 관점으로 발전했다. 맹자도 "사람마다 부모를 친애하고 어른을 공경하면, 천하가 태평해진다(人人親其親, 長其長, 而天下平)"(『맹자』「이루 상」)라고 했다. 무릇 "군자는 근본에 힘쓰나니, 근본이 바로 서면 도는 저절로 살아난다"(1-2)고 했거늘, 정치라고 어찌 예외이겠는가?

2-22

공자께서 말씀하셨다. "사람으로서 오히려 신실함이 없다면, 그가 어떻게 입신 처세할 수 있을지 모르겠다. 큰 수레의 끌채 끝에 멍에걸이가 없고, 작은 수레의 끌채 끝에 멍에걸이가 없다면, 그 수레를 어떻게 나아가게 할 수 있겠느냐?"

子曰: "人而¹無信, 不知其²可也. 大車³無輗,⁴ 小車⁵無軏,⁶ 其何以行
자왈   인 이 무 신 부 지 기 가 야 대 거 무 예 소 거 무 월 기 하 이 행
之⁷哉?"
지 재

1 而(이): 오히려, 도리어. 여기서는 사람은 당연히 신실함이 있어야 하지만, 아쉽게도 그렇지 못하다는 뜻을 함축 강조함. 이는『시경』「용풍鄘風·상서相鼠」"인이무례人而無禮"의 '이'와 같은 용법임. 이를 흔히 만약의 뜻으로 풀이하는데, 그 또한 통하나, '인이무신人而無信' 전체가 조건절로서 만약의 의미를 내포하므로 이론의 여지가 있음.

2 可(가): 가可함, 됨. 곧 어떤 일이 가능하거나 허락될 수 있음을 나타내는데, 여기서는 입신 처세함을 두고 이르는 것으로 이해됨.

3 大車(대거): 소가 끌며 무거운 짐을 싣는 큰 수레.

4 輗(예): 큰 수레 끌채 끝의 멍에걸이. 멍에를 끌채에 연결하는 곳으로, 수레의 움직임을 자유롭게 하는 관건임.

5 小車(소거): 말이 끌며 사람이 타는 작은 수레.

6 軏(월): 작은 수레 끌채 끝의 멍에걸이로, 큰 수레의 '예'와 같은 것임.

7 行之(행지): 그 수레를 나아가게 함. '행'은 여기서는 사역동사로 쓰임. '지'는 '대거'와 '소거'를 가리킴.

「술이편述而篇」에서 "공자께서는 네 가지를 중심으로 제자들을 가르치셨으니, 그것은 바로 고대 문헌의 학습, 학문 도덕의 실천, 사람과 일에 대한 충성, 사람과 말[言]에 대한 신의였다"(7-25)라고 했는데, 이는 곧 공자 교육의 4대 강령을 말하는 것이나 다름이 없다. 공자는 여기서 그 가운데 성신·신실함은 특히 입신 처세의 관건임을 강조했다. 공안국은 이 장의 주지主旨는 "사람으로서 오히려 신실함이 없다면, 그 밖의 다른 재능은 끝내 펼 수가 없음을 말한다[言人而無信, 其餘終無可也]"라고 했고, 유보남은 "사람에게는 오상五常의 덕이 있는데, '인'·'의'·'예'·'지'가 모두 '신'(신실함)으로써 완성해나가야 하거니, 만약 사람으로서 오히려 성신함이 없다면 그 나머지 사덕四德은 모두 끝내 행할 수가 없도다〔人有五常, 仁義禮智皆須信以成之. 若人而無信, 其餘四德終無可行〕"라고 했다. 공자는 「안연편」에서는 또 위정 치국의 요체를 묻는 자하에게, 군비의 확충이나 양식의 충족보다도 위정자나 조정에 대한 백성들의 신임이 입국立國의 관건임을 강조하며 "예로부터 사람은 누구나 죽게 마련이지만, 백성들의 신임이 없으면 나라는 존립할 수가 없다"(12-7)고 했다. '신실함'이 어찌 특정한 사람들에게만 필요한 덕목이겠으랴마는 만백성을 영도하는 위정자에게는 더더욱 필수 불가결한, 나라의 존망存亡을 좌우하는 것임을 알 수 있다.

요컨대 사람이 사람으로서 마땅히 있어야 할 신실함이 없다면, 그가 가진 재능을 제대로 발휘하기가 어렵다. 반대로 진실로 신실한 사람이라면, 설령 그가 가진 재능이 부족할지라도 충분히 내일에 대한 희망을 가질 수가 있다.

2-23

자장이 여쭈었다. "앞으로 열〔十〕 왕조의 예법 제도를 미리 알 수 있습니까?" 공자께서 말씀하셨다. "은나라는 하나라의 예법 제도를 그대로 따랐으니 그 가운데 폐지되고 확충된 바를 알 수 있고, 주나라는 은나라의 예법 제도를 그대로 따랐으니 그 역시 폐지되고 확충된 바를 알 수 있다. 그러니 장차 혹 주나라를 계승하는 왕조라면, 설령 앞으로 백 왕조라도 충분히 그 예법 제도를 알 수 있을 것이다."

子張問: "十世^{1}可知也^2?" 子曰: "殷^{3}因^{4}於夏^{5}禮,^{6} 所損益,^{7} 可知也;
자장문　십세 가지야　　자왈　은 인 어 하 례　소 손 익　　가지야

周^{8}因於殷禮, 所損益, 可知也. 其或繼周者, 雖^{9}百世, 可知也."
주 인 어 은 례　소 손 익　가지야　기 혹 계 주 자　수 백 세　가지야

주석

1 十世(십세): 향후의 10대代 왕조. 여기서는 특히 그 예법 제도를 두고 이름. '세'는 30년의 기간을 이르는 말로, 대代라고도 함. 여기서는 왕조를 말함.

2 也(야): 의문의 어조사. 야邪와 같음.

3 殷(은): 중국 상고上古시대 기원전 16세기에 탕湯이 하夏나라 폭군 걸왕桀王을 멸한 후 박毫(지금의 하남성 상구현商丘縣 서남쪽 지역)에 도읍해 세운 왕조. 원래의 국호는 '상商'이었으며, 제17대 임금 반경盤庚 때에 은(지금의 하남성 안양현安陽縣 소둔촌小屯村 지역)으로 천도한 후, 국호를 '은'으로 고쳐 부름. 후세에는 이 왕조를 '은상殷商'이라 일컫기도 함.

4 因(인): 인습因襲함, 계승함.

5 夏(하): 중국 역사상 최초의 왕조. 기원전 21세기에 우가 순임금으로부터 제위를 물려받아 세운 왕조로, 안읍安邑(지금의 산서성 하현夏縣 북쪽 지역)에 도읍했으며, 폭군 걸왕 때 탕왕에게 망함.

6 禮(예): 고대의 이른바 '예'는 일체의 전장典章·제도制度·정령政令·의식儀式·사회 풍속 등을 통칭함.

7 損益(손익): 덜거나 더함. 여기서는 (제도 등을) 폐지하거나 확충함을 이름.

8 周(주): 기원전 11세기에 무왕이 은나라 폭군 주왕을 멸한 후, 호경鎬京(지금의 섬서성 장안현長安縣 서쪽 지역)에 도읍하여 세운 왕조. 평왕 때 낙읍(지금의 하남성 낙양洛陽)으로 천도하기 이전을 서주, 이후를 동주라고 함. 동주는 다시 춘추·전국시대로 나뉘는데, 공자는 춘추시대 말엽 노나라 사람임. 주 왕조는 기원전 256년에 진秦나라에게 망함.

9 雖(수): 비록. 또 설사, 설령.

공자는 하·은·주 3대代의 예법 제도의 연혁을 고찰함으로써 후대의 변천을 얼마든지 예지할 수 있다고 했는데, 이는 대개 두 가지 측면으로 이해할 수 있다. 먼저 공자는 주 왕조의 예법 제도가 하·은 2대를 거치면서 비로소 완비되었음을 확신하고 자부한 것으로 보인다. 「팔일편」에서 공자가 "주나라 문물제도는 하·은 두 나라를 본보기로 삼았나니, 찬란하도다, 그 아름다운 광채여! 나는 주나라 문물제도를 받들어 따르리라"(3-14)라고 한 것은 바로 그 같은 짐작을 뒷받침한다.

그리고 만사가 다 그렇듯이 예법 제도에도 본질적인 정신의 문제가 있는가 하면, 부차적인 형식의 문제가 있다. 이제 비로소 완비되고 완미完美한 주나라의 예법 제도를 놓고 볼 때, 장차 시대와 사회의 변화에 따라 그 형식은 변모할지라도, 정신만은 크게 변질되지 않아야 한다는 게 공자의 생각인 듯하다. 다소 과장적인 표현으로 "장차 혹" 주나라의 예법 정신을 '제대로' 계승하는 왕조라면, 향후 10대가 아니라 100대까지도 그 예법 제도의 변천을 충분히 예측할 수 있다고 한 까닭은 바로 그 때문일 것이다. 하지만 때로는 무도한 폭군의 출현을 피할 수 없는 것이 또한 역사적 현상인바, "장차 혹"이라는 공자의 단서에 여운이 남는다.

전통적 예의禮義, 즉 사람이 지켜야 할 예절과 의리가 현대사회에서 형식상의 변화는 불가피하다 할지라도, 그 본질적 의미와 정신까지 과도히 퇴색하는 일은 없어야 할 것이다.

2-24

공자께서 말씀하셨다. "제사를 지내야 할 귀신도 아닌데 제사 지내는 것은 아첨하는 것이요, 마땅히 해야 할 바를 보고도 하지 않는 것은 용기가 없는 것이다."

子曰: "非其鬼¹而祭之, 諂²也; 見義³不爲, 無勇也."
자왈   비 기 귀 이 제 지   첨 야   견 의 불 위   무 용 야

주석

1 **其鬼**(기귀): 이를 정현은 그 조상으로 본 반면, 주자는 마땅히 제사로 받들어야 할 귀신으로 풀이했는데, 후자가 전자를 아우르는 등 보다 적절한 풀이로 판단됨. 고대 예법에 따르면 천자는 천지天地에, 제후는 산천山川에, 대부는 오사五祀에, 서인庶人은 그 조상에게 제사 지내며, 윗사람은 아랫사람의 제사를 겸할 수 있어도 아랫사람은 윗사람의 제사를 겸할 수 없었음. 『예기』「곡례 하편曲禮下篇」에 "마땅히 제사 지내야 할 바가 아닌데 제사 지내는 것을 '음사'라고 하는바, '음사'는 복을 받지 못한다(非其所祭而祭之, 名曰淫祀, 淫祀無福)"라고 했음.

2 **諂**(첨): 아첨함, 아부함.

3 **義**(의): 지극히 도의적인 것으로, 사람이 마땅히 해야 할 바를 이름.

해설

해야 할 일을 하지 않거나 하지 않아야 할 일을 하는 것은 모두 바람직하지 않다. 공자는 특히 예법상 제사 지내야 할 대상이 아닌데도 제사를 지냄은 아첨하여 복을 구하려는 것이요, 도의상 해야 할 일을 하지 않음은 비겁하게 화를 피하려는 것임을 강조했다. 유보남이 형병의 견해를 빌려 이른 대로, 공자의 이 말에는 염두에 둔 바가 있다. 노

128

나라 대부 계씨는 천자만이 제사 지낼 수 있는 태산泰山에 제사를 지 냈는데, 그것은 곧 위례違禮요, 참례僭禮로, 그야말로 "제사를 지내야 할 귀신도 아닌데 제사 지내는 것"이다. 또한 공자의 제자 염유가 당 시 계씨의 가신家臣으로 있었는데, 마땅히 간하여 막았어야 했건만 '해야 할 일을 보고도 하지 않았으니 분명 용기가 없는 것이다'.(3-6 참 조) 사람은 진실로 '당위當爲'와 '부당위不當爲'를 잘 가려서 적절히 처 신·처사할 줄 알아야 한다.

제3편

팔일

八佾

「팔일편」은 모두 26장으로 나뉘며, 대체로 예악, 즉 예법과 음악의 본질 및 효용·가치를 논하는가 하면, 당시의 심각한 참례(僭禮) 행위를 견책·개탄함과 동시에, 고대 예법에 대한 수호와 동경의 의지를 설파했다. 『예기』「경해편」에서 공자는 "임금을 편안케 하고 백성을 잘 다스리는 데에는 예치보다 더 좋은 것이 없다(安上治民, 莫善於禮)"고 했다. 형병이 이른 대로, 예禮가 임금을 편안케 하고 백성을 잘 다스리는 데 유용한 것이라면, 악樂은 불량한 풍속을 개선하는 데 효과적인 것으로, 예악이 제자리를 잡으면 나라가 평안하고 그렇지 못하면 나라가 위험에 빠진다. 요컨대 이 「팔일편」은 예악의 득실을 논했다.

3-1

공자께서 계씨에 대해 말씀하셨다. "그는 예순네 명의 무용단으로 앞뜰에서 춤추게 하였거니, 그런 일을 감히 할 수 있다면 무슨 일인들 차마 하지 못하겠느냐?"

孔子謂¹季氏²: "八佾³舞於庭,⁴ 是⁵可忍⁶也, 孰⁷不可忍也?"
공 자 위 계 씨   팔 일 무 어 정   시 가 인 야 숙 불 가 인 야

주석

1 謂(위): ~에 대해 말함. 이는 곧 평評한다는 뜻을 내포함.
2 季氏(계씨): 노나라의 세도가인 대부 계손씨季孫氏(3-2 주석 1 참조)를 일컬음. 구체적으로는 계강자(2-20 주석 1 참조)의 조부인 계평자季平子, 즉 계손의여季孫意如를 지칭하는 것으로 추정됨.
3 八佾(팔일): 이는 '이팔일以八佾'의 뜻으로, '이以'가 생략된 형식임. '팔일'은 고대 예악의 무도舞蹈 행렬을 일컫는 말. 8인 1행을 1일佾이라 했으니, '팔일'은 곧 64인으로 구성된 무용단임. 주대周代의 예법에 따르면, 이는 천자의 예악이었음. 제후는 육일六佾 48인, 대부는 사일四佾 32인의 무용단을 씀. 계손씨는 대부로서

‘사일’을 써야 함에도 불구하고 감히 ‘팔일’을 썼으니, 곧 참례임.

4 庭(정): 옛날 궁실宮室이나 종묘宗廟(옛날 왕실 조상의 위패를 모신 사당으로, 선왕에게 제 사함은 물론, 국사를 논의하는 장소이기도 했음) 정당正堂의 앞마당, 앞뜰. 여기서는 계손 씨 가묘家廟의 앞뜰을 이름.

5 是(시): 지시대명사. 차此와 같음. 곧 계손씨의 참례 행위를 가리킴.

6 忍(인): 차마 ~함, 감히 ~함. 곧 계손씨를 질책하는 뜻을 내포함. 일설에는 용 인容忍함으로 보아, 노나라 임금과 중신重臣을 질책하는 뜻을 내포한다고 풀이 하나, 공자의 사람됨이나 사상思想, 그리고 당시 조정의 권력 구도에 비춰 볼 때 적절치 않음.

7 孰(숙): 누구, 무엇. 여기서는 후자의 뜻.

해설

공자의 사상 체계에서 ‘인’이 본체라면 ‘예’는 곧 그 작용으로, 이른바 ‘인체예용仁體禮用’이 바로 그것이다. 공자는 “덕으로 이끌고 예로써 가 지런히 하면, 백성들이 부끄러움을 알면서 잘못을 고치고 착해진다” (2-3)고 하고, 또 “예악 제도가 바르게 시행되지 않으면 형벌이 공정하 게 집행되지 않게 된다. 형벌이 공정하게 집행되지 않으면 백성들은 늘 불안에 떨며 안절부절못하게 된다”(13-3)라고 했다. 이와 같이 치 국의 기본 요소로서 중요한 의미를 갖는 ‘예’는 국가 사회의 질서 유 지를 위한 핵심 방편이다. 따라서 예악의 붕괴는 결국 정치체제를 파 괴하고 사회질서를 문란케 함으로써 국가 사회의 쇠망을 초래할 수가 있다. 공자가 계손씨의 참례 행위에 대해 격분의 감정을 감추지 못한 까닭은 바로 그 때문이다.

더욱이 “그런 일을 감히 할 수 있다면, 무슨 일인들 차마 하지 못하 겠느냐?”라는 공자의 호된 일갈에는 계손씨가 심지어 왕위 찬탈의 야

욕까지 불태우고 있는 게 아닌지 우려하고 개탄하는 마음이 짙게 묻어난다. 당시 공자가 나라와 백성 걱정에 마음이 편치 못했을 것임은 두말할 나위가 없다. 공자는 일찍이 "천하에 바른 도가 행해지면 예악을 제정하거나 군사를 일으켜 정벌에 나서는 일을 모두 천자가 명을 내리고, 천하에 바른 도가 행해지지 않으면 예악을 제정하거나 군사를 일으켜 정벌에 나서는 일을 모두 제후가 명을 내린다"(16-2)라고 했는데, 제후도 아닌 일개 대부가 감히 참람을 서슴지 않는 지경에 이르렀으니, 당시 노나라의 정치 국면이 얼마나 심각한 상태였는지 짐작하고도 남는다. 그러니 공자가 어찌 계손씨의 참례 행위에 격분하지 않을 수 있었겠는가?

3-2

　노나라 삼가가 조상에게 제사를 지낼 때 『시경』의 「옹편」을 노래하며 제사상을 거두어 치우자, 공자께서 말씀하셨다. "'제사를 돕는 건 제후들이요 / 주제主祭하는 천자께선 엄숙도 하여라'라는 시를 어떻게 삼가의 사당에 가져다 쓴단 말인가?"

三家^{1}者^{2}以雍^{3}徹.^{4} 子曰: "'相^{5}維^{6}辟公,^{7} 天子穆穆.^{8}' 奚^{9}取^{10}於三家
삼 가 자 이 옹 철　자 왈　　상 유 벽 공　천 자 목 목　　해 취 어 삼 가
之堂^{11}?"
지 당

1 **三家**(삼가): 춘추시대 중엽 이후 노나라의 실권을 장악하고 전횡을 일삼은 삼경三卿을 일컫는 말로, 중손씨·숙손씨叔孫氏·계손씨 대부 '삼가'를 말함. 중손씨는 나중에 성을 맹손孟孫으로 바꿈. 이들은 모두 노 환공桓公의 후손이므로 흔히 '삼환三桓'으로 통칭하기도 함. 이들은 노 선공宣公 9년부터 교대로 집정했으며, 그 가운데 계손씨의 세력이 가장 강했고, 집정 기간도 가장 길었음.

2 **者**(자): 어조사. 문장 첫머리 명사, 즉 주어 뒤에 쓰여 제시와 일시 멈춤의 어기를 나타내면서 아래 말을 이끌어내어 서술문을 이룸. 일설에는 그 무리, 부류라는 뜻을 나타낸다고 함.

3 **雍**(옹): 『시경』 「주송」의 편명으로, '옹雝'으로도 씀. 천자가 종묘에 제사 지낸 후 철상撤床할 때 부르던 시편詩篇 악가樂歌로, 여기서 공자가 인용한 "상유相維……" 두 구절이 그 시구임.

4 **徹**(철): 철撤과 같음. 여기서는 철상, 즉 제사상을 거두어 치운다는 말임.

5 **相**(상): 도움. 여기서는 제사를 도움, 또 그 사람.

6 **維**(유): 의미 없는 어조사. 일설에는 '~이다'의 뜻이라고 함.

7 **辟公**(벽공): 천자가 종묘사직에 제사 지낼 때 달려와 제사를 돕는 제후들을 통칭하는 말. 포함의 풀이에 의하면, '벽'은 제후를 이르고, '공'은 이왕二王의 후예로, 곧 하왕夏王의 후예 기杞나라와 은왕殷王의 후예 송나라의 왕공王公을 가리킴.

8 **穆穆**(목목): 경건하고 엄숙한 모양. 제사를 주관하는 천자의 용모를 형용함.

9 **奚**(해): 하何와 같음. 어찌, 어떻게.

10 **取**(취): 그 뜻을 취함. 곧 취하여 씀, 가져다 씀을 이름.

11 **堂**(당): 사당祠堂.

공자는 또다시 노나라 권문세가의 참람 행위에 분개하고 통탄해 마지 않는다. 종묘 제사에서 『시경』의 「옹편」을 노래하며 제사상을 거두어 치우는 것은 엄연히 천자의 예악이다. 그런데 일개 대부에 지나지 않는 삼가가 감히 그들의 조상 제사에서 그 같은 천자의 예악을 행했으니, 그 참람함이 그야말로 무소불위無所不爲의 지경에 이르렀음을 단적으로 보여준다. 또한 그런 그들을 어느 누구도 징벌하지 못했으니, 그야말로 "임금이 임금답지 못하고 신하가 신하답지 못한"(12-11) 난세였음을 다시 한번 확인하게 된다.

3-3

공자께서 말씀하셨다. "사람으로서 오히려 인하지 않다면 예의를 어떻게 행하며, 사람으로서 오히려 인하지 않다면 음악을 어떻게 행하겠는가?"

子曰: "人而¹不仁, 如禮何²? 人而不仁, 如樂何²?"
자 왈　　인 이 불 인　여 례 하　　　인 이 불 인　여 악 하

주석

1　而(이): 2-22 주석 1 참조.
2　如禮何(여례하)·如樂何(여악하): 예·악을 어떻게 하겠는가? 곧 예법과 음악을 제대로 행할 수 없다는 말임. '여如~하何'는 ~을 어떻게 하랴라는 뜻의 상용구.

해설

공자 사상의 핵심인 인은 사람을 사랑함이니, 곧 사람과 사람 사이의 참되고 두터운 정의情意라 할 것이다. 공자는 흔히 '예악', 즉 예의와 음악을 함께 거론하며 아울러 중시했는데, '예'의 의의가 공경과 존

중에 있다면, '악'의 의의는 조화와 화합에 있다. 예가 악을 겸하지 못할 때 그것은 '구속'으로 기울고, 악이 예를 겸하지 못할 때 그것은 '방종'으로 기울 수 있다. 따라서 예악이 겸비·융화될 때 인심人心은 비로소 가장 아름답고 적절하게 표현될 수 있다. 예악의 근본은 '인', 즉 인심仁心·인덕이다. 예악은 '인'을 핵심으로 하는 도덕적 정신과 원리의 구현이며, '인'을 바탕으로 하지 않은 예악은 허례虛禮와 문식文飾일 따름으로, 결코 예악 본연의 진정한 의의와 가치를 갖지 못한다. 공자가 일찍이 "예법이란 이런 것이니, 예법이란 저런 것이니 하지만, 예법이 어찌 단지 옥이나 비단 같은 예물만을 이르는 것이겠느냐? 음악이란 이런 것이니, 음악이란 저런 것이니 하지만, 음악이 어찌 단지 종이나 북 같은 악기 소리만을 이르는 것이겠느냐?"(17-11)라고 한 것은 곧 인덕으로부터 발현되지 않은, 허위虛僞적인 예악에 대한 개탄이다. 『예기』「유행편儒行篇」에서도 "예절은 인덕의 외모요, 음악은 인덕의 조화다(禮節者, 仁之貌也; 歌樂者, 仁之和也)"라고 했으니, 예악의 정신과 의의는 바로 인덕의 구현에 있음을 알아야 한다.

3-4

임방이 예의 본질이 무엇인지를 여쭙자, 공자께서 말씀하셨다. "참으로 의미가 큰 질문이로다! 예란 사치하기보다는 차라리 검소한 것이 낫다. 특히 상례喪禮에 있어서는 예법에 치중하기보다는 차라리 슬픔을 다하는 것이 낫다."

林放¹問禮之本.² 子曰: "大哉³問! 禮, 與其奢也, 寧⁴儉. 喪, 與其易⁵
임방 문례지본   자왈   대재 문 예 여기사야 영검 상 여기이

也, 寧戚.⁶"
야   영척

주석

1 林放(임방): 노나라 사람. 일설에는 공자의 제자라고 하나, 『사기』「중니제자열
전」에 아무런 기록이 없어 단정하기 어려움.

2 本(본): 본질, 본원本源, 근본.

3 大哉(대재): (그 질문의 의의가) 참으로 크도다! 이는 노나라 삼가의 참례 행위에서
보듯이, 예를 행함에 있어 실질적인 내용보다는 외재적인 형식에 치중하는 당시
의 세태에서, '예'의 근본, 본질에 주목한 임방의 질문이 아주 중요한 의의가 있
음을 찬탄한 말임.

4 與其A寧B(여기A녕B): 비교·선택의 접속사로, A하기보다는 차라리 B하는 게 낫
다는 뜻을 나타냄.

5 易(이): 포함이 '화이和易'의 뜻으로 보아, 거상居喪하는 사람이 온화하여 까다롭
지 않다는 뜻으로 풀이한 이래, 하안·황간·형병 등도 모두 그대로 따랐으나, 이
치상 적절치 못함. 반면 주자는 『맹자』「진심 상편」의 "그들의 농지를 잘 다스린
다(易其田疇)"에서와 같이 '다스리다(治)'의 뜻으로 보아, '상사喪事에 슬픔을 다하
기보다는 예절에 어긋남이 없도록 잘 처리한다'는 뜻으로 풀이했는데, 한결 이
치에 맞고 문맥상 의미가 통하는 견해로 판단됨. 『예기』「단궁 상편檀弓上篇」에서
"자로가 말했다. '내가 선생님께 들으니, 상례를 행함에 있어 슬픔은 부족하지만
예절이 넘치는 것보다는 차라리 예절은 부족하지만 슬픔이 넘치는 것이 낫다'(子
路日, 吾聞諸夫子, 喪禮, 與其哀不足而禮有餘也, 不若禮不足而哀有餘也)"라고 한 것을 보면,
주자의 견해가 분명 공자의 본의를 제대로 풀이한 것임을 알 수 있음.

6 戚(척): 슬퍼함.

앞 장에서 공자는 예악의 본질은 인덕의 구현에 있음을 강조했다. 인덕의 구현이란 곧 인덕의 본질적인 의의와 정신을 구체적인 사실로 나타나게 하는 것이니, 허문虛文을 지양하고 실질을 숭상함이 곧 예의 근본임은 두말할 나위가 없다. 요컨대 예의 본질은 인덕이요, 예의 형식은 각종 예절과 의식이다. 사람이 일상생활에서 예를 올바르게 실행하기 위해서는 바로 이 같은 예의 내재적 본질과 외재적 형식의 관계를 명확히 이해하는 것이 대단히 중요하고 필요한 일이다. 한데 당시 일단의 권귀權貴들은 예의·예절상의 성대하고 화려함은 한껏 추구했지만, 그들이 행한 것은 오히려 하나같이 예법에 어긋나고 인덕이 결여된 일들이었다. 앞의 3-1, 3-2장에서 언급한 계손씨의 참월 행위는 정치적인 측면에서 보면 권력 찬탈의 야심이 발현된 것이요, 사상 관념의 측면에서 보면 단지 외재적 형식만을 중시하면서 내재적 본질은 등한시한 것이다. "대재문大哉問!"은 술어 '대재'를 주어 '문' 앞으로 도치시켜 어기와 어세를 강화한 문장으로, 계손씨의 그릇된 야심과 관념이 안고 있는 문제의 심각성을 은근하면서 강력히 부각한다.

만사는 과유불급過猶不及이다. 따라서 예 역시 적중適中함, 즉 지나치거나 모자람이 없이 꼭 알맞고 마땅함이 최선이다. 여기서 '사치할 정도의 지나친 겉치레[奢]'나 '치밀할 정도의 지나친 예법 준수[易]', '과도하게 검약·소박함[儉]'이나 '과도하게 애통해 함[戚]'은 하나같이 '과'하거나 '불급'한 것이니, 결국 모두가 '예'의 중도中道에 적중함과는 일정한 거리가 있다. 한데 사람이 범사凡事에 최선을 추구하고 구현한다는 것은 결코 쉬운 일이 아니다. 최선이 아니라면, 형식에 치우친 겉치레나 예법 준수보다는 차라리 보다 실질적인, 검소한 정성이나 슬픔을 극하는 마음이 더 낫다는 것이 공자의 가르침이다. 주자가 이른 대로 "검소함은 사물의 본질이요, 슬퍼함은 마음의 정성이므로 양자가 곧 예의 근본이 된다〔儉者, 物之質; 戚者, 心之誠, 故爲禮之本〕"는 것을 알아야 한다.

3-5

공자께서 말씀하셨다. "중원 주변의 여러 나라에도 오히려 임금다운 임금이 있나니, 우리 중원의 여러 나라에 임금다운 임금이 없는 것과는 다르구나."

子曰: "夷狄¹之有君,² 不如³諸夏⁴之亡⁵也."
자 왈   이 적 지 유 군 불 여 제 하 지 무 야

주석 ──────────────────────────────────

1 夷狄(이적): 고대 중국 주변의 이민족에 대한 통칭. 곧 동이東夷·남만南蠻·서융西戎·북적北狄을 일컬음. 여기서는 중원 주변의 여러 나라를 두루 가리킴. 한편 양쑤다는 특히 오나라와 초나라 등을 말하는 것으로 봄.
2 君(군): 당시 중원 각국에서 무례한 권세가들이 임금을 허수아비로 만들며 전횡을 일삼았음을 감안하면, 이는 임금으로서 실질적인 권한을 행사하는 '임금다운 임금'으로 풀이함이 옳음.
3 不如(불여)~: ~와 같지 않음. 곧 다름을 이름. 이 장의 근본 취지에 비춰 볼 때 여기서는 '~만 못하다'라는 일반적인 풀이는 적절치 않음.
4 諸夏(제하): 고대 중원에 한족漢族이 세운 나라를 일컬어 '하' 또는 '화하華夏'라고

했는데, '화'는 광명光明하다는 뜻이고 '하'는 광대廣大하다는 뜻으로, 그 나라가 찬란하고 풍성한 문화를 가지고 있다고 해서 그같이 일컬은 것임. 단, 여기서 '제 하'는 중원의 여러 나라를 두루 일컬음.

5 亡(무): 무無와 같음. 이 뒤에 써야 할 목적어 '군君'은 위에서 이미 언급했기 때문에 생략함. 『논어』에서 보면 '무無' 자 다음에는 반드시 목적어를 쓰지만, '무亡' 자 다음에는 목적어를 생략함.

해설

이 장의 의미에 대한 역대의 풀이는 두 가지로 나뉜다. 먼저 황간과 형병, 유보남 등은 '이적'에 임금은 있으나 예가 없는 것이 '제하'에 임금은 없으나 예가 있는 것만 못하다는, 곧 '존례尊禮'(예를 높여 귀중하게 여김)의 취지로 풀이했다. 반면 정자는 '이적'에도 오히려 임금이 있는 것은 '제하'에 예악이 붕괴되어 오히려 상하의 구분이 없는 것과는 다르다는, 곧 '존군尊君'(임금을 높여 귀중하게 여김)의 취지로 풀이했다.

한편 다산은 황간 등에 반대해 "일찍이 공자께서 구이에 가서 살고자 하였으니(9-14 참조), 이적을 천시한 것이 아니며, 하물며 그들의 죄가 분명치 않은데 까닭 없이 배척하여 '너희가 군왕이 있어도 우리가 군왕이 없는 것만 못하다'고 하였다면, 그 어찌 의미 있는 말이겠는가?(孔子欲居九夷, 夷狄非其所賤, 況罪累不明而無故斥之, 曰汝之有君, 不如我之亡君, 豈有味之言乎)"라고 했다. 그뿐만 아니라 명대 호광胡廣은 정씨鄭氏의 말을 빌려 "「팔일」 한 편은 권신의 참절僭竊(분수에 넘치는 높은 작위를 가짐)을 상심하고, 명분의 문란을 통탄하지 않은 바가 없다(八佾一篇, 無非傷權臣之僭竊, 痛名分之紊亂)"라고 했다. 특히 3-1장부터 3-6장까지의 함의는 모두 노나라 삼가의 참례 행위와 직·간접적으로 연관되어 있으니, 이는 곧 주자가 윤돈尹焞의 말을 빌려 이른 대로, "공자께서 당시의 혼란상을 가슴 아파하여 깊이 탄식한 것인바, '임금이 없다'는 것은 실제로 임금이 없다는 말이 아니라, 비록 임금이 있기는 하지만 그 도리를 다하지 못하고 있다는 말일 따름이다(孔子傷時之亂而歎之也. 無, 非實無也, 雖有之, 不能盡其道爾)."

당시 중원 각국의 상황을 감안하면, 공자가 임금다운 임금이 없는 '제하'를 예의지국禮儀之國으로 간주해 임금은 있으나 예의를 모르는 '이적'보다 낫다는 취지를 말했다는 황간 등의 견해는 전혀 설득력이 없다. 요컨대 정자가 이른 대로, 여기서 공자는 당시 임금을 능멸하는 권신들의 행태에 깊은 우려와 분개를 느끼며, '이적'에서도 임금을 예우함을 들어 전통적 예의가 땅에 떨어진 '제하'의 난세 상황을 더없이 개탄한 것이다.

3-6

계씨가 태산에 제사를 지내려고 하자, 공자께서 염유에게 말씀하셨다. "네가 막을 수 없겠느냐?" 염유가 대답하였다. "저로서는 막을 수가 없습니다." 공자께서 말씀하셨다. "오호라, 슬프도다. 하지만 설마 태산의 신령이 임방만 못하다고 생각하느냐?"

季氏¹旅²於泰山.³ 子謂冉有⁴曰: "女⁵弗⁶能救⁷與⁸?" 對曰: "不能."
계씨 려 어 태산   자 위 염 유 왈   여 불 능 구 여   대 왈   불 능
子曰: "嗚呼⁹! 曾¹⁰謂¹¹泰山不如林放乎?"
자 왈   오 호   증   위   태 산 불 여 임 방 호

1 李氏(계씨): 『좌전』 「애공 7·11·12년」의 기록에 의하면, 이 '계(손)씨'는 계강자로 추정됨.

2 旅(여): 옛날 산천에 지내는 제사를 이르는 말. 여기서는 동사로 쓰임. 고대 예법에 따르면, 오직 천자만이 천하의 명산대천名山大川에 제사를 지낼 수 있고, 제후는 단지 자신의 경내境內 명산대천에만 제사를 지낼 수 있었음. 그러므로 계씨가 겨우 주나라의 제후국인 노나라의 대부에 지나지 않으면서 태산에 제사를 지내고자 한 것은 엄연한 참례 행위임.

3 泰山(태산): 중국 오악五嶽의 하나로, 동악東嶽이라 일컬어짐. 당시 노나라의 북부, 지금의 산동성 태안현泰安縣에 있음. 고대의 제왕帝王들은 흔히 태산에 올라 천지天地에 제사 지내는 '봉선封禪'을 국가적인 대전大典으로 거행함.

4 冉有(염유): 공자의 제자 염구冉求. 자는 자유子有. 『논어』에서는 왕왕 '염유'로 일컫는데, 곧 '염자유'의 약칭임. 노나라 사람으로, 공자보다 스물아홉 살이 적었음. 당시 그는 계씨의 가신으로 있었음.

5 女(여): 여汝와 같음. 너, 그대.

6 弗(불): 불不과 같음.

7 救(구): 마융, 황간 등은 간諫하여 막음으로, 주자는 참절의 죄악에 빠지는 것을 구제함으로 풀이함. 양자가 모두 통하나, 전자가 자연스러움.

8 與(여): 여歟와 같음. 의문의 어조사.

9 鳴呼(오호): 슬퍼하거나 탄식할 때 내는 소리.

10 曾(증): 내乃와 통함. 설마, 어찌 등의 뜻을 나타냄.

11 謂(위): 말함, 여김, 생각함.

해설

집안 정원이나 가묘家廟에서 이루어지던 삼가三家의 참람 행위가, 이제 만천하에 공개된 태산으로까지 옮아가 감히 천지에 제사를 지냄으로써 천자와 제후의 예를 참절하려는 지경에 이르렀다. 이 같은 계손씨의 참례 의도를 안 공자가 마침 그 가신으로 있던 제자 염유를 통해 막아보고자 했으나 여의치 않았다. 이에 탄식을 금치 못하며 공자가 덧붙인 말은 "설마 태산의 신령이 임방만 못하다고 생각하느냐?"였다. 그것은 곧 주자가 이른 대로, 신은 예가 아닌 제사는 흠향하지 않음을 일깨워 계씨로 하여금 스스로 그만두게 하고, 또 예의 본질을 물은 임방(3-4 참조)을 높여 염유를 면려勉勵코자 한 것이다.

3-7

공자께서 말씀하셨다. "군자는 다른 사람과 다투는 일이 없지만, 혹시 있다면 그것은 필시 활쏘기를 겨룰 때로다! 서로 읍하며 겸양한 후 당堂에 올라 활을 쏘고, 다시 당에서 내려와 이긴 사람이 진 사람에게 벌주를 마시게 하나니, 그처럼 다투는 모습은 진정 군자답도다."

子曰: "君子無所爭, 必也¹射²乎³! 揖讓而升,⁴ 下而飮,⁵ 其⁶爭也¹君子."
자왈   군자무소쟁 필야 사 호   읍양이승   하이음   기 쟁야 군자

주석

1 也(야): 일시 멈춤의 어조사.
2 射(사): 사례射禮, 즉 활쏘기 시합의 예식禮式. 고대의 사례에는 천자·제후·경대부 등이 제사를 지내거나 인재를 선발할 때 거행하는 대사大射, 귀족들이 조현朝見이나 빙회聘會(외교적 빙문聘問의 회합) 때 거행하는 빈사賓射, 귀족이나 사인士人들이 평소 연회나 오락을 할 때 거행하는 연사燕射, 평민들이 활쏘기를 익히기 위해 거행하는 향사鄉射 등 네 가지가 있었는데, 여기서는 대사례大射禮를 이름.

146

3 乎(호): 어조사. 서술문 끝에 쓰여 종결과 확인의 어기를 나타냄.

4 揖讓而升(읍양이승): 대사례에서 두 사람이 한 조組를 이루어, 먼저 당하堂下에서 서로 읍揖(두 손을 맞잡고 가슴까지 올리며 허리를 공손히 굽혀 상대방에게 경의를 표하는 예절)하며 겸양謙讓한 후 당에 올라 활쏘기를 겨룸을 이름. '승'은 승昇과 같음. 오름. 곧 당에 오른다는 말임.

5 下而飲(하이음): 대사례에서 활쏘기를 마치면 서로 읍하며 겸양한 후 당에서 내려와 이긴 사람이 다시 읍하며 겸양한 후 진 사람에게 벌주를 마시게 함을 이름. 앞 구절의 '읍양'의 의미가 이 '하'와 '음' 자까지 이어지는 것으로 이해됨. '음'은 여기서는 사역동사로, 남에게 술을 마시게 함을 이름.

6 其(기): 그러한, 이러한.

해설

공자는 「위영공편」에서도 "군자는 스스로 긍지를 가지나 남과 다투지는 않는다"(15-22)고 했으니, 군자는 좀처럼 다른 사람과 다투지 않는다는 것이 공자의 생각이다. 이는 물론 군자가 마땅히 다투어야 하는데도 비겁하게 회피한다는 것이 아니다. 군자가 만약 다투어야 한다면, 반드시 사례에서와 같이 서로가 한껏 온화하면서도 예모禮貌를 갖춘 다툼으로 군자다운 풍모를 잃지 않는다는 말이다. 이 같은 '군자지쟁君子之爭', 즉 군자의 다툼은 결국 모두가 함께 그 아름답고 우호적인 과정을 한껏 즐기게 한다. 그뿐만이 아니다. 승자는 교만하지 않게 하고, 패자는 의기소침해하지 않으면서 "자신을 이긴 이를 원망하기보다는 오히려 자기 자신에게서 실패의 원인을 찾게 한다(不怨勝己者, 反求諸己而已矣)."(『맹자』「공손추 상公孫丑上」)

거칠고 무례하며 허위와 술수에 폭언과 욕설이 난무하는 가운데 야수처럼 다투는 '소인지쟁小人之爭'과 비교해보면, '군자지쟁'의 아름다움과 고귀함이 얼마나 대단한 것인지 알고도 남음이 있을 것이다. 어쩌면 승부 자체에 집착하기보다는 정정당당한 자세로 '참가'와 '우의友誼'에 상당한 의미를 둘 것을 강조하는, 오늘날 '스포츠맨십'의 본연도 이와 다르지 않다. 현대사회는 그야말로 '전쟁' 같은 '경쟁'이 일상인 데다 날로 그 치열함을 더해가는 만큼, 공자가 말하는 '군자지쟁'의 취지가 어찌 무색하다 하지 않으랴? 하지만 그 의의와 가치는 여전히 유효하나니, 우리 모두가 그것을 어떻게 받아들여 잘 적용해 갈 것인지 고민해야 한다.

3-8

자하가 여쭈었다. "『시경』에 '예쁜 미소에 보조개도 귀엽고 / 고운 눈매에 눈동자도 맑나니 / 아름다운 바탕에 곱게 화장을 하였네'라고 하였는데, 이게 무슨 말입니까?" 공자께서 말씀하셨다. "그림을 그리는 일은 먼저 흰 바탕을 마련한 후에 한다는 말이다." 자하가 말했다. "그렇다면 인이 먼저이고, 예가 나중입니까?" 공자께서 말씀하셨다. "나를 일깨우는 사람은 바로 상이로다! 이제 비로소 너와 『시경』을 논할 수 있겠구나."

子夏問曰: "'巧[1]笑[2]倩[3]兮,[3] 美目盼[4]兮, 素[5]以爲絢[6]兮.[7]' 何謂也?" 子
자하문왈   교소천혜 미목반혜 소이위현혜   하위야   자
曰: "繪事後素.[8]" 曰: "禮後[9]乎[10]?" 子曰: "起[11]予[12]者商[13]也! 始可
왈   회사후소   왈   예후호   자왈 기여자상야 시가
與言詩[14]已矣.[15]"
여언시 이의

주석

1 巧(교): 예쁨, 아름다움.

2 倩(천): 웃을 때 보조개(볼우물)가 귀엽고 예쁜 모양.

3 兮(혜): 어조사.

4 盼(반/변): 맑고 까만 눈동자가 선명하고 예쁜 모양.

5 素(소): 흼, 흰빛. 또 바탕. 주자는 색칠을 하는 자리로, 그림의 바탕이라고 했는데, 대개 화장化粧이나 수식修飾의 바탕으로, 곧 예쁜 볼우물과 맑은 눈동자와 같은 아름다운 용모를 비유해 이른 것임.

6 絢(현): 무늬. 또 무늬가 있어 고움. 주자는 채색으로, 그림의 꾸밈이라고 했는데, 대개 채색 분粉으로 하는 얼굴 화장을 비유해 이른 것임.

7 "巧笑(교소)···**" 3구**: 『시경』의 일시逸詩로, 그 가운데 비록 앞 두 구는 『시경』 「위풍·석인편碩人篇」에 보이기는 하나, 세 구가 원래는 한 편에서 연속적으로 묘사된 것으로 추정됨.

8 繪事後素(회사후소): 정현은 무릇 그림이란 먼저 여러 가지 색을 칠한 후에 흰색을 그 사이에 분포시켜 문채文彩를 이루는데, 그것은 미녀가 비록 예쁜 볼우물과 맑은 눈동자 같은 아름다운 바탕을 가지고 있더라도 결국은 예로써 그 아름다움을 완성해야 함을 비유한다고 함. 반면 주자는 그림이란 먼저 흰 바탕을 마련한 후에 오색을 칠하는데, 그것은 마치 사람이 아름다운 바탕이 있은 후에 비로소 수식을 가할 수 있는 것과 같다고 함. 여기서 흰 칠 혹은 흰 바탕을 정현은 나중에 하고, 주자는 먼저 한다고 하면서 '후소後素'의 의미를 각각 정반대로 풀이했는데, 대체로 주자의 견해가 한결 이치에 닿음. 다산은 화공畵工을 보면 푸르고 붉은 채색을 하기 전에 반드시 먼저 그 바탕을 마련한 후에 붉고 푸르게 채색을 하는데, 정현이 잘못 말한 것을 후세의 일부 사람들이 경문經文처럼 받들며 주자의 설을 공격한다고 함. 또 청대 전조망全祖望은 "예쁘게 웃는 모습과 아름다운 눈동자가 곧 밑바탕이다. 이러한 바탕이 있은 다음에야 비로소 분도 바르고 눈썹도 그리며, 비녀도 꽂고 귀걸이도 하며, 고운 옷도 차려 입는 등의 수식을 가할 수 있나니, 이는 마치 그림 그리는 일과 같은 것으로, 이른바 채색을 한다는 것이며, 따라서 그림 그리는 일은 흰 바탕을 마련한 후에 한다고 한 것이다(夫巧笑美目, 是素地也. 有此而後可加粉黛簪珥衣裳之飾, 是猶之繪事也, 所謂絢也, 故曰繪事後於素也)"(『경사문답經史問答』)라고 함. 그뿐만 아니라 무릇 바탕은 질박하고, 수식은 화

려함이 일반적이거늘 정현은 화법畵法상 오히려 채색을 바탕으로, 흰색을 수식으로 한다고 했으니, 아무래도 자연스럽지 못하다는 지적을 피하기 어려움.

9 禮後(예후): 예가 뒤임, 나중임. 곧 예를 뒤에 가加함을 이름. 원문에는 예가 무엇보다 나중인지에 대해 아무런 언급이 없는데, 앞에서 "사람으로서 오히려 인하지 않다면 예의를 어떻게 행하"(3-3)겠냐고 한 것을 비롯한 공자의 주요 관점과 견해에 비춰 볼 때, 예란 먼저 인덕을 닦은 연후에 더해지는 것이요, 또한 인덕의 바탕 위에 행해져야 하는 것으로 이해됨. 그래서 번역문에 그 뜻을 보충함.

10 乎(호): 의문의 어조사.

11 起(기): 계발함, 일깨움.

12 予(여): 나[我].

13 商(상): 복상卜商. 곧 자하의 이름. 자하는 그의 자. 1-7 주석 1 참조.

14 詩(시): 『시경』. 1-15 주석 7 참조.

15 已矣(이의): 1-15 주석 13 참조.

해설

공자는 타고난 이목구비의 아름다운 바탕에 곱게 화장을 한 여인의 아름다움을 찬탄한 시구를 풀이하며, "그림을 그리는 일은 먼저 흰 바탕을 마련한 후에 한다"는 의미를 부연했다. 이에 자하가 즉각 "그렇다면 인이 먼저이고, 예가 나중입니까?"로 받았는데, 이른바 '거일반삼擧一反三'(7-8 참조)이란 바로 이런 것이리라. 그 때문에 공자가 기쁨을 감추지 못하고 극찬을 아끼지 않은 것이다.

무릇 그림은 먼저 소묘素描로 바탕을 마련한 다음에, 채색을 함으로써 그 화의畵意가 한껏 고도화될 수 있다. 또한 사람은 먼저 그윽하고 아름다운 바탕이 있은 다음에, 수식을 함으로써 그 풍모가 한껏 고아高雅할 수 있다. 이런 맥락에서 '예의'란 '인덕'이 닦이고 쌓인 바탕 위에 더해지고 행해질 때, 그 형상이 보다 아름답게 빛날 수 있다. 이는 물론 '인'은 '예'의 본체요 근원이며, '예'는 '인'의 작용이요 표상이기 때문이다. 다만 주자는 "예는 반드시 충·신을 바탕으로 한다(禮, 必以忠信爲質)"라고 하고, 양시楊時는 "충·신한 사람이라야 예를 배울 수 있다(忠信之人可以學禮)"라고 하여, 모두 '충신'을 '예'의 본질로 보았는데, 그 또한 '인'을 내포한다고 할 수 있다.

이 장의 담론의 핵심인 '문文'·'질質' 문제는 아마도 공문孔門의 주요 과제였던 것으로 보인다. 예컨대 "내면의 질박함이 외면의 문채를 능가하면 투박하고, 외면의 문채가 내면의 질박함을 능가하면 화려하나니, 문채와 질박함이 고르게 어울려 조화로운 다음에야 비로소 군자로다"(6-16), "외면의 문채도 내면의 질박함과 마찬가지로 중요하고, 내면의 질박함도 외면의 문채와 마찬가지로 중요합니다. 그것은 이를테면 호랑이와 표범의 털 없는 가죽은 개와 양의 털 없는 가죽과 다를 바 없기 때문이지요"(12-8)라고 했는데, 이는 다소 그 시각을 달리한 견해로, '문'·'질'에 대한 총체적인 이해를 더하는 데에 도움을 준다. 아무튼 만사는 근본에 힘씀이 우선이거늘, 오늘날 많은 사람들이 근본적인 것보다 부차적인 것에 매달리고 있는 듯해 안타깝기 그지없다.

3-9

공자께서 말씀하셨다. "하나라의 예법 제도를 내가 설명할 수는 있으나, 그 후예인 기나라에서 그것을 실증할 수가 없다. 또 은나라의 예법 제도를 내가 설명할 수는 있으나, 그 후예인 송나라에서 그것을 실증할 수가 없다. 왜냐하면 그들의 문헌 자료와 원로 현인이 부족하기

때문이나니, 만약 문헌과 현인만 충분하다면 내가 그것을 다 실증할
수 있을 것이다."

子曰: "夏禮, 吾能言之, 杞¹不足徵²也; 殷禮, 吾能言之, 宋³不足徵
자왈　　 하 례 오 능 언 지 기 부 족 징 야 은 례 오 능 언 지 송 부 족 징
也. 文獻⁴不足故⁵也, 足則吾能徵之矣."
야 문 헌 부 족 고 야 족 즉 오 능 징 지 의

주석

1 杞(기): 나라 이름. 주 무왕 때 하나라 왕실의 후예를 봉한 제후국으로, 지금의 하
남성 기현杞縣에 있었음. 전국시대 초에 초나라에게 망함. 앞일에 대해 쓸데없는
걱정을 함을 이르는 '기우杞憂'라는 말은 바로 기나라 사람의 이야기에서 유래
함.
2 徵(징): 증명함, 실증함.
3 宋(송): 주 무왕 때 은나라 왕실의 후예를 봉한 제후국으로, 지금의 하남성 상구
현商邱縣 남쪽에 있었으며, 전국시대 말에 제나라에게 망함.
4 文獻(문헌): '문'은 전적典籍, 즉 역사 문헌 자료. '헌'은 현인, 즉 박학다식해 역사
전적과 사적事迹 등에 통달한 사람. 이는 오늘날의 이른바 '문헌'이 단지 역사 문
헌 자료만을 뜻하는 것과는 다름.
5 故(고): 연고緣故, 까닭.

해설

공자는 예악을 한껏 중시했던지라, 전대前代의 예법 제도에 대해 깊
은 관심과 조예가 있었다. 공자가 전대의 예법 제도에 관한 실증적 사
료史料가 절대적으로 부족함을 지적하며 아쉬워함은 무엇 때문일까?
그것은 곧 평소 당신이 강조한 예악의 취지를 역사적으로 실증한다

면, 무례한 행위가 난무하는 당시 사회를 예로써 교화하는 데에 큰 힘이 될 터이나, 사정이 여의치 못한 현실 앞에서 실로 하릴없음(달리 어떻게 할 도리가 없음)에 안타까움을 토로함이다.

이 밖에도 공자는 『중용』에서 "나는 하나라의 예법 제도를 설명할 수 있는데, 하나라의 후예인 기나라에서 그것을 실증할 수는 없다. 나는 은나라의 예법 제도를 배우는데, 은나라의 후예인 송나라에는 관련 자료가 일부 보존되어 있다. 나는 또 주나라의 예법 제도를 배우는데, 현재 모두가 그것을 활용하고 있으니, 나 역시 주나라의 예법을 받들어 따르리라(吾說夏禮, 杞不足徵也. 吾學殷禮, 有宋存焉. 吾學周禮, 今用之, 吾從周)"(28장)라고 했고, 『예기』 「예운편禮運篇」에서는 "내가 하나라의 예법 제도를 보고 싶어 기나라에 가서 조사하였으나 실증하기에 부족하였고, ……내가 은나라의 예법 제도를 보고 싶어 송나라에 가서 조사하였으나 실증하기에 부족하였다(我欲觀夏道, 是故之杞, 而不足徵也. ……我欲觀殷道, 是故之宋, 而不足徵也)"라고 했다. 역사적 실증을 통해 예치와 예교禮敎에 강력한 힘을 실어줄 수 없음을, 공자가 얼마나 안타까워했는지 눈에 선하다.

3-10

공자께서 말씀하셨다. "체 제사를 지낼 때, 술을 땅에 뿌려 신神이 내리기를 빈 그 이후부터는, 나는 보고 싶지가 않도다."

子曰: "禘[1]自[2]旣[3]灌[4]而往者,[5] 吾不欲觀之矣."
자왈　체 자 기 관 이 왕 자 　 오 불 욕 관 지 의

1 禘(체): 제사 이름. 고대 천자가 5년마다 거행하는 종묘 대제大祭로, 시조始祖를 그 원조元祖와 합사合祀하는 큰 제사. 노나라는 애초에 주 무왕이 주공(문왕의 아들, 무왕의 아우)을 봉한 제후국이었으나, 주공이 주 왕실에서 천자를 보좌해야 할 상황이었기 때문에, 다시 주공의 장자長子 백금伯禽을 노나라 제후에 봉함. 주공은 무왕 사후死後에는 성왕을 도와 천하를 대치大治로 이끌며, 주나라의 기틀을 다지는 데 중추적인 역할을 함. 훗날 성왕은 주공의 크나큰 공덕을 기려, 노나라가 제후국이지만 예외적으로 일부 천자의 예악을 행할 수 있도록 특사特賜했는데, 여기서 말하는 체 제사 역시 그중 하나로, 노나라 제후가 시조 주공을 그 원조인 문왕과 합사할 수 있게 한 것임.

2 自(자): ~로부터.

3 旣(기): 이미. 곧 ~한 다음을 이름.

4 灌(관): 관裸과 같음. 제사를 지낼 때 시동尸童에게 술을 올려 향香을 맡게 한 후 땅에 뿌려 강신降神을 비는 의식.

5 而往者(이왕자): 그 이후以後의 제사 의식을 이름. '이왕'은 그 이후.

해설

노나라의 체 제사는 천자의 특사에 의한 것이며, 따라서 참례라고 할 수는 없다. 그렇다면 공자가 강신 이후부터는 체 제사를 보고 싶지 않다고 한 까닭은 무엇일까? 이에 대해 주자는 노나라 임금과 신하가 강신할 때까지는 성의를 다해 그래도 볼 만하나, 그 이후부터는 점차 태만해져 볼 만한 게 없었기 때문이라고 했다. 반면 다산은 강신 이후에는 천자의 가무歌舞를 행하는 등 분수에 넘치는 행위가 있었기 때문이라고 했다. 추측컨대 시대를 거듭하면서 노나라의 체 제사가 강신 이후에는 의식儀式상 분명 '비례非禮'라고 할 정도로 지나치게 간략하거나 번잡해진 게 아닌가 한다. 공자가 『예기』「예운편」에서 "노나라의 교제郊祭와 체제禘祭는 예법에 맞지 않거니, 주공의 도도 이제 쇠미하였도다!(魯之郊禘, 非禮也, 周公其衰矣)"하고 탄식한 것은 바로 그 때문이다. 날이 갈수록 예악이 문란해지는 현실 앞에서 안타까운 마음을 이기지 못하는, 공자의 고뇌가 깊고도 깊다.

3-11

어떤 사람이 공자께 체 제사의 의미에 대해 여쭙자, 공자께서 "모르겠소. 그 의미를 아는 사람이라면, 천하를 다스리는 것이 아마 마치 천하를 여기에 올려놓고 다루는 것과 같으리라!"라고 말씀하시며, 당신의 손바닥을 가리키셨다.

或問禘之說.¹ 子曰: "不知也. 知其說者之於天下也, 其²如示諸斯³
혹 문 체 지 설   자 왈   부 지 야   지 기 설 자 지 어 천 하 야   기 여 시 저 사
乎⁴!" 指其掌.⁵
호   지 기 장

주석

1 說(설): 여기서는 그 이치, 의미, 또는 예법을 이름.
2 其(기): 추측의 어기 부사. 아마, 대개.
3 如示諸斯(여시저사): 마치 그것(천하·나라)을 여기(손바닥)에 올려놓고 다루는 것과 같음. 이는 정현의 견해에 따른 풀이로, 천하를 마치 손바닥 위에 올려놓고 다루듯이 자유자재로 잘 다스릴 수 있음을 비유함. '시'는 치置, 즉 (올려)놓음, 둠의 뜻임. '저'는 지어之於의 합음자. 여기서 '지'는 앞에서 말한 '천하'를 가리킴. '사'는 차此와 같음. 이것, 여기. 여기서는 뒤에서 말한 '손바닥'을 가리킴. 한편 주자는 '시'를 시視, 즉 봄의 뜻으로 풀이했으니, 이 구절은 곧 천하를 손바닥 위에 올

려놓고 보듯이 국정 전반을 자세히 보고 알 수 있어서 쉽게 잘 다스릴 수 있음을 비유함. 두 가지 풀이가 다 통함. 이 구절과 같은 내용이 『중용』 제19장에도 보임.

4 乎(호): 감탄의 어조사.

5 掌(장): 손바닥.

해설

나라를 다스리는 이상적인 방도로 예치를 주창한 공자에게 있어, 체 제사는 치국의 근본으로, 매우 중요한 의미를 갖는다. 그 때문에 체 제사의 예법과 의미를 제대로 아는 사람은, 천하를 손바닥 위에 올려놓고 다루듯이 아주 쉽게 잘 다스릴 수 있음을 강조한 것이다. 하·은·주 3대의 예법에 통달한 데다 주례周禮를 특히 존중하고 신봉한 공자가 체 제사의 의미를 모르겠다고 한 것은, 물론 비례화非禮化한 노나라의 체 제사에 대한 불만의 표시일 뿐이다.

3-12

흔히 조상에게 제사 지낼 때는 마치 조상이 그 자리에 계신 듯이 하고, 신령에게 제사 지낼 때는 마치 신령이 그 자리에 계신 듯이 한다고 하는데, 공자께서는 "내가 만약 직접 제사에 참여하지 않으면, 그 제사는 지내지 않은 것과 마찬가지이다" 하고 말씀하셨다.

祭如在, 祭神如神在.¹ 子曰: "吾不與祭,² 如不祭."
제 여 재   제 신 여 신 재   자 왈   오 불 여 제   여 부 제

주석

1 **"祭如(제여)…" 2구**: 이 두 구절을 두고, 주자는 문인門人이 공자께서 제사 지낼 때 성심성의를 다하는 모습을 기록한 것이라고 함. 반면 청쑤드어의『집석』에서 인용한 송대宋代 진선陳善의『문슬신어捫蝨新語』와 다산의『고금주』에서 인용한 오규 소라이荻生徂徠의 말, 일본 메이지明治시대 다케조에 고코竹添光鴻의『회전會箋』에서는 모두 옛 경전의 말이라고 하며, 아래 공자의 말은 바로 이에 근거해 평소의 생각을 피력한 것이라고 함. 만약 주자의 견해대로라면, 마땅히 그 첫머리에 공자를 뜻하는 '자子' 자를 더해야 옳을 것이며, 따라서 진선 등의 견해가 타당한 것으로 보임.

2 **不與祭(불여제)**: 제사에 참여하지 못함. 이를 포함은 공자가 출타 중이거나 병환으로 몸소 제사를 받들 수 없을 때 사람을 시켜 대리케 함을 말한다고 함. '여'는 (가묘에 나아가 제사에) 참여함을 이름.

해설

공자는 매사에 실질을 숭상했으나, 그렇다고 일정한 형식이나 문식文飾의 효용과 의의까지 완전히 부정하지는 않았다.(3-8 해설 참조) 그 때문에 조상을 추모하고 신령을 공경하는 제사도 물론 실질적으로 효도와 공경의 마음을 다하는 것이 중요하겠으나, 같은 값이면 직접 참여해 '마치 조상이나 신령이 그 자리에 계신 듯이' 받들어 모시는 것을 크게 중시했다. 그것은 곧 정성이 실實이고, 예절은 허虛이기 때문이다.『중용』에서도 "얼마 전에 돌아가신 조상을 섬기기를 마치 살아계신 듯이 하고, 오래전에 돌아가시어 계시지 않은 조상을 섬기기를 마치 아직도 그 자리에 계신 듯이 하는 것이 효도의 지극함이다(事死如事生, 事亡如事存, 孝之至也)"(19장)라고 했으니, 제사에 대한 공자의 관점이 그대로 계승되고 있음을 보게 된다.

한편 공자는 일찍이 귀신을 섬기는 일을 묻는 자로에게 "사람도 제대로 섬기지 못하거늘, 어떻게 귀신을 섬길 수 있겠느냐?"(11-12)라고 하는가 하면, 지혜로움이 어떤 것인지를 묻는 번지에게는 "귀신을 공경하면서도 멀리하는"(6-20) 것이라고 했다. 다시 말하면 공자에게 있어 제사란 단지 윤리 도덕적 행위의 하나일 뿐이다. 그러므로 공자는 제사가 미신이나 종교적 행위로 흐르는 것을 극력 경계했다. 공자가 중병을 앓을 때, 신에게 빌자고 한 자로의 제안을 완곡하게 거절한 것 (7-35 참조)은 바로 그 같은 견지의 표현이다.

3-13

왕손가가 여쭈었다. "'집 안 서남쪽 모퉁이 귀신에게 잘 보이기보다는, 차라리 부엌 귀신에게 잘 보이는 것이 낫다'는 것은 무슨 말입니까?" 공자께서 말씀하셨다. "그렇지 않소. 사람이 하늘에 죄를 지으면 빌 곳이 없소이다."

王孫賈¹問曰: "'與其媚²於奧,³ 寧⁴媚於竈.⁵ 何謂也?" 子曰: "不然.
왕 손 가 문 왈   여 기 미 어 오   영 미 어 조   하 위 야   자 왈   불 연
獲罪於天, 無所禱也."
획 죄 어 천   무 소 도 야

주석

1 王孫賈(왕손가): 衛위나라 대부. 영공靈公의 신하.
2 媚(미): 아첨함.

3 奧(오): 집 안의 서남쪽 모퉁이. 또 그곳에 있다는 귀신을 이름.

4 與其A寧B(여기A녕B): 3-4 주석 4 참조.

5 竈(조): 부엌. 또 부엌 귀신. 이상의 "여기與其…" 2구는 당시의 속담으로, 그 우의寓意에 대해서는 추측성의 중설이 분분함. 일단은 단순하게, 옛날 사람들의 의식 속에서 집 안 서남쪽 모퉁이 귀신은 단지 부엌 귀신보다 지위만 높을 뿐인 반면, 부엌 귀신은 오히려 음식을 주관하는 실권을 가지고 있었으므로 이같이 말한 것으로 이해됨.

해설

하늘은 광명정대光明正大함의 표상이다. 사람은 모름지기 하늘의 이치를 본받아 바른 길을 가야 한다. 『서경』 「탕고편湯誥篇」에 이르기를 "하늘의 이치는 선행에는 복을 내리고, 악행에는 화를 내린다(天道福善禍淫)"라고 했다. 주자가 『혹문』에서 호인胡寅과 장재張載의 말을 빌려 풀이한 바와 같이, 여기서 공자가 말한 "하늘이란 곧 하늘의 바른 이치인바, 하늘의 바른 이치는 천하 만물 그 어디에도 있지 않은 곳이 없으며, 사람에게 있어서는 마음이 밝고도 밝은 것이 바로 그것이다(天卽理也, 理無不在, 在人則人心之昭昭者是也)." 따라서 "마음속에 가진 생각에 일단 바르지 못한 바가 있으면 곧 하늘에 죄를 짓는 것이니, 무릇 아첨을 해 득을 보고자 함은 바르지 못함이 심한 것이다(胸中所存, 一有不直, 則爲獲罪於天矣, 夫欲求媚, 是不直之甚者也)." 사람은 진정 하늘을 무서워해야 한다. 그래야 떳떳한 삶을 살 수 있다.

3-14

공자께서 말씀하셨다. "주나라 문물제도는 하·은 두 나라를 본보기로 삼았나니, 찬란하도다, 그 아름다운 광채여! 나는 주나라 문물제도를 받들어 따르리라."

子曰: "周¹監²於二代,³ 郁郁乎⁴文⁵哉⁶! 吾從周."
자왈   주 감 어 이 대   욱 욱 호 문 재   오 종 주

주석

1 周(주): 주나라. 여기서는 그 문물 및 예악 제도를 두고 이름.

2 監(감): 鑑감과 같음. 본보기, 거울로 삼음.

3 二代(이대): 하·상/은 두 왕조를 가리킴.

4 郁郁乎(욱욱호): 문채가 찬란한 모양. '욱욱'은 본디 초목이 무성하거나 향기가 진한 모양을 이르나, 여기서는 문물의 융성함을 형용함. '호'는 然연과 같음. 곧 형용사형 어미로, 여기서는 찬미의 어기를 나타냄.

5 文(문): 문채, 즉 아름다운 광채. 이는 곧 하·은 두 왕조의 문물 및 예악 제도를 두고 이름.

6 哉(재): 감탄의 어조사.

해설

주 왕조의 문물 및 예악 제도는 하·상 2대의 전통을 계승 발전시키면서 고도로 완비되었는데, 그것은 곧 중국 상고上古 문화의 집대성이나 다름이 없었다. 따라서 주대의 문물제도에 대한 공자의 신뢰는 절대적이었다. 다만 춘추시대로 접어들면서 주 왕조의 문물·예악 제도는 전통적인 권위를 상실했고, 급기야 노나라 삼가와 같이 참례를 일삼

는 무리가 날뛰는 지경에 이르렀다. 공자는 『중용』에서도 당신이 '주대의 예법을 배우고, 따른다'(3-9 해설 참조)는 점을 분명히 했다. 그리고 『예기』 「단궁 하편檀弓下篇」에서는 또 "은나라 사람들은 하관下棺한 후에 조문하고, 주나라 사람들은 묘를 다 쓰고 집으로 돌아와 슬퍼서 울 때 비로소 조문하는데, 공자는 '은나라 예법은 너무 성실하나니, 나는 주나라 예법을 따르겠노라'라고 하셨다(殷旣封而弔, 周反哭而弔. 孔子曰: 殷已慤, 吾從周)"라고 했다. 이처럼 공자는 입버릇처럼 주나라 제도를 찬미하며 따르겠다는 뜻을 밝히곤 했다. 그것은 곧 주나라 초기에 주공이 완비한 예악 제도가 무너지면서 초래된 난세를 산 공자가, 안타까운 마음으로 그 부활을 통해 세상을 구제하고픈 간절한 소망을 토로한 것이다.

3-15

공자께서 태묘에 들어가 매사를 다 물으셨다. 그러자 어떤 사람이 말했다. "누가 추읍 대부의 아들이 예를 안다고 하였는가? 태묘에 들어가서는 매사를 다 묻나니!" 공자께서 그 말을 듣고 말씀하셨다. "그것이 바로 예이니라."

子入大廟,¹ 每事問. 或曰: "孰²謂鄹人之子³知禮乎? 入大廟, 每事
자 입 태묘   매 사 문   혹 왈   숙 위 추 인 지 자 지 례 호   입 태 묘   매 사
問!" 子聞之, 曰: "是禮也."
문   자 문 지   왈   시 례 야

1 **大廟**(태묘): 태묘太廟. 곧 주공의 사당을 이름. 옛날에 개국의 군주를 태조太祖라 하고, 태조의 사당을 '태묘'라 했는데, 주공은 노나라의 시조 임금이므로 이같이 일컬음.

2 **孰**(숙): 누가.

3 **鄹人之子**(추인지자): 추읍 대부의 아들이라는 뜻으로, 곧 공자를 가리킴. '추'는 추郰로도 쓰며, 춘추시대 노나라의 읍으로, 지금의 산동성 곡부현 일대에 있었음.『사기』「공자세가孔子世家」에서는 "공자가 노나라 창평향 추읍에서 태어났다(孔子生魯昌平鄕郰邑)"고 함. '추인'은 공자의 아버지 숙량흘을 지칭함. 숙량흘이 일찍이 추읍의 대부를 지낸 적이 있는데, 옛날에는 흔히 모지某地의 대부를 '모인某人'이라 일컬었으므로, 숙량흘을 '추인'이라고 한 것임.

주자는 이를 공자가 노나라에서 처음 벼슬하며 태묘에서 제사를 도울 때의 일로 추정했다. 공자는 어려서부터 예를 좋아하고, 또 잘 안다고 이름이 났다. 훗날 진陣 치는 법을 묻는 위 영공에게 "제사의 예절은 일찍이 들은 적이 있습니다만, 군사 전쟁에 관해서는 배운 적이 없습니다"(15-1)라고 할 정도로 자부심 또한 작지 않았다. 그런 공자가 태묘에서 제례祭禮를 일일이 물었으니, 혹자가 의심하고 조소할 만도 했다. 하지만 주자가 윤돈의 말을 빌려 이른 대로 "예란 공경하고 삼감일 따름이니, 알면서도 묻는 것은 삼감이 지극한 것이다. 그 공경하고 삼감이 이보다 더한 것이 없거늘, 그것을 두고 오히려 예를 알지 못한다고 한 사람이 어찌 공자를 제대로 알 수 있겠는가?" 공자의 호학·호문好問·호례好禮의 정신은 진정 겸허하고 성신한 것이었음을 실감하고도 남는다.

3-16

공자께서 말씀하셨다. "활쏘기에서 과녁을 뚫는 데 중점을 두지 않는 것은 사람마다 그 힘이 다 다르기 때문이나니, 그것이 바로 옛날 활쏘기 시합의 기본 정신이다."

子曰: "射不主皮,¹ 爲²力不同科,³ 古之道⁴也."
자 왈　사 부 주 피　위 력 부 동 과　고 지 도 야

주석

1 射不主皮(사부주피): 사례射禮의 주된 취지는 과녁을 뚫는 데 두지 않는다는 말. 일설에는 과녁을 맞히는 데 두지 않는다는 뜻이라고 하나, 활쏘기에서 과녁을 맞히는 기본적인 의도나 의의까지 부정된다는 점에서 적절치 못함. '사'는 대사·빈사·연사·향사 등의 예사禮射를 가리킴.(3-7 주석 2 참조) 여기서는 군중軍中의 무사武射를 이르는 것이 아님. '주'는 위주爲主, 즉 으뜸으로 삼음을 이름. '피'는 과녁을 통칭함. 여기서는 동사로 쓰여, 과녁을 뚫음을 이름. 옛날에는 과녁을 대개 '후侯'라고 했으며, 천이나 가죽으로 만들었음. '피'를 일설에는 피후皮侯, 즉 가죽 과녁을 이른다고 함.

2 爲(위): ~ 때문임.

3 同科(동과): 동등同等함, 즉 등급이나 정도가 같음. '과'는 등급, 정도.

4 古之道(고지도): 곧 고대 사례의 기본 원칙과 정신을 이름.

해설

『중용』에서 공자가 말했다. "활쏘기는 마치 군자의 수덕修德과 같아서 정곡을 맞추지 못하면 자기 자신에게로 돌아가 그 원인을 찾아야 한다(射有似乎君子, 失諸正鵠, 反求諸其身)." 『예기』「사의편射義篇」에서도 말했다. "활쏘기는 곧 인도仁道이니, 활을 쏠 때는 먼저 자기 자신의 몸과 마음을 반듯하게 해야 한다(射者, 仁之道也, 射求正諸己)." 이처럼 "옛날에는 활쏘기로써 그 사람의 덕성을 관찰하였으므로 단지 과녁을 적중시키는 것에만 중점을 두며, 과녁의 가죽을 뚫는 것에는 중점을 두지 않았으니, 그것은 사람의 힘에는 강약이 있어 서로 같지 않기 때문이다(古者射以觀德, 但主於中, 而不主於貫革, 蓋以人之力有强弱, 不同等也)."(『집주』) 요컨대 고대 활쏘기 시합의 예식은 예의와 덕성을 숭상했다.

하지만 춘추시대에 이르러 주 왕실의 존엄과 권위는 땅에 떨어지고 열국 간 약육강식의 혼란이 가중되는 가운데, 활쏘기에서도 전통적인 예절과 정신은 퇴색하고 과녁 뚫기를 높이 사는 풍토가 만연했다. 한마디로 '군자지쟁'은 사라지고 '소인지쟁'(3-7 해설 참조)의 아귀다툼만이 난무했던 것이다. 공자는 바로 그 같은 세태를 우려하고 탄식했는데, 우리 또한 오늘날 선의의 경쟁은 점차 사라지고 치열하다 못해 악의가 넘치는 경쟁이 늘어가는 현실을 우려하지 않을 수 없으리라.

3-17

자공이 노나라에서 고삭의 제례祭禮는 행하지 않으면서 희생양만 바치는 것을 없애려 하자, 공자께서 말씀하셨다. "사야! 너는 그 양이 아까우냐? 나는 그 예가 아깝다."

子貢欲去¹告朔²之餼羊.³ 子曰: "賜⁴也! 爾⁵愛⁶其羊? 我愛其禮."
자공욕거 고삭 지희양   자왈   사야 이애기양 아애기례

1 **去**(거): 제거함, 없앰.

2 **告朔**(고삭/곡삭): 주대의 제도. 매년 계동季冬에 천자가 다음 해 열두 달의 정령이 포함된 책력冊曆을 제후들에게 나누어 주고, 제후들은 그것을 받아 선조의 사당에 간직해두었다가, 매월 초하루가 되면 양을 잡아 희생으로 바치고 제사를 지내 사당에 고한 후, 그 달의 책력을 꺼내 온 나라에 펴던 일을 이름. 노나라는 문공文公 이후에는 이를 행하지 않으면서 양만 계속해서 희생으로 바쳐왔으므로, 자공이 양을 바치는 일도 아예 없애려고 한 것임. '고'는 '곡'으로도 읽음. '삭'은 매월 초하루.

3 **餼羊**(희양): 희생양. 곧 종묘 제사에 제물祭物로 바쳐지는 양을 이름. '희'는 희생犧牲.

4 **賜**(사): 자공의 이름. '자공'은 그의 자. 1-10 주석 2 참조.

5 **爾**(이): 제이인칭대명사. 너, 그대.

6 **愛**(애): 아낌, 아까워함.

노나라의 전통적인 고삭의 예는 이미 사라진 지 오래고, 작금에는 단지 희생양만 바쳐왔다. 이에 자공은 실질적인 의미도 없이 양만 낭비한다고 여겨, 희생양을 바치는 관례까지도 아예 없애려고 한 것이다. 그러나 공자의 생각은 달랐다. 주자가 이른 대로, 예는 비록 폐지되었더라도 희생양을 바치는 일이라도 남아 있으면, 사람들이 그래도 고대의 제례를 기억하여 장차 복원될 수가 있다. 하지만 만약 희생양을 바치는 일마저 없애버린다면, 고삭의 예는 완전히 사라지므로 공자가 그 예를 아까워한 것이다. 그 한 마리의 희생양이 자공에게는 단지 양으로만 보였으나, 공자에게는 하나의 예로 보인 것이다. 공자가 이렇듯 고대의 예를 아끼고 전통을 수호하려 함은, 바로 예치를 되살려 구세의 원동력으로 삼고자 한 까닭이다.

3-18

공자께서 말씀하셨다. "임금을 섬김에 신하의 예를 다하는 것을, 사람들은 오히려 아첨한다고 여기는구나."

子曰: "事¹君盡禮,² 人以爲³諂⁴也."
자왈　사군진례　인이위 첨 야

주석 ────

1 事(사): 섬김.
2 盡禮(진례): 예를 다함. 여기서 '례'는 신하의 예절과 도리를 이름.
3 以爲(이위): ~라고 여김, 생각함.
4 諂(첨): 아첨함.

해설 ────

공자 당시는 임금에게 무례한 자가 허다하여, 예를 다하는 것을 오히려 아첨한다고 할 정도였다. 공자는 바로 그 같은 세태를 개탄한 것이다. 그렇다면 예를 다함과 아첨함은 어떻게 다른가? 그것은 곧 의냐, 불의냐의 문제이다.

공자는 임금을 섬기는 이치를 묻는 자로에게 "임금님을 속이지 말며, 간언諫言을 서슴지 않아야 한다"(14-23)고 했다. 임금을 기만하지 않아야 함은 물론, 도의상 당위當爲의 사안이라면, 임금의 귀에 거슬리는 직간直諫도 불사해야 신하의 예를 다하는 것이다. 하지만 아첨함은 의냐 불의냐는 아랑곳하지 않는다. 오직 임금의 뜻에 영합할 따름이다. 예와 도리를 다하는 신하는 공익과 대의를 추구하지만, 아첨을 하는 신하는 사리와 사욕을 꾀할 뿐이다. 그것이 핵심이다. 사실 이는 임금과 신하 사이만이 아니라, 모든 인간관계에 두루 걸친 문제인 만큼, 우리 모두가 항시 유념하고 경계해야 할 일이다.

3-19

정공이 물었다. "임금이 신하를 부리고, 신하가 임금을 섬기는 것을 어떻게 해야 합니까?" 공자께서 대답하셨다. "임금은 신하를 부림에 예의를 갖추고, 신하는 임금을 섬김에 충성을 다해야 합니다."

定公¹問: "君使²臣, 臣事君, 如之何?" 孔子對曰: "君使臣以禮, 臣
정 공 문　군 사 신　신 사 군　여 지 하　　공 자 대 왈　　군 사 신 이 례　신
事君以忠."
사 군 이 충

주석

1　定公(정공): 춘추시대 노나라 임금. 성은 희姬, 이름은 송宋이고, '정'은 시호임. 양
　　공襄公의 아들, 소공昭公의 아우, 애공의 아버지. 소공의 뒤를 이어 제위에 올라
　　15년간 재위함.
2　使(사): 사역, 즉 사람을 부려 일을 시킴.

해설

노나라 소공은 한껏 강성해진 삼환(3-2 주석 1 참조)의 세력에 밀려 제나라로 도피했다가, 다시 진晉나라로 가서 진나라의 힘을 빌려 고국으로 돌아가고자 했으나, 성공하지 못하고 결국 객사客死하고 말았다. 그리고 정공이 즉위했을 때, 노나라 왕실은 더욱 쇠약해진 가운데 많은 신하들이 임금에게 무례하기 그지없었다. 바로 그즈음 정공이 공자에게 군신의 도를 물은 것이다.

정공의 고민은 필시 '어떻게 하면 신하로 하여금 임금을 잘 섬기게 할 수 있을까?' 하는 문제였을 것이다. "임금은 신하를 부림에 예의를 갖추고, 신하는 임금을 섬김에 충성을 다해야 합니다." 이 같은 공자의 대답은 어떻게 보면 뻔한 얘기 같기도 하다. 그래서인지 주자는, 공자가 말한 그 두 가지는 모두 도리나 이치상 당연하며 임금과 신하가 각기 스스로 최선을 다해야 할 따름이라고 했다. 분명 무난한 풀이인 듯하다. 한데 임금은 임금으로서, 신하는 신하로서 그저 각자 자신의 도리를 다하면 된다는 것이 과연 공자가 말하고자 하는 본의의 전부일까?

사실 공자의 대답에 담긴 보다 심층적인 의미는 따로 있다. 그것은 곧 '임금이 먼저 신하를 예우하면, 신하는 자연히 임금에게 충성하게 된다'는 일깨움이다. 이는 곧 맹자가 제나라 선왕宣王에게 "임금이 신하 여기기를 자신의 수족과 같이 하면 신하는 임금 여기기를 자신의 복심腹心과 같이 하고, 임금이 신하 여기기를 개나 말과 같이 하면 신하는 임금 여기기를 길 가는 낯선 사람과 같이 하며, 임금이 신하 여기기를 흙이나 먼지와 같이 하면 신하는 임금 여기기를 도적이나 원

수와 같이 할 것입니다(君之視臣如手足, 則臣視君如腹心; 君之視臣如犬馬, 則

臣視君如國人; 君之視臣如土芥, 則臣視君如寇讎)"(『맹자』 「이루 하」) 하고 아뢴

것과도 일맥상통한다. 요컨대 임금의 예우가 바로 신하가 임금에게

충성하는 전제 조건이라는 것이다. 바꿔 말하면 무도한 임금에게는

충성을 다할 필요도 없고, 다해서도 안 된다.(11-24, 16-1 참조) 공자가

폭군 하 걸왕과 은 주왕을 각각 타도 정벌한 상 탕왕과 주 무왕을 한

껏 칭송한 것은, 바로 그 같은 견지이다.

한편 주자는 또 윤돈의 말을 빌려, 임금과 신하는 도의로써 결합된

사람들이므로, 임금이 신하를 부림에 예의를 갖추면, 신하는 임금을

섬김에 충성을 다하게 된다고도 했다. 이를 보면, 주자 역시 공자의 그

깊은 뜻까지 헤아렸음이 분명하다. 하지만 애초에 주자조차도 공자의

대답을 단순히 병렬성의 의미로, 임금은 어떻게 해야 하고 신하는 어

떻게 해야 한다는 말로 이해했는데, 그것은 사실 공자의 고도로 완곡

한 표현의 묘妙 때문이라고 할 수 있다. 정공이 공자의 조국 노나라의

임금이었던 만큼, 공자의 답변은 표면적으로 분명 불편부당함을 지키

고자 했으나, 실질적으로는 오히려 임금에게 솔선수범을 요구하는 쪽

으로 기울어 있다. 이것이 바로 임금에 대한 공경을 잃지 않으면서 직

간도 불사하는 신하의 도리와 예를 다하는, 공자의 고차원적 표현의

예술이다. 우리가 공자에게서 본받을 것이 한두 가지가 아니다.

3-20

공자께서 말씀하셨다. "『시경』「관저」시의 정서는 즐거우나 방탕하

지 않고, 슬프나 고통스럽지 않다."

子曰: "關雎,¹ 樂而不淫,² 哀而不傷.³"
자 왈   관 저   낙 이 불 음   애 이 불 상

주석

1 關雎(관저): 『시경』 「국풍·주남周南」의 제1편이면서 『시경』 전권全卷의 제1편 제
  목. 『시경』을 대표하는 작품으로, 요조숙녀를 향한 군자(귀공자)의 구애求愛를 묘
  사한 애정시. 옛날에는 늘 시에 곡조를 붙여 노래로 불렀으므로, 공자가 여기서
  그 내용과 곡조를 아울러 평한 것임.
2 淫(음): 과도함, 방탕함. 곧 즐거움이 지나쳐 절제하지 못하고, 성정性情의 단정함
  을 잃는다는 말임.
3 傷(상): 심신을 상함, 고통스러움. 곧 슬픔이 지나쳐 절제하지 못하고, 성정의 조
  화를 해친다는 말임.

해설

공자는 「위정편」에서 『시경』을 총평해 "생각에 사악함이 없다"(2-2)라
고 한 바 있다. 그 구체적인 예증으로, 「관저」 시는 절제된 감정의 표
현으로 중화中和와 중용의 규범에 부합한다는 것이 공자의 촌평寸評이
다. 또한 「모시서毛詩序」에서 이르기를 "변풍은 사상 감정에서 발發했
지만 예의 규범에서 멈추었나니, 사상 감정을 토로함은 민중의 본성
이요, 예의 규범을 벗어나지 않음은 선왕의 교화 덕택이다(變風發乎情,
止乎禮義. 發乎情, 民之性也; 止乎禮義, 先王之澤也)"라고 했으니, 「관저」의 서
정抒情은 그 전형임에 틀림이 없다.

공자의 학술 사상에서 사상 감정의 표현을 예로써 절제함은 곧 문예 작품의 비평 표준임과 동시에 도덕 수양의 기본 지향指向으로서, 그 핵심 의의는 바로 중화와 중용의 경지를 추구함에 있다. 그것은 물론 누구나 쉽게 추구할 수 있는 경지가 아니지만, 또한 누구나 반드시 정진에 정진을 거듭해 한 걸음씩 다가가야 할 경지이다.

3-21

애공이 재아에게 토지신의 신주를 무슨 나무로 하는지를 묻자, 재아가 대답하였다. "하 왕조는 소나무로 하였고, 은 왕조는 측백나무로 하였습니다. 반면 주 왕조는 밤나무로 했는데, 그것은 백성들로 하여금 두려움에 떨게 하기 위한 것입니다." 공자께서 그 말을 들으시고 말씀하셨다. "이미 행한 일이라 다시 왈가왈부하지 않고, 이미 끝난 일이라 다시 바로잡지 않으며, 이미 지난 일이라 다시 추궁하지 않는다."

哀公問社[1]於宰我.[2] 宰我對曰: "夏后氏[3]以松, 殷人以柏, 周人以
애 공 문 사 어 재 아   재 아 대 왈   하 후 씨 이 송, 은 인 이 백   주 인 이

栗, 曰[4]使民戰栗.[5]" 子聞之, 曰: "成事[6]不說,[7] 遂事[8]不諫,[9] 旣往[10]不
율, 왈 사 민 전 율   자 문 지 왈   성 사 불 설   수 사 불 간   기 왕 불

咎.[11]"
구

주석 ─────────────

1 社(사): 토지신土地神. 여기서는 그 신주神主를 이름.

2 宰我(재아): 공자의 제자 재여宰予. 자는 자아子我. 노나라 사람. 『논어』에서는 흔히 '재아'라고 일컬음.

3 夏后氏(하후씨): 하 왕조의 별칭. '하후夏后', '하씨夏氏'라고도 함.

4 曰(왈): 여기서는 '~이다'의 뜻.

5 戰栗(전율): 전율戰慄과 같음. 몹시 두려워하는 모양. 이는 곧 밤 율栗 자에 전율의 뜻이 있는 데에 착안해 풀이한 것임.

6 成事(성사): 이미 이루어진 일. 곧 이미 행한 일을 이름.

7 說(설): (그 시비를) 설명함. 곧 의론함, 왈가왈부함을 이름.

8 遂事(수사): 이미 완수한 일. 곧 이미 끝난 일을 이름. '수'는 완수함, 달성함.

9 諫(간): 임금이나 웃어른에게 잘못을 고치도록 아룀. 여기서는 잘못을 바로잡음을 이름.

10 旣往(기왕): 기왕·이왕已往의 일. 곧 이미 지난 일을 이름.

11 咎(구): 질책함, 추궁함.

해설

하·은·주 3대는 왕조마다 토지신 신주를 각기 그 땅에서 가장 잘 자라는 나무로 만드는 관례에 따라 각각 소나무·측백나무·밤나무로 했다. 하지만 주 왕조가 밤나무로 신주를 한 까닭을 재아는 망령되이 백성을 두려움에 떨게 하기 위해서라고 풀이했다. 그 같은 설명은 결국 임금을 인하지 못한 길로 이끌고, 그 때문에 공자가 완곡하게 나무랐다는 것이 이 장의 의미에 대한 후세의 일반적인 풀이다. 그런데 과연 공자의 본의가 그뿐일까?

줄곧 덕치를 강조해온 공자가, 임금을 패도覇道로 몰아가는 재아의 잘못을 이처럼 관용할 수 있을까? 샤오민위엔의 『변혹』에 이에 대한 설명이 보이는데, 이 의문을 푸는 데 좋은 참고가 될 듯하다. 우선 하·은 두 왕조가 각각 소나무·측백나무로 신주를 함은, 두 나무가 사철

내내 푸른 뜻을 취해 길이길이 국운이 융성하기를 바라는 뜻을 담은 것으로 이해된다. 하지만 주 무왕은 굳이 밤나무로 신주를 만들었는데, 그 점이 공자도 불만이었던 것으로 보인다. 그래서인지 공자는 주 문왕이나 주공에 대해서는 일관되게 칭송의 기조를 유지한 반면, 무왕에 대해서는 매우 완곡하게 폄하의 뜻을 덧붙이곤 했다.(3-25 참조) 반면에 무왕과 반대 입장에 섰던 백이·숙제는 아주 높게 평가했다.(5-23, 7-15 참조) 재아의 설명이 무리가 아닐 수도 있는 대목이다. 결국 같은 의미의 말을 서로 다른 표현으로 세 번씩이나 반복한 공자의 나무람에는, 제자를 교도하려는 표면적인 의미와 함께, 그 심중의 깊은 뜻이 함축되어 있음을 헤아려야 한다.

3-22

공자께서 말씀하셨다. "관중은 그릇이 작았노라!" 어떤 사람이 여쭈었다. "관중은 검소했습니까?" 공자께서 말씀하셨다. "관중은 세 곳에 집이 있었고, 또 가신으로 하여금 관직을 겸하게 하지도 않았거늘 어찌 검소했다고 하겠는가?" "그러면 관중은 예를 알았습니까?" 공자께서 말씀하셨다. "한 나라의 임금이어야 병풍을 세워 문을 가리거늘 관중 역시 병풍을 세워 문을 가렸고, 한 나라의 임금이어야 양국 군주의 우호적인 회합을 위해 잔대를 설치하거늘 관중 역시 잔대를 설치하였다. 그런데도 만약 관중이 예를 안다고 한다면, 어느 누가 예를 모른다고 하겠는가?"

子曰: "管仲[1]之器[2]小哉!" 或曰: "管仲儉[3]乎?" 曰: "管氏有三歸,[4]
자왈   관중 지기 소재   혹왈   관중검호   왈   관씨유삼귀

官事不攝,[5] 焉得[6]儉?" "然則管仲知禮乎?" 曰: "邦君[7]樹塞門,[8] 管
관사불섭 언득검   연즉관중지례호   왈   방군수색문 관

氏亦樹塞門; 邦君爲兩君之好,[9] 有反坫,[10] 管氏亦有反坫. 管氏而[11]
씨역수색문 방군위양군지호   유반점   관씨역유반점 관씨이

知禮, 孰[12]不知禮?"
지례   숙 부지례

주석

1 管仲(관중): 춘추시대 제나라 사람 관이오管夷吾. '중'은 그의 자. 제 환공桓公의 재
  상으로, 환공이 춘추 오패의 으뜸이 되는 데 크게 공헌함.

2 器(기): 그릇, 기량器量. 곧 재능과 도량을 이름.

3 儉(검): 검소함.

4 三歸(삼귀): '삼귀지가三歸之家'의 뜻으로, 세 곳의 돌아갈 집을 이름. 이는 『한비
  자韓非子』「외저설 좌하편外儲說左下篇」에서 "관중이 제나라 재상으로 있으며 말
  했다. '신은 지위는 높으나 살림은 가난합니다.' 환공이 말했다. '그대가 조정에
  서 귀가할 때 세 곳에 돌아갈 집이 있도록 해주겠노라'(管仲相齊, 曰: 臣貴矣, 然而臣
  貧. 桓公曰: 使子有三歸之家)"라고 한 데에 근거함. 이른바 '세 곳에 돌아갈 집이 있다'
  는 것은 분명 사치스럽다고 하겠으며, 또 『한비자』는 전국시대의 고서古書인 만
  큼 충분히 판단의 근거로 삼을 만함. 이 밖에도 여러 가지 풀이가 있으나, 모두
  설득력이 떨어짐. 예컨대 포함은 이를 세 나라의 여인을 아내로 맞는 것이라고
  했는데, 옛날 여인의 출가를 '귀歸'라고 했으니, 관중의 입장에서는 '삼귀'라고 할
  게 아니라 '삼취三娶'라고 해야 하므로 옳지 않음. 또한 설령 포함의 말대로 세 아
  내를 맞는 것이라 하더라도 그것은 예를 모르는 일이지, 검소하지 않은 것이 아
  님. 또 주자는 유향의 『설원』에 근거해, 이를 누대樓臺의 이름이라고 했으나, 관
  련 기록이 다른 어떤 고서에도 보이지 않아 신뢰하기 어려움.

5 官事不攝(관사불섭): (가신으로 하여금) 관직을 겸하게 하지 않음. 옛날에 군주는 업
  무가 중대해 관직마다 따로 관리를 두지만, 대부는 한 사람의 가신으로 여러 업
  무를 겸직케 하는 것이 관례였음. 한데 세 곳에 집이 있었던 관중은 각기 따로 가
  신을 두어 피차간에 업무를 겸직시키지 않았으니, 사치했다고 할 것임. '관사'는

관직. '섭'은 겸직함.

6 馬得(언득): 어떻게 ~라고 할 수 있나? '언'은 하何와 같음. 어찌, 어떻게. '득'은 능能과 같음.

7 邦君(방군): 국군國君, 즉 한 나라의 군주, 임금.

8 樹塞門(수색문): 병풍을 세워 문을 가림. '수'는 병풍을 세움. '색'은 가림. 이는 옛날 군왕은 안팎을 구별하기 위해 문 안에 병풍을 세워 가렸다고 한 정현의 견해에 따름. 일설에는 '수'는 세움, '색문'은 집안을 가리기 위해 대문 안이나 밖에 세우는 작은 벽이라고 하는데, 그 또한 통함.

9 好(호): 우호友好, 또는 우호의 회합.

10 反坫(반점): 잔대盞臺, 즉 옛날 제후의 회합에서 헌수獻酬의 예가 끝난 술잔을 다시 올려놓는, 흙으로 만든 대臺로, 대청大廳의 두 기둥 사이에 설치함.

11 而(이): 가정假定의 접속사. 만약, 만일.

12 孰(숙): 누구.

해설

공자는 「헌문편」에서, 관중이 제 환공으로 하여금 뭇 제후의 패자가 되어 천하를 바로잡음으로써 만백성이 그 은혜를 누릴 수 있도록 보필한 일을 대단히 높게 평가했다.(14-17, 14-18 참조) 『관자管子』 「소광편小匡篇」에서 말했다. "시백이 노나라 제후에게 아뢰기를 '관중은 천하의 현인이요, 큰 그릇입니다'라고 하였다(施伯謂魯侯曰: 管仲者, 天下之賢人也, 大器也)." 이를 보면 관중에 대한 당시 사람들의 평가 또한 공자의 견해와 크게 다르지 않았던 것으로 짐작된다.

하지만 공자는 이 장에서는 또 인정 덕치의 관점에서 관중을 오히려 '그릇이 작다'고 평가했다. 그것은 곧 주자가 이른 대로 "그(관중)가 성현의 대학지도大學之道(두루 넓게 배워 나라를 다스리는 이치)를 알지 못한 까닭에 기량器量이 편협하고 규모가 비속하여 스스로 심신을 바르

게 하고 덕을 닦아 임금을 왕도에 이르게 하지 못한〔其不知聖賢大學之
道, 故局量褊淺, 規模卑狹, 不能正身修德以致主於王道〕데 대한 아쉬움을 표
현한 것이다. 그리고 보면 생활의 사치나 예절의 참람도 결국은 그 그
릇이 작은 것이 근본 원인이다. 진정 주자가 소식蘇軾의 말을 빌려 이
른 대로, "스스로 자신을 닦고 집안을 바로잡아 나라에까지 미치게 한
다면, 그 근본이 깊고 미침이 원대하므로 '큰 그릇'이라 할 것이다〔自修
身正家, 以及於國, 則其本深, 其及者遠, 是謂大器〕." 모름지기 사람은 근본에
힘써야 한다.

한편 관중에 대한 평가에서 알 수 있듯이, 공자는 어떤 사람을 전면
적으로 긍정하거나 부정하지 않으며 오직 실사구시實事求是의 견지에
서 올바르고 공정한 평가를 내리는, 진정한 군자였음을 다시 한번 확
인하게 된다.

3-23

공자께서 노나라 태사에게 음악에 대해 일러주셨다. "하나의 악곡
이 어떻게 구성되는지를 대략 알 만하오. 연주가 시작될 때는 여러 음
이 합쳐져 성대하고, 곡조가 계속 전개되면서 조화를 이루고, 다시 선
명해지고 또 끊임없이 이어지면서 비로소 하나의 악곡이 완성된다
오."

子語[1]魯大師[2]樂, 曰: "樂其[3]可知也: 始作, 翕如[4]也; 從[5]之, 純如[6]也,
자 어 노 태 사 악 왈   악 기 가 지 야 시 작 흡 여 야 종 지 순 여 야
皦如[7]也, 繹如[8]也, 以成."
교 여 야 역 여 야 이 성

1 語(어): 동사. 일러줌.

2 大師(태사): 태사太師와 같음. 악관樂官·악사樂師의 장長.

3 其(기): 어조사. 대개, 대략, 아마도. 이는 겸허·겸양의 어기를 내포함.

4 翕如(흡여): 여러 소리가 합습하여 성대한 모양. '흡'은 합함, 모임, 성盛함. '여'는 어조사로 연然과 같음. 형용사 뒤에 쓰여 '~한 모양'의 뜻을 나타냄.

5 從(종): 종縱과 같음. 늘어짐. 곧 (음악을) 전개함을 이름.

6 純如(순여): (음률·곡조가) 조화로운 모양.

7 皦如(교여): (음률·곡조가) 선명한 모양. '교'는 밝음.

8 繹如(역여): (음률·곡조가) 끊임없이 이어지는 모양. '역'은 잇닮(끊이지 아니하고 계속함).

음악에 대한 공자의 애호와 조예는 남달랐다.(7-14, 9-15 참조) 공자는 예와 함께 악(음악)도 매우 중시했는데, 그것은 곧 「태백편」에서 "사람은 시가를 통해 선한 마음을 불러일으키고, 예의를 통해 사회적으로 우뚝 서며, 음악을 통해 인격을 완성하게 된다"(8-8)라고 했듯이, 음악의 교육적·교화적 효용과 가치를 누구보다도 잘 알고 있었기 때문이다.

3-24

의 땅 변방을 지키는 벼슬아치가 공자 뵙기를 청하며 말했다. "군자가 이곳에 오시면 제가 만나 뵙지 못한 적이 없습니다." 공자를 수행하던 제자들이 그에게 공자를 만나 뵙게 해주었더니, 물러 나와 말했다. "여러분은 왜 선생님께서 관직을 잃고 여러 나라를 돌아다니시는 것을 걱정합니까? 천하가 무도한 지 오래이니, 하늘이 장차 선생님을 세상 사람들을 깨우칠 목탁으로 삼으실 것입니다."

儀封人¹請見,² 曰: "君子³之至於斯⁴也, 吾未嘗⁵不得見也." 從者⁶見
의 봉 인 청 현   왈   군 자 지 지 어 사 야   오 미 상 부 득 현 야   종 자 현
之.⁷ 出曰: "二三子⁸何患於喪⁹乎? 天下之無道¹⁰也久矣, 天將以夫
지   출 왈   이 삼 자 하 환 어 상 호   천 하 지 무 도   야 구 의   천 장 이 부
子¹¹爲木鐸.¹²"
자   위 목 탁

주석

1 儀封人(의봉인): 의儀 땅 변방을 지키는 벼슬아치. '의'는 위衛나라 읍 이름. '봉'은 봉강封疆, 변경邊境. '봉인'은 변경의 수비를 맡은 벼슬 이름. 주자는 이 '의봉인'은 아마 낮은 벼슬자리에 숨어 지내는 현인일 것이라고 함.

2 見(현): 알현함, 만나 뵘.

3 君子(군자): 곧 현자를 이름.

4 斯(사): 차此와 같음. 이, 이곳. 곧 의읍儀邑을 가리킴.

5 未嘗(미상): 미증未曾과 같음. 일찍이 ~한 적이 없음. '상'은 일찍이.

6 從者(종자): 수종자隨從者, 즉 따라다니며 곁에서 시중을 드는 사람. 여기서는 공자의 수행隨行 제자를 가리킴.

7 見之(현지): 의봉인으로 하여금 공자를 만나 뵙게 함. '현'은 여기서는 사역동사로 쓰임. '지'는 의봉인을 가리킴.

8 二三子(이삼자): 너희들, 여러분. 『논어』에서 보면, 주로 공자가 당신의 제자를 일컫거나, 장자長者와 고관高官이 공자의 제자를 일컫는 말로 씀.

9 喪(상): 벼슬을 잃음. 이는 공자가 노나라의 대사구 벼슬을 버리고 열국을 주유하게 된 일을 두고 이름.

10 無道(무도): 곧 정치 암흑과 사회 혼란 등의 상황을 이르는 말.

11 夫子(부자): 1-10 주석 3 참조.

12 木鐸(목탁): 나무 추를 단 큰 구리 방울. 옛날에 정치와 교화의 법령을 선포할 때, 이를 흔들어 청중을 모아 경계시킴. 여기서는 공자가 경세警世(세상 사람들을 깨우쳐 바르게 인도함)의 목탁으로서, 그 학문과 도덕이 장차 만세萬世에 가르침을 내릴 것임을 비유함.

해설

공자는 일찍이, 제나라 경공景公의 미인계에 빠져 정사를 돌보지 않는 노나라 정공에게 실망한 나머지, 대사구 벼슬을 버리고 조국 노나라를 떠나 열국을 주유했다. 인정 덕치를 표방하는 공자의 성도聖道가 아마 당시의 위정자들에겐 실효성을 결핍한 하나의 이상론에 불과했을 것이다. 한데 의봉인은 단 한 차례 공자를 만나본 후, 그 성도가 장차 경세의 목탁이 될 것을 확신했다.(이를 보면 의봉인도 결코 범인이 아니며, 은인隱人 고사高士임이 분명하다) 진정 주자가 혹자의 말을 빌려 이른 대로 "목탁이란 길을 따라 돌아다니면서 울리는 것이니, 하늘이 공자로 하여금 벼슬자리를 잃고 사방을 두루 돌아다니며 그 가르침을 베풀게 한 것은 마치 목탁이 길을 따라 두루 도는 것과 같은 것이다(木鐸所以徇于道路, 言天使夫子失位, 周流四方, 以行其敎, 如木鐸之徇于道路也)." 공자는 후세에 길이길이 만인의 스승이요, 만세의 사표로서 존중받을 것이 분명한 만큼, 의봉인의 예언은 영원히 유효할 것이다.

3-25

공자께서 순임금의 소악韶樂을 평하시기를 "선율이 한없이 아름답

고, 의미 또한 더할 나위 없이 훌륭하다"고 하시고, 주 무왕의 무악武樂
을 평하시기를 "선율은 한없이 아름다우나, 의미가 아주 훌륭하지는
않다"고 하셨다.

子謂¹韶²: "盡³美⁴矣, 又盡善⁵也." 謂武⁶: "盡美矣, 未盡善也."
자 위 소   진 미 의 우 진 선 야   위 무   진 미 의 미 진 선 야

주석

1 謂(위): 여기서는 평가함, 평론함을 이름.
2 韶(소): 순임금이 지었다는 악곡 이름.
3 盡(진): 극진極盡함, 극치에 이름. 곧 더할 나위 없음, 한없음을 이름.
4 美(미): 악곡의 선율이 우미優美함을 이름.
5 善(선): 악곡의 의미가 완선完善함을 이름.
6 武(무): 주 무왕이 지었다는 악곡 이름.

해설

'소'와 '무'는 각각 순임금과 주 무왕의 개국開國 공덕을 찬미 구가한
악곡이다. 한 군주는 요임금을 이어 치세를 이룩했고, 한 군주는 난세
를 평정해 백성을 구제했으니, 그 악곡의 선율이 모두 그지없이 아름
다운 까닭이다. 다만 두 군주가 천하를 얻어 나라를 연 과정은 다소
차이가 있으니, 순은 그 성덕聖德에 힘입어 요임금으로부터 제위를 물
려받은 반면, 무왕은 무력으로 폭군 주왕을 정벌함으로써 천하를 차
지했다. 공자가 당시의 국가와 민족정신을 대표하는 '소'·'무' 음악의
의미에 대한 평가를 달리한 까닭은 바로 여기에 있는 것으로 보인다.

그 같은 평가를 통해, 공자는 결국 예치와 덕치를 숭상하는 당신의 정치적 소신을 피력한 것이다. 다시 말해 무왕의 무공武功은 설사 의거義擧였다고 할지라도, 어디까지나 차선일 뿐 결코 최선일 수는 없는 것이다.

한편 한유漢儒 정현은 여기서 "의미 또한 더할 나위 없이 훌륭하다"라고 함은 태평성대를, "의미가 아주 훌륭하지는 않다"라고 함은 아직 태평성대에 이르지는 못했음을 각각 말한다고 했다. 그것은 곧 순임금이 요임금을 이어 그 성덕을 바탕으로 시종 천하를 태평으로 이끌고 마침내 제위를 우에게 선양한 것과 달리, 주 무왕은 천하를 평정한 후 미처 예악을 제정해 천하를 태평으로 이끌지 못한 채 세상을 떠나고 말았음을 염두에 둔 해석이다. 다산이 '아름다움(美)'은 시작을 아름답고 빛나게 하는 것이요, '훌륭함(善)'은 마무리를 완벽하고 훌륭하게 하는 것이라고 풀이한 것 또한 같은 맥락으로 이해된다. 두 군주의 악곡에 함축된 의미를 평가함에 있어서 공자는 분명 이 같은 고려를 하기도 했을 것이다.

3-26

공자께서 말씀하셨다. "윗자리에 있으면서 너그럽지 않고, 예를 행하면서 공경하지 않으며, 상사喪事에 임하여 슬퍼하지 않는다면, 내가 무엇으로 그 사람을 더 보겠는가?"

子曰: "居上不寬, 爲禮¹不敬, 臨喪²不哀, 吾何以³觀之哉?"
자 왈　거 상 불 관　위 례 불 경　임 상 불 애　오 하 이 관 지 재

주석

1 **爲禮**(위례): 행례行禮, 즉 예를 행함.
2 **臨喪**(임상): 자신이나 타인의 상사喪事에 임함을 아울러 이름.
3 **何以**(하이): 이하以何와 같음. 무엇으로, 어떻게. '이'는 용用와 같음. ~을 써서, ~을 가지고, ~으로.

해설

『서경』「대우모편大禹謨篇」에 이르기를 "군중은 너그러움으로 거느린다(御衆以寬)"라고 했고, 『맹자』「고자 상편」에서는 "공경하는 마음이 곧 '예'이다(恭敬之心, 禮也)"라고 했으며, 『예기』「곡례 상편曲禮上篇」에서는 또 "상사에 임해서는 웃지 않으며(臨喪不笑)" "상사에 임해서는 반드시 슬픈 기색이 있어야 한다(臨喪則必有哀色)"라고 했다. 사람은 모름지기 도덕적 품성과 규범에 어긋남이 없어야 한다. 아랫사람을 대함에는 너그러움을, 예를 행함에는 공경심을, 상사에 임해서는 슬픔을 다해야 한다. 그게 사람의 기본 도리요, 덕목이다. 바로 그런 기본을 결여한 사람이라면, 더 이상 볼 것도 없다는 것이 공자의 생각이다. 그것은 필시 형병이 이른 대로 "상위에 있는 사람이 너그럽고 후덕하면 뭇사람의 지지와 추대를 받지만, 만약 너그럽고 후덕하지 않으면 자칫 가혹하고 각박한 폐단을 띠게 되고, 무릇 예를 행함은 정중하고 공경함에 그 뜻이 있거늘, 만약 공경함이 없으면 자칫 거만하고 버릇없는 폐단을 띠게 되며, 몸소 상사에 임해서는 마땅히 슬픔을 다해야 하거늘, 만약 슬픔을 다하지 않으면 단지 예절에 어긋나지 않도록 하기만 하는 폐단을 띠게 될 따름임(居上位者寬則得衆, 不寬則失於苛刻; 凡爲

禮事, 在於莊敬, 不敬則失於傲惰; 親臨死喪, 當致其哀, 不哀則失於和易)"을 경계한 것이리라. 사람은 뭐니 뭐니 해도 기본에 충실해야 한다.

제4편

이인

里仁

「이인편」은 모두 26장으로 나뉘는데, 전반적으로 공자 사상의 핵심인 인仁의 본질적 의의와 실제적 작용을 논하는 데 주력하면서, 사람들에게 도덕 수양을 권면했다. 그리고 의義와 이利, 군자와 소인, 효도와 언행 등등의 문제를 아울러 논했다. 형병은 이 편이 '명인明仁', 즉 인을 밝혀 논했다고 하면서, 군자가 인을 체득하면 예악을 행할 수 있으며, 그 때문에 이 편이 「팔일편」 다음에 배열되었다고 했다. 그 또한 같은 맥락의 설명이다.

4-1

공자께서 말씀하셨다. "사람이 사는 마을은 인후仁厚한 기풍이 있어야 아름답나니, 살 곳을 고르되 인후한 곳을 골라 거처하지 않는다면 어찌 지혜롭다 하겠는가?"

子曰: "里¹仁爲美. 擇²不處³仁, 焉得⁴知⁵?"
자 왈   이 인 위 미   택 불 처 인   언 득 지

주석

1 里(리): 동리洞里, 즉 마을, 동네. 일설에는 동사로 살다, 거주한다는 뜻이라고 함.

2 擇(택): 여기서는 거주할 마을을 선택함을 이름.

3 處(처): 거처함, 거주함, 삶.

4 焉得(언득): 어떻게 ~라고 할 수 있나? '언'은 하何와 같음. 어찌, 어떻게. '득'은 능能과 같음.

5 知(지): 지智와 같음. '지智'는 후대에 만들어진 글자이기 때문에, 지혜롭다는 뜻을 말할 때 『논어』에서는 모두 '지知'로 씀.

이른바 마중지봉麻中之蓬(삼밭 속의 쑥이라는 뜻으로, 곧은 삼밭에서 자란 쑥은 곧게 자라게 되는 것처럼 선한 사람과 사귀면 그에 감화해 자연히 선해짐을 비유적으로 이르는 말)과 근묵자흑近墨者黑(먹을 가까이하는 사람은 검어진다는 뜻으로, 나쁜 사람과 가까이 지내면 나쁜 버릇에 물들기 쉬움을 비유적으로 이르는 말)은 사람에 대한 환경의 긍정적·부정적 영향을 단적으로 표현한 말로, 환경의 중요성을 새삼 깊이 일깨워준다. 여기서 공자는 가장 아름다운, 가장 이상적인 거주 환경으로 인후한, 즉 어질고 후덕한 기풍을 꼽았다. 공자의 철학 사상에서 인덕은 개인 도덕 수양의 최고의 경지다. 그 때문에 공자는 사람들에게 인인仁人 군자를 목표로 정진할 것을 권면했다. 공자의 환경론도 물론 그 연장선상에 있다.

역사상 아들의 교육을 위해 '삼천三遷'의 지혜를 발휘한 '맹모孟母'는 그야말로 공자의 환경론을 몸소 실천한 '현모賢母'의 전형이다. 공자는 「자한편」에서 당신이 구이 땅에 가서 살고자 하는 데 대해 그 '비루한' 환경을 걱정하는 혹자에게 "군자가 가서 사는데 무슨 낙후함이 있겠는가?"(9-14)라고 했고, 「위영공편」에서는 어떻게 하면 자신의 처신·처사가 통할 수 있는지를 묻는 자장에게 "말이 충성스럽고 신실하며 행동이 돈독하고 정중하면, 설사 오랑캐의 나라에서도 두루 통할 것이다"(15-6)라고 했다. 이는 보다 적극적인 환경론으로, 처한 환경이 아무리 열악할지라도 군자는 고유固有의 덕행으로 능히 인후하게 교화·변화시킬 수 있다는 것이니, 지자를 넘어 진정 인자로서 손색이 없다.

한편 『맹자』「공손추 상편」에서는 이 장을 인용하면서 덧붙이기를

"무릇 '인'이란 하늘이 인간에게 내린 가장 존귀한 작위요, 사람이 가장 편안히 거처할 수 있는 집이다(夫仁, 天之尊爵也, 人之安宅也)"라고 했다. 다시 말해서 거주지의 선택뿐만 아니라 입신과 처세 전반에 걸쳐 사람은 반드시 '인'에 처하고 인덕을 근본으로 삼아야 한다는 것이니, 공자의 본의에 대해 충분히 가능하고 또 필요한 확대 해석이다. 또한 『순자』「권학편」에서 이르기를 "그러므로 군자는 거주함에 있어서는 반드시 그 향리鄕里를 잘 가려서 하고, 사람과 교유함에 있어서는 반드시 현사賢士를 가까이하는데, 그것이 바로 그들이 그릇된 길로 빠지지 않고 올바른 길로 나아가는 방도이다(故君子居必擇鄕, 遊必就士, 所以防邪僻而近中正也)"라고 했으니, 그 역시 사람의 인적·물적 주변 환경이 얼마나 중요한 작용을 하는지를 일깨운 가르침이다.

4-2

공자께서 말씀하셨다. "인하지 않은 사람은 곤궁함에 오래 처하지 못하고, 안락함에도 오래 처하지 못한다. 반면 인한 사람은 인을 편안히 여기고, 지혜로운 사람은 인을 이롭게 여긴다."

子曰: "不仁者[1]不可以久[2]處約,[3] 不可以長[4]處樂. 仁者安仁,[5] 知者[6]
자왈   불인자 불가이구 처약   불가이장 처락 인자안인   지자
利仁.[7]"
이 인

1 **不仁者**(불인자): 이는 곧 인자, 즉 도덕 수양이 지극히 높고 심성이 인후한 사람과 상반된 위인爲人의 형상임.

2 **久**(구): 오래(도록).

3 **約**(약): 곤궁함, 궁색함.

4 **長**(장): 길게, 오래(도록).

5 **安仁**(안인): 인함을 편안히 여김. 곧 빈천하든지 부귀하든지 간에 늘 편안한 마음으로 즐겁게 인도仁道를 받들고 행함을 이름.

6 **知者**(지자): 지자智者. 지혜로운 사람.

7 **利仁**(이인): 인함을 이롭게 여김. 곧 빈천하든지 부귀하든지 간에 늘 자신에게 이롭다는 마음으로 즐겁게 인도를 받들고 행함을 이름.

해설

불인자는 소신도 없고 항심恒心도 부족하다. 그 때문에 그들은 가난하고 곤궁함에 오래 처하면 견디지 못하고 쉬이 타락해 비행을 서슴지 않으며, 또 부유하고 안락함에 오래 처하면 쉬이 교만해져 사치 방탕하기 십상이다. 『예기』「방기편」에서 공자가 "소인은 가난하면 궁색하고 부유하면 교만하나니, 궁색하면 도둑질을 하고 교만하면 혼란을 야기한다〔小人貧斯約, 富斯驕; 約斯盜, 驕斯亂〕"고 한 것은 바로 그런 말이다.

"하지만 오로지 인자는 인을 편안히 여겨 가는 곳마다 그렇지 않음이 없고, 지자는 인을 이롭게 여겨 그 소신을 바꾸지 않는다〔惟仁者則安其仁而無適不然, 知者則利於仁而不易所守〕."(『집주』) 그런 만큼 맹자가 "부귀도 그 마음을 어지럽힐 수 없고, 빈천도 그 뜻을 바꾸게 하지 못한다〔富貴不能淫, 貧賤不能移〕"(『맹자』「등문공 하滕文公下」)고 한 '대장부'야말로 진정 인자요, 지자이다. 실제로 한없이 빈천한 삶 속에서도 시종 안빈 낙도한 안회나 제나라 대부의 부귀함 속에서도 근검 절약한 안영晏嬰이라면 역사상 인자와 지자의 전형으로서 결코 손색이 없다.

오늘날 흔히 말하는 삶의 질을 높이는 길은, 어쩌면 바로 우리의 인심仁心과 지혜를 기르는 것이 아닐까?

4-3

공자께서 말씀하셨다. "오직 인한 사람만이 사람을 좋아하고, 또 사람을 미워할 수 있다."

子曰: "唯¹仁者能好²人, 能惡³人."
자 왈 유 인 자 능 호 인 능 오 인

주석

1 唯(유): 오직, 오로지.
2 好(호): 동사. 좋아함.
3 惡(오): 미워함, 싫어함.

해설

선을 좋아하고 악을 미워하는 것은 인지상정이다. 한데 사람은 다른 사람을 좋아하고 미워함에 있어 사심과 편견에 얽매여 공정성을 잃는 경우가 많다. 물론 그것은 보통 사람들의 얘기다. 인자는 대인 관계에 어떤 사심이나 편견 없이 한껏 공정해, 누가 봐도 좋아할 사람을 좋아하고, 미워할 사람을 미워한다.『순자』「비십이자편」에서 "어진 사람을 존숭함은 '인'이요, 어질지 못한 사람을 천시함도 '인'이다[貴賢, 仁也; 賤不肖, 亦仁也]"라고 한 것도 같은 맥락으로 이해된다. 공자가 「위영공편」에서 "뭇사람이 다 그를 미워한다고 해도 반드시 자세히 살펴볼 것이요, 뭇사람이 다 그를 좋아한다고 해도 반드시 자세히 살펴볼 것이다"(15-28)라고 했듯이, 인인仁人 군자는 중론衆論의 여하를 막론하고, 오직 그 시비선악에 대한 객관적이고 공정한 평가를 바탕으로 누가 봐도 좋아할 사람을 좋아하고, 미워할 사람을 미워할 따름이다. 문득 의아한 생각이 든다. 도덕군자도 미워하는 사람이 있단 말인가? 물론이다.(17-24 참조) 아무튼 사람은 인덕을 갖추기 위해 최선의 노력을 다해야 한다.

4-4

공자께서 말씀하셨다. "사람이 진실로 인에 뜻을 두면, 결코 악을 행하지는 않을 것이다."

子曰: "苟¹志²於仁矣, 無惡³也."
자 왈   구 지 어 인 의   무 악 야

주석

1 苟(구): 진실로 ~한다면. 공안국을 비롯해 황간, 형병, 주자 등 역대 주석가 대부

분은 '진실로'의 뜻으로 풀이함. 반면 왕시위엔은 다케조에의 『회전』에 인용된 한 일본 학자의 견해를 좇아 '단지 ~하기만 한다면'의 뜻으로 풀이하고, 그것이 공안국 등의 풀이보다 더 나은 것 같다고 함. 여기서 '진실로'는 곧 '만약 진실로 인에 뜻을 둔다면'의 뜻을 이끌어 그 실질의 고도화를 강조한다면, '단지 ~하기만 한다면'은 곧 '다른 것은 불문하고 오직 인 한 가지에 뜻을 두기만 하면 충분하다'는 뜻을 이끌어 그 대상의 특정화를 강조함. 따라서 양자의 함의는 대동한 가운데 그 중점상 소이할 뿐인바, 굳이 우열을 논한다면 대상보다는 실질에 더 큰 의미를 둠이 합리적일 것임.

2 志(지): 입지함. 곧 뜻을 세움, 둠을 이름.

3 無惡(무악): 여기서 '악'을 황간과 주자는 선악의 '악'으로 보아 악행을 하지 않는다는 뜻으로 풀이한 반면, 청쑤더어의 『집석』에 보이는 소철蘇轍 등 다수의 주석가들은 호오好惡의 '오'로 보아 사람을 미워하지 않는다는 뜻으로 풀이함. 주자는 '악'을 '오'로 보는 견해에 대해 『혹문』에서 반론을 제기하기를 "앞 장(4-3)에서 마침 '오직 인한 사람만이 사람을 좋아하고, 또 사람을 미워할 수 있다'고 하였으니, 인자라고 어찌 일찍이 사람을 좋아하고 미워하는 바가 없었겠는가? 지금 만약 '사람을 미워하지 않는다'고 한다면 인자는 유독 사람을 좋아하기만 한다는 것이니 그게 가능한 얘긴가?(上章適言惟仁者能好人能惡人, 則仁人曷嘗無所好惡哉? 今日無惡, 然則謂其獨有所好可乎)"라고 했는데, 충분히 공감할 만함. 한편 소철 등과 견해를 같이하는 논자들에 따르면, '인'을 '애인', 즉 사람을 사랑하는 것으로 풀이한 공자의 관점(12-22 참조)에서 보건대, 진실로 '인'에 입지하고 인덕을 닦은 사람이라면 선인을 좋아함은 물론이거니와 악인에 대해서도 애호愛護하는 마음에서 어떻게든 방도를 찾아 구제·교화하여 개악천선改惡遷善하게 하므로, 인자가 사람을 미워함도 본시 사람을 사랑하는 '인'에 바탕을 둔 것으로서 사람을 정말로 미워하는 게 아니라는 것임. 하지만 이는 인자를 지나치게 이상화하고 있어 현실적 설득력이 떨어짐.

해설

사람은 누구나 과오를 범할 수 있다. 그러니 사람이 진실로 인에 뜻을 둔다고 하더라도, 과오가 없을 수는 없다. 하지만 적어도 악을 행하는 일은 없을 것이라는 게 공자의 생각이다. 명대 호광이 부연한 대로, "'인'은 도덕의 정화精華요 정통正統이고, '지志(입지함)'는 지향의 확고함인데, 게다가 또 성신함까지 더한다면 악을 행하는 일은 결코 없을 것임을 보장할 수 있다(仁是道德之精統, 志是志向之堅定, 而又加以誠焉, 則於爲惡之事可保其必無矣)"는 것이다.

사실 사람이 갖은 노력을 다해 인인 군자가 되는 것은 결코 쉬운 일이 아니다. 따라서 보통 사람들은 어쩌면 진실로 인에 뜻을 두는 것만으로도 그 나름의 의미가 있을 테니, 그런 대로 족하지 않을까?

4-5

공자께서 말씀하셨다. "부귀함은 모든 사람이 다 바라는 것이나, 정당한 방법으로 얻지 않으면 군자는 그것을 누리지 않는다. 또 빈천함은 모든 사람이 다 싫어하는 것이나, 정당한 방법으로 벗어나지 못하면 군자는 그것을 벗어나지 않는다. 군자가 인을 떠나서 어떻게 그 이름을 이룰 수 있겠는가? 군자는 밥 한 끼를 먹는 사이에도 인을 떠나지 않나니, 급박한 가운데서도 반드시 인을 따르고, 곤궁한 가운데서도 반드시 인을 따른다."

子曰: "富與貴, 是^{1}人之^{2}所欲^{3}也, 不以其道^{4}得之, 不處^{5}也; 貧與賤,
자왈　부여귀　시 인지 소욕 야　불이기도득지　불처 야　빈여천
是人之所惡也, 不以其道得之, 不去也.^{6} 君子去仁, 惡乎^{7}成名^8?
시 인지소오야　불이기도득지　불거야　군자거인　오호 성명
君子無終食之間^{9}違^{10}仁, 造次^{11}必於是,^{12} 顚沛^{13}必於是."
군자무종식지간 위 인 조차 필어시　전패 필어시

주석

1 是(시): 차此와 같음. (바로 앞에서 이야기한 대상을 가리키는) 지시대명사. 이것, 그것. 곧 '부여귀富與貴'를 가리킴.

2 之(지): 어조사. 1-10 주석 8 참조.

3 欲(욕): 하고자 함, 원함, 바람, 기대함.

4 道(도): 도의. 여기서는 정당한 방법을 이름.

5 不處(불처): 군자는 그것을 누리지 않음. 원문에는 '군자'라는 말이 없으나, 전후 문맥상 이 구절은 군자를 두고 하는 말이므로 역문에 보충함. 아래 구절에도 같은 이유로 이 말을 보충함. '처'는 처함. 여기서는 향유함, 즉 어떤 혜택을 받아 누림을 이름.

6 "貧與賤(빈여천)…" 4구: 이를 흔히 '빈천함은 사람들이 싫어하는 것이지만, 부당하게 그렇게 되었더라도(또는 되었다면) 벗어나려 해서는 안 된다'는 뜻으로 풀이하는데, 공자가 과연 개과천선하여 정당한 방법으로 빈천함에서 벗어나는 것까지 막는 말을 했을까? 빈천함이란 근본적으로 사람이 얻고자 하는 것이 아니요, 어떻게든 벗어나고자 하는 것임. 그러므로 기존의 번역과 같은 풀이를 낳게 하는 이 구절은 애당초 논리적 모순을 안고 있으며, 그 때문에 후세에 아주 다양한 풀이들이 양산됨. 그 가운데서도 특히 한대 왕충이 『논형』「문공편」에서 제기한, '불이기도득지不以其道得之'의 '득'은 본시 '거去'라고 해야지 '득'이라고 해서는 안 된다는 주장에 주목하면서 그 취지를 따르고자 함. 왜냐하면 그 주장이 논리적으로 아주 자연스럽고, 사상적으로 가장 유의미하기 때문임. 여기서 공자는 사람이 빈천하게 된 경위가 아니라, 빈천함에서 벗어나는 방법을 논하고 있는 만큼 왕충의 견해는 충분한 설득력을 가짐. 물론 오랜 세월 굳어져온 경전 문구에 대해 확증도 없이 섣불리 판단하기는 어려우나, 옛 사람들이 전사傳寫하는 과정에 앞 구절의 '득' 자에 영향을 받아 잘못 필사했을 개연성이 충분함을 감안할 때, 이보다 무난한 풀이가 부재한 현실에서 우리가 취할 수 있는 최선의 잠정적 대안임이 분명함. '오惡'는 싫어함, 미워함. '거去'는 떠남, 벗어남.

7 惡乎(오호): 어찌, 어떻게. '호'는 어조사.

8 成名(성명): 군자의 이름·명성을 이룸. 곧 군자가 됨을 말함.

9 終食之間(종식지간): 밥 한 끼를 먹는 사이. 곧 아주 짧은 시간을 형용함.

10 違(위): 어김, 떠남.

11 造次(조차): 창졸倉卒함, 급박함.

12 於是(어시): 인을 따름. '어'는 페이슈에하이裴學海의 『고서허자집석古書虛字集釋』에서 '종從'으로도 훈독했듯이, 따른다는 뜻임. '시'는 지시대명사로, 인을 가리킴. 사실 이 '어시'에 대해서는 역대 주석가의 주석을 거의 찾아보기 힘든데, 오직 왕시위엔 한 사람이 '의어인依於仁'으로 풀이하면서 '의依' 자가 생략된 형태라고 함. 그 또한 가하나, 페이슈에하이의 훈독에 근거해 '종인從仁' 내지 '의인依仁'의 뜻으로 풀이해 앞의 '위인違仁'과 상호 대응시키는 것이 한결 나음.

13 顚沛(전패): 엎어지고 자빠짐. 곧 곤경에 처한 상황을 이름.

해설

부귀함을 바라고 빈천함을 싫어하는 것은 인지상정이다. 하지만 진정 군자라면 부귀함을 얻고 빈천함을 벗어나기를 반드시 인의 의의와 정신에 부합하는 정당한 방법에 의거해야 한다. 불인한 방법으로 부귀함을 얻고 빈천함을 벗어나는 것은 군자로서는 못내 구차하고 수치스런 행위이니, 절대로 해서는 안 되는 것이다.

진정한 군자라면 오직 인의仁義 도덕을 통해서 삶의 보람과 의미를 찾을 뿐이다. 일찍이 공자가 "거친 밥을 먹고 찬물을 마시며 팔베개하고 누워도 즐거움이 또한 그 가운데에 있나니, 의롭지 못하게 부유하고 또 존귀함은 나에게 있어서는 뜬구름과 같은 것이다"(7-16)라고 한 것이나, 순자가 "인도에 부합되면 빈궁함도 달갑고, 인도에 부합되지 않으면 부귀함도 의미가 없다(仁之所在無貧窮, 仁之所亡無富貴)"(『순자』「성악性惡」)라고 한 것도 다 바로 그 때문이다. 『중용』에서 말했다. "도란 잠시도 떠날 수 없는 것이니, 만약 떠날 수 있다면 그것은 진정한 도가 아니다(道也者, 不可須臾離也, 可離非道也)."(제1장) 그런 만큼 군자는 항상 인도仁道를 추구하며 한시도 인도를 떠나지 않아야 한다.

이처럼 공자는 군자의 이상 형상을 일깨우며 분발 정진을 면려했다. 한데 그것은 사실 군자의 학문에 뜻을 두고 매진하는 선비들조차 쉽게 이를 수 있는 경지가 아니다. 그러니 보통 사람들에게는 어쩌면 '오르지 못할 나무'일 수 있다. 하지만 그럼에도 불구하고 우리가 감히 용기를 내어 틈틈이 '쳐다보며' 한 걸음 한 걸음 어쭙잖은 걸음을 내딛는다면, 그 자체로서 이미 값진 삶의 모습이 될 것이다. 공자가 일러주지 않았던가? "마땅히 해야 할 바를 보고도 하지 않는 것은 용기가 없는 것이다."(2-24)

4-6

공자께서 말씀하셨다. "나는 아직 인함을 좋아하는 사람과 인하지 않음을 싫어하는 사람을 보지 못했다. 인함을 좋아하는 사람은 세상에 어떤 것도 인함을 능가하는 것이 없다고 생각하고, 인하지 않음을 싫어하는 사람은 그가 인을 행함에 있어 인하지 않은 것이 자신에게 가加해지지 않도록 한다. 어디 능히 하루라도 온 힘을 인에 쏟는 사람이 있는가? 나는 아직 그럴 만한 힘이 부족한 사람은 보지 못했다. 아마 그런 사람이 있을 것이나, 나는 아직 보지 못하였다."

子曰: "我未見好仁者, 惡不仁者.[1] 好仁者, 無以尚之[2]; 惡不仁者,
자왈   아미견호인자 오불인자   호인자   무이상지   오불인자
其爲仁[3]矣,[4] 不使不仁者[5]加[6]乎[7]其身. 有能一日用其力於仁矣乎[8]?
기위인 의   불사불인자 가 호 기신 유능일일용기력어인의호

我未見力不足者. 蓋⁹有之矣, 我未之見¹⁰也."
아 미 견 역 부 족 자   개 유 지 의   아 미 지 견   야

주석

1 **好仁者**(호인자)·**惡不仁者**(오불인자): 황간은 '호인자'를 타인이 인을 행함(行仁)을 보고 그것을 좋아하는 사람으로, '오불인자'를 스스로 인을 행하지는 못하나 타인의 불인함을 보면 그것을 증오하는 사람으로 풀이함. 하지만 다산은 이에 대해 "아니다. 이 장은 전체적으로 '자아 수양'에 대한 경계의 뜻을 표현하였다. 타인의 인함을 좋아하고, 타인의 불인함을 싫어하는 것이 어찌 자아 수양의 조예이겠는가? '기위인의其爲仁矣' 넉 자를 보면, 그것이 자아 수양임이 분명하다(非也. 通章皆自修之戒. 好他人之仁·惡他人之不仁, 豈自修之功乎? 觀於其爲仁矣四字, 其爲自修明矣)"라고 했는데, 일찍이 공자가 강조한 "인을 행하는 것은 순전히 자기 자신에게 달린 것"(12-1)이라는 관점에 비춰 볼 때, 다산과 같이 인함을 좋아하고 불인함을 싫어함을 모두 자아 수양에 중점을 두고 이해하는 것이 옳음.

2 **無以尙之**(무이상지): 그것을 능가하는 것이 없음, 능가할 수 없음. 여기서는 그렇게 생각한다는 말임. '상'은 상上과 통함. 능가함, 뛰어넘음. '지'는 '호인好仁'의 '인'을 가리킴. 일설에는 '호인자(인함을 좋아하는 사람)'를 가리키는 것으로 보고, '무이상지'를 어느 누구도 그 '호인자'를 능가하는 사람이 없다는 뜻으로 풀이하나, 자아 수양의 관점에 비춰 볼 때 적절치 못함.

3 **爲仁**(위인): 행인行仁, 즉 인도仁道를 실행함, 인덕을 실천함.

4 **矣**(의): 여기서는 일시 멈춤의 어조사로, 야也와 같음.

5 **不仁者**(불인자): 불인한 것. 곧 불인한 일이나 이름 따위를 이름. 공안국은 "불인함을 싫어하는 사람은 능히 '불인한 사람'으로 하여금 자신에게 도의에 어긋나는 것을 더하지 못하게 한다(惡不仁者, 能使不仁者不加非義於己)"라고 하여 불인한 사람을 뜻하는 것으로 보았으나, 이 역시 자아 수양의 관점에 비춰 볼 때 적절치 못함.

6 **加**(가): 5-12 주석 2 참조.

7 **乎**(호): 어於와 같음.

8 **矣乎**(의호): 복합 어조사. 의문을 제기하면서 아울러 가볍게 추측하는 어기를 나

타냄.

9 蓋(개): 대개, 아마. 곧 추측의 어기를 띠면서 말을 신중하게 함을 나타냄.
10 未之見(미지견): '미견지未見之'의 도치. 부정문에서 대명사 목적어를 동사 앞으로 옮겨 놓음으로써 어기를 강화한 것임.

해설

공자는 앞 장에서 '군자는 인도를 떠나서는 그 이름을 이룰 수 없다'고 했다. 「위영공편」에서는 또 "백성들에게 인은 물이나 불보다 더 절실히 필요한 것이다. 나는 물이나 불에 뛰어들어 죽은 사람은 보았어도, 인을 실천하다 죽은 사람은 아직 보지 못하였다"(15-35)고 했다. 이렇듯 사실 '인'은 군자뿐만이 아니라, 모든 사람에게 두루 절실히 필요한 것이다. 하지만 당시 인에 뜻을 두고 인을 행하는 데에 온 힘을 다하는 기풍은 찾아볼 수 없었는데, 공자는 바로 그 같은 세태를 깊이 우려하면서 개탄해 마지않았다.

　주자가 이른 대로 "인함을 좋아하는 사람은 진실로 인함이 좋아할 만한 것임을 알며, 그러므로 그에게 있어서 천하 만물 그 어떤 것도 인함을 능가할 수 없으며, 불인함을 싫어하는 사람은 진실로 불인함이 싫어할 만한 것임을 알며, 그러므로 그가 인을 행함에 있어 반드시 불인한 일을 완전히 끊어 조금이라도 자신에게 이르지 않게 한다(蓋好仁者眞知仁之可好, 故天下之物, 無以加之; 惡不仁者眞知不仁之可惡, 故其所以爲仁者, 必能絶去不仁之事, 而不使少有及於其身)." 이 같은 견지에서 볼 때, 인함을 좋아하고 인하지 않음을 싫어하는 것은 근본적으로 자아 수양의 관점에서 이해해야 할 것이다. 일찍이 공자가 "인을 행하는 것은 순전히 자기 자신에게 달린 것"(12-1)임을 강조한 것 또한 같은 맥락의 가르침이다.

'인'은 인간의 본심으로, 내재적인 것이다. 맹자가 "인은 곧 인심인 바(仁, 人心也)" "측은지심은 모든 사람이 다 가지고 있으며(惻隱之心, 人皆有之)" "그 측은지심이 바로 인이다(惻隱之心, 仁也)"(『맹자』「고자 상」)라고 한 것이 바로 그 말이다. 따라서 인을 행하기(그 구체적인 방법은 12-1 참조)가 아무리 어렵다고 하더라도, 인에 확고히 입지하고 최선을 다하는 것이 무엇보다 중요하다. "나는 아직 (하루라도 온 힘을 인에 쏟으려고 하는데) 그럴 만한 힘이 부족한 사람은 보지 못했다"는 공자의 개탄은 바로 그 점에 대한 아쉬움이다. 공자는 「술이편」에서 "인이 어디 멀리 있더냐? 우리가 진실로 인하고자 한다면, 인은 바로 다가올 것이다"(7-30)라고 했는데, 주자가 이른 대로 "인을 행함은 자기 자신에게 달려 있다. 하고자 하면 곧 가능한 것이니, 뜻이 있으면 기운은 반드시 이르는 법이다. 그러므로 '인'이 비록 능하기는 어려우나, 이르기는 또한 쉬운 것이다(蓋爲仁在己, 欲之則是, 而志之所至, 氣必至焉. 故仁雖難能, 而至之亦易也)."

사람은 누구나 자칫 사리사욕의 유혹에 빠져 인을 행하는 길로 나아가지 못할 수가 있다. 바로 그 때문에 공자는 또 '극기복례克己復禮'를 강조하기도 했다.(12-1 참조) 세상 무슨 일이든, '극기' 즉 자신의 사사로운 욕망을 이기는 것이 우선이며, 또한 각기 나름의 의지와 열정을 가지고 스스로 할 수 있는 것부터 찾아서 일로매진한다면, 분명 길은 보일 것이다.

4-7

공자께서 말씀하셨다. "사람의 과오는 각기 그 사람의 유類에 따라 다르다. 그러므로 그 사람의 과오를 보면 곧 그가 인한지 어떤지를 알 수 있다."

子曰: "人之過也, 各於¹其黨.² 觀過,³ 斯⁴知仁⁵矣."
자 왈   인 지 과 야   각 어 기 당   관 과   사 지 인 의

주석

1 **於**(어): 따름, 의거함. 4-5 주석 12 참조.

2 **黨**(당): 유類, 유별類別, 부류. 여기서는 그 사람이 속한 무리나 집단을 가리키는 것이 아니라, 그 개인의 성향 유별을 가리킴.

3 **觀過**(관과): 이를 전통적으로 '다른 사람의 과오를 관찰함'으로 풀이한 반면, 왕시위엔은 공자가 일찍이 "자신의 과오는 엄하게 질책하고, 남의 과오는 가볍게 추궁하라"(15-15)거나 "자신의 나쁜 점은 비판하되 다른 사람의 나쁜 점은 비판하지 않는다"(12-21)고 하는 등 남의 잘못을 지적하기보다는 자신의 잘못을 반성하고 고치는 것을 중시하는 관점을 가지고 있었다는 이유를 들어, '자기 자신의 과오를 성찰하는 것'으로 봐야 한다고 함. 공자는 일찍이 "군자는 일의 탓이나 해법을 자기에게서 찾는다"(15-21)는 점을 강조하는 등 분명 자아 성찰에 가일층 중점을 두었음. 하지만 이 장의 취지는 과오를 통해 그 사람의 인함과 불인함을 알 수 있다는 이치를 설명함에 있으며, 결코 자아 성찰 자체를 강조하고자 한 것이 아님. 더욱이 왕시위엔은 이 장을 현대어로 번역하며 "사람의 과실은 각기 그 유를 달리하는데, 사람이 자기 자신의 과실을 자세히 살펴보면 능히 '인'의 이치를 체득할 수가 있다(人的過失, 各有不同的類別. 觀察自己的過失, 這樣就能體認仁的道理)"라고 했는데, 이는 전후 맥락상 자연스럽지 못할 뿐만 아니라, 『논어』에서 설파하는 공자의 사상을 시종 자아 성찰에 중점을 두고 풀이한 그의 기본 논지와의 일관성도 떨어짐. 한마디로 왕시위엔의 견해는 설득력이 부족함.

4 斯(사): 즉則과 같음. 곧.

5 仁(인): 일설에는 人人과 같다고 하는데(『집석』, 『역주』 참조), 그 또한 통하나, 함의의 사상성에 있어 '인仁'에 미치지 못함. 다산도 이 「이인편」이 지금까지 모두 '인仁'에 대해 논한 점을 들어 일설에 반대함.

해설

사람은 일정한 유(부류)가 있고, 사람의 과오는 바로 그 유에 따라 서로 다른 특성을 지닌다. 군자와 소인의 유가 다르듯이, 그 과오의 성격도 다르다. 정자가 이른 대로 "군자는 늘 후덕한 데서 잘못을 하고 소인은 늘 박정한 데서 잘못을 하나니, 군자는 친애함에 지나치고 소인은 잔인함에 지나치다(君子常失於厚, 小人常失於薄. 君子過於愛, 小人過於忍)." 예컨대 일찍이 "자로가 누나를 여의고 기년朞年이 되어도 상복을 벗지 않자, 공자께서 그것은 잘못이라고 하였다. 이에 자로는 '저는 불행하게도 형제가 적어 차마 상복을 벗지 못하겠습니다'라고 하였다. 그러므로 '그 사람의 과오를 보면 곧 그가 인한지 어떤지를 알 수 있다'고 한 것이다(子路喪姊, 期而不除, 孔子非之. 子路曰: '由不幸寡兄弟, 不忍除之.' 故曰: '觀過知仁.')."(『한서』 「외척전外戚傳」)

사람은 누구나 잘못을 할 수 있다. 다만 자로의 경우에서 보았듯이, 인인 군자는 지나치게 후덕하거나 친애함 때문에 과오를 범하게 된다. 물론 그 같은 과오를 악행으로까지 폄하할 것은 없다. 하지만 그래도 부단한 배움을 통해 사리 분별력을 키움으로써 그 폐단을 줄여나가야 한다. 공자가 일찍이 "인애를 좋아하되 배우기를 좋아하지 않으면 그 폐단은 남에게 쉽게 우롱당하는 것"(17-8)이라고 했으니, 바로 그 점을 일깨운 것이다.

공자께서 말씀하셨다. "아침에 도를 들어 깨달으면 저녁에 죽어도 좋다."

子曰: "朝聞¹道,² 夕死可矣."
자 왈　조 문 도　석 사 가 의

주석

1 聞(문): 들어서 앎, 깨달음. 청대 이서곡李恕谷은 "'문聞'이란 우연히 문득 깨닫는 것이 아니라 몸소 실행하면서 마음으로 터득함을 말한다(聞非偶然頓悟, 乃躬行心得之謂)"(『집석』)라고 함.
2 道(도): 진리. 주자는 '사물의 당연한 이치'라 하고, 장학성章學誠은 '사물의 소이연'이라고 했는데, 공자가 말하는 '도'는 대개 우주 만물·인생 만사의 진리를 통칭함.

해설

공자는 다소 극단적인 표현으로 '문도聞道', 즉 인생의 진리를 깨닫는 것이 얼마나 중요한 일인지를 강조했다. 이른바 '도'를 흔히 넓은 의미로 세상 만사만물의 진리라고 하지만, 한마디로 말하면 곧 인생의 진리다. 만물의 영장인 사람이 사람일 수 있는 까닭은 바로 사람은 근본적으로 '도'를 지향하기 때문이다. 다산이 호운봉胡雲峰의 말을 빌려 이른 대로 "사람으로서 사람일 수 있는 까닭과 이치를 알지 못하고, 짐승이나 초목과 같이 살고 죽는다면 되겠는가? 아니 되겠는가?" 한데 유감스럽게도 진리를 깨닫는 것이 그렇게 쉬운 일이 아니다. 결국 인생이란 구도求道의 연속이요, 과정인지도 모른다.

4-9

공자께서 말씀하셨다. "선비가 도에 뜻을 두었으면서 낡은 옷과 거친 음식을 부끄럽게 여긴다면, 아직은 그와 도를 논할 만하지 않다."

子曰: "士¹志於道, 而恥惡²衣惡食者,³ 未足與⁴議⁵也."
자왈   사 지 어 도 이 치 악 의 악 식 자   미 족 여 의 야

주석

1 士(사): 선비. 고대사회에서 초기에는 귀족 계층 가운데 경·대부 다음으로 낮은 등급의 사람을 일컬었으나, 춘추시대 말엽 이후에는 지식인의 통칭으로 쓰임.
2 惡(악): 조악粗惡함. 곧 옷이 낡고, 음식이 거침을 이름.
3 者(자): 어조사. 일시 멈춤의 어기를 나타냄과 동시에 아래 말을 이끌어내면서 또한 판단의 어기를 띰.
4 與(여): '여지與之'의 생략. '지'는 앞에서 말한 것과 같은 선비를 가리킴.
5 議(의): 의론함. 여기서는 도, 즉 인생의 진리를 논함을 이름.

해설

공자는 앞 장에서 "아침에 도를 들어 깨달으면 저녁에 죽어도 좋다"라

는 극단적인 말로 '문도'의 중요성을 역설했다. 궁극적인 '문도'를 위해서는 무엇보다 도에 대한 입지가 선행되어야 한다.『예기』「학기편」에서 "선비는 먼저 뜻을 세워야 한다(士先志)"라고 하고, 맹자가 선비는 "뜻을 고상하게 한다(尙志)"(『맹자』「진심 상」)고 한 것도 모두 같은 맥락의 이야기이다. 한데 '구도'나 '문도'는 결코 쉬운 일이 아니다. 그렇기 때문에 입지가 보다 확고해야 한다. 만약 "선비가 비록 선도善道에 뜻을 두었더라도 의복과 음식에 있어 화미한 것을 좋아하고 조악한 것을 수치스럽게 여긴다면, 그것은 곧 도에 입지함이 돈독하지 않은 것이니(士雖志在善道, 而衣服飮食好其華美恥其麤惡者, 則是志道不篤)"(『주소註疏』), 장차 바른 도에서 멀어질 것은 뻔한 이치다. 그야말로 주자가 이른 대로 "마음으로는 도를 구하고자 하면서 입과 몸의 봉양이 남만 못한 것을 수치스럽게 여긴다면, 그 식견과 취향의 비루함이 심하거니, 어찌 더불어 도에 관해 논할 수 있겠는가?(心欲求道, 而以口體之奉不若人爲恥, 其識趣之卑陋甚矣, 何足與議於道哉)"

　도를 깨닫고 터득하는 길은, 온갖 본능적·세속적 욕망과 유혹을 뿌리쳐야 하는, 실로 어렵고 힘든 여정이다. 사람들이, 곤궁함 속에서도 기꺼이 도를 즐기며 꿋꿋이 절조를 지키는 진정한 선비를 그리워하고 존경함은 바로 그 때문이리라. 일찍이 공자가 이른 대로 '한 대그릇의 밥을 먹고 한 바가지의 물을 마시며 누추한 거처에서 살면서도 그 안빈낙도하는 즐거움을 다른 걸로 바꾸지 않는'(6-9 참조) 안회와 "해진 솜옷을 입고 여우나 담비 갖옷을 입은 사람과 함께 서 있어도 부끄러워하지 않을"(9-27) 자로야말로 진정 더불어 도를 논할 만한 선비임에 틀림이 없다.

4-10

공자께서 말씀하셨다. "군자는 천하만사에 있어 반드시 어떻게 해야 된다는 것도 없고, 또 절대로 어떻게 하면 안 된다는 것도 없으며, 오직 알맞고 마땅함에 따를 뿐이다."

子曰: "君子之於天下¹也,² 無適³也, 無莫⁴也, 義之與比.⁵"
자왈   군자지어천하 야   무적 야   무막 야   의지여비

주석

1 **於天下**(어천하): 이는 군자의 처신·처사 전반을 염두에 둔 말로, '천하지사天下之事에 대하여'라는 뜻임. 황간과 형병은 이를 군자의 대인 관계에 국한해 '천하지인天下之人에 대하여'의 뜻으로 풀이했으나, 공자의 본의와는 거리가 있음.

2 **也**(야): 어조사. 제시와 일시 멈춤의 어기를 나타냄. 이는 아래의 두 '야'가 모두 서술과 판단의 어기를 나타내는 것과는 다름.

3 **適**(적): 정현은 적대敵對함으로, 황간은 후厚함으로, 형병은 부후富厚함으로 풀이했는데, 모두 대인 관계에 맞추어진 주석임. 반면 주자는 '오로지 주장함(專主)', 즉 오로지 어떻게 하기를 고집한다는 뜻으로 풀이하고, 또 사양좌謝良佐의 말을 빌려 '가可함', 즉 반드시 어떻게 해야 된다는 뜻이라고 했는데, 곧 처신·처사에 맞는 주석으로 공자의 본의에 부합함.

4 **莫**(막): 정현은 흠모함으로, 황간은 박薄함으로, 형병은 궁박窮薄함으로 풀이함. 반면 주자는 '기꺼이 하려고 하지 않음(不肯)'의 뜻으로 풀이하고, 또 사양좌의 말을 빌려 '불가', 즉 절대로 어떻게 하면 안 된다는 뜻이라고 함. 위의 주석 3과 같은 이유로 정현 등의 견해보다는 주자의 견해가 적절하고 타당함. 결국 여기서 말하는 '무적無適'·'무막無莫'은 「미자편微子篇」의 '무가無可'·'무불가無不可'(18-8)와 같고, 「자한편」의 '무필毋必'·'무고毋固'(9-4)와도 상통함.

5 **義之與比**(의지여비): '여의비與義比'의 도치로, '의'를 강조하기 위해 전치한 형식임. '의'는 적의適宜함, 합리合理함, 이치상 알맞고 마땅함. '비'는 황간은 친함·가

까이함으로, 주자는 따름·의依함으로 풀이했고, 또 다산은 비교함으로 풀이하며 오직 '의'에 맞는지를 비교하고 따져서 의면 행하고 불의년 행하지 않는 뜻이라고 했는데, 삼자는 기실 한가지 뜻으로 모두 통함.

해설

인생 만사에 고정 불변의 철칙이 있을까? 물론 없을 것이다. 그러므로 사람은 "반드시 어떻게 해야 된다는 것도 없고, 또 절대로 어떻게 하면 안 된다는 것도 없"어야 한다. 다시 말해 사람은 처신·처사에 있어 주관적인 고정관념에 사로잡혀 고집불통이어서는 안 된다. 오히려 객관적 형세나 사리事理에 알맞고 마땅함을 좇아 융통성 있게 대처해야 한다. 바로 그러한 인식과 견지에서 군자는 진실로 의와 도의를 인생 행위의 최고 준칙으로 삼아 "오직 알맞고 마땅함에 따를 뿐이다." 공자는 또 "군자는 도의에 밝다"(4-16)고도 했는데, 그 함의 또한 이와 일맥상통하는 것으로 이해된다.

　훗날 맹자는 "자신이 이상으로 여기는 군주가 아니면 섬기지 않고, 자신이 이상으로 여기는 백성이 아니면 부리지 않으며, 치세에는 나아가 벼슬하고 난세에는 물러나 은거한 것은 백이요, 어떤 군주라도 다 섬기고 어떤 백성이라도 다 부리며, 치세에도 나아가 벼슬하고 난세에도 나아가 벼슬한 것은 이윤이라면, 한 나라에서 벼슬을 할 만하면 하고 벼슬을 그만두어야 하면 그만두었으며, 오래 머무를 만하면 오래 머무르고 신속히 떠나야 할 것 같으면 신속히 떠난 것은 공자였다(非其君不事, 非其民不使, 治則進, 亂則退, 伯夷也. 何事非君? 何使非民? 治亦進, 亂亦進, 伊尹也. 可以仕則仕, 可以止則止, 可以久則久, 可以速則速, 孔子也)"(『맹자』

「공손추 상」)라고 하면서, 고대의 세 성인 가운데 특히 공자의 처세 태도를 본받고 싶어 했다. 또 공자를 '성지시자聖之時者'(『맹자』「만장 하萬章下」), 즉 성인 가운데 시의時宜에 가장 적절하게 처신하신 분이라고 칭송했는데, 역시 유가의 아성亞聖답게 예리한 안목으로 공자의 위인爲人 형상을 정확히 간파했다. 아무튼 "군자는 자신이 말하려는 것을 먼저 행하고, 그다음에 비로소 그것을 말한다"(2-13)고 했던가? 공자는 진정 사람들을 일깨우기보다 당신 스스로가 먼저 '오직 알맞고 마땅함에 따를 뿐임'을 실천했던 것이다.

사실 처신·처사에 합리적 융통성과 변통성의 묘를 발휘하는 것은 누구나 쉽게 할 수 있는 일이 아니다. 그것은 반드시 일정한 수준의 도덕적 품성을 기본으로 하면서, 인생 진리에 대한 깊은 통찰과 인생 사리에 대한 풍부한 식견이 전제되어야만 비로소 가능하다. 사람은 누구나 자칫 사리사욕에 눈이 멀어 처신·처사에 합리성보다는 편향성을 띠기 십상이다. 우리가 무엇보다 이른바 인문학적 자질과 소양을 기르기 위해 끊임없이 노력해야 하는 까닭은 바로 거기에 있다.

4-11

공자께서 말씀하셨다. "군자는 늘 도덕의 증진을 생각하지만 소인은 늘 일신一身의 안락을 생각하고, 군자는 늘 법도의 준수를 생각하지만 소인은 늘 사사로운 은혜 입기를 생각한다."

子曰: "君子¹懷德,² 小人³懷土⁴; 君子懷刑,⁵ 小人懷惠.⁶"
자왈 군자 회덕 소인 회토 군자 회형 소인 회혜

1 **君子**(군자): 학덕(학식과 덕행)이 높은 사람. 일설에는 군주를 가리킨다고 하나 적절치 않음.

2 **懷德**(회덕): 주자가 고유의 선덕善德을 간직하는 것이라고 했듯이, 이는 항상 도덕 수양의 증진을 생각한다는 말임. '회'는 마음에 둠, 생각함, 염념불망念念不忘함을 이름.

3 **小人**(소인): 학덕이 낮은 사람. 일설에는 백성을 가리킨다고 하나 적절치 않음.

4 **懷土**(회토): 주자가 거처의 편안함에 탐닉하는 것이라고 했듯이, 이는 항상 일신의 안락을 도모하려 한다는 말임. '토'는 전지田地, 전택田宅. 또 전의되어 일신의 안락을 이름.

5 **懷刑**(회형): 주자가 법을 두려워하는 것이라고 했듯이, 이는 항상 법도의 준수를 생각한다는 말임. '형'은 법제, 법도.

6 **懷惠**(회혜): 주자가 이익을 탐하는 것이라고 했듯이, 이는 항상 남의 사사로운 은혜를 탐한다는 말임. '혜'는 사사로운 작은 은혜, 선심.

군자와 소인의 의식 세계는 이렇듯 판이하다. '도의에 밝은'(4-16) 군자는 도덕과 규범·법도에 관심을 집중하는 반면, '사리私利에 밝은'(위와 같음) 소인은 일신의 안락과 사사로운 이득을 탐할 뿐이다. 진정 주자가 이른 대로 "군자와 소인의 취향이 같지 않음은 공公·사私의 사이에 있을 따름이다(君子小人趣向不同, 公私之間而已矣)." 우리가 소인의 모습은 멀리하고, 군자의 모습을 띠기 위해 분발 정진해야 함은 물론이거니와, 사람 가운데 군자와 소인을 바르게 분별해 알아보는 안목 또한 길러야 함은 두말할 나위가 없다.

한편 일설에는 이 장을 '군주가 덕으로 다스리면 백성은 그 땅에서 편안히 살려고 하지만, 군주가 형벌로 다스리면 백성은 다른 은혜로

운 곳을 찾아 떠나려고 한다'는 뜻으로 풀이하나, 문법상 견강부회牽
強附會한 감이 없지 않다. 첸무가 이 같은 풀이에 대해 문리상 글자를
더해 풀이해야 하는 문제점이 있다고 한 것도 그 때문이다.

4-12

공자께서 말씀하셨다. "사람이 사사로운 이익을 좇아 행동하면, 허
다히 남에게 원망을 사게 된다."

子曰: "放¹於利而行, 多怨.²"
자 왈　　방 어 리 이 행　　다 원

주석

1 **放**(방): 공안국, 황간, 형병, 주자가 모두 '방倣'의 가차자假借字로 보아, 의依함, 의
거함, 곧 좇음의 뜻으로 풀이함. 한편 유보남은 방종放縱의 뜻으로 풀이해도 통
한다고 했고, 왕시위엔은 그에 근거해 아래 '다多' 자의 의미와 연관시켜 볼 때
단순하게 '의함'보다는 조건절의 의미를 강화하는 '방종', 즉 '무절제하게 마구'
의 뜻으로 풀이하는 것이 더 좋다고 했으나, 문맥적 의미상 반드시 그렇다고 볼
수는 없음.
2 **怨**(원): 이는 공안국 이후 전통적으로 남에게 원망을 산다는 뜻으로 풀이함. 반
면 첸무와 왕시위엔은 남을 원망한다는 뜻으로 풀이했는데, 사람이 사리사욕을
좇아 행동할 때 그 또한 충분히 예상되는 현상일뿐더러, 공자의 가르침이 대개
피교육자 자신에게 초점을 맞추고 무게를 둔다는 점에서 설득력이 있음. 여기서
는 보다 무난한 전자를 위주로 하되, 후자 역시 공자의 본의에 내포되어 있을 수
있는 것으로 이해함.

사람이 이욕利慾에 눈이 멀어 "자신에게 이롭게 하고자 하면 필연적으로 남에게 해를 끼치게 되며, 바로 그 때문에 쉬이 남에게 원망을 사게 된다(欲利於己, 必害於人, 故多怨)."(정자의 말) 그뿐만이 아니다. 이욕이란 영원히 채울 수 없는 탐욕이요, 이욕의 추구란 끝내 마음먹은 대로 될 수가 없다. 그러니 쉬이 '하늘을 원망하고 사람을 탓하게(怨天尤人)' 되는 것도 당연한 귀결이다. 또한 맹자가 이른 대로 "상하가 모두 서로 이익을 다투게 되면 온 나라가 위험에 빠지게 될 것이다(上下交征利而國危矣)."(『맹자』「양혜왕 상」)

4-13

공자께서 말씀하셨다. "예를 갖추어 겸양하는 마음으로 나라를 다스릴 수 있다면 무슨 어려움이 있겠는가? 하지만 예를 갖추어 겸양하는 마음으로 나라를 다스릴 수 없다면 예가 무슨 소용이 있겠는가?"

子曰: "能以禮讓¹爲國²乎,³ 何有⁴? 不能以禮讓爲國, 如禮何⁵?"
자 왈   능 이 례 양 위 국 호   하 유   불 능 이 례 양 위 국   여 례 하

주석

1 禮讓(예양): 예의禮義/禮儀·예법상의 겸양 정신. 곧 예를 갖추어 겸양하는 마음과 자세를 이름. 이는 유보남이 "겸양은 예의의 실질이요, 예의는 겸양의 문식이다〔讓者, 禮之實也; 禮者, 讓之文也〕"라고 한 데에 따른 풀이임.
2 爲國(위국): 치국.

3 乎(호): 일시 멈춤의 어조사.

4 何有(하유): 춘추시대의 상용어로, '하난지유何難之有' 또는 '하유난호何有難乎'의 생략. 무슨 어려움이 있겠는가? 곧 어떠한 어려움도 없다는 말. 이상의 "능이能 以…하유何有" 두 구절이 『후한서』「유반전劉般傳」과 「열녀전列女傳」에는 '능이례 양위국, 어종정호하유能以禮讓爲國, 於從政乎何有'로 인용되어 있는 데다, 「옹야편雍 也篇」(6-6)과 「자로편」(13-13)에도 '어종정호하유'라는 문구가 보이는 점을 감안 할 때, 『논어』 고본古本에는 본디 '어종정於從政' 세 글자가 덧붙어 있었을 것으로 추정이 되기도 하나, 현재로서 단정하기는 어려움. 다산은 여기서는 '종정'을 말 하는 게 아니기 때문에 그 석 자를 더해도 문리가 통하지 않으니, 금본今本이 옳 다고 함.

5 如禮何(여례하): 예를 어떻게 하랴? 예가 무슨 소용인가? 곧 '예'의 본질은 겸양의 정신을 나타내는 것인데, 만약 '예의상의 겸양 정신으로 나라를 다스릴 수 없다 면', 그 실질적인 의미와 정신을 상실하게 되므로 '예'는 아무런 효용 가치를 갖 지 못한다는 말임. 공자가 「팔일편」에서 "사람으로서 오히려 인하지 않다면 예 의를 어떻게 행하"(3-3)겠느냐고 한 뜻과도 상통함.

해설

'예를 갖추어 겸양하는 마음으로 나라를 다스리는 것'은 바로 공자가 정치의 이상으로 주창한 예치이다. 맹자도 "겸손과 사양의 마음이 곧 예의 발단이다[辭讓之心, 禮之端也]."(『맹자』「공손추 상」)라고 했듯이, 겸양 은 예의의 실질적 발단이면서, 예치의 실질적 효용을 극대화하는 핵 심 요소이다. '예양', 즉 예를 갖추어 겸양하는 마음과 자세가 위정자 의 필수 불가결한 자질이요, 치국의 근본인 까닭은 바로 여기에 있다.

　인간 사회에서 일어나는 모순과 갈등은 대개 재물과 이익을 다투 고, 지위와 권세를 다투며, 명예와 총애를 다투는 등 사람들의 온갖 '다툼[爭]'에서 기인한다. 한데 '예양'으로 나라를 다스리면, 능히 사람들의 덕성을 높이고, 기풍을 개선함으로써 사람들의 갈등과 분쟁을 해소할 수가 있다. 『대학』에서도 "군주의 일가가 겸양하면 한 나라가 다 겸양한 기풍이 일어난다[一家讓, 一國興讓]"(「제가치국장齊家治國章」)고 했는데, "사람이 겸양의 마음을 가지면 나라를 다스리는 것은 한층 쉬워진다[人懷讓心, 則治國易也]."(『의소』에서 인용한 강희江熙의 말) 그야말로 『관자』「오보편五輔篇」에서 말했듯이 "사람은 반드시 스스로 예의를 안 후에야 비로소 다른 사람을 공경할 줄 알고, 또 다른 사람을 공경하게 된 후에야 비로소 다른 사람을 존중하며 스스로 겸양할 줄 알며, 다른 사람을 존중하며 스스로 겸양하게 된 후에야 비로소 노소老少·귀천이 서로 분수를 넘지 않는데, 노소·귀천이 서로 분수를 넘지 않으면 곧 혼란이 일어나지 않고 환난이 발생하지 않게 될 것이니[夫人必知禮, 然後恭敬, 恭敬然後尊讓, 尊讓然後少長貴賤不相踰越, 少長貴賤不相踰越, 故亂不生而患不作]" 말이다. 하지만 만약 예치가 제대로 그 효용성을 발휘하지 못한다면, 결국 사람들이 이욕에 눈이 어두워 다툼을 일삼을 것이니, 어찌 예의 의의를 말할 수 있겠는가? 예나 지금이나 인간 사회에서 예를 중시하지 않을 수 없는 이유가 자명하다.

4-14

공자께서 말씀하셨다. "사람은 벼슬이 없음을 걱정하지 말고 벼슬할 만한 자질이 있는가를 걱정할 것이며, 자신을 알아주는 사람이 없음을 걱정하지 말고 사람들이 알아줄 만한 사람이 되도록 해야 할 것이다."

子曰: "不患¹無位,² 患所以立³; 不患莫己知,⁴ 求爲可知也.⁵"
자왈   불환 무위   환소이립   불환막기지   구위가지야

1 患(환): 근심, 걱정함.

2 位(위): 지위, 직위, 벼슬(자리).

3 所以立(소이립): 벼슬자리에 입신할 수 있는 근거, 자질, 재학才學 따위를 이름. 일
  설에 '립'은 고대에는 '위位'와 한 글자였으며, 여기서도 통용했다고 하는데, 그
  의미에는 큰 차이가 없음.

4 莫己知(막기지): '막지기莫知己'의 도치. 부정문에서 대명사 목적어를 동사 앞으로
  옮겨 어기를 강화한 것임.

5 求爲可知也(구위가지야): 이 구절은 전후 문맥으로 보아 첫머리에 '환患' 자가 있
  어야 할 것으로 보임. '구'는 추구함. 곧 그렇게 되려고 함을 이름. '가지'는 사람
  들이 알아줄 수 있는(알아줄 만한) 사람을 이름. 일설에는 사람들이 알아줄 만한
  자질을 이른다고 함.

해설

"군자는 일의 탓이나 해법을 자기에게서 찾는다"(15-21)고 했다. 그렇
다. 벼슬자리에 오르거나 남들이 알아주는 것은 결국 자신의 자질과
재학에 달린 것이다. 그러므로 우리는 남을 탓하는 부정적인 태도보
다는 스스로 도덕 수양과 학문 증진에 매진하는 긍정적이고 적극적인
자세를 가져야 한다.

『순자』「비십이자편」에서 말했다. "군자는 스스로 고귀하게 할 수는
있지만 다른 사람이 반드시 자신을 고귀하게 여기게 할 수는 없고, 스
스로 신실하게 할 수는 있지만 다른 사람이 반드시 자신을 신실하게

여기게 할 수는 없으며, 스스로 세상에 쓰일 만하게 할 수는 있지만 다른 사람이 반드시 자신을 등용하게 할 수는 없다. 그러므로 군자는 스스로 품덕品德을 닦지 않음을 부끄럽게 여길 뿐 남에게 모욕을 당함을 부끄럽게 여기지 않고, 스스로 신실하지 못함을 부끄럽게 여길 뿐 남에게 신임을 받지 못함을 부끄럽게 여기지 않으며, 스스로 재능이 없음을 부끄럽게 여길 뿐 남에게 등용되지 못함을 부끄럽게 여기지 않는다. 그리하여 군자는 헛된 명예에 유혹되지 않고, 온갖 비방에 두려워하지 않으며, 오직 정도正道에 따라 행동하고 단정히 수신·수양하여 자기 자신 바깥의 뭇 사물에 흔들리지 않으니, 이야말로 진정 명실상부한 군자라고 할 것이다(君子能爲可貴, 不能使人必貴己; 能爲可信, 不能使人必信己; 能爲可用, 不能使人必用己. 故君子恥不修, 不恥見汙; 恥不信, 不恥不見信; 恥不能, 不恥不見用. 是以不誘於譽, 不恐於誹, 率道而行, 端然正己, 不爲物傾側, 夫是之謂誠君子)." 이는 곧 공자의 본의를 부연 설명하고 있다고 해도 과언이 아닐 듯하다.

4-15

공자께서 말씀하셨다. "삼아! 내가 말하는 도는 한 가지로 그 전체를 꿰뚫는다." 증자가 말하였다. "예, 그렇습니다." 공자께서 나가시자, 다른 제자가 물었다. "무슨 말씀이신가?" 증자가 말하였다. "선생님께서 말씀하시는 도는 결국 충忠과 서恕일 뿐이라네."

子曰: "參¹乎²! 吾道³一以貫之.⁴" 曾子曰: "唯.⁵" 子出, 門人⁶問曰:
자왈 삼 호   오 도 일 이 관 지   증 자 왈   유   자 출 문 인 문 왈

"何謂也?" 曾子曰: "夫子之道, 忠恕⁷而已矣.⁸"
　하 위 야　　증 자 왈　　부 자 지 도　충 서　이 이 의

주석

1 參(삼): 증삼. 증자의 이름. 1-4 주석 1 참조.

2 乎(호): 호격呼格조사.

3 道(도): 인생의 진리. 또 사상, 학설.

4 一以貫之(일이관지): '이일관지以一貫之'의 도치. 하나로 모든 것을 꿰뚫음. 곧 한 가지 기본 원리·이치로 만사만물의 이치를 꿰뚫음을 이름. '관'은 관통함, 즉 꿰뚫어서 통함.

5 唯(유): 긍정의 대답으로 하는 말. 예, 그렇습니다.

6 門人(문인): 문하에서 배우는 제자. 곧 공자의 제자를 가리킴. 황간과 형병은 증자의 제자라고 함. 하지만 증자는 공자보다 마흔여섯 살이 적은 데다 공자 제자 가운데 가장 나이가 어렸고, 공자가 세상을 떠날 때 겨우 20대 중반이었음. 따라서 증자가 공자 문하에서 자신의 제자를 거느렸을 가능성은 매우 희박함. 게다가 『논어』에서 공자의 제자는 모두 '문인'이라 일컬은 반면, 공자 제자의 문인을 일컬을 때는 그 앞에 제자의 이름을 덧붙였으니, 예컨대 「자장편」의 "자하지문인문교어자장子夏之門人問交於子張"(19-3)과 같아서 '문인'을 단독으로 일컬은 것과는 분명히 다름.

7 忠恕(충서): 충성스러움과 어짊. 주자는 '충'은 '진기盡己'요, '서'는 '추기推己'라고 함.(아래 '해설' 참조)

8 而已矣(이이의): 한정限定의 어조사. 같은 의미의 어조사인 '이이而已'보다 어기가 강화된 형태. ~일 따름임.

해설

공자 사상의 핵심은 인이다. 한데 증자가 공자의 전체 사상을 '꿰뚫는' '한 가지'를 '충서'라고 설명한 것은 무엇 때문일까? 주자는 '진기盡己',

즉 다른 사람을 대함에 자신의 심력을 다하는 것을 '충'이라 하고, '추기推己', 즉 자기 자신의 마음을 미루어 다른 사람에게까지 미쳐가는 것을 '서'라 한다고 했다. '충'이 '진기'라면, 곧 공자가 말한 "자기가 입신하고자 하면 남도 입신하게 하고, 자기가 통달하고자 하면 남도 통달하게 하는 것"(6-28)일 것이요, '서'가 '추기'라면, 곧 공자가 말한 "자기가 하기 싫은 것은 다른 사람에게도 하게 하지 않는 것"(12-2, 15-24)일 것이다. 한데 공자의 이 말은 모두 '인'의 함의를 설명하며 언급되었다. 다시 말해서 '충'과 '서'는 바로 '인'의 구체적 내용이요, '인'을 행하는 실제적 방법이다. 지고至高한 '인'의 함의를 바로 설명하거나 이해하고, 실행하기는 쉽지 않다. 하지만 '충'과 '서'를 통한다면, 그 난이도는 한결 낮아진다. 문득 '인'을 알고 행하기도, 마음만 먹으면 가능할 것 같은 생각이 들지 않는가? 공자나 증자가 그 점을 알았음은 두말할 나위가 없다.

여기서 공자가 설명한 '충'·'서'는 기본적으로 사람에 대한 사랑을 바탕으로 한다. 우리는 공자가 '인'이 무엇인지를 묻는 번지에게 '사람을 사랑하는 것(愛人)'(12-22)이라고 한 데에 유의해야 한다. 그렇다면 '충'과 '서' 양자는 서로 어떤 관계에 있는가? 다 같이 사람에 대한 사랑을 바탕으로 한다는 점에서 분명 별개일 수는 없다. 한데 다산은 양자가 한 가지라고 했다. 즉,『중용』에서 이르기를 "'충서'는 도에서 멀지 않나니, 자신에게 가해지는 것을 원치 않는다면 남에게도 가하지 말아야 할 것이다(忠恕違道不遠, 施諸己而不願, 亦勿施於人)"(제13장)라고 했는데, '충서'의 함의를 부연하면서 '추기'의 의미만을 언급한 데에서 알 수 있듯이, '충서'는 결국 '서'로 귀결된다는 것이다. 다시 말해 '서'

가 본질이라면 '충'은 그 표현일 따름이며, 공자가 본디 '일이관지'라고 한 것을 증자가 '충·서' 두 자로 말했을 뿐이라고 했다. 이 같은 다산의 견해는 분명 일리가 있기는 하나, '충'·'서'는 '인'의 엄연한 두 측면으로서, 그 기본 정신상 '애인'이라는 '대동大同'에도 불구하고, 위인爲仁의 방향이나 중점에 있어서 전자가 보다 자아 중심적, 곧 자기 자신에 대한 요구에 치우쳐 있다면, 후자는 보다 타자 중심적, 곧 다른 사람에 대한 태도에 치우쳐 있는 '소이小異'가 있다고 이해된다. 아무튼 '인자애인仁者愛人', 즉 인자는 사람을 사랑한다고 했으니, '충'과 '서'는 모두 '인'의 구체적·실제적 표현이다.

4-16

공자께서 말씀하셨다. "군자는 도의에 밝고, 소인은 사리에 밝다."

子曰: "君子喩¹於義, 小人喩於利."
자 왈　 군 자 유 어 의　 소 인 유 어 리

주석 ────────────────────────────

1　喩(유): 이를 공안국을 비롯한 역대 주석가 대부분은 단지 앎, 이해함으로 풀이한 반면, 주자는 정자의 말을 빌려 '잘 알기 때문에 아주 좋아함[唯其深喩, 是以篤好]'으로 풀이함. 곧 '유'는 전후 문맥에 비춰 볼 때, '잘 안다'는 뜻이며, 동시에 '아주 좋아하며 열심히 추구한다'는 뜻을 내포한 것으로 이해됨. 그러므로 우리말로는 '밝다'로 옮김이 적절할 듯함.

군자와 소인은 무엇으로 구별되는가? 무릇 사리私利를 좇는 것이 인간의 본능이지만, 도덕 수양이 높은 사람은 오히려 사리보다는 도의를 중시하고 추구한다. 소인은 눈앞의 사사로운 이익에 집착하지만, 군자는 사사로운 이익은 결코 궁극적인 의미를 가질 수 없으며, 오직 도의만이 추구할 의미와 가치가 있음을 안다. 다만 군자가 배척하는 것은 사리사욕이며, 도의에 부합하는 공리公利·공익公益은 오히려 적극적으로 추구하는 바이다. 공자가 견리사의見利思義(14-13)'와 '견득사의見得思義'(16-10)를 강조했듯이, 군자는 도의와 사리가 충돌하는 상황에서는 먼저 '도의'에 부합하는가, 공리가 있는가를 따져 취사取捨를 결정한다. 공자가 일찍이 "의롭지 못하게 부유하고 또 존귀함은 나에게 있어서는 뜬구름과 같은 것이다"(7-16)라고 한 것은 바로 그 때문이다. 반면 소인은 양자가 충돌하는 상황에서도 단지 사리에만 관심하고 집착하며 도의는 거들떠보지도 않는다. 그리하여 그들은 원하는 바를 얻기 위해 수단과 방법을 가리지 않는다.

4-17

공자께서 말씀하셨다. "사람은 어진 사람을 보면 그와 같기를 생각하고, 어질지 못한 사람을 보면 자신은 그렇지 않은지 스스로 마음 깊이 반성하여야 한다."

子曰: "見賢思齊焉,[1] 見不賢而內自省[2]也."
자 왈   견 현 사 제 언   견 불 현 이 내 자 성   야

주석

1 **思齊焉**(사제언): 그와 같기를, 즉 그를 본받기를 생각함. 이는 주자가 이른 대로 '자신도 그와 같은 선함이 있기를 바라는 것임(冀己亦有是善)'. '사'는 생각함. '제'는 가지런함, 같음. '언'은 '어지於之'의 합음자. '지'는 곧 '견현見賢'의 '현', 즉 현인을 가리킴.

2 **內自省**(내자성): 내심으로 자성함. 이는 주자가 이른 대로 '자신도 그와 같은 악함이 있는지를 두려워하는 것(恐己亦有是惡)'임.

해설

공자는 여기서 도덕 수양의 한 방법을 제시했다. 사람은 언제 어디서나 타인의 어짊을 본받고, 어질지 못함을 경계함으로써 부단히 자신의 모자람을 채우고, 잘못을 고쳐 품성의 완미完美함을 추구해나가야 한다는 것이 공자의 가르침이다. 일찍이 공자가 "세 사람이 함께 길을 가면 그 가운데에 반드시 나의 스승이 있나니, 그 언행이 선량한 사람을 골라 그대로 본받고, 그 언행이 불량한 사람을 골라 나의 허물을 고쳐야 할 것이다"(7-22)라고 한 것이나, "선한 것을 보면 힘써 좇기를 마치 따라잡지 못할까봐 총총걸음을 치듯이 하고, 선하지 않은 것을 보면 재빨리 피하기를 마치 끓는 물에 손을 넣었다가 기겁을 하듯이 한다"(16-11)라고 한 것도 모두 그 취지를 같이한다. 그뿐만 아니라 노자가 "선한 사람은 선하지 않은 사람의 스승이요, 선하지 않은 사람은 선한 사람의 거울이다(善人者, 不善人之師; 不善人者, 善人之資)"(『노자老子』제27장)라고 한 것도 그 함의가 다르지 않다.

명대 설문청薛文淸이 『독서록讀書錄』에서 말했다. "'그와 같기를 생각하고, 스스로 마음 깊이 반성함'은 단지 당시의 사람을 보면서 그같이

해야 할 뿐만 아니라, 옛사람의 책을 읽고 옛날의 현자를 보면서도 그와 같기를 생각하고, 옛날의 불현자를 보면서도 스스로를 반성한다면 선으로 나아가고 악을 멀리하는 조예가 더욱 확충될 것이다(思齊內省, 不獨見當時之人如此, 以至讀古人之書, 見古人之賢者, 皆思齊; 見古人之不賢者, 皆自省, 則進善去惡之功益廣矣).”(『집석』) 옳은 말이다. 도덕 수양에 스승으로 삼고, 거울로 삼음에 어찌 고금을 가리겠는가? 모름지기 사람은 타인의 어짊과 어질지 못함을 스승 삼고 거울삼아 끊임없이 자신의 마음과 행실을 닦아나가야 한다.

4-18

공자께서 말씀하셨다. “부모를 섬기면서 부모의 허물은 완곡하게 간해야 하나니, 간하는 뜻을 표하였으나 부모가 따르지 않더라도, 여전히 공경하고 거역하지 아니하며, 근심할지언정 원망하지 않아야 한다.”

子曰: “事父母幾諫,¹ 見志不從,² 又³敬不違,⁴ 勞⁵而不怨.”
자 왈   사 부 모 기 간   현 지 부 종   우 경 불 위   노 이 불 원

주석

1 幾諫(기간): 은근하고 완곡하게 간함. ‘기’는 경미輕微·은미隱微함. 이는 포함에게서 비롯된 후세의 일반적인 풀이임. 한편 청대 왕부지王夫之나 이옹李顒 등은 그 기미幾微를 보고 미리 간한다는 뜻이라고 하나, 문리나 사리에 비춰 볼 때 적절치 못함.

2 **見志不從**(현지부종): 포함은 '부모의 뜻에 자신의 간언을 따르지 않는 기색이 보
   인다'는 뜻으로 풀이함. 이에 대해 쳰무는 만약 그런 뜻이라면 단지 '부종不從' 두
   자면 족하다고 하면서, '자신이 간하는 뜻을 표했으나 부모가 따르지 않는다'는
   뜻으로 풀이함. 포함의 풀이는 표현상의 간결함이나 의미상의 자연스러움이 떨
   어지는 반면, 쳰무의 지적과 풀이는 설득력이 있어 따를 만함. 한편 다산은 '자신
   이 부모의 명命을 따르지 않겠다는 뜻을 드러내 보인다'는 뜻으로 풀이했는데,
   부모의 과오가 반드시 자식을 대상으로 하는 것만은 아님을 감안할 때, 의미상
   면밀하지 못함은 물론 문법적으로도 다소 무리가 있음. '현'은 표현함.

3 **又**(우): 또. 여기서는 곧 '여전히'의 뜻을 나타냄.

4 **違**(위): 어김, 거스름, 거역함. 이는 포함이 말한 대로, '감히 부모의 뜻을 거슬러
   자신의 간언을 관철함[敢違父母意而遂己之諫也]'을 이름.

5 **勞**(로): 근심함, 걱정함. 일설에는 힘듦, 노고勞苦함이라고 하나, 진정한 효자라면
   부모의 과오가 쉽게 고쳐지지 않는 데 대해 심히 걱정하며 가슴 아파할지언정,
   자신의 거듭된 간언이 받아들여지지 않음을 힘들어하고 괴로워함은 옳지 않을
   것임.

해설

효도는 인의 근본이요, 가정 윤리의 근간이다. 물론 부모의 뜻에 무조
건 따르는 것은 효도일 수 없다. 부모에게 허물이 있다면, 성심으로 간
해 부모가 불의에 빠지지 않게 해야 한다. 『효경』「간쟁장」에서 "부모
에게 바른말로 간하는 자식이 있으면, 그 부모는 불의에 빠지지 않는
다. ……그러므로 부모의 불의함에 직면해서는 바른말로 간해야 하
나니, 그저 부모의 영令을 따르기만 해서야 어찌 효라고 하겠는가?(父
有爭子, 則身不陷於不義. ……故當不義, 則爭之, 從父之令, 又焉得爲孝乎)"라고
한 것이나, 『순자』「자도편」에서 "집 안에 들어와서는 부모에게 효도
하고, 집 밖에 나가서는 어른을 공경하는 것은 사람의 작은 덕행이요,

……도의를 따르고 부모를 따르지 않는 것은 사람의 큰 덕행이다(入孝出弟, 人之小行也, ……從義不從父, 人之大行也)"라고 한 것은 모두 같은 맥락으로 이해된다.

공자는 여기서 자식이 부모의 허물을 간하는 바람직한 자세를 설명했는데, 『예기』「방기편」에서도 "부모의 영을 따르며 화내지 아니하고, 완곡히 간하기를 게을리하지 아니하되 부모의 허물을 근심하나 원망하지 아니하면, 진정 효라고 할 수 있다(從命不忿, 微諫不倦, 勞而不怨, 可謂孝矣)"라고 해 일관된 관점을 보인다. 한편 '기간幾諫'은 "부모가 과오가 있으면 마음을 진정시키고 얼굴빛을 온화하게 하여 부드러운 소리로 간한다(父母有過, 下氣怡色, 柔聲以諫)"(『예기』「내칙」)는 것이요, '현지부종, 우경불위見志不從, 又敬不違'는 "간언이 받아들여지지 않으면 더욱 공경하고 더욱 효도하여 부모가 기뻐하면 그때 다시 간한다(諫若不入, 起敬起孝, 悅則復諫)"(위와 같음)는 것이다. 그리고 '노이불원勞而不怨'은 곧 "세 번 간하여도 듣지 않으시면 울며 따른다(三諫而不聽, 則號泣而隨之)"(『예기』「곡례 하」)는 것일 것이다.

부모의 허물을 간하는 이 같은 태도는, 기본적으로 부모에 대한 자식의 깊은 애정과 공경심이 없어서는 불가능하다. 이런 효행이 이제는 어쩌면 그저 먼 옛날 얘기일 뿐인지도 모른다.

4-19

공자께서 말씀하셨다. "부모가 살아계시거든 멀리 가지 않으며, 부득이 멀리 가야 할 때는 반드시 가는 곳이 정해져 있어야 한다."

子曰: "父母在, 不遠遊¹; 遊必有方.²"
자 왈　부 모 재　불 원 유　유 필 유 방

주석

1 遠遊(원유): 집을 떠나 멀리 감.
2 方(방): 일정한 지방, 방향, 행선지.

해설

일상봉양日常奉養과 '신종추원愼終追遠'(1-9)은 부모에 대한 자식의 기본 도리, 즉 효도의 양대兩大 요무要務이다. 그러나 자식이 멀리 출타하게 되면, 부모에 대한 자식의 도리를 다하지 못함은 물론, 부모로 하여금 자식에 대한 그리움과 걱정으로 애를 태우게 한다. 이를 헤아릴 줄 아는 자식이라면, 그는 분명 효자이다. 따라서 만부득이 멀리 출타할 수밖에 없다면, 행선지를 분명히 해 "부모가 반드시 자신의 소재를 알고 걱정하지 않으며, 자신을 부르면 반드시 돌아와 실망하지 않도록 해야 한다(欲親必知己之所在而無憂, 召己則必至而無失也)." 진정 "자식이 능히 부모의 마음을 자신의 마음으로 삼아 깊이 헤아린다면, 그것이 바로 효인 것이다(子能以父母之心爲心, 則孝矣)."(『집주』) 또한 그런 자식은 행선지도 명확히 알리지 않은 채 먼 길을 떠나면서 부모로 하여금 이런저런 근심 걱정으로 애를 태우게 하는 일은 없으리라.

　오늘날은 학업이나 취업 등을 위해 집을 떠나지 않을 수 없는 경우가 허다한 데다, 교통이나 통신이 더없이 발달한 시대이다. 그런 만큼 자식에 대한 '불원유不遠遊'의 요구는 이미 비현실적인 이야기가 되었다. 하지만 예나 지금이나 부모가 자식의 이런저런 일로 노심초사하는 것은 다르지 않은 만큼, '유필유방遊必有方'은 지금도 여전히 유효한 요구이다.

4-20

공자께서 말씀하셨다. "그 아버지가 죽은 후, 아들이 죽은 아버지의 처사 원칙을 3년 동안은 고치지 않아야 비로소 효성스럽다고 할 수 있다."

子曰: "三年無改於父之道, 可謂孝矣."
자 왈　삼 년 무 개 어 부 지 도　가 위 효 의

해설

이 장은 1-11장의 후반부와 완전히 일치한다. 하지만 이를 여기에 중복 배치한 데에는 편찬자 나름의 의도가 있을 것이다. 일찍이 공자가 말했다. "기록의 중복이나 문사文辭의 중복을, 아! 자세히 살피지 않을 수 없나니, 그 가운데 반드시 좋은 의미가 있을 것이다(書之重, 辭之復, 嗚呼! 不可不察也, 其中必有美者焉)."(『춘추번로春秋繁露』「제의祭義」) 두 장을 자세히 살펴보면, 앞 장이 사람을 관찰해 효자를 식별하는 방법을 논했다면, 이 장은 부모 사후에 효자의 바람직한 행실을 설명하고 있음을 알 수 있다. 다시 말해 이 장은 논지의 중점상 앞 장과 다소 차이를 보이는 데다, 전후 각 장에서 모두 효행을 논한다는 점을 감안할 때,

착간이라기보다는 편자의 의도적인 분류이자 배열일 수도 있다.

4-21

공자께서 말씀하셨다. "부모님의 연세는 항상 기억하지 않을 수 없나니, 한편으론 그만큼 장수하신 것을 알고 기뻐하고, 한편으론 그만큼 노쇠하신 것을 알고 두려워하게 되는 것이다."

子曰: "父母之年, 不可不知¹也. 一則以²喜,³ 一則以懼.⁴"
자 왈　　부 모 지 년　불 가 부 지　야　일 즉 이 희　　일 즉 이 구

주석

1 知(지): 知識와 같음. 기억함.
2 以(이): '이지以之'·'이기以其'의 생략. 그로 인해, 그 때문에.
3 喜(희): 기쁨. 곧 부모가 그만큼 장수했음을 기뻐한다는 말임.
4 懼(구): 두려움. 곧 부모가 그만큼 노쇠했음을, 다시 말해 여생이 많지 않음을 두려워한다는 말임.

해설

유자가 이른 대로, "부모에게 효도하고 형을 공경하는 것, 아마도 그것이 바로 인의 근본이렷다!"(1-2) 따라서 효심은 곧 인심仁心이다. 사람은 그 나이와 용모가 반드시 일치하지는 않는다. 그러므로 자식 된 자는 항상 부모의 나이를 기억해야 한다. 효자는 부모의 나이 앞에서 희비가 교차하게 된다. 한편으론 부모가 그만큼 장수함에 기쁘지

만, 다른 한편으론 부모가 그만큼 연로하고 쇠약해져감에 두렵고 슬 플 테니, 그것은 곧 부모의 여생이 날로 짧아져가는 데 대한 안타까움 의 발로이다. 옛말에 "나무는 가만히 있으려고 하나 바람이 멈추지 않 고, 자식은 부모를 봉양하려고 하나 부모가 기다려주지 않나니, 한번 가면 다시 오지 않는 것은 세월이요, 한번 가면 다시 볼 수 없는 것은 부모로다(樹欲靜而風不停, 子欲養而親不待. 往而不來者年也, 不可再見者親也)" (『공자가어』「치사致思」)라고 하지 않았던가? 자식은 부모가 날로 노쇠 해가는 데에 깊은 관심을 가지고, 그때그때 효도를 다해야 한다. 물론 그럼에도 불구하고, 훗날 풍수지탄風樹之嘆(효도를 다하지 못한 채 어버이 를 여읜 자식의 슬픔을 이르는 말)에 목이 메지 않을 자식은 아무도 없을 것 이다.

4-22

공자께서 말씀하셨다. "옛날에 사람들이 말을 함부로 하지 않은 것 은 자신의 행동이 그에 따르지 못함을 부끄럽게 여겼기 때문이다."

子曰: "古者¹言之不出,² 恥³躬之不逮⁴也."
자왈　고자 언지불출　치 궁지불체 야

주석

1 古者(고자): 옛날. 여기서는 특히 옛날 사람을 두고 이름. '자'는 어조사로, 시간 명사 '고' 뒤에 쓰여 제시와 일시 멈춤의 어기를 나타냄.

2 言之不出(언지불출): '불출언不出言'의 도치. 곧 목적어 '언'을 강조하기 위해 어조사 '지'를 써서 전치한 형식임. 말을 함부로 하지 않음.

3 恥(치): 부끄럽게 여김, 수치스럽게 생각함.

4 躬之不逮(궁지불체): 행동이 그 말을 따라가지 못함. 곧 자신의 행동이 자신이 말한 대로 하지 못함을 이름. '궁'은 궁행躬行, 즉 몸소 실행함. 또 자신이 하는 행동. '지'는 1-10 주석 8 참조. '체'는 미침(及), 따라감.

해설

사람이 신언중행愼言重行, 즉 말을 신중히 하고 실행을 중시해야 한다는 가르침은 공자가 누차에 걸쳐 반복적으로 강조했다.(2-13 참조) 다만 송대 황진黃震의 『황씨일초黃氏日鈔』에서 이른 대로, 여기서 "소위 '옛날 사람'이란 옛날 사람을 거론해 지금 사람을 경계시킨 것이요, '부끄럽게 여긴다'는 것은 말이 혹여 그 행동 능력을 넘어서면 옛날 사람들은 매우 수치스럽게 생각했다는 것을 말하는데, 공자의 이러한 뜻은 바로 배우는 사람이 말은 삼가되 행동은 민첩하게 하도록 권면함에 있을 따름이다(古者, 擧古之人以警今之人也. 恥者, 謂言或過其行, 則古之人以爲深恥也. 夫子此意, 正欲學者訥於言而敏於行耳)."(『집석』) 그뿐만 아니라 공자가 여기서 '옛날 사람'을 말한 데는 또한 지금 사람들이 그 행동이 말에 미치지 못함을 부끄럽게 여길 줄 모르는 데 대한 탄식의 뜻을 함축하고 있다. 사람이란 자신의 잘못에 대해 부끄러워할 줄 알 때 비로소 변화와 개선에 기대를 갖게 하는 법이다. 『예기』「잡기 하편雜記下篇」에서 이르기를 "말은 하고 실행을 하지 못하면, 군자는 수치스럽게 여긴다(有其言, 無其行, 君子恥之)"고 했으니, 군자와 소인의 차이는 실로 뚜렷한 것이다. 무릇 말하기는 쉬워도 행하기는 어렵다. 우리가 말보다 행동을 앞세워야 함은 바로 그 때문이다.

4-23

공자께서 말씀하셨다. "스스로 언행을 단속하는데도 잘못을 하는 사람은 드물다."

子曰: "以約¹失之²者鮮³矣."
자 왈   이 약 실 지 자 선 의

주석

1 約(약): 공안국, 황간, 형병은 모두 검약儉約함으로 풀이함. 반면 주자는 사양좌의 말을 빌려 오만하게 스스로 방종하지 않는 것이라고 하는가 하면, 또 윤돈의 말을 빌려 모든 일에 '약(절제)'하면 과실이 적으니, 단지 검약함만을 이르는 것은 아니라고 함. 다산도 윤씨의 견해에 동의하면서, 두려운 마음으로 자신을 단속해 감히 방사放肆하지 않는 것이라고 함. 청대 왕훤汪烜도 『사서전의四書詮義』에서 세상에는 검약할 수 없는 일이 허다하다는 이유를 들어, 단속함으로 풀이해야 한다고 함. 문맥적 의미에 비춰 볼 때, '검약함'은 대체로 그 범위가 지나치게 제한적이라는 문제점을 안고 있어, 단속함, 절제함, 제약함으로 이해하는 것이 적절함. 『논어』에서 이 '약' 자는 두 가지 뜻으로 쓰였는데, 먼저 곤궁함으로 4-2장의 경우와 같고, 다음은 단속함으로 바로 여기에서와 같음.
2 失之(실지): 과실, 과오를 범함.
3 鮮(선): 드묾, 적음.

공자는 시종 사람들에게 도덕 수양을 권면했다. 그것은 곧 도덕으로 각자의 언행을 절제·단속함으로써 크고 작은 잘못을 범하지 않도록 하고자 함에 그 뜻이 있다. 『예기』「곡례 상편」에서는 "오만함을 조장해서는 아니 되고, 욕망을 함부로 해서는 아니 되며, 심지心志를 자만自滿해서는 아니 되고, 향락을 지극히 해서는 아니 된다〔傲不可長, 欲不可縱, 志不可滿, 樂不可極〕"라고 해, 심신이 방종에 빠질 때 초래되는 갖가지 폐단을 경계했다. 또 환무용宦懋庸의 『논어계論語稽』에서는 "말을 하되 절제하면 번다하지 않고, 행동을 하되 절제하면 조급하지 않으며, 재물을 쓰되 절제하면 낭비하지 않나니, 설사 좌절이 있더라도 아주 심각하지는 않을 것이다〔言而約則不煩, 動而約則不躁, 用而約則不費, 卽有磋跌, 亦不過甚矣〕"라고 해, 언행을 절제함으로써 기대되는 긍정적인 효과를 강조했다. 이는 모두 공자의 본의에 대한 부연 설명으로 부족함이 없다.

4-24

공자께서 말씀하셨다. "군자는 말은 신중히 하고, 행동은 민첩하게 하려고 한다."

子曰: "君子欲訥¹於言而敏²於行.³"
자 왈   군 자 욕 눌 어 언 이 민 어 행

1 訥(눌): 말을 어눌하게 함. 곧 말을 신중하게 함을 이름.
2 敏(민): 민첩함. 이는 부지런히 힘쓴다는 뜻을 아울러 내포함.
3 行(행): 행동, 일.

해설

말하기는 쉬워도 행하기는 어렵다. 그러므로 "군자는 단지 말은 더디게 하고 행동은 민첩하게 하고자 한다(君子但欲遲鈍於言, 敏疾於行)."(『주소』) 모든 사람이 군자를 본받아야 함은 말할 것도 없다. 이 장은 「학이편」의 "일을 함에는 민첩하고 근면하나, 말을 함에는 삼가고 조심하며"(1-14)와도 같은 논지이기는 하나, 다만 「학이편」에서는 군자의 이상적 호학 형상의 한 가지 요건으로 그 말을 한 반면, 여기서는 군자가 언행에 임하는 기본자세로 이를 강조했다. 형병은 또 이는 "당시 사람들의 언행이 일치하지 않음을 못마땅하게 여긴 것(惡時人行不副言也)"이라는 견해를 피력하기도 했다. 아무튼 사람은 자칫 말을 함부로 하기가 쉽다. 그러므로 말을 삼가야 한다. 반면에 힘써 행하기는 어렵다. 그러므로 행함에 민첩해야 한다.

4-25

공자께서 말씀하셨다. "덕이 있는 사람은 결코 외롭지 않으며, 반드시 마음이 맞고 뜻이 통하는 이웃이 있다."

子曰: "德¹不孤, 必有隣.²"
자 왈   덕 불 고   필 유 린

주석

1 德(덕): 유덕자有德者, 즉 고귀한 덕·덕성을 갖춘 사람.

2 隣(린): 이를 황간은 '보답함'으로 보고, '필유린必有隣'을 반드시 사람들에게 보답을 받는다는 뜻으로 풀이함. 하지만 보응報應과 연관시킴으로써 유덕함이 일정한 실리를 취하는 근거나 방편으로 이해될 소지가 있어 적절치 못함. 한편 주자는 『집주』에서 '친함', '친근함'으로 보았는데, 왕시위엔은 그에 반대하여, 여기서는 단지 고대에 오가五家, 즉 다섯 가구를 하나의 '린'이라고 한 뜻을 빌려 썼을 뿐이므로 본의本義대로 새겨야 한다고 함. 따라서 '필유린'은 반드시 주위에 마음이 맞고 뜻이 통하는 많은 벗이 그 덕행을 흠모하여 다가와 믿고 따른다는 뜻으로 이해해야 하며, 그래야만 비로소 덕을 흠모하는 사람이 많다는 뜻이 드러난다고 함. 왕시위엔이 말한 대로 '이웃'이라는 '린'의 본의로 이미 충분히 문리가 자연스럽게 통하는데, 주자가 유사한 뜻이기는 하나 굳이 '친함'으로 새긴 것은 다소 천착한 감이 없지 않음. 사실 주자도 훗날 『혹문』에서는 '필유린'을 "분명히 유유상종하여 더불어 '이웃'하는 벗이 있을 것〔當有朋類聚來與爲隣〕"이라는 뜻으로 풀이했는데, '이웃'이라는 본의가 '친함'의 뜻을 내포하면서 그 자체로 문맥상 충분히 적절하다고 판단한 것으로 보임.

해설

도덕은 유가 철학의 중심 개념으로, 막대한 감응 내지 감화력을 지니고 있다. 그러므로 공자는, 사람이 도덕을 닦으면, 주위에 절로 마음이 맞고 뜻이 통하는 많은 벗이 그 덕행을 흠모하여 다가와 믿고 따르게 될 것이라고 힘주어 말한다. 공자가 시종 사람들에게 도덕 수양에 힘쓸 것을 강조한 것 또한 바로 그 때문이다. 『주역』「계사상전繫辭上傳」

에서 "천하의 의식 관념은 동류同類로써 한데 모이고, 온갖 사물은 군체群體로써 각각 분리된다(方以類聚, 物以群分)"고 한 것이나, 「건괘乾卦문언전文言傳」에서 "같은 소리는 서로 감응하고, 같은 기운은 서로 추구한다(同聲相應, 同氣相求)"고 한 것은 모두 이 장의 이론적 배경과 근거로 이해될 수 있다.

4-26

자유가 말했다. "임금을 섬기면서 지나치게 자주 간언을 하면 치욕을 당하고, 벗을 사귀면서 지나치게 자주 충고를 하면 서로 사이가 멀어지게 된다."

子游[1]曰: "事君數,[2] 斯[3]辱矣; 朋友數, 斯疏[4]矣."
자 유 왈   사 군 삭   사 욕 의 붕 우 삭 사 소 의

주석

1 子游(자유): 공자의 제자. 2-7 주석 1 참조.
2 數(삭): 공안국·황간·형병은 모두 '속삭速數', 즉 급속하고 자주(빈번하게)로, 주자는 정자의 말을 빌려 '번삭煩數', 즉 번거롭고 자주로 각각 풀이함. 또 다케조에는 한의학의 삭맥數脈의 '삭'과 같은 뜻인 '빈삭頻數', 즉 자주로 풀이함. 대개 '삭'은 이상의 여러 뜻을 일정하게 두루 내포하나, 여기서는 '지나치게 자주'로 이해할 수 있음. 다만 여기서 그 대상이 되는 행위에 대해서는 구체적인 언급이 없는데, 후세의 풀이는 대략 친압親狎(너무 친하고 허물없어 버릇이 없음)과 책선責善(착하고 좋은 일을 하도록 권함)으로 대별됨. 황간은 "신하가 시도 때도 없이 임금을 알현하고(臣非時而見君)" "벗이 시도 때도 없이 서로 왕래함(朋友非時而相往數)"이라 하고,

형병은 "'삭'하면 업신여겨 불경·무례하게 된다(數, 則瀆而不敬)"고 하며, 오가빈吳嘉賓은 『논어설論語說』에서 "'삭'이란 친근함이 한껏 친밀한 정도에 이른 것(數者, 昵之至於密焉者也)"이라고 해, 모두 알현과 왕래가 지나치게 잦아 친압한 정도에 이르는 것으로 봄. 반면 주자는 호인의 말을 빌려 "임금을 섬김에 간언이 행해지지 않으면 응당 떠나야 하고, 벗을 선도善導함에 선의가 받아들여지지 않으면 응당 그만두어야 한다(事君, 諫不行則當去; 導友, 善不納則當止)"고 하고, 유오하劉五河는 『경의설략經義說略』에서 '삭'을 응당 책망, 질책함으로 보아 "임금과 벗의 허물을 책망함(數君友之過)"으로 새겨야 한다고 하며, 유월兪樾은 『군경평의群經平議』에서 "임금을 섬기며 '삭'하면 드러내놓고 허물을 간하지 않는다는 의의意義를 잃고, 벗을 사귀며 '삭'함은 향선向善하도록 이끄는 바가 아니다(事君而數, 則失不顯諫之義, 朋友而數, 則非所以善道之矣)"라고 해, 모두 책선, 즉 임금에게 간언하고 벗에게 충고하는 것으로 봄. 이상의 두 가지 풀이가 모두 나름의 논리가 있으나, 여기서 '삭' 자의 '지나치게 자주'라는 의미와 연관시켜 볼 때, 친압은 책선과는 달리 문리상 아무래도 자연스럽지 못해 견강부회한 감이 없지 않음. 그뿐만 아니라 임금을 섬기고 벗을 사귐에 있어 반드시 진력하고 또 그 과정에 경계해야 할 가장 핵심적인 문제를 자유가 집중 강조했을 가능성이 오히려 높다는 견지에서 볼 때, 그 폐단이 자명하여 불언가지不言可知인 친압보다는 비록 상대방을 위해 필수 불가결한 선의에서 출발하지만 자칫 일정한 도를 넘어서면서 뜻하지 않은 결과를 초래할 소지가 큰 책선의 요령을 강조하고, 그 부작용을 경계한 것으로 이해함이 더욱 적합할 것임. 『예기』 「곡례 하편」에서 "신하된 자의 '예'는 임금의 허물을 드러내놓고 간하지 않는 것이나, 재삼 간하여도 듣지 않으면 그 임금을 떠나야 한다(爲人臣之禮, 不顯諫, 三諫而不聽, 則逃之)"라고 하는가 하면, 공자가 「선진편」에서 "이른바 큰 신하란 바른 도로써 임금을 섬기며, 그러다가 만약 그렇게 할 수 없으면 벼슬을 그만두고 물러나지요"(11-24)라고 하고, 「안연편」에서는 교우交友의 이치를 묻는 자공에게 "만약 벗에게 허물이 있으면, 진심으로 타이르고 선의로 인도하되, 벗이 따르지 않아 어떻게 할 수가 없거든 일단 그만두고, 모욕을 자초하지는 마라"(12-23)라고 한 것은 바로 그 같은 이해와 판단을 뒷받침하기에 충분함. 따라서 여기서 우리는 친압의 의미까지 포함시키기보다는 책선의 의미로 한정시켜 그 경계의 의의를 보다 집중화·전형화할 필요가 있음.

3 斯(사): 즉則과 같음. 곧, 바로. 곧 '~하면 곧 ~하게 된다'는 뜻임.

4 疏(소): 소원疏遠함, 사이가 멀어짐.

해설

주자가 범조우范祖禹의 말을 빌려 이른 대로 "군신과 붕우는 모두 도의로써 결합된다(君臣朋友, 皆以義合)." 그러므로 신하가 임금을 섬기고, 벗이 서로 사귐에 있어서는 반드시 유의해야 할 하나의 원칙과 도리가 존재하나니, 그것은 바로 무엇보다 상대방의 허물을 권간勸諫·충고해 향선向善토록 하는 데 힘쓰되, 반드시 절도를 지켜 뜻밖의 모욕을 당하거나 서로 소원해지는 우를 범하지 않도록 해야 한다는 것이다. 이것이 바로 자유의 본의일 것이다. 청쑤드어가 이른 대로, "오륜 가운데 부자와 형제는 천륜으로 결합되었고, 군신과 붕우는 인륜으로 결합되었으며, 부부의 결합은 인륜에 천륜을 겸한 것이다. 그러므로 부자와 형제, 부부는 모두 가정에서 비록 다소 번거롭게 하더라도 서로 잘 느끼지 못하나, 만약 임금과 벗이라면 짜증을 낼 수도 있을 것이다(五倫之中, 父子兄弟以天合, 君臣朋友以人合, 夫婦之合人而兼天者也. 父子兄弟夫婦在家庭之間, 雖煩瑣而不覺. 若君與友, 則生厭矣)." 위 주석 2에서 인용해 소개한 바와 같이 공문孔門에서 임금을 섬기거나 벗을 사귀는 기본 도리와 예의를 논하면서 강조한 것은, 오직 '임금의 허물을 드러내놓고 간하지 않고' '바른 도로써 임금을 섬기며'(이 또한 책선임) '성심으로 충고해 벗을 선도하되', 공히 그 같은 선의가 받아들여지지 않으면 즉각 그만두어 불미스런 결과를 초래하지 않도록 해야 한다는 것이다. 그런 만큼 여기서 자유가 역설하고자 한 본의의 집중성과 전형성을 간과하지 말아야 한다.

무릇 '과유불급'이라 하지 않았던가? 가까운 사람에게 바른 길을 가도록 진정을 담아 하는 간언이나 충고도 절제가 필요하다. 지나친 간언이나 충고의 부작용이 결코 만만치 않음을 잊어서는 안 된다.

제5편

공야장

公冶長

「공야장편」은 모두 28장으로 나뉜다. 다만 하안의『집해』에서는 제
10장의 "자왈: 시오어인야子曰: 始吾於人也" 이하를 별도의 장으로 나누
어 29장으로 엮었고, 주자의『집주』에서는 제1·2장을 한 장으로 묶어
27장으로 엮었다. 형병이 현인군자의 '인仁'·'지智'·'강剛'·'직直'의 면모
를 천명했다고 했듯이, 이 편은 고금 인물의 위인爲人의 현우賢愚와 처
사의 득실에 대한 평론을 위주로 하고 있어, 공자의 인생관과 가치관
의 면면을 엿볼 수 있다.

5-1

공자께서 공야장에 대해 말씀하시기를 "사위로 삼을 만하다. 그가
비록 감옥에 갇힌 적은 있으나, 그건 그의 죄가 아니었다" 하시고, 따
님을 그에게 시집보내셨다.

子謂¹公冶長²: "可妻³也. 雖在縲絏⁴之中, 非其罪也." 以其子⁵妻
자 위 공 야 장   가 처 야 수 재 류 설 지 중 비 기 죄 야   이 기 자 처
之.⁶
지

주석

1 謂(위): (공야장에 대해) 말함. 여기서는 이에 평론한다는 뜻을 함축함.

2 公冶長(공야장): 공자의 제자로, 나중에 사위가 됨. '공야'는 복성이고, '장'이 이름
임. .

3 妻(처): 동사로, 딸을 시집보내 그의 아내가 되게 함. 곧 사위로 삼음을 이름.

4 縲絏(유설): 죄인을 포승으로 묶어 구금함. 여기서는 이로써 감옥을 이름. '유'는
죄인을 묶는 검은색의 포승. '설'은 (죄인을) 묶음.

해설

공자는 소위 전과자인 제자 공야장을 사위로 삼았다. 설령 '그건 그의 죄가 아니었다'는 판단이 들더라도, 보통 사람이 그같이 하기는 쉽지 않다. 현재 공야장에 관한 기록은 절대적으로 부족해서 그가 어떤 인물인지, 왜 투옥되었는지 자세히 알 수 없다. 다만 주자가 말한 대로 "공자께서 공야장을 사위 삼을 만하다고 칭찬하셨으니, 그에게 분명 취할 만한 점이 있었을 것이다." 공자가 평소 덕행을 높이 산 데에 비춰 볼 때, 공야장은 필시 유덕한 현인이었을 것이다.

이처럼 공자는 사람을 평가할 때, 어떠한 선입견이나 편견 없이 시비를 바르게 가려 최대한 공정하게 판단하려고 했다.(3-22 '해설' 참조) 그것은 물론 공자 스스로의 소신과 판단, 그리고 제자의 심성과 인품에 대한 강한 신뢰가 전제되지 않으면 불가능한 일이다. 역시 성인 공자답다.

5-2

공자께서 남용에 대해 말씀하시기를 "나라에 바른 도가 행해질 때는 버림받지 않을 것이요, 설령 나라에 바른 도가 행해지지 않을 때에도 형벌은 면할 것이다" 하시고, 형님의 딸을 그에게 시집보내셨다.

子謂南容[1]: "邦有道,[2] 不廢[3]; 邦無道,[4] 免於刑戮.[5]" 以其兄[6]之子妻
자 위 남 용　　　방 유 도　　불 폐　　방 무 도　　　면 어 형 륙　　　이 기 형 지 자 처

之.
지

주석

1 南容(남용): 공자의 제자 남궁괄南宮适. 노나라 사람으로, 남궁은 복성, 이름은 또
도(縚 혹은 韜)라고도 하며, 자는 자용子容임. 대개 '남용'으로 통칭함(11-6에도 보
임).

2 邦有道(방유도): 임금이 어질고 나라에 바른 도가 행해져 세상이 잘 다스려짐, 즉
치세를 이름.

3 廢(폐): 폐기됨, 버려짐. 곧 인재가 버려져 관직에 등용되지 못함을 이름.

4 邦無道(방무도): 임금이 어리석고 나라에 바른 도가 행해지지 않아 세상이 어지
러움, 즉 난세를 이름.

5 刑戮(형륙): 형벌.

6 其兄(기형): 공자의 이복형 맹피孟皮를 가리킴. 이때 맹피는 죽고 없었으므로, 공
자가 대신 질녀의 혼사를 주관한 것임.

해설

여기서 "버림받지 않을 것"이라고 함은 출사하여 큰 뜻을 펼칠 것이라
는 말이요, "형벌은 면할 것"이라 함은 재능을 감추고 명철보신明哲保
身할 것이라는 말이다. 「선진편」에서 "남용이 '맑고 흰 옥의 티'를 노래
한 시구를 외고 또 외고 다니자, 공자께서 형님의 딸을 그에게 시집보
내셨다"(11-6)고 했는데, 공자가 「헌문편」에서 "나라에 바른 도가 행
해질 때는 말도 바르고 지조 있게 하고 행동도 바르고 지조 있게 하
며, 나라에 바른 도가 행해지지 않을 때는 행동은 바르고 지조 있게

하되 말은 겸손하고 신중하게 해야 한다"(14-4)고 했으니, 남용은 분명 도덕 수양과 처세 지혜를 겸비해 항상 "언행을 삼갔으므로 능히 치세에는 등용되고, 난세에는 화를 면하는(以其謹於言行, 故能見用於治朝, 免禍於亂世也)"(『집주』) 현인이었을 것이다. 공자는 바로 그 같은 현덕을 높이 산 것이다.

5-3

공자께서 자천에 대해 말씀하셨다. "이런 사람이야말로 진정 군자로다! 그런데 노나라에 군자가 없었다면, 이 사람이 어디에서 그 같은 덕행을 본받았겠느냐?"

子謂子賤[1]: "君子哉若人[2]! 魯無君子者,[3] 斯焉取斯[4]?"
자 위 자 천　　　군 자 재 약 인　　노 무 군 자 자　　사 언 취 사

주석

1 子賤(자천): 공자의 제자 복부제宓不齊. '자천'은 그의 자. 노나라 사람으로, 공자보다 마흔아홉 살이 적었음.
2 君子哉若人(군자재약인): '약인군자재若人君子哉'의 도치. 찬탄의 어기를 강화하기 위해 술어 '군자재'를 주어 앞으로 도치시킨 것임. '재'는 어조사로, 감탄 내지 찬탄의 어기를 나타냄. '약인'은 포함이 풀이한 대로, '이와 같은 사람(若此人)'으로 이해됨. 일설에는 이 사람, 그 사람. 이는 '약'을 차此와 같은 말로 본 것임.
3 者(자): 가정의 어조사.
4 斯焉取斯(사언취사): 이 사람이 어디에서 그런 덕행을 본받았겠나? '사'는 앞의 것은 차此와 같음. 이 사람. 곧 자천을 가리킴. 일설에는 즉則과 같다고 함. 또 뒤

의 것은 이러한 덕, 즉 군자의 덕성·덕행을 가리킴. '언'은 어지於之의 합음자. 어디에서. 또 어떻게. '취'는 취함. 곧 본받음을 이름.

『공자가어』를 비롯해 『한시외전韓詩外傳』, 『여씨춘추呂氏春秋』, 『설원』 등에 모두 관련 기록이 있어, 자천(복부제)에 대한 공자의 평어評語를 이해하는 데 도움을 준다. 편의상 『공자가어』를 보면, 우선 「칠십이제자해편七十二弟子解篇」에서 말했다. "(복부제가) 출사하여 선보읍單父邑의 읍재邑宰가 되었는데, 재능과 슬기가 있고 백성을 인애하여 차마 속이지 못하였으므로 공자께서 그를 크게 신임하셨다〔仕爲單父宰, 有才智, 仁愛百姓, 不忍欺. 孔子大之〕." 또 「변정편辯政篇」에 따르면, 공자가 자천에게 선보읍을 다스리며 크게 민심을 얻은 까닭을 묻자, 자천이 대답했다. "저는 이곳에서 아버지처럼 섬기는 이가 세 사람, 형처럼 받드는 이가 다섯 사람, 벗처럼 대하는 이가 열한 사람이 있습니다." 이에 공자가 "세 사람을 아버지처럼 섬기니 백성들에게 부모에게 효도할 것을 가르칠 수 있고, 다섯 사람을 형처럼 받드니 백성들에게 어른을 공경할 것을 가르칠 수 있으며, 열한 사람을 벗처럼 대하니 훌륭한 인재를 천거할 수가 있구나"라고 하며, 민심을 귀부歸附케 한 더 큰 까닭을 묻자, 자천이 다시 대답했다. "이곳에는 저보다 어진 이가 다섯 사람이 있는데, 저는 그분들을 받들어 모시며 위정爲政의 도를 배웁니다."

『공자가어』 「자로초현편子路初見篇」에는 또 이런 기록이 있다. 공자의 형 맹피의 아들 공멸孔蔑과 자천이 함께 벼슬을 했는데, 한번은 공자가 공멸에게 들러 벼슬살이의 득실을 물었더니, 공멸이 대답했다.

"얻은 것은 없고, 잃은 것만 세 가지 있습니다. 정사가 바빠 배운 것을 복습하지 못하니 학문이 밝아지지 않고, 봉록이 적어 친척들에게 죽한 그릇도 나누어 주지 못하니 골육 간이 더욱 멀어지고, 공무가 다급해 조상弔喪이나 문병을 하지 못하니 붕우 간의 정의情誼가 엷어집니다." 공자는 자못 슬픈 마음으로 자천에게 들러 같은 질문을 하니, 자천이 대답했다. "잃은 것은 없고, 얻은 것이 세 가지 있습니다. 애초에 배운 것을 지금 실천을 하니 학문이 더욱 밝아지고, 받은 봉록으로 친척들까지 도울 수 있으니 골육 간이 더욱 친근해지고, 공무가 있기는 하나 틈틈이 조상이나 문병을 할 수 있으니 붕우 간의 정의가 두터워집니다." 이에 공자가 감탄하며 이르기를 "진정 군자로다, 이러한 사람은! 만약 노나라에 군자가 없었다면, 이 사람이 어디에서 이 같은 덕행을 본받았겠느냐?"라고 했다.

자천은 필시 현인을 존경하고 훌륭한 벗을 본받으며, 마침내 군자의 덕을 갖춘 사람이었을 것이다. 그런 군자가 작은 고을에 갇혀 있었으니, 공자가 "애석하여라, 자천이 다스리는 곳이 너무나 작도다!(惜乎不齊之以所治者小也)"(『공자가어』「변정」) 하며 탄식한 것도 무리가 아니다. 공자는 여기서 자천이 그 같은 덕성을 닦은 배경에는 현인군자가 많은 노나라의 좋은 환경이 한몫했다고 보았다. 사람이 사는 환경 하면 역시 인후한 기풍이 으뜸임을 다시 한번 확인하게 된다.(4-1 참조)

5-4

자공이 여쭈었다. "저는 어떤 사람입니까?" 공자께서 말씀하셨다.

"너는 좋은 그릇이다." 자공이 말했다. "어떤 그릇입니까?" 공자께서 말씀하셨다. "종묘 제사에 쓰는 옥그릇이다."

子貢問曰: "賜¹也何如?" 子曰: "女,² 器³也." 曰: "何器也⁴?" 曰:
자 공 문 왈   사 야 하 여   자 왈   여   기 야   왈   하 기 야   왈
"瑚璉⁵也."
호 련 야

주석

1 賜(사): 자공의 이름. 1-10 주석 2 참조.

2 女(여): 여汝와 같음. 너, 그대.

3 器(기): 그릇. 모든 그릇은 그 나름의 용도가 있으니, 여기서는 이로써 자공이 쓸모 있는 재목, 인재임을 비유함.

4 也(야): 어조사. 이는 대개 단정적인 어기를 나타내며 주로 서술문에 쓰임. 하지만 때로는 여기서와 같이 의문문에 쓰여 의문의 어기를 나타내는데, 그런 경우 문장 가운데에는 흔히 여기서의 '하何'와 같은 의문사가 함께 쓰임.

5 瑚璉(호련): 포함과 주자의 설명에 따르면, 이는 종묘에서 곡식을 담던 제기祭器를 이름. 옥으로 장식해 그릇 중에서도 귀중하고 화려한 것으로, 하나라 때는 '호瑚', 은나라 때는 '연璉', 주나라 때는 '보궤簠簋'라고 함.

해설

자공은 스승 공자가 여러 제자들을 일일이 평하면서도 자신에 대해서는 아무 말씀을 하지 않자, 공자가 자신을 어떻게 생각하는지 궁금한 나머지 이 같은 질문을 한 것으로 보인다. 황간은 '호련'이란 종묘의 보기寶器인 만큼, 공자가 자공을 매우 귀중한 재기才器로 비유해 칭찬한 것이라 했으니, 그야말로 동량지재棟梁之材(마룻대와 들보로 쓸 만한 재

목. 곧 중대한 일을 맡을 만한 인재)로 높인 것이리라.

한데 공자가 일찍이 "군자불기君子不器"(2-12)를 강조했음을 상기할
때, 자공을 '그릇(器)'으로 비유함은 혹시 그를 폄하한 것은 아닐까?
하지만 그릇 가운데서도 귀하디귀한 옥그릇으로 비유했음을 감안하
면, 그렇지는 않은 것으로 보인다. 주자가 말한 대로, 자공이 비록 아
직 '불기'의 경지에 이르지는 못했으나, 그 또한 그릇 가운데 아주 귀
중한 것임에는 틀림이 없다는 평가로 이해된다.

5-5

어떤 사람이 말했다. "염옹은 인하기는 하나 말재간이 없습니다."
공자께서 말씀하셨다. "어째서 굳이 말재간이 있어야 한단 말인가?
그래봤자 교묘한 말재간으로 남들과 맞서며, 누차에 걸쳐 사람들에게
미움을 살 뿐이거니, 염옹이 인한지는 모르겠으나 어째서 굳이 말재
간이 있어야 한단 말인가?"

或曰: "雍¹也仁而不佞.²" 子曰: "焉³用佞? 禦⁴人以⁵口給,⁶ 屢憎於
혹왈   옹 야인이불녕   자왈   언용녕 어인이구급 누증어
人. 不知其仁,⁷ 焉用佞?"
인 부지기인   언용녕

주석

1 雍(옹): 염옹冉雍. 공자의 제자로, 자는 중궁仲弓. 노나라 사람으로 공자보다 스물
   아홉 살이 적었음.

2 佞(녕): 언변·말재간이 있음, 좋음.

3 焉(언): 어찌하여, 하필何必.

4 禦(어): 막음, 맞섬, 대항함. 여기서는 곧 논박한다는 뜻을 내포함.

5 以(이): ~로써. 여기서는 곧 의지한다는 뜻을 내포함.

6 口給(구급): '급'의 본의는 넉넉함, 풍족함. 황간은 또 민첩하다는 뜻이라고 함. 결국 '구급'은 말이 재빠르고 막히거나 궁함이 없다는 뜻으로, 여기서는 특히 억지스러우면서도 날카로운 교변巧辯의 말재주를 두고 이름.

7 不知其仁(부지기인): 그가 인한지는 잘 모름. 곧 염옹의 인덕 수양의 정도가 어느 정도인지는 알지 못함을 이름.

해설

주자가 이른 대로, "중궁(염옹)의 사람됨이 중후하고 과묵하였으나, 당시 사람들은 언변이 좋은 것을 훌륭하게 여겼으므로, 그가 덕성이 뛰어남을 찬미하면서도 말재주가 부족한 것을 흠으로 생각한 것(仲弓爲人重厚簡默, 而時人以佞爲賢, 故美其優於德, 而病其短於才也)"으로 보인다. 하지만 공자는 시종일관 "듣기 좋은 말과 보기 좋은 얼굴빛을 꾸며 아첨하는 사람은 인한 이가 드물고(巧言令色, 鮮矣仁)"(1-3) "(군자는) 일을 함에는 민첩하고 근면하나, 말을 함에는 삼가고 조심하며"(1-14) "자신이 말하려는 것을 먼저 행하고, 그다음에 비로소 그것을 말한다"(2-13)는 점을 강조해왔다. 또한 공자는 "말재간이 좋은 사람을 미워하였는데"(11-25) 그것은 물론 교묘한 말재간에 대한 부정적인 시각 때문이다.

공자의 생각은 분명하다. 말 잘하는 이들은 남에게 응답할 때, 대개 교묘한 말재간으로 맞서며 단지 그 논쟁을 이기고자 할 뿐, 진정과 진실이 결여되기 마련이다. 바로 그 때문에 걸핏하면 사람들에게 미움을 사는 일이 많을 것이다. 공자가 "어째서 굳이 말재간이 있어야 한단 말인가?" 하고 거듭 반문한 것은 바로 그 같은 폐단을 깊이 깨우치고자 한 것이다. 또한 곧 당시 사람들이 말재간 있음을 좋게 여기는 풍토에 대한 극한 반감을 그대로 드러낸 것이다. 오늘날 우리는 어떤가? 현란한 말솜씨에 매혹되거나 미혹하지 않도록 유의해야 함은 오늘날이라고 결코 다르지 않다.

한편 공자가 "염옹이 인한지는 모르겠다"고 한 것은 정말로 몰라서가 아니다. 그것은 곧 부정否定의 한 방식으로, 염옹이 아직 인의 경지에 이르지 못했음을 에둘러 말한 것이다. 공자는 결코 스스로도 인자로 자처하지 않았을 뿐만 아니라, 가벼이 인함을 들어 다른 사람을 칭찬하지도 않았다. 예컨대 수제자 안회에 대해서도 단지 "그 마음이 오래도록 인을 떠나지 않는다"고 하고, 나머지 제자들은 겨우 "하루나 한 달 정도 인에 이를 뿐"(6-5)이라고 할 따름이었다. 그것은 대개 "인도란 지극히 커서 그 본체를 온전히 수양하며 그치지 않는 자가 아니고서는 그 같은 칭송을 감당하지 못하기(仁道至大, 非全體而不息者, 不足以當之)"(『집주』) 때문일 것이다. 바로 그런 까닭에 혹자가 비록 염옹이 인하다고 했으나, 결코 가볍게 허여許與하지 않은 것이다. 공자는 「안연편」에서 "만일 누구든 장차 언젠가 자신의 사욕私慾을 이기고 모든 언행을 예에 맞게 하게 되면, 천하 사람들이 모두 그를 인하다고 칭송할 것이다"(12-1)라고 하며, 능히 '극기복례'를 충실히 실천하는 사람이라야 비로소 인하다고 할 수 있음을 일깨웠는데, 우리 모두가 깊이 새겨야 할 가르침이다.

5-6

공자께서 칠조개에게 벼슬길에 나가라고 하시자, 그가 대답하였다.
"저는 아직 벼슬살이에 자신이 없습니다." 그러자 공자께서 기뻐하
셨다.

子使漆彫開¹仕. 對曰: "吾斯之未能信.²" 子說.³
자 사 칠 조 개 사   대 왈   오 사 지 미 능 신   자 열

주석

1 漆彫開(칠조개): 공자의 제자. '칠조'는 복성, 이름은 계啓, 자는 자개子開. 일설에
   이름은 개開, 자는 자약子若이라고 함. 노나라 사람으로, 공자보다 열한 살이 적
   었음.

2 吾斯之未能信(오사지미능신): '오미능신사吾未能信斯'의 도치로, 목적어 '사'를 강
   조하기 위한 표현임. '오'는 나, 저. 곧 칠조개의 자칭. 송상봉은 이를 '계啓'의 고
   자古字인 '계旹'의 잘못일 것으로 의심했고, 청쑤드어 역시 그에 동의하면서 『논
   어』에서 스승에게 대답을 하면서 (이름으로 자칭하지 않고) 자신을 '오'라고 칭하는
   경우는 이 장이 유일하다는 이유를 들어 '계旹'의 잘못임을 확신했는데, 자형字形
   의 유사함으로 볼 때 설득력이 있는 견해로, 따를 만함. '사'는 차此와 같은 지시
   대명사로, 여기서는 출사, 벼슬살이를 가리킴. '지'는 목적어를 동사 앞으로 도치
   시키기 위해 쓴 어조사.

3 說(열): 열悅과 같음. 기뻐함.

해설

공자는 일찍이 군자의 궁극적 이상으로 "자기 자신을 수양해 천하 만
백성을 편안하게 해주어야 한다"(14-43)고 강조했다. 그 같은 견지에

서 볼 때, "공부를 하며 여유로워지면 벼슬을 한다[學而優則仕]"(19-13)는 것은 곧 공자 교육의 기본 방침이라고 할 수 있다. 또한 '수신·제가·치국·평천하'가 유지지사有志之士의 평생의 지향이요, 최종 목표일 수밖에 없음도 같은 맥락에서 감지되고 이해된다. 한마디로 공자는 제자들을 가르쳐, 당신이 꿈꾸는 인정 덕치를 실행할 인재로 기르고자 한 것이다.

그 같은 이상과 지향은 결코 하루아침에 이루어질 수 있는 것이 아니다. "군자는 근본에 힘쓰나니, 근본이 바로 서면 도는 저절로 살아난다"(1-2)고 했으니, 조급한 욕심을 앞세우기보다는 먼저 '학이우學而優'를 목표로 학문과 도덕의 수양에 정진해야 한다. 성급한 '출사'는 결국 소탐대실小貪大失의 빌미가 될 수 있다. 공자가 "사람은 벼슬이 없음을 걱정하지 말고 벼슬할 만한 자질이 있는가를 걱정할 것"(4-14)을 강조함도 물론 그 때문이리라.

여기서 벼슬길에 나가라는 스승 공자의 권유를 받은 칠조개는, 분명 그 배움이 상당한 경지에 이르러, 이제 세상에 나가 이상 정치를 실현하는 데 일조할 수 있으리라고 여겨진 것이다. 한데 그가 겸허한 태도로 주저하며, 영록榮祿의 추구에 급급하기보다는 아직은 부족한 배움에 더욱 정진하고자 했으니, 그야말로 "여러 해 동안 공부를 하고도 벼슬할 생각을 하지 않기는 쉽지 않다"(8-12)는 바로 그런 경우가 아닐 수 없다. 그러니 그의 훗날의 성취를 어찌 헤아릴 수 있겠는가? 공자가 기뻐한 것은 바로 그 때문이다. 칠조개는 궁극에는 벼슬길에 올라야 하겠지만, 벼슬하기를 서두르기보다는 배움에 온 힘을 쏟아 진리와 사리에 밝고 만사에 두루 통달하면서 융통성이 절로 발휘될 수 있도록 정진하는 것이 우선이라는, 스승의 평소 가르침을 숙지하고 충실히 실천했던 것이다. 그야말로 그 스승에 그 제자로다.

5-7

공자께서 말씀하셨다. "세상에 바른 도가 행해지지 않으니, 뗏목을 타고 바다나 떠다닐까보다. 그러면 나를 따를 사람은 아마도 유이겠지?" 자로가 그 말을 듣고 기뻐하거늘, 공자께서 말씀하셨다. "유는 용기를 부리기를 좋아함이 나를 능가하지만, 그다지 취할 것은 못 되도다!"

子曰: "道不行,¹ 乘桴浮於海.² 從我者, 其³由⁴與⁵?" 子路聞之喜.
자왈   도불행   승부부어해   종아자   기 유 여   자로문지희
子曰: "由也好勇⁶過我, 無所取材⁷!"
자왈   유야호용과아 무소취재

주석

1 道不行(도불행): 바른 도가 행해지지 않음. 곧 정치·사회적 이상이 실현되지 않는 다는 말.

2 乘桴浮於海(승부부어해): 뗏목을 타고 바다를 떠다님. 황간은 정현의 주해에 근 거해, 이는 공자가 단지 '도불행'의 시속時俗에 대한 개탄의 감정을 의탁한 것이라고 풀이함. 또 형병은 공자가 당신의 선도善道가 중원에서 행해지지 않으니 뗏목을 타고 바다를 건너 구이에 가서 살며 선도가 행해질 수 있기를 바랐다는 뜻으로 풀이함. 양자 모두 실제로 그렇게 하겠다는 의지의 표현이라기보다는 어두운 현실에 대한 안타까운 탄식으로 봄이 무난할 것임. 다만 일찍이 공자가 구이 땅에 가서 살려고 한 것(9-14 참조)을 감안하면, 시속에 대한 개탄이 극에 달한 나

254

머지 공자가 실제로 한때 '구이'행을 고려했는지도 모를 일임. '승'은 (뗏목을) 탐. '부桴'는 옛날에 대나무나 목재를 엮어 만든 뗏목으로, 작은 것을 이름. 큰 것은 벌筏이라고 함. '부浮'는 (물에) 뜸. 곧 (물 위를) 떠다님을 이름.

3 **其**(기): 추측의 어기 부사. 아마.

4 **由**(유): 중유, 즉 자로의 이름. 2-17 주석 1 참조.

5 **與**(여): 여歟와 같음. 문장 끝에 쓰이는 의문의 어조사.

6 **好勇**(호용): 용기를 부리기를, 용맹을 떨치기를 좋아함.

7 **無所取材**(무소취재): 정현은 '재'를 뗏목의 재목으로 보아 '뗏목의 목재를 구할 수 가 없다'는 뜻으로, 하안의 『집해』의 일설에는 '재'를 감탄의 어조사 재哉와 같이 보아 '(자로의 지나친 용기를) 다시 취할 바가 못된다'는 뜻으로 풀이함. 또 정자와 다산은 '재'를 재裁 내지 재도裁度와 통하는 것으로 보아 '사리를 헤아려 마땅하 게 하지 못한다'는 뜻으로 풀이함. 한편 왕시위엔은 '재'를 재질材質로 보아 '용기 가 넘치는 자로의 재질은 취할 바가 못된다'는 뜻으로 풀이함. 이상에서 정현의 풀이는 논리가 다소 빈약하고, 정자와 다산의 풀이는 '취' 자와 의미 연결이 자연 스럽지 못하며, 왕시위엔의 풀이는 의미가 중복되는 아쉬움이 있음. 따라서 탄 식의 어조로, 자로의 '호용'에 대한 은근하면서도 강한 풍자의 의미를 담은 『집 해』의 풀이가 가장 적절하고 타당함.

해설

성인 공자도 당신께서 꿈꾸는 이상 사회가 도무지 실현될 기미를 보 이지 않는 현실 앞에선 그저 하릴없는 탄식으로 아쉬움을 달랠 뿐이 다. 여기서 "바다를 떠다니겠다는 탄식은 천하에 현군이 없음을 슬퍼 한 것일(浮海之歎, 傷天下之無賢君也)"(『집주』) 뿐, 실제로 그렇게 하겠다는 의지를 표명했다고 보기는 어렵다. 작은 뗏목을 타고 망망대해로 나 간다는 것이 얼마나 위험천만한 일인가를 생각하면 분명 그렇다.

공자는 그래도 평소 용맹을 떨치기를 무척이나 좋아했던 자로만은 그 위험을 무릅쓰고 당신을 따를 것이라 했다. 한데 자로는 마냥 기뻐하기만 할 뿐, 탄식에 겨운 스승의 고뇌를 이해하고 성심으로 위로하며 만류할 줄은 몰랐다. 공자가 그의 용기는 가상하나 "그다지 취할 것은 못 되도다!"라고 하며 '호용'의 지나침을 경계시킨 것은 바로 그 때문이다. 일찍이 자로가 "선생님께서 삼군三軍을 이끌고 출정하신다면 누구와 함께하시겠습니까?" 하고 여쭸을 때, "호랑이에게 맨손으로 달려들고, 큰 강을 맨몸으로 건너다가 목숨을 잃더라도 후회하지 않는 사람과는, 나는 함께하지 않을 것이다. 나는 반드시 어떤 일에 임하면서 신중을 기하고, 사전에 도모하기를 좋아하여 일을 제대로 이루어내는 사람이라야 함께할 것이다"(7-11)라고 한 것이나, 자로가 "군자는 용기를 숭상합니까?" 하고 여쭌 데 대해 "군자는 도의를 가장 고귀하게 여긴다"(17-23)라고 강조한 것도 모두 같은 맥락으로 이해된다. 그뿐만 아니라 공자는 "용기를 좋아하되 배우기를 좋아하지 않으면 그 폐단은 혼란한 사태를 야기하는 것"(17-8)임을 일깨워 호학과 면학을 독려하기도 잊지 않았다.

한편 다산은 이 부분에서 공자와 자로의 대도大道를 향한 열정과 사제 간의 진한 정감을 강조한 새로운 견해를 피력했는데, 나름의 참고 가치가 있어 소개한다. "공자의 뜻은 이런 것이다. '한 조각 뗏목을 타고 망망대해를 건너는 것은 지극히 위험하여 필시 목숨을 잃을 수도 있다. 그러나 진실로 그렇게 하여 도를 행하여야 하므로, 내가 장차 홀로 떠난다면 적어도 중유는 반드시 나를 따를 것이다.' 이는 자로가 도를 행하는 데 열심임을 칭찬하는 한편, 목숨을 아끼지 않고 스승을 따를 것임을 안다는 말이다. 한 성인과 한 현인의 의기투합은 천년 세월이 지난 지금도 사람을 감동시키는데, 자로가 어찌 기뻐하지 않을 수 있겠는가? 자로가 기뻐한 것은 바로 스승이 자신을 알아준 것을 기뻐한 것이다."

5-8

맹무백이 여쭈었다. "자로는 인합니까?" 공자께서 말씀하셨다. "모르겠소." 그가 다시 (그러면 자로가 어떤 사람인지를) 여쭙자, 공자께서 말씀하셨다. "유는 제후의 나라에서 군사 업무를 맡아보게 할 만은 하나, 그가 인한지 어떤지는 모르겠소." "염구는 어떻습니까?" 공자께서 말씀하셨다. "구는 천 호ᴾ의 큰 고을이나 경대부의 채읍에서 읍재 노릇을 하게 할 만은 하나, 그가 인한지 어떤지는 모르겠소." "공서적은 어떻습니까?" 공자께서 말씀하셨다. "적은 예복을 갖춰 입고 조정에 서서 외국 사절을 접대하게 할 만은 하나, 그가 인한지 어떤지는 모르겠소."

孟武伯¹問: "子路仁乎?" 子曰: "不知也.²" 又問.³ 子曰: "由也, 千
맹무백문 자로인호 자왈 부지야 우문 자왈 유야 천
乘之國,⁴ 可使治⁵其賦⁶也, 不知其仁也." "求⁷也何如?" 子曰: "求
승지국 가사치기부 야 부지기인야 구야하여 자왈 구
也, 千室之邑,⁸ 百乘之家,⁹ 可使爲之¹⁰宰¹¹也, 不知其仁也." "赤¹²
야 천실지읍 백승지가 가사위지 재 야 부지기인야 적
也何如?" 子曰: "赤也, 束帶¹³立於朝, 可使與賓客言¹⁴也, 不知其
야하여 자왈 적야 속대 입어조 가사여빈객언 야 부지기
仁也."
인야

1 孟武伯(맹무백): 2-6 주석 1 참조.

2 不知也(부지야): '부지기인야不知其仁也'와 같음. 여기서 공자가 '그가 인한지 어떤지 모르겠다'고 한 것은 5-5장에서의 경우와 같은 뜻임.(5-5 주석 7과 '해설' 참조)

3 又問(우문): 곧 '그렇다면 자로는 어떤 사람입니까'라고 또 묻는다는 말임.

4 千乘之國(천승지국): 제후의 나라. 1-5 주석 2 참조.

5 治(치): 다스림. 곧 관장管掌함, 주관함을 이름.

6 賦(부): 병부兵賦, 군부軍賦, 즉 군사상의 조세租稅나 부역. 여기서는 이로써 군사 업무를 통칭함.

7 求(구): 염구. 3-6 주석 4 참조.

8 千室之邑(천실지읍): 천 호의 인가가 모여 사는 큰 고을. 옛날의 '읍'은 군주가 직접 관할하는 공읍公邑과 공신功臣을 분봉分封해 관할케 하는 채읍采邑(식읍食邑, 채지采地, 봉지封地라고도 함)으로 나뉘는데, 여기서는 전자를 가리킴. 대읍大邑은 1,000실室이나 만 실에 이르고, 소읍小邑은 10실도 있었음.

9 百乘之家(백승지가): 병거 100승(대)을 보유한 경대부의 채읍. '가'는 경대부의 채읍을 일컫는데, 대개 가재家宰, 즉 가신을 두어 정무政務를 관장케 함. 제후의 영토는 '국國'이라고 함.

10 之(지): 기其와 같음. 여기서는 '천실지읍'과 '백승지가'를 가리킴.

11 宰(재): 옛날 읍재(읍장邑長)나 경대부의 가신을 일컫던 말.

12 赤(적): 공자의 제자로, 성은 공서公西, 이름이 '적', 자는 자화子華. 흔히 공서화公西華라고 일컫기도 함. 노나라 사람으로, 공자보다 마흔두 살이 적었음.

13 束帶(속대): 띠를 맴. 곧 예복을 갖추어 입는다는 말.

14 與賓客言(여빈객언): 빈객과 말을 함. 곧 빈객을 접대함을 이름. '빈객'은 외국 사절使節. 옛날에는 대개 천자나 제후의 손님같이 귀한 손님을 '빈'이라 하고, 일반 손님은 '객'이라 했는데, 여기서는 그것과는 다름.

인은 학문 도덕의 최고의 표준이요, 이상 형상이다. 그래서인가 당시 인재를 찾고 있었던 것으로 보이는 노나라 대부 맹무백이, 공자에게 인함을 기준으로 세 제자의 인품이 어떠한지를 여쭸다. 공자는 평소 좀처럼 인함을 들어 사람을 칭찬하지 않았다.(5-5 해설 참조) 세 제자에 대해서도 여전히 모르겠다는 말로 그 인함을 허여하지 않았다. 하지만 공자는 결코 맹목적 이상주의자가 아니었다. 그래서 실용적 입장에서 각각의 특장을 들어, 세 제자를 적극 추천했다.

「선진편」에 보면, 공자가 세 제자에게 만약 누가 자신을 알아준다면 각자 어떤 재능을 발휘하겠느냐고 물었다. 이에 자로는 대국 사이에서 어려움을 겪는 천승지국을 잘 다스려 백성들이 모두 용기를 갖고 대의大義를 알게 할 수 있다고 했고, 염구는 작은 나라를 잘 다스려 백성들의 생활을 풍족하게 할 수 있다고 했으며, 공서적은 종묘 제사나 제후 회맹會盟 때 의식儀式을 돕는 역할을 하겠다고 했다.(11-26 참조) 그것은 곧 세 제자 스스로도 각각 군사·정치·외교적 재능이 있음을 밝힌 것인데, 공자가 말한 각인의 특장과 완전히 일치한다. 제자들에 대한 공자의 이해와 관심이 어떠했는지를 알고도 남음이 있다. 진정 훌륭한 스승이란 바로 이런 모습이리라.

5-9

공자께서 자공에게 말씀하셨다. "너와 회 가운데 누가 더 나으냐?" 자공이 대답했다. "제가 어찌 감히 안회와 견주겠습니까? 안회는 하나를 들으면 열을 알지만, 저는 하나를 들으면 둘을 알 뿐입니다." 공자께서 말씀하셨다. "그래, 네가 회만 못하다. 아니, 나와 네가 모두 회만 못하도다."

子謂子貢¹曰: "女²與回³也孰⁴愈⁵?" 對曰: "賜⁶也何敢望⁷回? 回也
자위자공왈   여여회야숙유   대왈   사야하감망회   회야
聞一以知十, 賜也聞一以知二." 子曰: "弗如⁸也. 吾與⁹女弗如也."
문일이지십 사야문일이지이   자왈   불여야 오여 여불여야

주석

1 子貢(자공): 1-10 주석 2 참조.
2 女(여): 여汝와 같음. 너, 그대.
3 回(회): 안회. 2-9 주석 1 참조.
4 孰(숙): 누구.
5 愈(유): 나음, 앞섬.
6 賜(사): 자공의 이름.
7 望(망): 형병이 '비시比視'라고 풀이했듯이, 곧 견주어 본다는 말임.
8 弗如(불여): 불여不如와 같음. ~만 못함. '불'은 불不과 같음.
9 與(여): 하안은 포함의 말을 빌려 '~와(과)'의 뜻으로 풀이하고, 형병, 왕충, 청쑤더어 등도 모두 이를 따름. 반면 황간이 『의소』에서 인용한 진도빈秦道賓과 주자는 허여, 찬동贊同한다는 뜻으로 풀이함. 두 설을 비교컨대 응당 포함의 견해가 따를 만함. 자공은 이미 진실로 자기 자신을 아는 현명함과 겸허함이 있는데, 공자가 그가 안회보다 못함을 안다고 칭찬을 한다거나 그 사실을 인정한다는 것은 인정人情상 결코 적절치 못함. 오히려 그 현명함과 겸허함을 가상히 여겨, 기꺼이 "나와 네가 모두 회만 못하다"라는 말로 자공을 위로했다고 봄이 마땅할 것임.

해설

안회는 공자의 수제자로, 그가 요절했을 때 공자의 상심은 이루 말할

260

수 없었다.(11-9, 11-10 참조) 자공 역시 매우 총명하고 재간이 뛰어난 제자로, 혹자는 심지어 그가 공자보다도 낫다고 생각할 정도였다.(19-23, 19-25 참조) 하지만 『논어』의 어록을 종합해 볼 때, 공자는 분명 자공이 안회에게 미치지 못한다고 평가하고 있다. 공자가 자공에게 안회와 비교해 누가 더 나은가를 물은 것은, 아마 자공이 자신의 총명과 세간의 명성으로 겸허함을 잃고 자만에 빠질까 우려해서일 것이다.

자공은 공자의 제자답게 그 우려를 단숨에 불식시키는 대답으로 스승을 기쁘게 했다. 이른바 '문일지십聞一知十'과 '문일지이聞一知二'의 비교는 참으로 형상적인 의미를 갖는다. "'일一'이 수數의 시작이라면 '십十'은 수의 끝이요, '이二'는 '일'의 대對이다. 안회는 밝은 지혜가 빛나므로 시작에서 끝을 꿰뚫어 보지만, 자공은 추측해서 알므로 이것에 근거해 저것을 알 뿐이다(一數之始, 十數之終, 二者一之對也. 顔子明睿所照, 卽始而見終; 子貢推測而知, 因此而識彼)." 또한 "'문일지십'은 상지上智의 자질로 '생이지지生而知之'(태어나면서부터 앎)의 다음이요, '문일지이'는 중등 인재 이상의 자질로 '학이지지學而知之'(배워서 앎)의 재질才質이다(聞一知十, 上知之資, 生知之亞也. 聞一知二, 中人以上之資, 學而知之之才也)."(『집주』) 양자의 격차는 이렇듯 현격하다. 그렇기 때문에 공자는 자공에게 스스로를 아는 현명함과 자신을 낮추는 겸허함이 있음을 보고, 기꺼운 마음에 스승의 존엄도 버리고 당신 자신도 자공과 함께 안회보다 못하다는 말로써 위로와 격려의 뜻을 나타낸 것이다. 공자의 이 말에 물론 안회를 높이는 뜻도 있음은 두말할 나위가 없다. 공자야말로 진정 '만세의 사표'로다.

5-10

재여가 대낮에 잠을 자자, 공자께서 말씀하셨다. "썩은 나무는 조각할 수도 없고, 더러운 흙담은 흙질할 수도 없거니, 저런 재여를 꾸짖어 무엇하랴?" 공자께서 훗날 다시 말씀하셨다. "처음에 나는 다른 사람에 대해 그의 말을 듣고 그의 행실을 믿었지만, 이제는 다른 사람에 대해 그의 말을 듣고도 그의 행실을 살펴보나니, 재여 때문에 그렇게 바꾸었다."

宰予¹晝寢.² 子曰: "朽木³不可雕⁴也, 糞土之牆⁵不可杇⁶也. 於予與
재여 주침   자왈   후목 불가조 야 분토지장 불가오 야 어여여
何誅⁷?" 子曰⁸: "始吾於人也, 聽其言而信其行; 今吾於人也, 聽其
하 주   자왈   시오어인야 청기언이신기행   금오어인야 청기
言而觀其行. 於⁹予與改是.¹⁰"
언이관기행   어 여여개시

주석

1 宰予(재여): 재아. 3-21 주석 2 참조.

2 晝寢(주침): 이에 대해서는 역대로 낮에 잠을 잠, 낮에 침실에서 (누워) 있음, 혹은 '주晝'를 '화畫'의 잘못으로 보아 침실에 그림을 그려 화려하게 꾸밈 등의 다양한 여러 풀이가 있음. 다만 뒤의 두 가지 풀이는 모두 자구나 의미상 무리가 있고, 낮에 잠을 잔다는 풀이가 가장 자연스러우며, 황간, 형병, 주자 등도 모두 이에 따름.

3 朽木(후목): 썩은 나무.

4 雕(조): 彫와 같음. 새김, 조각함.

5 糞土之牆(분토지장): 더러운 흙으로 쌓은 담. '분토'는 썩은 흙, 더러운 흙. '장'은 담.

6 杇(오): 흙손, 즉 이긴 흙 따위를 떠서 바르고 그 표면을 반반하게 하는 연장. 또

흙질함, 즉 (흙손으로 벽에) 매흙이나 석회를 바름. 여기서는 후자.

7 **於予與何誅**(어여여하주): 저런 재여에 대해 무얼 더 꾸짖으랴? 곧 꾸짖어 무엇하겠는가, 꾸짖어봤자 소용없다는 뜻을 나타냄. '어'는 ~에 대하여. '여予'는 재여. '여與'는 여歟와 같음. 어조사로, 야也와도 같으며, 문장 가운데서 일시 멈춤의 어기를 나타냄. 아래 '어여여개시於予與改是'의 '여與'도 이와 같음. '주'는 꾸짖음, 나무람.

8 **子曰**(자왈): 주자는 호인의 말을 빌려, 이는 "연문衍文인 듯하다. 만약 그렇지 않으면 한날 하신 말씀이 아닐 것이다(疑衍文. 不然, 則非一日之言也)"라고 했는데, 전후 맥락상 이 다음 말은 다른 날 한 것으로 보임. 그래서 원문에는 없으나 '훗날 다시'라는 말을 역문에 보충함.

9 **於**(어): ~로 인因하여, ~ 때문에.

10 **改是**(개시): 그같이·그렇게 바꿈. '시'는 차此와 같음. 이렇게, 그렇게. 곧 처음에는 '청기언이신기행聽其言而信其行'하다가 지금은 '청기언이관기행聽其言而觀其行'함을 두고 이름. 일설에는 사람을 보는, 종전의 태도를 가리킨다고 함.

해설

공자는 평소 스스로 '학이불염學而不厭'(7-2)하며 제자들에게 무엇보다 호학할 것을 독려하였고, '학이시습지學而時習之'(1-1)의 기쁨과 즐거움을 강조했다. 하지만 재여는 낮잠을 자며 배우기를 게을리했다. 이에 공자가 촌철살인의 비유로 심하게 나무란 것은 곧 "그 지기志氣가 흐리고 나태하여 가르침을 베풀 것조차 없는 데(其志氣昏惰, 教無所施也)"(『집주』) 대한 극단의 경고이다. 썩은 나무는 다듬어 기물을 만들 수도 없고, 더러운 흙담은 흙질을 해 미관을 향상시킬 수도 없다. 바로 그처럼 기본 자질에 심각한 결함이 있는 것에는, 공을 들여봐야 모두 다 허사가 될 뿐이다. "저런 재여를 꾸짖어 무엇하랴?"는 곧 꾸짖을 가치조차 없다는 뜻으로, 더할 나위 없이 심하게 꾸짖은 말이다.

또한 공자는 시종 '중행신언重行愼言'으로 언행의 일치를 추구해야 함을 거듭 강조했다.(2-13 '해설' 참조) 재여는 공자가 인정할 정도로 언어에 뛰어나서(11-3 참조), 『사기』「중니제자열전」에서도 그가 "언변이 좋고 사령辭令에 뛰어났다〔利口辯辭〕"고 했다. 하지만 그의 말에 신뢰가 떨어지는 경우가 있었던 것으로 보인다. 추측컨대 형병이 이른 대로, "재여는 일찍이 공자께 스스로 열심히 공부하겠다고 했지만 지금 이렇듯 낮잠을 자고 있으니, 이는 말과 행동이 서로 어긋나는 것이며, 그러므로 공자가 그것을 질책하여〔宰予嘗謂夫子言己勤學, 今乃晝寢, 是言與行違, 故孔子責之〕" 당신께서 평소 사람을 보는 방법과 소신까지 바꾸게 되었음을 밝힌 것으로 짐작된다.

재여는 일찍이 자신의 언변에 자신감이 있어서였는지는 모르지만, 당시로서는 '천하 만인이 다 행하는 상례喪禮'였던 부모의 '삼년상' 풍속에 반기를 들며, 스승 공자와 논쟁을 벌이기도 했다(17-21 참조). 당시 그는 스승 공자와 끝까지 맞서며 자신의 뜻을 굽히지 않았는데, 그래서인지 여기서 공자는 재여가 낮잠을 자는 데 대해 다소 심한 비유로 크게 나무랐다. 그것은 곧 이런저런 언행으로 실망을 안겨준 제자에 대한 허탈함으로 인하여, 그를 더더욱 경계·각성시키려는 스승의 엄격한 질책이요, 엄중한 경고일 것이다.

5-11

공자께서 말씀하셨다. "나는 아직 강직한 사람을 보지 못하였다." 어떤 사람이 대답했다. "신정이 그런 사람입니다." 공자께서 말씀하셨다. "정은 사사로운 욕심이 많거늘, 어찌 강직하다 할 수 있겠는가?"

子曰: "吾未見剛者.¹" 或²對曰: "申棖.³" 子曰: "棖也慾,⁴ 焉得⁵
자왈   오미견강자   혹대왈   신정   자왈   정야욕   언득
剛?"
강

주석

1 **剛者**(강자): 강의剛毅한, 즉 의지가 굳세고 강직해 굽힘이 없는 사람.

2 **或**(혹): 혹자, 즉 어떤 사람.

3 **申棖**(신정): 공자의 제자. 자는 자주子周. 대개『사기』「중니제자열전」에서 언급한 신당申黨이 곧 '신정'이라고 함.

4 **慾**(욕): 공안국이 '정욕이 많은 것(多情慾也)'이라고 했듯이, 곧 사사로운 욕망, 욕심이 많음을 이름.

5 **焉得**(언득): 어떻게 ~라고 할 수 있나? '언'은 하何와 같음. 어찌, 어떻게. '득'은 능能과 같음.

해설

사람이 사사로운 욕심이 많아서는 강직할 수 없으며, 그렇기 때문에 진실로 강직한 사람은 흔치 않다는 것이 공자의 생각이다. 강직함이란 '광명정대하고 의지가 강건하여 굽히지 않는(正大光明, 堅强不屈)'(『반신록反身錄』,『집석』) 성품이다. "사람은 사사로운 욕망이 있으면 강직하지 못한 반면, 사람이 강직하면 사사로운 욕망에 굴하지 않는다(人有慾則無剛, 剛則不屈於慾)."(『집주』) 따라서 한 사람이 진정으로 강직하면 "부귀도 그 마음을 어지럽힐 수 없고, 빈천도 그 뜻을 바꾸게 하지 못

하며, 위세와 무력도 그 절조節操를 굽히게 하지 못한다(富貴不能淫, 貧賤不能移, 威武不能屈).”(『맹자』「등문공 하」) 왜냐하면 '강자무욕剛者無欲', 즉 강직한 사람은 진정 사사로운 욕심이 없기 때문이다.

대개 욕심이 많은 사람은 좀처럼 고집을 굽히지 않는다. 또한 바로 그런 연유로 흔히 남보다 앞서고, 남을 능가한다. 그래서 모르는 사람은 강직하다고 오해하기도 한다. 여기서 어떤 사람이 욕심 많은 신정을 강직하다고 여긴 것은 바로 그런 맥락이다. 흔히 '무욕즉강無欲則剛', 즉 욕심이 없으면 강직하다고 한다. 하지만 사실 '무욕'은 강직하기 위한 필요조건일지언정 충분조건일 수는 없다. 도가에서도 '무욕'을 주장하지만, 강건함보다는 유순함을 높이 사지 않는가? 청대 상조원桑調元이 이르기를 "사람들은 욕심이 있으면 강직하지 않다는 것은 알지만, 욕심이 없는 것만으로는 아직 강직한 게 아니라는 것은 모른다(人知有慾不剛, 而不知無慾尙非剛也)"(『집석』)라고 한 것은 바로 그런 말이다. 모름지기 사람은 사리를 분별할 줄 알아야 한다.

5-12

자공이 말하였다. “저는 다른 사람이 저에게 하지 않았으면 하는 것을, 저 역시 다른 사람에게 하지 않으려고 합니다.” 공자께서 말씀하셨다. “사야, 그것은 네가 할 수 있는 것이 아니다.”

子貢曰: “我不欲¹人之加諸我²也, 吾亦欲無³加諸人.” 子曰: “賜⁴
자공왈　아불욕 인지가저아 야　오역욕무 가저인　자왈　사
也, 非爾⁵所及⁶也.”
야　비이 소급 야

주석

1 **欲**(욕): 하고자 함. 여기서는 원함, 바람, 기대함을 이름.

2 **人之加諸我**(인지가저아): 다른 사람이 나에게 (어떻게) 함. '지'는 1-10 주석 8 참
조. '가'는 마음이 '릉陵', 즉 능욕한다는 뜻으로 풀이하고, 황간과 형병, 유보남을
비롯해 현대의 첸무, 양보어쥔 등도 모두 그에 따라 부연함. 소위 '능욕함'도 강
요한다는 뜻으로 확대 해석할 수 있으므로, 의미상 적합한 측면이 없지 않으나,
아무래도 전면적이지 못한 아쉬움이 있음. 이는 기실 「이인편」의 "불사불인자가
호기신不使不仁者加乎其身"(4-6)의 '가'와 같은 말이며, 「안연」과 「위영공편」의
"기소불욕, 물시어인己所不欲, 勿施於人"(12-2, 15-24)의 '시'와 같은 뜻으로, 시행함,
어떤 행위를 함·더함·가함으로 이해할 수 있음. 다산을 비롯해 왕시위엔 등이 이
같은 견지로 풀이함. '저'는 어조사로, '지어之於'의 합음자.

3 **無**(무): 정자가 이른 대로, '물시어인'의 '물勿'이 금지하는 말인 데 반해, 이 '무'는
스스로 그렇게 하지 않는다는 말이니, 곧 자제한다는 뜻을 내포함.

4 **賜**(사): 자공의 이름.

5 **爾**(이): 여汝와 같은 제이인칭대명사. 너, 그대.

6 **及**(급): 미침. 여기서는 곧 그렇게 할 수 있다는 말임.

해설

공자는 「위영공편」에서 "단 한 글자를 평생토록 받들어 행할 만한 것
이 있습니까?" 하고 묻는 자공에게 "그것은 아마도 '서恕'이리라! '서'
란 자기가 하기 싫은 것은 다른 사람에게도 하게 하지 않는 것이다(其
恕乎! 己所不欲, 勿施於人)"(15-24)라고 답한 바 있다. 여기서 자공이 한 말
은 당시 공자가 강조한 '서', 즉 '기소불욕, 물시어인己所不欲, 勿施於人'
이나 다름이 없다. 다시 말하면 유보남이 이른 대로, 『대학』의 이른바
"윗사람의 행위가 못마땅하면 같은 식으로 아랫사람을 부리지 않고,
아랫사람의 행위가 못마땅하면 같은 식으로 윗사람을 섬기지 않으며,

앞사람의 행위가 못마땅하면 같은 식으로 뒷사람을 대하지 않고, 뒷사람의 행위가 못마땅하면 같은 식으로 앞사람을 대하지 않으며, 오른쪽 사람의 행위가 못마땅하면 같은 식으로 왼쪽 사람을 대하지 않고, 왼쪽 사람의 행위가 못마땅하면 같은 식으로 오른쪽 사람을 대하지 않는다(所惡於上, 毋以使下. 所惡於下, 毋以事上. 所惡於前, 毋以先後. 所惡於後, 毋以從前. 所惡於右, 毋以交於左. 所惡於左, 毋以交於右)"는 것이 바로 그것이다.

공자는 또 「안연편」에서 중궁에게 인도(仁道의 기본 덕목의 하나로 '기소불욕, 물시어인'을 강조하기도 했다.(12-2 참조) 다산이 이른 대로, "'인'이 인류의 완벽한 덕이라면, '서'는 '인'을 이루는 방법이다(仁者, 人倫之成德. 恕者, 所以成仁之方法)." 공자는 가벼이 인함을 들어 다른 사람을 허여하지 않았을 뿐만 아니라, 당신 스스로도 인자를 자처하지 않았다. 성인 공자가 그러하거늘, 자공이 '서'를 실천하는 게 어찌 그리 말처럼 쉽겠는가? 그런데도 만약 자공이 "스스로 쉽게 행할 수 있다고 여긴다면, 현재 상태에 멈춰서 더 이상 분발 정진하지 않을 것이다. 그러므로 공자께서 '그건 네가 할 수 있는 것이 아니다'라고 하여 경계케 한 것이다(自以爲及, 將止而不進焉, 故夫子以非爾所及警之)."(『정의』) 무릇 제자라면 스승의 속 깊은 가르침에 성실히 부응해야 할 것이다.

5-13

자공이 말했다. "지금껏 선생님께서 옛 경전에 관해 말씀하시는 것은 들을 수 있었으나, 인간의 본성과 천도에 관해 말씀하시는 것은 들을 수가 없었도다!"

子貢曰: "夫子之文章,¹ 可得²而聞也; 夫子之言性³與天道,⁴ 不可得
자공왈   부자지문장   가득 이문야   부자지언성 여천도   불가득
而聞也⁵!"
이문야

주석

1 文章(문장): 옛 경전. 여기서는 옛 경전에 대해 말(설명·해설)하는 것을 이름. 이에
  대한 역대의 풀이는 대개 두 가지로, 황간과 형병 등은 유가의 경전을 이르는 것
  으로 본 반면, 하안과 주자 등은 공자의 말씀은 물론 그 풍모까지 이르는 것으로
  봄. 다만 뒤의 '문聞' 자와 『사기』 「공자세가」에서 "공자께서 시·서·예·악으로 제
  자를 가르쳤는데, 제자가 대략 3,000명에 달했다(孔子以詩書禮樂敎弟子, 蓋三千焉)"
  라고 한 것과 연관 지어 볼 때, 전자가 보다 적절한 풀이로 판단됨. 이른바 '시·서·
  예·악' 등은 모두 "옛것을 후세에 전술傳述하지만 스스로 새로운 것을 창시創始
  하지는 않으며, 오로지 옛것을 깊이 신뢰하고 애호한"(7-1) 공자가 심혈을 기울
  여 정리하고 전술한 고대 문헌으로, 여기서 '문장'이라 함은 곧 공자가 제자들을
  가르치면서 한 말 가운데에 언급된 것을 두고 이름. 한편 외형적인 풍모는 귀로
  듣는 것이 아니라 눈으로 보고 느끼면서 본받는 대상이라는 점에 유의해야 함.
2 可得(가득): 가능可能과 같은 뜻으로, 대개 '가득이可得而'의 형식으로 많이 쓰임.
3 性(성): 성명性命, 즉 인간의 본성·천성天性. 『중용』에서 이른바 "하늘이 사람에게
  부여한 품성을 '성'이라고 한다(天命之謂性)."
4 天道(천도): 천체 운행과 자연 변화의 법칙. 고대인들이 말하는 '천도'의 근저에
  는 인간 사회의 길흉화복을 주재한다는 관념이 깔려 있음.
5 不可得而聞也(불가득이문야): 이에 대해서는 역대로 두 가지 풀이가 있음. 『후한
  서』 「환담전桓譚傳」에서는 "'천도'와 '성명'에 관한 문제는 성인께서 좀처럼 말씀
  하지 않은 것이어서, 자공 이후에는 들을 수가 없었다(天道性命, 聖人所難言, 自子貢
  以下, 不得而聞)"라고 하여, 전혀 들을 기회가 없었다는 뜻으로 풀이함. 반면 주자
  는 "'성'과 '천도'에 관해서는 선생님께서 아주 드물게 말씀하시어, 학생들 가운

데는 듣지 못한 사람이 (많이) 있었다. 이는 대개 성인의 문하에서는 가르침이 일정한 등급을 뛰어넘지 않는 까닭인바, 자공이 이제야 비로소 그것을 듣고 그 훌륭함에 감탄한 것이다[至於性與天道, 則夫子罕言之, 而學者有不得聞者, 蓋聖門教不躐等, 子貢至是始得聞之, 而歎其美也]"라고 하여, 과거에는 듣지 못한 것을 이제 처음으로 듣고 감탄했다는 뜻으로 풀이함. 『후한서』의 견해는 고대의 유가 경전에서 중점적으로 논한 윤리 도덕의 문제가 '성'이나 '천도'와는 별개라는 관점에 입각하나, 이중부李中孚의 『사서반신록四書反身錄』에서 "'문장'(옛 경전)과 '성'·'천도'는 본디 하나요, 둘이 아니다. '문장'은 '성'과 '천도'를 밝히는 것이요, '성'과 '천도'는 '문장'을 빛나게 하는 것이다[文章性道, 本一非二. 文章所以闡性道, 性道所以煥文章]"라고 했듯이, 양자는 기본적으로 상통하며, 후자가 본질적이라면 전자는 실제적인 문제라고 할 것임. 결국 『후한서』의 견해는 그 입각점에 모순을 안고 있고, 실용주의자였던 공자의 평소 언론이 실용성에 치중하기는 했지만, '아주 드물게'나마 본질적인 문제를 언급했을 것이라는 견지에서 주자의 견해가 따를 만함.

해설

공자의 학문과 언론은 주로 고대 경전에서 밝히고 있는 윤리 도덕의 문제에 치중되었다. 그 때문에 자공은 평소, 공자가 사람의 본성이나 천도와 같은 형이상학적인 철리哲理를 논하는 것을 거의 듣지 못했다. 하지만 '성性'과 '천도'는 '문장'(옛 경전)의 근본으로서 양자는 상호 밀접한 관계에 있다. 또한 공자는 만년에 『주역』에 심취해 위편삼절韋編三絶(공자가 『주역』을 너무 열심히 읽어서 책을 엮은 가죽 끈이 여러 차례 끊어졌다는 말)할 정도였다고 하는데, '성'과 '천도'는 바로 역리易理의 근간이다. 그렇다면 '성'과 '천도'의 문제가 공자가 치중한 실용적인 논설의 이론적 근거일 개연성은 충분하다. 다시 말해서 청대 장학성이 『문사통의文史通義』에서 이른 대로, "공자께서 말씀하신 것은 '성'과 '천도'가 아닌 것이 없으며, 단지 '이것이 성이다', '이것이 천도다'라고 분명하게 말하지 않았을 뿐이다. 그러므로 여기서 '인성과 천도를 듣지 못했다'고 하지 않고 '인성과 천도에 관해 말씀하시는 것을 듣지 못했다'고 한 것인데, 결국 공자께서 말씀하신 것은 '성'과 '천도'가 아닌 게 없다〔蓋夫子之所言, 無非性與天道, 而未嘗表著之曰: 此性也, 此天道也. 故不曰: '性與天道不可得而聞', 而曰: '言性與天道不可得而聞', 所言無非性與天道也〕."

『논어』에서 보면, 공자가 '성'에 대해 말한 것은 「양화편」의 "사람의 본성은 본디 서로 비슷하지만, 후천적인 습성으로 인해 서로 격차가 벌어지게 된다"(17-2)가 유일하며, '천도'의 경우는 더욱 찾아보기 힘들어 같은 편篇의 "하늘이 무슨 말을 하더냐? 사계절이 운행하고 만물이 나고 자라지만, 하늘이 무슨 말을 하더냐?"(17-19)라는 개괄적인 언급이나, 「헌문편」에서 "나를 알아주는 것은 아마도 하늘뿐이리라!"(14-36)라고 한 정도다. 형이상학적인 '성'과 '천도'의 문제는 자못 심오하여 제자가 일정한 수준과 등급에 이르렀을 때 비로소 논했으며, '아주 드물기는' 해도 공자가 『주역』 연구에 몰두한 만년에 집중되었을 것이다. 아무튼 자공은 이때 비로소, 심오하고 훌륭한 스승의 가르침을 듣고 감탄을 금치 못했다. 배움의 즐거움과 기쁨이란 바로 이런 것이리라.

5-14

자로는 들은 것이 있는데도 그것을 미처 실행하지 못했을 때는, 새로운 것을 또 들을까 몹시 두려워하였다.

子路有聞,¹ 未之能行,² 唯恐有³聞.
자 로 유 문   미 지 능 행   유 공 유 문

주석

1 有聞(유문): 들은 바가 있음. 황간과 형병의 풀이를 종합하면, 이는 자로가 공자
　에게 도에 관해 들은 것을 두고 이른다고 하겠음.
2 未之能行(미지능행): '미능행지未能行之'의 도치. 부정문에서 동사 '행'의 목적어
　'지'를 전치해 강조한 것임.
3 有(유/우): 우又와 같음. 또.

해설

자로는 선善을 들으면 그것을 실행하는 데 누구보다도 적극적이었다.
심지어 앞서 들은 것을 미처 실행에 옮기지 못한 상황에서 새로운 것
을 또 듣게 되면, 두 가지를 한꺼번에 행하려다가 한 가지도 제대로
하지 못할까봐 걱정할 정도였다. 『예기』「잡기 하편」에서 "군자는 세
가지 근심이 있으니, 어떤 이치를 아직 듣지 못했을 땐 그것을 들을
수 없음을 근심하고, 이미 들은 다음에는 그것을 배울 수 없음을 근
심하며, 이미 배운 다음에는 그것을 행할 수 없음을 근심한다(君子有三
患: 未之聞, 患弗得聞也. 旣聞之, 患弗得學也. 旣學之, 患弗能行也)"라고 했으니,
자로는 진정 군자의 덕성을 갖췄다고 할 수 있다. 다만 일찍이 공자
가 경계했듯이, 자로의 '호용好勇'은 지나친 바가 없지 않았다.(5-7 참
조) 만사는 그야말로 '과유불급'(11-16)이거늘, 자로는 '행함에 민첩함
(敏於行)'을 넘어 '행함에 (너무) 용감하여(勇於行)' 공자로 하여금 그 독
단과 경솔함을 우려케 했다. 「선진편」에서 자로와 염유가 똑같이 "좋

은 말을 들으면 바로 행동에 옮겨야 합니까?" 하고 여쭀을 때, 공자는 염유에게 "들으면 바로 행하여라"라고 대답한 것과 달리, 자로에게는 "아버지와 형이 계시는데 어떻게 듣는 대로 바로 행하겠느냐?"(11-22) 라고 하며, 그가 처신·처사에 좀 더 신중하기를 요구한 것은 바로 그 때문이다. 아무튼 배움은 역시 행동으로 옮겨져 그 효용이 제대로 발휘될 때 비로소 의미와 가치를 지닌다는 것은 불변의 진리이다.

5-15

자공이 여쭀었다. "공문자에게 어떻게 '문文'이라는 시호가 내려졌습니까?" 공자께서 말씀하셨다. "그가 영민하면서도 배우기를 좋아하고, 또 자기보다 못한 이에게 묻는 것을 부끄러워하지 않았기 때문에 '문'이라고 한 것이다."

子貢問曰: "孔文子¹何以謂之文也?" 子曰: "敏²而好學, 不恥下問,³
자 공 문 왈   공 문 자 하 이 위 지 문 야   자 왈   민 이 호 학 불 치 하 문
是以⁴謂之文也."
시 이 위 지 문 야

주석

1 孔文子(공문자): 위衛나라 대부 공어孔圉. 중숙어仲叔圉라고도 함. '문'은 그의 시호.

2 敏(민): 영민英敏, 총민聰敏, 명민明敏. 곧 총명하고 민활敏活함을 이름.

3 不恥下問(불치하문): 자기보다 못한 사람에게 묻는 것을 수치스럽게 여기지 않음. '하'는 지위나 재학才學, 덕행, 나이 등이 자기보다 못한 사람을 두고 이르는

말임.

4 是以(시이): 그러므로, 그래서, 그렇기 때문에. '시'는 지시대명사로, 이(此)·그(其)의 뜻을 나타냄. '이'는 ~로 인하여, ~ 때문에.

해설

『좌전』에 따르면, 공문자는 위衛 공자公子 태숙질太叔疾로 하여금 본부인을 쫓아내게 한 뒤, 자신의 딸을 그에게 시집보내는 등 악행을 서슴지 않았다. 다산이 말했듯이 공문자는 '악인'인데, 자공은 그런 그에게 어떻게 '문'이라는 아름다운 시호가 내려질 수 있는지 의아했던 것이다. 주자가 이른 대로, 대개 천성이 영민한 사람은 배우기를 좋아하지 않는 이가 많고, 지위가 높은 사람은 아랫사람에게 묻는 것을 부끄럽게 여기는 이가 많은데, 공문자의 학문적 태도는 "배우기를 부지런히 하고 묻기를 좋아함은 '문'이라고 한다(勤學好問曰文)"고 한 고대 시법諡法에 부합하므로 그같이 시호를 내렸다는 것이 공자의 생각이다. 이렇듯 공자의 인물 평가는 어떤 편견이나 선입견에 얽매이지 않고, 있는 그대로를 공정하게 가늠할 따름이었다. 또한 여기서 우리는 공자가 공문자의 긍정적인 위인爲人 형상을 부각하면서, 호학은 물론 호문好問, 특히 '불치하문不恥下問'의 중요성을 강조한 뜻을 헤아려야 할 것이다.

5-16

공자께서 자산에 대해 말씀하셨다. "그는 군자의 도 네 가지를 갖추었으니, 스스로 처신하기를 겸손하게 하고, 임금을 섬김에는 성심으로 공경하며, 백성을 기름에는 은혜를 다하고, 백성을 부림에는 도의에 맞게 하였다."

子謂子産¹: "有君子之道²四焉³: 其行己⁴也恭,⁵ 其事上⁶也敬,⁷ 其養
자 위 자 산   유 군 자 지 도 사 언   기 행 기 야 공   기 사 상 야 경   기 양
民也惠, 其使民也義."
민 야 혜   기 사 민 야 의

주석

1 **子産**(자산): 춘추시대 정나라 대부이자 현상賢相이었던 공손교公孫僑. '자산'은 그의 자. 정 목공穆公의 손자. 간공簡公·정공定公을 도와 22년간 집정함. 정나라는 당시 패권을 다투며 전쟁을 일삼던 진晉과 초 두 강대국 사이의 지리적 요충지에 위치하고 있었는데, 자산은 비굴하지도 거만하지도 않은 자세로 외교적 수완을 발휘해, 정나라가 군사적 안전을 확보함은 물론 이웃 나라의 존중까지 받도록 한, 고대 중국의 뛰어난 정치가이자 외교관이었음.

2 **道**(도): 도리. 곧 처신·처사의 규범과 준칙을 이름.

3 **焉**(언): 어조사. 여기서는 사실에 대한 확인의 어기를 나타냄.

4 **行己**(행기): 행신行身, 처신.

5 **恭**(공): 겸공謙恭, 즉 자신을 낮추고 남을 높이는 태도가 있음. 곧 겸손함을 이름.

6 **事上**(사상): 윗사람(임금)을 섬김. '윗사람'이란 일반적으로 황간이 이른 대로, '임금과 어버이, 그리고 자기보다 위에 있는 사람'을 가리킴. 다만 여기서 공자가 말한 '군자의 도'는 위정爲政 방면에 초점이 맞춰진 것으로 보이며, 따라서 '윗사람'도 '임금'으로 이해함이 보다 적절함.

7 **敬**(경): 주자는 이를 '근각謹恪', 즉 몸가짐과 마음가짐을 조심한다는 뜻으로 풀이했으나, 문맥상 그보다는 성경誠敬, 즉 성심으로 공경한다는 뜻으로 봄이 더 적절할 듯함.

『좌전』에 자산 공손교의 이름이 백수십 차례나 등장하니, 춘추시대 명사名士요 현상이었던 그의 명성과 영향을 짐작케 한다. 공자는 여기서 정나라 집정 대부로 훌륭한 치적을 남긴 자산이 군자의 네 가지 덕성을 지녔음을 칭송했는데, 그 본의는 대개 다음과 같다고 이해된다. 겸손은 군자의 기본 덕목이니, 자산은 스스로 겸손한 처신으로 원만한 인간관계를 유지함은 물론, 능히 현인을 예우하고 재사才士를 존중함으로써 막강한 조력助力을 얻었다. 윗사람, 특히 임금을 섬김에 있어 성심으로 공경하며 충직하게 보필함으로써 신하의 도리를 다했으며, 백성을 기름에는 은혜로운 정치로 헐벗고 굶주린 백성을 구제하고 교화했다. 그뿐만 아니라 자산이 "백성을 부릴 때에는 매양 예법상 마땅하게 하여 결코 농사를 방해하지 않았다役使下民皆於禮法得宜, 不妨農也)."(『주소』) 그런 까닭에 『사기』「정세가鄭世家」의 기록에 따르면, 자산이 세상을 떠났을 때 정나라 사람들은 모두 통곡하며 마치 친척을 잃은 듯이 슬퍼했다고 한다. 공자가 그 같은 자산의 덕을 기린 것은, 부덕하기 그지없던 당시의 위정자들을 질타하려는 의도가 다분해 보인다.

5-17

공자께서 말씀하셨다. "안평중은 사람들과 사귀기를 잘한다. 사귐이 오래될수록 사람들이 더욱 그를 공경하나니!"

子曰: "晏平仲¹善²與人交, 久而敬之³!"
자왈 안평중 선 여인교 구이경지

주석

1 **晏平仲**(안평중): 제나라 대부 안영. '평중'은 자. 영공靈公·장공莊公·경공 3대에 걸쳐 50여 년간 집정했는데, 검소한 생활로 정치 개혁에 힘썼으며, 겸허히 선비를 존중하고 언행을 방정히 하여 현상賢相의 반열에 오름. 현존하는 『안자춘추晏子春秋』는 그의 친작親作이 아니라, 전국시대 후기에 사람들이 그의 사적을 모아 엮은 것으로 추정됨.

2 **善**(선): 잘함, 능함.

3 **久而敬之**(구이경지): 역대의 풀이는 두 가지임. 황간은 '지'가 안평중을 가리킨다고 보고, '사귐이 오래될수록 다른 사람이 더욱 그를 공경한다'는 뜻으로 풀이함. 반면 유보남은 '지'가 '선여인교善與人交'의 '인'을 가리킨다고 보고, '사귐이 오래될수록 안평중이 더욱 다른 사람을 공경한다'는 뜻으로 풀이함. 이 같은 유보남의 풀이는 필시 송대의 정이가 "사람의 사귐은 오래되면 공경하는 마음이 시들게 마련인데, 오래될수록 더욱 공경할 수 있다는 것은 분명 다른 사람과 사귀기를 잘하는 것이다(人之交久則敬衰, 久而能敬, 所以爲善與人交也)"라고 한 데에서 그 논리적 맥락을 잡은 듯함. 한데 후자와 같이 남과 잘 사귀기 위해 상대방의 사람됨이 어떠하든 한결같이 공경한다면, 때로는 작위적이라는 지적과 함께 진정성에 대한 의혹을 피하기 어려우며, 유덕한 군자의 사귐이라고 할 수는 없을 것임. 요컨대 "군자는 일의 탓이나 해법을 자기에게서 찾는다"(15-21)고 했듯이, 자신의 충실한 도덕 수양을 바탕으로 벗과 사귐으로써, 벗이 시종 변함없이, 아니 갈수록 더욱 나를 공경하도록 하는 것이야말로 진정 사귀기를 잘하는 것이라 할 수 있음. 따라서 여기서 사귐이 오랠수록 다른 사람이 더욱 안평중을 공경한다는 것은, 그만큼 그의 현덕과 신망信望을 방증함. 또한 이런 경우에는 분명 서로의 신의가 날로 두터워지면서 궁극적으로 서로가 서로를 공경하는 이상적인 교우 관계로 발전할 수 있을 것임. 이 같은 견지에서 전자가 한결 적절한 풀이로 판단됨.

『장자莊子』「산목편山木篇」에 이르기를 "군자의 사귐은 물같이 담백하고, 소인의 사귐은 단술처럼 감미롭나니, 군자는 담백하지만 한껏 친근하고, 소인은 감미롭지만 쉬 헤어진다(君子之交淡若水, 小人之交甘若醴, 君子淡以親, 小人甘以絶)"라고 했다. 사람들이 가볍게 사귀고 쉽게 헤어지는 세태에 대한 논란은 예나 지금이나 변함이 없다. 여기서 공자가, 사귐이 오랠수록 다른 사람이 더욱 안평중을 공경함을 들어, 그가 다른 사람과 사귀기를 잘한다고 찬양한 것은 그의 사귐이 군자다움을 높인 것이다.

공자의 제자 유자가 말하지 않았던가? "군자는 근본에 힘쓰나니, 근본이 바로 서면 도는 저절로 살아난다."(1-2) 그런 만큼 다른 사람과의 사귐도 자신의 도덕 수양을 바탕으로 하는 것이 정도正道이다. 자오싱건趙杏根이 이른 대로, 사귐이 오래될수록 앎이 더욱 깊어지고 공경심이 더욱 두터워지게끔 안평중이 다른 사람과 사귀기를 잘한 것은 사귐의 기술이 아니라 바로 그의 높고도 깊은 도덕 수양에 힘입은 것이다. 황간이 손작孫綽의 말을 빌려 "사람의 사귐에는 길을 가다 만나도 옛 친구 같을 수 있고, 백발이 다 되도록 늘 정의情誼가 새로울 수도 있다. 하지만 처음에 정의를 돈독히 하기는 쉬워도 끝까지 그 마음을 유지하기는 어렵나니, 모름지기 돈후한 정의가 길이 변치 않아야 붕우지도朋友之道가 영원할 수 있는데, 그것은 진정 하기 어려운 것이다. 그러므로 공자께서 안평중의 사귐을 드러내 찬양한 것이다(交有傾蓋如舊, 亦有白首如新. 隆始者易, 克終者難, 敦厚不渝, 其道可久, 所以難也. 故仲尼表焉)"라고 한 것 역시 그 점을 부각했다.

한마디로 안평중의 사귐은 곧 사귐의 정도를 실증적으로 보여준 전형적 사례이다. 무릇 권세나 지위, 풍채나 명성, 교제의 기술 따위에 힘입어 사귈 경우에 다른 사람이 설령 그를 공경한다고 한들 그 공경이 무슨 의미가 있겠으며, 또 얼마나 오래가겠는가?

5-18

공자께서 말씀하셨다. "장문중이 큰 거북 등딱지를 곳간에 깊이 간직한 데다, 그 곳간의 기둥머리 대들보 받침대를 산 모양으로 다듬고, 동자기둥에는 수초水草 문양을 그려 넣었거니, 어떻게 그가 지혜롭단 말인가?"

子曰: "臧文仲[1]居[2]蔡,[3] 山節[4]藻梲,[5] 何如其知[6]也[7]?"
자 왈   장 문 중 거 채   산 절 조 절   하 여 기 지 야

주석

1 臧文仲(장문중): 춘추시대 노나라 대부 장손진臧孫辰. '문'은 그의 시호. 장공莊公·민공閔公·희공僖公·문공 등 4대에 걸쳐 벼슬함.

2 居(거): 수장收藏함, 즉 (길흉화복을 점칠 때 쓰는 거북의 등딱지를) 간수看守함. 일설에는 축양畜養함, 즉 (거북을) 기름.

3 蔡(채): 큰 거북. 채 땅에서 났기 때문에 이같이 일컬음. 여기서는 길흉화복을 점칠 때 쓰는 큰 거북의 등딱지를 말하는데, 이는 임금이 수장하는 것임.

4 山節(산절): '절'은 두공枓栱, 즉 목조 건물의 기둥 위에 대는 방형方形의 작은 나무로, 대들보를 받침. '산절'은 곧 두공을 산 모양으로 다듬었다는 뜻임.

5 藻梲(조절): '조'는 수초. '절'은 동자기둥, 즉 들보 위에 세우는 짧은 기둥. '조절'

은 동자기둥에 수초 문양을 그려 넣었다는 뜻임. 이상의 '산절조절山節藻梲'은 매우 화려한 장식으로, 천자의 종묘 장식임.

6 知(지): 지智와 같음.

7 也(야): 어조사. '하여何如'와 함께 쓰여 반문의 어기를 나타냄.

해설

당시 사람들은 대개 장문중을 지혜롭다고 여긴 모양이다. 하지만 일개 대부인 그가 자신의 집에 진귀한 큰 거북 등딱지를 간직한 것이나, 그 곳간에 천자의 장식을 한 것은 모두 분수에 넘치는 행동이다. 아니 분수를 넘어 방자함이 하늘을 찌른다. 장문중이 그렇듯 예를 모르는데도 지혜롭다고 이름이 났기 때문에, 공자가 그 지혜로움의 실체를 밝혀 나무란 것이다. 역시 사람은 지인지명知人之明, 즉 사람의 됨됨이를 알아보는 현명과 혜안이 있어야 한다. 또한 어느 시대든 국가 사회의 기풍을 문란케 하는 큰 잘못을 엄중히 나무랄 수 있는 큰 어른이 있어야 한다.

5-19

자장이 여쭈었다. "영윤 자문은 여러 차례 벼슬길에 올라 영윤이 되면서도 기뻐하는 기색이 없었고, 여러 차례 그 자리에서 물러나면서도 원망하는 기색 없이 자신이 해온 영윤의 정무를 반드시 새로 부임하는 영윤에게 일러주었습니다. 이런 사람은 어떻습니까?" 공자께서 말씀하셨다. "충성스럽도다." 자장이 말했다. "인하다고 할 수 있습니까?" 공자께서 말씀하셨다. "잘 모르겠다. 하지만 어찌 인하다 하겠느냐?"

자장이 또 여쭈었다. "최자가 제나라 임금을 시해하자, 진문자는 가지고 있던 말 40필을 다 버리고 제나라를 떠났습니다. 그가 다른 나라에 이르러 말하기를, '이 나라 대신도 우리나라 대부 최자와 같구나'라고 하고는 그 나라를 떠났습니다. 그리고 또 한 나라에 이르러 말하기를, '이 나라 대신도 우리나라 대부 최자와 같구나'라고 하고는 다시 그 나라를 떠났습니다. 이런 사람은 어떻습니까?" 공자께서 말씀하셨다. "청렴하도다." 자장이 말했다. "인하다고 할 수 있습니까?" 공자께서 말씀하셨다. "잘 모르겠다. 하지만 어찌 인하다 하겠느냐?"

子張^{1}問曰: "令尹子文^{2}三仕^{3}爲令尹, 無喜色; 三已^{4}之, 無慍^{5}色. 舊
자 장 문 왈   영 윤 자 문 삼 사 위 영 윤 무 희 색 삼 이 지 무 온 색 구

令尹之政, 必以告新令尹. 何如?" 子曰: "忠矣!" 曰: "仁矣乎?"
영 윤 지 정 필 이 고 신 영 윤 하 여   자 왈   충 의   왈   인 의 호

曰: "未知,^{6} 焉得仁?"
왈 미 지   언 득 인

"崔子弑齊君,^{7} 陳文子^{8}有馬十乘,^{9} 棄而違之.^{10} 至於他邦, 則曰: '猶
최 자 시 제 군 진 문 자 유 마 십 승 기 이 위 지   지 어 타 방 즉 왈 유

吾大夫崔子也.' 違之. 之^{11}一邦, 則又曰: '猶吾大夫崔子也.' 違之.
오 대 부 최 자 야 위 지 지 일 방 즉 우 왈 유 오 대 부 최 자 야 위 지

何如?" 子曰: "淸^{12}矣!" 曰: "仁矣乎?" 曰: "未知, 焉得仁?"
하 여   자 왈   청 의   왈 인 의 호   왈 미 지 언 득 인

주석

1 子張(자장): 2-18 주석 1 참조.
2 令尹子文(영윤자문): 초나라 대부이자 현상賢相인 투누오도鬪穀於菟. '투'는 성, '누

오도'는 이름. '영윤'은 초나라 재상을 일컬음. '자문'은 그의 자.『좌전』「선공 4
년」에 따르면, 당시 초나라 사람들은 젖이나 젖을 먹여 기르는 것을 '누穀'(누穀와
같음), 호랑이를 '오도於菟'라고 했는데, 자문은 본시 사생아로 태어난 탓에 들판
에 버려져 호랑이 젖을 먹고 자랐으므로 '누오도'라는 이름을 갖게 되었다고 함.

3 三仕(삼사): 여러 차례 벼슬함. 역사 기록에 근거하면, 여기서 '삼'은 실수實數가
아니라 여러 차례의 뜻으로 이해함이 옳을 듯함.

4 己(이): 그만둠. 곧 벼슬자리에서 물러남을 이름.

5 慍(온): 성냄, 원망함.

6 未知(미지): 이는 5-5장 '부지기인不知其仁'과 5-8장 '부지야不知也'와 같은 의미
로, 자문이 아직 인하지 못함을 에둘러 말한 것임.

7 崔子弑齊君(최자시제군): '최자'는 제나라 대부 최저崔杼. '시'는 시해弑害함, 즉 아
랫사람이 윗사람을 죽임. 곧 자식이 부모를, 신하가 임금을 죽이는 따위를 이름.
'제군'은 제나라 장공을 가리킴. 최자가 제 장공을 시해한 일은『좌전』「양공 25
년」에 보임.

8 陳文子(진문자): 제나라 대부 진수무陳須無. '문'은 그의 시호.

9 乘(승): 네 필의 말이 끄는 수레 한 대를 일컫는 말. 당시 대부의 재부財富는 소유
한 말의 수효로 가늠했는데, '십승十乘'은 곧 수레 10대, 말 40필을 이름.

10 違之(위지): '위'는 여기서는 떠난다는 뜻이고, '지'는 지시대명사로, 제나라를 가
리킴.

11 之(지): 감(往), 이름(至).

12 清(청): 청렴淸廉, 청백淸白함. 곧 시류를 따라 부침浮沈하거나 세속에 영합하지
않는다는 말임.

해설

'인'은 그야말로 사람이 사람일 수 있는 근본 이치요, 도리이다. 공자
와 공문孔門의 교학敎學 또한 궁극적으로 '인'의 수양과 실행을 목표로
함은 두말할 나위가 없다. 한데 한 사람이 능히 인도仁道를 터득하고,
인덕을 닦으며 나아가 일상생활에서 그것을 실행하기란 결코 쉬운 일

이 아니다. 그 때문에 공자는 스스로 인자로 자처하지 않았을 뿐만 아니라, 어느 누구도 쉽게 인함을 들어 칭찬하지 않았다.(5-5 해설 참조)

주자가 이른 대로, 여기서 자문의 사람됨이 희로喜怒의 감정을 드러내지 않고, 물아物我가 하나 되어 나라의 존재만을 알고 자신의 존재는 몰랐으니, 그 충성스러움이 진정 한없다. 바로 그 때문에 자장은 그가 인한 건 아닌지 궁금해한 것이다. 그러나 그가 여러 차례 영윤에 오르고, 또 그 자리에서 물러나면서 후임 영윤에게 자신의 정무를 일일이 알려준 것이 과연 모두 천리天理에서 우러나와 인욕의 사사로움이 없는 것인지는 알 수가 없다. 그러므로 공자께서 단지 그의 충성스러움만 허여하고, 인함은 허여하지 않은 것이다. 또 진문자는 자신을 더럽히지 않고 어지러운 나라를 떠났으니, 분명 청백하다고 할 수 있다. 그러나 그 마음이 과연 당연한 의리를 보고 능히 어떤 것에도 얽매이지 않고 자유롭고 편안했는지, 아니면 사사로운 이해利害 때문에 어쩔 수 없었던 탓에 아직도 원망과 회한을 면치 못하는지는 알 수가 없다. 그러므로 공자께서 단지 그의 청백함만 허여하고, 인함은 허여하지 않은 것이다.

무릇 인함이란 최고·최상의 인격적 형상인 만큼, 아무나 쉽게 이를 수 있는 경지가 아니다. 하지만 그럼에도 불구하고 우리는 부단히 정진 또 정진해야 한다. 왜냐하면 그 자체만으로도 의미는 충분하며, 또 그러다보면 조금씩이라도 앞으로 나아가게 될 것이기 때문이다.

5-20

계문자는 무슨 일을 할 때면 여러 번 생각한 다음에야 비로소 행동
에 옮겼다. 공자께서 그 얘기를 들으시고 말씀하셨다. "두 번만 생각
하면 된다."

季文子¹三思²而後行. 子聞之, 曰: "再,³ 斯⁴可矣."
계 문 자 삼 사 이 후 행 자 문 지 왈   재   사 가 의

주석

1 **季文子**(계문자): 노나라의 대부 계손행보季孫行父. '문'은 그의 시호. 문공·선공·성
공成公·양공 등 4대에 걸쳐 벼슬했으며, 공자가 태어나기 전에 죽음.

2 **三思**(삼사): 재삼再三, 여러 번 생각함. 여기서 '삼'은 실수로 보기 어려움. 주자도
그 성조聲調를 거성去聲이라 하여 여러 차례라는 뜻으로 풀이함. 다산이 말한 대
로, 두 번과 세 번은 큰 차이가 없는데, 세 번 생각함은 불가하다고 하면서 두 번
생각함은 가하다고 할 수 있을까?

3 **再**(재): 위 '삼사'에 이어진 말로 '사思' 자가 생략된 형태. 『당석경唐石經』에는 '재
사再思'로 되어 있음.

4 **斯**(사): 즉則과 같음.

해설

『좌전』「애공 27년」에 따르면, 계문자는 일찍이 "군자가 일을 도모할
때는 시작과 중간 과정, 그리고 마지막 결과까지 모두 깊이 생각한 후
에 착수함(君子之謀也, 始衷終皆擧之而後入焉)"을 강조했다. 그래서인가
그는 어떤 일을 할 때는 매양 생각하고 생각하며 신중에 신중을 거듭
한 인물이었던 것으로 보인다.

사람은 매사에 신중해야 한다. 하지만 신중함도 지나치면 역효과를 낳을 수 있다. 신중함이 지나쳐 결단력을 잃으면, 결국 일을 이룰 호기好期와 적기適期를 놓치게 됨을 알아야 한다. 그러므로 "군자는 사리를 궁구하는 데 힘쓰면서도 과감하게 결단함을 중요하게 여기며, 괜히 생각을 많이 하는 것을 높이 사지 않는다(君子務窮理而貴果斷, 不徒多思之爲尙)."(『집주』) 만사는 과유불급이다.

5-21

공자께서 말씀하셨다. "영무자는 나라에 바른 도가 행해질 때는 지혜로웠고, 나라에 바른 도가 행해지지 않을 때는 어리석었다. 한데 그의 지혜로움은 누구나 따를 수 있으나, 그의 어리석음은 아무나 따를 수가 없다."

子曰: "甯武子¹邦有道,² 則知³; 邦無道,⁴ 則愚.⁵ 其知可及⁶也, 其愚
자 왈   영무자방유도   즉지   방무도   즉우   기지가급 야   기우
不可及也."
불 가 급 야

주석

1 甯武子(영무자): 위衛나라 대부 영유甯兪. '무'는 그의 시호.
2 邦有道(방유도): 나라에 바른 도가 행해짐. 곧 치세를 이름.
3 知(지): 지쬅와 같음. 지혜로움. 이를 다산은 자취를 감추고 일신을 보전함으로 풀이하며, '지혜로움'이란 해害를 멀리하는 것임을 강조함. 전통적으로는 이를 흔히 지혜를 발휘해 평소의 포부를 실현한다는 뜻으로 풀이하는 경향이 있으나,

공자의 본의(아래 '해설' 참조)와는 거리가 있음.

4 邦無道(방무도): 나라에 바른 도가 행해지지 않음. 곧 난세를 이름. '방유도'와 '방무도'가 여기서 지칭하는 시대에 대해 여러 견해가 있으나, 대개 설득력이 떨어짐. 다만 다산은 위나라가 성공成公 3년부터 혼란에 빠져 임금이 다른 나라로 망명하기에 이르렀으나 3년 만에 평정되고, 그 이후에는 큰 혼란이 없었다는 전제하에 '방무도'는 3년간의 혼란기를, '방유도'는 혼란 평정 이후의 시기를 가리키는 것으로 봄. 청쑤드어도 기존의 여러 설을 비교 검토한 후, 이는 '분명 위 성공 때의 국가적 안정과 위란危亂을 두고 이른 것'이라는 결론을 내림. 현재 양자가 지칭하는 시대가 명확하지는 않으나, 성공조 혼란 전후 영무자의 처세 의의가 공자의 본의에 부합한다는 점에 비춰볼 때 다산 등의 견해가 가장 따를 만함.

5 愚(우): 어리석음. 곧 우직함을 이름. 이를 다산은 자신을 돌보지 않고 어려움을 무릅씀으로 풀이하며, '우직함'이란 일신을 도모하는 데 뛰어나지 않은 것임을 강조함. 반면 공안국이 이를 '정말로 어리석은 척함(詳愚似實)'으로 풀이한 이후, 하안을 비롯해 황간, 형병 등 역대 대다수의 주석가들이 모두 같은 맥락에서 어리석은 척하며 재지才智를 드러내지 않는다는 뜻으로 보았으나, 역시 공자의 본의와는 거리가 있음.

6 及(급): 미침, 따름.

해설

영무자는 '방유도邦有道'하면 재능과 학식을 발휘해 포부를 실현한 반면, '방무도邦無道'하면 재능과 학식을 감추고 짐짓 어리석은 척하며 몸을 보전하고 화禍를 멀리했는데, 후자는 전자와 달리 대지약우大智若愚의 달인이 아니면 쉽게 하기 어렵다. 이는 이 장에 대한 역대 주석가들의 일반적인 풀이다. 이 같은 풀이의 논리적 원천은 분명 공자가 평소 "정세가 위태로운 나라에는 들어가지 않으며, 정국이 극도로 어지러운 나라에는 머물러 살지 않아야 한다. 천하에 바른 도가 행해지면 세상에 나와 벼슬하고, 천하에 바른 도가 행해지지 않으면 세상을 피해 몸을 숨겨야 한다"(8-13)고 강조한 데에서 찾을 수 있다. 한데 역대 주석가들이 과연 공자의 본의를 제대로 풀어낸 걸까?

만약 역대 주석가들의 일반적인 견해대로라면, 그것은 그저 '현명한', 아니 '무난한' 처세일지는 몰라도 '살신성인'을 지향하는 군자가 취할 고귀한 처신이라고 보기는 어렵다. 우리는 여기서 그 심층적 함의를 제대로 읽어낼 줄 알아야 한다.

일찍이 주자가 "군자는 위난危難에 직면하면 서슴없이 목숨을 던지는 만큼, 위난에 처한 나라에서 벼슬하는 이는 도의상 그 나라를 떠나지 못한다. 하지만 그 나라 밖에 있는 경우라면 굳이 들어가지 않아도 된다(君子見危授命, 則仕危邦者, 無可去之義, 在外則不入可也)"(『집주』 8-13)라고 한 말을 거론하지 않더라도, 참된 군자라면 '방무도'의 상황에서는 오히려 일신의 안위를 돌보지 않고 적극적으로 나아가 위난을 다스리고 세상을 구제하는 데 혼신의 힘을 다해야 한다. 한데 문제는 그것이 아무나 할 수 있는 일이 아니라는 데 있다. 어쩌면 대다수 사람들에게는 '불가'한 일일지도 모른다. 그러니 "안 되는 줄 알면서 굳이 그걸 하려고 드는 사람"(14-39)이었던 공자야말로 진정한 군자요, 위대한 성인이었음이 자명해진다.

그리고 '방유도'의 상황에서는, 물론 세상에서 벼슬하며 지혜를 발휘할 수 있으나, 참된 군자라면 오히려 거안사위居安思危(편안한 상태에 있으면서도 언제 위험이 닥칠지 모른다는 생각을 하며 경계심을 가짐)하여 자취를 감추고 일신을 보전할 줄도 알아야 한다. 바로 이러한 관점에서 역대 주석가들의 일반적인 견해를 뒤집는 새로운 풀이를 선도한 이가 주자요, 그에 적극 동조한 이가 다산인데, 그 요지는 대략 다음과 같다.

　당시 성공 3년에 권력 다툼의 소용돌이에 휘말려 국가적으로 무
도無道한 상황에서 성공이 초나라로 망명하는 지경에 이르렀으나, 영
무자는 몸과 마음을 다 바쳐 위험과 고난에 맞섰으며, 결국 임금을 호
위해 환국했다. 이는 지혜롭고 꾀 있는 사람들은 모두 기피하는 일인
데, 영무자는 나라가 무도한 데에도 우직하게 충성을 다한 것이다. 그
때문에 그의 '어리석음'은 아무나 따라할 수 없다는 것이다. 하지만 혼
란이 평정되자 영무자는 공성신퇴功成身退(공을 세우고도 욕심을 버리고 물
러남)의 자세로 벼슬을 마다하고 공달孔達에게 권력을 양보했는데, 공
달은 결국 비명非命에 일생을 마감한 반면, 영무자는 천수를 다했다.
이렇듯 유도有道한 상황에서 자취를 감추고 몸을 보전하는 것 또한 쉬
운 일은 아니나, 그래도 뜻있는 선비라면 할 수 있는 일이다. 그 때문
에 그의 '지혜'는 다른 사람도 따라할 수 있다고 하겠다. 요컨대 다산
이 이른 대로, "성인의 대의大義는 태평의 시대에는 종적을 감추어 권
력을 사양하며, 위난의 시대에는 일신을 돌보지 않고 나라를 위해 목
숨을 바치고자 하였던 것이다(聖人之義, 蓋欲於無事之時, 斂跡辭權, 有難之
時, 亡身殉國)."

5-22

　공자께서 진나라에 계실 적에 말씀하셨다. "돌아가자! 돌아가자! 고
향의 제자들이 뜻은 크나 처사가 미숙하고, 아름답게 문채를 이루었
으나 마름질할 줄을 모르나니!"

288

子在陳,¹ 曰: "歸與²! 歸與! 吾黨³之小子⁴狂簡,⁵ 斐然成章,⁶ 不知所
자 재 진　왈　귀 여　귀 여　오 당 지 소 자 광 간　비 연 성 장　부 지 소
以裁之.⁷"
이 재 지

주석

1 陳(진): 춘추시대의 나라 이름. 주 무왕이 은을 멸망시킨 후, 순임금의 후예인 규
　만嬀滿을 봉封한 데서 비롯된 제후국. 춘추시대 말에 초나라에게 망함. 공자는
　대략 노 애공 3년과 6년 두 차례 진나라에 갔었는데, 이때는 두 번째 방문임.
2 與(여): 여歟와 같음. 감탄의 어조사.
3 吾黨(오당): 나의 고향. 노나라를 이름. '당'은 향당鄕黨, 즉 향리, 고향.
4 小子(소자): 젊은이. 여기서는 스승이 제자를 친근하게 일컬은 말임.
5 狂簡(광간): '광'은 뜻이 높고 큼. '간'은 처사가 간략·소략疏略함, 곧 치밀하지 못
　함, 미숙함.
6 斐然成章(비연성장): '비연'은 문채가 한껏 아름다운 모양. '성장'은 문채·문양을
　이룸. 여기서 '비연성장'은 곧 베를 짜서 한껏 아름다운 문채를 이룬 것처럼, 제
　자들이 바야흐로 학문과 도덕 수양에 훌륭한 성취가 있어 꽤 볼만함을 비유한
　말임. 주자가 '성장'을 '문리文理를 훌륭하게 이루어 매우 볼만함(其文理成就, 有可
　觀者)'으로 풀이한 것도 같은 맥락으로 이해됨.
7 不知所以裁之(부지소이재지): 이의 주체를 양보어쥔은 『사기』「공자세가」에서
　"오부지소이재지吾不知所以裁之"라고 한 데에 근거해 공자로 본 반면, 첸무는 이
　말이 앞말을 직접적으로 이어받고 있다는 전제하에 '오당소자吾黨小子'로 보았는
　데, 전후 문맥상 첸무의 견해가 한결 자연스러움. '소이'는 하이何以, 어떻게. 곧
　방도·방법을 이름. '재'는 (옷감을) 마름질함.

해설

공자의 시대는 주 왕실의 권위가 땅에 떨어지고 약육강식의 전화戰火
가 그칠 줄 모르던 난세였다. 그 같은 정치·사회적 상황에서 공자는

만년에 인도仁道와 인정의 실현을 통해 제세구민濟世救民(세상을 잘 다스
려 백성을 구제함)하겠다는 일념으로 열국을 주유하며 군왕들을 설득했
다. 하지만 열국의 군왕들은 하나같이 공자의 사상과 주장에는 공감
하면서도 선뜻 그 실현에 동참하는 이가 없었다. 현실의 벽은 너무나
도 높고 두터웠다. 그 어두운 현실 앞에서 공자는 고국의 젊은 제자들
을 떠올렸고, 서둘러 돌아가 그들에게 인도를 전수해 장차 제세구민
의 이상을 실현하는 데에 기여할 인재로 양성하고자 했다. 공자의 이
'사귀지탄思歸之歎', 즉 고국으로 돌아가고픈 탄식에는 바로 그 고뇌 어
린 결단과 새로운 희망이 어우러져 있었던 것이다.

　한편 공자가 보건대, 고향의 제자들이 지향은 고원高遠하나 처사가
미숙하고, 학문 도덕상 훌륭한 성취는 있으나 복잡다단한 현실사회에
적절히 대처해나가는 데에 미흡함이 없지 않았다. 그래서 그들이 '과
중실정過中失正', 즉 중도를 넘어서고 정도正道를 벗어나지 않을까 우려
가 깊었다. 공자가 열국을 주유하며 이상과 현실, 다시 말해 학문 도
덕적 성취와 현실 정치적 응용 사이에 존재하는 괴리를 절실히 체험
했던 만큼, 제자들에 대한 그 같은 우려는 지극히 당연했는지도 모른
다. 여기서 공자의 우려를 반영한 '아름답게 문채를 이루었으나 마름
질할 줄을 모른다'는 비유가 참으로 절묘한데, '마름질'이란 '문채'와
연관 지어 쓴 말로 아름다운 비단을 재단하여 옷을 짓는 것을 말한다.
그것은 곧 공자가 고국으로 돌아가 제자들을 '마름질'해, 다시 말해
올곧은 인재로 키워 시대적 사명을 완수하도록 하고자 했음을 웅변해
준다. 그야말로 성인에게 있어 제세구민은 분명 그 어떤 경우에도 포
기할 수 없는 것이었으렸다.

5-23

공자께서 말씀하셨다. "백이와 숙제는 상대방이 잘못을 뉘우치면 지난날의 원한을 마음에 두지 않았으며, 그래서 남에게 원망을 사는 일도 자연히 적었다."

子曰: "伯夷叔齊¹不念舊惡,² 怨是用希.³"
자 왈   백 이 숙 제 불 념 구 악   원 시 용 희

주석

1 伯夷(백이)·叔齊(숙제): 은 왕조 말엽의 작은 나라였던 고죽국孤竹國의 왕자들로, 백이가 형이고, 숙제가 아우임. 부왕父王이 죽자, 서로 왕위 계승을 마다하고 잇 달아 서백 희창, 즉 훗날의 주 문왕의 통치 지역으로 달아남. 문왕이 죽은 후, 그 아들 무왕이 군사를 일으켜 은 주왕을 치려 하자, 죽은 아버지를 장사 지내지 않 음은 불효요, 신하가 임금을 토벌함은 불충不忠임을 들어 만류했으나 무왕이 듣 지 않음. 무왕이 은나라를 멸하고 천하를 통일하자, 백이·숙제는 무왕이 다스리 는 주나라의 곡식 먹기를 수치스럽게 여기고, 수양산首陽山으로 들어가 고비를 뜯어 먹으며 살다 굶어 죽음.

2 不念舊惡(불념구악): 지난날의 원한이나 나쁜 감정은 마음에 두지 않음. 장거정張 居正이 이른 대로, 이 말에는 상대방이 자신의 잘못과 악행을 뉘우친다는 전제가 깔려 있는 것으로 봐야 함. 그 때문에 원문에는 없는 '상대방이 잘못을 뉘우치면' 이라는 말을 역문에 보충함. '념'은 생각함, 마음에 둠. '구악'은 황간이 '고감故憾', 모기령毛奇齡이 '숙원夙怨'의 뜻으로 각각 풀이했으니, 곧 지난날의 원한, 나쁜 감 정을 이름.

3 怨是用希(원시용희): 남에게 원망을 사는 일도 자연히 적음. '원'은 형병과 주자가 남에게 원망을 산다는 뜻으로 풀이함. 반면 황간은 (백이·숙제가) 남을 원망한다 는 뜻으로 풀이했으나, '지난날의 원한을 마음에 두지 않았다'는 말에 이미 남을 원망하지 않는다는 뜻이 내포되어 있으니, 중언부언의 결함이 있어 적절치 않

음. '시용'은 시이是以와 같음. 그러므로, 그 때문에. 곧 '그래서 자연히'라는 뜻을
나타냄. '희'는 희稀와 같음. 드묾, 적음.

해설

백이·숙제에 대한 공자의 평가는 대단히 높아서, "그 뜻을 굽히지 않
고 그 몸을 욕되게 하지 않은"(18-8) "옛날의 현인(古之賢人)"(7-15)으
로 존숭했다. 주자가 맹자의 말을 빌려 이른 대로, 백이·숙제는 "악인
의 조정에서는 벼슬도 하지 않고, 악인과는 말도 하지 않았으며(不立
於惡人之朝, 不與惡人言)" "향리의 사람과 함께 서 있는데 만약 그 사람의
갓이 반듯하지 않으면, 마치 금방이라도 물들 것처럼 뒤도 돌아보지
않고 떠날(與鄕人立, 其冠不正, 望望然去之, 若將浼焉)"(『맹자』「공손추 상」) 정
도로 강직하기가 그지없어, 분명 불의나 부정은 결코 용납하지 않았
을 것이다. 그러나 그들은 자신들에게 악행을 한 이가 깊이 뉘우치면,
즉각 미운 감정을 버리고 지난날의 원한을 더 이상 마음에 담아 두지
않았다. 그러니 남에게 원망을 사는 일이 드물었음은 당연한 일이다.
그야말로 그들은 악을 미워했지, 사람을 미워하지 않았다. 진정 '옛날
의 현인'임에 틀림이 없다.

5-24

공자께서 말씀하셨다. "누가 미생고를 정직하다 하였느냐? 어떤 사
람이 그에게 식초를 좀 달라고 하자, 그는 이웃집에서 얻어다가 주더
구나!"

子曰: "孰¹謂微生高²直? 或³乞⁴醯⁵焉,⁶ 乞諸⁷其隣而與⁸之.⁹"
자왈   숙 위미생고 직   혹걸 혜 언   걸저 기린이여 지

주석

1 孰(숙): 누구.

2 微生高(미생고): 춘추시대 노나라 사람. '미생'이 성이고, '고'가 이름임. 옛날 어떤
여자와 다리 밑에서 만나기로 했으나, 약속 시간이 지나도 여자는 오지 않고, 갑
자기 강물이 불어나는데도 꼼짝 않고 기다리다가 물에 빠져 죽었다는 미생고尾
生高의 이야기가 실린 『장자』「도척편盜跖篇」과 『전국책戰國策』「연책燕策」의 고
주古註에서는 옛날에 '미微'와 '미尾'를 통용한 데 근거해 두 사람을 동일 인물로
봄. 하지만 미생고尾生高가 고지식하리만큼 신의를 지킨다면, 미생고微生高는 정
직하지도 않을뿐더러 교활하리만큼 융통성이 있는데, 한 사람의 성품이 이렇듯
상반된 모습을 보일 수 있을까? 그래서 두 사람이 동일 인물이라고 속단하기는
어려움.

3 或(혹): 혹자或者, 즉 어떤 사람.

4 乞(걸): 빎, 구求함. 곧 달라고 함을 이름.

5 醯(혜): 식초.

6 焉(언): '어지於之'의 합음자. 그에게. '지'는 미생고를 가리킴.

7 諸(저): '지어之於'의 합음자. '지之'는 식초를 가리킴.

8 與(여): 줌.

9 之(지): 지시대명사. '혹或', 즉 미생고에게 식초를 좀 달라고 한 사람을 가리킴.

해설

미생고는 당시 정직함으로 이름난 인물이었다. 주자가 범조우의 말을
빌려 이른 대로, "옳으면 옳다고 하고 그르면 그르다 하며, 있으면 있
다고 하고 없으면 없다고 하는 것이 정직함이다(是曰是, 非曰非, 有謂有,
無謂無, 曰直)." 미생고는 누가 식초를 좀 달라고 했을 때, 자신이 가진

게 없으면 식초가 없어 줄 수가 없다고 하면 될 일이었다. 하지만 그는 이웃집에서 식초를 얻어서 주었으니, 이는 결코 정직함이라고 보기 어렵다는 것이 공자의 생각이다. 그렇다면, 공자가 구체적인 언급을 하지 않아 자세히 알 수는 없지만, 미생고의 행위에 뭔가 실사구시實事求是와 거리가 먼 거짓과 꾸밈이 있었을 것으로 보인다. 예컨대 식초를 이웃에게는 자신이 쓸 것이라 속이고, 또 '어떤 사람'에게는 이웃집에서 얻은 사실을 숨겼을지도 모른다. 주자가 미생고의 처사를 평하기를 "뜻을 굽혀 상대방의 비위를 맞추고, 남의 미덕을 빼앗아 은혜를 산 것(曲意循物, 掠美市恩)"이라고까지 한 것은 분명 그런 취지일 것이다. 또한 정자가 이른 대로, "미생고가 정직하지 못한 그 일은 비록 작은 것이나, 그로 인해 정직함의 도를 해친 정도는 아주 크다(微生高所枉雖小, 害直爲大)"고 하겠다. 모름지기 정직함이란 진정과 실의를 바탕으로 해야 한다.

한편 공안국은 미생고가 "마음은 곡진하나 정직하게 행동한 사람은 아니다(用意委曲, 非爲直人也)"라고 했다. 물론 미생고의 행위를 정직하다고 할 수는 없다. 하지만 설령 그렇다고 할지라도 그 마음씨를 가차 없이 깎아내리기만 해도 되는 걸까? 여기서 문제가 되는 것은 허위성이지 은혜를 베풀고자 한 마음씨가 아니다. 청대 장견도張甄陶가 말한 대로, "이 장은 정직함에 대해 논한 것이지 남에게 은혜를 베풂에 대해 논한 것이 아니다. 이는 마치 남을 구제하고 대중을 이롭게 하는 일과 같다. 만약 어떤 사람이 너무 굶주려 곧 죽을 것 같은데, 나 자신을 돌아보니 정말 가진 게 아무것도 없다면, 설사 내가 감하후監河侯(『장자』「외물편外物篇」에서 유래된 말로 재물을 빌려주는 사람에 대한 통칭)의 곡식을 빌려 그를 구제한들 무슨 문제가 되겠는가? 그런데도 끝까지 '나는 정직함으로 이름이 났는데, 어떻게 당신을 위해 궁리를 할 수 있겠는가?'라고 한다면, 그건 천박한 사람의 모습일 따름이다(此是論直, 非論施惠於人. 若是濟人利物之事, 如有人槁餓待斃, 我自顧蕭然無有, 卽使貸監河侯之粟以濟之, 何嘗不可? 必曰我以直聞, 安得爲汝計, 則傖父面目矣)."(『사서익주四書翼注』)

5-25

공자께서 말씀하셨다. "듣기 좋게 말을 꾸며서 하고 보기 좋게 얼굴빛을 꾸며서 지으며, 아첨하는 태도로 남을 공경하는 것을 좌구명이 부끄러워하였는데, 나도 그것을 부끄럽게 여긴다. 또 상대방에 대한 원한을 감추고 그 사람과 벗하는 것을 좌구명이 부끄러워하였는데, 나도 그것을 부끄럽게 여긴다."

子曰: "巧言令色¹足恭,² 左丘明³恥之, 丘⁴亦恥之. 匿⁵怨而友⁶其人,
자 왈   교 언 영 색 족 공   좌 구 명 치 지   구 역 치 지   익 원 이 우 기 인
左丘明恥之, 丘亦恥之."
좌 구 명 치 지   구 역 치 지

주석

1 **巧言令色**(교언영색): 1-3 주석 1 참조.
2 **足恭**(족공): 아첨하는 태도로 남을 공경함. 이는 공안국이 '편벽지모便辟之貌', 즉 아첨하여 남에게 영합하는 모양으로 풀이한 데에 따른 것임. 『예기』「표기편表記篇」에 "군자는 남 앞에서 그 행동거지의 장중함을 잃지 않고, 용모의 엄숙함을

잃지 않으며, 말의 신중함을 잃지 않는다(君子不失足于人, 不失色于人, 不失口于人)"라
고 했으니, 소위 '실구失口'·'실색失色'·'실족失足'은 각각 여기서 말하는 '교언'·'영
색'·'족공'과 상통함. 한편 주자는 '족' 자를 '주'로 읽으며, '과過' 즉 지나침의 뜻
으로 풀이함. 하지만 '과공過恭(지나치게 공경함)'을 '족공'과 같은 뜻으로 보는 것은
무리가 있음. 『주역』「소과괘小過卦·대상전大象傳」에서 "그러므로 군자는 행실에
있어 공경함을 지나치게 한다(君子以行過乎恭)"라고 한 것처럼 '과공'에도 긍정적
인 측면이 있으니, 그 입론의 근거가 주도周到하지 못한 아쉬움이 있음.

3 **左丘明**(좌구명): 이를 대대로 흔히 노나라 사관史官으로, 공자에게 『춘추경春秋
經』을 전수받고 『좌전』을 지은 사람이라고 함. 하지만 다케조에는 공자 이전의
현인으로 보았는데, 공자가 말하는 좌구명은 공자의 제자로 보이는 『좌전』의 저
자 좌구명과는 다른 사람으로, 공자보다 앞선 인물이며, 동시대 인물이 아님은
물론, 제자는 더더욱 아니라는 것임. 여기서 공자는 먼저 좌구명의 성명을 거론
하고 나서 비로소 당신의 이름을 말하고 있어, 그를 존중하고 공경하는 뜻이 엿
보임. 그리고 만약 제자라고 한다면, 『논어』의 관례상 공자는 그 성은 약略하고
이름만 말했을 것임. 결론적으로 『논어』에서 말하는 '좌구명'은 공자 이전의 현
인 명사로 추정됨.

4 **丘**(구): 공자의 이름. 옛날에는 불경하게 이를 글자대로 읽지 않고 '모某'라고 읽
음으로써 성인에 대한 경의를 표함.

5 **匿**(익): (내심의 원한을) 숨김, 감춤.

6 **友**(우): 여기서는 동사로, (겉으로만) 벗하며 친하게 지낸다는 뜻임.

해설

사람이 대인 관계에서 말과 표정을 꾸미거나 아첨하는 태도로 상대방
을 공경하고, 상대방에 대한 원한을 감춘 채 겉으로만 벗하는 것은 위
선이요, 가식이며, 겉 다르고 속 다른 것이다. 그 때문에 좌구명은 물
론 공자도 그것을 아주 수치스럽게 여겼다. 주자가 사양좌의 말을 빌
려 이른 대로, 그 수치스러움은 남의 벽을 뚫거나 담을 넘어 들어가

도둑질하는 것보다 더한 것인 만큼, 공자는 학인學人들을 깊이 경계해 대인 관계에서 항상 마음가짐을 성실하고 정직하게 갖도록 권면한 것이다. 사실 남을 대하는 태도나 마음가짐이 정직하고 진실해야 하며, 위선적이거나 비굴하게 아첨하며 표리부동해서는 안 된다는 것을 모르는 사람은 없을 것이다. 그럼에도 불구하고 사람이 실제로 대인 관계에서 바르게 처신·처사하지 못하는 것은 필시 사리사욕에 얽매인 바가 있기 때문일 것이다. 사람에게 있어 인성과 덕성의 함양이 왜 중요한지 새삼 깊이 와닿는다.

5-26

안연과 자로가 공자를 모시고 있었는데, 공자께서 말씀하셨다. "각자 자신이 뜻하는 바를 말해보아라." 자로가 말했다. "수레와 말 그리고 베옷과 갖옷을 벗과 함께 나눠 타고 입다가, 설령 망가지더라도 원망하지 않으려고 합니다." 안연이 말했다. "스스로 능한 바를 자랑하지 않고, 어렵고 힘든 일을 남에게 강요하지 않으려고 합니다." 자로가 말했다. "선생님께서 뜻하시는 바를 듣고 싶습니다." 공자께서 말씀하셨다. "나는 노인을 편안히 받들고, 벗을 믿음으로 사귀며, 젊은 이를 은혜로 보살피고자 한다."

顔淵¹季路²侍.³ 子曰: "盍⁴各言爾⁵志?" 子路曰: "願車馬衣輕裘,⁶
안 연 계 로 시　자 왈　합 각 언 이 지　자 로 왈　원 거 마 의 경 구
與朋友共, 敝之而無憾.⁷" 顔淵曰: "願無伐善,⁸ 無施勞.⁹" 子路曰:
여 붕 우 공　폐 지 이 무 감　안 연 왈　원 무 벌 선　무 시 로　자 로 왈

"願聞子之志." 子曰: "老者安之, 朋友信之, 少者懷之.[10]"
원문자지지   자왈   노자안지 붕우신지 소자회지

주석

1 顔淵(안연): 안회.

2 季路(계로): 자로. '계로'는 그의 또 다른 자.

3 侍(시): 아랫사람이 윗사람을 곁에서 모심.

4 盍(합): '하불何不'의 합음자로, '어찌 ~하지 않는가?'라는 뜻이니, 곧 ~해보라는 말임.

5 爾(이): 제이인칭대명사. 너, 너희.

6 衣輕裘(의경구): '의'는 베옷, '구'는 갖옷(짐승의 털가죽으로 안을 댄 옷). '경' 자는 많은 주석가들의 고증 결과 후세에 잘못 더해진 것, 즉 연자衍字로 보임. '거마의구車馬衣裘'라는 표현이 『관자』 「소광편」과 『국어國語』 「제어편齊語篇」에 보임을 감안할 때, 자로가 본디 성어成語를 썼는데, 후세 사람들이 「옹야편」의 "승비마, 의경구乘肥馬, 衣輕裘"(6-3)를 따라 '경' 자를 잘못 더한 것으로 추정됨. 한편 주자는 여기서 '의' 자를 동사로 보아 (옷을) 입는다는 뜻으로 풀이함. 그러면 앞의 '거마車馬'도 동사로 보아야 하는데, 그것은 '경' 자를 연자로 보는 전자에 비해 자구 형식상 자연스러움이 훨씬 떨어짐.

7 "與朋友(여붕우)…" 2구: '폐敝'는 낡음, 망가짐. 여기서는 사역동사로 쓰임. 곧 '폐지敝之'는 '사지폐使之敝'의 뜻을 나타냄. '감憾'은 한恨함, 원망함, 유감스러워함. 예로부터 이 구절을 끊어 읽는 방법으로는 이처럼 '공共' 자에서 끊는 경우 외에도 '지之'에서 끊거나 전체를 한 구절로 보기도 함. 다만 뒤의 두 가지는 모두 '공' 자가 부사로 '폐' 자를 수식하고 구절 전체의 의미 중점도 '폐'에 두어짐. 반면 전자는 '공' 자가 서술어로 '공승복共乘服'(『주소』), 즉 함께 (거마를) 타고 (베옷과 갓옷을) 입는다는 뜻을 나타내며 의미의 중점도 이에 두어지는데, 논지의 적절성에 있어 후자를 능가함.

8 伐善(벌선): '벌'은 자랑함, 과시함. '선'은 뛰어난 점, 능한 바. 주자는 '유능함'으로 풀이하고, 유보남은 '선덕善德'으로 이해함.

9 施勞(시로): 공안국이 힘든 일을 남에게 강요한다는 뜻으로 풀이함. '시'는 「안연

편」 "기소불욕, 물시어인己所不欲, 勿施於人"(12-2)의 '시'와 같은 뜻으로, 가加함, 강요함을 이름. '로'는 노역지사勞役之事, 즉 몹시 괴롭고 힘든 일. 한편 주자나 유보남, 양보어쥔 등은 '시'는 과장함, 드러냄, 떠벌림의 뜻으로, '로'는 공로, 유공有功의 뜻으로 각각 풀이함. 하지만 원대元代 진천상陳天祥의 『사서변의四書辨疑』에서도 지적했듯이 '능한 바를 자랑하지 않는다'거나 '공로를 떠벌리지 않는다'는 것은 결국 한가지 일인데, 안연이 과연 그처럼 중언부언했을까? 주자는 『집주』에서 앞의 풀이를 혹설或說로 소개하면서, 그 역시 통한다고 함.

10 安之(안지)·信之(신지)·懷之(회지): 여기서 '지' 세 글자는 각각 '노자老者'·'붕우朋友'·'소자少者'를 가리키며, 그러면 이는 곧 공자가 노인은 편안히 받들고, 벗은 믿음으로 사귀며, 젊은이는 은혜로 보살핀다는 뜻으로 풀이됨. 한편 일설에는 '지' 자를 공자 자신을 가리키는 것으로 보고, 공자가 노인과 벗·젊은이를 각각 공경과 신실·은혜로 대하면, 그들도 각기 공자를 편안하게 하며 믿고 그리워한다는 뜻으로 풀이함. 하지만 그것은 자신의 본분이나 노력보다는 그 효험에 중점이 두어져 있어 공자의 본의로 보기 어려움. 주자는 『집주』에서 후자도 일설로 소개하면서 역시 통한다고 함.

해설

공자는 물론, 안연이나 자로의 지향 또한 범상치 않다. 자로가 의리를 중요하게 생각하고 재물을 가볍게 여기는 의자義者의 모습이라면, 안연은 겸허와 추기推己의 수양이 돋보이는 인자의 면모이다. 하지만 진정 사사로움이 없는 그들의 품성도, 공자의 천하대동天下大同(온 세상이 평화롭고 안락함이 넘치는 이상 사회를 이르는 말)의 원대함에는 미치지 못하니, 공자는 그야말로 성자의 풍모이다.

정자가 이른 대로, "공자가 편안히 인도仁道를 행함이라면, 안연은 인도를 떠나지 않음이요, 자로는 인도를 추구함이다(夫子安仁, 顔淵不違仁, 子路求仁)." 아무튼 "공자나 안연 그리고 자로의 뜻이 모두 다른 사람과 더불어 사는 것이며, 다만 그 크고 작음의 차이가 있을 따름이다〔子路顔淵孔子之志, 皆與物共者也, 但有小大之差爾〕."

5-27

공자께서 말씀하셨다. "다 글렀구나! 나는 아직 능히 자신의 잘못을 알고, 마음속으로 깊이 자책하는 사람을 보지 못하였다."

子曰: "已矣乎¹! 吾未見能見²其過而内自訟³者也."
자왈   이의호   오미견능견 기 과이내자송 자야

주석

1 **已矣乎**(이의호): 주자가 "그런 사람을 끝내 만나지 못할까 두려워하여 탄식한 것〔恐其終不得見而歎之也〕"이라고 했듯이, 이는 곧 안타깝고 실망스럽다는 뜻을 함축 표현한 말임. 다 그만이로구나, 끝이로구나, 글렀구나! '이'는 지止와 같은 뜻이고, '의호'는 복합 어조사로, 탄식의 어기를 나타냄.
2 **見**(견): 봄. 여기서는 앎, 인지함을 이름. 이는 앞의 '견' 자가 본의 그대로 본다는 뜻인 것과는 다르게 이해됨.
3 **内自訟**(내자송): 주자가 "입으로 말은 하지 않지만 마음속으로 자신을 꾸짖어 나무라는 것〔口不言而心自咎也〕"이라고 했듯이, 이는 곧 내심으로 자책함을 이름. '송'은 책망함.

해설

사람은 누구나 잘못을 할 수 있다. 문제는 잘못한 이후의 태도다. 공자가 「위영공편」에서 강조했듯이 "잘못을 하고도 고치지 않는 것, 그

300

것이야말로 진정 잘못이라 할 것이다."(15-30) 정자가 이른 대로, "학문의 도는 다른 게 없으니, 자신이 잘못되었음을 알면 서둘러 고쳐 바른 길을 따라가는 것이다(學問之道無他也, 知其不善, 則速改以從善而已)." "잘못을 고치는 데 인색하면, 끝내 도덕의 문으로 들어갈 수가 없다(吝於改過, 則終無以入德)."(『집주』1-8) 따라서 사람은 모름지기 "잘못이 있으면 고치기를 꺼리지 말아야 한다."(1-8) 그러자면 먼저 겸허한 마음으로 자신의 잘못이 무엇인지를 알고, 또 인정해야 한다. 그리고 마음속 깊이 자책하고 뉘우친 후, 기꺼이 그 잘못을 고쳐나가야 한다. 어떤 이는 잘못을 고치면 잘못을 하지 않은 것과 같다고도 했다.

사람은 대개 뭔가 잘못한 게 있을 때, 스스로 그것을 아는 이가 드물 뿐만 아니라, 잘못을 알고 나서도 마음속으로 깊이 자책하는 이는 더더욱 드물다. 만약 마음속 깊이 자책을 한다면, 그 뉘우치고 깨달음이 깊고 절실해 잘못을 고칠 가능성이 크다. 공자는 바로 그런 사람을 끝내 만나지 못할까 두려워 탄식한 것이다. 배우는 사람을 경계하려는 뜻이 깊고도 깊다.

5-28

공자께서 말씀하셨다. "10호戶밖에 안 되는 작은 마을에도, 반드시 충성스럽고 신실함이 나와 같은 사람이 있을 것이다. 하지만 그 누구도 나만큼 배우기를 좋아하지는 못할 것이다."

子曰: "十室之邑,¹ 必有忠信如丘²者焉,³ 不如丘⁴之好學也."
자왈 십실지읍 필유충신여구 자언 불여구 지호학야

1 **十室之邑**(십실지읍): 인가人家가 10호 정도밖에 안 되는 작은 마을. 이는 곧 '충
   성스럽고 신실한 사람'을 어디에서든 쉽게 볼 수 있음을 강조하기 위해 쓴 말임.
   '읍'은 고대에는 오늘날의 마을에 해당하고, 한漢·당대唐代 이후에는 오늘날의
   군현郡縣에 해당함.
2 **如丘**(여구): 나(공자)와 같음. 이는 공자의 자찬이나 자만이 아니라 충성스럽고 신
   실한 미질美質의 보편성을 말함으로써 '호학好學'하는 기풍을 찾아보기 어려움
   을 강조하기 위한 말임. '구'는 공자의 이름.
3 **焉**(언): '어지於之'의 합음자. '지'는 '십실지읍'을 가리킴.
4 **不如丘**(불여구): 나(공자)의 ~에는 비하지 못함, 나만큼 ~하지는 못함. 이는 '호학
   함'에 대한 공자의 강한 자부로, 그 중요성과 고귀함을 강조하기 위한 말임.

『예기』「학기편」에서 말했다. "옥은 다듬지 않으면 기물器物이 될 수
없고, 사람은 배우지 않으면 도(인생의 길, 진리)를 알지 못한다〔玉不琢, 不
成器; 人不學, 不知道〕." 사람은 뭐니 뭐니 해도 배워야 한다. 사람은 배움
을 통해서야 비로소 지식을 얻고, 지혜를 더하며, 인성과 품성을 함양
하여 마침내 훌륭한 인물, 인재로 성장할 수가 있다. 공자가 시종 호
학을 실천하고 강조한(7-19·20 참조) 까닭은 바로 그 때문이다. 「술이
편」에서 공자는 당신의 위인爲人을 스스로 형용하며 "어떤 것을 간절
히 알고 싶으면 한껏 분발 몰두하여 밥 먹는 것도 잊어버리고, 또 그
렇게 해서 새로운 것을 알게 되면 즐거운 마음에 온갖 걱정도 다 잊
고 장차 늙음이 다가오는 것도 알지 못한다"(7-19)고 하는가 하면, "나
는 결코 태어나면서부터 인생의 진리를 아는 사람이 아니며, 단지 옛
것을 좋아하여 급급히 탐구해 터득한 사람일 뿐이다"(7-20)라고 했다.

곧 당신의 호학·면학 정신을 자부하고 부각하면서도, 당신은 결코 '생이지지자生而知之者'가 아니라 '학이지지자學而知之者'임을 강조한 것이다. 공자는 평소 겸양이 몸에 밴 군자였지만, 이렇듯 호학에 있어서만은 결코 자부하기를 주저하지 않았다. 그것은 물론 어떻게든 사람들로 하여금 가능한 한 호학하도록 일깨우고 면려하려는 고뇌의 발로이다.

제6편

옹야

雍也

「옹야편」은 모두 28장으로 나뉘는데, 이는 주자의『집주』를 따랐다. 하안의『집해』에서는 제1장과 제3장을 각기 두 장으로 나눠 30장으로 엮었다. 이 편의 전반부는 대의大意가 앞 편과 마찬가지로 제자들을 위주로 한 구체적 인물에 대한 평론이 중심인데, 이는 앞 편에서 계속된 것으로 그 장수章數가 많아 일부를 이 편에 편입시켰기 때문이다. 후반부에서는 군자와 인자·지자를 논하는가 하면, 덕행과 정사에 대해 아울러 논술했다.

6-1

공자께서 말씀하셨다. "옹은 경대부의 높은 벼슬에 올라 백성을 다스리게 할 만하다." 중궁이 자상백자는 어떤지 여쭙자, 공자께서 말씀하셨다. "그 사람도 괜찮다. 처사가 소탈하고 수월하나니." 중궁이 아뢰었다. "스스로 마음가짐을 엄격히 삼가면서 처사를 소탈하게 하여 백성을 다스린다면, 그 또한 괜찮지 않습니까? 그러나 만약 자신의 마음가짐을 소탈하게 하면서 처사를 소탈하게 한다면, 그건 너무 소탈한 게 아닙니까?" 공자께서 말씀하셨다. "네 말이 맞다."

子曰: "雍¹也, 可使南面.²" 仲弓問³子桑伯子.⁴ 子曰: "可⁵也, 簡.⁶"
자왈   옹 야 가 사 남 면   중 궁 문 자 상 백 자   자 왈   가 야   간

仲弓曰: "居敬⁷而行簡,⁸ 以臨⁹其民, 不亦可乎? 居簡而行簡, 無乃¹⁰
중 궁 왈   거 경 이 행 간   이 림 기 민   불 역 가 호   거 간 이 행 간   무 내

大¹¹簡乎?" 子曰: "雍之言然.¹²"
태 간 호   자 왈   옹 지 언 연

1 **雍**(옹): 염옹. 자는 중궁. 공자의 제자.

2 **南面**(남면): 이는 예로부터 '광명光明'의 방향인 남쪽을 향해 앉아서 정사를 듣고 처리함을 이름. 『주역』 「설괘전說卦傳」에서도 "성인은 남쪽을 향해 앉아 천하의 정사를 듣고, 광명을 향해 앉아 만백성을 다스린다〔聖人南面而聽天下, 嚮明而治〕"고 함. 다만 이에 대해서는 두 가지 견해가 있는데, 먼저 포함과 정현, 주자 등은 모두 천자나 제후를 두고 이르는 것으로 봄. 반면 『문선文選』 「사현부思玄賦」 주에서 인용한 『논어적보상論語摘輔象』과 왕인지의 『경의술문經義述聞』 등에서는 경대부를 지칭하는 것으로 풀이함. 대개 『대대례』 「자장문입관편子張問入官篇」에서 "군자는 '남면'하여 관직에 임한다〔君子南面臨官〕"라고 한 것이나, 『사기』 「저리자전樗里子傳」에서 "반드시 공公의 공功을 우리 위나라 임금님께 아뢰어 공이 '남면'하도록 하겠습니다〔請必言子於衛君, 使子爲南面〕"라고 한 것을 보면, 이를 반드시 군주에 국한시켜 이해하는 것은 무리가 있음. 더욱이 당시 이미 왕위 세습이 보편화된 점을 감안할 때, 평소 참람을 극력 반대해온 공자가 "포의의 선비를 어떻게 참람히 군왕에 견줄 수 있겠는가?〔身爲布衣, 安得僭擬於人君乎〕"(『경의술문』) 따라서 이는 경대부의 높은 벼슬에 올라 백성을 다스리며 충군忠君·보국輔國하는 것으로 이해함이 마땅할 것임.

3 **問**(문): 이는 주자가 이른 대로, 중궁이 공자께서 자신을 '남면'할 만하다고 허여함을 듣고, 자상백자는 어떠한지, 즉 '남면'할 만한 인물인지 아닌지를 여쭌 것이며, 결코 일반적으로 그의 사람됨을 물은 것은 아님.

4 **子桑伯子**(자상백자): 사람 이름. 어떤 사람인지 자세히 알 수 없음. 주자는 호인의 말을 빌려, 『장자』 「산목편」에 나오는 '자상호子桑戶'일지도 모른다는 견해를 피력했으나 확실치 않음.

5 **可**(가): 가함. 곧 다소 미진함이 있으나 그런 대로 괜찮음을 이름.

6 **簡**(간): 황간은 '소탈하고 대범하며 자잘하게 행동하지 않음〔疏大無細行〕'으로, 형병은 '간략함〔簡略〕'으로, 주자는 '번쇄煩瑣하지 않음〔不煩〕', 즉 너더분하고 좀스럽지 않다는 뜻으로 풀이했는데, 이는 대개 처사가 소탈하고 수월하여 까다롭지 않음으로 이해됨.

7 **居敬**(거경): 마음가짐이나 처신을 삼가고 엄숙히 하며 스스로 태만하지 않는다는 말. '거'는 평소의 마음가짐과 태도를 이름. '경'은 경신敬愼, 즉 삼감, 조심함.

8 行簡(행간): 처사를 소탈하고 간이簡易하게 하여 사람을 못살게 굴지 않는다는 말. '행'은 행사行事, 처사.

9 臨(림): 윗사람이 아랫사람을 대함. 곧 (백성을) 다스림을 이름.

10 無乃(무내): (어찌) ~이 아니겠는가? 반문의 어기를 띰.

11 大(태): 태太와 같음. 너무, 지나치게.

12 然(연): 그러함. 곧 맞음, 옳음을 이름.

해설

백성을 다스리는 높은 벼슬아치의 처사는 소탈하고 수월해야 하는데, 그것은 특히 스스로 엄격히 삼가는 마음가짐에서 우러나와야 한다. 염옹이 '남면南面'의 재목으로서 손색이 없는 것은 바로 그 같은 이치를 깊이 깨닫고 체득했기 때문일 것이다. 일찍이 염옹이 인을 어떻게 행해야 하는지 묻자, 공자가 이르기를 "문밖에 나가 다른 사람을 만날 때는 귀한 손님을 뵙듯이 공경하고, 벼슬자리에서 백성을 부릴 때는 큰 제사를 받들 듯이 정중하여라"(12-2)라고 했으니, 곧 '거경居敬'을 말하는 것이요, 또 정치를 어떻게 해야 하는지를 묻자, "부하 관리들에게 솔선수범하고, 아랫사람의 작은 잘못을 관용하며, 어질고 유능한 인재를 등용하여라"(13-2)라고 했으니, 곧 '행간行簡'을 말하는 것이다. 이에서 알 수 있듯이 염옹의 정치적 조예와 자질은 다분히 공자의 가르침에서 유래하고 있다 할 것이다.

한편 염옹은 물론, 공자 또한 자상백자가 너무 소탈하다고 보고 있는데, 그게 왜 문제일까? 주자의 설명을 들어보자. "스스로 마음가짐과 몸가짐을 삼가면 심중에 주관主觀이 확립되어 스스로를 다스림이 엄격해질 것이며, 그러면서 처사를 소탈하게 하여 백성을 다스린다면 일도 번거롭지 않고 백성들도 성가시지 않으니, 좋다고 하겠다. 하지만 만약 먼저 스스로 마음가짐과 몸가짐을 소탈하게 하면 심중에 주관이 없어 스스로를 다스림이 허술할진대, 그 처사까지 소탈하다면 어찌 너무 소탈하여 지킬 법도가 없는 폐단이 있지 않겠는가?" 사람은 무엇보다 자기 자신을 잘 다스리고, 스스로 중심을 잘 잡아야 한다.

6-2

애공이 물었다. "제자 가운데 누가 배우기를 좋아합니까?" 공자께서 대답하셨다. "안회라는 친구가 배우기를 좋아하여 노여움을 제삼자에게 옮기지 않고, 같은 잘못을 두 번 저지르지 않았습니다. 하지만 불행히도 명이 짧아 이미 세상을 떠났습니다. 이제 안회가 죽고 없으니, 배우기를 좋아하는 사람이 있다는 말은 들어보지 못하였습니다."

哀公[1]問: "弟子孰[2]爲好學?" 孔子對曰: "有顔回者好學, 不遷怒,[3]
애 공 문   제 자 숙 위 호 학   공 자 대 왈   유 안 회 자 호 학   불 천 노
不貳過.[4] 不幸短命[5]死矣! 今也[6]則亡,[7] 未聞好學者也."
불 이 과   불 행 단 명 사 의   금 야 즉 무   미 문 호 학 자 야

주석

1 哀公(애공): 2-19 주석 1 참조.

2 孰(숙): 누구.

3 不遷怒(불천노): 이 사람에게 화난 감정을 저 사람에게 옮겨 발산하지 않음. '천'은 옮김. '노'는 분노, 화. 한편 다산은 이 같은 전통적인 풀이와는 달리, "가난하

고 고생스럽다고 하늘을 원망하거나 사람을 탓하지 않는 것(不以貧苦而有怨尤)",
다시 말해 "빈천과 우환을 군자가 순순히 받아들이면서 하늘을 원망하지도 사
람을 탓하지도 않는 것(貧賤憂患, 君子順受, 不怨天不尤人)"을 이른다고 함. 아무튼
전자가 어느 정도 도덕 수양이 높은 사람이면 능히 행할 수 있는 경지라면, 후자
는 분명 진정한 도덕군자가 아니고서는 능하기 어려운 '불천노'의 극치라고 할
것임.

4 不貳過(불이과): 같은 잘못을 두 번 저지르지 않음. '이'는 거듭함. 한편 다산은
"잘못이 있으면 용감히 고치며 조금의 망설임도 없는 것(有過, 則勇改之, 無所岐攜)"
이라고 하여, 잘못을 고칠지 말지 '두 마음'으로 망설이지 않고, 단호하고 깨끗이
고쳐 마음속에 추호의 찌꺼기도 남기지 않는 것임을 강조했는데, 이는 보다 근
원적인 측면에서 '불이과'를 풀이한 것이라고 할 수 있음.

5 短命(단명): 명이 짧음. 『춘추공양전春秋公羊傳』과 『사기』 「중니제자열전」에 의하
면 안회가 세상을 떠난 나이는 41살로 추정되는데, 『공자가어』 「칠십이제자해
편」에서는 또 31세에 요절했다고 함. 다만 현재로서는 확실한 증거가 없어, 그
졸년卒年을 단정하기 어려움.

6 也(야): 일시 멈춤의 어조사.

7 亡(무): 무無와 같음. 곧 안회가 죽고 없다는 말. 앞 구절에서 이미 그의 요절을
언급했음에도, 여기서 다시 이 말을 덧붙인 것은 안타까운 마음을 이기지 못한
탓임. 일설에는 이 '무'를 안회처럼 호학하는 사람이 없다는 말이라고 하나, 다음
구절과 의미가 중복되어 적절치 못함. 또 이를 연자衍字로 보는 견해도 있으나,
확실치 않음.

해설

공자는 평소 '학이지지자學而知之者'(16-9)로 자처하며 호학을 자부했
다. 그런 만큼 결코 쉽게 호학함을 들어 다른 사람을 칭찬하지 않았
다. 하지만 유독 안회의 호학만은 극찬하며 그가 일찍 세상을 떠난 것
을 애달파했다.

공자는 안회가 호학한 표징表徵으로, '불천노不遷怒'(노여움을 제삼자에

게 옮기지 않음)와 '불이과不貳過'(같은 잘못을 두 번 저지르지 않음) 두 가지를 들었는데, 이는 공자가 말하는 '배움(學)'이란 지식보다는 품행, 즉 도덕의 수양과 품성의 함양에 무게를 둔 것임을 단적으로 말해준다. 요컨대 한 사람의 입신 처세의 근본은 무엇보다 그의 인성이요, 사람됨이라는 게 공자의 생각이다. 같은 맥락에서 공자는 일찍이 "군자가 식사함에 배부름을 추구하지 않고, 거처함에 편안함을 추구하지 않으며, 일을 함에는 민첩하고 근면하나, 말을 함에는 삼가고 조심하며, 도덕 수양이 높은 이에게 나아가 가르침을 받아 자신을 바로잡는다면, 배우기를 좋아한다고 할 수 있다"(1-14)라고도 했다. 이 또한 일생을 안빈낙도한 안회의 형상(6-9 참조)이 아니고 무엇이겠는가? 공자가 안회의 호학을 높이 산 까닭을 알 만하다.

"배우기를 좋아하면 사리에 밝고 수양이 깊어질 것인바, 사리에 밝고 수양이 깊으면 분명 가상假象에 미혹되지 않고 감정에 휘둘리지 않으며, 편견에 얽매이지 않고 명리名利에 유혹되지 않을 뿐만 아니라 경험을 총결하고 교훈을 섭취할 수 있으므로, 곧 '불천노, 불이과'할 수가 있다(好學則明於事理, 深於修養. 明於事理深於修養, 遂能不爲假象所迷, 不爲感情所驅, 不爲偏見所撓, 不爲名利所誘, 又能總結經驗, 吸取敎訓, 故能'不遷怒, 不貳過')."(『조해趙解』) 한데 「선진편」에서 계강자가 같은 질문을 했을 때는 단지 안회의 호학만을 말할 뿐, 그 구체적인 표징을 들지 않았던(11-7 참조) 공자가 애공에게는 굳이 '불천노, 불이과'를 들어 설명한 까닭은 무엇일까? 이를 두고 왕충은 차제에 "노여움을 제삼자에게 옮기고, 같은 잘못을 반복하는 애공의 성정性情을 아울러 풍간諷諫하려고 한 때문(幷攻哀公之性遷怒貳過故也)"(『논형』 「문공」)이라고 했으며, 형병

또한 『주소』에서 같은 견해를 소개했다. 『예기』 「애공문편哀公問篇」에
따르면, 공자는 '어리석고 사리에 어두움〔蠢愚冥煩〕'을 자인한 애공을
여러 방면에 걸쳐 은근히 풍간하고 있는데, 애공에게 필시 '천노遷怒'
와 '이과貳過'의 허물이 있었는지도 모를 일이다.

6-3

자화가 제나라에 사신으로 가자, 염자가 그 어머니에게 좁쌀을 보
내주자고 공자께 청원하였다. 공자께서 말씀하셨다. "그의 어머니께
좁쌀 여섯 말 넉 되를 드려라." 염자가 더 줄 것을 요청하자, 공자께서
말씀하셨다. "두 말 넉 되를 더 드려라." 하지만 염자는 자화의 어머
니에게 좁쌀 여든 섬을 주었다. 공자께서 말씀하셨다. "적(자화)이 제
나라에 갈 때 살찐 말이 끄는 수레를 타고, 가볍고 따뜻한 갖옷을 입
고 갔다. 내가 듣기로 군자는 빈자貧者의 절박한 가난을 구제할 뿐, 부
자의 재부財富에 다시 더 보태어주지는 않는다고 하였다." 원사가 공
자의 가재家宰가 되었는데, 공자께서 그에게 좁쌀 900말을 주자, 그가
사양하였다. 공자께서 말씀하셨다. "사양하지 마라. 많거든 가져다가
너의 마을 사람들에게 나누어 주려무나!"

子華¹使²於齊, 冉子³爲其母請粟.⁴ 子曰: "與⁵之釜.⁶" 請益.⁷ 曰:
자화 사 어제 염자 위기모청속 자왈 여지부 청익 왈
"與之庾.⁸" 冉子與之粟五秉.⁹ 子曰: "赤之¹⁰適¹¹齊也, 乘肥馬,¹² 衣
여지유 염자여지속오병 자왈 적지적제야 승비마 의
輕裘.¹³ 吾聞之也: 君子周急¹⁴不繼富.¹⁵" 原思¹⁶爲之宰,¹⁷ 與之粟¹⁸
경구 오문지야 군자주급 불계부 원사 위지재 여지속

九百,[19] 辭.[20] 子曰: "毋[21]! 以與爾[22]隣里鄕黨[23]乎[24]!"
구백　사　자왈　무　　이여이　린리향당　호

주석

1 子華(자화): 공자의 제자 공서적公西赤. '자화'는 그의 자. 곧 공서화. 5-8 주석 12
　참조.

2 使(사): 출사出使함. 곧 사자使者, 사신으로 나감을 이름. 황간은 이때 공서화가
　제나라에 노나라 임금의 사신으로 갔는지, 공자의 사자로 갔는지는 알 수 없다
　고 함. 반면 형병은 노나라 사신이었다고 하고, 주자는 공자의 사자였다고 함. 이
　에 다산은 만약 공적인 임무가 아니고 사적인 일로 갔다면, '살찐 말과 가벼운 갖
　옷'은 더욱 이치에 맞지 않는다고 함. 여기서 공자는 공서화가 부유하다는 생각
　에서 그 어머니에게 곡식을 주는 것을 그다지 달가워하지 않은 듯한데, 만약 공
　자가 개인적으로 사자를 파견했다면 공서화가 아무리 부유할지라도 최소한의
　보수는 주고자 했을 것으로 판단되며, 따라서 형병의 견해가 사실에 보다 근접
　할 것으로 판단됨.

3 冉子(염자): 염유. 3-6 주석 4 참조. 『논어』에서 공자의 제자 가운데 '자子'의 칭호
　를 붙여 일컬은 경우는 증삼·유약·민자건 그리고 염유뿐임. 여기서 이같이 일컬
　은 것으로 보아, 이 장은 염유의 제자가 기록한 것일 가능성이 있음.

4 粟(속): 좁쌀(이는 고대의 주식이었음). 또 곡식, 식량을 통칭하기도 함.

5 與(여): 줌.

6 釜(부): 고대의 계량 단위. 6두斗 4승升, 즉 여섯 말 넉 되.

7 益(익): 더함. 곧 더 많이 줌을 이름.

8 庾(유): 고대의 계량 단위. 두 말 넉 되. 포함은 16말이라고 하나, 본시 곡식을 많
　이 주고 싶지 않은 공자가 추가로 주는 양으로는 지나치게 많아 적절치 않음.

9 秉(병): 고대의 계량 단위. 16곡斛. 1곡은 10말로, 곧 오늘날의 1섬(石)임.

10 之(지): 1-10 주석 8 참조.

11 適(적): 감(往).

12 乘肥馬(승비마): 살찐 말이 끄는 수레를 탐. 양보어쥔의 고증에 따르면, 이를 살
　찐 말을 탄다는 뜻으로 풀이해서는 안 됨. 왜냐하면 공자 당시의 복장은 말을

타기에는 아주 불편했으며, 전국시대 조趙나라 무령왕武靈王 때에 와서야 비로소 전쟁을 하기에 편리하도록 호인胡人들처럼 간편한 옷을 입고 말을 타고 활을 쏘는 것을 배우게 되었기 때문임.

13 衣輕裘(의경구): 가벼운 갖옷을 입음. '의'는 여기서는 동사로, (옷을) 입는다는 뜻임.

14 周急(주급): 빈자의 절박한 가난을 구제함. '주'는 '주賙'와 같음. 구제함. '급'은 주자는 궁박窮迫함, 즉 몹시 가난하여 구차함이라 하고, 장거정은 빈궁군급貧窮窘急함, 즉 가난하고 궁색하며 사정이 몹시 절박함이라고 함.

15 繼富(계부): 부자의 재부에 다시 보태어줌. '계'는 이음, 이어나감. 곧 더 보태준다는 말.

16 原思(원사): 공자의 제자 원헌原憲. 자는 자사子思. 대개 '원사'라 일컬음. 노나라 사람(일설에는 송나라 사람)으로, 청정한 성품에 몹시 가난했으나, 평생토록 벼슬하지 않고 안빈낙도함.

17 爲之宰(위지재): 공자 집안의 가재가 됨. '지'는 지시대명사로 '기其'와 같음. 여기서는 공자를 가리킴. '재'는 가재, 가령家令. 곧 옛날 대부가大夫家 가신의 장長을 이름. 이때 공자는 노나라 대사구로 있으며, 원사를 가재로 삼음.

18 粟(속): 좁쌀. 여기서는 가재의 녹봉을 두고 이름.

19 九百(구백): 이를 공안국은 900말[斗]이라고 하고, 주자는 그 양을 구체적으로 말하지 않아 알 수 없다고 했으며, 첸무는 900곡斛이라고 함. 하지만 현재로서는 자세히 알 수 없어 단정하기 어려움. 주자는 이를 '상록常祿', 즉 통상적인 녹봉으로 보았으나, 원사가 사양한 것으로 보아 분명 '상록'보다는 훨씬 많은 양이었을 것으로 추정됨. 여기서는 편의상 공안국의 견해를 따르기로 함.

20 辭(사): 사양함. 원사가 사양한 것은 좁쌀이 너무 많다고 생각했기 때문임.

21 毋(무): 뒤에 '사辭' 자가 생략된 형태로, 사양하지 마라, 사양할 것 없다는 뜻임.

22 爾(이): 제이인칭대명사. 너, 그대.

23 隣里鄕黨(인리향당): 모두 고대의 지방 행정단위로, '인'은 5호戶, '리'는 25호, '향'은 만 2,500호, '당'은 500호를 이름. 여기서는 이로써 고향의 마을 사람들을 가리킴.

24 乎(호): 어조사. 부드러운 명령이나 허락의 어기를 나타냄.

이른바 "군자는 빈자의 절박한 가난을 구제할 뿐, 부자의 재부에 다시
더 보태어주지는 않는다"는 것은 곧 유가 인애 사상의 발현이다. '살
찐 말과 가벼운 갖옷'으로 미루어 볼 때, 공서화의 재력은 이미 상당한
것으로 보인다. 공자가 그 어머니에게 곡식을 주는 데 적극적이지 않
은 까닭은 바로 그 때문이다. 하지만 정자가 이른 대로, "염유가 그 어
머니에게 곡식을 줄 것을 청원하자, 성인은 너그럽게 받아들여 남의
말을 정면으로 거절하지 않으려고 하셨다. 그 때문에 조금 주라고 하
셨으니, 주지 않아야 함을 보이신 것이다. 다시 더 줄 것을 청원하자,
더 주라고 하신 것 역시 조금이니, 더 주지 않아야 함을 보이신 것이
다. 염유가 그 뜻을 헤아리지 못하고, 스스로 많이 주었으니 너무 지나
친 것이며, 그래서 선생님께서 나무라신 것이다. 아마 공서화가 진실
로 심히 궁핍하였다면 선생님께서 반드시 스스로 그를 구제하였을 것
이며, 청원을 기다리지 않았을 것이다."

반면 공자는 안빈낙도하는 원사에 대해서는 통상적인 녹봉보다 훨
씬 많은 곡식으로 격려하고자 했다. 또한 그 후의厚意를 사양하는 원
사에게 많다고 생각되거든 가난한 이웃들에게 나누어 주라고 했으니,
곧 '주급周急', 즉 빈자의 절박한 가난을 구제함의 의리를 가르치신 것
이다. 재물은 어떻게 쓰느냐에 따라 한없이 값질 수도 있고, 또 무의미
하거나 부조리와 부패를 조장할 수도 있다.

6-4

공자께서 중궁을 두고 말씀하셨다. "얼룩소 송아지가 털이 붉게 빛나고 뿔이 단정하게 돋으면, 설령 사람들은 제사에 희생으로 쓰지 않으려고 하더라도, 산천의 신이 어찌 그대로 내버려두겠느냐?"

子謂仲弓¹曰: "犂牛²之子³騂⁴且角,⁵ 雖⁶欲勿⁷用,⁸ 山川⁹其¹⁰舍¹¹諸¹²?"
자 위 중 궁 왈   이 우 지 자 성 차 각   수 욕 물 용   산 천 기   사   저

주석

1 仲弓(중궁): 염옹. 5-5 주석 1 참조.

2 犂牛(이우): 얼룩소. 고대에는 순색보다는 얼룩소가 많아 밭을 갈 때 거의 얼룩소를 부렸다고 함.

3 子(자): 곧 송아지를 이름.

4 騂(성): 붉은색. 여기서는 털빛이 아주 붉음을 이름. 주나라 사람들은 붉은색을 귀하게 여겨 제사 때 희생犧牲으로 붉은색 짐승을 썼음.

5 角(각): 뿔. 이에 대해서는 "뿔이 완전하고 단정하여 희생으로 쓰기에 적합함(角周正, 中犧牲也)"을 이른다고 한 하안의 풀이가 통설이나, 왕시위엔은 유월의 『군경평의』의 견해에 의거해 그 모순을 지적함. 즉, 단지 '각'이라고만 했으니, 그 뿔이 완전하고 단정한지 어떤지는 알 수 없으며, 단지 동우童牛(아직 뿔이 나지 않은 송아지)와 구별해 이른 것일 뿐임. 옛날 제사에 쓰는 소는 뿔이 작은 것을 귀히 여겼는데, 동우는 뿔이 없어 아직은 제사에 쓸 수 없기 때문에 굳이 뿔이 났음을 말함으로써 그 송아지가 제사에 쓸 수 있는 때가 되었음을 밝힌 것이라고 함. 사실 유월보다 앞서 다산도 이미 하안이 '각'이라는 한 글자 안에 어떻게 그런 뜻이 포함되어 있다고 알았는지 의아하다는 견해를 피력한 바 있는데, 아무튼 왕시위엔의 지적은 일리가 있음. 다만 희생으로 쓸 송아지의 털 빛깔은 붉은색 가운데서도 특히 붉고 아름다워야 하고, 뿔 상태는 범상치 않아 아주 완전하고 단정해야 한다고 볼 때, 여기서는 그 같은 뜻이 묵시적으로 전제된 것으로 이해됨.

6 雖(수): 비록. 또 설사, 설령.

7 勿(물): 불不과 같음.

8 用(용): 곧 제사에 희생으로 쓴다는 말.

9 山川(산천): 여기서는 산천의 신을 이름. 옛날 제후는 경내境內의 명산대천名山大川에 망제望祭를 지냈음.

10 其(기): 기豈와 같음. 어찌, 어떻게.

11 舍(사): 사捨와 같음. 버림.

12 諸(저): 지호之乎의 합음자. '지之'는 앞에서 말한 얼룩소 송아지를 가리킴. '호乎'는 어조사로, 의문의 어기를 나타냄.

해설

송아지는 옛날 제사의 주요 희생이었으나, 밭갈이에 많이 부렸던 미천한 얼룩소의 송아지는 희생으로 쓰지 않았다. 그래서 설령 얼룩소 송아지의 '털이 붉게 빛나고 뿔이 단정하게 돋았다'고 하더라도, 다시 말해 "설령 얼룩소라도 좋은 새끼를 낳아 털 색깔과 뿔 상태가 예에 부합된다[假令犁牛而生好子, 色角合禮也]"(『의소』)고 하더라도, 사람들은 대개 편견에 사로잡혀 희생으로 쓰기를 주저할 것이다. 하지만 현군이라면 선뜻 그 송아지를 희생으로 제사를 지낼 것이요, 그러면 산천의 신도 기꺼이 흠향할 것이다. 공자는 바로 이 같은 비유로 중궁의 사람됨을 높이 평가했다. 중궁의 아버지는 신분이 미천한 데다 행실까지 나빴다. 하지만 중궁은 덕성이나 재능이 "경대부의 높은 벼슬에 올라 백성을 다스리게 할 만할[可使南面]"(6-1) 정도의 훌륭한 인재였다. 그러므로 설령 그 출신이 미천하더라도, 현명한 임금이라면 분명히 그를 높이 들어 쓸 것이라는 게 공자의 생각이다. 이렇듯 공자의 인재관은 사람을 임용함에 임인유현任人唯賢, 즉 오직 현능賢能한지 여부만을 따질 뿐, 그 출신 따위는 결코 개의치 않아야 한다는 것이었다. 공자의 사상이 얼마나 시대를 앞서가고 있었는지를 새겨볼 일이다.

6-5

공자께서 말씀하셨다. "안회는 그 마음이 오래도록 인을 떠나지 않으나, 그 나머지 사람들은 하루나 한 달 정도 인에 이를 뿐이다."

子曰: "回¹也,² 其心三月³不違仁,⁴ 其餘⁵則日月至焉⁶而已矣.⁷"
자 왈   회 야   기 심 삼 월 불 위 인   기 여 즉 일 월 지 언 이 이 의

주석

1 **回**(회): 안회. 2-9 주석 1 참조.

2 **也**(야): 어조사. 여기서는 제시의 어기를 나타내면서 일시 멈춤의 작용도 함.

3 **三月**(삼월): 오래도록, 오랫동안. 여기서 '삼'은 「공야장편」 "삼사三思"(5-20)의 '삼'과 같은 용법으로 봐야 함. 주자가 이를 '그 시간이 오래임을 말한다'고 풀이한 것도 같은 맥락으로 이해됨.

4 **不違仁**(불위인): 주자는 "내심에 사욕이 없어 인덕을 간직하는 것(無私欲而有其德也)"이라고 하고, 첸무는 '거인居仁'이라고 했으니, 곧 인을 떠나지 않는다는 말임. '위'를 다산은 리離(떠남)와 같다고 하고, 장거정은 '이곳을 떠나 저곳으로 가는 것(離此至彼)'이라고 한 것도 같은 의미임. 요컨대 '삼월불위인'은 곧 안회는 "이미 능히 인도를 안택으로 삼을 수 있었기(已能以仁爲安宅)"(『신해新解』) 때문에, 아주 가끔 떠나는 경우가 있더라도 바로 제자리로 돌아와 오래도록, 아니 거의 늘 인도에 편안히 거한다는 뜻을 표현함.

5 **其餘**(기여): 곧 안회를 제외한, 그 밖의 다른 제자들을 가리킴.

6 **日月至焉**(일월지언): '일월'은 혹은 하루 동안 혹은 한 달 동안이라는 뜻으로, 곧

비교적 짧은 시간을 이름. '지언'은 하안과 형병이 '지인至仁(인에 이름)'의 뜻으로 풀이함. 첸무가 '욕인欲仁(인하려고 함)'으로 풀이한 것 역시 같은 의미임. '지'는 이름[到]인바, 장거정은 '저기서부터 여기에 오는 것[從彼來此]'이라고 함. 일설에는 '지志(생각함)'와 같다고 하나, 폄하하는 뜻이 지나쳐 공자의 본의로 보기 어려움. '언'은 '지之'와 같으며, 인을 가리킴. 한편 왕시위엔은 이를 '지어시至於是'와 같으며, 그때 '시'는 위에서 말한 '불위인'을 가리키므로, 곧 '불위인'의 수양修養에 이른다는 뜻이라고 함. 두 가지 풀이가 크게 다르지는 않으나, 하안 등의 풀이가 문맥상 보다 자연스러움. 요컨대 '일월지언'은 다른 제자들은 자주 인도를 벗어나 있으며, 가끔 인에 거하는 경우에도 하루나 한 달 정도 지속될 뿐이라는 뜻을 표현함. 한편 주자는 이를 "혹은 하루에 한 번 인에 이르고, 혹은 한 달에 한 번 인에 이르는 것으로, 그 권역에 이르기는 하나 오래가지 못하는 것[或日一至焉, 或月一至焉, 能造其域而不能久也]"이라고 했는데, 폄하하는 뜻이 지나쳐 공자의 본의로 보기 어려움. 다산이 말한 대로, 공문孔門의 뭇 제자들이 비록 안회에게는 미치지 못한다고 할지라도, 그 불인不仁함이 어찌 그와 같을 수 있겠는가?

7 而已矣(이이의): 한정의 어조사. ～일 뿐임, 따름임.

해설

인은 공자 사상의 핵심적 도덕관념이다. 인애의 심성을 길러 궁극적으로 인인仁人 군자의 길로 가기 위해서는, 오랜 세월 각고의 수련과 수양을 해야 한다. 공자는 수제자 안회가 인덕의 수양에 누구보다 부단히 정진함을 높이 평가했다. 비록 아주 가끔은 과오를 범하는 등 인도를 떠나기는 하지만, 오래지 않아 곧 스스로 경각심을 높여 인심仁心을 회복하니, 그 수양의 간단間斷은 매우 드물고 또 짧다. 물론 그럼에도 "이는 안자顏子(안회)가 (혼연히 간단없는) 성인(공자)에 비해서는 한 칸 미달하는 것[此顏子於聖人, 未達一間者也]"(『집주』)이라고 하겠으나, 가벼이 인함을 들어 누군가를 칭찬하지 않은 공자의 이 같은 평가는 분명 극찬이나 다름이 없다. 후세 사람들이 안회를 '복성復聖'으로 존숭하는 근거 또한 여기에 있을 것이다. 공자는 동시에 나머지 제자들의 분발을 촉구하는 마음도 숨기지 않았다.

6-6

계강자가 여쭈었다. "중유를 정치에 종사하게 해도 되겠지요?" 공자께서 말씀하셨다. "유는 과감하고 결단력이 있으니, 그가 정치를 하는 데 무슨 어려움이 있겠습니까?" 또 여쭈었다. "단목사를 정치에 종사하게 해도 되겠지요?" 공자께서 말씀하셨다. "사는 사리에 밝으니, 그가 정치를 하는 데 무슨 어려움이 있겠습니까?" 또 여쭈었다. "염구를 정치에 종사하게 해도 되겠지요?" 공자께서 말씀하셨다. "구는 재예才藝가 많으니, 그가 정치를 하는 데 무슨 어려움이 있겠습니까?"

季康子[1]問: "仲由[2]可使從政[3]也與[4]?" 子曰: "由也果,[5] 於從政乎[6]何
계 강 자 문   중 유 가 사 종 정 야 여   자 왈   유 야 과   어 종 정 호 하
有[7]?" 曰: "賜[8]也可使從政也與?" 曰: "賜也達,[9] 於從政乎何有?"
유   왈   사 야 가 사 종 정 야 여   왈   사 야 달   어 종 정 호 하 유
曰: "求[10]也可使從政也與?" 曰: "求也藝,[11] 於從政乎何有?"
왈   구   야 가 사 종 정 야 여   왈   구 야 예   어 종 정 호 하 유

주석

1 季康子(계강자): 2-20 주석 1 참조.

2 仲由(중유): 자로의 이름.

3 從政(종정): 이는 특히 대부가 되어 정치에 종사함을 이름.

4 也與(야여): 복합 어조사, 즉 어조사를 연이어 쓴 형식. 완곡한 의문의 어기를 나

타내면서, 아울러 가벼운 추측의 어조를 띰. '야'는 일시 멈춤의 어조사. 일설에는 단정斷定의 어조사. '여'는 여與와 같음. 곧 문장 끝에 쓰여서 의문의 뜻을 나타내며, 여기서는 또 추측의 어조를 아울러 띠는 어조사임.

5 果(과): 과감하고 결단력이 있음.

6 乎(호): 일시 멈춤의 어조사.

7 何有(하유): 4-13 주석 4 참조.

8 賜(사): 단목사. 곧 자공의 이름.

9 達(달): 사리事理 내지 물리物理(온갖 사물의 이치)에 통달함.

10 求(구): 염구. 곧 염유의 이름.

11 藝(예): 재예·재능이 많음. 곧 다재다능함을 이름.

해설

계강자는 당시 노나라의 집정 대신으로 막강한 권력자였다. 그가 당시 그들 계씨의 가신이었던 자로와 염유, 그리고 노나라 조정의 신하였던 자공 등 공자의 세 제자에게 관심을 가지고, 그 정치적 역량이 어떠한지 공자께 여쭈었다. 이에 공자는 '결단력이 있음'·'재예가 많음'·'사리에 밝음' 등 각각의 장점을 들어, 세 사람 모두 정치의 재목으로 손색이 없음을 강조했다. 유보남이 이른 대로, "결단력이 있는 사람은 능히 일을 맡아 처리하고, 사리에 밝은 사람은 능히 일의 이치를 밝혀 처리하며, 재예가 많은 사람은 능히 일의 형세를 다스려 처리하므로 모두 정치에 종사할 수가 있다(果者能任事, 達者能明事, 藝者能治事, 故皆可以從政)." 공자는 당신 스스로는 물론, 이처럼 제자들을 통해서도 인정仁政의 이상을 실현하고자 갖은 애를 다 썼음을 확인하게 된다.

6-7

계씨가 민자건을 비 땅의 읍재로 삼으려 하자, 민자건이 (계씨의 사자에게) 말했다. "나를 대신해 잘 좀 거절해주시오. 만약 나를 다시 찾아오는 이가 있으면, 나는 반드시 이곳을 떠나 문수 북쪽으로 갈 것입니다."

季氏¹使閔子騫²爲費宰.³ 閔子騫曰: "善⁴爲我⁵辭⁶焉⁷! 如有復⁸我者,
계 씨 사 민 자 건 위 비 재   민 자 건 왈   선 위 아 사 언   여 유 부 아 자
則吾必在汶上⁹矣."
즉 오 필 재 문 상 의

주석

1 **季氏**(계씨): 이는 노나라의 집정 대부 계환자를 가리킴. 일설에는 계강자를 가리킨다고 함.

2 **閔子騫**(민자건): 공자 초년初年의 제자 민손閔損. '자건'은 그의 자. 노나라 사람으로, 공자보다 열다섯 살 적었음. 『논어』에서는 가끔 '민자閔子'라고 일컫기도 함. 1-1 주석 1 참조.

3 **費宰**(비재): 비 땅의 읍재. '비'는 노나라 읍 이름. 당시 계씨의 식읍이었음. '재'는 읍재. 곧 읍장을 이름.

4 **善**(선): 잘, 적절하게.

5 **爲我**(위아): 나를 위해, 나를 대신해.

6 **辭**(사): 사사辭謝함, 사절함, 거절함.

7 **焉**(언): 어지於之의 합음자. 그들(계씨)에게. 여기서 '언'은 문장 끝에 쓰인 만큼, 또한 어조사로서 소망과 요구의 어기를 나타내기도 함.

8 **復**(부): 또, 다시, 거듭. 여기서는 다시 (나를) 찾아옴, 부르러 옴을 이름.

9 **在汶上**(재문상): '문'은 강 이름. 당시 노나라 북쪽·제나라 남쪽의 양국 국경에 있던 강으로, 곧 지금의 산동성 대문하大汶河. '문상'은 문수 북쪽을 이름. 여기서는

은근히 제나라를 가리킴. '재문상'은 곧 노나라를 떠나 (문수를 건너) 제나라로 가겠다는 말임.

해설

민자건은 공자의 제자 가운데서도 특히 덕행이 뛰어나고(11-3 참조), 효성이 지극한(11-5 참조) 사람이었다. 반면 계씨는 당시 노나라의 집정 대부로 전횡과 참람을 일삼는, 너무나 '신하답지 못한(不臣)' 무도한 인물이었다. 그런 그가 공문孔門의 민자건이 현덕이 있다는 소문을 듣고, 자신의 식읍인 비 땅의 읍재로 삼으려고 한 것이다. 그러나 '신하답지 못한' 계씨 같은 권신에게 벼슬하지 않겠다는 민자건의 의지는 확고했다. 계씨의 사자에게 대신 잘 거절해줄 것을 부탁하고도 미심쩍은 마음에, "만약 나를 다시 찾아오는 이가 있으면, 나는 반드시 이곳을 떠나 문수 북쪽으로 갈 것"임을 분명히 했다. 다산이 이른 대로, "비 땅은 계씨의 소굴이니, 만약 민자건이 비의 읍재로 충성을 다하면, 노나라에는 오히려 피해가 되므로 그 제의를 거절한 것"이리라. 또한 장거정이 이른 대로, "그러나 민자건이 현덕이 있음에도 불구하고 노나라 임금이 그를 등용해 왕실을 바로잡지 못하고, 오히려 계씨로 하여금 그를 데려다 사가私家의 사람으로 만들고자 하게 하였으니, 그것이 바로 노나라가 쇠미하여 떨쳐 일어나지 못한 까닭이었다(然以閔子之賢, 魯君不能用之以匡公室, 而使季氏欲引之以爲私人, 此魯之所以微而不振也)." 아무튼 민자건의 올곧음은 진실로 공자의 제자답나니, 그 스승에 그 제자로다.

6-8

백우가 악질을 앓자, 공자께서 문병을 가시어 창문 안으로 그의 손을 잡고 말씀하셨다. "네가 이런 병에 걸릴 까닭이 없거니, 이 무슨 운명이란 말인가? 이 사람이 이런 병에 걸리다니! 이 사람이 이런 병에 걸리다니!"

伯牛¹有疾,² 子問之, 自³牖⁴執其手, 曰: "亡之,⁵ 命⁶矣夫⁷! 斯⁸人也
백우 유질　자문지　자유 집기수　왈　　무지　명의부　　사 인 야
而有斯疾也! 斯人也而有斯疾也!"
이 유 사 질 야　　사 인 야 이 유 사 질 야

주석

1 伯牛(백우): 공자의 제자 염경冉耕. '백우'는 그의 자. 흔히 '염백우'라 일컫기도 함. 노나라 사람으로, 공자보다 일곱 살이 적었다고 함.

2 疾(질): 악질惡疾 또는 폭질暴疾. 유안劉安의 『회남자』 「정신훈편精神訓篇」에서는 "백우위려伯牛爲厲"라고 함. 여기서 '려'는 '려癘'와 통하는데, 한대 유자儒者들은 대개 이를 '라癩'로 해석해, 염백우가 나병을 앓았다고 봄. 한편 사마천과 포함은 염백우가 '악질'을 앓았다고 했는데, 모기령은 옛날에 악질이란 나병을 말한다고 함. 반면 다산은 만일 나병이라면, 공자가 비록 염백우를 골육처럼 사랑한다고 할지라도 친히 그 손을 잡을 수는 없었을 것이라고 함. 청쑤드어 역시 나병으로 보기 어렵다는 입장에서 『황제내경黃帝內經』에 근거해 '려厲'를 열병의 일종으로 판단함. 추정컨대 염백우는 전염성이 강하지는 않지만 치명적인 폭질에 걸린 것이 아닌가 함.

3 自(자): ~로부터, ~을 통하여.

4 牖(유): 창문.

5 亡之(무지): 공안국은 '무'가 아니라 '망亡'으로 보고, '상喪', 즉 죽음의 뜻으로 풀이하고, 형병은 또 그에 근거해 '상지喪之'란 "염백우가 필시 죽을 것임(牛必死也)"

을 말한다고 함. 이는 곧 후세의 통설이 되었는데, 다산은 또 이를 '실지失之'로 풀이해 "장차 내 어진 벗을 잃겠구나(將失吾賢友也)"라는 뜻을 말한다고 함. 반면 청대 하작何焯은 『의문독서기義門讀書記』에서 '무'를 '무無'의 가차假借로 보면서, "(염백우가) 이런 병에 걸릴 까닭이 없다(無可以致此疾之道)"라는 뜻을 말한다고 함. 그러면 '지'는 지시대명사로, 염백우의 악질 상황을 가리킴. 우리나라 조선시대 『논어집주』 언해본에도 '무亡'의 독음을 '무'로 부기附記하고 있으니, 같은 맥락으로 이해한 것으로 보임. 또한 『논어』에서 '무亡' 자는 대개 '무無'의 뜻으로 풀이되는데, 예컨대 '불여제하지무야不如諸夏之亡也'(3-5)나 '일지기소무日知其所亡'(19-5) 등과 같으며, 결코 '상망喪亡'의 뜻으로 쓰인 예는 없음. 설령 범인凡人이라 할지라도 위독한 환자를 앞에 두고 '죽을 것 같다'거나 '잃을 것 같다'는 말을 하는 것은 인정人情과 사리事理에 반하는 경솔한 언사일진대, 공자 같은 성인이 어찌 그렇게 했겠는가? 반면 하작의 풀이는 치사致死의 폭질에 걸린 사실조차 믿을 수 없어 함이니, 진정 안타까움의 발로로, 사제 간의 정리情理에 절로 부합함.

6 命(명): 천명天命.

7 矣夫(의부): 복합 어조사로, 감탄 내지 탄식의 어기를 나타면서 아울러 추측의 어조를 띰.

8 斯(사): 차此와 같음. 이.

해설

백우는 공자의 제자 중에서도 나이가 많았으며, 고상한 품성과 덕행, 방정한 언행으로(11-3 참조) 타의 모범이 된 사람이다. 그런 그가 악질로 위독한 지경에 이르렀으니, 공자는 그를 문병하며 북받치는 애통함에 하릴없이 하늘만 탓할 뿐이다. 병마와 싸우다 얻은 보기 흉한 모습 때문인지 자세한 사정은 알 수 없으나, 환자가 자신의 모습을 보이고 싶어 하지 않은 탓에 공자는 창문을 통해 그의 손을 잡고 믿기지 않는 현실에 안타까움을 이기지 못하고 있다. "이 선한 사람이 이런 악질에 걸리다니!(此善人也, 而有此惡疾也)"(『주소』)라고 되뇌는 공자의 가슴속에 통석痛惜한 정이 넘친다.

6-9

공자께서 말씀하셨다. "어질도다, 회여! 한 대그릇의 밥을 먹고 한 바가지의 물을 마시며 누추한 거처에서 사나니, 다른 사람이라면 그로 인한 근심과 고통을 견뎌내지 못하겠건만, 회는 안빈낙도하는 즐거움을 다른 걸로 바꾸지 않는구나. 어질도다, 회여!"

子曰: "賢哉, 回¹也! 一簞²食,³ 一瓢⁴飲,⁵ 在陋巷,⁶ 人不堪⁷其憂,⁸ 回
자왈　현재　회야　일단사　일표음　재루항　인불감기우　회
也不改其樂.⁹ 賢哉, 回也!"
야불개기락　현재　회야

주석

1 回(회): 안회.

2 簞(단): 대그릇, 즉 옛날에 밥을 담던 둥근 모양의 대나무 그릇.

3 食(사): 밥.

4 瓢(표): 표주박, 바가지.

5 飲(음): 마실 것. 여기서는 물을 이름.

6 陋巷(누항): 누실陋室과 같음. 누추한 집. '항'은 골목. 또 사람이 사는 거처를 이르기도 함.

7 堪(감): 감당함, 즉 능히 견디어냄.

8 其憂(기우): 빈궁함으로 인한 근심과 고통을 이름.

9 其樂(기락): 안빈낙도하는 즐거움을 이름.

공자는 「학이편」에서 '가난하지만 아첨하지 않는 것도 괜찮기는 하나, 가난하지만 도를 즐기는 것만은 못하다'(1-15 참조)고 했고, 「술이편」에서는 "거친 밥을 먹고 찬물을 마시며 팔베개하고 누워도 즐거움이 또한 그 가운데에 있나니"(7-16)라고 했다. 이처럼 공자는 평소 빈궁함을 초월해 안빈낙도함을 고귀하게 평가하고, 또 극력 추구했다.

안회는 한 대그릇의 밥을 먹고 한 바가지의 물을 마시며 누추한 거처에서 살 정도로, 가난하기 그지없었다. 보통 사람이라면 그런 가난을 근심하며 그런 고통을 이겨내지 못하겠지만, 그는 결코 도를 즐기는 뜻을 바꾸지도 않았고 가난을 근심과 고통으로 여기지도 않았다. 아니, 오히려 "그 같은 가난에 처하는 것에도 전혀 개의치 않고 시종 안빈낙도의 즐거움을 해치지 않았으므로, 공자께서 거듭 '어질도다, 안회여!'라고 하며 깊이 감탄하고 찬미하신 것이다(處之泰然, 不以害其樂, 故夫子再言賢哉回也, 以深嘆美之)."(『집주』) 안회야말로 진정 "식사함에 배부름을 추구하지 않고, 거처함에 편안함을 추구하지 않는"(1-14) 전형적 호학 군자로서 안빈낙도했으니, 양쑤다가 이른 대로, "그것이 바로 공문의 제자 가운데 유독 안회만이 공자의 칭송을 받은 까닭일 것이다(此孔門弟子中顔淵所以獨爲孔子所稱也)."

한편 공자가 여기서 능히 안빈낙도하는 안회의 현덕을 한껏 찬탄한 데에는, 또한 은근히 "군자는 곤궁함 속에서도 꿋꿋하지만, 소인은 곤궁하면 못하는 일이 없다"(15-2)는 뜻을 함축 강조한 것으로도 이해된다.

6-10

염구가 말했다. "저는 선생님의 학설을 좋아하지 않는 것은 아니지만, 재능이 부족합니다." 공자께서 말씀하셨다. "스스로 재능이 부족하다고 여기면 나아가다 필시 중도에 그만두게 되나니, 지금 너는 스스로 한계를 긋고 있구나."

冉求曰: "非不說¹子之道,² 力³不足也." 子曰: "力不足者,⁴ 中道⁵而
염구왈　비불열 자지도　역부족야　자왈　역부족자　중도 이
廢.⁶ 今女⁷畫.⁸"
폐　금 여 획

주석

1 說(열): 열悅과 같음. 기뻐함, 좋아함.

2 道(도): 인학仁學, 즉 인을 핵심으로 하는 공자의 학설 내지 사상을 이름.

3 力(역): 재력才力. 곧 재주와 능력, 즉 재능.

4 者(자): 어조사. 일시 멈춤의 어기를 나타내며, 아울러 가정의 어기를 내포함. 이를 흔히 사람을 이르는 것으로 이해하나, 적절치 않음.

5 中道(중도): 중도中途. 곧 일이 진행되어가는 동안을 이름.

6 廢(폐): 그만둠, 멈춤. 이를 다산은 '힘이 다해 몸이 쓰러지는 것(力盡而身頹也)'을 말한다고 함. 곧 스스로의 의지로 그만두는 것이 아니라, 기력氣力이 다해 도저히 더 이상 일을 진행할 수 없어 부득불 그만두게 됨을 이른다는 것으로, 진정한 의미의 '역부족'으로 인한 결과임을 강조함. 이는 주자가 '역부족이란 나아가려고 하나 나아갈 수 없는 것(力不足者, 欲進而不能)'이라고 한 풀이와 상통함. 하지만 공자의 본의는 사람이 '스스로 재능이 부족하다고 여기면 나아가다 필시 중도에 그만두게 된다'는 것이니, 여기서 '폐'는 오히려 '잠재의식상의 의지로 그만두게 됨'을 이르는 것으로 보아야 함.

7 女(여): 여汝와 같음. 너, 그대.

8 畫(획): 획劃과 같음. 선을 그음. 여기서는 스스로 한계를 그음을 이름. 주자는 이를 "땅에 선을 그어놓고 스스로 한계를 짓는 것과 같다(如畫地以自限也)"고 함.

해설

공자는 「이인편」에서 "어디 능히 하루라도 온 힘을 인에 쏟는 사람이 있는가? 나는 아직 그럴 만한 힘이 부족한 사람은 보지 못했다. 아마 그런 사람이 있을 것이나, 나는 아직 보지 못하였다"(4-6)고 했다. 어떤 일에 임하는 사람에게 과연 '역부족'함이 있으며, 또 그것이 근원적인 문제가 되는지 깊이 회의한 것이다. 진정 시종여일始終如一한 항심恒心과 초지일관初志一貫하는 군은 의지로 부단히 분발 정진한다면, 궁극에는 그 어떤 난관도 극복하고 소기의 목표에 도달할 수 있다. 하지만 만약 '역부족'하다는 생각으로 '획지자한劃地自限', 즉 땅에 선을 그어 스스로 한계를 짓는다면 분명 '중도이폐中道而廢'하게 될 것이며, 그러면 그때까지의 노력과 성과는 아무 보람 없이 물거품이 되고 만다는 것이 공자의 생각이다. 공자가 「자한편」에서 "학문을 하는 것은 비유컨대 흙을 쌓아 산을 만드는 것과 같나니, 단 한 삼태기의 흙이 모자라 완성하지 못했는데도 선뜻 그만둔다면, 그것은 곧 내가 스스로 그만두는 것이다. 또 비유컨대 깊은 구덩이에 흙을 부어 땅을 평평히 다지는 것과 같나니, 비록 이제 겨우 한 삼태기의 흙을 쏟아 부었을지라도 꿋꿋이 계속해나간다면, 그것은 곧 내가 스스로 계속해나가는 것이다"(9-19)라고 한 것 또한 그 같은 이치에 대한 부연이나 다름이 없다.

유보남이 이른 대로, 여기서 "염구가 (공자의 학설을 공부하면서) 아직

지칠 대로 지치고 기력이 다한 상태에 이르지 않았는데도 '역부족'하
다고 한 것은 곧 스스로 한계를 긋고 멈추는 것이며, 진정으로 '역부
족'한 것이 아님을 알 수 있다(再求未至罷頓力極, 而曰力不足, 則自爲畫止, 非
力不足可知)." 그 때문에 공자가 염구의 그런 소극적인 자세를 나무라
며 면학에 더욱 분발하라고 책려한 것이니, 그야말로 "염구는 평소 소
극적이라 좀 진취進取하도록 북돋운 것이다."(11-22)

6-11

공자께서 자하에게 말씀하셨다. "너는 군자다운 선비가 되어야지,
소인 같은 선비가 되어서는 안 된다."

子謂子夏[1]曰: "女[2]爲君子儒,[3] 無[4]爲小人儒.[3]"
자 위 자 하 왈   여 위 군 자 유   무 위 소 인 유

주석

1 子夏(자하): 복상. 1-7 주석 1 참조.
2 女(여): 여汝와 같음. 너, 그대.
3 君子儒(군자유)·小人儒(소인유): 군자형君子型의 유자儒者·소인형의 유자. '유'는
   유자·유생儒生, 즉 유학을 존숭하고 공부하는 선비. 유자에는 '군자유'와 '소인
   유' 두 유형이 있는데, 형병은 선왕先王의 도를 두루 배워 그 심신을 윤택하게 하
   는 이를 모두 유자라고 하나, 군자형의 유자는 세상에 나아가 선왕의 도를 밝히
   는 반면, 소인형의 유자는 그 재화才華와 명망名望을 자부하고 자랑할 따름이라
   고 함. 또 정자는 군자형의 유자는 자신의 도덕 수양을 위해 공부하나, 소인형의
   유자는 남에게 명예를 얻기 위해 공부한다고 함. 요컨대 '군자유'는 능히 도를 밝

혀 그 실제적 효용을 다하며 세상을 다스리고 백성을 구제하는 대유大儒·통유通儒를 말함. 반면 '소인유'는 학문과 식견이 얕고 좁으면서도 명성을 중시하며, 통변通變을 모르고 고리타분한 누유陋儒·우유迂儒를 말함.

4 無(무): 무毋와 같음. ~하지 마라, ~하면 안 됨.

해설

자하는 공자의 제자 가운데 특히 '문학文學', 즉 고대의 문헌·경학에 정통했다.(11-3 참조) 그리하여 그는 "성인聖人의 가르침을 독실하게 믿고 삼가 지키지만, 그 안목과 도량이 협소하여(篤信謹守, 而規模狹隘)"(『집주』) 아무래도 대유大儒로서는 "모자란 면이 있다"(11-16)는 것이 공자의 평가이다.

「자로편」에서 공자가 위정爲政의 이치를 묻는 자하에게, "일의 성과를 서두르지 말고, 작은 이익에 연연하지 마라. 성과를 서두르면 일을 제대로 이루지 못하고, 작은 이익에 연연하면 큰일을 이루지 못한다"(13-17)라고 한 것을 보면, 그에게 '성과를 서두르며' '작은 이익에 연연하는' 문제가 있었음을 알 수 있다. 또 「자장편」에서 자유子游가 "자하의 어린 제자들은 마당에 물을 뿌리고 비질을 하거나, 다른 사람에게 말로 응대하거나, 어른에게 나아가고 물러나는 것은 그런대로 잘한다. 하지만 그런 것들은 사소한 행실에 불과하다. 반면에 근본적인 것에 대해서는 오히려 배운 게 없는데, 어떻게 하겠다는 것인가?"(19-12)라고 비판한 것을 보면, 그가 소절小節(생활상의 하찮은 작은 일이나 예절 따위)은 중시하면서도 보다 근본적인 대도大道에는 그다지 유의하지 않았음을 알 수 있다. 바로 그러한 까닭에 공자가 그에게 '소인유'

가 아니라 '군자유'가 되어야 함을 강조 독려한 것이다.

군자유란 고상한 품성과 덕성으로 수기안인修己安人, 즉 자신을 한 껏 수양해 뭇사람을 편안히 살게 하는 데 뜻을 세운 유자이다. 반면 소인유는 도덕 수양이나 제세안민濟世安民(세상을 구제하고 백성을 편안하게 함)에는 별 뜻이 없고, 소절과 명리名利 추구에 몰두하는 유자이다. 「위영공편」에서 공자가 "군자는 작은 일을 통해서는 그 재덕才德을 알 수 없지만 큰일을 능히 맡아서 할 수 있고, 소인은 큰일을 맡아서 할 수는 없지만 작은 일을 통해서는 그 기량을 알 수가 있다"(15-34)라고 한 것이나, 「자장편」에서 자공이 "어진 사람들은 그 가운데 큰 부분을 기억하고, 어질지 못한 사람들은 그 가운데 작은 부분을 기억하고 있으니"(19-22)라고 한 것은 모두 군자유와 소인유의 차이를 이해하는 데 아주 유용한 설명이다. 또한 주자가 사양좌의 말을 빌려 이른 대로, "군자와 소인의 구분은 곧 '의義'와 '이利'의 사이에서 이루어질 따름이다. 그러나 '이'라는 것이 어찌 반드시 재화의 증식만을 두고 이르겠는가? 사욕으로 인해 공익을 훼손하고, 모든 언행을 자기 마음에 맞고 자기 편한 대로 하여 천리天理를 무너뜨릴 수 있는 것은 모두 '이'인 것이다. 자하가 비록 문학에 뛰어났으나, 생각건대 원대한 도리와 이상理想에 대해서는 어두웠던 것 같다. 그러므로 공자께서 그에게 이런 말씀을 하신 것이다."

예로부터 세상에는 늘 도덕 수양이나 제세안민에는 별 뜻이 없고, 소절과 명리 추구에 몰두하는 이들은 많았어도, 군자다운 대유는 드물었다. 하지만 극히 소수였음에도 불구하고, 대유들의 헌신과 공헌은 세상을 받치는 튼튼한 주춧돌이었다. 바로 그 때문에 예나 지금이나 세상은 늘 그들의 출현을 애타게 기다리는 것이다.

6-12

자유가 무성의 읍재가 되어 있었는데, 공자께서 말씀하셨다. "너는 그곳에서 훌륭한 인재를 얻었느냐?" 자유가 말했다. "담대멸명이라는 이가 있는데, 그는 길을 갈 때 좁은 길로 질러가지 않고, 공무公務가 아니고는 저의 관사官舍에 온 적이 없습니다."

子游¹爲武城²宰.³ 子曰: "女得人⁴焉⁵爾乎⁶?" 曰: "有澹臺滅明⁷者,
자 유 위 무 성 재   자 왈   여 득 인 언 이 호   왈   유 담 대 멸 명 자

行不由徑⁸; 非公事, 未嘗⁹至於偃¹⁰之室¹¹也."
행 불 유 경   비 공 사   미 상 지 어 언   지 실   야

주석

1 子游(자유): 2-7 주석 1 참조.

2 武城(무성): 노나라의 읍 이름.

3 宰(재): 읍재. 곧 읍장을 이름.

4 人(인): 여기서는 현인, 현능賢能한 인재를 이름.

5 焉(언): 어지於之의 합음자. '지'는 '무성'을 가리킴.

6 爾乎(이호): '이호耳乎'로 쓰기도 하며, 의호矣乎와 같음. 복합 어조사로, 화자話者가 그럴 것이라고 짐작하지만 확신하지는 못한다는 어기를 나타냄.

7 澹臺滅明(담대멸명): 노나라 무성 사람으로, '담대'가 성이고 '멸명'이 이름이며, 자는 자우子羽임. 『사기』「중니제자열전」에는 그를 공자의 제자로 열거하고 있음. 다만 여기서 자유가 대답하는 말투로 보아, 이때는 아직 공자에게 배우지 않았으며, 나중에 공자의 제자가 된 것으로 보임. 공자보다 서른아홉 살이 적었다

고 함.

8 行不由徑(행불유경): 길을 갈 때 좁은 길로 질러가지 않음. 곧 처사가 광명정대함을 비유함. '경'은 목적지에 빨리 갈 수 있는 소로小路로, 곧 지름길을 이름.

9 未嘗(미상): 일찍이 ~하지 않음, ~한 적이 없음.

10 偃(언): 자유의 이름.

11 室(실): 집. 여기서는 읍재의 관사를 이름.

해설

대개 다 그렇지만, 정치를 잘하려면 어질고 유능한 인재를 발탁 등용하는 것이 무엇보다 필요하다. 그러자면 먼저 그런 인재를 알아보는 식견과 그런 인재를 예우하는 덕성이 있어야 한다.

『중용』「문정장問政章」에서 공자는 위정의 방도를 묻는 노 애공에게, "나라를 잘 다스리려면 무엇보다 현능한 인재를 얻어야 하고, 현능한 인재를 얻으려면 위정자가 먼저 자신을 수양하여야 함(爲政在人, 取人以身)"을 강조했다. 이렇듯 공자 정치사상의 기본은 '인치人治'요, '덕치'이다. 위정의 이상적 성과를 위해서는 현능한 인재를 얻는 것이 최우선이다. 그 때문에 공자가 무성의 읍재가 된 자유에게 '훌륭한 인재를 얻었느냐'고 물은 것이다.

무성의 현능한 인재 담대멸명은 "길을 갈 때 좁은 길로 질러가지 않는다고 하니, 행동함에 반드시 정도를 따라서 작은 이익을 추구하거나 서둘러 이루려는 뜻이 없음을 알 수 있고, 공무가 아니고는 읍재를 만나지 않는다고 하니, 스스로 본분을 철저히 지켜서 자신을 굽히고 남을 따르는 사사로움이 없음을 알 수 있다(不由徑, 則動必以正, 而無見小欲速之意可知. 非公事不見邑宰, 則其有以自守, 而無枉己徇人之私可見矣)."(『집주』) 그리하여 자유가 그 공명정대함을 안 것이다. 대개 "좁은 길로 질러가지 않는 바가 있으면 사람들은 반드시 그를 답답하다 여기고, 상관上官의 관사를 찾지 않으면 사람들은 반드시 그를 오만하다 여길지니, 공문孔門의 제자가 아니고서는 어느 누가 그 취지를 제대로 알고 취할 수 있겠는가?〔有不由徑者, 人必以爲迂, 不至其室, 人必以爲簡, 非孔氏之徒, 其孰能知而取之〕"(『집주』) 그야말로 "자유는 그 지향志向이 고원하고 사리事理의 요체를 터득한〔子游意思高遠, 識得大體〕"(『대전大全』) 것이니, 진실로 식견과 덕성을 갖춘 위정자임에 틀림이 없다. 역시 공자의 제자답다.

6-13

공자께서 말씀하셨다. "맹지반은 자신의 공로를 자랑하지 않는 사람이다. 그는 전투에 패해 달아나면서도 군대의 맨 뒤에 남아 적군의 추격을 막았지만, 마침내 우리 성문城門에 들어서면서는 말에 채찍질을 가하며 말하기를 '내가 용감히 맨 뒤에 남아 적을 막으려고 한 것이 아니라, 이놈의 말이 도무지 앞으로 나아가지를 않았소'라고 하였다."

子曰: "孟之反[1]不伐.[2] 奔[3]而殿,[4] 將入門,[5] 策[6]其馬, 曰: '非敢後也,
자왈   맹지반 불벌   분 이전   장입문   책 기마 왈   비감후야
馬不進也.'"
마 부 진 야

1 **孟之反**(맹지반): 노나라 대부 맹지측孟之側. 성은 '맹'이고, 이름이 '지측'이며, '지반'은 자임. 일설에는 이름은 측側이고, 자는 자반子反이라고 함.

2 **伐**(벌): 자랑함. 여기서는 과공誇功, 즉 공로를 자랑함을 이름.

3 **奔**(분): 패주敗走, 즉 싸움에 져서 달아남.

4 **殿**(전): 전후殿後, 즉 퇴각하는 군대의 맨 뒤에 남아서 적군의 추격을 가로막음.

5 **門**(문): 성문.

6 **策**(책): 채찍. 여기서는 동사로, 채찍질함.

『좌전』「애공 11년」에 따르면, 제나라가 침공해오자 노나라는 좌左·우익군右翼軍으로 나누어 항전했다. 그런데 좌익군은 승리한 반면, 맹지반이 소속된 우익군은 대패했다. 더욱이 제나라 군대의 맹렬한 추격 속에 우익군은 전군이 궤멸당할 위험에 직면했다. 이에 맹지반이 주동적으로 후미에 남아 적군의 추격을 막으며 아군을 엄호했다. 우익군은 그 덕분에 마침내 곤경에서 벗어나 무사히 퇴각할 수 있었다. 당시 맹지반은 물론 가장 나중에 귀성歸城했다.

"무릇 군대가 전진할 때는 앞장을 서는 사람이 용감한 것이고, 군대가 퇴각할 때는 후미에 남아 적의 추격을 막는 사람이 공로가 있는 것이다〔大凡進軍, 則以當先者爲勇; 軍退, 則以殿後者爲功〕."(『별재別裁』) 아군이 절체절명의 위기에 처한 상황에서 맹지반이 보여준 살신殺身의 희생정신은 더없이 고귀하며, 그 구국救國의 공로는 한없이 값지다. 하지만 그는 오히려 겸연쩍어하며 자신의 말이 도무지 달리지 않았다고 탓을 하며 공성신퇴功成身退했다. "대개 이렇듯 말에게 죄를 돌려씌

움은 곧 그 공로를 가린 것이요, 공로가 있는데도 자랑하지 않는 것이 아니로다! 그러니 그를 진정 '현대부賢大夫'라 할 것이다[蓋歸罪於馬, 正所以自掩其功, 非有功而不伐者乎! 此可以爲賢大夫矣].ﾞ(위와 같음) 사람이 자신의 공로를 자랑하지 않기도 어렵거늘, 스스로 그 공덕을 가리니 어찌 고귀하다 하지 않으랴?

6-14

공자께서 말씀하셨다. "만약 축타 같은 말재간도 없이 송조 같은 미모만 있다면, 요즘 세상에서는 화를 면하기 어려울 것이다."

子曰: "不有¹祝鮀²之佞,³ 而⁴有宋朝⁵之美, 難乎免⁶於今之世矣."
자 왈   불 유 축 타 지 녕   이 유 송 조 지 미, 난 호 면 어 금 지 세 의

주석

1 不有(불유): 가정의 어기를 나타내는 말로, '만약 ~이 없다면'의 뜻.

2 祝鮀(축타): 위衛나라 대부로, 자는 자어子魚. 언변이 뛰어났는데, 특히 외교적 언사言辭에 능해 위 영공의 총애를 받음.

3 佞(녕): 언변, 특히 교변巧辯의 말재간을 이르는 말로, 폄하하는 뜻이 내포되어 있음.

4 而(이): 역접의 접속사. 도리어, 다만. 공안국을 비롯해 황간, 형병 등이 모두 이와 같이 이해함. 한편 이를 왕인지의『경의술문』에서는 '여與'와 같다고 하고, 다산의『고금주』에서는 '혹或'과 같다고 하며, 청쑤드어의『집석』에 인용된『사서석지삼속보四書釋地三續補』에서는 '인우지사因又之辭', 즉 부가적인 의미를 띤 순접의 접속사로 보았는데, 이는 모두 '불유不有~이유而有~'에서 '불' 자의 의미

가 뒤의 두 '유' 자까지 미친다고 본 것임. 사실 이 같은 견해는 일찍이 주자가 이 장의 뜻을 풀이하며, "도덕이 쇠미한 세상에서는 아첨을 좋아하고 미색을 애호하므로 그것이 아니면 화난禍難을 면하기 어렵다는 말이다(言衰世好諛悅色, 非此難免)"라고 한 데서 이미 발단한 것임. 하지만 이 같은 풀이는 문리나 문법상 매우 부자연스러운바, 첸무와 양보어쥔, 왕시위엔 등도 모두 같은 맥락에서 전자의 풀이를 취함.

5 **宋朝**(송조): 송나라 공자公子 조朝. 미남자였음. 그 때문에 위 영공의 부인 남자南子의 환심을 사고, 그녀와 사통私通해 화란禍亂을 일으킨 적이 있음.

6 **免**(면): 화난을 면함. 「위정편」 "민면이무치民免而無恥"(2-3)의 '면'과 같음.

해설

축타는 교변으로 위 영공의 총애를 받았다. 반면 송조는 미모로 남자南子의 환심을 샀지만, 그것이 결국 화근이 되었다. 바로 그 때문에 여기서 공자가 한 말이 일견 송조처럼 황음한 처사로 화를 부른 경우에도 축타 같은 교묘한 언변만 있으면 위기를 모면할 수 있다는 뜻으로 이해될 수 있다. 하지만 공자가 과연 '교변의 말재간'을 그처럼 긍정적으로 평가했을까?

「공야장편」에서 어떤 사람이 "염옹이 인하기는 하나 말재간이 없다"고 아쉬워하자, 공자는 오히려 "어째서 굳이 말재간이 있어야 한단 말인가? 그래봤자 교묘한 말재간으로 남들과 맞서며, 누차에 걸쳐 사람들에게 미움을 살 뿐이거니, 염옹이 인한지는 모르겠으나 어째서 굳이 말재간이 있어야 한단 말인가?"(5-5)라고 반박했다. 또한 공자는 "나는 저처럼 말재간이 좋은 사람을 미워하노라(惡夫佞者)"(11-25)라고도 하고, "간사한 언변의 소인을 멀리해야 한다(遠佞人)"(15-11)고도 했다. 이렇듯 공자는 교묘한 말재주를 혐오했는데, 그것은 그 위선과 가식의 해악을 너무나 잘 알고 있었기 때문이다. 한데 어지러운 세상일 수록 시비나 선악이 분명하지 않기 때문에, 화복禍福과 영욕榮辱이 세 치 혀의 놀림에 좌우되기 쉽다. 공자 당시에도 교묘한 언변은 흔히 총애를 가져다준 반면, 어눌한 말솜씨는 자칫 버림을 받게 하였다. 그리하여 당시의 사회에는 교묘한 언변을 숭상하는 풍조가 만연했다. 여기서 공자가 한 말은 곧 반어적 표현으로, 그 같은 시속時俗에 대한 심각한 우려와 개탄의 심정을 토로한 것이다.

6-15

공자께서 말씀하셨다. "어느 누가 방문房門을 통하지 않고 밖으로 나갈 수 있으랴? 한데 어찌하여 이 인생의 바른 길을 따라가는 이가 없단 말인가?"

子曰: "誰能出不由¹戶²? 何莫³由斯道⁴也?"
자 왈   수 능 출 불 유 호   하 막 유 사 도 야

주석

1 由(유): ~로 말미암음, ~을 통함.
2 戶(호): 외짝 문. 여기서는 문을 통칭함.
3 莫(막): (~하는 사람이) 없음.
4 斯道(사도): 이 길. 곧 인생의 바른 길, 인의仁義의 정도正道를 이름. 또한 곧 공자의 학설을 지칭함. '사'는 차此와 같음. 이.

이른바 '사도斯道'는 인생의 정도正道로, 인의를 강조한 공자의 학설을 두고 이른다 할 것이니, 곧 '인'에서 출발해 '의'를 따라가는 사통팔달四通八達의 밝고 아름다운 대도大道이다. 방을 드나들려면 반드시 그 문을 거쳐야 하듯이, 사람은 처신·처사함에 있어 마땅히 정도를 지키고 정로正路를 가야 한다. 그러나 세상 사람들은 결코 그렇지 않으니, 공자가 심히 괴이하게 여겨 개탄한 것이다. 훗날 맹자 또한 "'인'은 사람이 편안히 살 수 있는 집이요, '의'는 사람이 마땅히 가야 할 바른 길이거늘, 요즈음 사람들은 편안한 집을 비워두고 살지 않고, 바른 길을 버려두고 가지 않으니, 아, 슬프도다!(仁, 人之安宅也; 義, 人之正路也. 曠安宅而弗居, 舍正路而不由, 哀哉)"(『맹자』「이루 상」) 하고 개탄했으니, 두 성현의 마음이 하나같다. 또한 사람 사는 모습이 이리도 고금이 똑같으니, "이 인생의 바른 길을 따라가는 이"가 넘치는 세상은 언제 오는 것인가?

6-16

공자께서 말씀하셨다. "내면의 질박함이 외면의 문채를 능가하면 투박하고, 외면의 문채가 내면의 질박함을 능가하면 화려하나니, 문채와 질박함이 고르게 어울려 조화로운 다음에야 비로소 군자로다."

子曰: "質¹勝²文³則野,⁴ 文勝質則史.⁵ 文質彬彬,⁶ 然後君子."
자왈   질 승 문 즉 야   문 승 질 즉 사   문 질 빈 빈   연 후 군 자

1 質(질): (내면의) 질박함. 흔히 본질·실질 또는 내용의 뜻으로 풀이하나, 이는 문맥
상 '문文'과 상반된 개념인 만큼, 내재적 본질의 질박·질실質實, 즉 꾸밈이 없고
진실함을 이르는 것으로 봐야 함. 황간은 이를 실박實樸함, 수수함이라고 했는
데, 그 또한 같은 말임.

2 勝(승): 능가함. 황간은 많다는 뜻이라고 했는데, 그 또한 같은 말임.

3 文(문): (외면의) 문채. 곧 외형적 언행의 문식文飾(아름답게 꾸밈)과 광채를 이름. 황
간은 이를 화려함이라고 했는데, 그 또한 같은 말임.

4 野(야): 야인野人. 여기서는 포함이 이른 대로 '야인과 같다(如野人)'는 뜻으로, '비
략鄙略', 즉 비루하고 홀략忽略(소홀하고 간략함)함을 말함. 야인은 산야山野의 초
부樵夫(나무꾼)나 전야田野의 농부와 같은 사람으로, 본성이 질박하고 언행에 꾸
밈이 없어 자못 조야粗野(거칠고 무례함)한 특징이 있음. 『예기』 「중니연거편」에서
도 "마음으로는 공경하나 그 언행이 예의에 맞지 않는 것을 '조야'하다고 한다(敬
而不中禮, 謂之野)"라고 함.

5 史(사): 사관史官. 여기서는 사관과 같다는 뜻으로, 화이무실華而無實(화려하나 진실
하지 못함)함을 말함. 고대의 사관은 문서 관리나 기사記事(사실 기록) 등의 주요 임
무 외에도 천인天人의 소통이나 점복占卜 따위의 일을 맡았으므로, 흔히 현묘玄妙
하고 공허해 실증하기 어려운 말들을 많이 함. 그뿐만 아니라 한때는 그들의 사
실史實 기록도 문과기실文過其實, 즉 그 글에 문식과 과장이 많아 실제와 맞지 않
았음. 그리하여 당시 사관은 부화浮華(실속은 없고 겉만 화려함)하며 무실無實하다는
특징이 있었음. 『의례儀禮』 「빙례편聘禮篇」에서도 "말이 너무 많으면 부과浮誇(실
없이 들뜨고 과장함)하게 되고, 말이 너무 적으면 의사를 제대로 전달하지 못한다(辭
多則史, 少則不達)"라고 하여, 말이 많아지면 점차 진실성이 떨어져 절로 부화무실
해지기 쉽다는 뜻을 '사' 자를 써서 표현함.

6 彬彬(빈빈): 주자는 '반반班班'과 같은 말로, '사물이 서로 섞여 알맞고 고른 모양
(物相雜而適均之貌)'이라고 하고, 장거정은 '균칭勻稱', 즉 서로 고르고 적절하게 잘
어울리는 것이라고 함. 여기서는 곧 '문질文質'이 균등하게 어울려 조화로운 모
양을 이름.

공자의 교육 이상은 궁극적으로 사람들로 하여금 군자의 품성을 갖추어가도록 이끄는 것이다. 군자는 기본적으로 인도仁道의 실행을 자신의 임무로 여기는 인인仁人이다. 한데 공자는 여기서 '문채(文)'와 '질박함(質)'이 고르게 어울려 조화로운 뒤에야 비로소 군자다운 것임을 역설했다. 진정 군자라면 내면적으로 질실하고 순박하며, 선량하고 돈후한 본성의 바탕 위에, 외형적으로 언행의 수식修飾과 광휘光輝가 넘치지도 모자라지도 않은, 최적의 상태로 어우러져 조화를 이루어야 한다는 것이다. 만약 전자는 넘치고 후자가 모자라면 야인처럼 지나치게 투박하고, 후자는 넘치고 전자가 모자라면 사관처럼 지나치게 화려하기만 한 폐단을 면키 어렵다는 것이 공자의 생각이다. 결국 "군자의 도는 '문'과 '질'이 각기 마땅하고 알맞게 어우러지는 것이다(君子之道, 文質得其宜也)."(『이정집二程集』) 만사는 중용이 답이다. 공자 당시에는 '문채'가 기승을 부리면서 '질박'한 고도古道가 쇠락의 길로 치닫고 있었다. 공자는 바로 그 같은 편향偏向을 바로잡아 중용의 정도正道로 되돌리려는 마음에서 '문질빈빈文質彬彬'한 '참 군자'를 부각 강조한 것이다.

6-17

공자께서 말씀하셨다. "사람이 세상을 살아감은 정직함에 힘입어야 하나니, 정직하지 않은데도 잘 사는 것은 요행히 화를 면한 것일 뿐이다."

子曰: "人之生也¹直,² 罔³之生也, 幸而免.⁴"
자왈   인지생야 직   망 지생야   행이면

주석

1 **人之生也**(인지생야): 사람이 무탈하게 살 수 있는 까닭, 근거. 이를 마융은 '사람
  이 이 세상에 태어나 살며 천명天命을 다할 수 있는 까닭(人之所以生於世而自終者)'
  으로 풀이했는데, 뒤 '행이면幸而免'의 의미에 비춰 볼 때, 문맥은 통하나 정직과
  부정직의 문제를 한 사람의 생사와 직결시키는 것은 다소 극단적인 견해임. 다
  산이 여기서는 "오래 살고 일찍 죽는 것을 논한 것이 아니다(壽夭非所論也)"라고
  한 것도 같은 맥락으로 이해됨. '야'는 어조사. 여기서는 이에 근거, 원인, 까닭의
  뜻을 아울러 내포함.
2 **直**(직): 정직함. 장거정은 '진실하고 공정함(眞實公正)'이라고 했는데, 그 또한 같
  은 말임.
3 **罔**(망): 포함과 형병은 '무망誣罔', 즉 기만함·속임으로 풀이하고, 주자는 정자의
  말을 빌려 '부직不直', 즉 부정직함으로 풀이했는데, 양자는 결국 같은 의미임. 또
  황간은 '부정직하고 남을 속이는 것이라고 함. 한편 왕시위엔은 이를 '무無'의 뜻
  이라고 전제한 후, '망지罔之'는 위 문장을 이어받아 한 말로, 그것, 즉 정직한 덕
  성이 없는 것을 말한다고 함. 이상은 모두 문리나 문법상 무난해 보임.
4 **免**(면): 죄악이나 화난禍難을 면함. 2-3 주석 3 참조.

해설

사람은 누구나 이성이 있어 본능적 욕망을 억제하지만, 그 한계 또한
엄연히 존재한다. 복잡 다양한 인간관계 속에서 사람의 그릇되고 과
도한 욕망은 크고 작은 화를 부른다. 그러므로 공자가 사람이 이 세
상에 태어나 무탈하게 살 수 있는 원동력을 정직함에서 찾은 것이다.
"무릇 정직함이란 곧 성신誠信함으로, 안으로는 자신을 속이지 않고,

밖으로는 남을 속이지 않는 것이다(蓋直者, 誠也. 內不自以欺, 外不以欺人)."
(『정의』)

　세상에는 사리사욕에 눈이 어두워 자신을 속이고 남을 속이면서도 별 탈 없이 살아가는 사람이 없지 않다. 그러나 그것은 '요행히 화를 면한 것일 뿐'이라는 게 공자의 생각이다. 사람은 요행을 바라서는 안 된다. 요행을 바라는 안일하고 이기적인 마음은 궁극에 치명적인 화를 부를 수 있다. 요행히 화를 모면하는 불안한 삶은 그 개인을 파멸로 이끌 뿐만 아니라, 그 국가 사회의 안녕을 해치는 크나큰 불행으로 이어질 수 있다. 우리가 "우러러보아 하늘에 부끄럽지 않고, 굽어보아 남에게 떳떳한(仰不愧於天, 俯不怍於人)"(『맹자』 「진심 상」) 삶을 살아야 하는 까닭은 바로 그 때문이다.

6-18

　공자께서 말씀하셨다. "아는 것은 좋아하는 것만 못하고, 좋아하는 것은 즐기는 것만 못하다."

子曰: "知之者,¹ 不如² 好之³者; 好之者, 不如樂之⁴者."
자 왈　　지 지 자　불 여 호 지 자　호 지 자　불 여 낙 지 자

주석

1　知之者(지지자): 아는 것. 황간은 '학문이 유익한 것임을 아는 것(知學問有益者也)'이라고 하고, 주자는 윤돈의 말을 빌려 '그러한 진리가 있음을 아는 것(知有此道

也)'이라고 함. 이는 대개 학문과 도덕을 비롯해 인생에 있어 유익하며 가치 있고 의미 있는 대상의 실체를 아는 것이라 할 것임. 이를 흔히 '아는 사람'으로 풀이 하는데, 그 또한 통함. 다만 어떤 한 사람에게 있어서도 '지지知之'·'호지好之'·'낙 지樂之'의 단계적 변화가 있을 수 있음을 감안하면, '아는 사람'과 '아는 상태'를 모두 포괄할 수 있는 '아는 것'이라는 풀이만은 못함. 다시 말해 이를 한 사람과 다른 한 사람의 비교라는 한 가지 측면으로만 이해하는 것은 적절치 않음.

2 不如(불여): ~만 못함.

3 好之(호지): '지지知之'함이 익숙해져 마침내 그 대상을 애호하게 됨을 이름.

4 樂之(낙지): '호지好之'함이 돈독해져 마침내 그 대상을 즐기게 됨, 곧 '그 가운데 서 즐거움을 느낌樂在其中'을 이름.

해설 ────────

인생은 모든 일에 대한 구학求學의 연속이다. 사람은 모름지기 보다 유익하고 가치 있고 의미 있는 대상에 대한 끊임없는 배움을 통해 지 속적으로 자기 발전을 추구하며, 인생의 참된 의미와 즐거움을 찾아 가야 한다. 공자는 여기서 앎과 좋아함·즐김으로 배움의 단계적 심화 과정과 그 궁극적 지향을 설명했다.

이른바 앎은 이지적理智的 작용이요, 좋아함은 정서적 작용이며, 즐 김은 곧 정감적 작용이다. "무릇 이 삼자를 지위로 말하면 '앎'은 '좋 아함'만 못하고, '좋아함'은 '즐김'만 못하다. 또 조예로 말하면 '즐김' 은 '좋아함'에서 근원하고, '좋아함'은 '앎'에서 근원한다. 대개 사람이 알지 못하면 진리를 보는 것이 밝지 않고, 좋아하지 않으면 진리를 구 하는 것이 절실하지 않으며, 즐기지 않으면 진리를 체득하는 것이 깊 지 않다〔夫是三者以地位言, 則知不如好, 好不如樂. 以工夫言, 則樂原於好, 好原於 知. 蓋非知則見道不明, 非好則求道不切, 非樂則體道不深〕."(『별재』) 또한 사람이

"진실로 알지 않으면 좋아할 수가 없다. 그러니 알게 된 다음에는 반드시 좋아하는 단계로 나아가야 한다. 그뿐만 아니라 대단히 좋아하지 않으면 그 의미를 깨달아 즐길 수가 없다. 그러니 좋아하게 된 다음에는 반드시 즐기는 단계로 나아가야 한다. 그리하여 진정으로 즐길 수 있게 되면, 이전에 안 것과 좋아한 것이 비로소 자신에게 실제로 터득되어 그 즐거움을 다른 사람에게는 말로 형용할 수 없게 된다(非眞知之, 不能好, 然旣知之, 必當求進於好之. 非篤好之, 不能得之而樂, 然旣好之, 必當求進於樂之. 果能樂之, 則所知所好者方實得於己, 其樂有不可以語人者矣)."(『대전』에 인용된 신안新安 진씨陳氏의 말) 한마디로 "배움은 '즐김'에 이르러 마침내 완성되는 것이다(學至於樂則成矣)."(『대전』에 인용된 정자의 말) 사람은 바로 그러한 가운데에서 즐거움을 만끽하게 되는 것이니, 그 환희와 희열을 무엇으로 형용할 수 있겠는가?

『논어』에서 보면, "어떤 것을 간절히 알고 싶으면 한껏 분발 몰두하여 밥 먹는 것도 잊어버리고, 또 그렇게 해 새로운 것을 알게 되면 즐거운 마음에 온갖 걱정도 다 잊는"(7-19) 공자나, 악식과 누항에도 개의치 않고 시종 안빈낙도한 안회(6-9 참조)야말로 분명 이미 '낙지'의 경지에 이르렀다고 할 수 있다.

6-19

공자께서 말씀하셨다. "재주와 슬기가 중등 이상인 사람에게는 심오한 이치를 가르쳐줄 수 있으나, 재주와 슬기가 중등 이하인 사람에게는 심오한 이치를 가르쳐주기 어렵다."

子曰: "中人¹以上, 可以語²上³也; 中人以下, 不可以⁴語上也."
자왈 　 중인 이상 가이어 상 야 중인이하 불가이 어상야

주석

1 中人(중인): 재지才智 내지 재식才識이 중등인 사람. 왕숙과 황간의 견해에 부연한
형병의 설명에 따르면, 사람의 재식은 대체로 상상·상중·상하·중상·중중·중하·
하상·하중·하하 9등급으로 나뉨. 그 가운데 상상은 성인聖人이고, 하하는 우인愚
人으로, 양자는 모두 가르쳐 변화시킬 수 있는 사람이 아님. 반면 상중 이하와 하
중 이상은 모두 가르쳐 변화시킬 수 있는 사람임. 여기서 '중인'은 제5등급인 중
중의 사람을 말하며, '중인 이상'은 상중·상하·중상의 사람을 말하고, 또 '중인 이
하'는 중하·하상·하중의 사람을 말함.

2 語(어): 말해줌, 알려줌. 곧 가르쳐줌을 이름.

3 上(상): 왕숙은 상지上知(고도의 지혜를 가진 성철聖哲, 17-3 주석 2 참조)가 아는 바라고
함. 곧 고도하고 심오한 학문이나 이치를 통칭함.

4 不可以(불가이): 여기서는 '결코 ~할 수 없다'거나 '~해서는 안 된다'는 절대 불
가능이나 금지가 아니라, '~하기 어렵다', '~하기에는 무리가 있다'는 정도의 뜻
으로 이해됨. 「태백편」 "불가사지지不可使知之"(8-9)의 '불가'도 이와 같음.

해설

무릇 고도하고 심오한 학문이나 이치는 아무나 쉽게 이해하고 받아들
일 수 있는 것이 아니다. 적어도 재지가 중등 이상은 되어야 그것을 알
아들을 수 있다. 그게 공자의 생각이다. 한데 "문장을 번잡하게 하면
서 '중인'을 두 번 거론한 것은 '중인'은 격상시킬 수도 있고, 또 격하시
킬 수도 있기 때문이다. 곧 '중인'은 재질才質이나 품성이 조금 뛰어나
면 고도한 이치를 가르쳐줄 수 있지만, 재질이나 품성이 조금 떨어지
면 고도한 이치를 가르쳐주기가 어렵다는 말이다(繁文兩擧中人者, 以其

中人可上可下故也. 言此中人, 若才性稍優, 則可以語上; 才性稍劣, 則不可以語上).”
(『주소』) 아무튼 “사람을 가르치는 이는 마땅히 배우는 사람의 자질이 높고 낮음에 맞추어 학문과 이치를 가르쳐주어야만, 그 말이 쉽게 받아들여져 등급을 뛰어넘는 폐단이 없을 것이다(敎人者, 當隨其高下而告語之, 則其言易入而無躐等之弊也).” 다시 말해 “성인의 도는 비록 정밀함과 조소粗疏(소략·간략함)함이 다를 게 없지만, 그 같은 가르침을 베풀기는 반드시 배우는 사람의 재질에 따라 돈독히 하여야 한다. 대개 ‘중인’ 이하의 재질을 가진 사람에게 갑자기 너무 고도한 이치를 말해주면, 비단 제대로 받아들이지 못할 뿐만 아니라, 장차 망령되이 등급을 뛰어넘어 자신에게 절실히 부합되지 않는 폐단이 발생하게 되면서 또한 결국은 하등下等에 그칠 따름이다. 그러므로 그 재질이 미칠 만한 수준에 맞추어 이치를 말해주는 것이 배우는 사람으로 하여금 간절히 묻고, 실제적으로 사고하여, 점차 고도하고 심원深遠한 이치를 이해하고 받아들일 수 있는 경지로 나아가게 하는 방법이다(聖人之道, 精粗雖無二致, 但其施敎, 則必因其材而篤焉. 蓋中人以下之質, 驟而語之太高, 非惟不能以入, 且將妄意躐等, 而有不切於身之弊, 亦終於下而已矣. 故就其所及而語之, 是乃所以使之切問近思, 而漸進於高遠也).”(『집주』)

요컨대 가르치는 사람은 배우는 사람의 재주와 슬기가 어떠한지를 헤아려, 그에 맞게 가르치고 일깨워줘야 한다. 그래서인가. 공자는 학생들을 가르침에 있어 ‘인재시교’, 즉 학생 개개인의 자질과 특성에 따라 상이한 방식과 내용의 교육을 실시했다. 그야말로 개인별 맞춤 교육인 ‘인재시교’는 공자 교육 사상의 정화精華이다. 공자의 사상 관념이 얼마나 진보적인지 놀라울 따름이다.

6-20

번지가 어떻게 하는 것이 지혜로운 것인지 여쭙자, 공자께서 말씀하셨다. "사람의 마땅한 도리를 다하는 데에 힘쓰고, 귀신을 공경하면서도 멀리하면 지혜롭다고 할 수 있다." 또 어떻게 하는 것이 인한 것인지 여쭙자, 공자께서 말씀하셨다. "인한 사람은 어렵고 힘든 일은 남보다 앞장서 하지만, 공로와 이익을 얻어 누림은 남보다 나중에 하는 법이니, 만약 그렇게 한다면 인하다고 할 수 있다."

樊遲¹問知.² 子曰: "務民之義,³ 敬鬼神而遠之, 可謂知矣." 問仁.
번 지 문 지　자 왈　　무 민 지 의　경 귀 신 이 원 지　가 위 지 의　　문 인
曰: "仁者先難而後獲,⁴ 可謂仁矣."
왈　　인 자 선 난 이 후 획　　가 위 인 의

주석

1　樊遲(번지): 2-5 주석 3 참조.

2　知(지): 지智와 같음.

3　務民之義(무민지의): 이는 주자가 이른 대로, '사람이 도리상 마땅히 해야 할 바에 오로지 힘씀(專用力於人道之所宜)'을 이름. '무'는 힘씀. '민'은 인人과 같음. '의'는 마땅함(宜), 의리. '민지의'는 곧 『예기』「예운편」에서 말한 '인의人義'로, "부모는 자애롭고 자식은 효성스러우며, 형은 선량하고 아우는 공경하며, 남편은 절의節義를 지키고 아내는 순종하며, 어른은 은혜를 베풀고 젊은이는 공손하며, 임금은 인애하고 신하는 충성하는(父慈, 子孝, 兄良, 弟弟, 夫義, 婦聽, 長惠, 幼順, 君仁, 臣忠)" 등의 일상적 인륜 도덕을 가리킴. 사실 이를 하안은 왕숙의 말을 빌려 '백성을 교화하고 인도해 정의正義에 이르게 하는 데에 힘씀(務所以化導民之義也)'이라고 풀이했으며, 역대 일부 주석가들도 그에 따랐으나, 논리상 허술함이 있음.

4　先難而後獲(선난이후획): 이를 공안국은 '먼저 힘들여 수고한 다음에 그 공로를 얻음(先勞苦乃後得功)'이라 하고, 황간은 범녕范甯의 말을 빌려 '어렵고 힘든 일은

남보다 먼저 하고, 공로를 얻어 누리는 일은 남의 뒤에 물러나 있음(艱難之事, 則爲物先; 獲功之事, 而處物後)'이라 하고, 주자는 '일이 어렵고 힘든 것은 먼저 나서서 하고, 그 효과와 보람을 얻어 누림은 나중에 함(先其事之所難, 而後其效之所得)'이라고 함. 이상은 모두 같은 뜻으로, 곧 힘든 일을 먼저 앞장서 하고, 그런 다음에 그 공로와 이익을 얻어 누리는 것은 오히려 남보다 나중에 하는, 다시 말해 결코 가만히 앉아서 일의 성취만을 향유하지 않을 뿐만 아니라 기꺼이 공성신퇴功成身退하는 자세와 품성을 말함.

해설

사람이 어떻게 해야 진정 지혜롭다고 할 수 있을까? 무엇보다 사람으로서 마땅히 해야 할 일, 즉 본분과 도리를 다하며, 귀신을 예로써 공경하되 멀리하여 미신적迷信的으로 구복求福하는 일이 없어야 한다. 이 같은 현실적이면서도 이성적인 공자의 견해는 '어리석은' 사람들이 귀신을 미신하며 강복을 비는 데 주력하면서도, 사람의 본분과 도리를 다하는 데에는 소홀함을 경계한 것이다. 공자가 「선진편」에서 귀신을 섬기는 문제를 묻는 자로에게 너무도 분명하게 "사람도 제대로 섬기지 못하거늘, 어떻게 귀신을 섬길 수 있겠느냐?"(11-12)라고 한 것이나, 「위정편」에서 "제사를 지내야 할 귀신도 아닌데 제사 지내는 것은 아첨하는 것"(2-24)이라고 한 것 또한 모두 같은 맥락으로 이해될 수 있다. 요컨대 '인사人事'와 '인의人義'를 다하면 복은 절로 내릴 것이요, 상서로움은 절로 따를 것이다. 사람이 이 당연한 이치를 깊이 깨닫지 못하고, 사뭇 허상에 집착해서야 어찌 지혜롭다고 하겠는가?

사람은 또 어떻게 해야 진정 인하다고 할 수 있을까? '선난이후획先難而後獲', 즉 어렵고 힘든 일은 남보다 앞장서 하지만, 공로와 이익을 얻어 누림은 남보다 나중에 한다면 곧 인하다고 할 수 있다는 게 공자의 생각이다. 공자가 「안연편」에서 번지에게 "할 일을 하는 것을 우선시하고 그 이득을 취하는 것은 뒷전이라면, 그게 바로 덕성을 증진하는 것이 아니겠느냐?"(12-21)라고 한 것 역시 같은 취지로 이해된다. 공자가 번지에게 두 번씩이나 이 같은 취지의 말을 한 것을 보면, 혹여 번지가 가만히 앉아서 남이 고생하여 얻은 성과를 누리는 병폐가 있었는지도 모를 일이다. 아무튼 이른바 '선난'은 견의용위見義勇爲, 즉 사람이 마땅히 해야 할 정의로운 일을 보면 어떠한 고난과 위험도 두려워하지 않고 용감히 나서 헌신함이니, 공자가 「위영공편」에서 말한 "인을 행함에 있어서는 스승에게도 양보하지 않는다"(15-36)는 것이 바로 그러한 자세를 이른다. '후획'은 전혀 사리사욕을 탐하지 않기 때문에 일의 공로와 이익 앞에서 다른 사람과 다투기는커녕 오히려 뒤로 물러나는 것이다. '선난'·'후획'이란 결국 어떤 위난도 무릅쓰고 오직 공리公利과 공의公義를 위해 헌신할 뿐, 결코 사리를 탐하지 않으며 "천하 만인이 걱정하기 전에 먼저 걱정하고, 천하 만인이 즐거워한 후에 뒤늦게 즐거워하는(先天下之憂而憂, 後天下之樂而樂歟)"(송대 범중엄范仲淹, 「악양루기岳陽樓記」) 것이니, 진정 인자의 형상이 아니고 무엇이겠는가?

한마디로 지혜로운 사람은 귀신을 미신하기보다는 인사人事에 진력한다. 또 인한 사람은 공익과 대의大義를 위해서는 누구보다도 앞장서 위험을 무릅쓰지만, 결코 사사로운 이익을 탐하지 않는다.

6-21

공자께서 말씀하셨다. "지혜로운 사람은 물을 좋아하고 인한 사람은 산을 좋아하며, 지혜로운 사람은 동적이고 인한 사람은 정적이며, 지혜로운 사람은 즐겁게 살고 인한 사람은 오래 산다."

子曰: "知¹者樂²水, 仁者樂山. 知者動, 仁者靜. 知者樂,³ 仁者壽."
자 왈　　지 자 요 수　인 자 요 산　지 자 동　인 자 정　지 자 락　　인 자 수

주석

1 知(지): 지智와 같음.
2 樂(요): 좋아함. 아래 '요산樂山'의 '요'도 이와 같음.
3 樂(락): 즐거워함. 곧 낙관적이라는 말.

해설

지자는 명지明智, 즉 밝은 지혜가 있는 사람이요, 인자는 인덕, 즉 인한 덕이 있는 사람이다. 바로 그 때문에 그 고유한 성정의 본질과 작용에도 일정한 차이가 있다는 것이 공자의 설명이다. 우선 '지자는 물을 좋아하고, 인자는 산을 좋아한다.' 다시 말해 지자와 인자는 각각 물과 산에서 한껏 기껍고 즐거움을 느낀다. 주자는 그 이유를 이렇게 설명했다. "지자는 사리에 통달하여 두루 유통流通하며 막힘이 없는 것이 마치 물과 같으므로 물을 좋아하고, 인자는 의리에 편안함을 느껴 중후하면서 쉽게 바뀌고 변하지 않는 것이 마치 산과 같으므로 산을 좋아한다(知者達於事理, 而周流無滯, 有似於水, 故樂水; 仁者安於義理, 而厚重不遷,

有似於山, 故樂山)." 이는 곧 지자와 인자의 특유한 성향은 각각 저마다 동질성에 대한 이끌림과 호감정에서 말미암는다는 얘기다.

'지자는 동적이고, 인자는 정적이다.' 이에 대해 포함과 공안국은 각각 지자는 "날로 향상 전진하므로 동적이고(日進故動)" 인자는 "욕심이 없으므로 정적(無欲故靜)"이라고 부연했다. 물은 쉼 없이 새로운 길을 열어 흐르고 또 흐른다. 지자 역시 스스로 쉼 없이 분발 정진하며(自强不息) 날마다 새로워지고자 힘쓰므로, 늘 부단히 향상 전진하며 동적인 형상을 나타낸다. 산은 중후하며 이동하거나 변모하지 않는다. 인자 역시 사욕을 누르고 예의범절을 따르며(克己復禮) 탐욕에 빠지지 않으므로, 늘 편안히 내면적 성찰과 수양에 힘쓰며 정적인 형상을 나타낸다.

'지자는 즐겁게 살고, 인자는 오래 산다.' 이에 대해 주자는 지자는 "동적이면서 속박되지 않으므로 즐겁게 살고(動而不括, 故樂)" 인자는 "정적이면서 규율이 있으므로 오래 산다(靜而有常, 故壽)"고 부연했다. 사람은 대개 마음에 불편하고 얽매이는 바가 있으면서 크고 작은 근심 걱정에 휩싸이게 된다. 하지만 지자는 성정과 사고思考의 융통성과 유동성이 뛰어나고, 흉금이 넓고 커서 좀처럼 세간의 골칫거리에 얽매이지 않으니, 어찌 즐겁지 않겠는가? 사람은 또 향락적 욕망과 기호嗜好에 절제를 잃으면서 수명을 단축하게 된다. 하지만 인자는 마음이 맑고 고요해 욕심이 없으므로, 정신적으로 안정安靜되고 확고해 좀처럼 심신을 훼손하고 생명을 앗아가는 일들에 휘둘리지 않으니, 어찌 장수하지 않겠는가? 아무튼 의리에 편안한 인자와 사리에 통달한 지자는 같은 대상을 놓고도 "인자는 그것을 보고 어질다고 하고, 지자는 그것을 보고 지혜롭다고 하는데(仁者見之謂之仁, 知者見之謂之知)"(『주역』「계사상전」), 그것이 바로 그 특유의 양생養生의 도이자 입덕入德의 문이라 할 것이다.

6-22

공자께서 말씀하셨다. "제나라가 일단 변혁을 하면 노나라와 같은 상태에 이를 것이요, 노나라가 일단 변혁을 하면 바른 도가 행해지는 이상적인 상태에 이를 것이다."

子曰: "齊¹一²變,³ 至於魯⁴; 魯一變,⁵ 至於道.⁶"
자왈   제 일 변   지 어 노   노 일 변   지 어 도

주석

1 齊(제): 제나라. 여기서는 당시 제나라의 정교와 풍속을 두고 이름.

2 一(일): 일단=旦.

3 變(변): 변혁함, 개혁함. 이는 제나라의 현행現行 패도覇道정치와 공리주의를 개혁해 왕도王道정치를 시행하고 인의 도덕으로 백성을 교화함을 말함.

4 魯(노): 노나라. 여기서는 당시 기본적으로 인의와 예교禮敎를 숭상한 노나라의 정교와 풍속을 두고 이름.

5 變(변): 왕시위엔은 이 '변' 자를 앞의 '변' 자와 다르게 '진흥'한다는 뜻으로 풀이했는데, 논리적으로 타당해 따를 만함. 즉, 노나라 건국의 기본 방침은 바로 왕도정치로, 줄곧 인의로써 백성을 교화했으나, 세월이 적잖이 흐르다 보니 어쩔 수 없이 여러 가지 폐단이 발생해 나라의 정교와 풍속 전반을 새롭게 정비하고 진흥할 필요성이 대두되었을 따름이며, 이를 '변혁'·'개혁'이 필요한 것으로 보기는

어렵다는 것임. 다만 그 같은 '진흥'도 따지고 보면 현재 상태에 대한 '변혁'을 통해서 이루어지므로, 그 또한 '변혁'으로 이해하는 것도 가可함.

6 道(도): 선왕의 도, 즉 요·순·우·탕·문왕·무왕 등 고대 성군이 시행했던 이상적 정치 교화의 대도大道를 말함.

해설

주 왕조는 개국 초기에 강태공 여상呂尙을 제齊에 봉하고, 주공 희단을 노魯에 봉하였다. 제나라와 노나라의 역사는 바로 그렇게 시작되었다. 제·노 두 나라는 자연 조건이나 문화 배경의 차이에다 대현大賢 강태공과 성인聖人 주공의 상이한 사상 체계까지 더해지면서, 그 발전 방향 또한 절로 서로 다른 양상을 보였다.

제나라는 풍부한 물산을 바탕으로 부강한 나라를 건설하면서 형법의 집행에 엄정을 기했으니, 그야말로 "정령으로 이끌고 형벌로 다스렸다."(2-3) 게다가 제 환공 이후에는 가일층 부국강병의 길로 치달으면서 패도정치를 감행하며 천하의 패자로 군림했다. 그 영향은 백성들에게 그대로 미쳐 너나없이 공리功利를 숭상하는 가운데 민정풍속은 날로 각박해져갔다.

반면 노나라는 선왕의 유풍遺風을 충실히 계승해 '예의지국禮儀之國'의 미명美名을 누리면서, 일체의 정교와 풍속이 인의 도덕을 근거로 하지 않은 것이 없었으니, 그야말로 "덕으로 이끌고 예로써 가지런히 하였다."(2-3) 이에 백성들 또한 감화를 받아 절로 민심은 순박해지고 풍속은 돈후해졌다. 이 같은 노나라의 정치 이념이 바로 덕치주의요 왕도정치라면, 제나라의 그것은 곧 법치주의요 패도정치인바, 공자의 정치사상은 시종 전자를 그 이상으로 주창 강조했다.

한편 "공자 당시 제나라의 풍속은 공리를 좇기에 급급하고 큰 소리를 치며 기만하기를 즐겨하였으니, 곧 패도정치의 남은 풍습이었다. 반면 노나라는 예교를 중시하고 신의를 숭상하였으니, 여전히 선왕先王의 유풍이 남아 있었다. 다만 집정자가 제자리를 잡지 못하니, 그 정책 또한 제대로 시행되지 못하고, 급기야 퇴폐하고 타락함이 없을 수가 없었다(孔子之時, 齊俗急功利, 喜夸詐, 乃霸政之餘習. 魯則重禮敎, 崇信義, 猶有先王之遺風焉. 但人亡政息, 不能無廢墜耳)."(『집주』) 그 때문에 공자는 제나라가 일대 변혁을 시도해 패도를 버리고 왕도를 시행하며 공리를 배제하고 인의를 숭상한다면, 현재의 노나라와 같은 정치 수준에 이를 것이라고 했다. 그리고 노나라 역시 분발해 정교政敎와 풍속 전반을 새롭게 정비하고 진흥함으로써, 왕도王道 본연의 문화를 더욱 발양한다면, 선왕의 치도治道가 행해질 때와 같은 이상적인 대동大同사회를 이룩할 수 있을 것이라는 소망 어린 진단을 했다. 하지만 양국의 집정자들은 누구도 이 같은 진단과 처방에 따르지 않았으니, 공자의 안타까움이 얼마나 컸을까?

6-23

공자께서 말씀하셨다. "본디 모서리 졌던 고觚가 이제 본연의 모습이 아니거늘, 그게 고란 말이냐? 그게 고란 말이냐?"

子曰: "觚¹不觚,² 觚哉³? 觚哉?"
자 왈　고 불 고　고 재　　고 재

1 觚(고): 고대의 술병으로, 예기禮器(옛날 제사나 연회 등의 의식 때 쓰던 기물)의 일종. 원래 윗부분은 둥근 반면, 배와 다리 부분은 각각 사각으로 각이 져 네 줄의 뾰족한 모서리가 있었음. 하지만 공자 당시에는 이미 아랫부분이 원형으로 바뀌어 모서리가 없어짐. 용량은 두 되 혹은 석 되들이임. 일설에는 목간木簡(종이가 없던 시대에 글을 적던 나뭇조각)이라고도 함.

2 不觚(불고): '고'같지(답지) 않음. 곧 '고' 본연의 모습이 아니라는 말. 이는 또한 곧 명실상부하지 않음, 유명무실함을 비유함.

3 哉(재): 반문의 어조사.

예기 고는 본디 상원하방上圓下方, 즉 위는 둥글고 아래는 모난 모양으로, 곧 천원지방天圓地方, 즉 하늘은 둥글고 땅은 네모나다는 의미를 함축 상징한다. 그것은 또한 사람은 모름지기 지원행방智圓行方, 즉 슬기는 둥글둥글해 막힘이 없고, 품행은 방정해 무도無道하지 않아야 함을 일깨운다. 한데 공자 당시에는 고의 모서리가 없어져 그 예법상의 형상을 잃고 말았으니, 비록 이름은 남아 있었지만, 실질은 이미 폐기된 것이다.

공자는 본시 '정명正名', 즉 명분에 맞게 실질을 바르게 하여 이름(명분)과 실질이 서로 부합되게 해야 함을 주장하며, 위정자나 사회제도, 문화 전통 등에 있어 모두 명실이 상부해야 함을 강조했다. 그뿐만 아니라 공자는 「자로편」에서 자로가 "위나라 임금께서 선생님이 오시기를 기다렸다가 국정을 맡기면, 선생님께서는 장차 어떤 일을 먼저 하시겠습니까?" 하고 여쭙자, "나는 반드시 먼저 정명正名, 즉 명분을 바로잡을 것이다!"(13-3)라고 하여, 정명이야말로 위정의 급선무임을 천명했다. 공자가 말하는 정치상의 정명은 바로 「안연편」에서 위정 치국의 이치를 묻는 제 경공에게 답한, "임금은 임금답고 신하는 신하다우며, 부모는 부모답고 자식은 자식다워야 한다"(12-11)는 것이다. 하지만 당시의 정치·사회상은 위례違禮와 참례가 난무하는 난세였으니, 여기서 "그게 고란 말이냐?"라는 공자의 거듭된 탄식이 어찌 하나의 작은 예기인 고만을 염두에 둔 것이겠는가? 당시 정치·사회적으로 명실이 상부하지 않아 심각한 문제를 야기한 근본 원인은 바로 "임금이 임금답지 못하고 신하가 신하답지 못하며, 부모가 부모답지 못하고 자식이 자식답지 못한 것"(12-11)이었다. 그러므로 공자는 본연의 모습을 잃고 유명무실해진 예기 고에 대한 안타까운 정서를 통해, 임금과 신하가 모두 정도正道를 잃으면서 날로 혼란해져가는, 당시의 정치·사회적 현실에 대한 통탄의 정을 토로한 것이다.

6-24

재아가 여쭈었다. "인한 사람은 설령 누가 그에게 '우물 안에 인도仁道가 빠져 있다'고 하더라도, 설마 그 인도를 구하기 위해 우물 안으로 들어갑니까?" 공자께서 말씀하셨다. "무엇 때문에 그렇게 하겠느냐? 군자는 용감히 나아가 인도를 추구하게 할 수는 있어도 죽음의 위험에 빠지게 할 수는 없고, 이치에 닿는 말로 속일 수는 있어도 이치에 닿지 않는 말로 속일 수는 없다."

宰我¹問曰: "仁者, 雖告之曰: '井有仁焉.² 其³從之⁴也⁵?" 子曰:
재 아 문 왈　인 자　수 고 지 왈　정 유 인 언　기 종 지 야　　자 왈
"何爲⁶其然也? 君子可逝⁷也, 不可陷⁸也; 可欺⁹也, 不可罔¹⁰也."
하 위 기 연 야　군 자 가 서 야　불 가 함 야　가 기 야　불 가 망　야

주석

1　宰我(재아): 공자의 제자. 3-21 주석 2 참조.

2　井有仁焉(정유인언): 우물 안에 인도가 있음. 전통적으로 이 구절은 '인'을 '인인仁人'의 뜻으로 본 공안국이나, '인人'의 잘못으로 본 유빙군劉聘君의 주장을 따른 주자의 풀이처럼 '우물 안에 인한 사람, 또는 사람이 빠져 있다'는 뜻으로 이해하는 것이 일반적임. 하지만 왕시위엔은 확실한 증거 없이 글자를 더하거나 고치는 방식으로 경전을 풀이하는 것은 타당하지 않다는 입장에서, '인'을 글자 그대로 인도의 뜻으로 풀이했는데, 매우 설득력 있는 주장으로 따를 만함. 이 구절은 '수고지왈雖告之曰'의 '수'(비록, 설령)와 '기종지야其從之也'의 '기'(설마. 다음 주석 참조)에서 느껴지는 뉘앙스에서 알 수 있듯이, 재아가 실제로는 거의 있을 수 없는 다소 극단적인 경우를 가정해, 공자에게 인자는 인도를 추구하기 위해 어떠한 위험도 무릅쓰는지를 여쭌 것임. 한편 전통적인 풀이의 모순은 다산의 반박을 참고할 만함. "인한 사람이 함정(다산은 '정'을 함정의 뜻으로 봄)에 빠지면 인자가 그를 구제하고, 보통 사람이 함정에 빠지면 인자가 그는 구제하지 않는단 말인가? 함정에 빠진 사람을 구제하려면 응당 두레박줄을 내려주어야 할 것이지, 그 사람을 따라 들어가 함께 빠져 죽는다면 도대체 무슨 도움이 되겠는가?" "사람이 함정에 빠지면 달려가 구제하지 않을 사람이 없겠지만, 그 사람을 따라서 함께 죽으라고 한다면 머리를 휘젓지 않을 사람이 없을 것이니, 그런 것으로 인자를 시험하는 것은 적절치 않다." '언'은 어지於之의 합음자. 그곳에, 그 안에.

3　其(기): 기豈와 같음. 어찌, 설마.

4　從之(종지): 그것을 따라감. 곧 우물에 빠진 인도를 구하기 위해 우물 안으로 따라 들어감을 이름. '지'는 우물 안의 인도를 가리킴.

5　也(야): 야耶와 통함. 의문의 어조사.

6　何爲(하위): 위하爲何와 같음. 무엇 때문에, 왜.

7 逝(서): 감(往). 여기서는 용감무쌍하게 나아가 인도를 추구함을 이름.

8 陷(함): 빠짐. 여기서는 위험천만한 상태에 빠짐을 이름.

9 欺(기): 주자가 이른 대로, '이치에 닿는 것으로 속임(誑之以理之所有)'을 이름.

10 罔(망): 역시 주자가 이른 대로, '이치에 닿지 않는 것으로 속임(昧之以理之所無)' 을 이름.

해설

추측컨대 재아는 도심道心이 돈독하지 못한 나머지, 인도를 추구하고 실행하는 과정에 다른 사람에게 기만당해 위험천만한 지경에 빠지지나 않을까 하는 우려가 있었던 것 같다. 상식과 이치에도 맞지 않는 비현실적인 논리로, 인자는 과연 인도 추구를 위해 어떠한 고난과 위험도 무릅쓰는 사람인지 궁금해하고 있으니 말이다. 이는 필시 일찍이 "인도仁道에 뜻이 있는 선비와 인덕을 닦은 사람은 구차히 살고자하여 인을 훼손하는 경우는 없어도, 오히려 자신의 목숨을 바쳐 인을 이루는 경우는 있다"(15-9)고 한 스승 공자의 가르침이 켕겨 생긴 의구심이리라.

사람이 만약 자신의 존엄하고 고귀한 생명을 기꺼이 희생하면서까지 인의 도덕을 수호하고 완성하려 한다면, 그 위대하고 숭고함을 어찌 말로 다 할 수 있겠는가? 하지만 그것은 반드시 '살신殺身'의 희생이 결코 헛되지 않을 만큼 가치 있고 뜻 있는 인도를 위한 것이어야 한다. 한마디로 인자는 비록 인도의 수호와 완성을 위해 기꺼이 어떠한 희생도 무릅쓰지만, 반드시 그 시비是非와 가부可否를 바르게 분별해 자신의 희생을 헛되게 하지는 않는다.

인인仁人 군자는 그야말로 "인을 행함에 있어서는 스승에게도 양보하지 않는다."(15-36) 한데 그러기 위해서는 무엇보다 "인을 추구하여 인을 얻기"(7-15) 위해 물불을 가리지 않는 용기가 있어야 한다. 무릇 인자는 사리 분별이 뛰어난 지자이다. 그들은 결코 "호랑이에게 맨손으로 달려들고, 큰 강을 맨몸으로 건너다가 목숨을 잃더라도 후회하지 않는"(7-11) 만용을 부릴 정도로 어리석지 않다. 여기서 공자가 "무엇 때문에 그렇게 하겠느냐? 군자는 용감히 나아가 인도를 추구하게 할 수는 있어도 죽음의 위험에 빠지게 할 수는 없고, 이치에 닿는 말로 속일 수는 있어도 이치에 닿지 않는 말로 속일 수는 없다"고 한 것은 바로 그 같은 인인 군자의 참된 형상을 설명한 것이다.

공자가 「양화편」에서 "인애를 좋아하되 배우기를 좋아하지 않으면 그 폐단은 남에게 쉽게 우롱을 당하는 것"(17-8)이라고 하지 않았던가? 진정한 인자라면 반드시 평소 부단한 노력으로 축적한 풍부한 학식과 뛰어난 통찰을 바탕으로, 스스로 추구하고자 하는 인도를 똑똑히 살피고 분별해 자신을 헛되이 희생하는 우를 범하지 않도록 해야 한다. 어찌 인자뿐이겠는가? 사람은 어느 누구나 자신의 고귀한 생명을 함부로 해서는 안 된다.

6-25

공자께서 말씀하셨다. "군자가 옛 문헌을 통해 널리 배우고, 그것을 예로써 단속한다면, 또한 바른 도에서 벗어나지 않을 수 있을 것이다."

子曰: "君子博學於文, 約之以禮,¹ 亦可以弗²畔³矣夫.⁴"
자 왈   군 자 박 학 어 문   약 지 이 례   역 가 이 불 반 의 부

주석

1 **博學於文, 約之以禮**(박학어문, 약지이례): 옛 문헌 서적에서 (인생의 온갖 도리와 만사
  만물의 이치에 대해) 두루 배우고 또 예로써 그것을 단속함. 이 두 구절은 서로 다른
  두 가지 일을 각각 이르는 것이 아니라, 전후의 의미가 연속되는 것으로 보아야
  함. '문'은 시·서·역·예·악 등의 경전과 옛 성현이 남긴 전적典籍들을 이름. 이를
  황간은 육적六籍, 즉 육경六經의 글로, 형병은 선왕先王이 남긴 글로 풀이함. '약'
  은 제약함, 단속함, 구속함. '지'는 '박학어문'한 지식을 가리킴. 일설에는 '군자'
  자신이나 앞의 '문'을 가리킨다고 하나, 의미나 문법상 재론의 여지가 있음.
2 **弗**(불): 不과 같음.
3 **畔**(반): 叛과 같음. 배반함, 위배함, 위반함. 여기서는 인도仁道 내지 정도正道·
  상도常道에서 벗어남을 이름.
4 **矣夫**(의부): 복합 어조사로, 감탄의 어기를 강화해 나타냄. 일설에는 추측과 판단
  의 어기를 나타낸다고 함.

해설

공자가 말하는 '배움'은 지식 증진보다는 인의 도덕의 수양과 실행에
중점이 두어져 있다. 그 때문에 군자의 배움은 궁극적으로 인도 추구
를 지향해야 한다. 공자가 여기서 그 같은 구도의 방법으로 제시한 것
은 "옛 문헌을 통해 널리 배우고, 그것을 예로써 단속한다"이다.

유가 경전을 비롯한 옛 문헌 서적은 그야말로 더할 나위 없이 좋은
인생 교과서이다. 따라서 그것을 통해서 널리 배우면, 인생의 온갖 도
리와 만사만물의 이치에 대해 깊고 두터운 지식과 폭넓은 식견을 갖

추게 된다. 하지만 그것은 언행으로 발휘되는 과정에 반드시 예로써 단속되어야 한다. 그래야만 그 사람의 언행이 비로소 난잡하거나 방종으로 흐르지 않고, 도덕적 수양과 품격을 높이게 되며, 나아가 지덕知德을 겸비한 군자의 방정한 품행과 고귀한 품격을 이룰 수가 있다. 그러니 어찌 인도나 정도에서 벗어남이 있겠는가?

6-26

공자께서 남자를 만나시자, 자로가 못마땅해하였다. 공자께서 하늘에 맹세해 말씀하셨다. "내가 남자를 만난 것이 진정 옳지 않은 일이라면, 하늘이 나를 버리실 것이다. 하늘이 나를 버리실 것이다."

子見南子,¹ 子路不說.² 夫子³矢⁴之曰: "予所否者,⁵ 天厭⁶之⁷! 天厭
자 견 남 자   자 로 불 열   부 자 시 지 왈   여 소 부 자   천 염 지   천 염
之!"
지

주석

1 南子(남자): 위衛 영공의 부인. 당시 위나라의 국정을 좌지우지한 데다 음란한 행동으로 평판이 좋지 않았음.
2 不說(불열): 못마땅해 함. '열'은 열悅과 같음. 기쁨, 기뻐함.
3 夫子(부자): 1-10 주석 3 참조.
4 矢(시): 서誓의 옛 글자. 맹세함.
5 予所否者(여소부자): 이는 주자가 이른 대로, '내가 남자를 만나는 것이 만약 예법에 맞지 않거나 왕도의 실현을 위한 것이 아니라면'의 뜻으로 이해됨. '여'는 나. 곧 공자의 자칭. '소所~자者'는 옛날 맹세하는 말에 쓰인 관용구로, '만약 ~한다

면'의 뜻. 여기서 '소'는 맹세하는 말에만 쓰인 가정의 어기를 띤 접속사이고, '부'
는 아님의 뜻이니, 곧 주자가 이른 대로, '예법에 부합하지 않고, 인의의 도에 의
거하지 않음(不合於禮, 不由其道也)'을 이름.

6 厭(염): 염기厭棄, 즉 싫어서 버림. 또는 기절棄絶, 즉 버려서 관계를 끊음.

7 之(지): 이는 원래 제삼인칭대명사로 쓰이나, 여기서는 제일인칭대명사로, 곧 공
자 자신을 가리킴.

해설

『사기』「공자세가」에 따르면, 공자가 위나라에 갔을 때 위 영공의 부
인 남자가 사람을 보내 '사방의 군자들은 위나라 임금과 교분을 맺을
생각이 있으면, 반드시 먼저 왕후인 자신을 만난다'는 말을 하며, 공자
를 만나고 싶다는 뜻을 전해왔다. 공자는 처음에는 사절했으나, 나중
에는 부득이해 결국 남자를 만났다. 당시 남자는 필시 명망 높은 성인
공자와의 만남을 통해 자신의 위상을 높이려는 의도가 다분했을 것이
다. 반면 공자로서는 그 사람됨이 마음에 걸리기는 했으나, 어쨌든 일
국의 왕후가 예를 갖추어 청하는데 끝까지 거절하기는 어려웠을 것이
다. 일찍이 양화陽貨가 공자를 뵙고자 했으나, 공자가 만나려고 하
지 않자 삶은 돼지를 선물로 보냈고, 이에 공자는 예법에 따라 부득이
사례를 하기 위해 양화의 집을 찾아간 적이 있다.(17-1 참조) 진정 "성
인의 도덕은 성대하고 완전하여 가할 것도 없고 불가할 것도 없나니,
악인을 만남에 진실로 나에게 그를 만날 만한 예가 있다면, 그 사람의
불선함이 내게 무슨 상관이겠는가 하고 여긴 것이다(聖人道大德全, 無可
不可. 其見惡人, 固謂在我有可見之禮, 則彼之不善, 我何與焉)."(『집주』)

공자는 당시 공전의 난세에 열국을 주유하며 각국의 군주들을 설득

해 당신의 정치 이상을 실현함으로써 제세구민하고자 했다. 그런 만큼 공안국이 말한 대로, "공자가 남자를 만난 것은 남자를 통해 위 영공을 유세遊說하여 당신의 정치 이상을 실행하게 하려는[孔子見之者, 欲因以說靈公, 使行治道也]" 생각도 없지 않았을 것이다. 하지만 영공은 심히 호색好色하여 미모의 부인 남자와 노니는 데에 여념이 없었다. 공자는 결국 "나는 아직 도덕을 좋아하기를 여색을 좋아하듯이 하는 사람을 보지 못하였다"(15-13, 『사기』「공자세가」)고 개탄하며 위나라를 떠났는데, 당시 공자의 실망감이 어떠했는지를 쉽게 짐작케 한다.

자로의 불만은 물론 공자의 깊은 심중을 헤아리지 못한 탓이다. 공자는 스승의 명망에 누가 되지 않을까 우려하는 자로의 마음을 익히 아는지라, 당신이 남자를 만난 것은 단지 예를 행하고, 치도治道를 실현하기 위한 것이었음을 하늘에 맹세했다. 또한 만약 그렇지 않으면 '하늘이 나를 버리실 것임'을 거듭 강조했다. 그것은 곧 맹세를 무겁게 하여 자로가 그 말을 믿고 안심하도록 한 것이니, 제자를 아끼고 사랑하는 스승의 인간적인 면모가 참으로 정겹다.

6-27

공자께서 말씀하셨다. "중용의 덕은 필시 지극한 것이건만, 사람들 가운데 능히 그 덕을 닦고 행하는 이를 찾아보기 힘든 지 이미 오래되었도다!"

子曰: "中庸[1]之爲德也,[2] 其[3]至[4]矣乎[5]! 民鮮[6]久矣[7]!"
자왈   중용 지위덕야   기 지 의호   민선 구의

1 中庸(중용): 정자가 이르기를, '치우치지 않음(不偏)'이 '중'이요, '변하지 않음(不易)'이 '용'인바, '중'은 '천하의 바른 도리(天下之正道)'요, '용'은 '천하의 항구불변의 진리(天下之定理)'라고 함. 결국 '중용'은 대개 지나치거나 모자라지도 않고, 또 어느 쪽으로도 치우치지 않으면서, 통상적이고 변함없는 덕성으로, 중화·중도·중정中正의 개념을 포괄하는 것으로 이해됨.

2 也(야): 일시 멈춤의 어조사.

3 其(기): 추측의 어기 부사. 대개, 아마, 필시.

4 至(지): 지극함. 여기서는 그런 것, 곧 지선至善·지미至美·지당至當 내지 최고선最高善(인간 행위의 최고의 목적과 이상이 되며 근본 기준이 되는 선)을 이름.

5 矣乎(의호): 복합 어조사로, 긍정과 감탄 내지 찬탄의 어기를 나타냄.

6 民鮮(민선): 『중용』에서 이 장을 인용하며, '선' 자 다음에 '능能' 자를 더해 "중용기지의호! 민선능구의中庸其至矣乎! 民鮮能久矣"라고 한 것을 보면, 이는 사람들 가운데 '중용'의 덕을 닦고 행할 수 있는 이가 드물다는 뜻으로 이해함이 옳을 것임. '민'은 인人과 같음. '선'은 적음, 드묾.

7 矣(의): 탄식의 어조사.

'중용'은 공자가 힘주어 주창한 최고의 도덕규범이요 준칙으로, 지나치거나 모자라지도 않고 어느 쪽으로 치우치지도 않는 중화의 덕성이다. 고대에는 단지 '중中'으로 그 같은 사상 관념을 표현했으나, 공자에 이르러 비로소 '용庸'의 개념을 더하면서 보다 일반적이고 통상적인 덕성임을 부각 강조하기에 이르렀다. 『예기』의 한 편篇인 「중용」은 바로 이를 그 편명으로 취해 인생 처세의 보편적 원칙으로서의 '중용의 도'를 집중 논술한 유가 경전이다. 사마천은 공자의 손자이자 증자의 제자인 자사가 『중용』을 지었다고 했다. 한편 주자는 『예기』에서

「중용」과 「대학」 두 편을 빼내어, 『논어』·『맹자』와 함께 '사서四書'로 병칭하며 중시하고 존숭함으로써 후세에 특별한 지위와 가치를 지닌 유가 경전으로 거듭나게 했다.

『논어』에서 '중용'이라는 말이 직접 언급된 것은 이 장이 유일하다. 중용은 진정 인간 행위의 최고의 목적이자 이상인 최고선으로, 너나 없이 갖추고 행해야 할 덕목이다. 옛 성현들이 하나같이 견지한 수신과 치세의 기본 원칙 또한 이에 지나지 않음은 두말할 나위가 없다. 하지만 공자 당시의 사람들은 대부분 그 기품이나 습속習俗의 편향성이 심해져 중용의 미덕을 잃은 지 오래되었다. 그래서 공자가 세도世道의 쇠미를 통탄해 마지않았는데, 그 어찌 특정한 시대나 사회만의 문제이겠는가?

6-28

자공이 말했다. "만약 백성들에게 널리 은혜를 베풀고, 또한 능히 민중을 환난에서 구제하는 사람이 있다면 어떻습니까? 인하다고 할 수 있습니까?" 공자께서 말씀하셨다. "어찌 인하다 뿐이겠느냐? 필시 성덕聖德이 넘치렷다! 아마 요임금이나 순임금도 오히려 그같이 할 수 있을까 근심하셨으리라! 무릇 인이란 자기가 입신하고자 하면 남도 입신하게 하고, 자기가 통달하고자 하면 남도 통달하게 하는 것이다. 능히 자신의 경우에 비추어 남의 입장을 고려하고 배려하는 것, 그것이 바로 인을 행하는 방법이라고 할 수 있다."

子貢曰: "如有博施¹於民, 而能濟衆,² 何如? 可謂仁乎?" 子曰: "何
자공왈　여유박시어민　이능제중　하여　가위인호　자왈　하

事於仁³? 必也聖⁴乎⁵! 堯舜⁶其猶病諸⁷! 夫⁸仁者, 己欲立⁹而立人,
사어인　필야성호　요순기유병저　부인자　기욕립이립인

己欲達¹⁰而達人. 能近取譬,¹¹ 可謂仁之方¹²也已.¹³
기욕달　이달인　능근취비　가위인지방　야이

주석

1 博施(박시): 널리 은혜를 베풂.

2 濟衆(제중): 환난과 질고疾苦에서 민중을 구제함.

3 何事於仁(하사어인): 주자가 이른 대로, '하지어인何止於仁', 즉 '어찌 인함에 그치
겠는가?'의 뜻으로 이해됨.

4 聖(성): 성명聖明함. 곧 성덕, 즉 성인의 덕, 또는 성군의 덕을 두고 이르는 말. 주
자는 "'인'은 이치를 두고 이른 것으로 위아래로 두루 통하는 반면, '성'은 지위
를 두고 이른 것으로 곧 그 지극함에 이른 경지에 대한 일컬음이다(仁以理言, 通乎
上下. 聖以地言, 則造其極之名也)"라고 함. 다시 말하면 '인'에는 성인의 인이 있는가
하면 현인의 인이 있고, 또 중인衆人의 인이 있는바, 인을 행함에도 일정한 지위
와 등급이 있으니, 바로 그 지극한 경지에 이르렀음을 일컬어 '성'이라고 한다는
것임. 한편 첸무는 이 '성' 자를 '덕도 있고 지위도 있음(有德有位)'을 이르는 말이
라고 하며, 인자는 덕은 있으나 지위가 없으므로 '박시'·'제중'할 수 없는데, 사실
아무리 지위가 있어도 덕이 없으면 마찬가지로 '박시'·'제중'할 수 없다고 함. 이
같은 풀이는 주자의 취지나 본의와 완전히 일치한다고 할 수는 없으나, 일정한
정도 부연의 의미가 있어 참고할 만함.

5 乎(호): 추측의 어조사. 이를 주자는 의심하여 아직은 단정하지 못하는 뜻을 나
타내는 말이라고 함.

6 堯(요)·舜(순): 전설상의 상고시대 제왕으로, 공자는 항시 그들을 성군으로 받들
어 존숭함. 8-18·19, 15-5 참조.

7 其猶病諸(기유병저): 아마 오히려 그같이 하기를(그같이 하지 못할까) 걱정했을 것
임. '기'는 추측의 어기 부사. 대개, 아마. '유'는 오히려, 여전히. '병'은 (부족한 바가
있음을) 걱정함. '저'는 지시대명사 지之와 같음. 곧 '박시'·'제중'의 일을 가리킴.

8 夫(부): 발어사.

9 立(립): 입신함, 즉 세상에서 떳떳한 자리를 차지하고 지위를 확고하게 세움. 아래 '입인立人'의 '입'은 사역의 뜻으로 쓰였음.

10 達(달): 「안연편」 '시문비달是聞非達'(12-20 참조)의 '달'과 같음. 통달함, 즉 막힘없이 환히 통함. 여기서는 곧 높은 도덕 수양으로 사람들에게 신망을 얻어, 언행이 매양 원만히 두루 통하며 사람들의 환영과 존중을 받음을 이름. 아래 '달인達人'의 '달'은 사역의 뜻으로 쓰였음.

11 近取譬(근취비): 나 자신의 사례에 비춰 다른 사람도 나와 같은 마음일 것임을 헤아려 깊이 배려함. 곧 추기급인推己及人(나 자신으로부터 미루어 남에게 미쳐가는 인애의 마음)을 이름. '근'은 가까이, 즉 자기 자신의 생활 주변. '비'는 비유比喩/譬喩.

12 仁之方(인지방): 인도仁道를 실행하는 방법.

13 也已(야이): 복합 어조사로, 긍정의 어기를 나타냄.

해설

'인'은 공자 사상의 핵심이요, 최고의 도덕관념이다. 그래서인가 자공은 '인'을 지극히 고귀한 덕성으로 인식하고 있다. 공자는 분명 위대하지만 또한 '평범한' 성인聖人이다. 공자 사상의 고귀한 가치 역시 그 본질과 정신이 한껏 평범하고 일상적·통상적이라는 데에서 찾을 수 있다. 공자는 평생 제자들을 가르치면서 시종 비현실적으로 지나치게 이상적인 목표를 추구하기보다는, 평범하고 일상적인 것에서부터 자신을 닦아나갈 것을 강조했다.

자공이 예시한 "백성들에게 널리 은혜를 베풀고, 또한 능히 민중을 환난에서 구제"함은 그야말로 인을 행함이 지극한 경지에 이른 것이다. 단순히 인하다고만 해서는 그 의미와 형상을 충분히 함축 표현해 내지 못한다. 그 때문에 필시 '성聖', 즉 성덕(높디높은 성인의 덕)이 넘친다거나 성명聖明하다고 해야 할 것 같다는 것이 공자의 생각이다. 더욱이 공자 스스로가 성군으로 받드는 요·순임금도 아마 자신이 없어 걱정했으리라고 했으니, 진정 더할 나위 없이 아름답고 위대한 공적임을 역설한 것이다.

공자의 마음속에서 '성인'은 '인자'를 훨씬 능가한다. 그러므로 '성덕'은 결코 아무나 닦고 이룰 수 있는 게 아니다. 비록 지극히 높은 이상으로 지향하고 추구할 수는 있어도, 우리 인간이 실제로 그 같은 경지에 이르기는 거의 불가능하다고 해도 과언이 아니다. 공자가 다시 통상적인 눈높이로 자공에게 부연한 것은 분명 그 때문이리라.

그렇다면 '인'이란 무엇인가? 인은 사람의 본심, 즉 본연의 참마음이다. 다시 말하면 인은 사람의 선량한 내재적 본질이다. 공자는 여기서 그 함의를 보다 실제적으로 "자기가 입신하고자 하면 남도 입신하게 하고, 자기가 통달하고자 하면 남도 통달하게 하는 것"이라고 설명했다. 이는 곧 인자의 형상이요, '애인'(12-22)의 구체적 표현이며, '극기복례克己復禮'(12-1)의 궁극적 목표이다. 『논어』에서 보면, 공자는 몇 차례 제자의 질문에 답하면서 인이 무엇인지를 설명했다. 다만 그것은 모두 인재시교(6-19 해설 참조)였던 데 비해, 여기 이 말이야말로 비로소 인에 대한 공자의 가장 기본적인 정의라고 할 수 있다.

공자는 평소 사람은 누구나 인에 뜻을 두고, 인덕을 닦으며, 인도를 실천할 것을 극력 권면했다. 그런데 인을 과연 어떻게 행해야 하는 것인가? 그 방도는 멀리서 찾을 것도 없고, 또 어렵게 생각할 것도 없다. 바로 "자신의 경우에 비추어 남의 입장을 고려하고 배려"하면 된다. 이는 크고 작은 일상사에서 나 자신으로부터 미루어 남의 입장을 생각하고, 남을 배려하는 이른바 '추기급인推己及人'의 노력을 말한다. 공자는 이를 아주 쉽고 간단한 '애인' 내지 행인行仁의 방법이라고 생각했다. 그리고 그 생각에는 분명 세상 사람들도 모두 마음 깊이 공감하고, 적극적으로 실천할 수 있기를 바라는 뜻이 담겨 있다.

제7편

술이

述而

「술이편」은 모두 38장으로 나뉜다. 다만 주자『집주』에서는 제9·10
장을 한 장으로 묶어 37장으로 엮었다. 이 편은 공자의 학술 사상과
도덕 수양이 중심 내용을 이룬다. 인을 핵심으로 하는 공자의 기본 사
상을 논하는가 하면, 스스로 '생이지지자生而知之者'(태어나면서부터 만사
만물의 이치와 인생의 진리를 아는 사람)가 아니라 '학이지지자學而知之者'(배
워서 만사만물의 이치와 인생의 진리를 아는 사람)임을 강조한, 공자의 겸허
하고 호학하는 정신을 여실히 부각해 논술했다. 또한 공자의 교학敎學
원칙과 방법 그리고 도덕과 예의의 수양을 역설했다.

7-1

공자께서 말씀하셨다. "나는 옛것을 후세에 전술傳述하지만 스스로 새로운 것을 창시創始하지는 않으며, 오로지 옛것을 깊이 신뢰하고 애호하나니, 나의 이 같음을 남몰래 우리의 노팽에게 견주어본다."

子曰: "述而不作,¹ 信而好古,² 竊³比⁴於我老彭.⁵"
자 왈   술 이 부 작   신 이 호 고   절 비 어 아 노 팽

주석

1 述而不作(술이부작): 주자의 풀이에 따르면, '술'은 옛것을 전술함일 따름이고, '작'은 창시함. 따라서 이 구절은 고대 성인의 도통道統이나 역사상의 사실을 후세에 전술하며 가르침을 주지만, 새로운 사상이나 학설을 창시·창작하지는 않는다는 뜻으로 이해됨.

2 信而好古(신이호고): 옛것을 깊이 신뢰하며 애호함. 공자는 같은 맥락에서 스스로를 "단지 옛것을 좋아하여 급급히 탐구해 터득한 사람일 뿐"(7-20)이라고 강조한 적도 있음. '고'는 옛것으로, 곧 고대 성현의 도 내지는 문화나 전적典籍 등을 이르는 것으로 이해됨.

3 竊(절): 남몰래, 살짝. 곧 한껏 겸양해 자신을 낮추고 상대를 높인 말.

4 比(비): 비견比肩, 즉 서로 비슷한 위치에서 견줌.

5 老彭(노팽): 은나라의 어진(賢) 대부. 구체적으로는 『장자』에 나오는 팽조彭祖라 는 설도 있고, 굴원屈原의 「이소離騷」에 나오는 팽함彭咸이라는 설도 있음. '노팽' 앞에 '아我' 자를 덧붙인 것은 그에 대한 친근감과 존경심을 나타낸 것임. 일설에 는 또 노담老聃, 즉 노자와 팽조 두 사람을 가리킨다고 함. 아무튼 '노팽'은 공자 에 앞서서 '술이부작, 신이호고'한 고대 현인으로 추정됨.

해설

공자는 하·은·주 3대 전통문화의 숭배자이자 계승자이다. 전하는 바에 의하면 공자는 『시』·『서』를 산정刪定하고 『예』·『악』을 정리했으며, 『주역』을 부연敷衍하고 『춘추』를 편수編修했다. 이렇듯 공자는 고대의 문화와 그 전적典籍을 연구하고 정리해, 후세에 전술하고 제자들을 가르치는 데 심혈을 기울였다. 일견 그것은 분명 "모두 선왕의 고도古道를 전한 것이며 일찍이 스스로 새롭게 창작한 것은 없다(皆傳先王之舊, 而未嘗有所作也)"(『집주』)고 할 수 있다. 그러니 지극히 겸허한 덕성의 소유자였던 공자가 '술이부작述而不作'이라고 한 것은 어쩌면 너무나 당연한 일인지도 모른다.

사실 공자는 인류 역사상 유학을 창시한 위대한 성인으로, 후세에 만세의 사표로 존숭받고 있다. 공자는 단순히 고대의 문화와 성인의 도를 전술하는 데 그친 것이 아니다. 오히려 전통문화를 계승했을 뿐만 아니라, 더욱 발전시켜 새롭게 입언立言(후세에 길이 남아 인생의 교훈과 지침이 될 만한 훌륭한 언론과 학설을 창시·정립함)의 단계에 다다라 유가의 학설과 사상을 완성해 창시한 것이다. 중국의 고대 문화는 하·은 2대를 거쳐 주 왕조에 이르면서 찬란히 꽃을 피웠으나, 춘추시대 말엽에는 이미 황폐화의 길로 치달으면서 문화적 자성自省과 자각이 요구되고 있었다. 바로 그즈음 하늘은 공자를 이 세상에 보냈고, 공자는 자각적으로 사학私學을 창건해 고대 문화 전승의 역사적 사명을 다했다. 결국 공자는 '존중해야 할 사람을 존중하고, 친애해야 할 사람을 친애한다(尊尊親親)'는 주대 문화의 핵심을 '인의'의 도덕적 원리로 승화시켰다. 『논어』에 보이는 '인'과 '의'에 대한 논술은 전대前代에는 볼 수 없었던 것인바, 유학은 그렇게 해서 마침내 '인'을 핵심사상으로 하는 이론 체계를 형성했다. 주자가 이른 대로, "'창작'은 성인이 아니면 할 수 없지만, '전술'은 현인이면 충분히 할 수가 있다(作非聖人不能, 而述則賢者可及)." 한데도 공자가 여기서 이같이 자술한 것은 "대개 감히 창작자의 성명聖明을 자부하지 않았을 뿐만 아니라, 감히 드러내놓고 자신을 고대 현인의 반열에도 올려놓지 못한 것이다. 무릇 그 덕이 성대할수록 그 마음이 더욱 겸손한 것이나니, 자신의 말이 겸허한 것임을 스스로도 알지 못하신 것이다. 그러나 이때 이미 창작의 성분이 어느 정도 가미가 되었으니, 공자께서는 뭇 성인의 사상을 집대성해 다시 그것을 절충하신 것이다. 아무튼 그 같은 일은 비록 '전술'이기는 하지만, 그 공적은 '창작'보다 곱절은 더한 것인 만큼, 우리가 그 의의를 제대로 알지 않으면 안 될 것이다(蓋不惟不敢當作者之聖, 而亦不敢顯然自附於古之賢人, 蓋其德愈盛而心愈下, 不自知其辭之謙也. 然當是時, 作者略備, 夫子蓋集群聖之大成而折衷之. 其事雖述, 而功則倍於作矣, 此又不可不知也)."(『집주』)

요컨대 공자가 당신의 학문 연구와 입언의 기본 정신을 한껏 겸손하게 평가하고 설명했지만, 그것을 그대로 이해해서는 안 된다. 자오싱건이 이른 대로, 공자의 학설은 의심의 여지없이 옛 성현의 도를 본받고 있으나, 또한 분명히 그 바탕 위에 발전과 창조를 이룩했으니, 사실 '술이부작'이 아니다. 그럼에도 불구하고 공자가 '술이부작'을 말한 것은 곧 그 창시한 바를 옛 성현의 도에 의탁해 실행하고자 한 것이며, 이는 그 학설의 실행에 유리한 동력을 얻고자 한 것으로 이해된다.

7-2

공자께서 말씀하셨다. "보고 들은 것을 묵묵히 마음속에 새기고, 스스로 배우는 데 싫증을 내지 않으며, 다른 사람을 가르치는 데 게으름을 피우지 않는 것이 나에게 무슨 어려움이 있겠느냐?"

子曰: "黙而識¹之,² 學而不厭,³ 誨⁴人不倦,⁵ 何有於我哉⁶?"
자 왈   묵 이 지 지   학 이 불 염   회 인 불 권   하 유 어 아 재

주석

1 識(지): (마음속에 깊이) 기억함, 새김. 일설에는 앎(知, 이때 독음은 '식')이라고 함. 그러면 '묵식黙識'은 곧 말없이 마음속으로 이해한다는 뜻인데, 주자가 말했듯이 앞의 풀이가 나음.

2 之(지): 보고 들은 지식이나 인생의 진리를 가리키는 것으로 보임.

3 厭(염): 饜과 통함. 원뜻은 배불리 먹음. 여기서는 전의되어 만족함, 물림, 싫증 냄, 싫어함.

4 誨(회): 교회敎誨, 즉 가르침.

5 倦(권): 게으름, 고달픔.

6 何有於我哉(하유어아재): '어아하유재於我何哉'의 도치. 나에게 무슨 어려움이
있겠는가? '하유'는 4-13 주석 4 참조. '재'는 의문 또는 반문의 어조사. 주자는
'하유'를 '유하有何', 즉 무엇이 있단 말인가의 뜻으로 보아, 이 구절을 '(세 가지 가
운데) 어느 것이 능히 나에게 있겠는가?', 곧 나는 어느 것 하나 제대로 하는 것이
없다는 뜻으로 풀이함. 하지만 배우기를 싫증 내지 않고, 가르치기를 게을리하
지 않음은 공자가 평소 스스로 인정하고 자부한 것이니(아래 '해설' 참조), 단지 '겸
손하고 또 겸손한 말'(주자의 말)로 치부하는 것은 적절치 않음.

해설

공자는 평생 누구보다도 배우기를 좋아했고, 또 다른 사람을 가르치
는 데에 온 열정을 다 바쳤다. 더욱이, 겸허함이 몸에 밴 공자였지만,
당신의 배움과 가르침에 대한 자부심은 대단했다.(5-28, 7-34 참조)

공자는 이 「술이편」에서 "많이 듣고 그 가운데서 좋은 것을 골라 따
르고 기억하며, 또 많이 보고 그 가운데서 좋은 것을 골라 따르고 기
억하면서 진리를 안다"(7-28)고 했는데, 그것은 곧 '묵이지지默而識之'
는 물론 '온고지신'의 한 과정이다. 또 "만약 나를 성인聖人이나 인자
라고 한다면, 내 어찌 감히 그 같은 명예를 감당하겠느냐? 하지만 성
인과 인자를 우러러 스스로 배움에 싫증 내지 않고, 사람들을 가르침
에 게으름을 피우지 않는 것은 나 또한 그러할 따름이라고 할 수 있
노라"(7-34)라고도 했다. 훗날 맹자 역시 떠올리기를 "성인은 내가 감
히 자처할 수 없으며, 나(공자)는 그저 배우기에 싫증을 내지 않고, 가
르치기에 게으름을 피우지 않을 따름이다(聖, 則吾不能, 我學不厭而教不倦
也)"(『맹자』「공손추 상」)라고 했다. 공자는 그야말로 배움에 대한 갈망과
가르침에 대한 열정이 넘쳐났거니, '하유어아재?何有於我哉'를 어찌 겸

사로만 볼 수 있겠는가? 또한 가르치고 배움의 끝없는 향상과 발전을 위한 이 세 가지 자세와 정신에 대한 공자의 자부심에는 제자들을 비롯한 뭇사람들의 분발을 독려하는 뜻이 담겨 있음도 간과하지 말아야 할 것이다.

7-3

공자께서 말씀하셨다. "도덕을 수양하지 않고, 학문을 연마하지 않으며, 마땅히 해야 할 바를 듣고도 실행하지 못하고, 잘못을 하고도 고치지 못하는 것이 내가 걱정하는 것들이다."

子曰: "德之不修,¹ 學之不講,² 聞義³不能徙,⁴ 不善不能改, 是吾憂
자 왈   덕 지 불 수   학 지 불 강   문 의 불 능 사   불 선 불 능 개 시 오 우
也."
야

주석

1 德之不修(덕지불수): '불수덕不修德'의 도치. 곧 목적어 '덕'을 강조하기 위한 형식.

2 學之不講(학지불강): '불강학不講學'의 도치. '강'은 강습, 즉 학문을 강론하여 익힘. 또는 강마講磨, 즉 학문을 강론하고 연마함.

3 義(의): 「위정편」 "견의불위見義不爲"(2-24)의 '의'와 같음. 곧 사람이 마땅히 해야 할 (정의로운 내지 도의적인) 일을 이름.

4 徙(사): 천사遷徙, 천동遷動. 곧 움직여서 옮김. 여기서는 전의되어 (몸소) 실천함. 이를 다산은 천선遷善, 즉 불선한 데서 선한 데로 옮겨 가 고친다는 뜻으로 풀이했으나, 선·불선의 문제는 다음 구절에서 언급되므로 의미상 중복된 감이 있음. 또 왕시위엔은 한곳에서 다른 곳으로 옮겨 간다는 뜻으로 보아, 불의에서 도의

로 옮겨 바꿈을 이르는 것으로 풀이함. 그렇다면 '사'하기 전에는 필시 '불의'한 쪽에 처해 있어야 하는데, 공자 같은 도덕군자에게 과연 적절한 의미인지 논란의 여지가 있음. 이는 대개 선과 불선의 상대적 관계에서 개과천선의 취지를 강조한 다음 구절과는 달리, '불의'와의 연관성은 배제된 채 '의'의 절대적 실천의 문제를 말한 것으로 보아야 할 것임. '사'가 일부 판본에는 '종從'으로 되어 있음.

해설

이른바 도덕을 수양하고 학문을 증진하며, 의로운 일을 들으면 적극 실천하고 잘못이 있으면 기꺼이 고친다는 것은 곧 '수신'의 요체나 다름이 없다. 공자의 걱정은 수신, 즉 악을 물리치고 선을 북돋워서 마음과 행실을 바르게 닦아 수양하는 것이었다. 그 가운데 도덕 수양이 가장 근본적인 덕목의 문제라면, 학문 연마는 지식을 습득하고 증진하려는 노력이요, 의로운 일을 행하고 잘못을 고치는 것은 도덕적 행위의 실천이다.

공자는 한시라도 수신에 소홀함이 있을까, 종신토록 걱정하며 스스로 경각심을 잃지 않았다. 당신 스스로 인의 도덕의 길로 나아가며 수신에 진력함은 물론, 세상 사람들을 계도하고 독려하고자 한 마음이 더없이 절실하다. 주자가 윤돈의 말을 빌려 이른 대로, "도덕은 반드시 수양한 후에야 비로소 완성되고, 학문은 반드시 연마한 후에야 비로소 밝아지며, 의로운 일을 보면 능히 실천하고, 잘못을 고치는 데 주저하지 않는다는 이 네 가지는 바로 일신日新의 핵심이다. 그렇기 때문에 만약 그것을 잘하지 못하면 성인도 오히려 근심하고 걱정하였던 것이다(德必修而後成, 學必講而後明, 見善能徙, 改過不吝, 此四者, 日新之要也. 苟未能之, 聖人猶憂)." 공자 같은 성인도 그랬거늘, 우리 같은 평범한

사람, 특히 배움의 길을 가는 이가 어찌 일신을 위한 노력을 게을리할
수 있겠는가?

7-4

공자께서는 댁에서 한가로이 지내실 때에도 풍모에 위엄이 있어 경
외감을 불러일으켰고, 안색은 온화하고 편안하셨다.

子之¹燕居,² 申申如³也, 夭夭如⁴也.
자 지 연 거　신 신 여　야　요 요 여　야

주석

1 之(지): 1-10 주석 8 참조.
2 燕居(연거): 원래는 조정에서 물러나 사사로이 거처함을 이름. 하지만 나중에는
　대개 '안거安居' 내지 '한거閑居'와 같은 말로, 평소 집에서 아무 일 없이 편안하고
　한가하게 거처함을 이름.
3 申申如(신신여): 이는 전통적으로 흔히 마음이 평화롭거나 용모가 편안한 모양을
　이르는 것으로 풀이함. 하지만 왕시위엔은 『설문해자』에서 '신' 자에 스스로 단
　속·제약하며 존엄을 지킨다는 뜻이 있다고 한 데에 근거해, 용모와 태도에 위엄
　이 있어 사람들로 하여금 경외케 하는 모양이라고 풀이했는데, 설득력이 충분한
　견해로 따를 만함. 왜냐하면 이는 아래 '요요여夭夭如'와 의미상의 경계가 불명확
　한 전통적 풀이의 단점을 보완 극복했고, 또 공자의 제자들이 여기서 말하고자
　한 것은 필시 스승이 평소 한거할 때에도 범상치 않은 모습이었다는 데에도 부
　합하기 때문임. '여'는 연然과 같음. 곧 상태를 나타내는 접미사로 '~와 같은 모
　양'이라는 뜻임.
4 夭夭如(요요여): 안색이 온화하고 편안한 모양.

주자가 정자의 말을 빌려 이른 대로, "이는 공자의 제자가 성인聖人이 댁에서 거처하시는 모습을 아주 잘 묘사한 것인데, '신신'이라는 글자만으로는 다 말할 수 없으므로 다시 '요요'라는 글자를 덧붙인 것이다. 요즈음 사람들은 집에서 한거할 때면 게으름이 넘치거나 거리낌 없이 제멋대로 행동하지 않으면, 하나같이 너무도 엄격하다. 한데 너무 엄격할 경우에는 이 네 글자로 형용할 수 없고, 게으름이 흐르거나 거리낌 없이 제멋대로 행동할 경우에도 이 네 글자로 형용할 수 없나니, 오직 성인에게만 본시 중화中和의 기품이 있었던 것이다." 『중용』에서 이르기를 "군자는 혼자 있을 때에도 도리에 어긋남이 없도록 몸가짐을 바로 하고 언행을 삼간다(君子愼其獨也)"라고 했는데, 공자는 과연 범인들과는 달리 언제 어디서나 군자다운 풍모가 넘쳤던가보다. 편 말미에서 "공자께서는 온화하면서도 엄숙하시고, 위엄威嚴하지만 사납지 않으시며, 공손하면서도 편안하셨다"(7-38)라고 한 것을 봐도 진정 지나치지도 않고 모자라지도 않는 중화의 기품이 절로 느껴진다. 그뿐만 아니라 「자장편」에서 자하가 "군자는 세 가지 변화를 보이나니, 그를 멀리서 바라보면 위엄이 넘치고, 가까이 다가가 보면 온화하며, 그의 말을 들어보면 엄정嚴正하다"(19-9)라고 한 것과도 일맥상통하나니, 공자야말로 참 군자임에 의심의 여지가 없다.

7-5

공자께서 말씀하셨다. "이내 노쇠함이 심하거늘, 꿈속에서 주공을 다시 뵙지 못한 지도 오래되었구나!"

子曰: "甚矣, 吾衰也! 久矣, 吾不復¹夢見周公²!"
자 왈   심 의 오 쇠 야   구 의 오 불 부 몽 견 주 공

주석

1 復(부): 다시, 재차.
2 周公(주공): 성은 희姬, 이름은 단旦. 주 문왕의 아들이자 무왕의 동생이며 성왕의
  숙부. 또 노나라의 시조. 일찍이 무왕을 도와 은나라를 멸망시키고 주나라를 세
  움. 그리고 얼마(대략 2년) 후 무왕이 병사하자, 왕위를 이어받은 무왕의 어린 아
  들 성왕을 보좌해 섭정에 들어감. 주나라 건국 초기에 예악을 제정하고 문물제
  도를 완비함으로써 국가의 기틀을 다지고 덕정을 펴 치세를 이룬 것으로 유명
  함. 그 때문에 공자는 주공을 서주 문명의 창제자로 평가하며, 요·순·우·탕·문·
  무 등 역대 성군들과 함께 마음속 깊이 경앙敬仰하는 고대 성인의 반열에 올려놓
  고 끝없이 흠숭함.

해설

역사상 유례가 없는 난세를 살았던 성자 공자는 평소, 주공의 노력에
힘입어 고도로 완비된 서주 시대의 전통적 문물·예법 제도에 대해 강
한 신뢰와 자부를 느끼며 그 부활을 간절히 소망했다. 그뿐만 아니라
"나는 주나라 문물제도를 받들어 따르리라"(3-14) 하고 다짐하며, 아
름다운 주 왕조 문물제도의 본연을 회복해 실천하기 위해 동분서주
했다. 주공에 대한 공자의 흠숭은 절로 깊어갔고, 급기야 왕왕 주공을
만나는 꿈까지 꾸곤 했다. 이는 장년壯年 시기 제세구민에 대한 공자
의 열망과 의욕이 어느 정도였는지를 여실히 보여주는 대목이다.

공자는 일단의 제자들과 함께 10여 년간 열국을 주유하며 갖은 애를 다 썼지만, 어느 한 나라에서도 당신의 정치적 이상을 펼 기회를 얻지 못했다. 별 소득 없이 고국 노나라로 돌아왔을 때, 공자는 이미 일흔을 바라보는 노옹老翁이었다. 나이가 많이 들어 기력까지 쇠잔한 데다 현실의 높은 벽을 절감한 터인지라, 주공 시대의 이상 정치를 실현하겠다는 평생의 열망을 접어야만 할 것 같은 위기감과 안타까움이 만년의 공자를 힘들게 했다. 이 장은 바로 그 같은 내심의 토로로, 공자가 평소의 꿈도 이루지 못한 채 당신 스스로는 어느새 노년에 이르고, 세도世道는 한없이 쇠미한 현실을 개탄한 것이다. 이에 주자는 정자의 말을 빌려 이렇게 말하였다. "공자께서 한창 때에 자나 깨나 늘 주공의 도를 실행하려고 하셨는데, 바야흐로 늘그막에 이르러 기력이 쇠한 탓에 성과를 낼 수가 없었다. 대개 도에 뜻을 두는 것은 마음이니 노소老少의 차이가 없지만, 도를 행하는 것은 몸이니 늙으면 몸은 절로 쇠하는 법이다." 이 장은 또 「자한편」에서 공자가 "봉황도 날아오지 않고, 황하에서 도화圖畫도 나오지 않으니, 이내 평생의 꿈도 끝이로구나!"(9-9) 하며, 극도의 감상感傷과 감개에 젖은 심정을 표현한 것과도 같은 맥락으로 이해된다. 예나 지금이나 이상 사회는 진정 요원한 것인가?

7-6

공자께서 말씀하셨다. "사람은 도에 뜻을 두고, 덕에 근거하며, 인에 의지하고, 육예 가운데서 노닐어야 할 것이다."

子曰: "志¹於道,² 據³於德,⁴ 依⁵於仁,⁶ 游⁷於藝.⁸"
자 왈 지 어 도 거 어 덕 의 어 인 유 어 예

주석

1 志(지): 입지, 즉 뜻을 세움·둠.

2 道(도): 인생의 진리, 정도正道. 주자는 사람이 인륜과 일상생활 속에서 마땅히 행해야 할 것이라고 부연함.

3 據(거): 근거함. 주자와 다산은 흔들림 없이 굳게 지키는 것이라고 함.

4 德(덕): 덕성德性, 곧 개인의 미덕. 주자는 인생의 정도를 행하며 마음속에 길러지고 갖추어지는 것이라고 함.

5 依(의): 의지함, 따름. 주자는 떠나지 않는 것이라고 함.

6 仁(인): 인심仁心, 인도仁道. 주자는 사욕이 다 사라지고 심덕心德이 온전한 것이라고 함.

7 游(유): 유遊와 같음. 노닒. 주자는 사물을 완상玩賞하며 성정에 맞게 하는 것이라고 하고, 장거정은 '유연완습游衍玩習', 즉 마음껏 노닐며 완미玩味하고 익히는 것이라고 함. 또 첸무는 유영游泳함으로 풀이하고, 왕시위엔은 우유優遊/優游, 즉 한가로이 노닒 내지 유유자적함으로 봄. 이상의 여러 설이 크게 다르지 않으나, 장거정의 풀이가 여타의 모든 의미를 아우르면서 '익힌다'·'학습한다'는 의미를 더하고 있어 공자의 본의에 가장 가까운 것으로 판단됨.

8 藝(예): 육예六藝, 즉 예禮·악樂·사射·어御·서書·수數 등 여섯 가지 예능藝能·기예技藝. 여기서 '예'는 정치·도덕·애국주의·행동 양식, '악'은 음악·무도舞蹈·시가詩歌, '사'는 활쏘기, '어'는 병거 또는 마차 몰기, '서'는 문자 교육, '수'는 수학을 비롯한 자연과학 등등의 내용을 각각 포함함. 이는 본디 주대에 귀족 자제를 교육하던 과목이었는데, 공자 또한 이를 중심으로 제자를 교육함.

해설

이는 올바른 배움의 단계와 방도에 대한 설명이다. 사람이 배움에 있

어 뜻을 세우는 것보다 우선할 것이 없으니, 인생의 진리요 인륜의 바른 길인 '도'의 추구에 뜻을 두면 늘 마음이 반듯해 일탈과 타락의 유혹에 빠지지 않을 것이다. 또한 인생의 바른 도를 행하며 마음속에 길러지는 것이 바로 '덕'이니, 그 미덕을 굳게 지키며 만사를 그에 근거하면 '도'가 마음에 얻어져 떠나지 않을 것이다. 그리하여 '도'를 체득한 데다 '덕'이 순수하고 완전해짐으로써 '인'에 이르게 되니, 그에 의지하면 덕성이 항상 활성화되며 물욕이 일지 않는 반면, 인애의 정신이 더욱 잘 발휘될 것이다. 이렇듯 '도'에 뜻을 둠으로부터 나아가 '덕'에 근거하고, '덕'에 근거함으로부터 나아가 '인'에 의지하는 방식으로 부단히 정진한다면, 배움이 날로 깊어지면서 마침내 완미完美한 경지에 이를 것이다.

육예는 비록 덕행의 근본은 아닐지라도 그 또한 인생의 지극한 이치를 내포하고 있으니, 우리의 일상생활 속에서 없어서는 안 되는 것들이다. 그리하여 사람이 힘써 배우고 행하는 여가에, 그러한 기술과 예능의 자질을 계발·함양하면서 유유히 그 지극한 이치를 완미玩味함으로써 심신의 균형적 성장을 기할 수 있다면, 궁극적으로 더욱 조화로운 인생을 창조하고 완정完整한 인격을 형성할 수 있을 것이다. 요컨대 주자가 이른 대로, "배우는 사람이 이에 대해 선후先後의 순서와 경중輕重의 비중을 제대로 잡아 한껏 힘쓴다면, 본말本末이 아울러 갖추어지고 내외內外가 함께 수양되어, 일상생활을 하는 사이에 조금의 간극도 없이 진정으로 몰입해 유영하며 한가로이 자적하여, 홀연 자신이 성현聖賢의 경지에 들어간 것도 알지 못할 것이다."

7-7

공자께서 말씀하셨다. "스스로 최소한 마른 고기 한 꾸러미 정도로 예를 갖추면, 내 일찍이 그 사람을 가르치지 않은 적이 없다."

子曰: "自行束脩¹以上,² 吾未嘗³無誨⁴焉. ⁵"
자왈   자행속수 이상   오미상무회 언

주석

1 束脩(속수): 황간, 형병, 주자 등이 이른 대로, 이는 건육乾肉 한 꾸러미로, 학생이 선생님을 처음 뵐 때 올리는 최소한의 예물을 이르는 것으로 이해됨. '속'은 묶거나 꾸려 싼 물건을 세는 단위. 여기서는 마른 고기 열 덩어리를 한데 꾸린 것을 말함. '수'는 포脯·포육脯肉으로, 곧 마른 고기를 이름. 한편 『고금주』와 『통석通釋』에서 인용해 소개한 풀이에서는 이 '속수'를 속수束修와 같고, 엄속정수嚴束精修(심신을 엄격히 단속하고 한껏 수양함) 내지 검속수정檢束修整(언행을 삼가고 단정히 함)이나 속대수식束帶修飾(띠를 매고 의관衣冠에 장식을 하는 시기로, 15세를 이름) 등의 뜻이라고 했는데, 그 주장의 근저에 흐르는 정서는 대개 이러함. '속수'를 최소한의 예물이라고 한다면, '이상以上' 두 글자는 곧 예물이 많으면 많을수록 좋다는 뉘앙스를 띠게 되어 공자의 교육 사상이나 정신에 부합하지 않음. 또 예물을 바치는 것에서도 물론 향학向學의 성의를 엿볼 수는 있으나, 언행을 삼가고 단정히 함은 더욱 향선向善의 의지와 노력을 엿볼 수 있으니, 더더욱 가르칠 만할 것임. 이 같은 논란에 대해 다산이 명쾌한 논리로 반박했는데, 설득력이 충분해 따를 만함. 즉, 공자는 반드시 '속수'의 폐백을 받은 이후에야 비로소 가르침을 베풀었는데, 일부 사람들이 그것을 재물을 탐하고, 도를 파는 게 아닌가 하고 의심해, 공자의 허물을 덮어주고자 그같이 꾸며 말한 것임. 하지만 옛날 예속禮俗은 오늘날과는 달라서 가까운 혈족 관계에 있는 친척이 아닌 경우에 서로 처음 만날 때에는 반드시 폐물幣物을 바쳤음. 그렇기 때문에 예컨대 사제 간에 폐백으로 예를 갖추지 않는 것은 부부간에 폐백으로 예를 갖추지 않는 것과 같은데, 부부 사이

에 폐백의 예를 갖추지 않은 경우는 '야합野合'이라 하여 정식 부부로 인정받지
못할 정도였음.

2 **以上**(이상): 곧 '속수'가 최소한의 예물임을 강조하기 위한 말임. 따라서 그 같은
취지를 살려 역문에서는 '최소한'으로 옮김.

3 **未嘗**(미상): 일찍이 ~한 적이 없음. '상'은 일찍이.

4 **誨**(회): 교회教誨함, 가르침.

5 **焉**(언): 지之와 같음. 여기서는 인칭대명사로, 앞에서 말한 대로 예를 갖추는 사
람을 가리킴.

해설

옛날에는 군신, 붕우, 부부, 사제 등과 같은 특정한 인간관계를 형성하
는 사람을 처음 만날 때에는 반드시 폐백을 바쳐 예를 갖췄는데, 여기
서 이른바 '속수'는 그 가운데서도 지극히 박薄한 예물을 말한다.

공자는 누구보다도 사람들이 하나같이 향선向善하기를 소망하고
권면했다. 그러므로 어떤 사람이 찾아와 배우고자 하면 반가운 마음
으로 맞이해 가르쳤다.(15-39 참조) 다만 그런 경우에도 반드시 한 가
지 조건이 있었는데, 바로 기본적인 예 의식이 있어야 한다는 것이었
다. 공자가 '속수'를 탐한 것이 아님은 두말할 나위가 없다. 그 지극히
박한 예물을 통해, 당신이 평소 중시한 예에 대한 기본적인 의식을 보
고자 한 것이다. 사람은 뭐니 뭐니 해도 기본 됨됨이가 중요하다. 우리
는 여기서 공자가 한 말의 함의를 바르게 이해해야 한다.

한편 이 장은 또한 공자의 회인불권誨人不倦(7-2)·유교무류有教無類
(15-39)의 사상에 대한 자술이나 다름이 없다. 공자는 춘추시대에 이
미 사학私學의 신기원을 열어 당시 통치 계급이 학술과 교육을 주도

하고 독점한 전통과 풍토를 무너뜨렸다. 그뿐만 아니라 최소한의 예의를 갖출 줄 아는 사람이라면, 빈부귀천이나 출신 지역 등 어떠한 유별類別도 불문하고 모두 받아 성심으로 가르치고 이끌었다. 전하는 바에 의하면 공자의 제자는 3,000명에 달했고, 그 가운데에는 현인 제자도 70명이나 되었다고 한다. 공자는 진실로 '교학', 즉 가르치고 배움의 위대한 힘을 잘 알고 있었던 것이다.

7-8

공자께서 말씀하셨다. "어떤 이치를 너무나 알고 싶은데 여의치 않아 안달하는 상태가 아니면 일깨워주지 않으며, 어떤 이치를 안 후 그것을 너무나 설명하고 싶은데 여의치 않아 안달하는 상태가 아니면 말문을 틔워주지 않는다. 또한 사리事理의 한 방면을 들어 설명해주었는데도 나머지 세 방면을 스스로 유추해내지 않으면 더 이상 일러주지 않는다."

子曰: "不憤¹不啓²; 不悱³不發⁴; 擧一隅,⁵ 不以三隅反,⁶ 則不復⁷也."
자왈　불분불계　불비불발　거일우　불이삼우반　즉불부야

주석 ————————————

1 憤(분): 발분發憤함, 결냄(못마땅한 것을 참지 못하여 성을 냄). 주자가 마음으로는 통달하고 싶지만 잘되지 않는다는 뜻이라고 했듯이, 이는 곧 어떤 지식이나 이치를 알고 싶은 마음은 너무 간절한데, 여의치 않아 안달함을 이름.

2 啓(계): 계발함. 주자가 그 뜻을 열어주는 것이라고 했듯이, 이는 곧 일깨워준다

는 말임.

3 悱(비): 성냄, 화냄. 주자가 입으로는 말하고 싶지만 잘되지 않는 모양이라고 했듯이, 이는 곧 어떤 지식이나 이치를 마음(머리)으로 이해한 후, 말로 표현하고 싶은 마음이 간절하나 여의치 않아 안달함을 이름.

4 發(발): 촉발觸發함. 주자가 그 말을 전달하게 하는 것이라고 했듯이, 이는 곧 말문을 틔워줌을 이름.

5 擧一隅(거일우): 사물이나 사리의 (네 방면 가운데) 한 방면을 들어 보여주거나 설명해준다는 말. '거'는 들어 보임. 곧 예시例示함, 제시함, 설명함을 이름. '우'는 모서리, 모퉁이. 곧 특정한 한 측면, 방면을 이름.

6 反(반): 돌이켜 생각함. 곧 유추함을 이름.

7 復(부): 다시, 재차. 여기서는 다시 더 일러주거나 가르쳐줌을 이름.

해설

『주역』「몽괘蒙卦」 괘사卦辭에서 말했다. "내가 나서서 몽매한 동자에게 배우라고 요구하는 것이 아니라, 몽매한 동자가 스스로 나에게 배우려고 하여야 한다(匪我求童蒙, 童蒙求我)." 이는 곧 피교육자의 능동성과 적극성 그리고 지적 욕망의 중요성을 강조한 것이다. 공자는 역사상 위대한 사상가이기 전에 위대한 교육가였다. 그런 공자의 교육 방법론 역시 『주역』과 같은 관점의 연장선상에 있었으니, 바로 주입식이 아닌 계발식 교육에 중점을 두었다. 이른바 계발식 교육이란 교육자가 갖가지 방식을 통해 학습자의 적극적인 사고와 사색을 계발하여, 그들이 자각적으로 지식을 습득하고 이치를 깨닫도록 가르치는 방식을 말한다. 이 방식에 대한 공자의 역설力說과 강조는 사실상 교육자의 이상적인 교수법을 제시함과 동시에 학습자의 바람직한 자세와 태도를 아울러 일깨워준다.

공자가 말하는 계발식 교육의 주안점은 교육자의 주도하에 피교육자의 학습 능동성과 적극성을 최대한 활성화하고, 나아가 그들의 독립적 사고력을 배양함에 있다. 그래서 공자는 학생이 향학열을 불태우며 발분 진력하지만, 아직은 역부족을 절감하면서 '학여불급學如不及'(8-17)하여 애태우고 안달하는 상태가 되어서야만 비로소 그를 일깨워주고, 틔워준다. 아울러 공자는 학생이 하나부터 열까지 모두 스승의 가르침에 의지해 배우는 것을 반대해 '거일반삼擧一反三', 즉 하나를 말하면 둘, 셋을 아는 지적 추리력과 연상 능력을 한껏 발휘할 것을 강력히 요구한다. 주자가 정자의 말을 빌려 이른 대로, "'발분'과 '성냄'은 향학의 성의가 안색과 언사에 나타나는 것이니, 그 같은 성의가 지극하기를 기다렸다가 일러주고, 일러준 다음에는 또 반드시 스스로 터득하기를 기다렸다가 다시 새로운 것을 일러주는 것이다(憤悱, 誠意之見於色辭者也. 待其誠至而後告之, 旣告之, 又必待其自得, 乃復告爾)." 공자는 바로 이 같은 방식을 통해 학습자의 향학열과 사고력 및 창의력을 최대한 자극하고 증진시켰다.

공자의 이러한 계발식 교육은 물론 교육과 학습 효과를 극대화하는 데 그 목적이 있으며, 궁극적으로는 청출어람靑出於藍의 창의적인 성과와 발전을 가능케 한다. 공자 교육 사상의 우수성과 진보성에 탄성이 절로 터진다. 또한 문득 오늘날 우리 사회가 고민하고 있는 교육 개혁의 방향이 자명해지면서, 공자야말로 진정 위대한 선각자임을 다시 한번 확인하게 된다.

7-9

공자께서는 상喪을 당한 사람 곁에서 식사하실 때에는 배부르게 드신 적이 없다.

子食於有喪者¹之側,² 未嘗飽³也.
자식어유상자 지측 미상포 야

주석

1 有喪者(유상자): 상喪·상사喪事를 당한 사람.
2 側(측): 곁, 옆.
3 飽(포): 배부름. 여기서는 포식飽食, 즉 배부르게 먹음을 이름.

해설

공자 사상의 핵심인 인을 한마디로 말하면, 사람을 사랑하는 것이요, 부연하면 추기급인, 즉 나 자신으로부터 미루어 남에게 미쳐가는 인애의 마음이다. 공자가 남의 상사喪事에 조문을 하거나 장례를 돕는 등의 일로 상을 당한 사람 곁에서 식사를 할 때, 차마 배부르게 먹지 못한 것은 곧 측은지심惻隱之心(남의 불행을 불쌍히 여기고 동정하는 마음)의 발로요, 깊고 두터운 인심仁心의 표현이다. 하안이 "상을 당한 사람은 한없이 애통한데, 그 곁에서 밥을 배부르게 먹는 것은 측은지심이 없는 것[喪者哀戚, 飽食於其側, 是無惻隱之心]"이라고 한 것은 바로 그 같은 취지의 말이다. 맹자가 이르기를 "측은지심이 없으면 사람이 아닌바[無惻隱之心, 非人也]" "측은지심은 인의 발단이다[惻隱之心, 仁之端也]"(『맹자』「공손추 상」)라고 했으니, 공자는 진정 인자의 전형을 보여준다.

7-10

공자께서는 조곡弔哭을 하신 날에는 노래를 부르지 않으셨다.

子於是日¹哭,² 則不歌.
자 어 시 일 곡 　 즉 불 가

주석

1 是日(시일): 차일此日, 즉 이날·그날.
2 哭(곡): 형병이 이른 대로, 친지의 부음을 듣거나 지인知人의 상사에 조문하며 곡
　함을 이름. 주자가 조곡함을 이른다고 한 것 역시 같은 말임.

해설

고대 선비들에게 있어 음악은 생활의 중요한 부분이었다. 공자의 음
악적 조예는 특히 뛰어났다고 알려져 있는데, 음악 감상이나 비평은
물론 악기 연주나 노래 부르기에 이르기까지 그야말로 능하지 않은
것이 없었다. 그런 만큼 공자는 자연히 일상생활 속에서 늘 음악을 가
까이했고, 노래 또한 즐겨 불렀다. 하지만 친지의 부음을 듣거나 지인
의 상사喪事에 조문하며 곡을 한 날에는 결코 노래를 부르지 않았다고
한다.
　『예기』「단궁 하편」에 이르기를 "남의 상사에 조문한 날은 음악을

연주하지 않는다(弔於人, 是日不樂)"라고 했는데, 정현의 주에서 말했다. "군자는 슬퍼함과 즐거워함을 같은 날 함께하지 않는다. 그러므로 공자께서는 조곡을 하신 날에는 노래를 부르지 않으신 것이다(君子哀樂 不同日. 子於是日哭, 則不歌)." 하안은 또 "하루 동안 조곡도 하고 노래도 부르는 것은 예의 바른 풍모에 흠이 되는 것이다(一日之中或哭或歌, 是 褻於禮容)"라고 했으니, 공자의 위인爲人과 처사는 곧 예에 부합한다는 얘기다. 모두 일리 있는 말이다. 하지만 오히려 주자가 말한 대로 "그 하루 동안에는 남은 슬픔이 가시지 않았기 때문에 저절로 노래를 부를 수 없었을 것"으로 보는 건 어떨까? 그게 한결 타인의 상사에 대해 깊이 동정하는 심층적 의미가 있으니, 공자의 군자다움은 필시 그러하리라.

사실 앞 장과 이 장에서 말하는 공자의 모습은 결코 공자만의 특유한 형상이라고 보기는 어렵다. 그것은 다분히 인지상정의 표현이다. 그렇다면 제자들은 왜 공자의 그 같은 모습까지 『논어』에 포함시켜 드러내고자 했을까? 그건 어쩌면 당시 사람들 사이에 점차 인지상정의 '진정眞情'조차 사라지면서 꼴사나운 모습들이 드물지 않게 일어나고 있는 데 대한 경계의 뜻을 담고자 한 것인지도 모른다.

7-11

공자께서 안연에게 말씀하셨다. "선비는 나라에서 써주면 세상에 나가 큰 뜻을 펼치고, 나라에서 써주지 않으면 재능을 감추고 은거할 것인바, 오직 너와 나만이 그 같은 뜻을 가지고 있으리라!" 자로가 여쭈었다. "선생님께서 삼군을 이끌고 출정하신다면 누구와 함께하시겠습니까?" 공자께서 말씀하셨다. "호랑이에게 맨손으로 달려들고, 큰 강을 맨몸으로 건너다가 목숨을 잃더라도 후회하지 않는 사람과는, 나는 함께하지 않을 것이다. 나는 반드시 어떤 일에 임하면서 신중을 기하고, 사전에 도모하기를 좋아하여 일을 제대로 이루어내는 사람이라야 함께할 것이다."

子謂顏淵曰: "用之¹則行,² 舍之³則藏,⁴ 惟我與爾⁵有是⁶夫⁷!" 子路
자위안연왈   용지 즉행   사지 즉장   유아여이 유시부   자로
曰: "子行⁸三軍,⁹ 則誰與¹⁰?" 子曰: "暴虎馮河,¹¹ 死而無悔者, 吾不
왈   자행 삼군   즉수여   자왈   포호빙하   사이무회자   오불
與也. 必也臨事而懼,¹² 好謀而成者也."
여야 필야임사이구   호모이성자야

주석

1 用之(용지): (나라에서) 나를 써줌, 등용해줌. '지'는 여기서는 제일인칭대명사로, 나 혹은 우리를 가리킴. 아래 '사지舍之'의 '지'도 이와 같음.

2 行(행): 장거정이 '세상에 나가 도를 행함(出而行道)'을 이른다고 했듯이, 이는 곧 출사해 웅지雄志를 펼친다는 말임.

3 舍之(사지): (나라에서) 나를 버려둠. '사'는 사捨와 같음. 버림. 곧 등용해주지 않음을 이름.

4 藏(장): 감춤, 숨김. 곧 재능을 감추고(혹은 몸을 숨기고) 은거하며 출사하지 않는다는 말임.

5 爾(이): 제이인칭대명사. 너, 자네, 그대. 여기서는 안연을 가리킴.

6 是(시): 차此와 같음. 지시대명사로, 전술한 '용지즉행, 사지즉장用之則行, 舍之則藏'의 지향 내지 처세 태도를 가리킴.

7 夫(부): 문장 끝에 쓰이는 어조사로, 감탄의 어기를 나타냄.

8 行(행): 나아감. 여기서는 곧 (군대를) 지휘·통솔해 출정出征한다는 말임.

9 三軍(삼군): 주대의 군대 편제로, 나라마다 상上·중中·하下 삼군을 두기도 하고, 좌左·중中·우右 삼군을 두기도 했는데, 각 군은 만 2,500명의 군사로 구성됨. 주대 제도상 천자는 육군六軍을 거느리고, 제후 대국大國이 '삼군'을 두었음. 여기서는 이로써 군대를 통칭함.

10 誰與(수여): '여수與誰'의 도치. '수'는 누구. '여'는 ~와 더불어 함, 함께함, 같이 함. 다만 여기서는 의문문 끝에 쓰인 만큼, 의문의 어조사 여歟의 어기를 아울러 띰.

11 暴虎馮河(포호빙하): (용기가 지나쳐) 호랑이를 맨손으로 대적하고, 대하大河를 맨몸으로 헤엄쳐 건넌다는 뜻으로, 무모하고 위험천만한 행동을 함부로 함을 비유함. '포'는 맨손으로 침. '빙'은 걸어서 혹은 헤엄쳐 건넘. '하'는 여기서는 강하江河의 통칭으로, 반드시 황하黃河만을 지칭하지는 않음.

12 懼(구): 두려워함. 여기서는 (어떤 일에 임함에 있어) 삼가고 경계하며 신중을 기함을 이름.

해설

공자는 시종 널리 인도仁道를 행해 온 세상 만백성을 구제하겠다는 웅지를 품고 열정을 불태웠다. 하지만 한때 고국 노나라에서 벼슬하며 나라를 안정과 번영으로 이끈 것을 제외하면, 일생 동안 세상에 크게 쓰이지는 못했다. 만년의 공자는 결국 은일隱逸적인 삶을 살며 제자 교육과 고대 문헌 연구에 몰두했다.

공자가 여기서 안연에게 한 말은 곧 당신 자신과 유가의 처세관을 단적으로 표현한 것이다. 훗날 맹자가 "벼슬할 만하면 벼슬하고, 은퇴해야 할 것 같으면 은퇴하며, 오래 머무를 만하면 오래 머무르고, 빨리 떠나야 할 것 같으면 빨리 떠나는 건 바로 공자이셨다(可以仕則仕, 可以止則止, 可以久則久, 可以速則速, 孔子也)"(『맹자』「공손추 상」)라고 한 것 또한 같은 맥락의 말이다. 맹자는 또 "옛날 사람은 때를 만나 뜻을 이루면 그 은택이 백성들에게 가해지고, 때를 만나지 못해 뜻을 이루지 못하면 자신을 수양하여 세상에 드러내나니, 진정 곤궁하면 홀로 자신을 수양하고, 현달顯達하면 널리 천하 만민에게 은택을 베푼 것이다(古之人, 得志, 澤加於民; 不得志, 修身見於世. 窮則獨善其身, 達則兼善天下)"(『맹자』「진심 상」)라고 했는데, 이 역시 공자의 형상이나 다름이 없다.

공자는 「계씨편」에서 "옛말에 '세상이 어지러우면 물러나 은거함으로써 그 지조를 지키고, 세상이 무사태평하면 인의를 행함으로써 그 이상을 실현한다'고 하는데, 나는 그런 말은 들었으나, 아직 그런 사람은 보지 못하였다"(16-11)고 했으니, 당시 유가적인 처세 태도를 올곧게 견지한 인물을 찾기가 결코 쉽지 않았음을 알 수 있다. 하지만 공자는 여기서 당신과 수제자 안연만은 바로 그 같은 처세 태도와 지향을 가진 사람임을 자부했는데, 곧 공자가 안연의 품성이나 덕행을 당신과 같은 수준으로 높인 것이니, 극찬이 아닐 수 없다. 사실 공자는 「태백편」에서는 "천하에 바른 도가 행해지면 세상에 나와 벼슬하고, 천하에 바른 도가 행해지지 않으면 세상을 피해 몸을 숨겨야 한다"(8-13)고 하고, 「위영공편」에서도 거백옥蘧伯玉을 칭송하여 "나라에 바른 도가 행해지면 나아가 벼슬을 하고, 나라에 바른 도가 행해지지 않으면 기꺼이 그 재능을 거두어 감추도다"(15-7)라고 했다. 이는 모두 '유도有道'와 '무도無道'의 경우에 따라 서로 다른 처세 태도를 취해야 함을 강조한 것이다. 한데 여기서 말하는 '용지用之'와 '사지舍之'에는 전혀 '유도'·'무도'의 조건이 전제되어 있지 않은데, 그것을 어떻게 이해해야 할까? 그것은 바로 '유도'·'무도'를 막론하고 진실로 기회가 주어진다면, 정치적 이상의 실현을 위해 분골쇄신하리라는 공자의 의지와 열망을 반영한 것으로 이해된다.

　한편 뭘 하든 남에게 지고는 못 사는 자로는, 공자가 안연을 극찬하는 것을 보고는 자신이 안연보다 우위에 있다고 생각하는 군사 방면의 일을 예로 들어 스승의 인정을 받고자 했다. 하지만 공자는 오히려 평소 자로의 단점으로 여겨온 부분, 즉 용기가 지나쳐 만용을 부리는 점(5-7 참조)을 겨냥해 일침을 가했다. 즉, '포호빙하'와 같은 무모하고 위험천만한 혈기지용血氣之勇(혈기에 찬 기운으로 불끈 일어나는 용맹)은 무의미한 희생만 부를 뿐 결코 일에 도움이 되지 않으며, 모름지기 사람은 "반드시 어떤 일에 임하면서 신중을 기하고, 사전에 도모하기를 좋아하여 일을 제대로 이루어"낼 수 있어야 함을 분명히 했다. 주자가 사양좌의 말을 빌려 이른 대로, "무릇 사전에 도모하지 않으면 성공할 수 없고, 삼가고 경계하지 않으면 반드시 실패하는 것은 작은 일에 있어서도 오히려 그러하거늘, 하물며 삼군을 통솔해 출정함에 있어서야 두말할 나위가 있겠는가?(夫不謀無成, 不懼必敗, 小事尙然, 而況於行三軍乎)"

7-12

　공자께서 말씀하셨다. "부富가 만약 추구해서 되는 것이라면, 설령 채찍을 든 미천한 벼슬아치 노릇이라도 나는 하겠다. 하지만 만약 추구해서 되는 게 아니라면, 나는 내가 좋아하는 일을 할 것이다."

子曰: "富¹而²可求也, 雖³執鞭之士,⁴ 吾亦爲之. 如不可求, 從⁵吾所
자왈　부 이 가구야　수 집편지사　오역위지　여불가구　종 오소
好."
호

1 **富**(부): 『사기』「백이열전伯夷列傳」에서 이 구절을 인용하기를 "부귀가 추구해서 된다면〔富貴如可求〕"이라고 했고, 정현도 "부귀는 (억지로) 추구해 얻을 수는 없다〔富貴不可求而得之〕"라고 한 것으로 보아, 이 '부'가 『논어』 고본에는 '부귀富貴'로 되어 있었을 것으로 추정됨. 다산은 옛날에는 벼슬을 하지 않으면 부를 누릴 수 없었으므로 단지 '부'라고만 했으며, '부'라는 말 가운데에는 '귀'의 뜻이 포함되어 있다고 함.

2 **而**(이): 가정의 접속사. 곧 아래 '여불가구如不可求'의 '여'와 같음. 만약, 만일.

3 **雖**(수): 비록. 또 설사, 설령.

4 **執鞭之士**(집편지사): 채찍을 들고 천한 일을 하는 낮은 벼슬아치. 『주례周禮』에 따르면, 옛날 천자나 제후가 거동할 때, 어가御駕 앞에서 채찍을 들고 소리를 지르며 행인들에게 길을 비키게 한 사람, 그리고 시장市場의 문지기로 손에 채찍을 들고 질서 유지를 한 사람 등 두 종류의 천역賤役(천한 일을 하는 사람)이 있었음.

5 **從**(종): 따름, 종사함.

해설

공자는 「이인편」에서 "부귀함은 모든 사람이 다 바라는 것이나, 정당한 방법으로 얻지 않으면 군자는 그것을 누리지 않는다"(4-5)고 했고, 이 편에서는 또 "의롭지 못하게 부유하고 또 존귀함은 나에게 있어서는 뜬구름과 같은 것이다"(7-16)라고 했다. 공자는 결코 부귀 추구 자체를 부정적으로 본 것이 아니며, 단지 그 수단과 방법이 반드시 정당하고 합리적이어야 함을 강조했을 뿐이다.

"부가 만약 추구해서 되는 것이라면, 설령 채찍을 든 미천한 벼슬아치 노릇이라도 나는 하겠다." 바꿔 말하면, 부란 결코 추구해서 되는 게 아니라는 게 공자의 생각이다. 왜 그럴까? 그건 아마도 "부유하고 존귀함은 하늘에 달렸기"(12-5) 때문인지도 모른다. 그러니 사람은 억지로 되지 않는 부귀를 추구하는 데에 집착할 것이 아니라, 스스로 좋아하고 또 뜻있는 일을 해야 한다. 그것이 바로 공자가 우리에게 주는 가르침이다.

그렇다면 공자가 좋아한 것은 무엇일까? 필시 크게는 "자기 자신을 수양해 천하 만백성을 편안하게 해주는"(14-43) 것이요, 작게는 "스스로 배우는 데 싫증을 내지 않으며, 다른 사람을 가르치는 데 게으름을 피우지 않으며"(7-2) 고대 문헌을 연구하고 정리하는 것이 아니었을까?

7-13

공자께서 신중을 기하신 일은 재계齋戒와 전쟁과 질병이었다.

子之所愼, 齊[1]戰疾.
자 지 소 신　재 전 질

주석

1 齊(재): 재齋와 같음. 재계, 즉 옛날 제사를 지내기 전에 깨끗이 목욕하고 부정不淨한 일을 멀리하며 몸가짐과 마음가짐을 가다듬음으로써 신명神明에 대한 경건함을 나타낸 일련의 행위. 옛날 사람들은 이같이 '재계'를 해야만 비로소 신명과 소통할 수 있고, 신명 또한 그 제사를 받아들여 흠향한다고 믿었음.

공자는 만사에 삼가고 조심했지만, 그 가운데서도 특히 신중을 기한 것은 재계와 전쟁과 질병이었다. 무릇 제사는 신명과 만나고 소통하는 의식이니, 한껏 삼가며 정성을 다하지 않을 수 없다. 그 때문에 공자는 「팔일편」에서 "흔히 조상에게 제사 지낼 때는 마치 조상이 그 자리에 계신 듯이 하고, 신령에게 제사 지낼 때는 마치 신령이 그 자리에 계신 듯이 한다"(3-12)고 했다. 제사를 지낼 때에는 공경과 성심을 다해야 한다는 말이다. 재계란 곧 신명에 대한 경건함과 제사에 대한 성심의 표현이다. 「향당편」에서 "재계할 때에는 반드시 목욕 후에 입는 정갈한 내의를 준비하셨는데, 그것은 삼베로 만든 것이었다. 재계할 때에는 또 반드시 식사를 평소와 다르게 바꾸시고, 거처도 평소와 다른 곳으로 옮겨 머무르셨다"(10-7)고 함은 공자가 재계 시 의식주 방면에 특별히 근신謹愼한 모습을 기록한 것이다.

전쟁이란 뭇사람의 안위와 나라의 존망이 달린 큰일이요, 질병이란 내 몸의 훼손과 생사가 달려 있고, 나아가 인생 지향의 실현에 심각한 영향을 미치는 안타까운 일이다. 그렇다고 전쟁과 질병에 대해 겁을 먹고 불안해하거나 두려워할 것도 없지만, 괜한 만용으로 경솔하거나 소홀한 태도를 취해서도 안 된다. 사람은 매사에 신중하면서 현명하게 대처할 줄 알아야 한다. 앞에서 공자는 출정해 전쟁을 할 경우에는 "반드시 어떤 일에 임하면서 신중을 기하고, 사전에 도모하기를 좋아하여 일을 제대로 이루어내는 사람이라야 함께할 것"(7-11)임을 강조했고, 또 「향당편」에는 공자가 병이 났을 때 잘 알지 못하는 약을 함부로 복용치 않은 기록(10-16 참조)이 보이는데, 전쟁과 질병에 대한 공자의 신중함을 여실히 엿볼 수 있는 대목이다.

7-14

공자께서 제나라에서 소악을 들으시고 오랫동안 고기 맛을 모르시더니, 이렇게 말씀하셨다. "음악이란 것이 이렇게 감동적일 줄은 미처 생각지도 못했다."

子在齊¹聞韶,² 三月³不知肉味.⁴ 曰: "不圖⁵爲樂⁶之⁷至於斯⁸也."
자 재 제 문 소 삼 월 부 지 육 미 왈 부 도 위 악 지 지 어 사 야

주석

1 齊(제): 나라 이름. 주 무왕이 태공망太公望 여상(속칭 강태공, 주 문왕의 스승)을 봉함으로써 시작된 제후국.

2 韶(소): 소악. 순임금이 제작한 악곡 이름.

3 三月(삼월): 여러 달. 곧 아주 오랜 시간을 이름. 여기서 '삼'은 실수實數가 아님.

4 不知肉味(부지육미): 고기 맛을 모름. 곧 그 아름다운 선율에 완전히 도취해 마음을 빼앗기는 바람에 일시적으로 미각을 잃을 정도로, 소악이 너무나 감동적이었다는 말임.

5 不圖(부도): 생각하지 못함, 예상치 못함. 곧 정말 뜻밖이요, 몰랐다는 말임. '도'는 헤아림, 생각함.

6 爲樂(위악): 음악이라는 것, 혹은 주악奏樂, 즉 사람이 연주하는 음악을 이름. 곧 제나라 악공樂工이 연주하는 소악을 가리킴.

7 之(지): 1-10 주석 8 참조.

8 至於斯(지어사): 이러한 경지, 즉 사람을 감동시키는 정도에 이름. '사'는 차此와 같은 지시대명사로, 곧 '삼월부지육미三月不知肉味'의 정도를 가리킴.

『사기』「공자세가」에 따르면, 공자는 서른다섯 살이던 노 소공 25년 (517) 노나라에 내란이 발생했을 때 제나라로 피난했다. 공자가 제나라에서 소악을 들은 것은 바로 그때의 일이다. 소악은 상고上古의 성군으로 태평성대를 이끌었던 순임금 시대의 악곡이다. 전하는 바에 의하면 제 환공이 순임금의 후대인 수遂나라를 멸망시키면서 제나라에 전해지게 되었다고도 하고, 역시 순임금의 후대인 진陳나라의 공자公子 완完이 제나라로 망명하면서 전해지게 되었다고도 한다.

공자는 「팔일편」에서 "선율이 한없이 아름답고, 의미 또한 더할 나위 없이 훌륭하다"(3-25)고 할 정도로, 평소 소악에 대해 최상의 평가를 내리고 있었다. 더욱이 고국의 난리를 피해 타국으로 피난 온 처지에서 그 나라 악공이 연주하는 소악을 들은지라 뜻밖의 벅찬 감동과 끝없는 여운이 밀려온 것이다. 그리하여 "오랫동안 고기 맛을 모르시더니" 급기야 "음악이란 것이 이렇게 감동적일 줄은 미처 생각지도 못했다"라며 찬탄을 금치 못한 것이다.

공자는 평소 학문 연구나 덕행 수양, 음악 감상을 막론하고 늘 '그것을 좋아하는[好之]' 경지를 거쳐 '그것을 즐기는[樂之]' 경지로 나아갔다. 또한 그런 가운데서도 한창 즐거움에 젖을 때면 으레 그야말로 망아忘我의 상태에 빠지곤 했다. 예컨대 "어떤 것을 간절히 알고 싶으면 한껏 분발 몰두하여 밥 먹는 것도 잊어버리고, 또 그렇게 해 새로운 것을 알게 되면 즐거운 마음에 온갖 걱정도 다 잊고 장차 늙음이 다가오는 것도 알지 못한다"(7-19)고 할 정도였는데, 여기서 말하는 "오랫동안 고기 맛을 모르"는 경지 또한 그와 다르지 않다. 한편 또 다른 시각에서 보면, 소악에 대한 공자의 극한 찬탄의 저변에는 필시 난세에 대한 안타까움과 치세에 대한 갈망이 교차하고 있었을 것이다.

7-15

염유가 말했다. "선생님께서 위나라 임금을 지지하실까?" 자공이 말했다. "좋아, 내가 선생님께 한번 여쭤보겠네." 자공이 안으로 들어가 여쭈었다. "백이와 숙제는 어떤 사람입니까?" 공자께서 말씀하셨다. "옛날의 현인이로다." 자공이 말했다. "그분들은 후회하고 한탄하는 마음이 없었을까요?" 공자께서 말씀하셨다. "인을 추구하여 인을 얻었는데, 무엇을 또 후회하고 한탄한단 말이냐?" 자공이 밖으로 나와서 말했다. "선생님께서는 위나라 임금을 지지하지 않으실 것이네."

冉有曰: "夫子爲¹衛君²乎³?" 子貢曰: "諾,⁴ 吾將問之." 入, 曰: "伯
염유왈   부자위 위군 호   자공왈   낙 오장문지   입 왈 백

夷叔齊⁵何人也?" 曰: "古之賢人也." 曰: "怨⁶乎?" 曰: "求仁而得
이숙제 하인야   왈 고지현인야   왈 원호   왈 구인이득

仁, 又⁷何怨?" 出, 曰: "夫子不爲也."
인 우 하원   출 왈 부자불위야

주석

1 爲(위): 정현이 돕는다는 뜻으로 풀이하고, 하안·황간·형병·주자 등 후세의 저명한 주석가 대부분이 그에 따름. 한편 다산은 정현이 '돕는다'고 풀이한 것은 위나라 임금 괴첩蒯輒(아래 '해설' 참조)을 위해 편을 든다는 말이지 힘으로 돕는다는 말이 아니라고 했는데, 일리 있는 견해로 따를 만함. 양보어쥔이 이를 '찬성함'으로 풀이한 것도 같은 맥락으로 이해됨. 요컨대 이는 곧 지지한다는 말로 이해됨.

2 衛君(위군): 위나라 임금. 곧 출공出公 괴첩을 가리킴.

3 乎(호): 의문의 어조사.

4 諾(락): 응답하는 말로, 곧 '그래', '좋다'는 정도의 뜻을 나타냄.

5 伯夷(백이)·**叔齊**(숙제): 고대 고죽국의 두 왕자로, 서로 왕위 계승을 사양한 것으로 유명함. 아버지인 고죽국 왕이 죽음을 앞두고 아우 숙제가 왕위를 이으라고 유명遺命을 내렸지만, 숙제는 형 백이에게 양보함. 백이는 또 부왕父王의 유명을 받들어야 한다며 극구 사양하고 달아나자, 숙제 또한 왕위에 오르지 않고 달아남. 이 같은 '효제'의 인덕으로 인해 훗날 공자의 추앙을 받음. 5-23 주석 1 참조.

6 怨(원): 주자가 이른 대로, '회悔', 즉 회한悔恨(후회하고 한탄함)함을 이름.

7 又(우): 또. 이는 부사로, 어기를 강화함.

해설

춘추시대 위나라 출공 괴첩은 본시 영공의 손자이자 태자太子 괴외蒯聵의 아들이었다. 한데 일찍이 괴외가 부왕 영공의 총희寵姬 남자南子를 죽이려다 실패하고, 진晉나라로 망명한 일이 있었다. 그리고 나중에 영공이 죽은 후, 나라 사람들의 추대를 받아 괴첩이 왕위에 오르게 되었다. 그러자 위나라에게 묵은 원한이 있던 진나라는, 괴외를 본국으로 돌려보낸다는 구실로 군사를 일으켜 위나라로 진격했다. 위나라는 진나라 군대를 막았고, 자연스레 괴외의 귀국을 저지하게 되었다. 결국 부자간에 왕위를 다투는, 도리에 어긋나는 전쟁이 일어난 것이다. 백이·숙제 형제가 서로 왕위 계승을 마다하다 결국 모두 왕위를 포기한 것과는 극명히 대조되는 현상이었다.

당시 세상 사람들은 출공이 아버지 괴외의 귀국을 막은 일에 대해 왈가왈부했다. 어떤 이들은 출공의 처사는 인륜을 저버린 못된 행동이라고 했다. 반면 다른 이들은 괴외는 부왕에게 죄를 지었고, 괴첩은 적손嫡孫 왕세손이니 왕위에 오른 것은 마땅하며, 또 일국의 군왕으로서 개인적 인륜보다는 국가의 안위를 중히 여겨 악의적인 의도로 진격해오는 진나라 군대를 막을 수밖에 없었고, 그 바람에 어쩔 수 없이 아버지의 환국을 저지하게 된 것은 결코 크게 나무랄 일이 아니라고 했다.

한편 열국을 주유하던 공자는 이때 마침 위나라에 머물고 있었고, 출공에게 예우를 받기도 했다. 염유는 공자가 혹시 출공을 지지하지나 않을까 걱정이 되었다. 염유가 걱정 어린 마음으로 궁금해하자, 자공이 백이·숙제에 대한 질문으로 에둘러 공자의 의향을 살핀 것이다. 자못 미묘해 바로 여쭙기 어려운 문제를 백이·숙제에 대한 질의로 에두르는 품이, 자공은 과연 '언어'에 뛰어난 인물이었음(11-3 참조)을 웅변해준다.

공자는 백이와 숙제를 '고대의 현인(古之賢人)'으로 존숭했다. 그것은 바로 두 사람이 왕위를 사양해 도망하고, 예에 어긋나는 정벌을 간하며 인을 행하다 굶어 죽었으나, 끝내 회한하지 않은 점을 높이 산 것이다. 그렇다면 공자가 아버지와 왕위를 다툰 출공을 지지하지 않을 것임은 자명해진다. 물론 출공의 부득이한 입장에 대한 고려의 여지가 없지 않지만, 자공의 짐작과 판단은 공자의 생각과 다르지 않았다. 아무튼 공자가 인덕을 얼마나 높은 가치로 여기고 숭상했는지 알고도 남음이 있다.

7-16

공자께서 말씀하셨다. "거친 밥을 먹고 찬물을 마시며 팔베개하고 누워도 즐거움이 또한 그 가운데에 있나니, 의롭지 못하게 부유하고 또 존귀함은 나에게 있어서는 뜬구름과 같은 것이다."

子曰: "飯¹疏食²飲水,³ 曲肱而枕之,⁴ 樂亦在其中矣. 不義而富且貴,
자왈   반 소 사 음 수   곡 굉 이 침 지   낙 역 재 기 중 의   불 의 이 부 차 귀

於我如浮雲."
어 아 여 부 운

주석

1 飯(반): 동사로, (밥을) 먹음.

2 疏食(소사): 소사蔬食와 같음. 조반粗飯·추반麤飯, 즉 기장이나 수수 같은 거친 곡식으로 지은 밥. '사'는 우리나라에서는 '식'으로도 읽음.

3 水(수): 옛날에 뜨거운 물을 뜻하는 '탕湯'과 상대되는 말로, 찬물을 말함.

4 曲肱而枕之(곡굉이침지): 팔을 굽혀서 벤다는 뜻으로, 곧 팔베개를 하고 누움을 이름. '굉'은 팔뚝. '침'은 여기서는 동사로, (베개를) 벰. '지'는 '굉', 즉 팔뚝을 가리킴.

해설

공자는 「학이편」에서 호학하는 군자의 기본 조건으로 "식사함에 배부름을 추구하지 않고, 거처함에 편안함을 추구하지 않음"(1-14)을 강조한 바 있다. 그래서인가 공자는 이미 그 같은 생활 경지와 신념이 한층 더 높은, 아니 지극한 경지에 이르러 있었다. 공자 스스로도 말했듯이, "빈천함은 모든 사람이 다 싫어하는 것이다."(4-5) 그것은 물론 빈천한 생활 속에서 겪을 수밖에 없는 음식의 조악함이나 거처의 누추

함을 비롯한 온갖 물질적 궁핍의 고통을 보통 사람들이 감내하기가 힘들기 때문이다.

하지만 공자 같은 성인은 오히려 "거친 밥을 먹고 찬물을 마시며 팔 베개하고 누워도 즐거움이 또한 그 가운데에 있"고, 안회 같은 현인도 "한 대그릇의 밥을 먹고 한 바가지의 물을 마시며 누추한 거처에서 살면서도" 시종 "안빈낙도하는 즐거움을 다른 걸로 바꾸지 않을"(6-9) 수 있었다. 공자나 안회 같은 성현이 추구하는 '즐거움'은 물욕의 충족과 육체적 쾌락이 아니라, 일종의 정신적 만족이자 적의適意함이며 마음의 평정平靜인 것이다. 보통 사람의 즐거움은 객관적인 조건에 직접적 영향을 받아 특정한 경우와 처지에 한정되지만, 성현의 즐거움은 주관적인 품성과 의식에서 우러나오며 어떠한 경우나 처지에서도 변함이 없다.『여씨춘추』「효행람孝行覽·신인편愼人篇」에서 말했다. "옛날에 도를 깨달은 사람들은 곤궁해도 즐겁고, 현달顯達해도 즐거웠나니, 그들이 즐거워한 것은 곤궁함이나 현달함이 아니었다. 사람이 그 어떤 상황에서도 도를 깨닫게 되면, 곤궁함과 현달함이 다 한가지이나니, 그저 추위와 더위, 비와 바람이 갈마드는 것과 같을 따름이다(古之得道者, 窮亦樂, 達亦樂, 所樂非窮達也. 道得於此, 則窮達一也, 爲寒暑風雨之序矣)."

빈천함에서 벗어나는 길은 두말할 나위 없이 부귀해지는 것이다. 공자도 말했듯이 "부귀함은 모든 사람이 다 바라는 것이다."(4-5) 한데 "부유하고 존귀함은 하늘에 달렸다."(12-5) 부귀란 사람이 억지로 추구할 수 있는 게 아니라는 얘기다.(7-12 해설 참조) 부귀 추구에 사람들이 왕왕 온갖 불의한 수단과 방법을 동원하는 까닭은 어쩌면 바로 그 때문일 것이다. 공자가 여기서 "의롭지 못하게 부유하고 또 존귀함은 나에게 있어서는 뜬구름과 같은 것"임을 강조한 것은 곧 불의한 부귀의 덧없음을 간파하고, 진실로 안빈낙도를 지향하고 추구할 뿐임을 천명한 것이다. 공자가 이렇듯 도의를 숭상한 것은 곧 인격의 가치를 높이고, 인성의 존엄을 중시하고자 한 마음의 발로이다.

7-17

공자께서 말씀하셨다. "하늘이 나를 몇 년 더 살게 해주어 나이 쉰에 『주역』을 공부한다면, 큰 잘못을 범하지는 않을 수 있을 것이다."

子曰: "加¹我數年, 五十²以學易,³ 可以無大過矣."
자 왈　가 아 수 년　오 십 이 학 역　가 이 무 대 과 의

주석

1 加(가): 더함, 더해짐. 『사기』 「공자세가」에는 '가假'로 되어 있음. '가假'는 빌려준다는 뜻으로, 옛날 사람들은 사람의 나이는 하늘이 빌려주는 것이라고 여긴 데에 따른 표현임. 결국 여기서 '가加'와 '가假'의 함의는 크게 다르지 않은 것으로 이해됨.

2 五十(오십): 장차 쉰 살이 되었을 때를 이름. 이 당시 공자의 나이가 황간은 마흔대여섯 살이었다고 하고, 형병은 마흔일곱 살이었다고 함. 한편 주자는 『집주』에서 먼저 유빙군이 '오십'은 '졸卒'의 오기誤記라고 한 말을 인용하고, 이어서 『사기』 「공자세가」에서는 공자가 "하늘이 나를 몇 년 더 살게 해주어 이처럼 『주역』을 계속 읽는다면, 나는 『주역』에 대해 두루 통달할 수 있을 것이다(假我數年, 若是, 我於易則彬彬矣)"라고 했음을 들어, 『사기』에는 '오십'이라는 글자가 없다고 함. 그리고 결론적으로 말하기를, 이때 공자는 이미 일흔이 다 되었으며, 따라서 여기

서 '오십'이라는 글자는 잘못된 것이라고 함. 이에 대해 다산은 "『사기』가 믿을
만하기는 하나 『논어』만은 못하니, 구태여 『사기』에 근거해 『논어』를 고칠 것은
없다. 더구나 『논어』에서는 '학역學易'(『주역』을 배움)이라고 한 반면, 『사기』에서는
'약시若是'(이처럼)라고 한바, '약시'란 곧 ('학역'이 아니라) '독역讀易'(『주역』을 읽음)이
니, 비록 '가아수년假我數年' 넉 자가 같다고는 하나, 『사기』에서 쓴 구절이 반드
시 『논어』의 경문이라고 보기는 어렵다(史記之可信, 不如論語, 不必據史記以改論語. 況
此云學易, 彼云若是─若是謂讀易, 雖假我數年四字, 彼此相同, 彼之所用未必此經)"라는 견해
를 피력함. 실제로 주자가 거론한 『사기』의 문장은 "공자는 만년에 『주역』을 좋
아해 「단사彖辭」, 「계사繫辭」, 「상사象辭」, 「설괘說卦」, 「문언文言」 등을 찬술撰述했
는데, 『주역』을 너무 열심히 읽어 죽간을 엮은 가죽 끈이 여러 번 끊어질 정도였
다(孔子晚而喜易, 序彖繫象說卦文言. 讀易, 韋編三絕)"라고 한 말 다음에 이어지므로, 다
산의 견해에 일리가 있음을 뒷받침하기에 충분함. 요컨대 확증이 없는 한 고대
경전의 구절을 함부로 고쳐 이해하는 것은 최대한 신중을 기해야 하는바, 일단
은 이 장을 공자가 쉰 살 이전에 한 말로 봄이 무난함.

3 易(역): 『주역』. 본디 고대의 점서占書였으나, 나중에는 유가에서 경전으로 받들
   며 『역경』이라 일컬음. 전하는 바에 의하면 상고시대 복희씨伏羲氏가 처음으로
   팔괘八卦를 그리고, 주 문왕이 육십사괘六十四卦를 부연해 괘사卦辭와 효사爻辭를
   짓고, 훗날 공자가 역전易傳을 써서 역리易理를 풀이했다고 함.

해설 ———————————————————————————

『주역』은 비록 고대인들의 점복 기록을 모태로 하고 있지만, 훗날 공
자의 깊은 관심과 연구가 더해지면서 자연 법칙에서 인생철학까지 그
야말로 만사만물의 이치를 완벽한 철학 체계로 논술해낸 철학 사상
서로 거듭났다. 공자는 「위정편」에서 당신께서 일찍이 열다섯 살에 배
움에 뜻을 둔 후, 쉰 살이 되어서는 천명을 알았다고 했다.(2-4 참조) 이
장은 바로 그 이전, 즉 사십대 후반에 한 말로, 공자가 비로소 『주역』
을 본격적으로 공부할 결심을 한 것으로 보인다.

"나이 쉰에『주역』을 공부한다면, 큰 잘못을 범하지는 않을 수 있을 것이다." 나이 쉰이면 반평생 축적된 인생의 경험과 식견에 힘입어, 분명 난해하면서도 신비한 경전인『주역』을 공부하기에 매우 적합한 시기이다. 또한『주역』을 통해 우주 만물의 운행 원리와 세상만사의 발전 법칙을 이해하고, 나아가 중도의 원칙과 변통變通의 이치를 숙지함으로써 인생사 길흉화복에 대한 통찰력을 제고할 수 있다. 주자가 "『주역』을 공부하면 길흉·소장消長의 이치와 진퇴·존망의 도에 밝아진다(學易則明乎吉凶消長之理, 進退存亡之道)"라고 한 것 또한 같은 얘기이다. 아무튼 그렇게 되면 사람이 작은 잘못은 몰라도 적어도 큰 잘못은 범하지 않을 수 있다는 것이 공자의 생각이다. 결국 그 같은 바탕 위에, 공자는 만년에 이르러 죽간을 엮은 가죽 끈이 여러 번 끊어질 정도로『주역』을 열심히 읽으며 깊이 연구했다. 그리하여 후세인들의 역리 이해에 결정적 도움을 주는 훌륭한 풀이를 덧붙였으니, 진정 인생 철리에 통달한 성인의 족적이다.

7-18

공자께서 기품 있고 바른 말을 사용하신 것은『시경』과『서경』을 소리 내어 읽으시거나 예를 집행하실 때인데, 그런 경우에는 모두 기품 있고 바른 말을 사용하셨다.

子所雅言,¹ 詩²書³執禮,⁴ 皆雅言也.
자 소 아 언   시 서 집 례   개 아 언 야

1 雅言(아언): 이에 대한 풀이는 전통적으로 두 가지가 있는데, 먼저 공안국·정현 등은 아정雅正한, 즉 기품이 높고 바른 말이라고 함. 이는 춘추시대 각국의 언어가 통일되어 있지 않은 상황에서 주 왕조의 서도西都 호경 지역에서 통용되던 말로, 곧 당시의 표준말을 이름. 반면 주자는 이를 상언常言, 즉 평소에 늘(자주) 하는 말이라고 함. 이에 청쑤드어는 '아'는 '속俗'의 반대말일 뿐이며, '상常'의 뜻으로 풀이되는 경우는 없다고 함. 실제로 고대 경전에서 '아'는 대개 '정正'의 뜻으로 풀이되는 만큼, 공안국 등의 풀이가 적절한 것으로 판단됨.

2 詩(시):『시경』. 1-15 주석 7 참조.

3 書(서):『서경』.『상서』라고도 함. 요·순·우·탕·문왕·무왕 등 선왕의 정사 처리에 관한 문헌 기록으로, 유가 경전의 하나.

4 執禮(집례): 각종 예의·예법을 집행함, 주재主宰함.

해설

중국은 예나 지금이나 큰 나라로, 영토는 넓고 인구는 많은 데다 각 지역마다 특유의 방언을 사용해왔다. 더욱이 현대에는 방언과 방언 사이에 거의 자유로운 의사소통이 불가능할 정도의 괴리가 존재한다. 이 같은 현상은 아마 고대에도 크게 다르지 않았을 것이다. 그 때문에 중국은 예로부터 공식적인 공용어로서 표준어의 사용이 강조되어왔다. 공자가 살았던 춘추시대에는 서도 호경 지역의 통용어가 곧 주 왕조의 표준어였으니, 그것이 바로 '아언雅言'이다. 물론 어느 나라든지 표준어는 그 나름의 품격을 인정받게 마련이다.

노나라 사람이었던 공자는 평소에는 필시 노어魯語를 상용常用했을 것이다. 하지만『시경』과『서경』을 소리 내어 읽으며 교수敎授하거나 예법을 집행할 때에는, 방언이나 속어보다는 굳이 기품이 있고 바른

'아언'을 사용했다. 그것은 물론 말이나 글의 의미를 명확히 전달하고 이해시키고자 한 의도도 있겠으나, 아무래도 보다 공식적이고 정중한 자세로 한껏 중시하는 마음을 보여준 것이리라.

『시경』에는 미자美刺, 즉 선함에 대한 찬미와 악함에 대한 풍자가 있다. 찬미는 사람들에게 선행을 권면하고, 풍자는 사람들에게 악행을 경계시킬 수 있나니, 사람이 성정을 함양하는 데 이보다 긴요한 것은 없을 것이다. 『서경』은 고대 제왕들의 정사에 관한 기록으로, 그 가운데에는 치세도 있고, 난세도 있다. 치세는 흥성의 국면이요, 난세는 쇠망의 국면이니, 사람이 정사를 궁구하는 데 이보다 긴요한 것은 없을 것이다. 그리고 예법은 공경의 기저 위에 절문節文, 즉 예절에 관한 규칙과 규범이 제시되고 있어, 심지心志를 단속하고 위의威儀를 점검할 수 있나니, 사람이 덕성을 길러 스스로 제어하도록 하는 데 이보다 긴요한 것은 없을 것이다. 이상은 모두 인생에 있어 절실한 도리요, 긴요한 조예이다. 그리하여 공자는 『시경』과 『서경』 두 전적을 제자 교육의 교재로 활용하는가 하면, 예치와 덕치를 이상 정치의 전형으로 주창하는 등 이 세 가지를 무엇보다 중시했다.

7-19

섭공이 자로에게 공자에 대해 물었으나, 자로는 대답을 하지 않았다. 나중에 공자께서 말씀하셨다. "너는 왜 이렇게 말하지 않았느냐? 그의 사람됨은 어떤 것을 간절히 알고 싶으면 한껏 분발 몰두하여 밥 먹는 것도 잊어버리고, 또 그렇게 해서 새로운 것을 알게 되면 즐거운

마음에 온갖 걱정도 다 잊고 장차 늙음이 다가오는 것도 알지 못한다
고, 그저 그럴 뿐이라고."

葉公¹問孔子於子路, 子路不對. 子曰: "女²奚³不曰: '其爲人也, 發
섭공 문공자어자로   자로부대 자왈   여 해불왈   기위인야 발
憤⁴忘食, 樂⁵以⁶忘憂, 不知老之將至云爾⁷'?"
분 망식 낙 이 망우 부지로지장지운이

주석

1 葉公(섭공): '섭'은 춘추시대 초나라의 현縣 이름. '섭공'은 곧 당시 섭현의 현윤縣
尹, 즉 현장縣長으로, 이름은 심제량沈諸梁, 자는 자고子高임. 당시 초나라의 현
자賢者로, 『좌전』에 따르면 어떤 사람이 그를 보고 "백성들이 당신을 바라보기를
자애로운 부모를 바라보듯 한다(國人望君如望慈父母焉)"라고 했다고 함. 한편 일개
제후의 신하가 '공'이라고 칭한 것은 당시 초나라 임금이 스스로를 '왕王'이라고
칭한 데에 상응한 일컬음으로 보이며, 주자가 말한 대로 참칭僭稱의 의도가 있었
는지 어떤지는 알 수 없음.
2 女(여): 여汝와 같음. 너, 그대.
3 奚(해): 어찌, 왜.
4 發憤(발분): 어떤 지식이나 이치를 알고 싶은 마음이 너무 간절해 한껏 분발해 노
력함을 이름. 여기서 '분'은 "불분불계不憤不啓"(7-8)의 '분'과 같이 어떤 이치에 통
달하고 싶은 마음은 간절한데 여의치 않아 안달한다는 뜻임.
5 樂(락): 여기서는 진리와 학문 탐구에 몰두해 새로운 이치를 터득했을 때 느끼는
즐거움을 말함.
6 以(이): 접속사로, 이而와 같음.
7 云爾(운이): 문장 끝에 쓰이는 복합 어조사로, 그와 같을 따름이라는 뜻을 나타
냄. '운'은 여차如此, 즉 이(그)와 같음. '이'는 '이耳'와 같음. 단지 ~일 뿐임.

노 정공 13년(기원전 497년) 공자는 제자들과 함께 고국 노나라를 떠나 열국 주유의 장도에 올랐고, 노 애공 5년(기원전 490년)에는 그 전해에 들렀던 채나라를 떠나 초나라 섭 땅에 이르렀다. 여기서 섭공이 공자 일행을 만난 것은 아마도 바로 그 시기일 것이다. 섭공은 당시 초나라에서 꽤 이름난 현자였으니, 그 또한 평소 공자에 대한 존경심을 가지고 있었을 것이다. 그리고 자로를 만났을 때 성인 공자에 대한 궁금증을 풀기 위해 그 위인爲人에 관해 물은 것이다.

한데 자로가 대답을 하지 않은 것은 후세에 여러 가지 추측을 낳는데, 아무래도 주자가 이른 대로, "성인의 덕은 진실로 쉽게 설명하지 못하는 점이 있었기 때문일 것이다(以聖人之德, 實有未易名言者與.)"「자한편」에 보면 안연이 스승 공자의 높고 깊은 학문 도덕을 찬탄해 마지않기를 "선생님의 도는 우러러볼수록 더욱 높고, 파고들수록 더욱 깊어서, 가만히 바라보면 마치 눈앞에 있는 듯하다가도 어느새 등 뒤에 가 있도다"(9-11)라고 했다. 사실 공자의 학문 도덕은 진정 특별하거나 출중한 것 같으면서도 또한 한껏 평범함 속에 깃든 위대한 그 무엇이다. 그러니 평소 데면데면한 성격으로 신중함이 부족했던 자로가 선뜻 스승의 위인과 도덕을 설명하기는 쉽지 않았을 것이다.

공자가 나중에 알고 자로에게 친히 일러준 것은 그야말로 당신의 자화상이다. 평소 겸양이 몸에 밴 공자가 유독 자부하기를 주저하지 않은 것은 바로 호학이다.(5-28 참조) 여기 이 공자의 자화상은 그 같은 특징을 그대로 보여준다. 공자는 누구보다도 학구열이 높아 학습의 대상이 떠오르면 결코 '스스로 배우기에 싫증을 내지 않는데(學而不

厭)'(7-2), 만약 쉽게 습득 이해가 되지 않으면 더욱 분발 몰두하여 먹고 자는 일도 잊을 정도였다. 그뿐만 아니라 새로운 지식과 이치를 깨달으면 즐거움이 극에 달해 온갖 근심 걱정도 다 잊고, 심지어는 스스로 늙어감조차 알지 못한다고 했다. 공자가 이렇듯 면학에 각고하고, 자강불식自强不息(스스로 한껏 향상 발전하고자 끊임없이 애씀)하는 근저에는 인생의 진리에 대한 갈구가 있었으니, "아침에 도를 들어 깨달으면 저녁에 죽어도 좋다"(4-8)는 것이 바로 그것이다. 그리고 호학에 대한 공자의 자부에는 다분히 사람들에게 호학을 권면하려는 뜻이 있음도 어렵지 않게 감지가 된다.

7-20

공자께서 말씀하셨다. "나는 결코 태어나면서부터 인생의 진리를 아는 사람이 아니며, 단지 옛것을 좋아하여 급급히 탐구해 터득한 사람일 뿐이다."

子曰: "我非生而知之¹者, 好古,² 敏³以⁴求⁵之者也."
자 왈   아 비 생 이 지 지 지 자 호 고   민 이 구 지 자 야

주석

1 之(지): 이는 대개 인생의 진리와 세상만사의 이치를 가리키는 것으로 이해됨.
2 好古(호고): 대개 이 편 첫머리에서 이른 "신이호고信而好古"(7-1)의 '호고'와 같은 말로, 고도古道 내지는 고대의 문화·전적을 애호한다는 뜻임.
3 敏(민): 황간은 질속疾速, 즉 신속함으로 풀이했고, 주자는 같은 맥락에서 급급汲

汲, 즉 갈구하는 마음이 넘쳐 조급히 몰두하며 서두르는 모양으로 부연함. 일설에는 민면黽勉, 즉 부지런히 힘씀이라고 함. 다만 '급급'에 이미 '민면'의 의미가 내포되어 있으니, 주자의 풀이가 공자의 본의에 가장 부합하는 것으로 판단됨.

4 以(이): 이而와 같음.

5 求(구): 구득求得, 즉 탐구하여 터득함.

해설

공자는 여기서 사람들, 특히 제자들에게 호학과 면학을 권면하며 먼저 당신은 결코 '생이지지자生而知之者'가 아님을 강조했다. 이는 필시 당시 사람들이 당신을 '태어나면서부터 인생의 진리와 세상의 이치를 다 아는 성인(生知之聖)'(『집주』)으로 신성시한 데에 기인한 것이리라. 인간이 비록 만물의 영장이기는 하지만 과연 '생이지지'할 수 있을까? 만약에 그런 사람이 있다면 진정 불가사의한 존재가 아닐 수 없다.

사실 애초에 '생이지지자'의 존재를 언급한 사람은 다름 아닌 바로 공자였다. 공자는 일찍이 "태어나면서부터 아는 사람이 최상이요, 배워서 아는 사람은 그다음이고, 곤경을 겪으면서 배우는 사람은 다시 그다음이며, 곤경을 겪으면서도 배우지 않는 사람은 곧 사람 가운데 최最하류이다"(16-9)라고 하며, 사람의 지적 수준이나 자질을 네 등급으로 분류한 바 있다. 진실로 이 세상에 '태어나면서부터 아는 사람'이 존재한다면, 공자야말로 바로 그런 분이라는 것이 당시 사람들의 생각이었다. 하지만 공자는 사람들의 생각에 결코 동의하지 않았으며, 당신은 단지 '학이지지자學而知之者', 즉 '배워서 인생의 진리를 아는 사람'일 뿐임을 분명히 했다.

앞 장의 자화상에서 본 바와 같이, 공자는 누구보다도 호학하며 구학에 정진했으니, '급급히 진리를 탐구해 터득한 사람'이라는 자부에 십분 수긍이 간다. 「자장편」에 보면, 위나라 대부 공손조公孫朝가 공자가 과연 어떻게 공부를 해서 그토록 위대한 학문적 성취를 이룩할 수 있었는지 매우 궁금해했다. 그러자 자공이 공자는 어디에서든 누구에게든 다 배웠으며, 고정된 스승이 없었다고 했는데(19-22 참조), 그 또한 공자의 호학 정신과 구학 열정을 대변한 말이다. 아무튼 공자는 '생이지지자'를 최상등最上等의 지적 자질을 갖춘 사람으로 내세우면서도 결코 자처하지는 않았는데, 그것은 분명 유보남이 이른 대로 "배우는 자들이 스스로 총명한 바탕을 믿고 장차 배우기를 게을리할까 두려워하여 단지 '학이지지자'로 자부하였으며, 또한 그렇게 함으로써 사람들을 (겸허히 향학에 매진하도록) 권면한 것이다(恐學者自恃聰質, 將懈於學, 但以學知自承, 且以勸勉人也)."

7-21

공자께서는 괴이한 사물이나 엄청난 힘을 과시하는 일, 사회규범을 어지럽히는 행위 그리고 귀신에 관한 일은 말씀하지 않으셨다.

子不語怪^{1}力^{2}亂^{3}神.^{4}
자 불 어 괴 력 난 신

주석

1 怪(괴): 괴이한 사물. 예컨대 고서古書에서 말한 괴이한 목석木石이나 산속의 요

정, 물속의 요괴 따위를 이름.

2 力(력): 대력大力·괴력怪力, 즉 엄청난 힘을 과시하는 일. 예컨대 고서에서 말한 천
하장사가 땅 위에서 배[舟]를 밀고 갔다거나, 세발솥[鼎]을 들어 올렸다는 따위를
이름.

3 亂(란): 패란悖亂(정의에 어그러지고 정도를 어지럽힘), 곧 패륜悖倫·패덕悖德의 악행. 예
컨대 자식이 부모를 죽이거나 신하가 임금을 시해하는 등 윤상倫常을 파괴하는
행위를 이름.

4 神(신): 귀신이나 미신에 관한 일. 예컨대 귀신이 재앙을 내린다는 따위를 이름.

해설

유례가 없는 난세를 산 성인 공자는 누구보다도 인간의 현세적 삶 속
에 깊숙이 들어가 고뇌하고 사색하며, 복잡다단한 현실 문제에 대한
나름의 처방을 내놓았다. 그 때문에 평소 공자의 언설은 유독 인간의
실제 생활과 윤리 도덕의 문제에 집중되었으며, 비현실적이고 반도덕
적인 일은 가능한 한 거론하지 않았다.

공자가 살았던 춘추시대는 전통적 예악이 붕괴되고 사회 동란이 끊
이지 않았으니, 그야말로 괴怪·력力·난亂·신神이 유행하고 득세했을
것이다. 하지만 "성인 공자는 상식적인 일을 말할 뿐 괴이한 일은 말
하지 않았으며, 도덕적인 일을 말할 뿐 대력大力을 쓰는 일은 말하지
않았으며, 치안治安을 말할 뿐 패란은 말하지 않았으며, 사람의 일을
말할 뿐 귀신의 일은 말하지 않았다[聖人語常而不語怪, 語德而不語力, 語治
而不語亂, 語人而不語神]."(『집주』) 괴이하고 황당무계한 일은 필시 온갖
의혹을 낳을 것이요, 엄청난 힘으로 세상을 놀라게 하는 일은 필시 무
의미한 다툼과 맹목적인 숭배를 낳을 것이다. 또 패란의 악행은 필시

정도를 어기고 인륜을 무너뜨리는 폐해를 낳을 것이요, 귀신을 미신하는 습속은 필시 귀신에게 아첨하는 반면, 사람의 성실하고 진지한 마음을 대수롭지 않게 여기는 폐단을 낳을 것이다. 결국 이 네 가지는 모두 교화에 도움이 되지 않음은 물론, 세풍世風을 어지럽히고도 남음이 있으니, 공자가 애써 언급하지 않은 것이다.

사람은 대개 시속, 즉 그 시대의 풍속을 따르게 마련이다. 하지만 공자는 온갖 폐단과 해악만 낳는 시속을 따르지 않음은 물론이거니와 그것을 바로잡고자 갖은 노력을 다했으니, 진정 만세의 사표로서 손색이 없다.

7-22

공자께서 말씀하셨다. "세 사람이 함께 길을 가면 그 가운데에 반드시 나의 스승이 있나니, 그 언행이 선량한 사람을 골라 그대로 본받고, 그 언행이 불량한 사람을 골라 나의 허물을 고쳐야 할 것이다."

子曰: "三人¹行, 必有我師²焉.³ 擇⁴其善者⁵而從之, 其不善者⁵而改
자왈   삼인 행 필유아사 언   택 기선자 이종지   기불선자 이개
之."
지

주석

1 三人(삼인): 이를 주자는 세 사람의 뜻으로 이해하면서, 그 가운데에 나 자신도 포함된 것으로 풀이함. 반면 일설에는 몇 사람 혹은 여러 사람으로 풀이함. 하지

만 여기서 '삼인'이라 함은 대개 공자가 나와 다른 사람의 상호 비교를 염두에 두면서, 그 대상 인원이 최소한인 경우를 상정해, 다시 말해 두 사람밖에 안 되는 경우에도 정면 혹은 반면 스승으로 본받고 배우거나 자신을 돌이켜 보고 허물을 고치는 노력을 기울여야 한다는 점을 강조한 것으로 보임. 따라서 주자의 견해가 적절함. 『주역』「손괘損卦」'육삼六三' 효사에 이르기를 "세 사람이 함께 가면 한 사람을 덜게 되고, 한 사람이 혼자서 가면 벗을 얻는다(三人行, 則損一人. 一人行, 則得其友)"고 했는데, 이 '삼인' 역시 세 사람의 뜻으로 쓰인 것임.

2 師(사): 스승. 곧 사법師法(스승으로 삼아 그를 본떠서 배움)할 사람을 이름.

3 焉(언): 어지於之의 합음자. 그 가운데. 여기서 '지'는 앞에서 말한 '삼인三人'을 가리킴.

4 擇(택): 가림, 고름. 아래 '기불선자이개지其不善者而改之' 앞에는 '택' 자가 생략되어 있음.

5 善者(선자)·不善者(불선자): 이는 주자가 세 사람이 함께 길을 가면, 나를 제외한 두 사람 가운데 한 사람은 착하고 다른 한 사람은 악하다고 풀이한 것처럼, 언행이 아름다운 사람과 아름답지 못한 사람을 일컫는 것으로 이해됨. 또한 다른 사람의 언행에 있어 아름다운 점과 아름답지 못한 점을 이르는 것으로도 볼 수 있음.

해설

공자는 '학무상사學無常師', 즉 배움에 고정된 스승이 없었다.(19-22 참조) 언제 어디서나 누구에게나 배울 점을 찾아 기꺼이 배운 것이다. 그야말로 호학의 전형을 보여줬는데, 그것이 바로 그 연박淵博한 학문의 완성과 숭고한 도덕의 수양을 가능케 한 원동력이다. 단 두 사람과 함께하는 경우에도 한껏 겸허한 자세로 그들을 정면 혹은 반면 스승으로 삼아야 한다는 것이 공자의 가르침이니, 진정 호학의 극치이다.

사람은 항시 겸허한 자세로 다른 사람의 선·불선을 본보기나 거울로 삼아, 자신의 선덕을 증진시키고 허물을 고쳐나가야 한다. 공자가

「이인편」에서 "사람은 어진 사람을 보면 그와 같기를 생각하고, 어질지 못한 사람을 보면 자신은 그렇지 않은지 스스로 마음 깊이 반성하여야 한다"(4-17)고 한 것 역시 이 장의 함의와 다르지 않다. 그처럼 현자나 선자善者를 보면 그와 같기를 생각해 본받고 배울 것이니, 그들은 곧 나의 스승이다. 또 불현자나 불선자를 보면 두려워하여 자신을 돌이켜 보며, 만약 그 같은 허물이 있다면 주저 없이 고칠 것이요, 만약 그 같은 허물이 없다면 마음 깊이 새겨 경계로 삼을 것이니, 그들 또한 나의 스승이다. 전자는 '장선지사長善之師' 즉 나의 선덕을 증진시키는 스승이요, 후자는 '구실지사救失之師' 즉 나의 과실을 고치는 스승이다. 도가의 창시자 철인哲人 노자도 말하지 않았던가? "선한 사람은 선하지 않은 사람의 스승이요, 선하지 않은 사람은 선한 사람의 거울이다. 한데 만약 선하지 않은 사람이 그 스승을 존중하지 않고 선한 사람이 그 거울을 아끼지 않는다면, 비록 스스로 지혜롭다고 할지라도 사실은 한없이 어리석은 것이다(善人者, 不善人之師; 不善人者, 善人之資. 不貴其師, 不愛其資, 雖智大迷)."(『노자』 제27장)

7-23

공자께서 말씀하셨다. "하늘이 나에게 구세의 덕성을 주셨거니, 환퇴가 감히 나를 어떻게 하겠느냐?"

子曰: "天生¹德²於予,³ 桓魋⁴其⁵如予何⁶?"
자왈   천 생 덕 어 여   환 퇴 기 여 여 하

426

1 生(생): 여기서는 사역동사로, 생장生長, 즉 나서 자라게 함. 곧 (하늘이) 줌, 부여함을 이름.

2 德(덕): 여기서는 구세의 덕성을 이름. 공자는 천도天道에 대한 깊은 통찰과 교감으로, 하늘이 당신에게 구세의 사명을 부여했음을 깊이 인식하고 자부했다고 알려짐.(2-4 '해설' 참조)

3 予(여): 제일인칭대명사. 나. 곧 공자의 자칭.

4 桓魋(환퇴): 송나라 사마司馬 상퇴向魋. 송 환공桓公의 후손이므로 '환퇴'라 일컫기도 함.

5 其(기): 문장 가운데 쓰이는 어조사로, 반문의 어기를 나타냄. 설마, 감히. 일설에는 장차, 장래에의 뜻을 나타낸다고 함.

6 如(여)~何(하): ~을(를) 어떻게 하랴?

『사기』「공자세가」와『예기』「단궁 상편」에 의하면, 공자는 열국을 주유하던 길에 조曹나라를 떠나 송나라로 가게 되었다. 당시 송나라 사마 환퇴는 3년이 넘도록 자신의 석곽石槨 축조에 갖은 사치를 다하고 있었다. 공자가 그것을 보고 "저렇듯 사치를 하다니! 사람이 죽으면 오히려 빨리 썩어버리는 게 좋을진대!"라고 하며 강하게 비판했다. 그러자 환퇴는 공자에게 앙심을 품고 해코지할 작정을 했다. 하루는 공자가 제자들과 큰 나무 아래에서 예를 익히고 있었는데, 환퇴가 공자를 죽이려고 사람을 시켜 그 나무를 뽑아서 쓰러뜨렸다. 공자가 위기를 모면하고 그곳을 떠나는데, 제자들이 재촉했다. "선생님, 서둘러 가시는 게 좋겠습니다!" 공자가 말했다. "하늘이 나에게 구세의 덕성을 주셨거니, 환퇴가 감히 나를 어떻게 하겠느냐?" 이는 노 애공 3년(기원전 492년)의 일로, 당시 공자는 예순 살이었다.

사실 공자가 열국을 주유하며 위험에 처한 일은 한두 번이 아니었다. 한 번은 광匡 땅 사람들이 양호陽虎로 오인해 포위 감금했는데, 그때도 공자의 자약自若함은 이와 흡사했다.(9-5 참조) 생명의 위협을 느낄 수 있는 곤경에 처해서도 구세의 사명과 덕성에 대한 자부와 신심信心의 바탕 위에, 공자가 보여준 '불우不憂'의 인심仁心과 '불혹不惑'의 지혜, '불구不懼'의 용기는 그야말로 참 군자의 형상(14-29 참조)이었다.

7-24

공자께서 말씀하셨다. "너희는 내가 무언가 가르쳐주지 않고 숨기는 게 있다고 생각하느냐? 나는 너희에게 숨기는 게 없다. 나는 내가 하는 모든 것을 너희에게 드러내 보이지 않은 것이 없나니, 나는 바로 그런 사람이니라."

子曰: "二三子¹以我爲²隱³乎⁴? 吾無隱乎⁵爾.⁶ 吾無行⁷而不與⁸二三
자왈   이삼자 이아위 은 호   오무은호 이   오무행 이불여 이삼
子者, 是丘也.⁹"
자자 시구야

주석

1 二三子(이삼자): 너희들. 3-24 주석 8 참조.
2 以A爲B(이A위B): 사람이나 사물에 대한 판단의 뜻을 표현하는 관용구. A를 B라

고 여김·생각함, A가 B한다고 여김·생각함.

3 隱(은): 숨김, 감춤. 여기서는 곧 가르쳐주지 않음을 이름.

4 乎(호): 의문의 어조사.

5 乎(호): 어於와 같음.

6 爾(이): 제이인칭대명사. 여기서는 '이삼자二三子'를 가리킴. 일설에는 '호이乎爾'
가 복합 어조사로, 단정적인 어기를 나타낸다고 함. 하지만 그것은 너무 직설적
인 표현인 만큼, 아무래도 보다 완곡한 앞의 표현이 공자의 어투에 부합할 것임.

7 行(행): 행위, 행지行止. 이를 다산은 몸소 행하는 것이니, 곧 '말없는 가르침不言之
教'을 말한다고 함.

8 與(여): 더불어 함, 함께함. 여기서는 곧 공자가 행하는 모든 일을, 제자들이 직접
보거나 듣고 세세히 알도록 함을 말함. 이를 주자가 '보이다(示)'의 뜻으로 풀이
하고, 또 오늘날 다수의 학자들이 '고지告知함'의 뜻을 풀이한 것도 모두 같은 맥
락으로 이해됨.

9 是丘也(시구야): 그런 것이 바로 나임. 곧 나는 바로(본디) 그런 사람이라는 말.
'시'는 지시대명사로, 차此와 같음. '구'는 공자의 이름.

해설

일찍이 안연이 스승 공자의 도에 찬탄을 금치 못하며 "선생님의 도는
우러러볼수록 더욱 높고, 파고들수록 더욱 깊어서, 가만히 바라보면
마치 눈앞에 있는 듯하다가도 어느새 등 뒤에 가 있도다"(9-11)라고
한 적이 있다. 공자의 제자들은 필시 성인聖人의 학문과 도덕은 한없
이 높고도 깊어서 아무리 공부를 해도 가까이 다가가기 어렵다고 여
겼을 것이다. 게다가 공자는 "재주와 슬기가 중등 이하인 사람에게는
심오한 이치를 가르쳐주기 어렵다"(6-19)고 하기도 했다. 그러니 제자
들이 선생님께서 자신들에게 가르쳐주지 않고, 뭔가 숨기는 게 있을
것이라고 의심하는 것도 무리는 아니다.

"나는 내가 하는 모든 것을 너희에게 드러내 보이지 않은 것이 없다." 이 말은 곧 공자는 평소 제자들에게 말은 물론 행동을 통해서도 두루 가르침을 베풀었다는 얘기이다. 하지만 제자들은 대개 스승의 행동보다는 말씀을 통해 가르침을 받고자 했을 것이다. 그들은 "성인의 행동과 정지靜止, 말과 침묵 어느 것 하나 가르침이 아닌 게 없음을 알지 못한 것이다. 그러므로 공자께서 이 말씀으로 깨우쳐주신 것이다(不知聖人作止語默, 無非教也, 故夫子以此言曉之)."(『집주』) 공자가 만세의 사표로 존숭받는 까닭을 알 것 같다.

7-25

공자께서는 네 가지를 중심으로 제자들을 가르치셨으니, 그것은 바로 고대 문헌의 학습, 학문 도덕의 실천, 사람과 일에 대한 충성, 사람과 말(言)에 대한 신의였다.

子以四教¹: 文²行³忠⁴信.⁵
자 이 사 교   문 행 충 신

주석

1 以四教(이사교): 네 가지로 가르침. 곧 네 가지 항목에 중점을 두고 제자들을 교육함을 이름. '이'는 용用과 같은 뜻으로, ~로써, ~을 이용하여.

2 文(문): 황간은 이충李充의 말을 빌려 고대 전적의 문의文意를 이른다 하고, 형병은 선왕先王의 유문遺文을 이른다고 함. 곧 『시경』·『서경』을 비롯한 선대先代의 성군이 남긴 문헌 전적典籍을 가리키는 것으로 이해됨.

3 行(행): 황간은 이충의 말을 빌려 효도와 우애·공손과 화목을 이른다 하고, 형병은 덕행德行이라고 하며, 장거정은 '체도어신體道於身', 즉 바른 도를 몸에 체현體現하는 것이라고 함. 또 오늘날 학자들은 대개 궁행躬行, 즉 배운 것을 몸소 실행·실천하는 것이라고 함. 요컨대 이는 대개 학문 도덕의 실행·실천을 이르는 것으로 이해됨.

4 忠(충): 충성, 충후忠厚함. 장거정은 자신의 마음을 다하는 것이라 하고, 다산은 다른 사람에게 정성을 다하는 것이라고 함.

5 信(신): 신의信義, 신실함. 다산은 다른 사람과 더불어 함에 등지지 않는 것이라고 함.

해설 —————

공자는 춘추시대 이전까지 학술과 교육을 국가가 독점하던 전통을 타파하고, 역사상 최초로 사학을 열어 종신토록 헌신한 위대한 교육가이자 영원한 스승이다. 여기서 공문孔門의 제자들은 스승 공자 교육의 핵심 내용을 '문'·'행'·'충'·'신' 네 가지로 개괄했다.

이른바 '문'은 옛 성현이 남긴 문헌으로, 인생 만사의 기본 이치를 학습하고 다양한 식견을 증진시킬 수 있는, 그야말로 학문 도덕의 기본 텍스트이다. 한데 사람이 이를 발판으로 장차 학문 연마와 도덕 수양에 부단한 진전과 성취가 있은들, 생활 속에서 몸소 실천하지 않는다면 그건 아무런 의미가 없는 구두선口頭禪에 지나지 않는다. 이른바 '행', 즉 사회적 행동 실천은 바로 그래서 더없이 중요하다. 공자의 학술 사상에서 이른바 '배움(學)'이 지식의 증진과 덕행의 수양을 아울러 이르면서도 오히려 후자에 무게를 둔 까닭 또한 이와 다르지 않다.

사람은 누구나 사회 공동체의 일원으로서 다른 많은 사람들과 더불어 살아가야 하는 사회적 동물이다. 한데 한 사람의 사회적 행동 및 실천이 가식과 허위로 흐르지 않기 위해서는 무엇보다 올바른 심성과 품성이 전제되어야 한다. 공자가 바로 그 같은 견지에서 교수敎授 요목으로 설정한 것이 바로 '충'과 '신'이다. 사람이 다양한 인간관계와 사회생활 속에서 진실로 성심을 다하고, 신의를 지키는 자세야말로 입신 처세의 근본이다. 주자가 정자의 말을 빌려 이르기를 "공자께서 사람들에게 '문'을 배우고 '행'을 닦으며 '충'·'신'의 마음을 간직할 것을 가르치셨는데, 그 가운데 '충'과 '신'이 근본이다(敎人以學文修行而存 忠信也. 忠信, 本也)"(『집주』)라고 한 것 역시 같은 맥락으로 이해된다. 그래서인가 공자 만년의 수제자 증자가 매일 자신을 돌이켜 본 세 가지 내용(1-4 참조)도 사실상 스승의 교수 요목을 벗어나지 않는다.

한편 공자는 「학이편」에서 말했다. "젊은이는 집 안에 들어가서는 부모에게 효도하고, 집 밖에 나가서는 어른을 공경하며, 말을 삼가서 신실하게 하고, 뭇사람을 두루 사랑하되 인한 사람을 특히 가까이해야 하나니, 이를 행하고도 여력이 있으면 그제야 옛 글을 공부하는 것이다."(1-6) 그렇다면 이 장의 논지와는 상충되는 게 아닌가? 이 점에 대해서는 왕시위엔의 설명을 참고할 만하다.

공자는 교육에 있어 지식·행동·품성('충'·'신'을 두고 이르는 말) 세 가지 측면을 다 같이 중시했다. 교육 순서나 단계의 관점에서 보면, 자연히 지식의 습득을 우선하게 되며, 행동 실천과 품성 도야는 지식 확충 이후에 이루어져야 보다 쉽게 효과를 거둘 수 있을 것이다. 그러므로 이 장에서는 지식에 속하는 '문'이 앞에, 행위와 품성에 속하는 '행'과 '충'·'신'이 뒤에 각각 거론된 것이다. 반면 교육 중점의 관점에서 볼 때, 행동 실천과 품성 도야는 모두 사람이 사람답게 살아가는 근본으로서 공자가 무엇보다 중시한 것이다. 「학이편」에서는 바로 그 같은 견지에서 말한 것이며, 그 가운데 '입효入孝'·'출제出弟'·'근신謹信'·'애중愛衆'·'친인親仁'은 모두 행동과 품성 측면의 일이다. 그리고 '문'은 마지막에 배열해 언급했을 뿐만 아니라, 행동 실천과 품성 수양에 여력이 있은 후에야 비로소 문헌 연구에 들어가 지식 탐구에 진력해야 한다고 했다. 이 밖에도 「선진편」에서는 이른바 '사과四科'로 열 명의 제자를 구분하며 가장 먼저 덕행을 말하고, 그다음으로 언어, 정사政事, 그리고 마지막으로 문학을 언급했다.(11-3 참조) 송대의 유학자 왕응린王應麟이 "'사교四教'에서 '문'을 먼저 말한 것은 범위가 넓은 것에서부터 좁은 것으로 내려간 것이요, '사과'에서 '문'을 나중에 말한 것은 근본적인 것에서부터 말단적인 것으로 내려간 것이다(四教以文爲先, 自博而約. 四科以文爲後, 自本而末)"라고 했듯이, 생각의 기준과 방향이 달라서 그 순서가 달라진 것이다.

7-26

공자께서 말씀하셨다. "성인을 만날 수 없다면, 군자라도 만날 수 있었으면 좋겠다." 공자께서 또 말씀하셨다. "선인을 만날 수 없다면, 한결같은 마음으로 품행을 올바르게 지켜가는 사람이라도 만날 수 있었으면 좋겠다. 온 세상이 없으면서도 있는 척하고, 허술하면서도 충실한 척하며, 적고 미비하면서도 너무 많아 넘치는 척하니, 진실로 한결같은 마음으로 올바르게 살기가 어렵도다."

子曰: "聖人,¹ 吾不得而²見之矣; 得見君子³者, 斯⁴可矣." 子曰⁵:
자왈   성인   오부득이 견지의   득견군자자   사 가 의   자왈

"善人,⁶ 吾不得而見之矣; 得見有恒者,⁷ 斯可矣. 亡而爲有,⁸ 虛而爲
선인   오부득이견지의   득견유항자   사가의   무이위유   허이위

盈,⁹ 約而爲泰,¹⁰ 難乎有恒¹¹ 矣."
영   약이위태   난호유항   의

주석

1 **聖人**(성인): 공자의 생각에 따르면, '백성들에게 널리 은혜를 베풀고, 또한 능히
  민중을 환난에서 구제하는 사람'(6-28)임. 또한 맹자는 '인륜 도덕의 본보기[人倫
  之至]'(『맹자』「이루 상」)요, '백대百代의 스승[百世之師]'(『맹자』「진심 하盡心下」)이라고
  함. 순자는 '도덕을 완비하고 아무 결함 없이 완미完美한 사람[備道全美者]'(『순자』
  「정론正論」)이라고 함. 당대唐代 한유韓愈는 '만대萬代의 본보기[萬世之標準]'(「백이
  송伯夷頌」)라고 함. 한편 주자는 헤아릴 수 없을 만큼 신명한, 즉 신령스럽고 이치
  에 밝은 사람을 일컫는 말이라고 함. 요컨대 '성인'은 거룩한 덕성과 완미한 인격
  에 가히 천성적으로 예지叡智, 즉 사물의 이치를 꿰뚫어 보는 슬기롭고 밝은 마
  음을 가진 사람이라고 할 수 있음.

2 **得而**(득이): 득이得以와 같음. ~할 수 있음. '득'은 능能과 같음.

3 **君子**(군자): 주자의 풀이에 따르면, 재덕才德이 출중한 사람을 일컬음.

4 **斯**(사): 즉則과 같음. 곧. 왕시위엔은 문법적으로 차此와 같은 지시대명사에 속하
  며, 앞의 '득견군자得見君子'를 가리키는데, 여기서는 또 접속사의 성분을 겸하여
  '그것은 곧 (어떠어떠하다)'의 뜻이라고 함.

5 **子曰**(자왈): 이 장은 '자왈'이 되풀이되는 탓에 예로부터 분장分章 문제에 대해 논
  란이 이어짐. 청쑤드어는 고본에서는 이 아래 단락을 별도의 장으로 나눴다고
  했으며, 다산도 고본을 따름. 반면 『의소』나 『주소』, 『당석경』 등은 모두 현행본
  과 같이 위아래 단락을 합쳐 한 장으로 엮음. 또한 주자가 이 두 번째 '자왈'을 연
  문이 아닌가 의심한 것도 같은 맥락으로 이해됨. 한편 다케조에는 공자가 위아
  래 단락을 말한 시기가 서로 다를 것으로 봄. 곧 위의 말을 할 때는 세도世道의
  쇠미 정도가 아직은 심각하지 않아 그래도 '군자'를 만날 희망이 있었음. 하지만
  아래의 말을 할 때는 세도가 이미 극도로 쇠미해 '선인'도 만나기 어려웠으니 '군

434

자'야 더 말할 나위가 없었으며, 단지 '유항자有恒者'라도 만나기를 바랄 뿐이나, 그것마저도 쉽지 않은 상황이었다는 것임. 그리고 『논어』 편자가 이 두 마디 말을 한데 기록한 까닭은 당시 사람들이 세도가 날로 무너지고 있다는 사실을 알도록 하려고 한 때문이라는 것임. 이는 기왕의 논란을 되풀이하기보다는 현행 분장에 담긴 의의를 분석해 부연한, 매우 일리 있는 견해로 경청傾聽할 만함.

6 **善人**(선인): 심성과 행동이 선량한 사람. 주자는 장재의 말을 빌려, 인에 뜻을 두고 악을 행하는 일이 없는 사람이라고 함.

7 **有恒者**(유항자): 항심恒心을 가지고 한결같이 품행을 방정方正히 지켜가는 사람.

8 **亡而爲有**(무이위유): 학덕學德이 분명 전혀 없는데도 스스로 어느 정도는 있다고 여긴다는 말. '무'는 무無와 같으며, 전무全無함을 이름. '위'는 위장함, 척함, 즉 거짓으로 그럴듯하게 꾸민다는 뜻을 함축함.

9 **虛而爲盈**(허이위영): 학덕이 분명 공허·허술한데도 스스로 충만·충실하다고 여긴다는 말. '허'는 '무'보다는 다소 나아 조금 있는 것이고, '영'은 '유有'에 비해서는 더욱 많아서 충분한 것을 이름.

10 **約而爲泰**(약이위태): 학덕이 분명 적고 간략한데도 스스로 너무 많아 넘친다고 여긴다는 말. '약'은 '허'보다는 조금 낫지만 간략하여 아직은 완비되지 못한 것이고, '태'는 '영'을 더욱 웃돌아 가득 차고도 남아 밖으로 넘치는 것을 이름. 일설에 '약'은 곤궁·궁핍함이고, '태'는 부유·사치함이라고 풀이하기도 하나, 여기서 '무유'·'허영'·'약태'는 모두 학덕을 두고 이른 말이며, 빈부를 말하는 것이 아니므로 적절치 않음. 형병이 실제로는 궁핍한데도 밖으로는 사치하는 것이라고 풀이한 데 대해, 다산이 "그런 말이 아니다. 항심이 있다거나 없다고 함은 모두 덕행을 두고 이른 것인데, 씀씀이가 사치스럽다거나 검소하다는 것이 이와 무슨 관계가 있단 말인가?(非也. 有恒無恒皆以德行言, 用度奢儉, 何與於是)"라고 정면으로 반박한 것도 같은 맥락으로 이해됨.

11 **難乎有恒**(난호유항): (거짓으로 겉만 그럴듯하게 꾸미는, 이상의 세 가지 유형의 허위·가식적인 사람은) 항심을 견지하기 어려움. '호'는 어於와 같음. '난호~'는 곧 ~함에 있어·~하기에 어려움(이 있음).

공자가 살았던 춘추시대는 정치·사회적 혼란이 극에 달한 공전의 난세였다. 끊임없는 동란의 와중에 사회 상황이 날로 퇴락의 길로 치달았다. 그 같은 현실 앞에서 공자는 구세의 사명감을 더욱 불태우면서 못내 우려와 개탄의 목소리를 높였는데, 그 고뇌에 찬 충심衷心이 절로 가슴에 와닿는다.

공자는 여기서 네 가지 인물 형상을 제시한다. 먼저 '성인'은 요·순·우·탕·문·무·주공과 같은, 공자가 생각하는 최고의 이상理想 인물이다. 주공 이후 성인의 출현이 끊어진 것은 이미 오래된 일이다. 지금 성인을 만나는 일은 기대조차 할 수가 없으니, 재학과 도덕이 성인에 버금가는 '군자'를 만나기만 해도 괜찮다는 것이 한때 공자의 생각이었다. 그러나 세월이 가면서 세도世道의 퇴락은 극에 달했고, 급기야 성인이나 군자는 고사하고, '선인'조차 만나기 어려운 지경이 되었다. 선인은 학문과 도덕에 있어서는 아직 최고도에 달하지 못해 군자에 미치지 못하지만, 본질적으로 성품과 행실이 선량한 사람으로, 항시 인애의 마음으로 능히 선을 행하고 악을 행하지 않는 사람이다.

공자는 이제 선인조차 보기 드문 시대에 '유항자'만이라도 만날 수 있기를 고대하고 있다. 유항자는 일심으로 향선向善하는 선인에 미치지는 못하지만, 항심과 절조를 잃지 않고 한결같이 방정한 품행을 지켜가는 사람이다. 공자가 마지막으로 유항자라도 만나기를 염원한 것은 곧 구세에 대한 집념의 표출이다. 왜냐하면 항심을 견지하는 것이 결국 선인이 되고, 군자가 되며, 나아가 성인이 되는 밑거름이자 출발점이기 때문이다. 주자가 이른 대로, "유항자와 성인은 그 경지의 높고 낮음이 진실로 현격하다. 그러나 이제껏 항심을 갖는 것으로부터 시작하지 않고 성명聖明한 경지에 이른 사람은 없었다. 그러므로 공자께서 장 말미에서 '유항'의 의의를 거듭 설명하신 것이니, 사람들에게 도덕의 영역으로 들어가는 문을 보여주심이 가히 절실하고도 명확하다고 할 수 있다(有恒者之與聖人, 高下固懸絶矣, 然未有不自有恒而能至於聖者也. 故章末申言有恒之義, 其示人入德之門, 可謂深切而著明矣)."

한데 당시 사회에는 실상은 별로 내세울 것도 없으면서 허풍을 치며 자랑하는 등 부실하기 짝이 없는 학풍學風이 만연했다. 그런 부류의 사람들이 항심을 가지기는 대단히 어려운 일이었다. 청쑤드어가 이른 대로, "없으면서도 있는 것처럼 하고, 허술하면서도 충실한 것처럼 하며, 적고 미비하면서도 너무 많아 넘치는 것처럼 하는 것'은 곧 체면을 세우려는 것이다. 바로 그처럼 체면을 세우려는 사람은 처음에는 단지 거짓으로 꾸미기를 좋아하는 위군자僞君子일 따름이지만, 종국에는 필시 아무 거리낌 없이 망령된 행동을 일삼는 진소인眞小人으로 전락할 것이다. 그러니 어찌 항심을 가지고 절조를 지킬 수 있겠는가?('亡而爲有'三句卽所謂顧面子也. 凡顧面子之人其始不過爲喜作僞之僞君子, 其終必流爲無忌憚之眞小人, 烏能有恒)" 공자의 고뇌와 탄식이 깊은 까닭은 바로 여기에 있었다.

7-27

공자께서는 낚시질은 하셔도 그물질은 하지 않으셨고, 밖에 나다니는 새에게는 주살질을 하셔도 둥지에 깃들인 새는 쏘지 않으셨다.

子釣¹而不綱,² 弋³不射⁴宿.⁵
자 조 이 불 강   익 불 사 숙

1 釣(조): 낚시질함.
2 綱(강): 벼리, 즉 그물의 위쪽 코를 꿰어놓은 줄. 여기서는 어망漁網을 가리키면서, 또한 동사로 그물질한다는 뜻을 나타냄. 일설에는 '망網'의 잘못이라고 하나 확실치 않음.
3 弋(익): 주살. 여기서는 동사로, 주살질함.
4 射(사): 활을 쏘아 맞힘.
5 宿(숙): 묵음, 숙박함. 여기서는 둥지에 깃들여 잠자는 새를 이름.

해설

이는 곧 공자의 인심仁心을 엿볼 수 있는 사례이다. 주자는 홍흥조洪興祖의 말을 빌려, 공자가 젊은 날 빈천하던 때에 부모 봉양과 조상 제사를 위해 간혹 어쩔 수 없이 낚시질과 주살질을 했다고 했다. 반면 다케조에나 첸무는 공자의 낚시질과 주살질은 일종의 오락으로, 그야말로 '유어예游於藝'(7-6)한 것이라고 했다. 다만 전자는 논리상 허술함이 있어 보인다. 아무튼 어떤 경우이든 공자가 인자의 전형을 보여준 것은 분명하다.

명말明末 왕부지王夫之가 『사서훈의四書訓義』에서 말했다. "만물로 사람을 기르는 것은 천지자연이 사람에게 주는 이로움이다. 그러므로 낚시나 주살을 폐하지 않는 것이다. 낚시로는 물고기를 반드시 잡을 수 있는 것은 아니나, 그물로는 한꺼번에 모조리 잡을 수가 있으며, 주살로 새를 잡기는 힘들지만, 둥지에서 잠자는 새를 쏘면 쉽게 맞힐 수가 있다. 그럼에도 모조리 취하지 않음은 그 어짊(仁)을 훼손하지 않는 것이요, 많이 얻기를 탐하지 않고 쉽게 얻는 길을 포기함은 그 의로움(義)을 훼손하지 않는 것이다. 이렇듯 곡진히 만물을 보전하며 반드시 취하겠다는 마음을 가지지 않으니, 어찌 미물에게도 도리를 소홀히 하지 않으며, 언제 어디서나 마음이 편안하지 않음이 없는 사람이 아니겠는가?(以萬物養人者, 天地自然之利, 故釣也弋也不廢也. 釣不必得而綱則竭取, 弋勞於得而射宿可以命中. 不盡取者, 不傷吾仁. 不貪於多得而棄其易獲者, 不損吾義. 曲全萬物而無必得之心, 豈非理之不遺於微而心之無往不安者乎)" 그야말로 물고기를 일망타진할 우려가 있는 그물질이나 둥지에서 전혀 무방비 상태로 편안히 잠자고 있는 새를 주살로 쏘아 잡는 일은, 인애의 마음을 가진 사람이라면 차마 할 수 없는 잔인한 행위이다. 주자가 여기서 말하는 공자의 면모에서 '인자仁者의 본마음(仁人之本心)'을 알 수 있다고 한 것은 바로 그 때문이다.

한편 공자의 인심과 부처의 자비심은 어떤 차이가 있을까? 전자는 사람을 근본으로 하며, 또한 그로부터 만물에게까지 미쳐가는 인애의 마음이다. 반면 후자는 중생의 고통을 가엾이 여겨 그들을 자애慈愛하는 마음으로, 물고기나 새를 비롯한 뭇짐승들 역시 중생의 일원으로 그 연민과 자비의 대상이다.

7-28

공자께서 말씀하셨다. "아마 진리를 잘 알지도 못하면서 함부로 새로운 학설을 창시하는 사람이 있을 것이나, 나는 그런 일이 없도다. 많이 듣고 그 가운데서 좋은 것을 골라 따르고 기억하며, 또 많이 보고 그 가운데서 좋은 것을 골라 따르고 기억하면서 진리를 아는 것은 곧 태어나면서부터 아는 것에 버금간다."

子曰: "蓋¹有不知而作之²者, 我無是³也. 多聞, 擇其善者而從之,
자왈   개 유 부 지 이 작 지 자   아 무 시 야   다 문   택 기 선 자 이 종 지
多見而識之,⁴ 知之次⁵也."
다 견 이 지 지   지 지 차 야

주석

1 蓋(개): 대개, 아마. 곧 추측의 어기를 띠면서 말을 신중하게 함을 나타냄.

2 不知而作之(부지이작지): 인생의 진리를 제대로 알지 못하면서 함부로 새로운 사상이나 학설을 창시·창작함. '작지'는 "술이부작述而不作"(7-1)의 '작'과 같은 뜻임. 한편 '작'의 의미를 포함은 '함부로 책을 지음[妄作篇籍]'이라 하고, 주자는 '(함부로) 처사함[作事]'(『어류語類』)·'함부로 행동함[妄作]'(『집주』)이라고 함. 하지만 공자 당시에는 아직 개인이 책을 저술하는 풍토가 없었고, 또『논어』에서는 일함, 행동함의 뜻을 나타낼 때는 모두 '위爲'나 '행行' 자를 썼으며, 예나 지금이나 사리事理를 알지 못하고 행동하는 사람은 결코 적지 않으므로 굳이 '개유蓋有'라는 말을 할 필요가 없을 것임. 따라서 두 사람의 견해는 이론의 여지가 있음.

3 是(시): 지시대명사. 이[此], 그[其]. 곧 앞에서 말한 '부지이작지不知而作之'하는 경우를 가리킴.

4 多見而識之(다견이지지): 앞 구절과는 달리 '견' 자와 '이' 자 사이에 '택기선자擇其善者'라는 말이 없어 후세에 논란이 잃. 형병은 '택선擇善'의 의미를 더해 풀이했는데, 곧 전후前後 중복을 피해 그 말이 생략되었다고 이해한 것임. 주자는 형병의 견해와는 상치相馳되게, 글자 그대로 '따르는 것'은 선한 것을 골라서 하지 않을 수 없으나, '기억하는 것'은 선악을 막론하고 다 마음에 담아두어 참고해야 한다는 뜻으로 풀이함. 황간은 호문互文(위아래 문의文義를 서로 보충하고 설명하는 표현

방식)으로 이해함. 결국 형병과 황간의 풀이는 곧 많이 듣고 그 가운데서 선한 것을 골라서 따르고 또 기억하며, 많이 보고 그 가운데서 선한 것을 골라서 따르고 또 기억한다는 말임. 무릇 사람이 배움의 길을 가며 올바른 지식을 확충해가는 과정에 듣고 본 것 모두에서 선한 것을 골라 따르고 또 기억하는 것이 마땅하며, 따라서 그 같은 견지에서 볼 때 형병 등의 견해가 보다 심층적이면서 설득력이 있어 따를 만함. 또한 여기서 '지之'를 선악 모두를 지칭하는 것으로 본 주자의 견해는 문법적으로도 무리가 있어 따르기 어려움. '지識'는 기억함, 마음에 새김.

5 知之次(지지차): (위와 같이 해 알아가는 것은) 곧 '생이지지生而知之'에 버금간다는 말. '지지'는 공안국이 이른 대로 '천성적으로 아는 것(天生知之)', 즉 '생이지지'를 말함. '차'는 버금감. 곧 으뜸의 바로 아래가 됨. 『논어』에서 '차' 자는 모두 이 같은 뜻으로 쓰임. 공자는 「계씨편」에서 "태어나면서부터 아는 사람이 최상이요, 배워서 아는 사람은 그다음이다(生而知之者, 上也. 學而知之者, 次也)"(16-9)라고 함. 여기서 말하는 '다문多聞'·'다견多見'을 통해 진리를 알아가는 것은 곧 '배워서 아는 것'임.

해설

이 편 첫머리에서 공자가 강조한 '술이부작述而不作'(7-1) 정신은 물론 당신의 겸허하면서도 진중한 심성의 발현이며, 필시 당시의 세태와 무관하지 않을 것이다. 무릇 공전의 이론이나 학설 혹은 사물을 새롭게 창시·창작한다는 것은 반드시 그에 걸맞은 지식과 지혜가 뒷받침되어야만 가능한 일이다. 그러나 만약 어떤 사람이 사리에 대한 어쭙잖은 이해나 얕고 짧은 식견으로 함부로 새로운 학설을 창시한다면, 세상에 무익함은 물론이거니와 오히려 그 폐해를 우려해야 하는 사태를 초래할 수도 있다.

공자가 여기서 "아마 진리를 잘 알지도 못하면서 함부로 새로운 학설을 창시하는 사람이 있을 것"이라고 한 것으로 보아, 당시에 분명

"함부로 이치에 닿지도 않은 말을 하여 이단을 창시한〔妄作穿鑿爲異端〕"(『의소』) 사람들이 있었을 것으로 짐작된다. 예컨대 후세의 사례이지만, 유가의 입장에서 보면 원대 진천상의 『사서변의』에서 이른 대로, 양주楊朱·묵적墨翟과 같은 무리가 곧 인생의 진리를 알지 못하면서 '망작妄作'한 이들이라고 할 수 있다. 아무튼 공자는 당신께서는 결코 '그런 일이 없음'을 분명히 했는데, 그것은 곧 그릇된 세태에 대한 일침이자 올바른 방향에 대한 지침의 의미와 어기가 다분하다.

한데 공자가 반대한 것은 '부지이작不知而作'일 뿐이며, '지이작知而作'까지 부정적으로 본 것은 아니다. 사람은 무엇을 하든 우선은 그 기본 사리를 제대로 알아야 한다. 공자의 견해에 따르면, 사람이 지식과 지혜를 얻는 유형은 '생이지지生而知之'와 '학이지지學而知之', '곤이학지困而學之' 세 가지가 있다.(16-9 참조) '생이지지'는 과연 그런 천재적인 사람이 있을까 하는 의문이 들 정도로 지극히 특수한 유형이다. '곤이학지'는 매우 공감이 가지만 그다지 일반적이지는 않은 유형이다. 대부분의 사람들이 갈, 가장 보편적인 길은 아무래도 '학이지지'이다. 심지어 공자도 스스로 이르기를 "나는 결코 태어나면서부터 인생의 진리를 아는 사람이 아니며, 단지 옛것을 좋아하여 급급히 탐구해 터득한 사람일 뿐이다"(7-20)라고 하며 '학이지지자學而知之者'임을 자부했으니, 단지 군자의 겸허함만은 아닐 것이다. 그뿐만이 아니다. 여기서 이른 대로, 많이 듣고 보고 그 가운데서 좋은 것을 골라 따르고 기억함 또한 '학이지지' 바로 그것이다. 공자가 평소 호학을 강조한 까닭을 알 만하다.

7-29

호향 사람들은 억지스러워 함께 말을 나누기가 어려웠는데, 그곳 아이 하나가 공자를 뵙자 제자들이 의아해하였다. 공자께서 말씀하셨다. "그 덕행의 진보는 격려하고, 퇴보는 허여하지 않아야 할 것인데, 어찌 배우겠다고 찾아온 사람을 박절히 대하겠느냐? 사람이 스스로 몸과 마음을 갈고닦아 향상 진보하고자 한다면, 마땅히 그 수신修身 진보의 태도를 허여하며 지난날의 허물은 개의하지 말아야 할 것이다."

互鄉¹難與言,² 童子³見,⁴ 門人⁵惑.⁶ 子曰: "與⁷其進⁸也, 不與其退也,
호향 난여언 동자현 문인 혹 자왈 여 기진 야 불여기퇴 야

唯何甚⁹? 人潔己以進,¹⁰ 與其潔也, 不保其往¹¹也."
유하심 인결기이진 여기결야 불보기왕 야

주석

1 **互鄉**(호향): 지명. 현재의 어느 지역인지는 알려지지 않음. 여기서는 그곳 사람들을 일컬음.

2 **難與言**(난여언): (호향 사람들은) 더불어(함께) 말을 하기가, 나누기가 어려움. 정현은 호향 사람들은 독선적이라 하는 말이 억지스러웠다고 하고, 주자는 호향 사람들은 선하지 않은 데 습관이 들어 함께 선을 말하기가 어려웠다고 함.

3 **童子**(동자): 미성년의 남자아이.

4 **見**(현): 알현, 즉 지체가 높고 귀한 사람을 찾아가 뵘.

5 **門人**(문인): 문하의 제자.

6 **惑**(혹): 의혹함, 의아함.

7 **與**(여): 허여함, 즉 마음으로 허락하여 칭찬함. 또 장허奬許함, 즉 장려하며 허락함.

8 **其進**(기진): 호향 동자의 (덕행의) 진보를 이름.

9 **唯何甚**(유하심): 어찌하여 사람을 꼭 그렇게 박절히 대하겠느냐? '유'는 어조사로, 어기를 강화함. '하'는 하필何必. 어찌하여 꼭, 굳이. '심'은 여기서는 사람을 심하게 대함.

10 **潔己以進**(결기이진): 자신의 심신을 정결히 닦음으로써 향상 진보하고자 함. '결기'는 수신, 즉 악을 물리치고 선을 북돋우며 마음과 행실을 바르게 닦아 기름.

11 **不保其往**(불보기왕): 전통적인 풀이는 대략 두 가지로 나뉨. 황간은 지난날의 허물은 추궁할 필요가 없다는 뜻으로 풀이함. 반면 정현은 그가 나중에 어떤 행동을 할지를 보증할 필요는 없다는 뜻으로 풀이함. 한데 여기서 제자들이 호향 사람들의 기왕의 행위에 대한 선입견 때문에, 공자가 그곳 동자를 만나는 것을 의아하게 여겼음을 감안하면, 전자가 전후 맥락상 보다 적절한 풀이로 판단됨. '보'는 보지保持함. 여기서는 전의되어 개의함, 추궁함을 이름.

해설

무릇 환경의 중요성이 강조되는 까닭은, 사람은 누구나 자신이 처한 환경의 영향에서 자유로울 수 없기 때문이다. 공자는 일찍이 가장 이상적인 거주지 환경으로 인후한 기풍을 꼽은 바 있다.(4-1 참조) 한데 "호향 사람들은 억지스러워 함께 말을 나누기가 어려웠"다고 하니, 당시 호향은 필시 인후함은 찾아보기 힘든, 어쩌면 억지스럽다 못해 무지막지한 사람들이 사는 곳이었는지도 모른다. 공자가 바로 그런 고을의 동자를 만났으니, 제자들이 의혹에 휩싸인 것도 무리가 아니다. 아마 제자들로서는 "더불어 말을 하지 않아야 하는데도 그 사람과 말을 하면 말을 헛되게 하는"(15-8) 우를 범하게 됨을 누구보다도 잘 아는 스승이었기에 더욱 납득이 가지 않았을 것이다.

하지만 「공야장편」에서 "상대방이 잘못을 뉘우치면 지난날의 원한을 마음에 두지 않은"(5-23) 옛 현인 백이·숙제의 덕성에 찬탄을 금치 못했던 공자는, 당신 스스로도 그에 못지않은 면모를 보여준 것이다. 사람을 대함에 있어 공자는 진정 발전적이고 원대한 안목으로, 그 사람의 바람직한 변화와 발전을 귀히 여겼다. 공자는 평소 "잘못을 하고도 고치지 않는 것, 그것이야말로 진정 잘못이라 할 것이다"(15-30)라고 했다. 그러므로 만약 어떤 사람이 개과천선의 의지를 보이며 수신 진보하고자 한다면, 마땅히 그 태도를 적극 허여하고 격려할 일이지, 절대 지난날의 허물을 트집 잡아 박절히 대해 그 가상한 뜻을 꺾어서는 안 된다는 것이 공자의 생각이다. 참으로 성인다운 관용과 격려의 큰 가르침이 아닐 수 없다.

7-30

공자께서 말씀하셨다. "인이 어디 멀리 있더냐? 우리가 진실로 인하고자 한다면, 인은 바로 다가올 것이다."

子曰: "仁遠乎哉¹? 我欲仁,² 斯³仁至矣."
자 왈   인 원 호 재   아 욕 인   사 인 지 의

주석

1 乎哉(호재): 복합 어조사. '호'는 반문의 어기를 나타내고, '재'는 강한 감탄·탄식의 어기를 나타냄.

2 欲仁(욕인): 인하고자 함, 인하기를 바람. 여기서 '욕'의 의미를 포함은 (인을) 행함으로 봄. 하지만 일찍이 공자가 "사람이 진실로 인에 뜻을 두면, 결코 악을 행하지는 않을 것이다"(4-4)라고 했듯이, 사람은 '진실로 인에 뜻을 두는 것' 자체만

으로 사악한 마음을 버리고 선량한 심성을 회복할 수 있다고 볼 때, 여기서 '욕
인'은 '인을 행함(行仁)'에 앞서 '인에 뜻을 두는(志仁)', 발단의 의미를 이르는 것
으로 봄이 옳을 것임.

3 斯(사): 즉則과 같음. 그러면 곧, 바로.

해설

공자는 「안연편」에서 인의 실천에 대해 묻는 안연에게 "인을 행하는
것은 순전히 자기 자신에게 달린 것이거니, 어찌 다른 사람에게 의지
하겠느냐?"(12-1)라고 했다. 이는 곧 인은 인간의 본심으로, 천성적으
로 각인各人의 심성心性 속에 존재하는 내재적인 것이라는 관점에 근
거한다. 공자가 『중용』에서 "도는 사람에게서 멀리 있지 않다(道不遠
人)"고 한 것도 물론 이와 다르지 않다. 훗날 "인은 곧 사람의 본마음
(仁, 人心也)"(『맹자』「고자 상」)이라는 맹자의 관점 또한 이와 같은 맥락의
주장이다. 요컨대 인은 사람의 본심 고유의 덕성으로, 각기 자기 자신
의 주재하에 있기 때문에 다른 사람에게서 구할 이유가 없다. 인은 결
코 멀리 있지 않으며, 그저 우리가 '자신의 사사로운 욕망을 이기고,
모든 언행을 예의 규범에 맞게 하고자(克己復禮)'(12-1) 하기만 하면,
곧 인이 우리 가까이 이른다는 것이 공자의 생각이다.

공자는 평소 인자로 자처하지 않았음은 물론, 좀처럼 인함을 들어
다른 사람을 칭찬하지도 않았다.(5-5 참조) 그래서 제자들은 필시 인
도仁道는 아득히 멀리 있어서 쉽게 다가가고 터득할 수 있는 것이 아
니라고 생각했을 것이다. 공자가 여기서 이 같은 말을 한 까닭은 바로
제자들의 그 같은 고정 관념을 깨뜨리고자 함이었다.

446

맹자가 이른 대로, 사람의 덕성은 "구하면 얻을 것이요, 버리면 잃을 것인바, 이렇듯 구하는 것이 그것을 얻는 데 이로운 것은 그 구하는 바가 나 자신의 본성에 있는 것이기 때문이다(求則得之, 舍則失之, 是求有益於得也, 求在我者也)."(『맹자』「진심 상」) 또한 주자도 말했듯이, "인이란 마음의 덕이니, 사람의 몸 밖에 있는 것이 아니다. 한데 버려두고 구하지 않기 때문에 멀리 있다고 여기는 사람들이 있는 것이다. 만약 본심으로 돌아가 인을 구한다면 인은 바로 그곳에 있거니, 어찌 멀다고 하겠는가?(仁者, 心之德, 非在外也. 放而不求, 故有以爲遠者. 反而求之, 則卽此而在矣. 夫豈遠哉)" 여기서 소위 '인하고자 함欲仁'은 마음의 바람이자 입지요, 인을 구하려는 노력인바, 이 같은 바람과 입지, 노력이 있다면 인은 저절로 이를 것이니, 그것을 구하여 얻는 것은 결코 어렵지 않다. 사실 정작 어려운 것은 인도와 인덕을 완성해 길이길이 보전하는 일이다. 왜냐하면 그것은 사람이 근원적인 자성과 자각의 바탕 위에 차원 높은 단련과 수양을 지속적으로 해나가야만 비로소 가능하기 때문이다. 분명 아무나 할 수 있는 일은 아닌 듯하다.

7-31

진나라 사패가 여쭈었다. "노나라 소공은 예를 아셨습니까?" 공자께서 말씀하셨다. "예를 아셨습니다." 공자께서 물러가시자, 진나라 사패가 무마기에게 읍하고, 그를 가까이 다가오게 한 후 말하였다. "내가 듣기로는, 군자는 다른 사람을 두둔해 허물을 숨기게 하지 않는다고 하는데, 군자도 허물이 있는 사람을 두둔하는가? 소공 임금은

오나라에서 부인을 맞았는데, 두 나라는 성_姓이 같기 때문에 부인을
오맹자라고 하였소. 그런 임금이 예를 안다면, 누가 예를 모르겠소?"
무마기가 그 말을 공자께 아뢰자, 공자께서 말씀하셨다. "나는 참으로
행복하다. 나에게 과오가 있으면, 다른 사람이 반드시 그것을 일깨워
주는구나."

陳司敗¹問: "昭公²知禮乎?" 孔子曰: "知禮." 孔子退, 揖³巫馬期⁴
진사패문　소공지례호　공자왈　지례　공자퇴　읍무마기
而進之,⁵ 曰: "吾聞君子不黨,⁶ 君子亦黨乎? 君取於吳,⁷ 爲同姓,⁸ 謂
이진지　왈　오문군자부당　군자역당호　군취어오　위동성　위
之吳孟子.⁹ 君而¹⁰知禮, 孰不知禮?" 巫馬期以告. 子曰: "丘也幸.
지오맹자　군이지례　숙부지례　무마기이고　자왈　구야행
苟¹¹有過, 人必知之.¹²"
구　유과　인필지지

주석

1 **陳司敗**(진사패): '진'은 나라 이름. '사패'는 사구_{司寇}와 같은 벼슬로, 사법부 장관
을 이름. '사구'는 주나라와 여러 제후국에 모두 설치되어 있었는데,『좌전』「문
공_{文公} 11년」두예_{杜預} 주에 따르면 진·초 두 나라에서는 이를 '사패'로 달리 일
컬었다고 함.

2 **昭公**(소공): 춘추시대 노나라 임금. 양공의 서자로, 부왕_{父王}에 이어 제위에 오름.
'소昭'는 사후_{死後}의 시호. 따라서 진사패가 이 말을 한 때는 노 소공 사후일 것으
로 추정됨. 이때 공자는 진_陳나라에 있었던 것으로 보이는데, 공자가 천하를 주
유하며 진나라에 간 것은 노 소공 사후의 일임.

3 **揖**(읍): 인사하는 예의 하나로, 두 손을 맞잡아 얼굴 앞으로 들어 올리고 허리를
앞으로 공손히 구부렸다가 몸을 펴면서 손을 내림.

4 **巫馬期**(무마기): 공자의 제자. 성은 '무마', 이름은 시_施, 자는 자기_{子期}('기'는 旗로
써야 한다고도 함). 노나라 사람으로, 공자보다 서른 살이 적었음.

5 **進之**(진지): 그를 가까이 다가오게 함. '진'은 사역동사로 쓰임. '지'는 무마기를

가리킴.

6 黨(당): 당동벌이黨同伐異(일의 옳고 그름은 따지지 않고 뜻이 같은 무리끼리는 서로 돕고, 그 렇지 않은 무리는 배척함)의 '당'과 같음. 공안국이 '남이 과오를 숨기는 것을 도와주 는 것(相助匿非)'이라고 했듯이, 이는 대략 두둔함, 편듦, 역성듦으로 이해됨.

7 君取於吳(군취어오): 일찍이 소공이 오나라 왕실의 여인을 비妃로 맞은 일을 두 고 이름. '군'은 소공을 가리킴. '취'는 취娶와 같음. 장가듦. '오'는 나라 이름. 노 애공 때 월왕越王 구천勾踐에게 망함.

8 爲同姓(위동성): 동성이었기 때문에. '위'는 ~ 때문에, ~인 까닭에. 노나라는 주 문왕의 아들인 주공의 후손이고, 오나라는 주 태왕太王(주 문왕의 조부)의 장자長子 인 태백泰伯의 후손이었으므로, 둘 다 같은 희씨姬氏 성姓의 나라였음.

9 吳孟子(오맹자): 춘추시대 국왕 부인의 칭호는 대개 그 모국母國 이름에 본성本姓 을 더하는 방식이었음. 그렇다면 노 소공의 부인은 응당 '오희吳姬'라고 일컬었 어야 함. 하지만 동성불혼同姓不婚이 주 왕조의 예법이었는데, 만약 노나라 임금 의 부인을 그같이 부르면 예법을 어긴 것이 만천하에 드러나게 되므로 '오맹자' 라고 한 것임. '맹자'는 아마 그 부인의 자이거나, 아니면 단지 장녀長女라는 뜻일 것임.

10 而(이): 접속사로, 주어와 술어 사이에서 가정의 뜻을 나타냄. 만일, 만약.

11 苟(구): 만일, 만약.

12 知之(지지): 그것을 알려줌, 일깨워줌. 곧 다른 사람들이 공자의 과오를 알아낸 후, 그것을 공자 본인이 알도록 일깨워준다는 말임.

해설

『좌전』「소공 5년」에 따르면, 노 소공은 외교상 '예에 어긋남이 없는 〔無失禮〕' 처신으로 진晉나라 임금으로부터 '예에 밝다〔善於禮〕'는 평가 를 받기도 했다. 아마 그 같은 연유로 당시 사람들 사이에 소공이 '예 를 아는' 임금이라는 평판이 났던 것으로 보인다. 그러나 진나라 사패 는 그런 평판에 결코 동의할 수가 없었다. 소공이 오나라 왕실의 여인을 부인으로 맞은 일은 누가 봐도 '동성불혼'의 예법을 어긴 처사였기 때문이다.

한데 공자는, 소공이 예를 안 임금이었는지를 묻는 진 사패의 질문에 "예를 아셨습니다" 하고 분명히 대답했다. 이에 진 사패는 당시 군자의 표상이었던 공자가 소공의 '실례失禮'를 덮으려고 한다는 의혹까지 품었는데, 그것은 공자의 깊은 뜻을 헤아리지 못한 탓이었다. 공자가 어찌, 주 왕조의 예를 어긴 소공이 그 허물을 드러내지 않으려고 '오희'라고 해야 하는 관례를 깨고 부인을 '맹자'(대략 소공 자신은 단지 이같이 일컬은 반면 노나라의 일반 신민들은 '오맹자'라고 부른 것으로 추정됨)라고 부른 내막을 몰랐겠는가?

『좌전』「희공 원년」에서 말했다. "나라의 허물은 꺼리어 감히 말하지 않는 것이 예이다(諱國惡, 禮也)." 이러한 견지에서 볼 때, 공자는 이웃 나라 사패의 당혹스런 질문에 답하면서 고국의 국가적 위신과 국왕의 체통을 지키고자 했으며, 그것은 곧 당시의 예에 부합하는 행위였다. 공자는 또 『예기』「방기편」에서 이르기를 "잘한 것은 임금에게 공을 돌리고, 잘못한 것은 자신의 탓으로 돌리면, 백성들이 임금에게 충성하는 분위기를 만들어갈 것이요. ……잘한 것은 부모에게 공을 돌리고, 잘못한 것은 자신의 탓으로 돌리면, 백성들이 부모에게 효도하는 분위기를 만들어갈 것이다(善則稱君, 過則稱己, 則民作忠. ……善則稱親, 過則稱己, 則民作孝)"라고 했다. 이는 임금과 부모의 선행은 드러내고, 허물은 애써 감춤으로써 기대되는 교화의 효과를 강조한 것이다. 아무튼 이러한 배경에서 고대의 "신하는 임금과 어버이의 허물을 드러내놓고 말해서는 아니 되었으니, 그 허물을 기휘忌諱하는 것이 곧 예였다(臣不可言君親之惡, 爲諱者禮也).”(『사기』「중니제자열전」)

하지만 아무리 그렇다고 하더라도 소공의 처사가 결코 미화될 수 있는 것은 아니었다. 공자의 고뇌가 느껴지는 대목이다. 공자는 진나라 사패가 비난한 말을 전해 들었을 때, 흔쾌히 자신의 과오를 인정했을 뿐만 아니라, 그 같은 비난과 지적에 참으로 다행이라는 반응을 보였다. 이렇듯 임금의 과오를 자신이 기꺼이 감당하면서, 또한 스스로 "잘못이 있으면 고치기를 꺼리지 않는"(1-8) 진실로 군자다운 공자의 태도는, 결국 천하의 시비를 왜곡하지 않으면서도 신하의 도리를 지키는 슬기로움의 극치를 보여준다. 이 어찌 감탄하지 않을 수 있으랴?

7-32

공자께서 다른 사람과 함께 노래를 부르시다가 그 사람이 노래를 잘하면, 반드시 그에게 다시 한번 더 부르게 한 후, 그 노래에 화응和應하셨다.

子與人歌而¹善,² 必使反³之, 而後和⁴之.
자 여 인 가 이 선   필 사 반 지   이 후 화 지

주석

1 而(이): 가정의 접속사. 만약
2 善(선): (노래를) 잘함.
3 反(반): 반복함. 곧 노래를 다시 한번 더 부름을 이름.
4 和(화): 화응함, 화답함. 곧 장거정이 풀이한 대로 스스로 노래 불러 다른 사람의

노래에 화응, 즉 화답하여 응함을 이름. 이는 곧 남의 훌륭함을 취함과 동시에 나의 뛰어남으로 남의 훌륭함을 도움으로써 서로 함께 더욱 향상 발전하고자 한다는 취지가 담긴, 보다 심층적인 의의가 있는 것으로 판단됨. 일설에는 상대방이 부른 노래를 그대로 따라 부르는 것이라고 하나, 이론의 여지가 있음. 그것은 대개 주자가 '이후화지而後和之'함은 그 구성진 노래 가락을 자세히 맛볼 수 있음을 기뻐하며, 그 훌륭함을 허여한 것이라고 부연한 취지와 맥락을 같이하는 것으로 보임. 하지만 공자가 음악의 여러 방면에 일가견이 있었던 점을 감안하면, 쌍방의 교감과 감응을 통해 상호 지속적인 보완과 향상을 추구한다는 취지의 위 풀이보다는 못한 것으로 판단됨.

해설

공자는 음악에 대해 남다른 관심과 애호는 기본이요, 그 깊고 다양한 조예는 전문가를 방불케 했다. 음악 감상에 있어서의 감동적인 흥취와 여운의 백미를 보여주는가 하면(7-14 참조) 음악 이론(3-23 참조)이나 평론(3-25 참조), 악기 연주(14-40, 17-20 참조)에도 두루 능한 면모를 나타냈다. 또한 이 편에서 "공자께서는 조곡弔哭을 하신 날에는 노래를 부르지 않으셨다"(7-10)라고 하고, 『사기』「공자세가」에서 "305편의 시를 공자는 모두 금슬琴瑟의 반주에 맞추어 노래 부르면서 순임금의 소악과 주 무왕의 무악 그리고 조정의 아악雅樂과 묘당廟堂의 송악頌樂의 음조音調에 맞추려고 하였다〔三百五篇, 孔子皆弦歌之, 以求合韶武雅頌之音〕"라고 한 것은 공자가 평소 노래 부르기를 즐겼음을 방증한다.

이 장은 다른 사람과 함께 노래를 부를 때의 정경을 묘사하고 있는데, 유보남은 이를 공자가 제자들에게 노래를 가르치는 장면이라고 했다. 아무튼 여기서 우리는, 장거정이 말한 대로, 공자가 '호선지심好

善之心', 즉 훌륭함(좋음, 착함, 아름다움, 잘함 등등)을 좋아하는 마음에 끝이 없어 기꺼이 남의 훌륭함을 취하는가 하면, 주마가편走馬加鞭(달리는 말에 채찍질한다는 뜻으로, 잘하는 사람을 더욱 장려함을 이르는 말)의 마음으로 흔쾌히 남의 훌륭함을 도우려는 심의心意를 감지하게 된다.

7-33

공자께서 말씀하셨다. "고대 문헌에 대한 조예는 아마 나도 남들만큼은 될 것이다. 하지만 몸소 군자의 도를 실천하는 것은 나는 아직 제대로 하지 못하고 있다."

子曰: "文,¹ 莫²吾猶人³也. 躬行君子,⁴ 則吾未之有得.⁵"
자 왈   문   막 오 유 인 야   궁 행 군 자   즉 오 미 지 유 득

주석

1 文(문): 시·서·예·악 등 고대 문헌에 대한 학문적 식견과 조예를 말함. 이는 아래의 '궁행躬行'과 상대되는 말임.

2 莫(막): 이를 주자가 의문을 나타내는 말이라고 했는데, 곧 다산이 말한 대로 '어찌~하지 아니한가?(豈不)'의 뜻으로 본 듯함. 이는 대략 추측과 겸양의 어기를 띤 말로, 아마·어쩌면 정도의 뜻으로 이해됨. 한편 일설에는 '문막文莫'이 하나의 단어로 '민모忞慔'의 가차이거나 '민면'과 같은 뜻이라고 함. 하지만 '민모'나 '민면'은 모두 ~하기를 부지런히 힘쓴다는 뜻으로, '궁행'과 유사한 의미를 나타내므로, 상대적인 어감이 살아나지 않는 폐단이 있어 전후 문맥상 적절치 않음.

3 猶人(유인): 다른 사람과 같음. 곧 주자가 이른 대로, '남보다 낫지는 않으나 그래도 남에게 미칠 수는 있음을 말한다(言不過人, 而尙可以及人)'는 것임. 곧 남들만큼

은 된다는 말. '유'는 같음.

4 躬行君子(궁행군자): 군자의 도를 몸소 실천함. '궁'은 몸소. '행'은 실행함, 실천함. '군자'는 여기서는 군자다움, 곧 군자의 도를 두고 이르는 것으로 이해됨.

5 未之有得(미지유득): '미유득지未有得之'의 도치. 곧 아직은 몸소 군자의 위인爲人 처세의 도를 실천하는 경지에 이르지는 못했다는 뜻임. 1-2 주석 11 참조. '지'는 앞의 '궁행군자'를 가리킴.

해설

공자는 「학이편」에서 사람은 기본적인 도리를 "행하고도 여력이 있으면 그제야 옛 글을 공부하는 것"(1-6)이라는 말로써, 배움은 도덕의 실행이 우선이요, 지식의 습득은 이차적임을 강조했다. 또 「옹야편」에서는 "군자가 옛 문헌을 통해 널리 배우고, 그것을 또 예로써 단속한다면, 또한 바른 도에서 벗어나지 않을 수 있을 것"(6-25)이라고 했다.

공자는 평소 지행일치·언행일치를 강조하면서도, 앎보다는 행함에 근본적 의의를 뒀다. 그것은 곧 실천이 없는 지식, 행동이 없는 말이란 그야말로 공허하기 짝이 없는 구두선에 지나지 않기 때문이다. 하지만 군자의 위인 처세의 도덕적 이론을 지식으로 습득하기는 쉬워도, 생활 속에서 일일이 몸소 실천하기는 결코 쉬운 일이 아니다.

성인 공자도 스스로 군자의 도를 설파한 고대 문헌에 관한 이해와 조예는 남들보다 못할 게 없지만, 그 실행에 있어서는 '아직 전혀 이루지 못했다(全未有得)'(『집주』)는 평가를 내리고 있다. 그야말로 '박학어문博學於文'은 자부하나, '약지이례約之以禮'(6-25)는 자신이 없다는 얘기이다. 이는 공자가 「헌문편」에서 "군자가 행해야 할 도덕에는 세 가지가 있거늘, 나는 그 가운데 아무것도 제대로 하지 못한다"(14-29)고

한 말과도 그 어감과 함의가 일치한다. 아무튼 공자가 당신 스스로도 아직은 '지이행난知易行難'(알기는 쉬워도 행하기는 어려움)의 한계를 극복하지 못하고 있다고 겸양한 것은, 곧 사람들에게 덕행의 고귀함을 거듭 일깨우고 그 실천을 독려하기 위함이다.

7-34

공자께서 말씀하셨다. "만약 나를 성인聖人이나 인자라고 한다면, 내 어찌 감히 그 같은 명예를 감당하겠느냐? 하지만 성인과 인자를 우러러 스스로 배움에 싫증 내지 않고, 사람들을 가르침에 게으름을 피우지 않는 것은 나 또한 그러할 따름이라고 할 수 있노라." 공서화가 말했다. "그것이 바로 저희 제자들이 선생님을 따라할 수 없는 것입니다."

子曰: "若¹聖與仁,² 則吾豈敢? 抑³爲之⁴不厭,⁵ 誨⁶人不倦, 則可謂
자 왈   약 성 여 인   즉 오 기 감   억 위 지 불 염   회 인 불 권   즉 가 위
云⁷爾.⁸" 公西華⁹曰: "正唯¹⁰弟子不能學¹¹也."
운 이 이 의   공 서 화 왈   정 유   제 자 불 능 학   야

주석 ────────────────────────

1 若(약): 만약 ~을 두고 말한다면, (나를) ~라고 한다면.
2 聖與仁(성여인): 성인과 인자. 또 그 명예를 이름. 6-28 주석 4와 '해설' 참조.
3 抑(억): 전환의 어기를 나타내는 접속사. 하지만, 다만.
4 爲之(위지): '학지學之'와 같은 뜻으로, 곧 주자가 말했듯이 '인자와 성인의 도를 배우는 것(爲仁聖之道)'을 말함. '지'는 앞의 '성여인聖與仁'을 가리킴.

5 厭(염): 물림, 싫증냄, 싫어함.

6 誨(회): 가르침.

7 云爾(운이): 7-19 주석 7 참조.

8 已矣(이의): 1-15 주석 13 참조.

9 公西華(공서화): 5-8 주석 12 참조.

10 唯(유): 어조사로, 긍정 내지 단정의 어기를 나타냄.

11 學(학): 배움, 본받음. 곧 따라함을 이름.

『맹자』「공손추 상편」에서 말했다. "옛날에 자공이 공자께 여쭈었다. '선생님은 성인이시지요?' 공자께서 말씀하셨다.. '성인은 아직 내가 미치지 못하는 바이다. 나는 그저 스스로 배움에 싫증 내지 않고, 다른 사람을 가르침에 게으름을 피우지 않을 따름이니라.' 자공이 말했다. '배움에 싫증 내지 않음은 지혜로움이요, 가르침에 게으름을 피우지 않음은 어짊입니다. 어질고 또 지혜로우시니, 선생님은 이미 성인이 십니다(昔者子貢問於孔子曰: '夫子聖矣乎?' 孔子曰: '聖則吾不能, 我學不厭, 而敎 不倦也.' 子貢曰: '學不厭, 智也; 敎不倦, 仁也. 仁且智, 夫子旣聖矣')."이렇듯 공자 를 지자이자 인자임을 물론, 성인으로까지 높이 받듦은 자공을 비롯 한 뭇 제자들의 다 같은 마음이었을 것이다. 그뿐만 아니라 「자한편」 에서 태재太宰 한 사람이 자공에게 "선생님은 성인이신가? 어떻게 그 렇게 다재다능하시단 말인가?"(9-6)라고 물은 것을 보면, 당시 사람들 사이에도 학문적으로나 도덕적으로 숭고한 경지에 이른 공자를 성인 으로 여기는 분위기가 있었던 것으로 짐작된다.

공자는 당시의 그 같은 여론에 대한 입장을 분명히 했다. 공자로서는 인자나 성인은 진정 자처할 수 없으며, 다만 스스로 인성仁聖의 이상 형상을 목표로 부단히 정진함과 동시에 다른 사람들도 그 길로 나아가도록 성심으로 독려할 따름이라는 것이다. 공자가 인자나 성인임은 극구 사양하면서도, 당신의 호학 정신과 교육 열정에 대해서는 한없이 자부한 데 대해, 주자는 조열지晁說之의 말을 빌려 이렇게 부연했다. "(공자께서) 만약 단지 인자나 성인임을 사양하기만 하셨다면, 천하의 인재人材를 나아가게 하지도, 천하의 선덕善德을 추구하지도 못해 장차 성聖함과 인함은 공허한 경지가 되어 사람들이 끝내 다다를 수 없게 될 것이다. 그러므로 공자께서 비록 인자와 성인은 자처하지 않으셨으나, 인성仁聖을 우러러 스스로 배움에 싫증 내지 않고, 사람들을 가르침에 게으름을 피우지 않음을 굳이 자부하신 것이다(苟辭之而已焉, 則無以進天下之材, 率天下之善, 將使聖與仁爲虛器, 而人終莫能至矣. 故夫子雖不居仁聖, 而必以爲之不厭·誨人不倦自處也)." 다시 말해 공자의 사양과 자부는 곧 구도의 의지와 구세의 열정을 여실히 보여준다. 그런 만큼 공자에게 있어 '학이불염學而不厭'·'회인불권誨人不倦'은 "나에게 무슨 어려움이 있겠느냐?"(7-2)라고 할 정도로 더없이 쉽고 즐거운 일이었다. 하지만 자공은 지고한 성인의 경지로 느꼈고, 공서화도 같은 맥락에서 제자들로서는 너무도 어렵고 힘들어 공자를 도저히 본받을 수 없는 부분임을 강조했다. 만사는 마음먹기에 달렸다고 한다. 하지만 아무리 성인 공자의 제자들이라도 스승의 지심至心과 지성至誠에는 미치기 어려웠던가보다.

7-35

공자께서 중병을 앓으셨는데, 자로가 신께 빌기를 청하자 공자께서 말씀하셨다. "그런 게 있느냐?" 자로가 대답하였다. "예, 있습니다. 옛날 뇌문誄文에 이르기를, '그대를 위해 천지신명께 비노라'라고 하였습니다." 공자께서 말씀하셨다. "나는 신께 빈 지 이미 오래되었노라."

子疾病,¹ 子路請禱.² 子曰: "有諸³?" 子路對曰: "有之. 誄⁴曰: '禱爾⁵于⁶上下神祇.⁷'" 子曰: "丘之禱久矣."
자질병 자로청도   자왈   유저   자로대왈   유지   뇌왈   도이 우 상하신기   자왈   구지도구의

주석

1 疾病(질병): 옛날에는 병이 가벼운 것은 '질', 심한 것은 '병'이라고 했는데, 여기서 '질병'이라 함은 곧 중병重病을 앓는 것을 말함. 이는 오늘날에 병을 통칭하는 말로 쓰는 것과는 다름. 한편 하안은 뒤의 「자한편」 "자질병子疾病"(9-12) 부분에서 처음으로 포함의 말을 빌려, "'질'이 심한 것을 '병'이라고 한다(疾甚曰病)"고 하며 '병' 자의 의미를 풀이함. 이로 보아 고대 정본定本 『논어』에는 이 장에는 본디 '병' 자가 없었는데, 후세 사람이 덧붙인 것으로 추정됨.

2 請禱(청도): 신께 (병이 낫기를) 빌기를 청함. 일설에는 '도청禱請(신께 빎)'의 도치라고 하나, 공자의 완곡한 거절의 어투로 보아 자로가 사전事前에 공자에게 신께 빌기를 청한 것으로 봄이 적절할 것임. '도'는 빎, 기도함.

3 有諸(유저): '유지호有之乎'와 같음. 그런 이치(혹은 일)가 있는가? '저'는 지호之乎의 합음자.

4 誄(뇌): 여기서는 '뢰讄'의 가차. 곧 산 사람의 공덕을 일컬으며 신께 복을 비는 글을 이름. 죽은 사람의 공덕을 칭송하며 애도하는 '뇌誄'와는 다름.

5 禱爾(도이): 그대를 위해 신께 빈다는 말. '이'는 제이인칭대명사. 너, 그대, 당신.

6 于(우): 어於와 같음.

458

해설

공자가 중병을 앓자, 자로가 다급한 마음에 천지 신령께 스승의 쾌유를 빌고자 했다. 공자도 평소 귀신의 존재는 믿었지만(3-12 참조), '공경하되 멀리하는(敬而遠之)' 태도로, 귀신을 미신하기보다는 인사人事에 진력하는 것이 지혜로움임을 강조했다.(6-20 참조) 하지만 공자는 옛 기록을 인용하며 스승을 설득하려는 제자의 호의를 차마 묵살하지 못하고, "나는 신께 빈 지 이미 오래되었노라"라는 말로 완곡히 거절하며 제자를 안심시켰다.

공자는 기본적으로 하늘과 천명을 긍정하면서, 사람은 천명과 천리에 따라 사는 것이 중요하며, 굳이 신의 가호를 빌 것은 없다는 입장을 취했다. 바로 그 같은 견지에서 공자는 평소 '외천명畏天命'(16-8)의 마음으로 천도에 순응하고, 천명을 받들어 따르면서 하루하루의 삶에 충실했다. 그런 만큼 평상시의 처신·처사가 이미 도의에 맞고 신명의 뜻에 부합했으니 오랫동안 신께 빈 것이나 다름이 없으며, 따라서 와병 상황에 새삼스레 빌 필요는 없다는 것이다. 요컨대 사람은 항시 하늘이 사람과 만물에게 부여한 규율과 법칙에 따라 선을 행하며 바르게 삶으로써, 스스로 보다 많은 행복을 추구하고 향유할 수 있도록 해야 한다는 것이다. 공자가 '신께 빈다'고 함은 바로 그런 것이다. 사람이 평소에 성심성의를 다해 선하고 바르게 산다면, 뜻밖의 위난에 처해서도 결코 불안하거나 황망하지 않을 수 있다. 하지만 평소에는 천리를 거슬러 행동하기를 주저하지 않다가, 정작 위급한 상황에 처해서 신의 가호를 바란다면 무슨 소용이 있겠는가? 공자가 「팔일편」에서 "사람이 하늘에 죄를 지으면 빌 곳이 없다"(3-13)고 한 것은 바로 그런 말이다.

한마디로 공자는 신명神明을 미신하지 않으며, 단지 평소의 행동을 천리에 맞게 하면 저절로 천우신조天佑神助가 있으리라고 믿은 것이다.

7-36

공자께서 말씀하셨다. "사람이 사치하면 불손하게 되고, 검소하면 고루하게 되지만, 불손한 것보다는 차라리 고루한 것이 낫다."

子曰: "奢則不孫,¹ 儉則固.² 與其不孫也, 寧³固."
자 왈   사 즉 불 손   검 즉 고   여 기 불 손 야   영 고

주석

1 不孫(불손): 불손不遜함. 곧 거만하고 무례함을 이름. '손'은 손遜과 같음. 공손함, 겸손함. 주자는 순順과 같다고 함. 공순恭順함.
2 固(고): 고루固陋·비루鄙陋함. 이는 특히 고루하고 인색하여 예를 갖추지 못함을 두고 이름.
3 與其A寧B(여기A녕B): 3-4 주석 4 참조.

이는 주자가 조열지의 말을 빌려 이른 대로, "당시 예속禮俗의 폐단을 막으려는(救時之弊)" 공자의 마음을 느낄 수 있는 가르침이다. 춘추시대 중엽 이후 노나라는 경대부 '삼가三家'가 전후해 예법도 무시한 채 무소불위의 세도勢道를 부리며 참람하고 사치함이 도를 넘었다. 예컨대 계씨는 자신의 뜰에서 천자의 예악인 '팔일八佾'로 춤을 추게까지 했다. 공자는 그런 참례 행위에 분개의 정을 억누르지 못하고 "(계씨가) 그런 일을 감히 할 수 있다면, 무슨 일인들 차마 하지 못하겠느냐?" (3-1)라고 강하게 질타했다. 같은 맥락에서, 일찍이 제 환공을 보필해 패업霸業을 이룩케 한 명재상名宰相 관중에 대한 공자의 평가도 매우 부정적이었다. 관중의 정치적 공적은 분명 탁월했다. 하지만 세 곳에 집이 있으면서 가신을 겸직시키지도 않았으니, 검소함과는 거리가 멀었다. 그뿐만 아니라 "한 나라의 임금이어야 병풍을 세워 문을 가리거늘 관중 역시 병풍을 세워 문을 가렸고, 한 나라의 임금이어야 양국 군주의 우호적인 회합을 위해 잔대를 설치하거늘 관중 역시 잔대를 설치하였다."(3-22) 이에 대해 공자는 "만약 관중이 예를 안다고 한다면, 어느 누가 예를 모른다고 하겠는가?"(위와 같음)라고 강도 높게 비판했다. 계씨나 관중의 참례는 결국 사치에서 비롯된 폐단으로, 예법의 기본 정신을 무너뜨린 것이었다. 공자의 '정명正名' 주장은 바로 이같은 당시의 폐단을 바로잡으려는 것이기도 하다.(6-23 '해설' 참조)

한편 지나치게 검소한 것도 고루하고 비루하며 인색한 폐단을 낳을 수 있으니, 분명 바람직하지는 않다. 다만 유보남이 지적한 대로, "예는 적중適中함을 높이 사는데, 사치함은 예를 넘어서면서 외람되이 상

급上級의 의제儀制 등을 망용妄用하는 과오를 범하게 되지만, 검소함은
단지 예에 미치지 못할 따름이며 다른 과실은 없다(禮貴得中, 奢則過禮,
而有僭上之失, 儉但不及乎禮, 無他失也). " 공자가 볼 때, 지나치게 사치하거
나 검소함은 모두 중용의 도나 예법의 정신에 부합치 않으나, 상대적
으로 사치함으로 인한 폐단이 훨씬 더 심각했다. 고루하거나 비루함
은 남에게 크게 해를 끼치지는 않으나, 불손함은 남을 상傷하게 한다.
'인자애인仁者愛人', 즉 인자는 사람을 사랑한다고 했으니, 최적의 예를
행할 수 없다면, 불손함보다는 차라리 비루함이 낫다. 공자가 일찍이
"예란 사치하기보다는 차라리 검소한 것이 낫다"(3-4)고 한 것도 같은
얘기다.

7-37

공자께서 말씀하셨다. "군자는 마음이 평온하고 너그럽지만, 소인
은 늘 불안하고 근심 걱정에 싸여 있다."

子曰: "君子坦蕩蕩,¹ 小人長戚戚.²"
자 왈　군 자 탄 탕 탕　소 인 장 척 척

주석

1 坦蕩蕩(탄탕탕): 마음이 평온하고 너그럽다는 말. '탄'은 (마음에 거리낌이 없어) 평탄
　함, 평온함. '탕탕'은 (마음이) 너그럽고 넓은 모양.
2 長戚戚(장척척): 마음이 늘 불안하고 근심 걱정을 많이 한다는 말. '장'은 상常과
　같음. 늘, 항상. '척척'은 근심하는 모양.

군자는 도덕을 준칙으로 입신 처세하고, 도덕 추구를 인생 목표로 삼는다. 그 때문에 도의를 중히 여기고, 공리功利를 가벼이 여기며 일상의 처신·처사가 늘 천리와 상리常理에 따라 공명정대해서, 하늘을 우러러보나 세상을 굽어보나 부끄러울 게 없다. 그러니 그 마음이 늘 평온하고 너그럽다. 반면 소인은 물욕에 눈이 멀고, 명리名利에 얽매여 "원하는 것을 얻기 전에는 얻지 못할까 걱정하고, 원하는 것을 얻은 다음에는 또 얻은 걸 잃을까 걱정한다."(17-15) 그뿐만 아니라 자신을 수양하지 못하고 사리에 어두워, 언행에 과오가 많은 탓에 부끄럽고 후회되는 일이 많다. 그러니 그 마음이 늘 불안하고 근심 걱정에 싸여 있는 것이다. 군자와 소인의 상이한 심경에 대한 공자의 분석이 참으로 명쾌해 쉽게 가슴에 와닿는다.

7-38

공자께서는 온화하면서도 엄숙하시고, 위엄하지만 사납지 않으시며, 공손하면서도 편안하셨다.

子溫而厲,[1] 威[2]而不猛,[3] 恭而安.
자 온 이 려　위 이 불 맹　공 이 안

1　厲(려): 엄숙함.

2 威(위): 위엄함, 위엄이 있음.

3 猛(맹): 사나움.

해설

이는 제자가, 굳셈과 부드러움이 지나치거나 모자람 없이 꼭 알맞아 편향의 폐단을 찾아볼 수 없는, 공자의 덕기德氣를 묘사한 것이다. '온화함', '위엄함', '공손함'의 삼덕三德이 중심인 공자의 평소 풍도는 '엄숙함'과 '사납지 않음', '편안함'이 더해지면서 중용과 중화의 기상을 나타내고 있다.

사람이 온화하면 지나치게 부드러울 수가 있다. 하지만 공자는 온화한 가운데 엄숙함을 띠고 있으니, 곧 유중유강柔中有剛(부드러움 가운데 굳셈이 있음)이다. 사람이 위엄하면 자칫 강경하고 사나울 수가 있다. 하지만 공자는 위엄하지만 사납지 않으니, 곧 강중유유剛中有柔다. 남에게 공손한 사람은 자칫 긍지를 잃고 심사心思가 편치 않을 수 있으나, 공자는 내심에서 우러나는 공손함으로 심신이 한껏 편안할 수가 있었다. 다산이 이른 대로, "남에게 아첨하여 공손한 사람은 스스로 편안할 수 없나니, 공손하면서도 편안하다면 그것은 곧 진실로 공손함이니(足恭者不能安, 恭而安則允恭也)" 공손함에 진정성과 적정성이 있음이다. 이 편 앞머리에서 "공자께서는 댁에서 한가로이 지내실 때에도 풍모에 위엄이 있어 경외감을 불러일으켰고, 안색은 온화하고 편안하셨다"(7-4)고 한 것 역시 이 장과 유사한 기록이다. 또한 「자장편」에서 자하가 "군자는 세 가지 변화를 보이나니, 그를 멀리서 바라보면 위엄이 넘치고, 가까이 다가가 보면 온화하며, 그의 말을 들어보면 엄정하다"(19-9)라고 한 것도 평소 공자의 성덕에 대한 체득이나 다름이 없다. 분명 쉬운 일은 아니겠으나, 우리도 그 같은 풍도를 이상으로 삼아 한 걸음 한 걸음 나아가야 할 것이다.

제8편

태백

泰伯

「태백편」은 모두 21장으로 나뉘는데, 대체로 요·순·우·문·무 등 옛 현군賢君의 덕행에 대한 찬탄을 통해 왕도王道를 극력 고양·권면하는가 하면, 패도霸道를 은근히 풍자 견책했다. 또 옛 현인 군자의 풍모에 대한 찬송을 통해 이상적인 위인爲人의 형상을 제시·권장했다.

8-1

공자께서 말씀하셨다. "태백은 필시 지극한 덕을 갖추었다고 할 수
있나니, 세 차례나 천하를 양보했지만, 사람들이 그 숭고한 뜻을 알지
못해 칭송할 길이 없었도다."

子曰: "泰伯,¹ 其² 可謂至德³ 也已矣.⁴ 三以天下讓,⁵ 民無得而稱
자왈   태백 기 가위지덕 야이의   삼이천하양   민무득이칭

焉.⁶"
언

주석

1 **泰伯(태백):** 태백太伯으로도 씀. 주 왕조의 선조인 태왕太王 고공단보古公亶父의
  맏아들. 태왕은 태백·중옹仲雍·계력季歷 세 아들이 있었는데, 막내 계력의 아들
  희창이 바로 훗날의 주 문왕임. 전하는 바에 의하면 태왕이 손자 희창의 성덕을
  예견하고, 왕위를 장남이 아닌 셋째 아들 계력에게 물려줌으로써 희창이 왕위를
  이어받도록 했다고 함. 또한 어질고 유덕한 계력이 형을 제치고 왕위를 물려받
  는 것을 내키지 않아 하자, 태백은 부왕父王의 뜻대로 되도록 하기 위해 아우 중

470

옹과 함께 남방 형만荊蠻 지역으로 달아남. 그리고 단발斷髮과 문신文身을 하고 구오勾吳라고 자호自號했는데, 그가 곧 주대 오나라의 시조가 됨. 한편 계력으로부터 왕위를 물려받은 희창은 국세國勢를 키워 은대 말기에는 천하의 3분의 2를 차지했고, 그 아들 희발에 이르러 은 주왕을 멸하고 천하를 통일해 주 왕조를 창건하니, 그가 곧 주 무왕임.

2 **其**(기): 대개, 아마. 또 필시.

3 **至德**(지덕): 지고의 도덕, 즉 지극히 숭고한 덕성. 여기서는 동사로 그 같은 덕성을 갖췄다는 말.

4 **也已矣**(야이의): 문장 끝에 쓰이는 복합 어조사로, 보다 강한 긍정과 감탄의 어기를 나타냄.

5 **三以天下讓**(삼이천하양): 세 차례나 천하를 양보함. 이는 태백이 애초에 왕위를 양보하기 위해 남방으로 달아난 일과 나중에 부친이 세상을 떠난 소식을 듣고도 일부러 고향으로 돌아가지 않은 일, 그리고 부친 장례 후 사람들이 새로운 왕의 추대를 논의할 때 단발과 문신을 함으로써 영원히 남방에 머물러 살겠다는 뜻을 분명히 한 일을 두고 이름. 여기서 이른바 '천하'는 당시 주周 부족의 통치 구역을 이름. 이는 곧 훗날 주 부족이 결국 중원 천하를 통일해 주 왕조를 건립한 사실史實을 연관시켜 말한 것임.

6 **無得而稱焉**(무득이칭언): 이를 주자는 그 겸양함이 겉으로 잘 드러나지 않아 흔적을 찾아볼 수 없었다는 뜻으로 풀이함. 전하는 바에 의하면, 태백이 애초에 남방으로 달아날 때 병든 태왕을 위해 약초를 캐러 간다는 명목을 내세우는 등, 세 차례 모두 속마음이 잘 드러나지 않게 왕위를 양보했다고 함. 그 때문에 당시 사람들이 관련 흔적을 찾지 못해 그 '지극한 덕'을 칭송할 수가 없었다는 것임. 일설에는 그 '지극한 덕'을 어떤 말로 칭송해야 할지를 몰랐다는 뜻으로 풀이하기도 하나, 의미상 미흡함이 있음. '무'는 ~할 수가 없음, ~할 길이 없음. '칭'은 칭송함. '언'은 지시대명사 지之와 같음. 여기서는 태백 또는 그의 '지덕'을 가리킴.

해설

공자가 살았던 춘추시대는 제후국들 사이에 침탈 합병合倂이 빈발하는 가운데 내부적으로는 임금을 죽이고 왕위를 찬탈하는 일이 끊이지 않았다. 그야말로 "임금이 임금답지 못하고 신하가 신하답지 못하며, 부모가 부모답지 못하고 자식이 자식답지 못한"(12-11) 난세로, 백성들은 도탄에 빠져 허덕였다. 덕행의 수양, 특히 효제와 예양을 중시하고 강조했던 공자가 당시의 세태에 통탄을 금치 못했음은 두말할 나위가 없다.

여기서 공자는, 세 차례나 양보함으로써 왕위를 확실히 사양하면서도, 사람들이 그 숭고한 뜻을 알지 못해 칭송할 길이 없게 한 태백의 사람됨을 "지극한 덕을 갖추었다"는 말로 극찬했다. 그것은 곧 옛사람의 고결함을 기려 당시의 혼탁함을 견책함으로써 세풍世風의 긍정적인 변화를 이끌어내고자 한 것이다. 공자는 역사상 왕위를 선양했다고 알려진 태백과 요·순·백이·숙제에 대해 대단히 높은 평가를 내렸는데, 그것은 곧 난세를 산 성인의 고뇌에 찬 심사心事의 발로였다.

8-2

공자께서 말씀하셨다. "공손하기만 하고 예로써 절제할 줄을 모르면 헛되이 수고로울 뿐이고, 삼가기만 하고 예로써 절제할 줄을 모르면 겁을 먹고 두려움을 갖게 되며, 용감하기만 하고 예로써 절제할 줄을 모르면 사회를 어지럽히게 되고, 강직하기만 하고 예로써 절제할 줄을 모르면 남에게 박절하게 된다. 높은 자리에서 백성을 이끄는 사람이 그 친인척에게 도탑게 하면 백성들은 떨치고 일어나 인후함으로 나아가고, 또 교분을 나눈 지 오래된 사람을 함부로 버리지 않으면 백성들은 사람을 대함에 박정하지 않게 된다."

子曰: "恭而無禮¹則勞,² 慎而無禮則葸,³ 勇而無禮則亂,⁴ 直而無禮
자 왈   공 이 무 례 즉 로   신 이 무 례 즉 사   용 이 무 례 즉 란   직 이 무 례
則絞.⁵ 君子⁶篤於親,⁷ 則民興於仁⁸; 故舊不遺,⁹ 則民不偸.¹⁰"
즉 교   군 자 독 어 친   즉 민 흥 어 인   고 구 불 유   즉 민 불 투

주석

1 無禮(무례): 여기서는 예로써 조절·절제함이 없음을 이름.

2 勞(로): 여기서는 도로徒勞, 즉 헛되이 노고·수고함. 곧 도로무익徒勞無益함을
이름.

3 葸(사): 무서워함, 두려워함.

4 亂(란): 패란悖亂함, 즉 정의에 어그러지고 정도正道를 어지럽힘.

5 絞(교): 쬠, 즉 바싹 잡아당겨 켕기게 함. 또 목 졸라 죽임. 여기서는 곧 사람을 책
망함이 너무 박절함을 이름. 마음이 '옥죄고 찌르듯이 가혹함(絞刺)'으로, 주자가
'조급하고 박절함(急切)'으로 풀이한 것 역시 같은 맥락으로 이해됨.

6 君子(군자):『논어』에서 이른바 '군자'는 신분 지위나 도덕 수양이 높은 사람을
일컫는데, 여기서는 전자로, 군왕이나 고관 등 높은 벼슬자리에서 민중을 영도
하는 사람, 곧 위정자를 가리킴.

7 篤於親(독어친): 친인척에게 독후篤厚함, 즉 성실하고 친절하며 인정이 두터움.
'친'은『이아爾雅』「석친釋親」에서 종족宗族(성姓과 본본이 같은 겨레붙이), 모당母黨
(어머니의 친족), 처당妻黨(아내의 친족), 혼인婚姻(며느리와 사위의 부모)을 통칭하는 것
이라고 함.

8 興於仁(흥어인): 흥기興起(떨치고 일어남)하여 인후함으로 나아간다는 말.

9 故舊不遺(고구불유): '불유고구不遺故舊'의 도치. '고구'는 교분을 나눈 지 오래
된 사람, 곧 옛 동료나 친구, 또는 (군왕에게는) 노老신하 등을 이름. '유'는 유기遺
棄함.

10 偸(투): 가벼움. 곧 박薄함, 박정薄情함, 각박함을 이름.

『예기』「곡례 상편」에서 말했다. "인의 도덕은 예가 없으면 성취될 수가 없다(道德仁義, 非禮不成)." "사람이 예의가 있으면 인간관계가 안정되고, 예의가 없으면 인간관계가 위태롭다. 그러므로 예는 사람이 배우지 않으면 안 된다(人有禮則安, 無禮則危. 故曰: 禮者, 不可不學也)." 인의 도덕도 예로써 절제될 때, 비로소 적중適中할 수 있어, 그 아름답고 고귀함이 빛을 발하게 된다. 예란 인간의 행위 규범이요, 생활 준칙이다. 또한 그 기본 정신은 중도 내지 중용의 추구와 실행에 있다. 결국 어떠한 덕행도 예로써 조절·절제되지 않으면 폐단을 면하기 어렵다. 공손함, 삼감, 용감함, 강직함은 분명 모두 아름다운 덕행이다. 하지만 남에게 공손함도 지나치면, 자칫 비굴함이나 아첨으로 흘러 헛되이 애만 쓰고 아무 이점도 갖지 못한다. 처사에 삼감도 지나치면, 주저하다 못해 마냥 위축되어 겁을 먹고 두려움을 갖게 된다. 또한 용감함도 지나치면, 명분도 없이 혈기만을 앞세워 분별없는 행동을 일삼으며 정의와 정도正道를 어지럽혀 사회적 혼란을 야기하게 된다. 강직함도 지나치면, 관용과 포용이 부족해 입바른 소리를 서슴지 않으며 남에게 박절하게 된다.

한편 이 장에서 "군자君子" 이하는 대대로 문세文勢나 사리事理가 모두 윗글과 달라 응당 별도의 장으로 나눠야 한다는 지적이 있었다. 하지만 역대 제가諸家의 주해서註解書에서는 여전히 한 장으로 엮어온 만큼, 일단은 신중을 기할 필요가 있다. 아무튼 이 후반부에서는 위정자의 솔선수범을 강조했는데, 곧 위정자의 일거수일투족이 만백성에게 직접적으로 영향을 미칠 수 있음에 유의한 것이다. '그 친인척에게 도탑게 함'이나 '교분을 나눈 지 오래된 사람을 함부로 버리지 않음'은 모두 친후한 인덕의 표현이다. 윗사람이 그 같은 본보기를 보인다면, 뭇 백성들도 필시 각기 친인척을 친애하고, 이웃과 친구 간에 우애하면서 궁극적으로 "민정 풍속이 돈후해질 것이다."(1-9) 무슨 문제든 나 자신으로부터 해법을 찾아 풀어가는 것이 가장 쉽고 빠른 길이다.

8-3

증자가 병이 위중하자, 문하의 제자들을 불러 놓고 말했다. "이불을 들추어 내 발을 보고, 내 손을 보아라! 『시경』에 이르기를 '두려운 마음으로 삼가고 조심하기를 / 깊은 못 둑에 서 있듯이 하며 / 살얼음을 밟듯이 하노라' 하였나니, 이제부터는 내가 그처럼 삼가는 일을 하지 않아도 됨을 알겠구나! 이 사람들아!"

曾子^{1}有疾, 召^{2}門弟子^{3}曰: "啓^{4}予足, 啓予手! 詩^{5}云: '戰戰兢兢,^{6}
증자 유질 소 문제자 왈 계여족 계여수 시 운 전전긍긍
如臨深淵,^{7} 如履^{8}薄冰.^{9}' 而今而後,^{10} 吾知免^{11}夫^{12}! 小子^{13}!"
여 림 심 연 여 리 박 빙 이 금 이 후 오 지 면 부 소 자

주석

1 曾子(증자): 1-4 주석 1 참조.
2 召(소): 부름, 불러서 모음.
3 門弟子(문제자): 문하의 제자. 곧 문하생. 이는 문제門弟로 줄여 일컫기도 함. 여기서는 증자의 제자를 가리킴.
4 啓(계): 개開와 같음. 엶. 정현의 풀이에 따르면, 이는 이불을 들추고 보라는 뜻임.

일설에는 『설문해자』에서 말한 계睿와 같은 글자로, 본다는 뜻이라고 함.

5 詩(시): 『시경』. 여기서 인용한 것은 『시경』「소아·소민편小旻篇」의 시구임.

6 戰戰兢兢(전전긍긍): 몹시 두려워서 벌벌 떨며 조심하는 모양.

7 深淵(심연): 깊은 못.

8 履(리): 밟음, 밟고 감.

9 薄冰(박빙): 얇은 얼음, 살얼음.

10 而今而後(이금이후): 금후今後. 이는 증자가 병이 위중해 바야흐로 죽음을 맞이하게 되었다는 생각을 하면서 한 말이므로, 곧 죽은 이후를 두고 이름.

11 免(면): 면함. 곧 앞에서 『시경』 구절을 인용해 말한 것처럼 '삼가고 조심하는 것'을 하지 않아도 됨을 이름.

12 夫(부): 어조사로, 문장 끝에서 감탄의 어기를 나타냄.

13 小子(소자): 5-22 주석 4 참조. 여기서는 제자들에게 은근하면서도 절실한 경계와 권면의 뜻을 일깨우고 강조하려는 스승의 애정 어린 호칭임.

해설

『효경』「개종명의장开宗明义章」에서 말했다. "우리의 몸과 머리털과 피부는 모두 부모에게서 받은 것이니, 이를 감히 훼손하지 않는 것이 효도의 시작이다. 또한 수신修身 처세하며 도의를 받들어 행하여 후세에 이름을 드날림으로써 부모를 빛나게 하는 것이 효도의 마침이다[身体髮膚, 受之父母, 不敢毀傷, 孝之始也. 立身行道, 揚名於后世, 以显父母, 孝之终也]." 또 『예기』「제의편」에서 말했다. "부모가 자식을 온전히 낳아주었으니, 자식 또한 죽어서 온전히 부모에게 돌아가는 것이 곧 효도라고 할 수 있다. 자식이 그 몸을 훼손하지 않고, 그 명성을 더럽히지 않음이 바로 자신을 온전히 하는 것이라고 할 수 있다. 그러므로 군자는 반걸음을 나아가더라도 감히 효도를 잊지 않는다[父母全而生之, 子全而歸之, 可謂孝矣. 不虧其體, 不辱其身, 可謂全矣. 故君子跬步而弗敢忘孝也]." 이는 모두 공자가 일찍이 제자 증삼, 즉 증자에게 참된 효도가 어떤 것인지를 설명한 말이다.

공문孔門에서도 효성이 지극하기로 이름이 났던 증자는 누구보다도 스승의 가르침을 충실히 이행한 훌륭한 제자였다. 그야말로 평생을 하루같이 "두려운 마음으로 삼가고 조심하기를 / 깊은 못 둑에 서 있듯이 하며 / 살얼음을 밟듯이 하"였다. 그리하여 마침내 죽음을 맞이한 와중에도, 부모에게서 받은 몸을 조금도 훼손하지 않고 죽어서 온전히 부모에게 돌아갈 수 있게 된 데 대한 안도와 기쁨의 정을 제자들과 함께하며, 효도의 기본자세가 무엇인지를 깊이 일깨워주었다. 물론 증자 같은 효자에게도 일생 동안 한결같이 삼가며 자식의 기본 도리를 다하는 것은 결코 쉬운 일이 아니다. "이제부터는 내가 그처럼 삼가는 일을 하지 않아도 됨을 알겠구나!"라는 그 한마디에, 진정 인간적 공감이 느껴지는 것은 바로 그 때문이다.

사실 공자가 이른 대로, 신체를 훼손하지 않음은 효도의 시작일 뿐이다. 궁극적으로 자식은 부모를 욕되게 하지 않으며, 부모를 빛나게 하는 것이 진정 효도의 고귀한 의의를 완성하는 길이다. 임종의 순간까지도 참 효자, 참 스승의 모습을 보여준 증자의 가르침에서 역시 바로 이 같은 의미를 유추하기에 모자람이 없다. 주자가 범조우의 말을 빌려 일렀듯이, "신체도 오히려 훼손할 수 없거늘, 하물며 그 행실을 허투루 하여 부모를 욕되게 함이랴!(身體猶不可虧也, 況虧其行以辱其親乎)"

8-4

증자가 병이 위중하여 맹경자가 문병을 오자, 증자가 말하였다. "'새가 죽을 때는 그 우는 소리가 슬프고, 사람이 죽을 때는 그 하는 말이 선합니다.' 높은 벼슬아치가 깊이 유념해야 할 처신의 원칙이 세 가지 있으니, 무릇 행동거지를 취함에는 사납거나 거만함을 멀리할 것이요, 얼굴빛을 단정히 함에는 신실함에 부합토록 할 것이요, 말을 함에는 비루하거나 이치에 맞지 않음을 멀리해야 할 것이외다. 다만 제례와 같은, 예법에 관한 소소한 일은 담당 관리가 있으니, 마음을 쓰지 않아도 될 것입니다."

曾子有疾, 孟敬子[1]問[2]之.[3] 曾子言曰[4]: "'鳥之將死, 其鳴也哀; 人之
증자유질 맹경자 문 지 증자언왈   조지장사 기명야애 인지
將死, 其言也善.'[5] 君子[6]所貴乎道者[7]三: 動容貌,[8] 斯[9]遠[10]暴慢[11]矣;
장사 기언야선 군자 소귀호도자삼 동용모 사원 포만 의
正顔色,[12] 斯近信[13]矣; 出辭氣,[14] 斯遠鄙倍[15]矣.[16] 籩豆之事,[17] 則有
정안색 사근신 의 출사기 사원비배 의 변두지사 즉유
司存.[18]"
사 존

주석

1 孟敬子(맹경자): 노나라 대부 중손첩仲孫捷. 곧 맹무백(2-6 주석 1 참조)의 아들. 중손씨는 나중에 맹손씨로 바꾸었으므로 맹자孟子라고도 일컬음. '경'은 시호이고, '자'는 존칭임.

2 問(문): 문병함.

3 之(지): 증자를 가리킴.

4 言曰(언왈): 상대방이 묻지도 않는데 내가 스스로 말함을 이름.

5 "鳥之將死(조지장사)…" 4구: 이는 당시의 속담으로 추정됨. 죽음을 앞두고 슬피 옮은 새의 상정常情이요, 죽음을 앞두고 선한 말을 함은 사람의 상정임. 사람이

평소 불선함은 거개가 일신의 욕망 탓이지만, 바야흐로 죽음을 맞이하면서 그 어느 때보다 세속적인 탐욕에서 벗어나 본연의 순수로 회귀할 개연성은 분명 크다고 할 것임. 그리하여 증자는 겸허히 이 속담을 빌려, 자신이 하는 말의 신뢰성을 높이면서 맹경자를 보다 깊이 각성·경계시키려는 뜻을 표현한 것임. 한데 주자는 이 속담과 관련해 "사람이 궁하면 근본으로 돌아가므로 말이 선하다(人窮反本,故言善)"는 부연 설명을 덧붙였는데, 논리상 뭔가 어색해 보임.

6 君子(군자): 신분 지위가 높은 사람. 곧 상위上位의 집정자를 가리킴. 이는 아래의 '유사有司'와 대비되는 말임.

7 所貴乎道者(소귀호도자): (군자가) 처신함에 있어서 깊이 유념해야 할 것(원칙). '귀'는 귀중히 여김. 곧 깊이 유념해야 함을 이름. '호'는 어於와 같음. ~에 있어서. '도'는 여기서는 사람을 대하는 태도 또는 처신의 원칙을 이름. 정현이 "이 '도'는 예를 말한다(此道謂禮也)"라고 풀이한 것은 바로 그 같은 설명으로 이해됨.

8 動容貌(동용모): 행동거지를 취함 또는 바꿈. '동'은 행동함 또는 변동變動함. '용모'는 용지容止와 체모體貌. 곧 행동거지를 이름. 주자가 "용모는 온몸을 들어 말한 것(容貌,擧一身而言)"이라고 풀이한 것 역시 같은 맥락으로 이해됨.

9 斯(사): 즉則과 같음. (~함에 있어서는) 곧.

10 遠(원): 멀리함, 피함.

11 暴慢(포만): 사납고 거만함. '포'는 난폭하고 무례함. '만'은 오만하고 불경함.

12 正顔色(정안색): 얼굴빛 내지 용색容色을 단정히 함.

13 近信(근신): 신실함을 띰. 곧 표리가 부동해서는 안 되며, 내심으로부터 신실함이 풍겨나도록 '정안색正顔色'하라는 말. '근'은 근접함. 여기서는 곧 부합符合한다는 말임.

14 出辭氣(출사기): 언사를 구사하고, 어기를 표출함. '사'는 언사, 언어. '기'는 어기, 성기聲氣(목소리의 기운).

15 鄙倍(비배/비패): 비패鄙悖와 같음. 비루하고 불합리함. '비'는 비루하고 조야粗野함. '배'는 '패'로도 읽으며 '배背'와 통하니, 곧 이치에 위배됨, 어긋남을 이름.

16 "動容貌(동용모)…" 6구: 애초에 정현이 "행동거지를 취함에 능히 위엄이 있고 정숙整肅하다면, 사람들이 감히 사납거나 거만하게 대하지 못하며; 용색을 단정히 함에 능히 근엄함과 장중함에 두려운 기상까지 띤다면, 사람들이 감히 속이지 못할 것이며, 언사를 구사하고 어기를 표출함에 능히 이치나 도리에 따라

한다면, 흉악하거나 도리에 맞지 않는 말은 듣지 않을 것이다(動容貌, 能濟濟蹌蹌, 則人不敢暴慢之也. 正顏色, 能矜莊嚴栗, 則人不敢欺詐也. 出辭氣, 能順而說, 則無惡戾之言入於 耳也)"라고 풀이했으며, 후세에 많은 사람들 또한 그 견해를 따르고 있으나, 이론의 여지가 다분함. 정현의 생각은 결국 증자가 사람들로부터 '군자'의 체통과 권위를 지킬 수 있는 방안을 제시해주었다는 것인데, 맹경자가 당시 막강한 세도가였다는 점을 감안하면 전혀 이치에 맞지 않음. 그뿐만 아니라 정현의 풀이는 문법적 결함도 피할 수 없으니, 『논어』 원문에 내포되지 않은 의미를 자의적으로 덧붙임으로써 나름의 문맥을 이어가고 있음이 그 반증임. 다산이 "만약 정현의 말과 같다면 '사근斯近' 두 글자는 더욱 독해하기 어렵다(若如鄭說, 斯近二 字, 又難讀)"라고 한 것 역시 같은 맥락의 지적이라고 할 수 있음.

17 籩豆之事(변두지사): '변두'는 옛날 제사에 쓰던 예기禮器로, 대나무를 엮어 만들었으며 과일처럼 물기가 없는 제물祭物을 담은 것을 '변'이라 하고, 나무로 만들었으며 탕湯처럼 국물이 있는 제물을 담은 것을 '두'라고 함. 여기서 '변두지사'라 함은 곧 제례에 관한 일 또는 그같이 소소한 일을 이름.

18 有司存(유사존): 담당 관리가 있음. 곧 그런 소소한 일은 담당 관리가 있으니, '군자'가 굳이 신경을 쓰지 않아도 됨을 이름. '유사'는 '직유소사職有所司', 즉 해당 관직에 맡은 바가 있는 사람이라는 말을 줄여 일컬은 것으로, 곧 가신에게 속한 관리, 즉 속관屬官, 부하 관리를 이름. '사'는 맡음, 담당함, 관리함.

해설

『예기』「단궁 하편」에 따르면, 당시 노나라의 집정 대부 맹경자는 행동이 분별없고, 말이 비속하며 정리情理에 맞지 않는 인물이었다. 청쑤드어가 이른 대로, 증자 역시 그가 '가르칠 수 없는(不可敎)', 다시 말해 가르쳐서 될 위인爲人이 아님을 알고 있었다. 하지만 자신의 병이 위중하다는 소식을 듣고 일부러 찾아와 위문하는 맹경자의 태도에서 증자는 일말의 호현지성好賢之誠, 즉 현자를 좋아하는 성심을 느꼈을 것이다. 그리하여 비록 병마와 싸우며 죽음을 예감하는 힘든 상황이었지만, 속담을 빌려 당신이 하는 말의 진정성을 전제한 후, 경계와 권면의 뜻을 담아 '높은 벼슬아치가 깊이 유념해야 할 처신의 원칙' 세 가지를 일러주었다.

이른바 "행동거지를 취함에는 사납거나 거만함을 멀리할 것"은 몸가짐의 수양을 통해 겸손하고 온화하며 점잖은 기질을 배양함이요, "얼굴빛을 단정히 함에는 신실함에 부합토록 할 것"은 내심의 수양을 통해 사람을 대하는 태도에 한껏 신실함을 더함이요, "말을 함에는 비루하거나 이치에 맞지 않음을 멀리해야 할 것"은 학행學行(학문과 덕행, 곧 배움과 실천)의 수양을 통해 언사와 어기에 원만한 논리와 고상한 품격을 더함이다. 『예기』「관의편冠義篇」에 이르기를 "무릇 사람이 진정 사람인 까닭은 예의禮義(예법과 도의)가 있기 때문이다. 예의의 시작은 행동거지를 바르게 하고, 용색을 장중하게 하며, 언사를 공순恭順하게 함에서부터이다. 다시 말해 행동거지가 바르고, 용색이 장중하며, 언사가 공순한 후에야 비로소 예의가 갖추어지게 되는 것이다(凡人之所以爲人者, 禮義也. 禮義之始, 在於正容體, 齊顏色, 順辭令. 容體正, 顏色齊, 辭令順, 而後禮義備)"라고 했으니, 증자가 말한 이 세 가지 원칙은 곧 예용禮容, 즉 예절 바른 용모와 풍도를 두고 이른 것이다. 여기에는 또한 궁극적으로 맹경자가 수신에 힘을 쏟아 스스로 예용을 갖추어 예치의 길을 가는 위정자로 거듭났으면 하는 소망을 담았다. 그러므로 주자가 한 "이 세 가지는 모두 수신의 요체요, 위정의 근본이다(是皆修身之要, 爲政之本)"라는 말은 곧 그 종지宗旨를 바르게 요약 설명했다고 할 수 있다.

증자는 또 마지막으로 '예법에 관한 소소한 일은 담당 관리가 있음'

을 강조했는데, 그것은 곧 "술그릇과 적대炙臺를 진설陳設하고, 죽기竹器와 목기木器를 나열하는 것과 같은 일은 담당 관리가 할 일이며, 높은 벼슬아치는 비록 그 일에 능하지 못해도 괜찮다(若夫置樽俎列籩豆, 此有司之事也, 君子雖勿能可也)"(『설원』「수문修文」)는 말이다. 제례와 같은 소소한 일에까지 마음을 쓰지 말고, 오로지 상술한 처신의 대원칙을 실행하는 데 심혈을 기울일 것을 당부한 것이다. 죽음을 맞이하면서도 인의 도덕이 꽃피는 성세盛世를 갈망하는 현자의 바람이 참으로 아름답고 고귀하다.

8-5

증자가 말하였다. "재능이 있으면서도 재능이 없는 이에게 묻고, 견식이 많으면서도 견식이 적은 이에게 물으며, 재능이 있으면서도 없는 듯이 하고, 견식이 충실하면서도 공허한 듯이 하며, 다른 사람이 무례히 굴어도 결코 따지지 않았나니, 옛날에 내 친구 한 사람이 그렇게 하였다."

曾子曰: "以能¹問²於不能,¹ 以多³問於寡³; 有若無,⁴ 實⁵若虛⁵; 犯⁶而
증자왈   이능문어불능   이다문어과   유약무   실약허   범이

不校.⁷ 昔者⁸吾友⁹嘗¹⁰從事¹¹於斯¹²矣."
불교   석자오우상 종사 어사   의

주석

1 能(능)·不能(불능): 어떤 일이나 분야에 대한 재능이 있음과 없음을 이름.

482

2 問(문): 물음. 곧 가르침을 청함, 배움을 구함을 이름.

3 多(다)·**寡**(과): 견문이나 학식이 많음과 적음을 이름.

4 有若無(유약무): 있으면서 없는 듯이 함. 곧 재능이 있어도 뽐내지 않고, 오히려 겸허한 자세로 재능이 없는 듯이 처신함을 이름. '유'와 '무'는 재능을 두고 이르는 것으로 보임. '약'은 마치 ~한 듯이 함. 앞의 '문問'이 구체적인 일을 두고 이르는 것이라면, 이 '약'은 추상적인 마음의 자세를 두고 이르는 것임.

5 實(실)·**虛**(허): 견문과 학식이 충실함(내용이 알차고 단단함)과 공허함(실속이 없이 헛됨)을 이름.

6 犯(범): 범함. 곧 무례히 굶, 업신여김을 이름.

7 校(교): 교較와 같음. 계교計較, 즉 따짐, 논쟁함, 문제로 삼음. 다케조에는 '항抗', 즉 항의함, 대항함으로 풀이했는데, 그 함의는 별반 차이가 없음.

8 昔者(석자): 옛날, 옛적.

9 吾友(오우): 나의 친구. 마융 이래 역대 주석가들이 대개 안회를 가리키는 것으로 보았는데, 증자가 말하는 위인爲人 형상으로 볼 때 설득력이 충분한 견해로 판단됨. 이때 안회는 이미 작고한 상태였으므로 '옛날에(昔者)'라고 한 것임. 안회는 증자보다 열여섯 살이 많았으나, 동문수학同門受學한 사이였으므로 '친구'라고 한 것임.

10 嘗(상): 일찍이.

11 從事(종사): 여기서는 진력함, 노력함을 이름.

12 斯(사): 차此와 같음.

해설

안회는, 결코 쉽게 호학함을 들어 다른 사람을 칭찬하지 않은 공자가 유일하게 그 호학 정신과 실천을 허여한(6-2 참조) 공문孔門의 수제자이다. 『대대례』 「증자질병편曾子疾病篇」에 이르기를 "증자가 아들 증원과 증화에게 말하였다. '만약 안회의 그 훌륭한 말이 없었다면, 내가 어떻게 너희들에게 이런저런 말을 할 수 있었겠느냐?'〔曾子謂曾元曾華

曰: ‘吾無夫顔氏之言, 吾何以語女哉?’)”라고 했다. 동문同門의 후배이자 친구였던 증자가 평소 안회의 학문과 덕행을 얼마나 흠모했는지를 알 수 있는 대목이다.

'재능이 있으면서도 재능이 없는 이에게 묻고, 견식이 많으면서도 견식이 적은 이에게 묻는 것'은 일심으로 호학하며 '불치하문不恥下問'(5-15)하는 태도이다. 예로부터 "지혜로운 사람의 여러 가지 생각 가운데에도 잘못된 것이 반드시 한 가지는 있으며, 어리석은 사람의 여러 가지 생각 가운데에도 취할 만한 것이 반드시 한 가지는 있다(智者千慮, 必有一失; 愚者千慮, 必有一得)"(『사기』「회음후열전淮陰侯列傳」)고 했다. 그 때문에 아무리 유능하고 견식이 풍부한 사람이라도 겸허히 다문多問해야 하며, 특히 자기보다 못한 사람에게까지 묻기를 부끄럽게 여기지 않는다면 필시 그 일말의 부족함까지 능히 메울 수 있을 것이다.

또 '재능이 있으면서도 없는 듯이 하고, 견식이 충실하면서도 공허한 듯이 하는 것'은 탁월한 재능과 충실한 견식을 가졌으면서도 결코 자만自慢하거나 교만하지 않고 시종 겸손한 자세이다. 이는 일찍이 자신의 소망을 말해보라는 공자의 요청에, 안연이 "스스로 능한 바를 자랑하지 않고, 어렵고 힘든 일을 남에게 강요하지 않으려고 합니다"(5-26)라고 한 바로 그러한 품성이다. 이는 또한 도가에서 말한 "숭고한 덕성을 지닌 사람은 겸허한 마음이 산골짜기처럼 깊고 넓다(上德若谷)"(『노자』41장)거나 "한껏 충실한 것은 흡사 공허한 듯하지만 그 작용은 오히려 다함이 없다(大盈若沖, 其用不窮)"(『노자』45장)는 인품과도 일맥상통한다.

그리고 '다른 사람이 무례히 굴어도 결코 따지지 않는 것'은 곧 대범한 관서寬恕와 용인容忍의 수양이다. 공자는 「옹야편」에서 "안회는 그 마음이 오래도록 인을 떠나지 않는다"(6-5)고 하며, 인덕의 수양에 누구보다 부단히 정진하는 수제자를 높게 평가했다. 당시 사람들의 칭송에도 불구하고, 자신은 결코 인자로 자처하지 않은 공자의 이 같은 평가는 그야말로 극찬이다. 안회의 대범한 관용은 바로 그의 인덕의 발현이다. "옛날에 내 친구 한 사람이 그렇게 하였다." 증자의 이 한마디에는 인도와 현덕이 남달랐던 옛 친구에 대한 앙모仰慕의 정이 넘친다. 아울러 모든 면에서 실로 모범적이었던 옛 친구를 추념하며, 증자는 스스로를 면려하는가 하면, 자신의 제자들도 그처럼 한껏 겸허히 호학하여 몸과 마음을 갈고 닦으며 교만하지 말고, 또 대범히 남을 대하기를 바랐다.

8-6

증자가 말하였다. "부왕을 여읜 어린 임금을 부탁할 수 있고, 나라의 정사를 맡길 수 있으며, 국가 안위와 존망의 고비에서도 그 지절志節을 꺾을 수 없다면, 그런 사람은 군자다운 사람인가? 당연히 군자다운 사람이로다!"

曾子曰: "可以託六尺之孤,[1] 可以寄百里之命,[2] 臨大節[3]而不可奪[4]
증자왈   가이탁육척지고   가이기백리지명   임대절 이불가탈
也. 君子人與[5]? 君子人也[6]!"
야 군자인여   군자인야

1 六尺之孤(육척지고): 부왕이 세상을 떠난 나이 어린 임금을 일컫는 말. 고대의 '척'은 현대보다 짧았으며, 6척은 대략 138센티미터 정도로, 곧 어린아이의 신장身長을 이름. 정현은 나이 15세 이하를 이른다고 함. '고'는 아버지를 여읜 아이.

2 百里之命(백리지명): 국정國政을 일컫는 말. '백리'는 방方 백리의 제후국. '명'은 나라의 정령. 곧 정사를 이름.

3 大節(대절): 국가의 안위와 존망이 걸린 큰 변고變故의 고비. '절'은 절조節操의 '절'이 아니라 착절錯節의 '절'로, 관절關節(중요한 시기·단계) 내지 고비의 뜻으로 봐야 함. 무릇 나라의 변고와 같은 대사大事는 외재적인 것이므로 '임臨'한다고 할 수 있으나, 절조란 본시 내재적인 것이니 어찌 '임'한다고 할 수 있겠는가?

4 奪(탈): 빼앗음, 꺾음, 흔듦. 곧 강제로 그 지절, 즉 지기志氣와 절조를 바꾸게 함을 이름.

5 與(여): 여歟와 같음. 어조사로, 문장 끝에서 의문 내지 반문의 어기를 나타냄.

6 也(야): 주자가 결사決辭라고 했듯이, 결정적 내지 확정적인 어기를 나타내는 어조사. 곧 앞의 '여與'와 상대됨.

공자가 이상적 인격 형상으로 강조한 군자는 한마디로 재덕이 출중한 사람이다. 그런 군자가 한 임금의 신하로 출사했다면, 진정 범속한 이와는 다른 면모를 보일 것이다. 임금이 죽음을 앞두고 태자를 부탁하면 충심으로 유군幼君을 보필할 것이며, 또한 나라의 정사를 맡으면 성심껏 대리할 것이라는 게 증자의 생각이다. 중국 삼국시대의 제갈량諸葛亮이 바로 그런 인물이었다. '육척지고'는 아직 나이가 어려 무지하고 유약하므로, 부탁을 받은 이가 만약 충성심이 불타는 대신大臣이 아니라면, 왕위 찬탈을 도모할 가능성이 대단히 높다. 또 '백리지명'을 대리함은 충성스런 덕행뿐만 아니라 치국의 재지까지 요구되는 중책이다. 촉한蜀漢 장무章武 3년(223) 선주先主 유비劉備는 백제성白帝城에서 병세가 위중해지자, 승상 제갈량에게 '탁고託孤'·'기명寄命', 즉 열일곱 살의 태자 유선劉禪과 후사後事를 부탁했다. 이에 제갈량은 성심으로 후주後主 유선을 보필하고, 충심으로 국가 대사大事를 도모하며, 일말의 사사로운 '야심'도 품지 않고 죽을 때까지 오직 임금과 나라를 위해 분골쇄신했다. 다만 안타깝게도 북벌北伐을 성공하기도 전에 오장원五丈原 군중軍中에서 병사했는데, 그야말로 시성詩聖 두보杜甫가 「촉상蜀相」 시에서 이른 대로, "군사를 내어 미처 승리하기도 전에 몸이 먼저 죽으니 / 길이길이 영웅호걸들로 하여금 눈물이 옷깃에 흥건하게 하였도다[出師未捷身先死, 長使英雄淚滿襟]."

증자가 생각하는 군자다운 충신의 면모는 이뿐만이 아니다. 국가 안위와 존망의 고비에서도 결코 위협에 굴복하거나 이익에 유혹되지 않으며 기꺼이 신명을 바쳐 충성을 다하고, 나라에 보답함으로써 살신성인한다는 것이다. 우리나라 고려의 충신 정몽주 선생은 바로 그 전형 인물로 손색이 없다. 그야말로 "위난에 직면하여서 구차히 목숨을 부지하지 않았는데[臨難毋苟免]"(『예기』 「곡례 상」) 어떠한 "위세와 무력도 그 절조를 굽히게 하지 못하였으니[威武不能屈]"(『맹자』 「등문공 하」), 어찌 군자답다 하지 않겠는가? 아무튼 여기서 증자가 제시한 군자의 형상은, 물론 신하된 자에 대한 시대적 요청과 기대를 반영한다.

8-7

증자가 말하였다. "선비는 포부가 크고 의지가 굳세지 않으면 안 되

나니, 맡은 책임은 무겁고 갈 길은 멀기 때문이다. 선비는 인도仁道의
실행을 자신의 임무로 삼거니, 그 책임이 어찌 무겁지 않겠는가? 또한
죽은 뒤에야 맡은 바 임무를 그만두거니, 그 길이 어찌 멀지 않겠는
가?"

曾子曰: "士¹不可以不弘毅,² 任重而道遠. 仁以爲己任,³ 不亦重乎⁴?
증자왈   사 불가이불홍의   임중이도원   인이위기임   불역중호
死而後已, 不亦遠乎?"
사 이 후 이   불 역 원 호

주석

1 士(사): 4-9 주석 1 참조.
2 弘毅(홍의): '홍'은 넓다, 크다는 뜻으로, 여기서는 도량이 넓고 포부가 큼을 이름.
   '의'는 군세다는 뜻으로, 여기서는 의지가 군세고 태도가 과감함을 이름.
3 仁以爲己任(인이위기임): '이인위기임以仁爲己任'의 도치. 여기서 '인'은 행인行仁,
   즉 인도를 실행함, 인덕을 발양함.
4 不亦(불역)~乎(호): 1-1 주석 7 참조.

해설

선비는 옛날, 특히 춘추시대 말엽 이후 지식인에 대한 일반적인 칭호
였다. 그들은 무엇보다 당시 사회로부터 나라를 잘 다스리고 백성을
편안하게 하는 막중한 임무를 부여받은 사람들이다. 선비가 고대사회
에서 이른바 사농공상士農工商 사민四民의 으뜸으로 중시됨도 필시 그
때문일 것이다. 공자 사상의 핵심인 인은 사람의 천부적인 애심愛心에
근거하고, 또 그 애심을 확충해 천하 뭇사람을 사랑하며, 그들을 고통

에서 구원하고, 그들의 행복을 증진함을 지향한다. 당시 지식인으로서 상당한 재지의 소유자였던 선비야말로 진정 그 같은 인도仁道의 실행·실천이라는 신성한 임무를 감당할 적임자로 평가된 것이다.

한데 인도 실행의 임무는 더없이 막중해서 결코 하루아침에, 또 쉽게 완수할 수 있는 것이 아니며, 따라서 종신토록 분투 진력해야 하는 일이었다. 그야말로 "맡은 책임은 무겁고 갈 길은 멀"었다. 그 때문에 선비의 자질에는 두 가지 조건의 구비가 전제될 수밖에 없는데, 증자가 강조한 '홍의弘毅', 즉 '포부가 크고 의지가 군세어야 함'이 바로 그것이다. 도량이 넓고 포부가 크면 원대한 안목과 흉금으로 세상 만인萬人을 포용할 것이요, 의지가 군세고 태도가 과감하면 의연한 추진력과 단호한 판단력으로 처사의 효율과 성과를 더할 것이다. 그리하여 시종 한결같은 자세로 평생 맡은바 임무에 충실한 선비라면, 혹여 스스로 인의 경지에 다다라 궁극에는 군자의 반열에 오를지도 모를 일이다. 아무튼 진정한 선비라면 가슴에 웅대한 뜻을 품고 군센 의지를 길러, 종신토록 인도를 실행하는 데에 진력 헌신해야 한다.

8-8

공자께서 말씀하셨다. "사람은 시가를 통해 선한 마음을 불러일으키고, 예의를 통해 사회적으로 우뚝 서며, 음악을 통해 인격을 완성하게 된다."

子曰: "興[1]於詩,[2] 立[3]於禮, 成[4]於樂."
자 왈 　 흥 어 시 　 입 어 례 　 성 어 악

1 興(흥): 흥기함. 곧 불러일으킴. 여기서는 수신修身·양성養性을 두고 이름.

2 詩(시): 여기서는 특히 『시경』의 작품을 두고 이름.

3 立(입): 탁립卓立함. 곧 여럿 가운데 우뚝 섬. 여기서는 입신 처세를 두고 이름.

4 成(성): 성취함. 여기서는 인격 내지 덕성의 완성을 두고 이름.

해설 ────────────────

『사기』「공자세가」에서 말했듯이, "공자는 『시』·『서』·『예』·『악』으로 제자를 가르쳤다(孔子以詩書禮樂敎)." 그 가운데 중국 상고시대의 정치 역사에 관한 기록으로 엮어진 『서경』을 제외하면, 나머지 세 가지는 모두 성정의 함양과 도덕의 수양, 인격의 완성에 실질적 효용이 있는 경전들이다. 공자가 여기서 사람이 원만한 인격과 완미한 덕성을 함양해감에 있어 시가와 예의와 음악에 대한 학습과 조예를 통하는 방법을 제시한 것은 바로 그 때문일 것이다.

첫째, '흥어시興於詩'이다. 곧 사람은 먼저 시가를 공부하는 가운데 아름다운 뜻을 세우고, 옳고 그름을 명확히 가리며, 선을 좇는 마음을 불러일으켜야 한다는 것이다. 공자가 『시경』300편을 한마디로 '생각에 사악함이 없다(思無邪)'(2-2)고 총평했듯이, 『시경』의 시는 본디 인간의 순정純正한 성정에 근거하고 있어, 사람으로 하여금 선을 좋아하고 악을 싫어하는 마음을 불러일으키게 한다. 공자의 이른바 "『시』를 읽으면 사람의 의지와 기개를 불러일으킬 수 있다"(17-9)는 관점은 바로 그 같은 이론이나 다름이 없다. 그러므로 포함 역시 '흥어시'의 함의를 "수신을 함에 있어서는 마땅히 먼저 시가를 배워야 함을 말한 것

〔言修身當先學詩也〕"이라고 풀이했다.

둘째, '입어례立於禮'이다. 곧 사람은 예의를 배우고 익혀 그 언행을 아름답게 함으로써 규범에 부합토록 하며, 그리고 그렇게 하여 자기 자신을 세상의 일원으로 우뚝 서도록 해야 한다는 것이다. 포함이 "'예'란 사람이 사회적으로 입신하는 바탕〔禮者, 所以立身也〕"이라고 했듯이, 예의는 고대 성현이 사람의 본성에 근거해 제정한 행위 규범으로, 사람들로 하여금 각기 언행이 일정한 절도節度에 부합토록 하는 데 그 의의가 있다. 공자가 일찍이 "예를 공부하지 않으면 입신 처세하기가 어렵다"(16-13)거나 "예를 알지 못하면 세상에서 입신할 수 없음"(20-3)을 강조한 것은 바로 그 때문이다. 순자도 말했다. "무릇 혈기와 의지 그리고 지려智慮를 씀에 있어 예에 따라 하면 다스려지고 통할 것이나, 예에 따라 하지 않으면 착오와 혼란이 잇따를 것이다. 음식을 먹고, 옷을 입고, 일상 거처를 하며 일을 하거나 쉼에 있어 예에 따라 하면 하나같이 알맞고 어울릴 것이나, 예에 따라 하지 않으면 번번이 어려움에 부딪히고 문제를 발생시키게 될 것이다. 용모를 다듬고 태도를 취하며 진퇴와 행로行路를 함에 있어, 예에 따라 하면 고상하고 우아하나 예에 따라 하지 않으면 오만하고 괴이하며 속되고 상스러울 것이다. 그러므로 사람이 예의가 없으면 제대로 살 수가 없도다〔凡用血氣志意知慮, 由禮則治通, 不由禮則勃亂提僈; 食飲衣服居處動靜, 由禮則和節, 不由禮則觸陷生疾; 容貌態度進退趨行, 由禮則雅, 不由禮則夷固僻違, 庸衆而野. 故人無禮則不生〕."(『순자』「수신修身」) 이렇듯 예의는 인간 사회의 문화 규범이요, 행위 준칙이다. 따라서 사람은 처신·처사함에 매양 예의에 맞게 해야만 비로소 세상에서 탁연히 자립할 수가 있다.

셋째, '성어악成於樂'이다. 곧 사람은 근학勤學(부지런히 공부하여 학문에 힘씀)과 수덕修德(덕을 닦음)의 마무리 단계에, 음악을 통해 "인간 본연의 성정을 함양하며 마음속의 부정不正함과 더러움을 말끔히 씻어내고, 불순한 찌꺼기를 깡그리 없앰〔養人之性情, 而蕩滌其邪穢, 消融其査滓〕"(『집주』)으로써 아름답고 무결한 인격을 완성해야 한다는 것이다. 그 때문에 포함도 "음악이란 사람의 본성을 완성하는 것〔樂所以成性也〕"이라고 했다. 예의가 사람의 언행을 아름답게 꾸밈으로써 규범에 부합토록 한다는 점에서 그 필요성과 효용성은 지대하다. 하지만 그것만으로는 뭔가 부족하다. 왜냐하면 설령 일체의 행동거지가 예의에 부합하는 사람일지라도 성정이 반드시 본연의 바르고 착한 상태를 회복했는지는 알 수 없기 때문이다. 예는 본디 성정을 근본으로 하므로 사람이 예를 행함에 순정과 진정이 결여되어 있다면, 그것은 단지 허례에 불과한 까닭에 그 실질적 의미와 가치를 가질 수가 없다. 여기서 필요한 것이 곧 음악의 효용이요, 공능功能이다. 『예기』「악기편樂記篇」에서 말했다. "음악은 인류 도덕의 기본 이치와 통하는 것이요〔樂者, 通倫理者也〕" 또 "음악은 도덕의 광휘이다〔樂者, 德之華也〕." 음악은 사람이 자신도 모르는 사이에 절로 덕성에 감화되게 하는 효과가 뛰어나다. 특히 아정雅正한 음악은 사람의 곧고 바르며 조화롭고 평온한 심성을 바탕으로 하기 때문에, 그 은근하면서도 강력한 힘은 능히 사람의 기질을 변화시킨다. 그리하여 사람은 음악의 작용하에 충분히 조화로운 심경을 유지하고, 선량한 덕성을 함양하며, 아름다운 인격을 완성할 수가 있다. 공자가 음악이 예의와 본질적으로 상통함에 착안해 '예악'을 함께 중시하며 개인의 덕성이나 사회의 풍속을 교화하는 데 적극

활용한 까닭은 바로 그 때문이다.

8-9

공자께서 말씀하셨다. "일반 백성은 기본 도리를 좇아 행하게 할 수
는 있어도, 그 이치와 까닭을 알게 하기는 어렵다."

子曰: "民¹可使由之,² 不可³使知之.⁴"
자 왈   민 가 사 유 지   불 가 사 지 지

주석

1 民(민): 범민凡民. 곧 지적 수준이 높지 않은 일반 백성, 민중.
2 由之(유지): 그대로 좇아서 행함, 그대로 따라서 실행함. 장거정이 '몸소 그 일을
  행함(身行其事)'이라고 한 것도 같은 말임. '유'는 말미암음, 따름. 여기서 '지'는 황
  간과 형병이 각각 '천도天道'와 '성인지도聖人之道'를 이르는 것으로 풀이하고, 다
  케조에도 같은 맥락에서 '도'를 가리키는 것이라고 한 데에 근거해 이해할 수 있
  음.
3 可(가)~不可(불가): 여기서는 '능能~불능不能'과 같음. 곧 어떻게 하면 된다거나
  안 된다는 것이 아니라, 어떻게 할 수 있다거나 없다는 뜻임. 곧 「공야장편」 "가
  득이문야可得而聞也~불가득이문야不可得而聞也"(5-13)와 "기지가급야, 기우불가
  급야其知可及也, 其愚不可及也"(5-21)의 '가~불가'와 같음. 또한 여기서 '불가', 즉 ~
  할 수 없다는 것은 곧 ~하기는 어렵다는 말임. 6-19 주석 4 참조.
4 知之(지지): 앎, 깨달음. 장거정은 '마음속 깊이 그 근본 이치를 깨달음(心悟其理)'
  을 이른다고 함. '지'는 '유지由之'의 '지'와 같음.

인간 사회의 기본 도리는 누구나 잘 알고 생활 속에서 적극 실천해야
한다. 다만 위정자는 일반 백성의 지적 특성을 이해하고, 그들을 바르
게 이끌어야 한다. 공자가 여기서 한 말은 바로 민중 영도의 원칙이다.
인간의 기본 도리 중에는, 예를 들어 부자자효父慈子孝, 즉 부모는 자애
롭고 자식은 효성스러워야 함이 있을 것이다. 이는 뭇사람의 일상사
로, 일반 백성도 능히 행할 수 있는 것이다. 하지만 사람이 마땅히 '부
자자효'해야 하는 까닭은 천리天理와 인심人心의 본연에 근거하므로,
그 내면의 이치는 아무나 쉽게 이해할 수 있는 것이 아니다. 일반 백
성들로 하여금 '그 이치를 알게 하기 어려움'은 바로 그 때문이다. 한
데 '지지知之'의 이치도 결국은 '유지由之' 가운데에 있으니, 민중을 가
르치고 이끎에 있어서는 이론적 이해와 설득을 우선시하기보다는, 그
지적 수준을 고려해 생활 속 실천과 실행을 권장하는 데 주력함으로
써 소기의 성과를 달성하도록 해야 한다.

사실 이 장은 역대 주석가들 사이에서 그 논지와 함의에 대해 논란
이 끊이지 않았고, 급기야 후세 사람들의 곡해를 불러 공자 비판의 주
요 논거로 거론되기도 했다. 논란의 관건은 '가可~불가不可'의 의미
해석이다. 일각에서는 이 장의 논지를 '일반 백성은 도리를 그대로 따
라 행하게 하는 것은 괜찮으나, 그 전후 이치를 알게 해서는 안 된다'
는 것으로 이해했다. 또한 일부 사람들은 급기야 공자가 지식을 독점
하고자 하는 한편, 우민愚民 정책을 주장했다고 비판의 목소리를 높였
다. 물론 그것은 자의적 해석과 무고한 비방에 불과하다. 우선 이 장의
논지는 공자 사상의 기본 맥락에 근거한다면, 응당 상술한 바와 같이

이해해야 할 것이다. 그렇다면 지식 독점과 우민 정책 문제는 어떻게 변정辨正할 것인가? 이에 대해서는 아래와 같은 왕시위엔의 설명이 참고할 만하다.

공자는 결코 지식을 독점하지 않았을 뿐만 아니라, 오히려 전통적으로 사대부 계층의 전유물이었던 지식을 서민들에게까지 널리 보급하는 데 앞장선 역사상 최초의 인물이었다. 공자 이전에는 교육이 오직 귀족의 특권이었고, 일반 백성은 교육을 받을 기회조차 갖지 못했다. 그런 가운데 공자는 가르침을 구하는 많은 제자들을 받아들여 역사상 최초로 사학을 열었다. 그뿐만이 아니다. 공자는 종신토록 "스스로 배우는 데 싫증을 내지 않으며, 다른 사람을 가르치는 데 게으름을 피우지 않으며"(7-2) "(제자들을) 한 걸음 한 걸음 찬찬히 이끄셨다." (9-11) 특히 공자의 지식 전수는 모든 사람을 대상으로 하여 빈부나 귀천, 현우賢愚를 불문했으니 이른바 '유교무류有教無類'(15-39)가 바로 그것이다.

공자가 과연 우민 정책을 주장했을까? 물론 그렇지 않다. 사서四書를 구석구석 다 뒤져봐도 '우민'과 관련된 언론이나 사상은 찾아볼 수 없다. 오히려 『대학』을 보면, 공자는(주자는 『대학』의 경문은 공자의 뜻을 증자가 기술한 것이라고 함) '대학지도大學之道'의 종지宗旨는 '백성을 새롭게 함에 있다[在親民]'고 하는가 하면, 만백성의 부모와 같은 어진 군주는 "백성이 좋아하는 것을 좋아하고, 백성이 싫어하는 것을 싫어한다[民之所好, 好之; 民之所惡, 惡之]"라고 했다. 또 『중용』을 보면, 공자는 나라를 다스리는 이치와 방법을 묻는 노 애공에게 "백성을 자식처럼 사랑하라[子庶民]"라고 하는가 하면, "군주의 치국지도治國之道는 수신修身을 근본으로 하여 백성들에게 검증과 신뢰를 받는 것(君子之道, 本諸身, 徵諸庶民)"이라고 했다. 또한 『논어』에서도 공자는 문인門人이나 군왕들에게 백성을 다스림에 있어 인정仁政을 베풀 것을 끊임없이 역설했다. 훗날 공자의 사상을 더욱 계승 발전시킨 맹자는 보다 구체적으로 "백성이 가장 귀중하고, 나라가 그다음이며, 임금은 가장 덜 중요하다(民爲貴, 社稷次之, 君爲輕)"(『맹자』「진심 하」)라고까지 말했다. 요컨대 공자는 '우민'을 주장하지 않았음은 말할 것도 없거니와 시종 한결같이 백성을 한껏 중시했으니, 그의 정치사상은 다름 아닌 백성을 위주로 한 민본 사상이었다.

8-10

공자께서 말씀하셨다. "용기 부리기를 좋아하면서 가난을 싫어하면 사회를 혼란하게 하고, 인하지 않은 사람을 지나치게 싫어해도 사회를 혼란하게 한다."

子曰: "好勇[1]疾[2]貧, 亂[3]也; 人而不仁,[4] 疾之已甚,[5] 亂也."
자왈　호용질빈　난야　인이불인　질지이심　난야

주석 ─────────────────────────────

1 **好勇**(호용): 용기를 부리고, 용맹을 뽐내기를 좋아함. 여기서 '용'은 지략智略도 없이 일시적이고 충동적인 혈기만 넘치는 용기를 말함. 맹자는 이를 '필부지용匹夫之勇'(『맹자』「양혜왕 하梁惠王下」)이라고 함.

2 **疾**(질): 싫어함, 증오함, 혐오함.

496

3 亂(란): 패란함, 즉 정의를 어그러뜨리고 정도를 어지럽힘. 곧 사회를 혼란하게 함을 이름.

4 人而不仁(인이불인): 「팔일편」 3장에도 보이는 말로, 사람으로서 오히려 인하지 않다는 말인데, 여기서는 그런 사람을 이름. 곧 불인한 사람.

5 已甚(이심): 너무 심함. '이'는 너무, 지나치게.

해설

공자는 여기서 사회적 혼란의 근본 원인을 적시했다. 또한 은연중에 그 예방과 해소 방안을 제시했다. 사람이 용맹은 넘치나 가난을 싫어 하면 경거망동하기 쉽다. 또 불인한 사람을 너무 싫어해 사정없이 몰아세우면, 그는 십중팔구 충동적 반발심으로 포악暴惡을 부릴 것이다. 그렇기 때문에 자고로 군자는 오히려 불인한 사람을 "응당 예의와 겸손으로 대해야 한다(當以禮孫接)"(『주소』)고 했다. 예컨대 『순자』「신도편臣道篇」에서 이르기를, 불초자不肖者, 즉 어질지 못한 사람을 대할 때는 "두려워하면서도 공경하고(畏而敬之)" 또 "멀리하면서도 공경해야 한다(疏而敬之)"고 했다. 아무튼 실로 극악무도한 인물이 아니라면, 가능한 한 경중과 완급을 가려 관용과 인내로 불인자不仁者를 포용해 스스로 반성하고 회개할 기회를 주는 한편, 성심으로 개도開導(깨우쳐 이끎)해 새사람이 되게 한다면, 그보다 좋은 일은 없을 것이다.

공자는 평소 법치가 아니라 덕치를 시행할 것을 강조했는데(2-3 참조), 공자가 법치보다는 덕치를 정치 이상으로 주창한 까닭도 바로 여기에 있다. 공자가 사회 혼란을 야기하는 문제를 다스리는 방책 또한 같은 맥락으로 이해된다. 분별없이 혈기만 넘치는 사람이든 성정이 인하지 못한 사람이든 그 모두를 적극적으로 교화해, 그들 스스로 성

정을 도야하고 도덕을 수양함으로써 처신·처사의 품격을 높여가게
해야 한다는 것이다. "군자는 근본에 힘쓴다(君子務本)"(1-2)고 했으니,
그것은 곧 치본治本, 즉 근본을 다스리는 처방이 아닐 수 없다.

8-11

공자께서 말씀하셨다. "설령 주공의 뛰어난 재능과 같은 훌륭한 자
질을 가졌다 하더라도, 사람이 교만하고 인색하다면 그 나머지는 볼
것도 없다."

子曰: "如¹有周公之才²之美,³ 使⁴驕⁵且吝,⁶ 其餘不足觀也已.⁷"
자 왈   여 유 주 공 지 재 지 미   사 교 차 린   기 여 부 족 관 야 이

주석

1 如(여): 만약. 여기서는 설사, 설령.

2 周公之才(주공지재): 주공의 재화才華. 전하는 바에 의하면 주 왕조의 예악과 정
   교政敎는 대부분 주공이 창제했으며, 그 때문에 예로부터 주공은 참으로 다재다
   능한 인물이란 명예를 얻음. 7-5 주석 2 참조.

3 美(미): 완미完美함, 훌륭함.

4 使(사): 가사假使, 가령, 만약.

5 驕(교): 교만함. 곧 자신의 재예만 믿고 거들먹거리며 다른 사람을 깔봄을 이름.

6 吝(린): 인색함. 곧 재예의 아름다움을 오로지하고픈 마음에 결코 남에게 베풀거
   나 가르쳐주지 않음을 이름.

6 也己(야이): 복합 어조사로, 긍정 내지 단정의 어기를 나타냄.

498

중국 역사상 그 재예의 완미함이 주공만 한 이도 없었다. 더욱이 주공은 덕성까지 고상해 재덕才德을 겸비한 성인聖人으로, 공자를 비롯한 후세 사람들의 경앙景仰을 받았다. 『한시외전』과 『사기』 「노주공세가魯周公世家」의 기록에 의하면, 주공은 평소 천하의 현사賢士를 놓칠까 두려운 마음에 '머리를 한 번 감을 때면 여러 차례 물에 젖은 머리채를 움켜쥐고 나가고, 또 식사를 한 번 할 때면 여러 차례 씹던 음식을 뱉고 나가서〔一沐三握髮, 一飯三吐哺〕' 손님을 맞았다고 한다. 한 나라의 임금을 대리하는 섭정 대신으로서의 체통과 권위를 앞세우기는커녕, 동량지재棟梁之材를 만날 수 있기를 간절히 바라며 선비를 한껏 예우하는 겸허함은 그 덕성과 도량을 쉽게 짐작케 한다.

반면 공자 당시의 많은 위정자들은 얼마간의 재화才華를 믿고 교만하고 인색하기 짝이 없으면서도, 스스로를 주공에 비유하며 거들먹거리곤 했다. 공자는 바로 그 같은 세태에 일침을 가한 것이다. 설령 주공만큼 훌륭한 재능과 기예를 가졌다 하더라도 교만하여 함부로 사람을 업신여기고, 다른 사람이 뛰어난 재예를 가지는 것을 경계하는 옹졸한 이기심으로 남에게 베풀거나 남과 함께 누릴 줄을 모른다면, 그 '훌륭한' 재능과 기예는 여지없이 빛을 잃게 될 것이다. 그러니 그 밖에 다른 어떤 훌륭한 면모가 있다고 한들 무슨 의미가 있겠는가? 일찍이 공자가 말하지 않았던가? "군자는 편안하고 여유로우나 교만 방자하지 않고, 소인은 교만 방자하나 편안하고 여유롭지 못하다."(13-26) "무릇 인이란 자기가 입신하고자 하면 남도 입신하게 하고, 자기가 통달하고자 하면 남도 통달하게 하는 것이다."(6-28) 사람

은 모름지기 재덕을 겸비해야만 비로소 나무랄 데 없이 아름다울 수
가 있다.

8-12

공자께서 말씀하셨다. "여러 해 동안 공부를 하고도 벼슬할 생각을
하지 않기는 쉽지 않다."

子曰: "三年學,¹ 不至²於穀,³ 不易得也.⁴"
자 왈   삼 년 학   부 지 어 곡   불 이 득 야

주석

1 三年學(삼년학): 여러 해 동안 배움에 몰두함. 또 그렇게 해서 일정한 성과가 있
  음을 두고 이름. 여기서 '삼년'은 다년多年의 뜻으로 봐야 함. '삼'은 실수實數가
  아님. 『예기』「학기편」에 이르기를 "매년 입학을 하고 격년으로 시험을 보는데, 1
  년을 공부한 후에는 경문의 풀이 능력과 각자의 목표나 포부를 살펴보고, 3년을
  공부한 후에는 학업에 전심전력하는지 또 학우들과 절차탁마하기를 즐기는지
  를 살펴보며, 5년을 공부한 후에는 널리 배우는지 또 스승을 친애하며 존경하는
  지를 살펴보고, 7년을 공부한 후에는 학문적 견해는 어떠한지 또 교우관계는 어
  떠한지를 살펴보게 되는데, 이 단계에 이르렀을 때를 일컬어 '조그맣게 이루었다
  [小成]'고 한다. 그렇게 하여 9년을 공부하면 능히 하나를 들으면 둘, 셋을 유추해
  알고, 탁연히 자립하여 처사에 미혹하지 않으며, 스승의 가르침에 어긋나지 않
  으니, 그것을 일컬어 '크게 이루었다[大成]'고 한다(比年入學, 中年考校. 一年, 視離經辨
  志. 三年, 視敬業樂群. 五年, 視博習親師. 七年, 視論學取友, 謂之小成. 九年, 知類通達, 强立而不反,
  謂之大成)"라고 함. 한데 겨우 3년간 공부해 '학업에 몰두하고 학우들과 즐겨 절
  차탁마하는' 단계에서 곧바로 출사에 의욕을 보이기는 본시 시기상조일 것임.

2 至(지): 「옹야편」"기여즉일월지언이이의其餘則日月至焉而已矣"(6-5)의 '지'와 유사한 용법으로, 여기서는 생각이 미친다, 마음이 인다는 뜻임. 주자는 응당 '지志'로 고쳐 써야 할 것 같다고 함. 이에 대해 다케조에는 고대에는 '지志'와 '지至' 두 글자를 통용한 것 같다고 함.

3 穀(곡): 「헌문편」"방유도, 곡邦有道, 穀"(14-1)의 '곡'과 같은 용법으로, 벼슬함 또는 벼슬하여 녹봉을 받음을 이름. 옛날에는 벼슬아치의 녹봉을 곡식으로 주었기 때문에 '곡' 자에는 관록官祿의 뜻이 있음. 한편 공안국과 형병은 이를 '선善'의 뜻으로 풀이했으나, 전후 문맥상 자연스러움이 떨어짐.

4 不易得也(불이득야): 난능難能, 즉 그렇게 하기 어려움. '득'은 능能과 같음. 한편 주자는 그러한 사람을 얻기(만나기) 어렵다는 뜻으로 풀이함.

해설

공자는 평소 정치적 이상으로 인정 덕치를 지향 주창하면서, 제자들에게 '자기 자신을 수양해 천하 만백성을 편안하게 해줄 것'(14-43)을 적극적으로 권장하고 면려했다. 다시 말해 공자는 결코 선비가 세상에 나가 벼슬하는 것을 부정적으로 생각하지 않았다. 다만 당시에 존재했던, 아직 그 배움이 부족한데도 서둘러 벼슬하고과 안달하는 풍토를 우려했을 뿐이다. 일찍이 "옛날에 배우는 이들은 스스로 내실을 다지기 위해 공부하였거늘, 오늘날 배우는 이들은 다른 사람에게 보이기 위해 공부한다"(14-25)라는 공자의 탄식 또한 그 같은 견지와 일맥상통한다.

「위정편」에서 자장이 벼슬을 구하는 방도를 물었을 때, 공자가 일러준 것은 견문을 넓히고, 언행을 삼가는 등 위인爲人의 근본에 힘쓰라는 것이었다.(2-18 참조) 참된 선비라면 우선은 '위기지학爲己之學'에 몰두해야 한다. 그리고 자하가 이른 대로, "공부를 하며 여유로워지면 벼슬을 하면"(19-13) 된다. 공자가, 영록榮祿 추구에 급급하지 않고 부족한 배움, 즉 학문 도야와 도덕 수양에 더욱 진력하고자 한 칠조개의 자세에 크게 흡족해한 것(5-6 참조) 또한 같은 맥락의 격려요 칭찬이다.

한마디로 선비가 배우는 과정에서 그 진보와 성취를 불문하고 출사에 조급한 마음을 갖는 것은 바람직하지 않다. 그것은 물론 궁극적으로 '천하 만백성을 편안하게 해주는(安百姓)' 원대한 포부를 실현하기 위해 순수하고 올바른 마음가짐으로 '자기 자신을 수양하는(修己)' 기본에 충실하기보다는, 세속적인 마음으로 부귀공명에 안달하며 '위인지학爲人之學'으로 흐르기가 십상이기 때문이다. 청말清末의 학자요 정치가였던 캉유웨이康有爲가 "무릇 배우는 사람의 가장 큰 병폐는 이득과 관작에 뜻을 두는 데에 있다(蓋學者之大患, 在志于利祿)"라고 한 것은 바로 그 때문이다.

공자가 생각하는, 선비로서 견지해야 할 가장 이상적인 태도는 곧 "나라에서 써주면 세상에 나가 큰 뜻을 펼치고, 나라에서 써주지 않으면 재능을 감추고 은거하는"(7-11) 여유를 갖는 것이다. 진정한 선비는 배움에 입지하고 그 가운데서 삶의 의미와 즐거움을 찾을 줄도 알아야 한다. 그래서 공자는 여기서 선비가 일정 기간 출사에 대한 조급함을 버리고, 순수하게 배움에 몰두하며 정진함이 얼마나 어렵고 또 고귀한 일인지를 일깨운 것이다.

8-13

　공자께서 말씀하셨다. "옛 성현의 바른 도를 독실하게 믿고 또 그것
을 배우기를 좋아하며, 죽음을 무릅쓰고 바른 도를 굳게 지키고 또 그
것을 성실히 행하여야 한다. 정세가 위태로운 나라에는 들어가지 않
으며, 정국이 극도로 어지러운 나라에는 머물러 살지 않아야 한다. 천
하에 바른 도가 행해지면 세상에 나와 벼슬하고, 천하에 바른 도가 행
해지지 않으면 세상을 피해 몸을 숨겨야 한다. 나라에 바른 도가 행해
지는데도 빈천한 것은 부끄러운 일이고, 나라에 바른 도가 행해지지
않는데도 부귀한 것 또한 부끄러운 일이다."

子曰: "篤信¹好學, 守死²善道.³ 危邦⁴不入, 亂邦⁵不居. 天下有道⁶
자왈　독신 호학　수사 선도　위방 불입 난방 불거　천하 유도
則見,⁷ 無道⁸則隱.⁹ 邦有道, 貧且賤焉,¹⁰ 恥也; 邦無道, 富且貴焉,
즉현　무도 즉은　방유도　빈차천언　치야　방무도　부차귀언
恥也."
치야

주석

1　篤信(독신): 옛 성현의 바른 도를 도탑게 신뢰(믿고 의지)함을 이름. 「자장편」"도
　의를 신봉하되 진정 독실하지 못하다면(信道不篤)"(19-2) 참조.
2　守死(수사): 죽기를 각오하고 (바른 도를) 굳게 지킴을 이름.
3　善道(선도): 이는 앞에서 말한 목숨을 걸고 굳게 지킨 도를 잘 행한다는 뜻임. 여
　기서 '선'은 「위영공편」"장인은 그 일을 잘하려고 하면(工欲善其事)"(15-10), 『맹
　자』「진심 상편」"곤궁하면 홀로 자신의 품성을 닦고, 현달하면 널리 천하 만민
　에게 은택을 베푼다(窮則獨善其身, 達則兼善天下)"의 '선'과 같이 동사로 쓰인 것임.
　다시 말해 여기서 '선도'는 선한 도라는 뜻이 아님.
4　危邦(위방): 위태로운 나라. 곧 정세가 심히 위태로워 돌이키기 어려운 나라를

이름.

5 亂邦(난방): 어지러운 나라. 곧 정치나 사회가 극도로 어지러운 나라를 이름. 포함은 나라가 '어지러움'은 신하가 임금을 죽이고 자식이 부모를 죽이는 지경을 이르고, 나라가 '위태로움'은 장차 어지러워질 전조라고 함. 곧 위태로움이 극에 달하면 마침내 어지러움에 빠지게 된다는 말임.

6 天下有道(천하유도): 천하에 바른 도가 행해짐. 곧 정치 청명淸明의 시대, 치세를 이름.

7 見(현): 현現과 같음. 나타남. 곧 세상에 나가 벼슬함을 이름.

8 無道(무도): 천하무도, 즉 천하에 바른 도가 행해지지 않음. 곧 정치 암흑의 시대, 난세를 이름.

9 隱(은): 은거함.

10 焉(언): 어지於之의 합음자. 그런 곳에서, 그런 때에.

해설

모름지기 사람은 올바른 가치관을 확립하고, 그것을 추구하고 실현하는 데에 힘써야 한다. 그러기 위해서는 먼저 인생 진리의 깊은 의미와 고귀한 의의를 충분히 이해하고 믿으며, 살신성인하려는 의식과 의지를 가져야 한다. 여기서 공자는 대개 이 같은 견지에서, 우선 지행, 즉 앎과 행함의 기본 이치를 설명했다. 바른 도를 독실하게 믿으며 또 그것을 배우기를 좋아한다는 것은 곧 앎의 문제요, 목숨을 걸고 바른 도를 굳게 지키며 또 그것을 성실히 실행한다는 것은 곧 행함의 문제이다. 주자가 이른 대로, "독실하게 믿지 않으면 배우기를 좋아할 수가 없다. 그러나 독실하게 믿는데도 배우기를 좋아하지 않는다면 그 믿는 바가 혹 정도正道가 아닐지 모른다. 죽음을 무릅쓰고 바른 도를 굳게 지키지 않으면 그 도를 잘 행할 수가 없다. 그러나 죽음을 무릅쓰고 바른 도를 굳게 지키는데도 그 도를 잘 행하지 못한다면 그건 헛된 희생이요 죽음일 뿐이다. 대개 죽음을 무릅쓰고 바른 도를 굳게 지키는 것은 독실한 믿음의 공효功效요, 죽음을 무릅쓰고 굳게 지킨 도를 성실히 행하는 것은 배우기를 좋아함의 공효이다(不篤信則不能好學, 然篤信而不好學, 則所信或非其正. 不守死則不能以善其道, 然守死而不足以善其道, 則亦徒死而已. 蓋守死者, 篤信之效; 善道者, 好學之功)."

이 장은 아마 그간 배움이 상당한 수준에 이른 제자가 바야흐로 사회 진출을 도모하며 문하를 떠나는 상황에서 공자가 가르침을 준 것으로 보인다. 그래서인가 공자는, 궁극적으로 "자기 자신을 수양해 천하 만백성을 편안하게 해주어야 한다"(14-43)는 이상을 실현하기 위해 진력할 제자에 대한 기대와 우려가 교차하면서, 정치 태도와 처세 원칙을 구체적으로 부연한다. 한마디로 군자는 나아가고 물러남에 있어 마땅히 바른 도에 의거해야 한다는 것이다.

'위방危邦'이나 '난방亂邦'은 모두 무도지방無道之邦이니, 사회 전반에 위험과 혼란이 이어지는 상황에서는 제대로 바른 도를 행하기 어렵다. 주자가 이른 대로, "군자는 위난의 시기에 직면하여서는 목숨을 바치는 것이니, 현재 '위방'에서 벼슬하고 있는 자는 도의상 떠나서는 아니 된다. 하지만 그 나라 밖에 있다면 굳이 안으로 들어가지는 말아야 한다. 반면 '난방'은 아직 위태롭지는 않으나('어지러움'과 '위태로움'의 의미에 대한 주자의 견해는 포함과는 상반되는데, '난방불거'의 함의를 음미해볼 때 그 심각함이 '위방'보다 더한 것으로 보이며, 따라서 포함의 견해가 보다 나은 것으로 판단됨—역주) 형법과 정령, 규율과 법도가 문란하므로 일신을 깨끗이 하여 그 나라를 떠나야 한다(君子見危授命, 則仕危邦者無可去之義, 在外

則不入可也.亂邦未危, 而刑政紀綱紊矣, 故潔其身而去之〕."

천하가 태평하고 정치가 광명한 때에는 인재의 천거나 등용, 유공자에 대한 승진이나 포상이 모두 정도에 의해 이루어지므로, 군자는 응당 세상에 나가 벼슬하며 도를 행하고 공을 세움으로써 천하 만백성을 편안하게 해주어야 한다. 또한 벼슬에는 녹봉이 있고 공에는 상이 따르니, 재덕이 출중한 사람은 능히 많은 녹봉을 받고 높은 지위에 올라 부귀할 수가 있다. 이렇듯 재덕을 발휘해 제세구민을 위해 분투한 결과로서 부귀함은 충분히 영광스럽게 여길 수 있는 일이다. 그런데 만약 스스로 빈천하다면 필시 소재과덕少才寡德(재덕이 부족함)으로 높은 지위에 올라 나라와 세상을 위해 큰일을 하지 못했음을 반증하니, 참으로 수치스러운 일이라 하지 않을 수 없다. 반면 천하가 혼란하고 정치가 암흑한 때에는 소인이 날뛰고, 비도非道가 난무하므로, 군자라면 세상을 떠나 숨어 삶으로써 그 소신과 정도를 지켜야 한다. 또한 그처럼 무도한 정치 상황에서 고관후록高官厚祿(높은 벼슬과 많은 녹봉)은 필시 비도로 획득해 향유하게 될 것이니, 만약 스스로 부귀하다면 그건 분명 수치스런 일이다.

8-14

공자께서 말씀하셨다. "그 직위에 있지 않으면, 그 정사를 도모하지 않는다."

子曰: "不在其位,¹ 不謀²其政.³"
자 왈　 부 재 기 위　　불 모 기 정

506

1 其位(기위): 그 직위. 여기서 '기'는 곧 해당 직위에 주인이 있음을 암시함. '위'는 직위, 관위官位(벼슬자리).
2 謀(모): 도모함, 꾀함. 곧 관여함, 간여함을 이름.
3 其政(기정): 그 정사. 여기서 '기'는 곧 해당 정사의 주무主務가 있음을 암시함. '정'은 정사, 정무.

해설

국가는 대개 여러 관직을 설치하고, 각 관리로 하여금 그 직무를 분장分掌케 한다. 그것은 곧 다양한 직책을 명확히 구분해 각기 맡은 직분에 충실함으로써 직무 수행의 효율을 극대화하기 위한 조치이다. 그런데 만약 한 관리가 월권하여 남의 직무에 대해 이러쿵저러쿵 간여한다면, 아무래도 자신의 일에 소홀함은 물론, 남의 직권을 침해함으로써 크고 작은 모순과 갈등 그리고 폐단을 낳을 것이다. 공자는 바로 그 같은 견지에서 벼슬아치의 기본 수양과 도리를 일깨웠다.

이 장의 말은 「헌문편」에 한 번 더 나오는데, 그곳에서는 "군자가 생각하는 바는 그 지위를 벗어나지 않는다"(14-27)라고 증자가 부연한다. 『주역』「간괘艮卦·대상전」에서도 "군자는 그 생각이 자신의 지위를 벗어나지 않는다(君子以思不出其位)"라고 했고, 『중용』에서는 또 "군자는 현재의 지위에 맞추어 행동하며, 그 분외分外의 일은 바라지 않는다(君子素其位而行, 不願乎其外)"라고 했는데, 모두 같은 맥락으로 이해된다. 그뿐만 아니라 『장자』「소요유편逍遙遊篇」에서도 "설령 숙수熟手가 음식을 만들지 않는다고 하더라도 제주祭主가 술그릇과 적대炙臺를 넘어가서 그를 대신하지는 않는다(庖人雖不治庖, 尸祝不越樽俎而代之

矣)"라고 했으며, 후세에는 그에 근거해 곧 '월조대포越俎代庖'라는 성어成語로 자신의 직분을 뛰어넘어 남의 직권을 침범함을 비유하기에 이르렀는데, 그 또한 공자의 논지와 일맥상통한다. 요컨대 공자는 '월조대포'로 인한 정치 질서의 문란과 그 폐해를 경계한 것이다. 한데 예나 지금이나 재위자在位者의 정무 수행이 반드시 나무랄 데 없지는 않을 것이며, 그럴 경우 그 직위에 있지 않은 이가 부득이 나서는 일이 일어날 수도 있다. 그러니 어쩌면 재위자의 성실한 책무 완수가 먼저 강조되어야 할지도 모른다.

사실 공자는 벼슬자리에 있지 않은 경우에도 임금이나 집정 대부가 정치의 도를 물었을 때, 나름의 견해를 피력하곤 했다.(2-19·20, 12-11 등 참조) 하지만 그것은 모두 원론적인 견해로, 특정한 인물의 고유 업무에 간여했다고 보기 어렵다. 정자가 "그 직위에 있지 않다는 것은 그 일을 맡지 않았다는 것이다. 그러나 만약 임금과 대부가 물어서 아뢰는 경우는 있을 수 있다"라고 했으니, 조금은 다른 시각에서 공자의 경우를 이해한 것이다.

8-15

공자께서 말씀하셨다. "태사 지가 당초 노나라에 있을 때는, 악곡의 종장終章에서 「관저」 곡을 연주하면 아름답고 구성진 곡조가 두 귀에 가득하였도다!"

子曰: "師摯^{1}之始,^{2} 關雎^{3}之亂,^{4} 洋洋乎^{5}盈^{6}耳哉^7!"
자 왈   사 지 지 시   관 저 지 란   양 양 호 영 이 재

1 師摯(사지): '사'는 태사로, 악사樂師·악관樂官의 장長을 일컬음. '지'는 그의 이름. 노나라 태사 지. 곧 「미자편」 "태사 지는 제나라로 가고"(18-9)의 '지'를 가리킴.

2 始(시): 처음, 당초, 애초. 이는 지금은 제나라로 떠나고 없는 태사 지가 지난날 노나라에서 악관의 장으로 있을 때를 회고하며 한 말임. 일설에 악곡의 초장初章을 이른다고 하나, 적절치 않음.

3 關雎(관저): 『시경』의 첫 번째 시. 3-20 주석 1 참조.

4 亂(란): 악곡의 종장, 즉 마지막 부분으로, 합창·합주合奏로 구성됨.

5 洋洋乎(양양호): 아름답고 성대한 모양. '호'는 부사형 어미로, 然然과 같음.

6 盈(영): 가득 참, 충만함.

7 哉(재): 감탄의 어조사.

해설

노나라는 정공 말년 계환자가 제나라 여악女樂, 즉 가기歌妓·무녀舞女를 받아들인 후, 군신君臣이 온통 가무에 빠져 걸핏하면 정사를 내팽개치고 돌보지 않았다. 이어 애공 초년 정국은 혼란하고, 국운은 쇠미한 가운데 예악이 붕괴되는 지경에 이르렀고, 태사 지가 제나라로 망명하는 등 일단의 악관들이 대거 노나라를 떠나 뿔뿔이 흩어졌다.(18-9 참조) 여기서 공자는 대략 그즈음 태사 지가 당초 노나라에서 벼슬하던 때의 아름답기 그지없던 음악을 회고하며 찬탄했다. 공자는 곧 그렇게 당시 혼란과 쇠락의 길을 걷고 있는 현실 사회에 대한 안타까운 정을 드러낸 것으로, 악교樂敎(음악을 통한 교화와 교육)의 진흥에 대한 깊은 관심과 소망이 짙게 묻어난다.

8-16

공자께서 말씀하셨다. "거만한 데에다 정직하지도 않고, 어리석은
데에다 성실하지도 않으며, 무능한 데에다 신실하지도 않은 사람은,
도대체 어떻게 그런지 나는 알 수가 없다."

子曰: "狂¹而不直,² 侗³而不愿,⁴ 悾悾⁵而不信,⁶ 吾不知之⁷矣."
자왈 광 이부직 통 이불원 공공 이불신 오 부 지 지 의

주석

1 狂(광): 광망狂妄함, 거만함. 이를테면 천성이 적극적이고 진취적이기는 하나 왕
  왕 거들먹거들먹 큰소리를 치면서도 부끄러운 줄 모르는 성향을 이름.
2 直(직): 정직함. 이를테면 말을 함에 겉과 속이 같고, 행동을 함에 과오가 있어도
  결코 가리지 않음을 이름.
3 侗(통): 어리석음, 무지몽매함.
4 愿(원): 성실함. 이를테면 상도常道를 엄수하며 범사에 소홀함이 없음을 이름.
5 悾悾(공공): 무식하고 무능한 모양.
6 信(신): 신실함. 이를테면 사람됨이 질박하고 착실하여 처사에 기만과 허위가 없
  음을 이름.
7 吾不知之(오부지지): (도대체 어떻게 그런지) 나는 알 수가 없음, 이해가 안 됨. 곧 주
  자가 이른 대로, "심하게 단절하는 말이니, 탐탁히 여기지 않음으로써 가르치는
  것(甚絶之之辭, 亦不屑之敎誨也)"임.

해설

만물은 타고난 기질이나 자질이 그야말로 가지각색이다. 다만 대개
어떤 장점이 있으면 그에 상응하는 단점이, 어떤 단점이 있으면 그에

510

상응하는 장점이 수반되게 마련이다. 예를 들면 잘 달리는 말은 왕왕 성미가 고약하고, 유순한 말은 왕왕 달리는 게 빠르지 않다. 사람의 기질 또한 마찬가지로 일장일단이 있게 마련이다. 한데 만약 단점의 아쉬움을 다소나마 상쇄할 수 있는 장점을 거의 지니고 있지 않다면, 그 폐단은 심각할 수밖에 없다.

거만한 사람은 흔히 뜻이 크고 진취적이며 호탕하기는 하지만, 왕왕 사리 분별력이 떨어지고 절제심이 부족하다. 그런 사람이 만약 정직하지 못해 언행이 정도正道를 벗어난다면 그 폐해가 심대할 것이다. 어리석은 사람은 크게 쓸모 있는 인물이 되기는 힘들겠지만 그나마 순수하고 성실함마저 없다면, 또 무능한 사람은 재능이나 식견은 없겠지만 그나마 신중하고 신실함마저 없다면, 하나같이 불미한 폐해가 더욱 두드러질 것이다. 그리하여 공자는 이들 세 유형의 사람들에 대해 개탄을 금치 못했다. 여기서 "도대체 어떻게 그런지 나는 알 수가 없다"라고 함은 곧 "썩은 나무는 조각할 수도 없다"(5-10)는 탄식과 마찬가지로 탐탁히 여기지 않음으로써 가르치는 것이니, 스스로 각성하고 경계하기를 깊이 촉구한 것이다. 또한 공자는 사람들에게 정직과 성실·신실은 누구나 반드시 갖춰야 할 기본 덕목임을 일깨우고 있다.

8-17

공자께서 말씀하셨다. "배움이란 마치 앞선 것을 따라잡지 못할까 봐 안달하듯이 하고, 또 따라잡은 뒤에는 그것을 잃어버리지나 않을까 두려워하듯이 하는 것이다."

子曰: "學如不及,¹ 猶²恐³失之.⁴"
자 왈   학 여 불 급   유 공 실 지

주석

1 不及(불급): 미치지 못함. 곧 무언가(또는 사람)를 쫓아가는데 결코 쉽게 따라잡지
   못한다는 말. 다케조에는 이 '급'이나 아래의 '실失'은 모두 사람을 쫓아가는 데
   비유한 것이라고 함.
2 猶(유): 우又와 같음. 또.
3 恐(공): 두려워함.
4 失之(실지): 따라잡은 것(사람)을 망실亡失함. 곧 습득한 지식 등을 잊어버림을 비
   유함. 한편 다산은 길을 감에 귀중한 보배가 앞에 떨어져 있는데, 다른 사람이 그
   것을 먼저 가져갈 것 같음을 말한다고 함. 하지만 '불급'은 학습 이전, '실지'는 학
   습 이후의 마음 자세를 각각 이르는 것인 만큼, 다산의 견해는 배우기 전 단계에
   국한되어 있어 그 의미의 체계나 전면성에서 미흡함.

해설

'배움은 끝이 없다(學無止境).' 그래서인가 우리는 무언가 배우기를 열
심히 하면 할수록 스스로의 한계를 절감하게 된다. 공자는 여기서 배
우는 사람이 가져야 할 이상적인 마음가짐을 설명했다. 우선 "배움이
란 마치 앞선 것을 따라잡지 못할까봐 안달하듯이 하"라고 했는데, 이
는 새로운 지식을 어떤 자세로 습득할 것인가에 대한 간명簡明한 지침
이다. 한마디로 배움에 대한 끝없는 목마름이 있어야 한다는 뜻이니,
곧 그 지난한 과정에 어떤 힘듦과 어려움에도 굴하지 않고, 시종 의연

512

히 정진에 정진을 거듭할 수 있는 전제적 요건을 강조했다.

그리고 배움은 "또 (앞선 것을) 따라잡은 뒤에는 그것을 잃어버리지나 않을까 두려워하듯이 하는 것"이라고 했는데, 이는 이미 습득한 지식을 어떤 자세로 공고히 할 것인가에 대한 가르침이다. 사람은 망각의 동물이다. 그 때문에 사람이 아무리 갈구해 배운 지식일지라도 제 때에 또 수시로 거듭 익히지 않는다면, '온고이지신溫故而知新'(2-11)은커녕 애초에 습득한 기본 개념조차 이해하고 간직해나가기도 쉽지 않다. 배움의 세계는 진정 망망대해와 같이 끝이 없다. 또한 '배움은 마치 흐르는 물을 거슬러 배를 저어가는 것과 같아서, 앞으로 나아가지 않으면 곧바로 뒤로 밀려나게 된다(學如逆水行舟, 不進則退).' 배우는 사람의 기본자세에 대한 공자의 가르침이 얼마나 핵심을 찌르는지 새삼 놀랍다. 아무튼 자하가 이른 대로, "날마다 알지 못하던 것을 새롭게 알아가고, 달마다 이미 아는 것을 거듭 익혀 잊어버리지 않도록 한다면, 진정 배우기를 좋아한다고 할 수 있다."(19-5)

8-18

공자께서 말씀하셨다. "숭고하도다, 순임금과 우임금께서는 천하를 차지하셨지만 결코 스스로 구하지는 아니하셨나니!"

子曰: "巍巍乎,[1] 舜[2]禹[3]之有天下也,[4] 而不與焉[5]!"
자왈　외외호　순　우　지유천하야　이불여언

1 **巍巍乎**(외외호): 산세山勢가 높고 크며 웅장한 모양. 여기서는 이로써 순·우임금의 덕성이 숭고하고 위대함을 찬미함. '호'는 연然과 같은 형용사형 어미로, 여기서는 찬미의 어기를 나타냄.

2 **舜**(순): 중국 상고시대의 임금. 성은 요姚, 이름은 중화重華. 우虞에서 건국했으므로 우순虞舜 혹은 유우씨有虞氏라고 일컬어지며, 또 대순大舜이라고도 함. 본디 농사를 지었으며 효성이 지극했는데, 요임금이 그를 등용해 섭정케 하자 오래지 않아 천하가 크게 다스려짐. 이에 요임금은 제위를 순에게 선양함. 훗날 남방 순수巡狩 길에 창오蒼梧에서 붕어함. 48년간 재위했는데, 아들 상균商均이 불초한 까닭에 치수治水에 공이 컸던 우에게 전위傳位함.

3 **禹**(우): 하 왕조의 개국 군주. 성은 사姒, 이름은 문명文命. 처음에는 하夏(지금의 하남성 우현禹縣)에 봉封해짐. 요임금 때 그의 아버지 곤鯀이 치수에 실패했는데, 나중에 순임금이 그에게 부업父業을 계승해 수재水災의 근심을 덜어줄 것을 명함. 이에 우는 결혼한 지 나흘 만에 치수 길에 올라, 13년간 객지를 떠돌며 각고의 노력을 다함. 그리하여 마침내 치수에 크게 성공해, 순임금으로부터 선양을 받고 제위에 오름. 훗날 남방 순수 길에 회계會稽에서 붕어함. 8년간 재위했으며, 자신의 치수를 도왔던 동이족 수령首領 백익伯益에게 양위하고자 함. 하지만 우임금이 죽은 후, 많은 수령들이 우임금의 아들 계啓를 추대하는 가운데, 백익도 계에게 왕위를 양보함으로써 군주 세습의 선례가 열림. 하우夏禹 혹은 하후씨夏后氏라고 일컬어지며, 또 대우大禹라고도 함.

4 **有天下也**(유천하야): 순·우가 임금이 되어 천하를 차지한 것을 두고 이름. '야'는 일시 멈춤의 어조사.

5 **不與焉**(불여언): 역대로 다양한 풀이가 있어온바 첫째, 하안은 순·우임금이 모두 선양을 받아 제위에 올랐으며, 결코 스스로 구하지 않았음을 말한다고 함. 둘째, 한대 왕충과 청대 모기령은 순·우임금이 천하를 다스림에 있어 나랏일을 직접 돌보지 않고, 현덕과 재능이 있는 인재를 등용해 중책을 맡겼음을 말한다고 함. 셋째, 주자는 천하를 얻은 것을 순·우임금은 자신들과는 별로 상관없는 일로 여겼음을 말한다고 함. 넷째, 황간은 공자가 순·우 두 임금과 같은 시대를 살지 못한 것을 한탄함을 말한다고 함. 다섯째, 청대 팽대수彭大壽는 순·우임금이 천하를 사유私有로 여기거나 그 이득을 향유하지 않았음을 말한다고 함. 이상에서 뒤

의 네 가지 풀이는 모두 순·우뿐만 아니라, 요임금도 해당하는 내용들임. 반면 첫 번째 하안의 견해는 제왕帝王 제곡帝嚳의 아들로 제위를 이어받은 요임금과는 무관함. 상고시대 3대 성군 가운데 공자가 굳이 순·우 두 임금만을 들어 찬미한 까닭이 있을 것인데, 필시 왕위 찬탈이 난무한 당시의 세태를 풍자하려 했던 것으로 추측됨. 따라서 하안의 견해가 가장 따를 만함. '여'는 참여함. 곧 스스로 천하를 차지하고자 함을 이름. '언'은 '어지於之'의 합음자로, 여기서 '지'는 곧 천하를 차지하기 위한 노력을 가리킴.

해설

순·우임금은 요임금과 더불어 중국 원시 부족사회의 3대 군장君長인데, 공자는 이 세 임금을 성군으로 받들며 극진히 숭앙했다. 전하는 바에 의하면 요임금은 제곡의 둘째 아들로, 부왕父王 사후死後 제위를 이어받은 형 지摯가 제대로 정무를 수행하지 못하자 대신 임금의 자리에 올랐다. 반면 순·우 두 임금은 모두 자신의 현덕과 공훈·업적에 힘입어 선왕先王의 선양을 받아 천하를 차지하게 되었다. 이들 세 임금은 많은 부분이 같은 전형적 성명聖明 군주였으나(사실 이들의 인물 형상은 후인後人들에 의해 이상화된 측면이 없지 않음) 그 즉위 과정에는 이렇듯 상이함이 있었다.

공자가 살았던 춘추시대는 유례없는 난세로, 임금을 죽이고 왕위를 찬탈하는 일이 심심찮게 일어났다. 여기서 공자는 필시 그 같은 세태를 풍자한 것으로 보인다. 요컨대 순·우가 천하를 차지함은 오로지 슬기롭고 어진 덕성으로 나라와 백성을 위해 누구보다도 각고 헌신한 데에 힘입어 선양을 받은 것이며, 결코 스스로 천하를 구해 얻은 것이 아님을 강조하며 찬미했다. 그것은 곧 당시 무지하고 부덕하면서도 참람히 야심을 불태우는 무리들을 경계코자 한 것이다.

8-19

공자께서 말씀하셨다. "위대하도다, 요께서 임금 되심이여! 숭고하도다, 세상에서 오직 하늘만이 위대하거늘 유독 요임금만이 하늘을 본받으셨나니! 광대하도다, 그 공덕功德을 백성들이 무슨 말로 형용해야 할지를 모르나니! 숭고하도다, 그 성취하신 공업功業이여! 찬란하도다, 그 창제하신 예악 제도여!"

子曰: "大哉, 堯¹之爲君也! 巍巍乎,² 唯³天爲大, 唯堯則⁴之; 蕩蕩
자왈 대재 요 지위군야 외외호 유천위대 유요칙지 탕탕
乎,⁵ 民無能名⁶焉⁷; 巍巍乎, 其有成功⁸也; 煥乎,⁹ 其有文章¹⁰!"
호 민무능명언 외외호 기유성공야 환호 기유문장

주석

1 堯(요): 상고시대의 임금. 이름은 방훈放勳. 처음에는 도陶 땅에, 나중에는 당唐 땅에 봉해졌으므로 도당씨陶唐氏로 불림. 제호帝號는 요. 또 당요唐堯라고도 함. 근 100년간 재위하며 덕정을 베풀었으며, 나중엔 순에게 양위讓位함.

2 巍巍乎(외외호): 앞 장 주석 1 참조.

3 唯(유): 오직, 오로지.

4 則(칙): 본받음.

5 蕩蕩乎(탕탕호): 광대한 모양. 곧 공덕의 광대함을 형용 칭송한 말.

6 名(명): 명상名狀함. 곧 (사물의 상태를) 이름 붙여 말함, 말로 나타냄. 여기서는 (말로) 형용하거나 칭송함을 이름.

7 焉(언): 지시대명사 '지之'와 같음. 여기서는 요임금 또는 그의 공덕을 가리킴.

8 成功(성공): 공업을 이룩함, 또는 이룩한 공업.

9 煥乎(환호): 찬란히 빛나는 모양. 곧 광채의 찬란함을 형용한 말.

10 文章(문장): 한 나라의 문명을 이룬 예악 및 전장典章 제도. 또 그 빛나는 문채.

해설

『사기』「오제본기五帝本紀」에 따르면, 요임금은 하늘같이 어질고 신같이 지혜로웠으며, 사람들이 마치 태양에 의지하듯 그에게 다가갔고, 만물을 촉촉이 적셔주는 비구름을 보듯 그를 우러러봤다고 한다. 제위에 오른 지 70년 만에 순을 만났고, 다시 20년 후 스스로 늙었다고 하여 순에게 천자天子의 정사를 대행케 하며 순을 하늘에 천거했다. 요임금은 제위에서 물러난 지 28년 만에 붕어했는데, 아들 단주丹朱가 불초해 천하를 물려줄 재목이 아님을 알고, 제위를 순에게 물려주었다. 당시 요임금은 '천하를 순에게 물려주면 천하 만민이 다 그 이점을 누리는 반면 단주 한 사람만 괴로울 것이나, 천하를 단주에게 물려주면 천하 만민이 다 고통스러운 반면 단주 한 사람만 그 이득을 누릴 것'이라는 판단하에 "결코 천하 만민을 고통스럽게 하면서 한 사람에게 이롭게 할 수는 없다"라고 하며 순에게 천하를 물려주었다고 한다.

여기서 공자는 요임금의 숭고하고 위대한 공덕을 한껏 기리며, 더할 나위 없이 훌륭한 성군으로 숭앙하고 있다. 사실 요임금은 물론 순·우임금은 후세 사람들에 의해 그 인물이나 정치와 시대가 극단적으로 미화되고 이상화되었다. 한데 공자가 이렇듯 상고시대 성군에 대한 한없는 숭앙의 뜻을 끊임없이 피력한 까닭은 무엇일까? 그것은 분명 당시 예악이 붕괴되고 패도霸道가 난무한 난세의 국면에 대한 깊은 통탄과 강력한 견책의 일환일 것이다.

8-20

순임금에게는 현신賢臣 다섯 사람이 있어서 천하가 잘 다스려졌다. 무왕은 "우리 주 왕실에는 어지러운 세상을 능히 다스릴 신하 열 사람이 있도다"라고 하셨다. 공자께서 말씀하셨다. "옛말에 '인재를 얻기가 어렵다'고 했는데, 어찌 그렇지 않겠는가? 요·순임금 이후에는 주 문·무왕 때에 인재가 가장 많았으나, 그때의 인재 열 사람 가운데에는 부인이 한 사람 있었으니, 실제로는 아홉 사람뿐이었다. 주 문왕은 천하 민심의 3분의 2를 얻고도 여전히 신하로서 복종하여 은 주왕을 섬겼나니, 주 왕조의 덕이야말로 진정 지극히 고상한 덕이라고 할 수 있다."

舜有臣五人,¹ 而天下治. 武王²曰: "予³有亂臣十人.⁴" 孔子⁵曰: "'才
순 유 신 오 인   이 천 하 치   무 왕 왈   여 유 난 신 십 인   공 자 왈   재
難.⁶' 不其然乎⁷? 唐虞之際, 於斯爲盛.⁸ 有婦人⁹焉,¹⁰ 九人而已. 三
난   불 기 연 호   당 우 지 제   어 사 위 성   유 부 인 언   구 인 이 이   삼
分天下有其二,¹¹ 以服事殷.¹² 周之德,¹³ 其¹⁴可謂至德¹⁵也已矣.¹⁶"
분 천 하 유 기 이   이 복 사 은   주 지 덕   기 가 위 지 덕 야 이 의

주석

1 臣五人(신오인): 현신 다섯 사람. 공안국은 우·직稷·설契·고요·백익을 이른다고 함.

2 武王(무왕): 주 무왕 희발. 문왕의 아들. 은말殷末 주왕의 포학무도함이 극에 달하자, 무왕이 제후들을 이끌고 정벌에 나서 목야牧野 전투에서 크게 무찌름. 주왕

이 스스로 분사焚死하면서, 무왕은 마침내 천하를 차지하고 호경에 도읍했으며, 19년간 재위함.

3 予(여): 나, 우리. 이는 무왕이 주 왕실을 대표해 자칭한 말로, 곧 주 문·무왕의 시대를 아울러 일컫은 것임.

4 亂臣十人(난신십인): 치란治亂에 능한 신하 열 사람. '난신'은 곧 주 왕실을 위해 큰 공을 세워 어지러운 세상을 능히 다스릴 신하를 이름. '난'은 다스림(治). 다케조에의 설명에 따르면, 『순자』에서 "혼란을 다스리는 것을 '난'이라고 한다(治亂謂之亂)"고 한 것을 비롯해, 『설문해자』나 『이아』에서도 모두 같은 뜻으로 풀이했듯이, '난'은 본디 '치治'의 뜻임. 한편 혼란이나 변란의 뜻을 나타내는 글자는 원래 다른 것이 있었으나, 나중에 경전經典에서 모두 '난'으로 가차하면서 원자原字가 사라지게 됨. '십인'을 마융은 주공 단旦, 소공 석奭, 태공망, 필공畢公, 영공榮公, 태전太顚, 굉요閎夭, 산의생散宜生, 남궁괄南宮适, 그리고 나머지 한 사람은 문모文母를 이른다고 함. 문모는 주 문왕의 비妃 태사太姒.

5 孔子(공자): 여기서 '자子'라 하지 않고 '공자'라고 한 것을, 주자는 공자의 말은 위에서 무왕이 한 말을 이어받았으며, 무왕과 공자는 군신 사이이기 때문에 기록하는 이가 삼간 것이라고 함.

6 才難(재난): 인재(특히 정치적 인재)를 얻기가 어려움. 이는 공자가 옛말을 인용한 것임.

7 不其然乎(불기연호): 기불연호其不然乎와 같음. 어찌 그렇지 않겠는가? '기'는 기豈와 같음.

8 "唐虞(당우)···" 2구: 요·순임금 이후로는 주 문·무왕 때에 인재가 가장 많았다는 말. '당우'는 당요와 우순. 곧 요·순을 일컫음. '제際'는 변제邊際. 곧 끝, 한계. 여기서는 이후, 이하를 이름. '사斯'는 지시대명사로, 차此·기其와 같음. 여기서는 곧 문·무왕 때를 가리킴. 사실 이 두 구절에 대한 역대의 풀이는 다양하여 요·순 때가 문·무왕 때보다 인재가 많았다, 문·무왕 때가 요·순 때보다 인재가 많았다, 요·순 때와 문·무왕 때가 모두 인재가 많았다는 등의 뜻으로 풀이함. 이는 '어於'를 '~보다'(비교)의 뜻으로 보거나, 여與와 같은 '~와(과)'(접속)의 뜻으로 본 데에 따른 것임. 하지만 공자의 뜻은 훌륭한 인재는 많지 않음을 강조함에 있으며, 결코 인재가 어느 시대에 많았는지 그 우열을 비교함에 있지 않음을 감안할 때, 모두 적절치 않은 풀이로 보임.

9 婦人(부인): 마음이 이른 대로, 이는 문모 태사를 가리킴.(위 주석 4 참조) 일설에는 무왕의 부인 읍강邑姜을 가리킨다고도 함.

10 焉(언): 어지於之의 합음자. 그 가운데에는. 곧 무왕이 말한 '난신십인' 가운데를 두고 이름.

11 三分天下有其二(삼분천하유기이): 천하를 셋으로 나누었을 때, 그중 둘을 차지함. 포함은 은 주왕은 음란 무도한 반면, 주 문왕은 서백으로 성덕이 있었으므로, 천하 가운데 주周에 귀부歸附한 지역이 3분의 2였다고 함. 주자는 정현과 형병의 견해에 근거해, 구체적으로 주州 이름을 열거하며 당시 천하 구주九州 가운데 문왕에게 귀부한 곳이 여섯 주이고, 나머지 세 주만 주왕에게 귀속되어 있었다고 함. 다만 당시 문왕이 아직 주왕에 대해 신하의 도리를 다하고 있었음을 감안할 때, 다케조에가 이른 대로 여기서 '셋으로 나눈 가운데 둘을 차지하였다〔三分有二〕'고 함은 단지 당시 천하 민심의 태반이 문왕에게 쏠려 있었음을 강조한 것일 뿐이라는 뜻으로 이해됨. 한편 주자는 혹자의 말을 빌려 이 '삼분' 이하를 끊어내어 따로 "공자왈孔子曰"로 시작함으로써 별도의 한 장章으로 나눠야 한다고 함. 필시 위에서 말한 '재난'의 취지와는 무관하다는 판단 때문인 것으로 보이는데, 확증이 없는 한 함부로 따르기는 어려움. 게다가 양자 간에 논리적 관련성이 없지만은 않으니, 더욱 그러함.

12 以服事殷(이복사은): 신복臣服해 은나라(주왕)를 섬김. '이'는 이而와 같음. 역접의 접속사. '복사'는 신하로서 복종하여 섬김. 『좌전』「양공 4년」에 "문왕이 상(은) 왕조를 배반한 나라를 거느리고 주왕을 섬겼다〔文王帥商之畔國以事紂〕"고 함.

13 周之德(주지덕): 주 왕조, 특히 문·무왕의 덕을 이름. 앞에서 무왕의 말을 인용하고, 이어서 문왕의 일을 거론한 후 '주지덕'이라고 했으니, 이는 대개 문·무왕을 아울러 염두에 두고 이른 것으로 이해됨. 무왕도 주왕의 포학함이 극에 달해 부득불 정벌하지 않을 수 없는 상황에 이르기 전까지는, 그 '이복사은以服事殷'의 충심과 성의가 문왕과 다를 바가 없었음.

14 其(기): 강한 긍정 내지 단정의 어기 부사. 일설에는 추측의 어기를 나타낸다고 함.

15 至德(지덕): 지극히 고상한 도덕.

16 也已矣(야이의): 문장 끝에 쓰이는 복합 어조사로, 보다 강한 긍정과 감탄의 어기를 나타냄.

후세에 태평성대의 전범이 된 순임금의 시대에도 능신能臣, 즉 정사에 능숙한 신하는 다섯 사람에 불과했다. 그뿐만이 아니다. 은말殷末의 어지러운 세상을 바로잡고 새로운 왕업을 연 주 무왕의 시대에도 능신은 열 사람에 불과했으며, 개중에는 여인도 한 사람 포함되어 있었다. 공자는 이 같은 사실史實을 들어 자고로 '인재를 얻기가 어렵다'는 것을 예증例證하고, 또 강조했다. 소위 인재, 특히 정치적 역량이 뛰어난 인재는 어지러운 세상을 다스리는 데에 결정적 역할을 한다는 점에서 그 존재 가치가 지대하다. 그렇다면 어떻게 해야 보다 많은 인재를 얻을 수 있을까? 여러 가지 요소가 있겠으나, 무엇보다 영도자의 도덕적 자질과 품성이 관건이라는 것이 공자의 생각이다.

또한 당대의 대문호 한유의 「잡설雜說」에서 말했다. "세상에 백락伯樂(춘추시대에 좋은 말을 잘 알아본 것으로 유명한 사람)이 있은 후에야 비로소 천리마가 존재할 수 있나니, 천리마는 언제나 있지만 백락은 항상 있는 게 아니다(世有伯樂, 然後有千里馬. 千里馬常有, 而伯樂不常有)." 인재를 얻는 데에는 분명 영도자의 덕성이 전제되어야 하나, 인재를 알아보는 '백락'의 혜안이 없어서는 안 된다. 덕성과 혜안을 겸비했다면, 그는 분명 훌륭한 영도자임을 믿어 의심치 않으리라.

8-21

공자께서 말씀하셨다. "우임금은 내가 비난할 것이 없도다. 평소 스스로는 변변찮은 음식을 드시면서 제사에는 효성을 다해 한껏 정갈하

고 풍성한 제수祭需를 올리고, 스스로는 볼품없는 옷을 입으시면서 제
사 때의 예복과 예모禮帽는 한껏 아름다움을 다하며, 스스로는 누추한
집에 사시면서 수리水利 사업에는 온 힘을 다 기울이셨나니, 우임금은
내가 비난할 것이 없도다."

子曰: "禹, 吾無間然¹矣. 菲²飲食, 而致孝乎鬼神³; 惡⁴衣服,⁵ 而致
자왈   우 오무간연 의   비²음식   이치효호귀신   악 의복   이치
美乎黻冕⁶; 卑⁷宮室,⁸ 而盡力乎溝洫.⁹ 禹, 吾無間然矣."
미호불면   비 궁실   이진력호구혁   우 오무간연의

주석

1 間然(간연): 허물을 지적하여 비난함. '간'은 간극間隙, 틈. 여기서는 동사로, 허물
이나 결점을 책잡음, 비난함을 이름. 「선진편」 "인불간어기부모곤제지언人不間於
其父母昆弟之言"(11-5)의 '간'도 이와 같음. '연'은 언焉과 같음. 곧 어지於之의 뜻으
로, '그(우임금)에게서'라는 말임. 일설에는 이 '연'은 서술문 끝에 쓰이는 어조사
로, 단정의 어기를 나타낸다고 함.

2 菲(비): 비박菲薄함, 박薄함. 곧 양도 많지 않고 맛이나 품질 따위가 떨어져 변변
치 못함. 여기서는 사역동사로 쓰여, (음식을) 그렇게 먹음을 이름.

3 致孝乎鬼神(치효호귀신): 귀신에게는 효성을 다함. 곧 귀신에게 제사를 지낼 때
는 성심과 성의를 다해 제수를 한껏 풍성하고 정갈하게 올린다는 말. '치'는 다
함[盡]. '효'는 효경孝敬의 마음, 곧 효성. '호'는 어於와 같음. '귀신'은 천신天神·지
기地祇·인귀人鬼를 이름.

4 惡(악): 조악함, 열악함. 여기서는 사역동사로 쓰임.

5 衣服(의복): 이는 주자가 이른 대로, 평상복을 말함.

6 黻冕(불면): '불'은 제사 지낼 때 입는 예복. '면'은 본디 대부 이상의 벼슬아치가
쓰던 관모冠帽를 일컬었으나, 나중에는 제왕帝王의 관모만을 지칭하게 됨. 여기
서는 제사 지낼 때 쓰는 예모를 말함.

7 卑(비): 자그마하고 누추함. 여기서는 사역동사로 쓰임.

8 宮室(궁실): 옛날 가옥, 즉 사람이 사는 집의 통칭.『이아』에서 "'궁'은 '실'이라 하고, '실'은 '궁'이라 한다(宮謂之室, 室謂之宮)"고 함.

9 溝洫(구혁): 논밭에 물을 대는 봇도랑. 여기서는 이로써 수리 사업을 이름. 주자는 이는 밭 사이의 물도랑으로, 경계를 바르게 하고 가뭄과 장마를 대비한 것이라고 함.

해설

우임금은 그 공덕이 높고도 높아 어떠한 허물도 책잡아 비난할 것이 없다는 것이 공자의 생각이다. 의식주는 예나 지금이나 인간 생활의 세 가지 기본 요소이다. 따라서 그 품질의 향상과 극대화를 통해 보다 안락한 생활을 하고픈 것은 인지상정이다. 한데 우임금은 평소 자신은 검박히 악의악식惡衣惡食하면서도 제사를 지낼 때는 효심을 다해 한껏 정갈하고 풍성한 제수를 올리고, 정성을 다해 한껏 아름다운 제복祭服과 제관祭冠을 갖췄다. 당시는 신권神權정치의 시대요, 제정祭政일치의 시대였으니, 천지인天地人의 신에 대한 제사에 기울이는 이 같은 효심과 정성 그리고 경건함은 곧 경국經國과 보국保國의 일념이나 다름이 없다.

또한 우임금은 스스로는 누추하기 그지없는 거처에서 기거하면서도, 오로지 장마와 가뭄을 대비하는 수리 사업에 온 힘을 기울임으로써 백성들의 삶에 양호한 환경과 조건을 마련해주었다. 주자가 양시楊時의 말을 빌려 이른 대로, "자신을 보양하는 데에는 박하면서 부지런히 힘쓴 것은 백성을 위한 일이요, 아름답게 꾸밈을 다한 것은 종묘와 조정의 예였으니(薄於自奉, 而所勤者民之事, 所致飾者宗廟朝廷之禮)" 우임금이야말로 진정 일신의 안락과 향유享有는 거들떠보지도 않고, 오직 나라와 백성을 위해 헌신했던 것이다. 이 같은 성군을 무슨 흠을 잡아 비난할 수 있겠는가? 우임금의 공덕에 대한 공자의 거듭된 찬탄과 숭앙에는, 당시 사사로운 욕망에 사로잡혀 나라와 백성을 위험과 도탄에 빠뜨리는 여러 나라의 임금들을 은근하면서도 신랄히 풍자하고 견책하는 뜻이 담겨 있다.

제9편

자
한

子
罕

「자한편」은 모두 31장으로 나뉜다. 다만 주자의『집주』에서는 제6·7장을 한 장으로 묶어 30장으로 엮었다. 이 편은 주로 공자의 덕행을 기술했는데, 공자의 겸허하고 고상한 품격, 인생 진리에 대한 영명英明하고 예지睿智로운 통찰, 사람들을 향한 권학勸學, 그리고 그 넓고 깊은 학문과 다재다능함 등을 망라하고 있다.

9-1

공자께서 이익과 천명과 인에 대해 스스로 말씀하시는 경우는 드물
었다.

子罕¹言²利與³命⁴與仁.⁵
자 한 언 리 여 명 여 인

주석

1 罕(한): 적음, 드묾. 여기서는 부사로 쓰임. 적게, 드물게.

2 言(언): 여기서는 자언自言, 즉 자발적으로, 스스로 말한다는 뜻임.

3 與(여): ~와(과).

4 命(명): 천명, 운명, 성명性命.

5 仁(인): 인덕.『논어』전권全卷에서 공자가 '이利(이익)'와 '명命(천명)'에 대해 말한
   것은 각각 여섯 차례와 일곱 차례로, 분명 적은 편임. 하지만 공자가 '인'에 대해
   말한 것은 아주 많아서 쉰아홉 차례에 달하는데, 이를 '드물게[罕]' 말했다고 할
   수 있는지 의문이 듦. 바로 그 때문에 이 구절에 대한 후세의 풀이가 분분함. 금
   대金代 왕약허王若虛나 청대 사승조史繩祖는 '여與'를 '허許', 즉 허여함·칭찬함·

찬미함으로 풀이했으니, 이 구절은 "공자께서 '이'는 드물게 말씀하셨으나, '명'을 찬미하고 또 '인'을 찬미하셨다"라는 뜻이 됨. 또 청대 황식삼黃式三은 '한罕'을 '헌軒'의 가차假借로 보고, '현顯', 즉 드러낸다는 뜻으로 풀이해야 한다고 했으니, 이 구절은 "공자께서는 아주 분명하게 '이'와 '명'과 '인'에 대해 말씀하셨다"라는 뜻이 됨. 하지만 이 같은 풀이는 아무래도 견강부회한 감을 지우기 어려움. 반면 청쑤드어는 이 장을 풀이한 많은 사람들이 '언言' 자의 뜻을 제대로 이해하지 못하고 있는데, 여기서 '언'이란 '자언自言', 즉 (다른 사람을 가르치기 위해) 스스로, 자발적으로 말한다는 뜻이라고 함. 곧 『논어』에서 공자가 '이'·'명'·'인' 세 가지를 스스로 말한 경우는 얼마 되지 않는다는 것인데, 이는 매우 적절한 풀이로, 양보어쥔, 왕시위엔 등도 모두 이에 동의함. 사실 『논어』뿐만 아니라 많은 고서古書에도 공자의 말이 다수 기록되어 전해지고 있는데, 그 모두를 다해도 공자가 평소 말한 내용의 전모라고 보기는 어려움. 아무튼 『논어』만을 놓고 볼 때, '인'에 대한 언급은 분명 적지 않으나, 그 대부분은 제자의 질문에 공자가 답한 것임. 제자들은 오랜 경험을 통해 공자가 이 세 가지에 대해 스스로 설명해주시는 경우가 드묾을 알게 되었을 것임. 그래서 공자 학설의 핵심인 '인'에 대한 궁금증이 많았던 제자들은 향학의 열정으로 너도나도 질문을 한 것이며, 인의 추구에 관한 공자의 설명을 어렵게 듣게 된 제자들은 하나같이 기꺼운 마음으로 그 귀한 가르침을 가슴에 새기며 '온고지신'(2-11)의 노력을 다했을 것임. 『논어』에 '인'에 대한 공자의 설명이 많이 수록된 데에는 바로 이러한 배경이 있었던 것으로 이해됨.

해설

공자가 평소 이익·천명·인덕 세 가지에 대해 자발적인 언급을 자제한 까닭은 무엇일까? 이익(여기서는 사사로운 이익을 말함)이란 누구나 얻고픈 것으로, 도의와는 상반되는 가치다. 배우는 사람이 이익을 탐하면 염치가 없게 되고, 나라를 다스리는 사람이 이익을 좋아하면 다툼으로 인해 온갖 화禍를 초래할 것이니, 그 발단은 미미하나 폐해는 심각하다. 그러므로 공자가 '스스로는 드물게 말하여' 사람들이 이익을 경계하기를 바란 것이다. 또한 그 때문이겠지만, "사람이 사사로운 이익을 좇아 행동하면, 허다히 남에게 원망을 사게 된다"(4-12), "군자는 도의에 밝고, 소인은 사리私利에 밝다"(4-16) 등과 같이, 공자가 이익에 관해 말한 것도 대개 사람들에게 이익을 탐하면 도의를 해치게 됨을 일깨운 내용들이다. 사실 이익에는 사리가 있는가 하면 공리公利·공익公益이 있는바, 전자는 최대한 경계할 것이나 후자는 적극 추구해야 할 바다. 주자가 『혹문』에서 "이익이란 도의의 조화요 구현이니, 오직 도의에 부합하기만 하면 이익은 저절로 이르게 된다(利者, 義之和也, 惟合於義, 則利自至)"라고 했으니, 이익 추구의 올바른 방법을 제시한 것이다.

천명이란 하늘이 사람에게 부여하고 명命한 것이다. 또한 천명은 사람에게 존재하면서도 사람의 능력을 초월하는 특수한 힘이며, 그 생사生死·화복禍福·수요壽夭·궁통窮通 등의 이치는 실로 심원하고 현묘玄妙하여 쉽게 알 수 있는 것이 아니다. 따라서 사람은 마땅히 먼저 인도人道와 인사人事를 다하고, 묵묵히 천명을 기다려야 한다. 하지만 만약 사람들에게 자주 천명을 언급하면, 사람들은 필시 일마다 천명에 기대어 걸핏하면 하늘을 탓하고 원망하며 신세를 한탄하게 될 것이다. 그러므로 공자가 '스스로는 드물게 말하여' 사람들이 스스로의 힘으로 입신 진취進取하기를 바란 것이다.

인덕이란 인간의 천성적인 덕이기는 하나, 반드시 그 말이 진실하고 미더우며, 그 행동이 독실하고 엄숙하며, "자신의 사사로운 욕망을 이기고, 모든 언행을 예의 규범에 맞게 한"(12-1) 후에야 비로소 발현된다. 그것은 곧 우주 만물이 끊임없이 생장 번성하는 지극한 이치요,

인간이 '자신으로부터 미루어 남에게 미쳐가며(推己及人)' '사람을 사랑함으로부터 나아가 만물을 사랑하는(愛人及物)' 지선至善의 심덕心德이다.

『논어』에서 공자가 인덕에 대해 언급한 내용은 분명 적지 않다. 하지만 모두 개괄적인 수준에 머물며, 결코 그 함의를 자세히 분석 설명하지 않았다. 또한 공자 스스로도 인자로서 자부하지 않았음은 물론, 가벼이 인덕으로 다른 사람을 칭찬하지도 않았다. 그것은 곧 그 본체와 작용이 지극히 깊고도 커서 한마디로 말하기 어려우며, 그 높디높은 경지에 오르기는 더더욱 어렵기 때문일 것이다. 하지만 만약 억지로 그 함의와 체용體用을 말해준다면, 배우는 사람들이 허공에 기대어 등급을 뛰어넘는 우를 범하게 될 것이다. 그러므로 공자가 '스스로는 드물게 말하여' 사람들이 점진적으로 나아가기를 바란 것이다.

『예기』「유행편」에서 말했다. "온화하고 선량함은 '인'의 근본이요, 공경하고 삼감은 '인'의 기초요, 마음이 너그럽고 넉넉함은 '인'의 발휘요, 겸손히 남을 대함은 '인'의 기능이요, 예절은 '인'의 외모요, 언사는 '인'의 문채요, 노래와 풍악은 '인'의 조화요, 분산은 '인'의 시행이다. 유자儒者는 이 같은 미덕을 두루 갖추었다고 하더라도 감히 가벼이 '인'을 논하고, 또 자신이 이미 '인'을 이루었다고 말하지는 않는다〔溫良者, 仁之本也; 敬愼者, 仁之地也; 寬裕者, 仁之作也; 孫接者, 仁之能也; 禮節者, 仁之貌也; 言談者, 仁之文也; 歌樂者, 仁之和也; 分散者, 仁之施也. 儒皆兼此而有之, 猶且不敢言仁也〕." 이는 어쩌면 공자를 염두에 둔 말인지도 모른다. 아무튼 성인이 '한언罕言'하는 것을 보고, 우리가 마땅히 힘써야 할 바가 무엇인지를 알아야 할 것이다.

9-2

달항 고을 사람이 말했다. "위대하도다, 공자시여! 학식이 넓고도
풍부하여 특정한 한 가지 기예技藝로 명성을 얻지 않으셨도다." 공자
께서 그 말을 듣고, 문하의 제자들에게 말씀하셨다. "나는 무엇을 오
로지할까? 마차 몰기를 오로지할까, 활쏘기를 오로지할까? 나는 역시
마차 몰기를 오로지해야 할 것이다."

達巷黨人[1]曰: "大哉, 孔子! 博學而無所成名.[2]" 子聞之, 謂門弟子[3]
달항당인왈　　대재　공자　박학이무소성명　　자문지　위문제자
曰: "吾何執[4]? 執御[5]乎? 執射[5]乎? 吾執御矣."
왈　오하집　　집어호　집사호　오집어의

주석

1 **達巷黨人**(달항당인): 달항 고을 사람. 그 이름은 알려지지 않음. 일설에는 항탁項
橐이라고 함. '당'은 고대의 지방 행정단위로, 500호戶 고을을 일컫는 말. '달항'은
지명地名. 곧 '당'의 이름임.

2 **博學而無所成名**(박학이무소성명): 이는 흔히 주자가 풀이한 대로, '대개 그 학식
이 넓음을 찬미하면서도 한 가지 기예의 명성을 얻지 못했음을 애석해한 것'으
로 이해되고 있음. 하지만 그 같은 풀이는 달항 고을 사람의 탄사歎辭 "위대하도
다, 공자시여!"의 의미나 어감과 부조화를 이룬다는 문제점이 있음. 그것은 곧
접속사 '이'를 역접으로 본 결과인데, 여기서 '이'는 응당 순접으로 보아야 함. 다
시 말해 이 구절은 응당 '실로 박학하여 특정한 한 가지 기예로 명성을 얻지는 않
았다'는 뜻으로 이해해야 함. 이는 곧 찬탄을 극한 말이며, 결코 안타까워한 말이
아님. 정현, 황간 등이 모두 이같이 풀이했으며, 다산도 "'대재大哉' 두 글자는 유
감스러움이 없는 말이거니, 어찌 애석해하는 뜻이 있겠는가?"라고 함.

3 **門弟子**(문제자): 8-3 주석 3 참조.

4 **吾何執**(오하집): '오집하吾執何'의 도치. '집'은 전집專執, 즉 오로지함, 전문적으로

함, 특히 잘함·능함.

5 御(어)·射(사): 마차 몰기·활쏘기. 모두 육예六藝의 하나. 육예는 옛날 유가에서
　제자들에게 습득하고 숙달하기를 요구한 여섯 가지 교과목으로, 예禮(예절)·악樂
　(음악)·사射·어御·서書(글쓰기)·수數(셈법)가 있었음. 7-6 주석 8 참조.

해설

공자는 「위정편」에서 "군자는 그릇처럼 특정한 기능과 역할에 국한되
지 않는다(君子不器)"(2-12)고 했다. 곧 모름지기 참된 군자는 어떤 한
가지 전문 지식이나 기예에 정통하는 데에 그치지 않고, 다방면에서
전면적인 학식과 재능을 갖춰 그야말로 무소불통無所不通하고 무소불
능無所不能한 경지에 이르러야 함을 강조한 것이다.

　여기서 달항 고을 사람은, 진정 박학다재博學多才하여 한두 가지 기
예로 명성을 얻는 수준을 훨씬 뛰어넘은, 공자의 '불기不器함'에 대해
극한 찬사를 보냈다. 공자는 분명 흐뭇한 마음이었겠으나, 결코 겸손
함을 잃지 않았다. 선뜻 '박학'·'불기'함을 자부하기보다는, 애써 당신
은 단지 한 가지 기예에 정통하는 수준일 따름이라는 듯, 마차 몰기를
전문으로 할 뜻을 비쳤다. 마차를 모는 이는 대개 하인으로, 그 신분
이 활 쏘는 이보다도 낮다. 정현이 이른 대로, 공자는 "다른 사람이 당
신을 찬미하는 말을 듣고 겸허히 받아들인 것이다. '나는 역시 마차몰
기를 오로지해야 할 것이다'라고 함은 육예 가운데 가장 비천한 것으
로 이름을 이루고자 한 것이다(聞人美之, 承以謙也. 吾執御者, 欲名六藝之卑
也)." 공자의 익살스러움에 절로 미소가 지어지지만, 성인의 겸허한 심
성을 엿보기에 모자람이 없다.

9-3

공자께서 말씀하셨다. "본디 예모禮帽는 삼베 관冠을 쓰는 것이 예법에 맞거늘, 지금은 대개 명주 관을 쓰는데, 그게 한결 수공手工이 덜하다. 그러므로 나는 뭇사람들이 하는 대로 따라 하겠노라. 신하가 임금을 알현할 때는 먼저 당堂 아래에서 절하는 것이 예법에 맞거늘, 지금은 아예 처음부터 당 위에서 절하는데, 그것은 오만한 태도다. 그러므로 비록 뭇사람들이 하는 것에 반反하더라도, 나는 먼저 당 아래에서 절하는 것을 따르겠노라."

子曰: "麻冕,¹ 禮也; 今也² 純,³ 儉.⁴ 吾從⁵ 衆.⁶ 拜下,⁷ 禮也; 今拜乎
자왈   마면   예야 금야 순 검 오종 중   배하   예야 금배호
上,⁸ 泰⁹也. 雖違¹⁰衆, 吾從下."
상   태 야 수위 중   오종하

주석

1 麻冕(마면): 치포관緇布冠, 즉 검게 물들인 삼베로 만든 관으로, 옛날 경대부의 예모.

2 也(야): 일시 멈춤의 어조사.

3 純(순): 생사生絲, 명주실.

4 儉(검): 검소함, 절검節儉함. 여기서는 수공이 덜 든다는 말. 삼실로 짜서 '마면' 예모를 만드는 데는 규정상 2,400가닥의 날실을 써야 하는데, 삼은 재질이 거칠어 최대한 촘촘히 짜야 하므로 아주 많은 공을 들여야 함. 하지만 명주실은 재질이 본시 가늘어 베를 짜기가 한결 수월해 손이 덜 가므로 검소하다(수공이 덜 든다)는 것임.

5 從(종): 따름, 동의함.

6 衆(중): 중인衆人, 즉 뭇사람.

7 **拜下**(배하): '배호하拜乎下'와 같음. 당 아래에서 절함. 옛날에 신하가 군주를 알현할 때는 먼저 당 아래에서 배례拜禮하고, 군주가 이를 사양하면, 그제야 당 위로 올라가 다시 배례했음. '호'는 어於와 같음. '하'는 당하堂下.

8 **上**(상): 당상堂上.

9 **泰**(태): 교만함, 오만함.

10 **違**(위): 위반함. 곧 반反함, 거스름을 이름.

공자는 인의 구현을 위해 무엇보다 예를 중시했다. 하지만 결코 융통성 없이 전통 예법만을 고집하지는 않았다. 관건은 예의 본질을 훼손하느냐 그렇지 않느냐는 것이었다. 공자는 예의 본질을 왜곡하는 경우가 아니라면, 그 형식의 변혁을 용인하는 데 주저하지 않았다. 역시 군자답다.

예로부터 경대부의 예모는 예제禮制상 검은 삼베 관을 쓰는 것이 원칙이었다. 한데 공자 당시에는 이미 삼베 관 대신 명주로 만든 관을 쓰고 있었으니, 제작 과정에 수공을 절감하는 효과가 컸기 때문이다. 이는 물론 예법상 원칙에 벗어나는 일이긴 하지만, 결코 예의 정신을 왜곡하거나 도의를 훼손하는 것은 아니었다. 공자가 예모와 관련해 당시 뭇사람들이 하는 방식에 동의한 것은 바로 그 때문이다.

반면 신하가 임금을 알현할 때는 먼저 당 아래에서 절을 하고, 군주가 이를 사양하면 그제야 당 위로 올라가 다시 절하고 알현하는 것이 전통 예법이었다. 이는 분명 약간은 번거로운 예절이다. 그래서 당시에는 이미 많은 사람들이 곧바로 당 위로 올라가 임금을 배견拜見했다. 공자는 이를 오만 무례한 태도라고 질타했는데, 오만함은 군신간 기본 윤리와 예절의 근간을 흔드는 중차대한 문제로, 이를 방치할 경우 심각한 결과가 초래될 수 있다. 신하된 자는 다소간 번거로움이 있더라도, 마땅히 신하의 도리를 다함으로써 군신 간의 정상적 관계를 유지하고, 윤리의 정신과 예법의 존엄을 지켜나가야 한다. 공자가 당시 많은 신하들의 잘못된 태도에 일침을 가한 데에는 이 같은 의미가 담겨 있다.

공자가 「팔일편」에서 "임금을 섬김에 신하의 예를 다하는 것을, 사람들은 오히려 아첨한다고 여기는구나"(3-18)라고 한 것을 보면, 신하의 기본 도리에 대한 공자의 본의를 당시 사람들이 제대로 이해하지 못했음을 알 수 있다. 아무튼 예의 변혁에 대한 공자의 입장은 정자가 이른 대로, "군자의 처세는 그 일이 의리에 해가 되지 않는 것이면 시속을 따를 수 있으나, 의리에 해가 되면 결코 따를 수 없다(君子處世, 事之無害於義者, 從俗可也, 害於義, 則不可從也)"(『집주』)는 것이었다.

9-4

공자께서는 네 가지를 하지 않으셨으니, 근거 없이 추측하지 않으셨고, 덮어놓고 긍정하지 않으셨으며, 융통성 없이 고집부리지 않으셨고, 자기중심적으로 행동하지 않으셨다.

子絕¹四: 毋²意,³ 毋必,⁴ 毋固,⁵ 毋我.⁶
자 절 사 무 의 무 필 무 고 무 아

주석

1 絶(절): 단절함, 근절함. 이를테면 '절음絶飮'의 '절'과 같은 뜻으로, 본시 가지고 있던 병폐를 끊어 지금은 그 같음이 없다는 말.

2 毋(무): 무無와 통함. 여기서는 불不과 같은 뜻으로 볼 수 있음.

3 意(의): "억즉루중億則屢中"(11-19), "불억불신不億不信"(14-32)의 '억'과 같은 뜻. 터무니없이, 마음대로 추측함. 곧 억측함. 주자가 '사의私意함'으로 풀이한 것 역시 같은 말임.

4 必(필): 반드시. 곧 덮어놓고 긍정함을 이름. 주자가 '기필期必함'으로 풀이한 것 역시 같은 말임.

5 固(고): 고집함. 곧 선입관에 얽매여 고집을 부리며 융통·변통할 줄 모른다는 말.

6 我(아): 매사를 자기중심적으로 함을 이름. 다케조에는 여기서 '필'·'고'·'아' 세 가지는 서로 비슷한 점이 있으나, '필'이 실행하는 바를 두고 이른 것이라면, '고'는 견지하는 바를 두고 이른 것이요, '아'는 다른 사람을 상대하는 바를 두고 이른 것이라고 함.

해설

이는 평소 제자들의 눈에 비친 공자의 모습으로, 학문을 하고 도를 지키며 처신·처사함에 있어 중용의 덕성이 한껏 묻어난다. 반면 주관적이고 독단적인 모습은 조금도 없다. 시종 "중용의 덕은 필시 지극한 것"(6-27)이라는 생각이 컸던 공자는 일상 속에서 이런저런 병폐를 근절하고, 그 지고한 덕성을 극력 함양하고 발휘했던 것이다.

'무의毋意'는 곧 『예기』「소의편少儀篇」에 말한 "아직 이르지 않은 것을 함부로 추측하지 않는다(毋測未至)"와 같은 얘기다. 예컨대 사람이 학문을 하며 쉽게 범할 수 있는 잘못은 근거 없이 추측하거나 임의로 결론決論하는 일일 것이다. 공자가 일찍이 자장과 자로에게 각각 "많이 듣되 의문스러운 것은 그대로 둘 것"(2-18)과 "군자는 자기가 알지

못하는 것에 대해서는 함부로 이러쿵저러쿵하지 않아야 함"(13-3)을
강조한 것은 모두, 의심이 가는 지식이나 잘 알지 못하는 일에 대해서
는 일단 그대로 의문으로 남겨두고, 함부로 억측하지 말아야 함을 일
깨운 것이다. 「술이편」에서 "아마 진리를 잘 알지도 못하면서 함부로
새로운 학설을 창시하는 사람이 있을 것이나, 나는 그런 일이 없도다"
(7-28)라고 한 것을 보면, 공자 스스로는 분명 이에 어긋남이 없었음
을 알 수 있다. 그야말로 "아는 것을 안다고 하고 모르는 것을 모른다
고 하는 것, 그것이 아는 것이다."(2-17)

'무필毋必'은 곧 「이인편」에서 말한 "군자는 천하만사에 있어 반드시
어떻게 해야 된다는 것도 없고, 또 절대로 어떻게 하면 안 된다는 것
도 없으며, 오직 알맞고 마땅함에 따를 뿐이다"(4-10)라는 의미이다.
또한 『맹자』「이루 하편」에서 말한 "유덕한 군자는 그 말을 어떤 경우
에도 반드시 실행하지는 않고, 또 그 행동을 어떤 경우에도 반드시 관
철하지는 않으며, 오직 '의'가 존재하는 바를 좇을 따름이다(大人者, 言
不必信, 行不必果, 惟義所在)"와도 같은 얘기다. 소위 '의'란 합리함이요,
적의適宜함이니, 공자의 모든 언행이 바로 이를 준거로 삼았음은 두말
할 나위가 없다.

'무고毋固'는 애초의 견해나 입장을 무조건 끝까지 고집하지는 않음
이니, 곧 형편이나 경우에 따라 적절히 변통할 줄 안다는 말이다. 「학
이편」에서 "열심히 배우면 고루하지 않다"(1-8)고 했으니, 사람이 학
식을 갖추게 되면 능히 임기응변하는 까닭에 완고히 선입견에 얽매여
변통할 줄 모르는 지경에 빠지지는 않을 것이다.『중용』에서 "선도善道
를 택해 한결같이 지키고 행하며 변함이 없다(擇善而固執之)"(제20장)고

했으니, '고집함' 자체를 두고 옳고 그름을 논할 수는 없으며, 관건은 그 대상이 선한 것이냐 아니냐에 달렸다.

'무아毋我'는 곧 불가佛家에서 사람들에게 아집我執을 버리라고 하는 것과 같은 말이다. 대개 사람은 일상의 다양한 인간관계 속에서 왕왕 자기중심적으로 생각하고 행동한다. 자신에게 유익하고 유리한 것에는 앞다퉈 달려드는 반면, 자신에게 유해하고 불리한 것에는 뒷걸음을 친다. 그리고 때로는 자신을 한껏 드러내면서 타인의 존재를 무시하기도 한다. 이는 일반인의 공통된 병폐이나, 공자는 물론 그 같은 문제점을 가지고 있지 않았다. 공자는 사람들과 어울려 지내며, 마치 맹자가 이른 대로, "선을 행함에 너와 내가 없다고 여겨 자신의 그릇된 생각을 버리고 남의 옳은 의견을 좇았으며, 기꺼이 남의 좋은 점을 받아들여 선을 행하였다(善與人同, 舍己從人, 樂取於人以爲善)."(『맹자』「공손추상」)

이상의 네 가지 병폐의 저변에는 소아小我가 자리 잡고 있는데, 공자는 스스로 사리私利에 대한 집착을 버리고, 자신의 관점에 얽매이지 않음으로써 제자들에게 모범을 보였다.

9-5

공자께서 광 땅에서 위협을 당하시자, 이렇게 말씀하셨다. "문왕께서 돌아가셨으니, 그 문화 전통이 나에게 있지 않느냐? 하늘이 만약 이 문화 전통을 없애려 한다면 나 또한 그것을 계승 발전시키는 데 참여할 수 없겠지만, 하늘이 만약 이 문화 전통을 없애려 하지 않는다면 광 땅 사람들이 나를 어떻게 하겠느냐?"

子畏於匡,¹ 曰: "文王²旣沒,³ 文⁴不在茲⁵乎⁶? 天之將喪⁷斯⁸文也, 後
자 외 어 광   왈   문 왕 기 몰   문 부 재 자 호   천 지 장 상 사 문 야   후

死者⁹不得與¹⁰於斯文也; 天之未喪斯文也, 匡人其如予何¹¹?"
사 자 부 득 여   어 사 문 야   천 지 미 상 사 문 야   광 인 기 여 여 하

주석

1 子畏於匡(자외어광): 공자께서 광 땅에서 위협을 당함. 곧 일찍이 공자가 '광' 땅
사람들에게 포위 구금당한 일을 이름. '외'는 두려워함, 무서워함. 곧 위협에 직면
함을 이름. '광'은 본디 위衛나라 땅이나, 정나라 땅이 된 적도 있음. 노 정공 6년
(기원전 504년) 노나라가 정나라를 침공할 때, 정벌군에 참여한 계씨의 가신 양호
는 광 땅에 들어가 포학한 짓을 서슴지 않음. 당시 공자의 제자 안각顏刻도 양호
와 함께 광 땅으로 들어감. 그리고 7년 후 공자가 제자 안회, 자로, 자공, 염유 등
과 열국 주유 길에 올라 위나라에 갔다가, 여의치 않아 다시 진陳나라로 가는 길
에 광 땅을 지나게 됨. 바로 그때 안각이 수레를 몰았는데, 그는 말채찍으로 광
성匡城의 한 곳을 가리키며, "옛날에 저는 성벽이 무너진 저곳으로 이 광 땅에 들
어왔었습니다" 하고 말함. 한데 평소 양호에게 원한을 품고 있던 광 땅 사람들이
그 말을 들은 데다, 모습이 양호를 닮은 공자를 보고 양호 일행으로 오인함. 그
들은 즉시 공자 일행을 에워싸고 5일간이나 위협을 가함. 당시 우여곡절 끝에 어
렵게 포위망을 벗어난 공자 일행은 다시 위나라로 감.

2 文王(문왕): 주 문왕. 8-1 주석 1 참조. 문왕은 주 왕조의 실질적 개국 군주이기
때문에, 공자는 문왕을 고대 문화를 보존하고 계승함은 물론 더욱 발전시킨 인
물로 여김.

3 旣沒(기몰): 죽은 후. '기'는 이미. 곧 ~한 후. '몰'은 몰歿과 통함. 죽음.

4 文(문): 옛 성인聖人이 남긴 문화 전통, 문화유산. 또 그것을 계승 발전시킬 책무
를 이름.

5 茲(자): 차此와 같음. 여기서는 나에게·나한테의 뜻으로, 공자 자신을 가리킴.

6 乎(호): 의문의 어조사.

7 喪(상): 상망喪亡함. 곧 말살함, 아주 없앰.

8 斯(사): 차此와 같음.

9 後死者(후사자): 뒤에 죽을 사람. 곧 후인後人을 이름. 이는 문왕에 대해 일컬은 말로, 공자의 자칭임.

10 與(여): 여문與聞(참여하여 들음), 여지與知(관여하여 앎). 여기서는 곧 옛 성인의 문화 전통을 계승 발전시키는 데 참여한다는 말.

11 其如予何(기여여하): 7-23 주석 5, 6 참조.

해설

『사기』「공자세가」에 따르면, 노 정공 13년(기원전 497년) 당시 광 땅 사람들은 공자 일행을 향해 갈수록 더욱 급박하고 험악하게 포위망을 좁혀왔고, 제자들은 몹시 두려워하며 어쩔 줄 몰라했다. 하지만 공자는 태연자약한 태도와 확신에 찬 말로 제자들을 안심시켰다. 이렇듯 한껏 위급한 상황에서도 조금도 동요하지 않을 수 있는 소이所以는 무엇일까? 공자는 고대의 문화 전통을 계승 발전시키겠다는 사명감과 함께 그 막중한 책무에 대한 자부심과 자신감으로 충만하여, 어떠한 고난과 역경에도 의연함을 잃지 않았다. 이는 「술이편」에서 "하늘이 나에게 구세의 덕성을 주셨거니, 환퇴가 감히 나를 어떻게 하겠느냐?"(7-23)라고 한 데서도 잘 드러난다. 진정 성인이 성인인 까닭을 알 것 같다.

공자는 일찍이 "지혜로운 사람은 미혹하지 않고, 인한 사람은 근심하지 않으며, 용감한 사람은 두려워하지 않는다(知者不惑, 仁者不憂, 勇者不懼)"(9-29)고 했다. 생명의 위협을 느끼는 상황에서 공자가 보여준 의연함은 '불혹不惑'하고 '불우不憂'하며 '불구不懼'하는 성인군자의 형상 바로 그것이다.

9-6

태재가 자공에게 물었다. "선생님은 성인聖人이신가? 어떻게 그렇게 다재다능하시단 말인가?" 자공이 말했다. "본디 하늘이 마음껏 선생님을 큰 성인이 되게 하시고, 또 다재다능하게 하신 것이지요." 공자께서 그 말을 전해 듣고 말씀하셨다. "태재가 나를 아는구나! 나는 어려서 빈천했기 때문에 비천한 기예에 두루 능하게 되었다. 한데 군자가 여러 가지 기예에 능한가? 그렇지 않다."

大宰¹問於子貢曰: "夫子聖者與²? 何其³多能也?" 子貢曰: "固⁴天
태재 문어자공왈   부자성자여   하기 다능야   자공왈 고 천
縱⁵之⁶將聖,⁷ 又多能也." 子聞之, 曰: "大宰知我乎⁸! 吾少⁹也¹⁰賤,
종 지 장성 우다능야   자문지 왈   태재지아호   오소 야 천
故多能鄙事.¹¹ 君子多乎哉? 不多也."
고 다 능 비 사   군 자 다 호 재   부 다 야

주석

1 **大宰**(태재): 즉 태재太宰. 벼슬 이름. 백관百官의 장長으로, 임금을 보좌함. 정현은 오나라 태재 비嚭를 이른다고 함.

2 **與**(여): 여歟와 같음. 의문의 어조사.

3 **何其**(하기): 어떻게 그렇게.

4 **固**(고): 본디, 본래.

5 **縱**(종): 방종放縱함. 주자는 '사肆'(내버려 둠, 풀어놓음)와 같으며, 양量을 한정하지 않음을 말한다고 함. 곧 조금도 막지 않고 마음껏 ~하게 한다는 말.

6 **之**(지): 지시대명사로, 앞에서 말한 '부자夫子'를 가리킴.

7 **將聖**(장성): 대성大聖(큰 성인). 여기서는 동사로 쓰여 그렇게 됨을 이름. '장'은 황
간, 유보남 등이 '대大'의 뜻으로 새긴 반면, 주자는 '태殆'(거의·아마도)의 뜻으로
보고, (자공이) 감히 알지 못한다는 듯이 겸손해한 말이라고 함. 하지만 전후 문맥
으로 볼 때, 자공이 과연 겸손해한 것인지는 의문의 여지가 있어, 황간 등의 견해
를 따름.
8 **乎**(호): 감탄의 어조사. 「헌문편」 "지아자, 기천호知我者, 其天乎"(14-36)의 '호'도
이와 같음.
9 **少**(소): 소시少時. 곧 어릴 적, 젊은 날.
10 **也**(야): 일시 멈춤의 어조사.
11 **鄙事**(비사): 비천鄙賤/卑賤한 일, 기예.

해설

성인은 완미完美한 인품과 고귀한 덕성에 지혜 또한 뛰어나니, 분명
길이 우러러 본받을 만한 사람이다. 그렇다면 '성인'과 '다능함'은 어
떤 관계가 있을까? 여기서 태재는 공자가 여러 기예에 능함을 보고,
진정 손색없는 성인이라고 생각했다. 이는 다능함을 성인의 필요충분
조건으로 여긴 것이니, 논리의 비약이 있다는 비판을 면키 어렵다.

　반면 자공은, 공자는 하늘이 낳은 큰 성인임을 분명히 하면서, 그와
는 별도로 다능함까지 갖췄음을 부연했다. 이는 곧 다능함과 성인은
특별한 관계가 없으며, 다능함이 성인의 조건이 될 수는 없다는 얘기
이다. 이에 공자는 일단 성인이라는 칭송에 대해서는 애써 언급을 피
하고 있는데, 이는 감히 성인으로 자처하지 않는 겸허함이다. 하지만
다재다능한 까닭에 대한 태재의 의문에는 명쾌한 설명을 덧붙였다.
젊은 날 가정 형편이 어려워 생계를 위해 이런저런 비천한 일을 많이
하다보니, 여러 가지 기예에 능하게 되었다는 얘기이다. 아울러 "태재

가 나를 아는구나!"라고 하며 다능함을 자부한 공자는, 다시 참된 군
자는 여러 기예에 능하지 않다는 겸허의 말로 성인이라는 평가를 극
구 사양했다.

9-7

금뢰가 말했다. "선생님께서 일찍이 말씀하시기를 '나는 나라에 등
용되지 못했기 때문에 여러 가지 기예에 두루 능하게 되었다'라고 하
셨다."

牢¹曰: "子云: '吾不試,² 故藝.³'"
뢰 왈   자 운   오 불 시   고 예

주석

1 牢(뢰): 공자의 제자 금뢰琴牢. 자는 자개子開 또는 자장子張이며, 위衛나라 사람
  이라고 함. 다만 『사기』「중니제자열전」에는 보이지 않음.
2 試(시): 용用과 같은 뜻으로, 세상에 쓰임을 이름. 옛날에 사람을 등용할 때에는
  그 재덕才德을 시험했으므로 이같이 풀이함.
3 藝(예): 기예, 재예才藝. 여기서는 동사로 쓰여, 앞 장의 '다능多能'과 같은 뜻을 나
  타냄.

해설

이 장은 『집해』나 『의소』, 『주소』 등에서 모두 앞 장과 분리해 별도의
장으로 엮었다. 반면 『집주』에서는 앞 장과 합쳐 하나의 장으로 엮었

다. 이에 주자는 오역吳棫의 말을 빌려, "제자들이 선생님의 이 말을 기록할 당시에, 금뢰가 일찍이 선생님께 들은 말 가운데 이와 같은 것이 있다고 말하였으며, 또 그 뜻이 앞 말과 유사했기 때문에 두 말을 함께 기록한 것이다"라고 했다. 하지만 형병이 이른 대로, 이 장은 분명 앞 장과 다른 시기에 말한 것이므로 분리해서 편집함이 옳을 듯하다. 아무튼 이는 공자가 여러 기예에 능하게 된 연유를 자술한 것으로, 앞 장에 대한 부연 설명으로 볼 수 있다. 공자는 젊어서 빈천한 데다 벼슬할 기회마저 없었기 때문에, 이런저런 일을 가리지 않고 하다보니 다양한 기예를 익히게 된 것이다.

9-8

공자께서 말씀하셨다. "내가 아는 게 무엇이 있겠느냐? 아는 게 별로 없다. 하지만 만약 어떤 비루한 사람이 나에게 질문을 한다면, 설령 머리가 텅 빈 듯 전혀 아는 게 없더라도, 나는 그 본말을 캐물어 최대한 내 나름의 생각을 자세히 일러줄 것이다."

子曰: "吾有知乎哉? 無知也. 有鄙夫[1]問於我, 空空如[2]也, 我叩其
자 왈   오 유 지 호 재   무 지 야   유 비 부 문 어 아   공 공 여 야   아 고 기
兩端[3]而竭[4]焉.[5]"
양 단 이 갈 언

주석

1 鄙夫(비부): 비루하고 무지無知한 사람. 일설에는 시골 사람을 이른다고 함.

2 空空如(공공여): 공허한 모양. 여기서는 곧 머리가 텅 빈 듯 아무것도 아는 게 없는 모양을 이름. 이는 공자가 당신의 무지를 두고 이르는 말임. 일설에는 '비부'의 무지를 두고 이르는 말이라고 하나, 전후 문맥으로 볼 때, 다산이 이른 대로, 공자가 앞에서 무지하다고 한 말의 실상을 밝힌 것으로 봐야 함. '여'는 연然과 같음. 곧 형용사 뒤에 쓰여 어떠한 모양을 뜻함.

3 叩其兩端(고기양단): 그 '양단'을 탐구함. 곧 그 본말本末을 캐물음을 이름. '고'는 원의原義가 두드리다인데, 형병·주자 등이 발동發動함이라 풀이했으니, 여기서는 곧 반문하다·캐묻다의 뜻으로 이해됨. '기'는 '비부'가 묻는 그 문제를 가리킴. '양단'은 일의 시작과 끝, 사물의 본질과 작용, 이치의 정면과 이면裏面 등을 이름.

4 竭(갈): 다함. 여기서는 곧 (공자가 당신 나름의 생각을) 최대한 자세히 일러준다는 말임.

5 焉(언): '어지於之'의 합음자. 여기서 '지'는 '비부'를 가리킴. 그에게.

해설

공자는 일찍이 당신은 결코 '생이지지자生而知之者'가 아니라 '학이지지자學而知之者'일 뿐임을 강조했다.(7-20 참조) 그것은 곧 당시에 공자를 무소부지無所不知(모르는 것이 없음)의 성인군자로 경앙景仰하는 분위기가 있었다는 방증이다. 이 장 또한 같은 배경에서 한 말로 추정되는데, 공자의 겸사가 지나치다는 느낌마저 든다.

아무튼 여기서 우리는 그 지식의 유무나 다소를 떠나, 한껏 겸허하면서도 열성적인 공자의 교학 태도를 엿볼 수 있다. 공자는 비루한 사람이 묻는 사소한 질문에도 결코 가벼이 응대하지 않았다. 설령 전혀 모르는 문제일지라도, 당신의 식견을 총동원해 그 본말을 캐물어 문제의 핵심에 대한 이해를 높이고, 나름의 생각과 견해를 정리한 후, 최대한 자세히 설명해주었다. 사람들은 아마 이처럼 겸허히 배우고 열심히 가르치는 모습을 보고, 공자는 분명 무소부지하다고 여겼을지도 모른다. 이른바 '교학상장敎學相長'(1-1 '해설' 참조)이란 바로 이런 것이다. 또한 공자가 평소 "스스로 배우는 데 싫증을 내지 않으며, 다른 사람을 가르치는 데 게으름을 피우지 않는 것"(7-2)을 자부한 까닭을 알 것 같다.

9-9

공자께서 말씀하셨다. "봉황도 날아오지 않고, 황하에서 도화圖畫도 나오지 않으니, 이내 평생의 꿈도 끝이로구나!"

子曰: "鳳鳥¹不至, 河不出圖,² 吾已矣夫³!"
자왈 봉조부지 하불출도 오이의부

주석

1 鳳鳥(봉조): 봉황鳳凰. 수컷은 '봉', 암컷은 '황'이라고 함. 전설상의 신조神鳥(신령한 새)이자 서조瑞鳥(상서로운 새). 봉황의 출현은 상서로움의 상징으로, 성왕聖王이 재위在位하고 천하가 태평함을 나타냄. 전하는 바에 의하면 순임금 때 봉황이 나타나 춤을 추었고, 주 문왕 때는 봉황이 기산岐山에서 울었다고 함.
2 圖(도): 즉 하도河圖. 상고시대의 임금 복희씨 때 황하에서 용마龍馬(용의 머리에 말의 몸을 한 전설상의 신마神馬)가 등에 싣고 나왔다는 도화(도안과 그림). 복희씨가 이를 근거로 훗날 '주역'의 기본이 된 팔괘八卦를 그려냈다고 함. 옛날 사람들은 '하도'의 출현 역시 성왕이 나타난다는 징후로 여김.
3 已矣夫(이의부): 절망의 탄사. '이'는 끝났다는 뜻. '의'와 '부'는 모두 문장 끝에 쓰여 감탄의 어기를 나타내는 어조사. 여기서는 둘을 연이어 써서 어기를 강화함.

공자는 성왕(성군)의 출현을 기대할 수 없는 암울한 난세의 현실 앞에서, 평소의 이상을 실현할 희망조차 버려야 한다는 절망감에 빠져 비탄하고 있다. 공자가 살았던 춘추시대는 주 왕실의 성덕은 쇠미하고, 권능은 간데없었으며, 천하의 제후들이 소요와 분쟁을 일삼는 가운데 인의는 땅에 떨어진, 유례가 없는 난세였다.

이에 공자는 가슴 가득 구세의 열정을 품고 열국을 주유하며, 뭇 제후들을 만나 평소 당신이 주창해온 예치와 인정仁政을 채택해 시행토록 설득했다. 또한 동시에 공자는 당신 자신도 세상에 중용되어 몸소 정치사회를 개혁함으로써 치세의 이상을 실현할 수 있기를 희망했다. 하지만 열국의 제후 가운데 어느 누구도 공자를 중용하고, 그 정치적 주장을 받아들여 시행하려고 하지 않았다. 공자는 결국 실의失意한 채 지친 몸을 이끌고 고국으로 돌아왔다. 그런 가운데 천하는 여전히 분란과 쟁투가 이어지면서 백성들은 도탄에 빠져 신음했다. '봉황도 날아오지 않고, 하도도 나오지 않음'은 곧 성왕의 치세에 대한 한 가닥 소망마저 한갓 사치에 지나지 않는 그 암울한 현실을 단적으로 형용한 말이다. 공자는 온 천하에 당신의 학설과 대도大道를 행해 "노인을 편안히 받들고, 벗을 믿음으로 사귀며, 젊은이를 은혜로 보살피고자 한다"(5-26)는 이상을 실현할 길이 요원함을 절감하면서, '평생의 꿈'이 물거품이 되었다는 안타까움에 비탄을 금치 못한 것이다.

공자가 만년에 오로지 제자 교육과 고대 문헌 연구에 몰두함은 먼 미래를 위해 새로운 희망의 씨앗을 뿌린 것이다.

9-10

공자께서는 상복을 입은 사람이나 예관禮冠과 예복을 갖춘 사람, 그리고 눈먼 사람을 만나게 되는 경우, 우선 그들을 보면 비록 나이가 많지 않더라도 반드시 일어나셨으며, 또 그들의 주변을 지나가실 때면 반드시 종종걸음으로 가셨다.

子見齊衰者,¹ 冕衣裳者,² 與瞽者,³ 見之, 雖少,⁴ 必作⁵; 過之, 必趨.⁶
자 견 재 최 자   면 의 상 자   여 고 자   견 지 수 소   필 작   과 지 필 추

주석

1 齊衰者(재최자/자최자): 상복喪服을 입은 사람. '재최'는 고대의 상복.
2 冕衣裳者(면의상자): 의관衣冠을 정제한 고관 귀인. '면'은 예관이고, '의상'은 예복으로, 상의는 '의', 하의는 '상'이라고 함. 이는 모두 옛날 대부 이상의 고관 귀인이 쓰고 입던 의관임.
3 瞽者(고자): 맹인, 눈먼 사람.
4 少(소): 연소함, 즉 나이가 어림.
5 作(작): 일어남. 곧 경의敬意나 동정심을 나타냄을 이름.
6 趨(추): 작고 빠른 걸음으로 감. 곧 종종걸음으로 감. 이 역시 경의나 동정심을 나타냄을 이름.

해설

공자는 일상의 사소한 행동에서도 인애와 예의를 다하는 모습을 보였다. 예컨대 상복을 입은 사람이나 의관을 정제한 사람, 눈먼 사람을 만날 때는 그들이 설령 나이가 어리더라도 반드시 일어나 응대했으며, 또 그들의 곁을 지날 때면 반드시 종종걸음을 쳤다.

집안에 상사를 당해 상복을 입은 사람은 필시 내심의 애상哀傷을 억누르며 예법을 지키고, 효도를 다한다. 공자는 그런 사람을 마주하면, 그 나이가 많고 적음을 막론하고 절로 애처로우면서도 경의를 표하고픈 마음이 일었던 모양이다. 「술이편」에서 "공자께서는 상喪을 당한 사람 곁에서 식사하실 때에는 배부르게 드신 적이 없다"(7-9)고 한 것 역시 같은 맥락으로 이해된다. 예관과 예복을 갖춰 입은 대부 이상의 고관 귀인은 존귀한 직위에서 국가 대사를 처리하는 사람이니, 그들을 대함에 공경을 표함이 마땅하다는 게 공자의 생각이었던 모양이다. 눈이 멀어 앞을 못 보는 사람을 만날 때, 보통 사람들은 자칫 예의 갖추기를 소홀히 할 수가 있다. 하지만 공자는 달랐다. 맹인은 아무것도 볼 수가 없으니, 어떤 장애인보다 더욱 보는 이로 하여금 연민을 느끼게 한다. 공자가 그들을 특별히 동정함은 바로 그 때문일 것이다. 주자가 윤돈의 말을 빌려 이른 대로, "이상은 성인의 성심이 안팎이 한가지임을 보여준 것이다(此聖人之誠心, 內外一者也)."

9-11

안연이 길게 탄식하며 말했다. "선생님의 도는 우러러볼수록 더욱 높고, 파고들수록 더욱 깊어서, 가만히 바라보면 마치 눈앞에 있는 듯하다가도 어느새 등 뒤에 가 있도다. 하지만 선생님께서는 우리를 한 걸음 한 걸음 찬찬히 이끄시나니, 갖가지 문헌으로 내 지식을 풍부히 해주시고, 이런저런 예절로 내 행실을 단속해주신다. 그러니 배우기를 그만두고 싶어도 그만둘 수가 없다. 나는 이미 내 재능을 다 했건만, 선생님의 도가 탁연히 내 앞에 우뚝 서 있는 듯하나니, 비록 그것을 따르고자 하나 어떻게 해야 할지를 모르겠도다."

顏淵喟然¹歎曰: "仰²之³彌⁴高,⁵ 鑽⁶之彌堅⁷; 瞻⁸之在前, 忽焉⁹在後.
안연위연 탄왈   앙지미고   찬지미견   첨지재전   홀언재후
夫子¹⁰循循然¹¹善誘¹²人, 博我以文,¹³ 約我以禮,¹⁴ 欲罷¹⁵不能; 旣竭
부자 순순연   선유 인 박아이문   약아이례   욕파 불능   기갈
吾才, 如有所立, 卓爾.¹⁶ 雖欲從之, 末由¹⁷也已.¹⁸"
오재 여유소립 탁이   수욕종지 말유 야이

주석

1 **喟然**(위연): 길게 탄식하는 모양. 위연히, 즉 한숨을 쉬는 모양이 서글프게. '연'은 부사형 접미사.

2 **仰**(앙): 앙망仰望함, 앙시仰視함. 곧 존경하는 마음으로 우러러봄을 이름.

3 **之**(지): 공자의 학문 도덕을 가리킴.

4 **彌**(미): 더욱.

5 **高**(고): 숭고함, 고대高大함.

6 **鑽**(찬): 뚫음. 곧 연찬硏鑽함, 탐구함을 이름.

7 **堅**(견): 단단함. 여기서는 곧 심오하고 난해함을 이름.

8 **瞻**(첨): 바라봄.

9 **忽焉**(홀언): 홀연(히), 어느새.

10 **夫子**(부자): 1-10 주석 3 참조.

11 **循循然**(순순연): 순서에 따라 조금씩 앞으로 나아가는 모양. 한 걸음 한 걸음.

12 **誘**(유): 유도함. 곧 이끌어서 배움과 깨달음의 세계로 들어서게 함을 이름. 주자가 '인진引進', 즉 이끌어 나아가게 함으로 풀이한 것 역시 같은 말임.

13 **博我以文**(박아이문): '이문박아以文博我'의 도치. '박'은 박학·박식하게 함. '문'은 시·서·예·악 등 고대의 문헌 전적典籍을 이름. 장거정은 '성현의 도를 실어내는 도구(載道之具)'라고 했는데, 그 또한 같은 말임.

14 **約我以禮**(약아이례): '이례약아以禮約我'의 도치. '약'은 제약·단속하게 함.

15 罷(파): 그만둠.

16 卓爾(탁이): 탁연卓然과 같음. 탁연히. 곧 여럿 가운데서 특별히 빼어나 홀로 우뚝한 모양. 대개 한 사람의 도덕 수양이나 학문 성취가 발군拔群함을 형용함. '탁'은 높다는 뜻임. '이'는 형용사형 접미사로, 연然과 같음.

17 末由(말유): 어떻게 해야 할지 모름, 어떻게 할 수가 없음. '말'은 무無와 같음. '유'는 (말미암는) 길, 방도.

18 也已(야이): 복합 어조사로, 감탄 내지 탄식의 어기를 나타냄.

해설

이는 공자의 수제자 안연이 다년간 스승의 학설을 깊이 연구한 경험과 소회를 밝힌 것이다. 안연은 먼저 공자의 도가 실로 고원하면서도 견실堅實하고 심오함에 감탄을 금치 못한다. 높디높은 산을 우러러보듯 바라볼수록 더욱 높게만 느껴지고, 크디큰 금석金石을 다듬듯 뚫을수록 더욱 깊게만 느껴지나니, 진정 그 높이와 깊이의 끝을 알 수가 없다. 일찍이 자공도 "우리가 감히 선생님께 미칠 수 없는 것은, 마치 하늘에 사다리를 타고 올라가지 못하는 것과 같으며"(19-25), "다른 사람의 현덕은 언덕과 같아서 그래도 넘을 수 있지만, 선생님의 현덕은 해와 달과 같아서 도저히 넘을 수가 없다"(19-24)고 했다. 그야말로 한없이 숭앙하는 마음으로 스승 공자를 하늘과 일월에 비유하며, 그 학문 도덕은 어느 누구도 감히 미칠 수 있는 게 아니란 견해는 안연의 감상感想과 다르지 않다.

공자의 도는 문득 눈앞에 다가와 있는 듯하다가도, 어느새 등 뒤로 달아나버리니 도무지 갈피를 잡기가 어렵다. 하지만 안연은 체계적이고 성심 어린 공자의 가르침에 다시 한번 감탄하며 만족감을 드러낸다. 공자가 일찍이 "군자가 옛 문헌을 통해 널리 배우고, 그것을 예로써 단속한다면, 또한 바른 도에서 벗어나지 않을 수 있을 것이다"(6-25)라고 했듯이, 소위 '박문약례博文約禮'(옛 문헌 지식에 널리 통하여 밝게 하고, 예법에 따라 행실을 바르게 단속함)는 공문孔門의 중요한 교학 방침이자 방법이었다. '박문'이 학문의 기초라면, '약례'는 도덕의 종지宗旨다. 그러므로 전자가 '지知'의 범주라면, 후자는 '행行'의 범주라 할 것이다.

안연은 물론 스승의 가르침을 충실히 따랐나니, 옛 문헌을 통독하면서 풍부해진 지식의 바탕 위에 다양한 예절로 그 행실을 바르게 단속하면서 상당한 학문적 성취와 도덕적 체득이 있었다. 그리하여 그는 이제 배우기를 그만두고 싶어도 그만둘 수가 없다고 즐거운 비명을 지른다. 또한 타고난 재주와 힘을 다할 정도로 면학에 몰두했고, 선생님의 도가 면전에 우뚝 서 있는 듯 어느 정도 깨달음도 얻은 것 같다. 하지만 아직은 갈 길이 먼데 어디로 어떻게 가야 할지를 몰라 힘들어하며, 실로 미치기 어려운 스승의 도에 대해 거듭 감탄과 갈구의 정을 토로한다. 이는 진실로 겸허하면서도 진지하게 배우기를 좋아한 안연의 모습이었으니, 공자는 스승으로서 분명 흐뭇한 마음을 금치 못했으리라.

9-12

공자께서 병이 위중하자, 자로가 다른 제자에게 초상初喪을 맡을 가신 노릇을 하게 하였다. 그러던 중에 공자께서 병이 좀 나아지자, 이렇게 말씀하셨다. "오래되었으렸다. 유가 이렇듯 남을 속이는 처사를 한 지가! 내 본시 가신이 없거늘 마치 가신이 있는 것처럼 하다니, 내가 누구를 속인단 말이냐? 설마 하늘을 속이겠느냐? 더구나 나는 가신의 손에 죽느니 차라리 너희들 손에 죽는 것이 낫다! 또한 내가 설령 성대한 장례를 누리지는 못하더라도, 설마 낯선 길 위에서 죽기야 하겠느냐?"

子疾病,[1] 子路使門人[2]爲臣.[3] 病間,[4] 曰: "久矣哉, 由[5]之行詐[6]也! 無
자 질 병   자로사문인위신   병 간   왈   구 의 재   유 지 행 사 야   무

臣而爲[7]有臣. 吾誰欺[8]? 欺天乎? 且予與其死於臣之手也, 無寧[9]死
신 이 위 유 신   오 수 기   기 천 호   차 여 여 기 사 어 신 지 수 야   무 녕 사

於二三子[10]之手乎! 且予縱[11]不得大葬,[12] 予死於道路[13]乎?"
어 이 삼 자 지 수 호   차 여 종 부 득 대 장   여 사 어 도 로   호

주석

1 疾病(질병): 7-35 주석 1 참조.

2 門人(문인): 공자의 제자. 여기서는 곧 자로의 동학同學, 학우學友를 가리킴.

3 臣(신): 여기서는 가신을 이름. 옛날 대부는 가신이 있었고, 상사喪事가 나면 가신이 초상 치르는 일을 맡아 함. 공자는 비록 일찍이 노나라 대사구를 지낸 적은 있으나, 이때는 이미 사직한 뒤였으므로 가신이 없었음. 한데 공자의 병세가 심해지자, 자로가 공자의 다른 제자에게 임시로 가신 노릇을 하도록 시킨 것임.

4 病間(병간): 병세가 호전됨, 차도差度가 있음을 이름. '간'은 간극, 틈.

5 由(유): 중유. 곧 자로의 이름.

6 詐(사): 사기詐欺함, 즉 사람을 속임.

7 爲(위): 「술이편」 "무이위유亡而爲有"(7-26)의 '위'와 같음.

8 吾誰欺(오수기): '오기수吾欺誰'의 도치.

9 與其A無寧B(여기A무녕B): 3-4 주석 4 참조. '무녕'은 '녕'과 같음. '무'는 발어사로 특별한 의미는 없음.

10 二三子(이삼자): 너희들. 3-24 주석 8 참조.

11 縱(종): 설사, 설령.

12 大葬(대장): 여기서는 대부의 예에 따라 치르는 성대한 장례를 이름.

13 死於道路(사어도로): 길에서 죽음. 이는 곧 객지에서 죽는 바람에 아무도 장례를 치러주지 못하는 경우를 두고 이름.

해설 ————————

자로는 공자의 제자 가운데서도 연장자에 속했고, 또 늘 스승을 가까이에서 모셨다. 그런 그가 중병을 앓는 스승을 보면서, 가슴이 아프지만 장례를 준비해야겠다는 생각을 한 것이다. 그리고 누구보다도 존경하는 스승이기에 가능한 한 후한 예를 갖추어 장송葬送하고 싶었을 것이다. 예법에는 다소 어긋나는 일이지만, 그래도 한때 대사구 벼슬을 하신 스승이니 대부의 예에 따라 초상을 치르고자 임시로 가신을 선정한 것은, 스승에 대한 제자의 애틋한 마음에서 비롯했다. 하지만 예법을 어기는 행위를 용인할 리 없는 공자는 자로를 강하게 나무랐다. 동시에 제자의 잘못된 처사의 책임이 스승인 자신에게 있다는 뜻을 비치면서, 제자의 갸륵한 마음씨를 헤아리기도 했다. 또한 분수에 넘치는 후한 예를 갖추기보다는, 서로간의 두터운 정의를 나누는 것이 더욱 중요하고 의미가 있음도 일깨워주었다. 엄격함과 온화함을 함께 갖춘 참 스승이란 바로 이런 모습이리라.

9-13

자공이 말했다. "선생님, 여기에 아름다운 옥이 있다면, 그것을 궤

속에 넣어 감추어두시겠습니까? 아니면 물건을 볼 줄 아는 매주買主
를 찾아 파시겠습니까?" 공자께서 말씀하셨다. "팔아야지, 팔아야 하
고말고! 나는 물건을 볼 줄 아는 매주를 기다리노라."

子貢曰: "有美玉於斯,¹ 韞²匵³而藏諸⁴? 求善賈⁵而沽諸?" 子曰:
자 공 왈   유 미 옥 어 사   온 독 이 장 저   구 선 고 이 고 저   자 왈
"沽⁶之哉! 沽之哉! 我待賈者也.⁷"
 고 지 재   고 지 재   아 대 고 자 야

해설

옛날에는 흔히 "군자의 덕을 미옥에 비유했다(君子比德於玉焉)."(『예기』
「빙의聘義」) 공자는 현세주의자로서 인의 도덕을 널리 행함으로써 궁
극적으로 경세제민, 즉 세상을 잘 다스려 백성들이 편안히 살 수 있도

556

록 하고픈 염원과 포부를 가지고 있었다. 한데 높은 덕의 소유자, 곧 도덕군자로 널리 이름이 났던 공자는 당시 출사를 하지 않고 있었다. 그래서 자공이 미옥에 비유해 공자가 과연 적극적으로 세상에 나가 이상을 실현하고자 하는지, 아니면 세상을 피해 은둔의 삶을 살고자 하는지를 알아본 것이다.

여기서 '물건을 볼 줄 아는 매주'는 곧 현군賢君 명주明主를 비유한 다. 공자는 그러한 매주를 기다리고 있음을 분명히 했다. 소위 '기다린 다'는 것은 자공이 말한 '찾는다'는 것과는 다른 차원이다. 공자가 세 상에 나가 도를 널리 행하고자 하는 마음은 그야말로 절실하지만, 거 기엔 전제 조건이 있다. 우선 세상에 현군 명주가 있어야 하고, 그 현 군 명주가 공자의 덕치 사상에 충분히 공감해 능동적으로 공자를 초 빙 등용해야 한다. 이는 물론 치국의 효과를 극대화하기 위해서이다. 공자는 일찍이 "만약 누가 나를 써준다면, 불과 1년이면 변화가 나타 날 것이요, 3년이면 상당한 성과가 있을 것이다"(13-10)라고 한 바 있 다. 훗날 한나라 말엽에, 제갈공명諸葛孔明이 유비의 삼고초려三顧草廬 를 받고 그 현덕과 지성至誠에 감동해 은둔처를 박차고 나온 일 또한 "물건을 볼 줄 아는 매주를 기다"려 판 것이다.

9-14

공자께서 구이 땅에 가서 살려고 하시자, 어떤 사람이 말했다. "그 곳은 낙후한 곳인데, 어떻게 사시렵니까?" 공자께서 말씀하셨다. "군 자가 가서 사는데 무슨 낙후함이 있겠는가?"

子欲居九夷.¹ 或曰: "陋,² 如之何?" 子曰: "君子³居之, 何陋之有⁴?"
자 욕 거 구 이   혹 왈   루   여 지 하   자 왈   군 자 거 지   하 루 지 유

주석

1 **九夷(구이)**: 대개 옛날 중원 지역에서 동쪽의 이민족, 즉 이른바 동이 민족과 그
지역을 통칭한 것으로 보임. 흔히, 동이 지역에는 아홉 민족이 거주했으므로 '구
이'라 일컬은 것이라고 함. 황간은 이를 동방東方의 현토玄菟, 낙랑樂浪, 고려高麗,
만식滿飾, 부경鳧更, 색가索家, 동도東屠, 왜인倭人, 요비天鄙 등 '구이'를 가리킨다
고 함. '현토'·'낙랑'·'고려'는 오늘날 우리나라 일대에 있었던 지역이고, 그 나머
지는 대개 오늘날 일본 일대에 있었던 지역임.

2 **陋(루)**: 비루함, 낙후함. 곧 문화가 뒤떨어졌음을 이름.

3 **君子(군자)**: 여기서는 공자의 자칭으로 이해됨. 한편 다산은 이는 기자箕子를 가
리켜 이른 것이라고 하며, 공자가 스스로 '군자'라고 한 것은 아니라고 한 원대
경학자 하이손何異孫의 견해를 소개함. 하지만 현재 '기자동래설箕子東來說'에 의
혹이 많은 것으로 밝혀지고 있어, 이는 일정한 고증이 필요함. 다케조에는 '구이'
를 담郯나라(춘추시대에 지금의 산동성 담성郯城에 있던 작은 나라) 지역으로 보면서, 여
기서 '군자'는 공자가 일찍이 고대 관직 이름에 대해 물은 적이 있다는 담나라 군
주 담자郯子를 두고 이른 것이라고 함. 한유의 「사설師說」에서 "성인에게는 일정
한 스승이 없으니, 일찍이 공자는 담자와 장홍萇弘, 사양師襄, 노담老聃을 두루 스
승으로 삼은 적이 있다[聖人無常師, 孔子師郯子·萇弘·師襄·老聃]"고 함. 한데 공자가
아닌 제삼의 군자가 이미 그곳에서 살고 있다면, 그곳을 어찌 낙후한 곳이라고
말할 수 있겠는가? 그러니 여기서 '군자'는 공자의 자칭으로 보는 것이 무난함.

4 **何陋之有(하루지유)**: 이는 군자가 그곳에서 사람들을 도덕으로 교화하면 예의가
살아 있는 사회가 될 것이거늘 '어찌 마냥 낙후한 상태에 머물러 있겠는가?'라는
뜻을 표현함.

해설

공자는 일찍이, 당신의 정치적 이상을 받아들여 실행할 현군이 한 사

람도 없는 중원의 현실을 개탄하며 "뗏목을 타고 바다나 떠다닐까보다"(5-7)라고 한 적이 있다. 그리고 이제는 아예 '구이'로 이주할 생각을 하고 있다. 그것은 곧 제세구민의 이상 실현이 현실의 벽에 부딪힌 데 대한 아쉬움과 한탄의 발로이다. 반고의 『한서』「지리지地理志」에서 "동이 민족은 천성이 유순하여 서·남·북방 세 지역 사람들과는 달랐다. 그러므로 공자께서 세상에 바른 도가 행해지지 않음을 슬퍼하며 바다를 건너 구이에 가서 살고자 한 것은 그럴 만한 까닭이 있을 것이다(東夷天性柔順, 異於三方之外, 故孔子悼道不行, 設浮於海, 欲居九夷, 有以也夫)"라고 한 것은 바로 그 같은 맥락으로 이해된다.

여기서 이른바 '군자'를 두고, 겸양이 몸에 밴 공자가 스스로 그같이 일컬었다고 보기는 어렵다는 시각이 있을 수 있다. 하지만 공자가 스스로 '군자'라고 일컬은 것은 다분히 의도적인 듯하다. 군자란 진정으로 만백성을 사랑하고 걱정하는 마음으로 세상을 구제하기 위해 진력하는 사람이다. 공자는 당신이 바로 그런 사람이라는 입장에서, 감히 '군자'라고 자처한 것이다. 물론 그 근저에는 도무지 바른 도가 행해질 기미가 없는 중원의 현실에 대한 극한 한탄이 자리 잡고 있을 것이다. 같은 맥락에서 공자는 천성이 유순한 동이 사람들이라면 '군자'의 참된 가르침을 성실히 따를 것이라고 확신하고 있다. 예나 지금이나 사람은 역시 물질적인 조건보다는 기본적인 자질과 심성이 중요하다.

한편 안드어이安德義가 이른 대로, 우리는 이 장에서 또 군자와 환경의 관계에 주목하게 된다. 공자는 「이인편」에서 "사람이 사는 마을은 인후한 기풍이 있어야 아름답나니, 살 곳을 고르되 인후한 곳을 골라 거처하지 않는다면 어찌 지혜롭다 하겠는가?"(4-1)라고 하며 환경의 중요성, 다시 말해 환경이 사람에게 끼치는 영향을 대단히 중요하게 생각했다. 그리고 여기서는 또 군자가 환경에 미치는 영향, 곧 환경 개선의 작용과 의의를 부각하여 강조했다. 당대 유우석劉禹錫의 명문名文 「누실명陋室銘」은 바로 공자의 이러한 사상 관념에 근거한다.

산은 얼마나 높으냐가 아니라 신선이 살아야 명산名山이요, 물은 얼마나 깊으냐가 아니라 용이 살아야 영수靈水다. 이는 비록 누추한 집이지만, 이내 덕이 고상한 향기를 풍기게 하나니, 이끼 자국은 섬돌 위로 올라 푸르고, 풀빛은 문발 안으로 들어 푸르르다. 더불어 담소하는 이는 모두가 학식 깊은 선비요, 오가는 사람 가운덴 견식 얕은 사람 없나니, 족히 소금素琴도 타고, 불경佛經도 읽을 수가 있다네. 반면 귀를 어지럽히는 관현管絃의 음악도 없고, 몸을 지치게 하는 관청의 공문公文도 없나니, 가위可謂 남양南陽 제갈량의 오두막이요, 서촉西蜀 양자운揚子雲의 정자로다. 공자께서도 말씀하셨나니, "군자가 살거늘 어찌 누추함이 있겠는가?"

山不在高, 有仙則名. 水不在深, 有龍則靈. 斯是陋室, 惟吾德馨. 苔痕上階綠, 草色入簾青. 談笑有鴻儒, 往來無白丁. 可以調素琴, 閱金經. 無絲竹之亂耳, 無案牘之勞形. 南陽諸葛盧, 西蜀子雲亭. 孔子云: 何陋之有?

9-15

공자께서 말씀하셨다. "내가 위나라에서 노나라로 돌아온 뒤에 나라의 음악 전반을 바로잡으면서, 비로소 아雅와 송頌이 각기 제자리를 찾았노라."

子曰: "吾自衛反¹魯, 然後樂正,² 雅頌³各得其所.⁴"
자 왈   오 자 위 반 노   연 후 악 정   아 송 각 득 기 소

주석

1 反(반): 반返과 같음. 돌아옴.
2 樂正(악정): 잘못된 음악을 바로잡음. 여기서 '악'은 노나라 음악 전반을 두고 이름. 일설에는 『시경』의 악곡을 말한다고 하나, 이론의 여지가 있음.
3 雅頌(아송): 『시경』의 시편 분류. 『시경』 시편은 「풍」·「아」·「송」으로 분류되는데, 그것은 내용에 따른 분류임과 동시에 악곡에 따른 분류이기도 함. 곧 본디 이 세 종류의 편장篇章에 각기 서로 다른 악곡을 붙여 노래한 것임. 여기서 이른바 '아·송'은 앞에서 '악정樂正'이라고 한 것을 보면, 그 악곡·악장을 두고 이른 것으로 이해됨.
4 所(소): 처소, 자리.

해설

공자는 평소 예의뿐만 아니라 음악도 매우 중시했다. 그것은 곧 음악이 사람의 심성을 도야하고, 원만한 품격을 완성하거나 사회 풍속을 개량하는 데 탁월한 효용이 있다고 굳게 믿었기 때문이다. 공자가 「태백편」에서 "사람은 시가를 통해 선한 마음을 불러일으키고, 예의를 통해 사회적으로 우뚝 서며, 음악을 통해 인격을 완성하게 된다"(8-8)고

하고, 『예기』 「악기편」에서 "풍속을 개량하는 데에는 음악만 한 것이 없다(移風易俗, 莫善於樂)"고 한 것은 모두 공자의 그 같은 음악관을 단적으로 보여준다.

공자는 노 애공 11년(기원전 484년) 겨울, 위衛나라에서 고국 노나라로 돌아옴으로써 14년간 열국을 주유하던 나그네의 삶을 마감했다. 한데 공자가 오랜 외유外遊를 통해 깨달은 것은 유감스럽게도 이 세상에 당신이 주창하는 바른 도를 실행할 길이 없다는 것이었다. 그리하여 귀국 후 공자는 고대 문화유산을 정리하고 연구하는 데 몰두하면서 바른 도를 전수하고자 애썼는데, 음악을 바로잡은 것 또한 그 일환이었다. 당시 노나라의 음악은 이미 전통적인 격조를 잃고 어지러움이 심해져, 그 부작용을 우려해야 할 지경이었던 것으로 보인다. 하지만 공자의 노력으로 노나라 음악은 다시 본연의 아정함을 되찾았고, 그 성률聲律과 음조音調가 뒤섞여 어지럽던 『시경』의 '아'와 '송'도 본연의 모습을 다시 갖추게 되었다. 결국 그렇게 해서 마침내 다시 음악을 통한 교화의 긍정적인 효용을 기대할 수 있게 된 것이다.

9-16

공자께서 말씀하셨다. "집 밖에 나가서는 공경公卿을 섬기고, 집 안에 들어와서는 부모와 형을 섬기며, 상사喪事에 임해서는 감히 온 정성으로 예를 다하지 않음이 없고, 술로 인해 곤란을 당하지 않는 것이 내게 무슨 어려움이 있겠느냐?"

子曰: "出¹則事公卿,² 入則事父兄, 喪事不敢不勉,³ 不爲酒困,⁴ 何
자왈   출 즉 사 공 경   입 즉 사 부 형   상 사 불 감 불 면   불 위 주 곤   하
有於我哉⁵?"
유 어 아 재

주석

1 出(출): 집 밖으로 나감. 이는 출사함을 두고 이르는 것으로 이해되기도 함.
2 公卿(공경): 옛날 조정의 삼공三公 구경九卿. 여기서는 조정의 높은 벼슬아치를
   통칭함.
3 勉(면): 힘씀. 곧 온 정성을 다해 상례喪禮를 받들어 행함을 이름.
4 困(곤): 곤란, 곤혹. 곧 술에 취해 몸을 상하고 일을 그르치는 따위를 두고 이름.
5 何有於我哉(하유어아재): 7-2 주석 6 참조. 일설에는 이를 '무엇이 있겠는가?' 즉
   (내가 할 줄 아는 것이) 아무것도 없다는 뜻으로 풀이하며, 공자가 스스로 겸양한 말
   이라고 하나, 공자의 덕성과 품행에 비춰 볼 때 논란의 여지가 다분함.

해설

집 밖에 나가서 공경을 섬김은 '충'이요, 집 안에 들어와 부형을 섬김
은 '효제'이며, 상사에 성심으로 예를 다함은 '예'요, 술로 인해 곤란에
빠지지 않음은 '지智'라 할 것이다. 공자는 이 네 가지 일에 모두 별 어
려움이 없었다. 공자가 평소 사람들에게 부모에게 효도하고, 형을 공
경하며, 나아가 윗사람에게 충심을 다할 것을 권면했음을 감안하면,
당신 스스로는 분명 그 같은 덕행의 실천이 이미 습관이 되어 있었을
것이다. 또한 "공자께서는 상喪을 당한 사람 곁에서 식사하실 때에는
배부르게 드신 적이 없었고"(7-9), 평소 식사 때도 절제함이 많았는데,
"오직 술만은 무한히 드시되, 몸을 가누지 못하거나 정신이 혼미한 지

경까지 가지는 않으셨다"(10-8)고 했으니, 상사喪事에 예를 다하고, 주사酒邪를 부리지 않았음 또한 틀림이 없다.

사실 공자가 말한 이 네 가지는 당시로서는 일상생활 속의 예삿일들이다. 사람들은 흔히 예사로운 일상사에 소홀한 경향이 있다. 하지만 이는 결코 소홀하고 데면데면해서는 안 되는, 사람의 기본 도리이다. 사람이 기본 도리를 제대로 행하지 않는다면, 그 이상을 어찌 기대할 수 있겠는가? 그래서 공자는 사람들에게 이에 특별히 유의하라고 강조한 것이다.

9-17

공자께서 강가에서 말씀하셨다. "무릇 흘러가는 것은 이 강물과 같나니, 밤낮으로 쉼 없이 흐르고 또 흘러가는구나!"

子在川上¹曰: "逝者²如斯³夫,⁴ 不舍晝夜⁵!"
자 재 천 상 왈   서 자 여 사 부   불 사 주 야

주석

1 川上(천상): 천변川邊, 강변, 강가.
2 逝者(서자): 흘러가는 것. 여기서 공자는 곧 세월을 두고 이같이 이름. '서'는 감〔往〕, 나아감, 흘러감.
3 斯(사): 차此와 같음. 이, 이것. 곧 흐르는 강물을 가리킴.
4 夫(부): 감탄의 어조사.
5 不舍晝夜(불사주야): '주야불사晝夜不舍'의 도치. 불철주야不撤晝夜와 같음. 곧 밤

564

낮을 가리지 않고 쉼 없이. '사'는 그침, 멈춤, 멈춰 쉼.

해설

공자가 강가에서, 한시도 쉼 없이 흐르는 강물을 바라보며 세상의 '흘러가는 것'에 대한 탄식을 금치 못하고 있다. 이는 필시 밤낮없이 흘러 다시 돌아오지 않는 유수流水 같은 세월의 덧없음을 두고 한 말일 것이다. 또한 쉼 없이 생멸生滅을 거듭하는 우주 만물의 생성 변화의 법칙에 대한 감개感慨일 수도 있다. 아무튼 그 저변에서 감지할 수 있는 것은 곧 사람은 마땅히 촌음寸陰을 아끼며 자강불식해서 삶의 의미와 가치를 더해야 한다는 메시지다. 정자 역시 이 장을 두고 같은 맥락의 말을 했다. "이는 도의 본체를 두고 한 말이다. 하늘의 운행은 그침이 없나니, 해가 지면 달이 뜨고, 추위가 가면 더위가 오며, 물은 흐르고 흐르며 쉬지 않고, 만물은 나고 자라며 끝이 없다. 이 모든 것은 도와 일체를 이루며 밤낮으로 운행하며 일찍이 그침이 없었다. 그러므로 군자는 그것을 본받아 자강불식하나니, 그 지극함에 이르면 순수純粹가 끝없을 것이다."

한편 세월과 유수는 본질적으로 서로 다르다. 하지만 그 흐름의 연속성과 한번 흘러가면 다시 돌아오지 않는다는 점에 있어서는 서로 유사하다. 이에 착안해 공자는 강물의 흐름으로 세월의 흐름을 비유했으니, 무형無形 무성無聲, 즉 형체도 없고 소리도 없는 것을 유형 유성의 것으로 화化하게 했다. 다시 말해 볼 수도 만질 수도 없는 세월을 이렇듯 생생하고 구체적인 형상으로 묘사해냄으로써, 바라보면 볼 수도 있고 손을 뻗으면 만질 수도 있는 것이 되게 했다. 그뿐만이 아니다. 그 가운데에 또 인생의 철리를 가득 담고 있으니, 공자의 언어 구사와 사물 묘사에 두드러진 창의성과 함축성에 탄복을 금할 수가 없다.

9-18

공자께서 말씀하셨다. "나는 아직 도덕을 좋아하기를 여색을 좋아 하듯이 하는 사람을 보지 못하였다!"

子曰: "吾未見好德¹如好色²者也³!"
자 왈   오 미 견 호 덕 여 호 색 자 야

주석

1 好德(호덕): 도덕·미덕美德을 좋아함. '호'는 동사로, 좋아함.
2 好色(호색): 여색·미색美色을 좋아함.
3 也(야): 개탄의 어조사.

해설

이는 공자가 당시 예악이 붕괴되고 도덕관념이 희박해진 가운데, 많은 통치자들이 여색을 탐하면서 도덕은 좋아하지 않는 풍조를 겨냥해 일갈한 말이다. 그것은 물론 공자가 일찍이 몸소 겪고 느낀 바로부터 폭발한 개탄이요, 한탄이다. 노나라는 한때 공자가 대사구에 올라 재상까지 겸임해 국정을 다스리면서 점차 부강해져갔다. 그러자 위협을 느낀 이웃 제나라는 노나라 조정의 부패를 조장할 속셈으로 노 정공과 계씨에게 여악女樂 수십 명을 바쳤다. 정공과 계씨는 과연 성색에 빠져 정사는 거들떠보지도 않았다. 이에 공자는 실망과 분개의 정을 이기지 못하고, 고국을 떠나 위衛나라로 갔다. 하지만 공자는 그곳에서 위 영공이 젊고 아름다운 부인 남자를 총애함이 지나쳐 국정까지 그녀에게 맡기고 있다는 사실을 알게 되었다. 한번은 영공이 남자와 같은 수레를 타고 환관을 배승陪乘케 한 반면, 공자에게는 뒤따르는 수레를 타게 하고서 거리 곳곳을 다니며 허세를 부렸다. 영공의 추행醜行에 분개와 치욕을 느낀 공자는 곧바로 위나라를 떠났다. 공자가 연이어 그 같은 일을 겪었으니, 어찌 장탄식을 금할 수 있었겠는가? 『사기』「공자세가」에 따르면, 이 장은 바로 공자가 위나라에서 영공의 수레를 뒤따르면서 한 말이라고 한다. 하지만 그럼에도 불구하고, 이 말이 갖는 의의는 결코 위 영공에 국한되지 않는다.

『예기』「예운편」에서 말했다. "음식과 남녀에 관한 문제는 사람이 가장 큰 욕망을 갖는 것이다(飮食男女, 人之大欲存焉)."『맹자』「고자 상편」에서도 말했다. "식욕과 색욕은 사람의 본성이다(食色, 性也)."요컨대 미색을 좋아함은 인지상정이다. 하지만 공자는 사람들에게 그 같은 마음과 열정을 잘 다스려 호덕하고 호학하는 데에 경주해 사람다운 사람이 사는 세상을 만들어갈 것을 강력히 권면했다.

9-19

공자께서 말씀하셨다. "학문을 하는 것은 비유컨대 흙을 쌓아 산을 만드는 것과 같나니, 단 한 삼태기의 흙이 모자라 완성하지 못했는데도 선뜻 그만둔다면, 그것은 곧 내가 스스로 그만두는 것이다. 또 비유컨대 깊은 구덩이에 흙을 부어 땅을 평평히 다지는 것과 같나니, 비록 이제 겨우 한 삼태기의 흙을 쏟아부었을지라도 꿋꿋이 계속해나간다면, 그것은 곧 내가 스스로 계속해나가는 것이다."

子曰: "譬如¹爲山,² 未成一簣,³ 止, 吾止也. 譬如平地,⁴ 雖覆⁵一簣,
자왈   비여 위산   미성일궤   지   오지야   비여평지   수복 일궤
進,⁶ 吾往⁶也."
진   오왕 야

주석

1 譬如(비여): 비유컨대 ~와 같음. 원문에는 이 앞에 아무 말도 없으나, 이는 곧 위학爲學, 즉 학문을 함을 염두에 두고 하는 말로 이해되며, 따라서 역문에 그 뜻을 보충함.

2 爲山(위산): 흙을 쌓아 산을 만듦. '위'는 동사로, 만듦, 이룸(成). 곧 흙을 쌓아 만듦을 이름.

3 未成一簣(미성일궤): '미성어일궤未成於一簣'의 생략형. 한 삼태기의 흙이 모자라 산을 완성하지 못함. '궤'는 삼태기. 곧 흙이나 거름 따위를 담아 나르는 기구로, 대오리를 엮어 만듦.

4 平地(평지): 깊은 구덩이에 흙을 메워 땅을 평평하게 만듦. 이는 곧 앞의 '위산爲山'과 상대되는 말임. '평'은 동사로, 평평하게 만듦, 다짐.

5 覆(복): 뒤집음, 엎음. (삼태기에 담은 흙을) 쏟아부음을 이름.

6 進(진)·往(왕): 전진前進함, 즉 앞으로 나아감. 이는 곧 앞의 '지止'(정지함)와 상반되는 말로, 하던 일을 멈추지 않고 꿋꿋이 계속해나감을 이름.

공자는 두 가지 비유를 통해 사람들에게 인생의 중요한 이치, 즉 배움의 길을 감에 있어서는 모름지기 한결같은 마음으로 부단히 공력功力을 기울여가야 하며, 절대로 중도이폐中道而廢(하던 일을 중도에 그만둠)하여 거의 다 된 일을 그르치거나 충분히 이뤄낼 수 있는 일을 포기해버리는 일이 없도록 해야 함을 일깨워주었다.

『서경』「여오편旅獒篇」에서 "흙을 쌓아 아홉 길 높이의 산을 만든다고 할 때, 단 한 삼태기의 흙이 모자라도 성공하지 못한다(爲山九仞, 功虧一簣)"라고 했는데, 공자의 '위산'은 물론 '평지'의 비유 또한 바로 그에 근거한다. 아무튼 주자가 이른 대로, "무릇 배우는 사람이 스스로 한껏 향상 발전하고자 끊임없이 애를 쓰면 조금씩 쌓고 쌓아 많은 것을 이루지만, 중도에 그만두면 앞서 기울인 공력이 모두 허사가 되는데, 중도에 그만두거나 계속 앞으로 나아가는 것은 모두 나에게 달린 것이지, 남에게 달린 것이 아니다(蓋學者自强不息, 則積少成多; 中道而止, 則前功盡棄; 其止其往, 皆在我而不在人也)"라는 것이 공자의 가르침이다.

흔히 '시작이 반'이라고 한다. 무슨 일이든 시작하기가 어렵지, 일단 시작을 하면 끝마치기는 그리 어렵지 않음을 비유한 말이다. 하지만 유시有始하되 유종有終하지 못한 경우도 허다하다. 예나 지금이나 '유종의 미'를 말하는 것은 바로 그 때문이다. 가치 있는 일일수록 이루는 과정은 더욱 힘들고 어렵다. 그 같은 일에 임하는 사람은 모름지기 초지初志를 끝까지 견지하며 한결같은 마음으로 분발 진력해야 한다. 왜냐하면 그 성패의 열쇠를 쥔 것은 바로 자기 자신이기 때문이다.

9-20

공자께서 말씀하셨다. "내가 일러주면 실천하기를 게을리하지 않는 사람은 아마도 회뿐이겠지?"

子曰: "語¹之²而³不惰⁴者, 其⁵回也與⁶?"
자왈   어 지 이 불 타 자   기 회 야 여

주석

1 語(어): 말함. 곧 알려줌, 가르쳐줌.

2 之(지): 지시대명사. 곧 공자가 가르치는 대상對象 인물을 가리킴.

3 而(이): 순접의 접속사로, 여기서는 즉則과 같음.

4 不惰(불타): 게으름을 피우지 않음. 일설에는 이를 알려주는 말(가르침)을 듣기를 게을리하지 않는다는 뜻으로 풀이하나, 문맥적 의미상 알려(가르쳐)준 것을 생활 속에서 실천하기를 게을리하지 않는다는 뜻으로 이해함이 옳음. '타'는 게으름.

5 其(기): 추측의 부사. 아마도.

6 也與(야여): 6-6 주석 4 참조.

해설

공자의 수제자 안회는 대단히 호학했으며, 문일지십聞一知十, 즉 하나를 들으면 열을 알 정도로 총민했다. 그뿐만이 아니다. 그는 배운 지식과 이치와 지혜를 몸소 실천하는 데에도 누구보다 적극적이어서 게으름을 부리는 일은 찾아볼 수가 없었다. 여기서 공자는 안회의 그 같은 자세와 정신을 칭찬했다. 공자는 「위정편」에서도 "내가 안회와 함께 하루 종일 이야기를 하였는데, 묵묵히 내 말을 한 마디도 거스르지 않아 마치 어리석은 사람 같았다. 그러나 이야기를 마치고 나와 그의 사생활을 살펴보니, 내 가르침을 또한 충분히 스스로 깨달아 실천하나니, 안회는 결코 어리석지 않도다"(2-9)라고 했다.

자로 역시 "들은 것이 있는데도 그것을 미처 실행하지 못했을 때는, 새로운 것을 또 들을까 몹시 두려워하였다."(5-14) 다만 자로는 행함에 자못 조급함과 경솔함을 띠면서 독단으로 흐르는 경향이 없지 않았다.(5-14 '해설' 참조) 염구는 또 스스로 '역부족'이라 여기며 배우고 행함에 사뭇 소극적이었다.(6-10 참조) 그 모두는 근학勤學 정진精進하는 안회의 자세나 태도와는 분명 다르다. 주자는 범조우의 말을 빌려 말했다. "안자(안회에 대한 존칭)는 선생님(공자)의 말씀을 들으면 마음속 깊이 이해하고 힘써 행하여 급박하거나 곤궁한 가운데서도 일찍이 그대로 행하지 않은 적이 없었다. 이는 마치 만물이 때맞춰 내리는 단비에 흠뻑 젖어 꽃을 피우고 무럭무럭 자라는 것과 같거니, 어찌 나태함이 있겠는가? 이 점은 곧 다른 제자들이 미치지 못할 바로다[顔子聞夫子之言, 而心解力行, 造次顚沛未嘗違之. 如萬物得時雨之潤, 發榮滋長, 何有於惰? 此群弟子所不及也]."

한편 여기서 공자가 쓴 '아마도[其]'와 '~이겠지[也與]?'라는 표현은 추측과 의문의 어기를 더해 당신의 말씀이 결코 절대적이지 않다는 뜻을 비치고 있다. 이는 곧 당신의 가르침을 마음속 깊이 이해하고 힘써 행하는 안회를 한껏 칭찬하면서도, 다른 제자들의 마음을 상하게 하지 않으면서 그들도 모두 더욱 분발할 것을 은근히 권면한 것이니, 진정 참 스승의 마음이라 할 것이다. 아무튼 참다운 지성인이라면 지행합일知行合一을 생활화해 스스로 지적 진보와 확충을 기함은 물론,

뭇사람들에게 널리 그 이로움을 베풀어야 하는바 안회야말로 진정 그 표상이라 하기에 손색이 없다.

9-21

공자께서 세상을 떠난 안연 얘기를 하시며 말씀하셨다. "너무도 애석하구나! 나는 그가 생전에 부단히 앞으로 나아가는 것은 보았어도, 멈추어 서는 것은 본 적이 없다."

子謂¹顏淵曰: "惜乎²! 吾見其進³也, 未見其止也."
자 위 안 연 왈   석 호   오 견 기 진 야   미 견 기 지 야

주석

1 謂(위): 5-1 주석 1 참조.
2 惜乎(석호): 이는 안연이 요절한 것을 슬피 탄식하며 애석해한 정을 표현한 것임. 따라서 그 뜻을 전후 구절의 역문에 반영해 자연스러움을 더함.
3 進(진): 학문과 덕행에 쉼 없이 정진함. 이 장의 '진'·'지止'의 함의는 9-19장의 두 글자와 같음.

해설

안연(안회)은 공자가 가장 아끼던 제자였으나, 불행히도 요절하고 말았다. 생전에 잠시도 그치지 않고 부단히 면학 정진하던 제자를 그리며, 애통해하는 스승의 모습이 애달프기 그지없다.

안연이 세상을 떠난 후 공자가 그에 대해 평론한 것은 이 장을 포함

해 『논어』에 대략 두 차례 보인다(왕시위엔은 9-20장도 안연 사후에 한 말이라고 하는데, 그것을 포함하면 모두 세 차례임). 「옹야편」에서 노나라 애공이 제자 가운데 누가 가장 배우기를 좋아하는지 묻자, 공자가 대답했다. "안회라는 친구가 배우기를 좋아하여 노여움을 제삼자에게 옮기지 않고, 같은 잘못을 두 번 저지르지 않았습니다. 하지만 불행히도 명이 짧아 이미 세상을 떠났습니다. 이제 안회가 죽고 없으니, 배우기를 좋아하는 사람이 있다는 말은 들어보지 못하였습니다."(6-2) 이에서 알 수 있듯이 안연의 호학은 구체적으로 '노여움을 제삼자에게 옮기지 않고〔不遷怒〕', '같은 잘못을 두 번 저지르지 않는〔不貳過〕' 것이니, 곧 도덕 수양을 통해 생활 속에서 실천하는 행위의 문제이다. 그러므로 이 장의 애탄哀歎과 앞 장의 칭찬도 모두 행위 실천 방면에 있어서 쉼 없이 정진함에 대한 것이리라.

공자가 평소 가장 중시한 것은 행위 실천이며, 심지어 종신토록 심혈을 기울인 교육의 궁극적 지향과 종지 역시 덕행을 쌓고 실천하는 군자를 기르는 데에 있었다. 공자가 요절한 수제자 안연에 대한 통석한 정을 금치 못한 것은 두말할 나위 없이 훌륭한 '군자'의 재목을 잃은 애석함 때문이다.(11-9 참조)

9-22

공자께서 말씀하셨다. "무릇 싹은 자랐어도 이삭이 패지 않는 경우도 있고, 이삭은 팼어도 알이 여물지 않는 경우도 있도다!"

子曰: "苗¹而不秀²者³有矣夫,⁴ 秀而不實⁵者有矣夫!"
자왈   묘 이 불 수 자 유 의 부   수 이 불 실 자 유 의 부

주석

1 苗(묘): (곡식의) 싹. 곧 씨, 뿌리 따위에서 처음 돋아나는 어린잎이나 줄기. 여기서
  는 동사로 쓰임.
2 秀(수): (곡식의) 이삭이 팸. 곧 벼 따위의 이삭이 나와 꽃이 핌.
3 者(자): 여기서는 어떠한 경우, 상황을 뜻함.
4 矣夫(의부): 어조사를 연이어 쓴 형식. '의'는 긍정의 어기, '부'는 감탄의 어기를
  각각 나타냄.
5 實(실): 결실結實, 즉 식물이 열매를 맺거나 맺은 열매가 여묾.

해설

곡식의 싹이 자라서 이삭이 패고, 이삭이 패서 알이 여물 듯이 순차적
으로 향상 전진함은 유시유종有始有終, 즉 시작도 있고 마침도 있음이
다. 반면 싹은 자랐어도 이삭이 패지 않고, 이삭은 팼어도 알이 여물지
않듯이 순차적으로 향상 전진하지 못함은 유시무종, 즉 시작은 있으
나 마침은 없음이다. 이렇게 볼 때, 공자는 필시, 시작은 잘하지만 유
종의 미를 거두지 못하고 중도이폐하는 이들을 나무라며 일로매진을
촉구코자 했을 것이다.

  '싹은 자랐어도 이삭이 패지 않고[苗而不秀]', '이삭은 팼어도 알이 여
물지 않는[秀而不實]' 경우는 배움의 길에서 흔히 볼 수 있다. 예컨대
송대 장식張栻이 이른 대로, "사람이 자질은 있으나 배우지 않으면 '묘
이불수'함이요, 배우기는 했으나 스스로 체득하지 못하면 '수이불실'

함이다(人有質而不學, 苗而不秀者也; 學而不能有諸己, 秀而不實者也).” 명대 장거정 역시 말했다. “사람이 빼어나게 영리하고 슬기로운 자질이 있어 학문에 종사하면서도 일념으로 정진하여 그 총명과 슬기를 발달시키지 못한다면, 그 또한 ‘묘이불수’함이요, 총명과 슬기는 비록 이미 발달하였으나 깊이 탐구하여 뛰어난 성취에 이르지 못한다면, 그 또한 ‘수이불실’함이니, 어찌 그 모두가 애석한 일이 아니겠는가?(人有穎悟之資, 從事於學而不能精進以發達其聰明, 是亦苗而不秀者也; 聰明雖已發達, 而不能深造以至於成就, 是亦秀而不實者也, 豈不均可惜哉)” 공자의 본의를 좀 더 구체적으로 말하면, 바로 이 같은 견지에서 배우는 이들에게 경각심을 고취시킨 것이다.

일설에는 앞 장과 연관 지어 이 장 역시 공자가 안회의 요절을 가슴 아파한 것이라고 한다. 하지만 안회는 ‘수이불실’에 해당될 뿐이거늘 ‘묘이불수’는 또 누구를 두고 한 말이란 것인가? 더욱이 공자께서 안회를 분명하게 언급한 것도 아닌 만큼, 아무래도 일반적인 논지로 이해하는 것이 보다 적절할 듯하다.

9-23

공자께서 말씀하셨다. “젊은이는 두려워할 만한 존재거니, 그들의 미래가 어찌 현재만 못할 것이라 단정하랴? 사람이 마흔 살, 쉰 살이 되어서도 명성이 나지 않는다면, 그런 사람은 두려워할 만하지 않도다.”

子曰: "後生¹可畏,² 焉知來者之不如今也³? 四十五十而無聞⁴焉,⁵
자왈　　후생가외　　언지래자지불여금야　　　사십오십이무문언 ·

斯⁶亦不足畏也已.⁷"
사　역부족외야이

주석

1 後生(후생): 젊은이, 청소년. 이를 흔히 후배 또는 뒤에 난 사람으로 풀이하는데, 상대적인 개념인 후배는 화자에 비해 나이가 적은 경우로, 쉰 살일 수도 있고, 예순 살일 수도 있으니, 문맥상 적절치 않음. 그것은 또 다음 구절에서 "마흔 살, 쉰 살이 되어서도……"라고 한 말을 보면 더욱 분명해짐. 요컨대 이 장은 공자가 10대, 20대 '젊은이'들을 겨냥해 한 말임을 간과해서는 안 될 것임.

2 可畏(가외): (젊은이는 장래가 창창하니) 두려워할 만함.

3 "焉知(언지)…" 구: 이를 흔히 '어찌 뒤에 오는 후배들이 지금 우리(공자 본인이나 당시의 뭇 어른들)만 못하리란 것을 알겠는가?'라는 뜻으로 풀이하나, 공자가 과연 그처럼 후배와 선배 또는 젊은이와 어른을 비교해 말했을까? 이 역시 뒤의 '마흔 살, 쉰 살'이라는 말과 관련시켜 보면 이는 젊은이들의 현재와 미래를 두고 하는 말임을 알 수 있음. '언'은 어찌, 어떻게. '지'는 여기서는 '안다'가 아니라 '단정함'으로 옮기는 것이 공자의 본의를 살리면서 한글 표현도 한결 자연스러움. '내자來者'는 내일來日과 같은 말로, 여기서는 젊은이들의 미래를 이름. 이를 흔히 뒤에 오는 사람, 곧 후배를 이르는 것으로 풀이하나, 옳지 않음. '금今'은 지금只今과 같은 말로, 여기서는 젊은이들의 현재를 이름. 이를 흔히 '나의 지금' 곧 공자의 현재, 또는 '오늘날의 사람들' 곧 당시의 어른들을 이르는 것으로 풀이하나, 모두 옳지 않음.

4 聞(문): 문명聞名, 이름이 알려짐. 곧 이름·명성이 남.

5 焉(언): 어조사. 여기서는 가정의 어기를 띰.

6 斯(사): 여기서는 지시대명사 겸 관계사. 곧 차즉此則, 즉 '그런 사람은 곧'의 뜻으로 풀이됨.

7 也已(야이): 어조사를 연이어 쓴 형식. 긍정의 어조사인 '야'와 '이'를 중복한 것은 각기 단독으로 쓰는 것보다 그 어기를 더욱 강렬하게 나타내기 위함임.

이른바 '후생가외後生可畏'는 후세 사람들이 젊은이의 전도유망前途有望을 칭송할 때 상용하는 성어가 된 지 오래다. 젊은이는 무한한 잠재력과 무궁한 가능성을 지니고 있다. 그들이 두려워할 만한 존재란 것은 바로 그 때문이다. 나이도 젊고 기력도 좋은 데다 장래가 창창하니, 젊은이가 큰 뜻을 품고 인생의 황금기를 알차게 보낸다면, 장차 그 성취는 가늠하기 힘들 정도다. 하지만 스스로를 채찍질하지 못하고 배우고 익히기를 게을리해 청춘을 허송한다면, 마흔 살, 쉰 살이 되어서도 이룬 것이 별로 없을 것이니, 결코 두려워할 만한 존재가 되지 못한다. 뒤늦게 막심莫甚한 후회와 막급莫及한 회한에 가슴을 친들 무슨 소용이 있겠는가? 공자는 이 같은 취지에서 젊은이들에게 "배우기를 때가 지난 다음에 하면, 각고의 노력을 다해도 성과를 거두기 어렵다(時過然後學, 則勤苦而難成)"(『예기』「학기」)는 이치를 일깨우며, 더욱 분발해 촌음을 아끼며 끊임없이 정진하라고 독려한 것이다.

흔히 이르기를 "장강의 뒤 물결은 앞 물결을 밀고 나간다(長江後浪推前浪)"고 한다. 인류 사회가 끊임없는 향상과 발전을 이루고자 한다면, 모름지기 후세대가 반드시 앞 세대를 뛰어넘어야 한다. 여기서 읽히는 공자의 이 같은 의식 관념은 곧 당신의 사상이 결코 수구守舊·보수가 아님은 물론이거니와 오히려 더없이 진보적인 이상을 지향함을 단적으로 말해준다.

9-24

공자께서 말씀하셨다. "사람이 엄격하고 바르게 나무라는 말을 따르지 않을 수 있는가? 하지만 무엇보다 값진 것은 진실로 잘못을 고치는 것이다. 사람이 부드럽게 타이르는 말에 기쁘지 않을 수 있는가? 하지만 무엇보다 값진 것은 그 속뜻을 꿰뚫어 알아차리는 것이다. 그저 기뻐하기만 하고 속뜻을 알아차리지 못하거나 겉으로만 따르고 진실로 잘못을 고치지 않는다면, 그런 사람은 나도 어떻게 할 수가 없다."

子曰: "法語之言,^{1} 能無從^{2}乎? 改之爲貴. 巽與之言,^{3} 能無說^{4}乎?
자왈 법어지언 능무종 호 개지위귀 손여지언 능무열 호

繹之^{5}爲貴. 說而不繹, 從而不改, 吾末如之何^{6}也已矣.^{7}"
역지 위귀 열이불역 종이불개 오말여지하 야이의

주석

1 法語之言(법어지언): 예법(예의로써 지켜야 할 규범)과 법칙(반드시 지켜야만 하는 규범)에 맞게, 즉 엄정하게 훈계하는 말. '법'은 예법, 법칙, 도리, 규범. '어'는 훈계함, 나무람.

2 從(종): 청종聽從, 즉 이르는 대로 잘 듣고 좇음, 따름.

3 巽與之言(손여지언): 부드럽게 타이르는 말. '손'은 손遜과 통함. 겸손함, 공손함, 부드러움. '여'는 허여함, 찬동함. 여기서는 타이르고 충고함을 이름. 다산이 '여'를 돕는다는 뜻으로 보고, '손여'를 (타이름이) 부드럽고 순하여 도움을 주는 말이라고 한 것 역시 같은 맥락의 풀이로 이해됨.

4 說(열): 열悅과 같음. 기쁨, 기뻐함. 특히 마음속에 이는 희열의 감정을 말함.

5 繹之(역지): 그 말의 진의眞意, 속뜻을 간파·감지해냄. '역'은 찾음, 탐구함, 궁구함. '지'는 '손여지언'을 가리킴.

6 末如之何(말여지하): 무가내하無可奈何와 같음. 달리 그를 어떻게 할 수가 없음. 곧 그를 달리 어떻게 이끌어주거나 가르쳐줄 수가 없음을 이름. '말'은 막莫·무無와 같음. ~할 방법이 없음. '여지하'는 목적어 '지'(그 사람)를 동사 '여하'(어떻게 함) 가운데로 도치시킨 형식임.

7 也己矣(야이의): 복합 어조사. 긍정 및 단정, 아울러 탄식의 어기를 띰.

해설

다른 사람의 잘못을 나무라고 타이를 때, 흔히 직언하기도 하고, 에두르기도 한다. 전자의 경우, 듣는 이는 대개 그 엄정한 도의와 명백한 시비是非에 절로 수긍하고 따르게 된다. 후자의 경우, 듣는 이는 대개 그 너그럽고 공손한 말씨에 기뻐하기까지 한다. 하지만 엄정한 나무람에 마지못해 따르는 척하며 진실로 잘못을 고치지 않는다거나, 부드러운 말씨에 취해 기뻐하기만 하고 속뜻을 알아차리지 못한다면, 한심하기 그지없는 일이다. 공자가 일렀듯이 "잘못을 하고도 고치지 않는 것, 그것이야말로 진정 잘못이라 할 것이다."(15-30) "사람이 어느 누가 잘못이 없을 수 있는가? 잘못을 하더라도 그것을 능히 고칠 수 있다면 그보다 더 좋은 일은 없다(人誰無過? 過而能改, 善莫大焉)."(『좌전』「선공 2년」) 그리하여 "잘못을 했으나 그 잘못을 고치면, 그것은 잘못을 하지 않은 것(過而改之, 是不過也)"(『한시외전』)이라고까지 할 수 있다. 여기서 "그런 사람은 나도 어떻게 할 수가 없다"라는 공자의 말은 바로 '잘못을 하고도 고치지 않는 것'에 대한 강한 질타다.

『논어』에서 공자가, 그 위인爲人에 결함이 너무 커서 당신께서도 도저히 바르게 가르쳐 이끌 수 없을 정도라는 뉘앙스로 강하게 질타한 경우는 이 밖에도 아래와 같은 여러 유형의 사람들이 있다. "거만한 데에다 정직하지도 않고, 어리석은 데에다 성실하지도 않으며, 무능한 데에다 신실하지도 않은 사람"(8-16), "'이걸 어떻게 하지, 이걸 어떻게 하지?' 하며 처사의 방법을 깊이 고민하지 않는 사람"(15-16), "여러 사람과 하루 종일 함께 있으면서 의로운 말은 한 마디도 하지 않고, 작은 지혜를 뽐내기만 좋아"하는 사람(15-17), "하루 종일 배불리 먹고 아무 데도 마음을 쓰지 않는" 사람(17-22)이 바로 그들이다. 공자가 볼 때, 이들은 모두 "곤경을 겪으면서도 배우지 않는(困而不學)"(16-9) "지극히 어리석은 사람들(下愚)"로, 결코 "후천적 요인으로 인해 그의 천부적 자질이 바뀌지는 않는(不移)"(17-3) 만큼, 그야말로 어떻게 할 수가 없는 사람들이다. 우리 모두는 결코 그런 인물 형상을 갖지 않도록 끊임없이 노력해야 한다.

9-25

공자께서 말씀하셨다. "사람이 언행을 함에는 충성과 신의를 위주로 하고, 자기보다 못한 이를 벗하지 말며, 잘못이 있으면 고치기를 꺼리지 말아야 한다."

子曰: "主忠信, 毋友不如己者, 過則勿憚改."
자 왈   주 충 신 무 우 불 여 기 자 과 즉 물 탄 개

해설

이 장은 「학이편」 8장의 후반부와 중복된다. 이는 편자의 실수라기보

다는, 오히려 사람은 자신의 잘못을 고칠 줄 아는 것이 무엇보다 값지다는 앞 장의 뜻을 거듭 강조하기 위해 그 후반부를 절취切取해 여기에 다시 수록한 것으로 보인다.

9-26

공자께서 말씀하셨다. "삼군三軍에게서 그 장수를 빼앗을 수는 있어도, 한 사람에게서 그 뜻을 빼앗을 수는 없다."

子曰: "三軍¹可奪²帥³也, 匹夫⁴不可奪志也."
자 왈   삼 군 가 탈 수 야 필 부 불 가 탈 지 야

주석

1 三軍(삼군): 주대의 일부 큰 제후국들의 군대 편제. '삼군'은 흔히 전군全軍을 일컫기도 하나, 여기서는 군대를 통칭하면서 군사가 많음을 부각 형용함. 7-11 주석 9 참조.

2 奪(탈): 탈취함, 빼앗음. 곧 (삼군으로 하여금 그 장수를) 잃게 함을 이름.

3 帥(수): (군대의) 장수, 통수統帥(부하를 통솔하는 장수), 주장主將(우두머리가 되는 장수).

4 匹夫(필부): 이는 흔히 평민, 일반 백성, 보통 사람을 가리키는 것으로 풀이함. 그것은 곧 옛날에는 사대부 이상은 본처本妻 외에 희첩姬妾을 둔 반면, 평민·서민은 단지 일부一夫와 일부一婦 두 사람이 서로 '배필配匹'이 되었으므로, 남편과 아내 각각을 필부匹夫·필부匹婦라고 일컬은 데에 따른 것임. 하지만 다산은 명대 담감천湛甘泉이 "이는 곧 '삼군'을 들어서 '필부'를 부각한 것인바, '필부'는 '일인一人'이라는 말과 같으며, 미천함을 이르는 것이 아니다(正以三軍, 來形匹夫. 匹夫猶言一人也, 非微賤之謂)"라고 풀이한 것이 옳다고 함. 이 장은 문맥상 수많은 군사를 거느린 '장수'와 고립무원孤立無援의 '필부'를 대비해, 아무리 단 한 사람(이는 공자 자신

을 두고 한 말일 수 있음―'해설' 참조)일지라도 진정한 의지가 있다면, 그것이 얼마나 굳건하고 대단한 의의가 있는지를 강조한 것으로 이해되는 만큼 다산의 판단이 옳음.

해설 ────────────────────

이는 입지의 중요성과 진정한 의지나 신념, 지향(포부), 지절志節(지조와 절개)은 확고부동한 것임을 일깨운다. 여기서 '삼군'과 '필부'는 서로 상대적인 것으로, 그 중과衆寡에 현격한 차이를 보인다. 한데 군대의 기강이 무너지고 사기가 꺾이면, 백만 대군을 거느린 맹장猛將도 사로잡을 수가 있다. 반면 그 뜻이 확고하면, 단 한 사람의 지절도 꺾을 수가 없는 법이다. 주자가 후중량侯仲良의 말을 빌려 이른 대로, "삼군 장수의 용맹은 군사들에게 달렸고, 특정한 한 사람의 뜻은 그 자신에게 달렸다. 그러므로 삼군의 장수는 빼앗을 수 있지만, 한 사람의 뜻은 빼앗을 수가 없는 것이다. 만약 남이 빼앗을 수 있다면, 그것은 진정한 뜻이라고 말할 수 없다(三軍之勇在人, 匹夫之志在己, 故帥可奪, 而志不可奪. 如可奪, 則亦不足謂之志矣)."

일찍이 공자는 "인도仁道에 뜻이 있는 선비와 인덕을 닦은 사람은 구차히 살고자 하여 인을 훼손하는 경우는 없어도, 오히려 자신의 목숨을 바쳐 인을 이루는 경우는 있다"(15-9)고 했고, 맹자는 "부귀도 그 마음을 어지럽게 하지 못하고, 빈천도 그 뜻을 바꾸게 하지 못하며, 위세와 무력도 그 절조를 굽히게 하지 못한다면, 그런 사람이야말로 진정 '대장부'라 할 것이다(富貴不能淫, 貧賤不能移, 威武不能屈, 此之謂大丈夫)"(『맹자』「등문공 하」)라고 했다. 이른바 그 뜻을 빼앗을 수 없는 '필부'는 바로 그러한 사람들일 것이다.

한편으로 또 여기서 말하는 '필부'의 형상은 다름 아닌 바로 공자의
자아 형상에 대한 묘사라는 느낌이 강하게 든다. 노나라 조정이나 외
교 무대에서, 그리고 주유열국의 과정에, 공자는 상대와 적수의 겁박,
권귀權貴의 협박과 중상中傷, 무부武夫의 포위와 위협에 거듭 부딪혀야
만 했다. 하지만 그 어떤 것도, 기필코 노나라의 국권과 존엄을 수호
하겠다는 그 의지와, 천하에 인정 덕치를 널리 시행하겠다는 그 지향
을 추호도 약화시키지 못했다.

9-27

공자께서 말씀하셨다. "해진 솜옷을 입고 여우나 담비 갖옷을 입은
사람과 함께 서 있어도 부끄러워하지 않을 사람은 아마도 유이겠지?
'시기하지도 않고 탐내지도 않으니 / 어찌 훌륭하지 아니한가?'" 한데
이 시구를 나중에 자로가 늘 외고 다니자, 공자께서 말씀하셨다. "그
건 단지 사람의 기본 도리이거늘 어찌 훌륭하다 하겠는가?"

子曰: "衣¹敝²縕袍,³ 與衣狐貉⁴者立, 而不恥者, 其由也與⁵? '不忮⁶
자왈   의 페 온 포   여 의 호 학 자 립 이 불 치 자 기 유 야 여   불 기

不求,⁷ 何用⁸不臧⁹?'" 子路終身¹⁰誦¹¹之. 子曰: "是¹²道¹³也, 何足以¹⁴
불 구 하 용 부 장   자 로 종 신 송 지 자 왈   시 도 야 하 족 이

臧¹⁵?"
장

1 衣(의): 동사로, 옷을 입음.

2 敝(폐): 해어짐, 즉 닳아서 떨어짐.

3 縕袍(온포): 솜을 둔 옷. 이는 옛날 빈천한 사람들의 방한복이었음. '온'은 (낡은) 솜. '포'는 장포長袍, 즉 긴 웃옷, 두루마기.

4 狐貉(호학): 여우와 담비. 여기서는 그 가죽으로 만든 옷을 이름. 이는 옛날 부귀한 사람들의 방한복이었음. '호'는 여우. '학'은 담비, 오소리.

5 其由也與(기유야여): '기유'는 5-7 주석 3, 4 참조. '야여'는 6-6 주석 4 참조.

6 忮(기): 시기함, 질투함, 질투하여 해침.

7 求(구): 탐구貪求함, 탐냄.

8 何用(하용): 하이何以와 같음. 어찌, 어떻게.

9 臧(장): 형용사 선善과 같은 뜻으로, 착함, 훌륭함. 이상의 "불기不忮…" 2구는 『시경』 「패풍邶風·웅치편雄雉篇」의 시구로, 공자가 자로를 칭찬하기 위해 인용한 것임.

10 終身(종신): 늘, 항상. 여기서는 『맹자』 「양혜왕 상편」 "풍년이 들어 즐거운 해에는 늘 배가 부르다(樂歲終身飽)"의 '종신'과 같으며, 일반적으로 이르는 평생·종신토록의 뜻이 아님.

11 誦(송): 음송吟誦함, 낭송朗誦함. 여기서는 곧 욈, 즉 글이나 말을 기억해두었다가 한 자도 틀리지 않게 그대로 읊고 다님을 이름.

12 是(시): 차此와 같음. 이것, 그것. 곧 '불기불구不忮不求', 즉 시기하지도 탐내지도 않음을 가리킴.

13 道(도): (사람이 응당 행해야 할) 도리, 도덕.

14 足以(족이): 족히 ~할 수 있음.

15 臧(장): 여기서는 동사로, 훌륭하다고 함, 칭찬함.

해설

일찍이 공자는 "선비가 도에 뜻을 두었으면서 낡은 옷과 거친 음식을 부끄럽게 여긴다면, 아직은 그와 도를 논할 만하지 않다"(4-9)고 했다.

자로는 평소 "수레와 말 그리고 베옷과 갖옷을 벗과 함께 나눠 타고 입다가, 설령 망가지더라도 원망하지 않으려고"(5-26) 했으니, 의리를 중히 여기고 재물을 가벼이 여긴 사람이었음을 알 수 있다. 사실 예나 지금이나 세상에는 그저 물질생활, 즉 옷이나 음식이나 집 같은 데에는 과도한 관심과 정성을 쏟고 신경을 쓰며 그 외형적 화려함과 부유함을 뽐내지만, 정신생활, 즉 지적·도덕적 교양과 정서적 품격이나 정감적 향유의 향상 및 증진에는 별 관심을 기울이지 않는 이들이 적지 않다. 그렇게 볼 때, 자로처럼 "해진 솜옷을 입고 여우나 담비 갖옷을 입은 사람과 함께 서 있어도 부끄러워하지 않"는 마음가짐은 분명 한껏 칭찬해 일컬을 만하다. 공자가 자로를 칭찬한 것은 바로 그 때문이다.

한데 자로는 호탕하고 쾌활한 성품의 소유자였던지라, 감정을 마음속에 간직해두지 못하고 쉬이 밖으로 드러내곤 했다. 『시경』의 구절을 인용해 칭찬한 스승의 말을 듣고는, 한껏 득의해 늘 그 시 구절을 외고 다녔던 것이다. 그러자 공자는 자로가 자만하고 안주함을 경계토록 일침을 가했다. 무릇 시기하지도 탐내지도 않는 것은 단지 사람의 기본 덕행에 불과한 것이니, 그에 머물지 말고 더욱 분발 정진하여 끝없이 향상 진보하라고 일깨운 것이다. 자로에 대한 이와 유사한 공자의 인재시교가 「공야장편」에도 보인다.(5-7 참조)

9-28

공자께서 말씀하셨다. "세밑 한파가 닥친 다음에야, 소나무와 측백나무가 끝까지 시들지 않는다는 것을 알게 된다."

子曰: "歲寒,¹ 然後知松柏之後彫²也."
자왈　세한　연후지송백지후조야

주석

1 **歲寒**(세한): 세모천한歲暮天寒, 즉 세밑의 한파, 혹한.
2 **松柏之後彫**(송백지후조): 이는 주술主述 구조로, 앞의 동사 '지知'의 목적어임.
'지之'는 어조사. 1-10 주석 8 참조. '후조'는 자구字句상 분명 뭇 나무들보다 뒤에
시든다는 뜻이나, 여기서는 문맥상 뭇 나무들이 다 시든 뒤에도 끝까지 시들지
않는다는 뜻으로 이해해야 함. '조'는 조凋와 같아서 초목이 조락凋落함을 뜻함.

해설

여름내 그렇게 무성하던 뭇 초목들도, 가을을 지나 겨울로 접어들면
하나같이 다 시들어버린다. 하지만 소나무와 측백나무만은 세밑의 혹
한도 거뜬히 이겨내며 독야청청하다. 이처럼 사람도 곤궁과 고난의
역경을 겪으면서, 비로소 그 진면모가 드러나는 법이다. 공자는 여기
서 소나무와 측백나무의 독야청청을 통해, 어떠한 난국과 환난 속에
서도 끝까지 절조를 굽히지 않고 홀로 우뚝한 참 군자의 의연함을 비
유했다. 주자가 혹자의 말을 빌려 이른 대로, "소인도 치세에는 간혹
군자와 그다지 다를 게 없으나, 이해利害 문제에 임하거나 사건과 변
고變故를 만나게 되면 군자 특유의 굳은 소신과 절조가 드러나는 법이
다(小人之在治世, 或與君子無異. 惟臨利害·遇事變, 然後君子之所守可見也)." 또
한 "선비가 곤궁하면 그 절의를 보게 되고, 세상이 혼란스러우면 충신

을 알게 되는 법. 공자께서 배우는 이들로 하여금 그 같은 덕성을 두루 갖추게 하고자 한 것이다(士窮見節義, 世亂識忠臣. 欲學者必周于德)."

한편 옛날 사람들은 공자처럼 참 군자의 형상을 띤 소나무와 측백나무에 주목한 것 외에도, 한없이 곧고 바르며 꿋꿋한 대나무와, 눈과 서리를 두려워하지 않는 매화의 형상을 특히 애호했다. 그리하여 후세에 소나무·대나무·매화나무를 '세한삼우歲寒三友'로 일컫는가 하면, 또 깊은 산골짝에서 자라며 고결한 자태를 뽐내는 난초를 더해 매화·난초·국화·대나무를 '사군자四君子'라 일컬으며 즐겨 찬상讚賞하기에 이르렀다. 아무튼 공자 이후 대대로 현철賢哲들은 흔히 그처럼 자연 초목으로 의연하고 강직하며 충성스럽고 절의節義에 찬 군자의 형상을 비유해 사람들의 분발 정진을 극력 권면했다.

9-29

공자께서 말씀하셨다. "지혜로운 사람은 미혹하지 않고, 인한 사람은 근심하지 않으며, 용감한 사람은 두려워하지 않는다."

子曰: "知¹者不惑, 仁者不憂, 勇者不懼.²"
자왈   지 자 불 혹   인 자 불 우   용 자 불 구

주석

1 知(지): 지智와 같음.
2 懼(구): 두려움, 두려워함.

지혜로운 사람은 사리事理와 물리物理에 대한 통찰이 있으니 의혹하거나 미혹함이 없다. 인한 사람은 '인자는 사람을 사랑함仁者愛人'을 온몸으로 보이며, 사사로운 욕망을 떨쳐버리고 하늘의 뜻에 순응하며 안분지족安分知足(편안한 마음으로 제 분수를 지키며 만족할 줄을 앎)하니, 근심함이 없다. 용감한 사람은 도의감道義感과 정의감을 바탕으로 한 용기가 넘치니 두려워함이 없다. 전통 유가의 도덕 사상에서 이른바 '지智'·'인仁'·'용勇'은 군자의 세 가지 중요한 특징이자 덕목이다. 『중용』에서는 "'지·인·용' 세 가지는 천하에 두루 통하는 미덕이다知仁勇, 三者天下之達德也)"라고 했다. 공자는 필시 사람들, 특히 제자들이 능히 이 삼덕三德을 갈고 닦아 진정한 군자가 되기를 바랐다.

9-30

공자께서 말씀하셨다. "함께 공부를 할 수 있는 사람이라도 반드시 함께 바른 도를 향해 나아갈 수는 없고, 함께 바른 도를 향해 나아갈 수 있는 사람이라도 반드시 함께 바른 도를 지킴으로써 세상에서 자신을 확고히 세울 수는 없으며, 함께 바른 도를 지킴으로써 세상에서 자신을 확고히 세울 수 있는 사람이라도 반드시 함께 처사에 전후좌우를 헤아려 도의에 맞도록 융통성을 발휘할 수는 없다."

子曰: "可與¹共學, 未可與適道²; 可與適道, 未可與立³; 可與立, 未可與權.⁴"

1 **可與**(가여): '가여지可與之'의 생략형이며, '지'는 부정不定대명사로, 모인某人, 즉 어떤 사람을 가리킴. 주자가 이를 함께 어떤 일을 할 수 있다는 말이라고 한 것 역시 같은 맥락의 풀이임. 한편 왕시위엔은 「양화편」 "비부가여사군야여재鄙夫可與事君也與哉"(17-15)의 경우를 예로 들며 이를 '가이可以'와 같다고 하나, 설득력이 떨어짐. 왜냐하면 「양화편」 15장의 '가여' 역시 '가여지'의 생략형으로 풀이함이 옳기 때문임.

2 **適道**(적도): 정도正道를 향해 나아감, 정도를 추구함. '적'은 감(往). '도'는 인의의 대도大道. 곧 정도, 진리.

3 **立**(립): 「태백편」 "입어례立於禮"(8-8)의 '입'과 같음. 여기서는 정도를 지킴으로써 스스로 입신, 즉 세상에 떳떳한 자리를 차지하고 지위를 확고하게 세움을 뜻함.

4 **權**(권): (물건의 경중에 따라 옮겨가며 저울대가 평형을 이루게 하는) 저울추. 여기서는 일의 완급과 경중, 이해와 득실을 따져 사리事理의 평형과 중용을 이룸으로써 도의에 부합토록 융통성을 발휘함을 이름.

해설

사람은 기본적으로 이런저런 층차層次(층이 지게 서로 높고 낮고 한 차이)가 있게 마련이며, 그런 만큼 이르는 경지 또한 층차가 있을 수밖에 없다.

이른바 배움이란 도, 즉 인생의 진리를 향한 갈구의 여정이다. 그 길고 긴 여정에, 뜻을 같이할 벗이 있다면 얼마나 좋을까? 하지만 사람이란 얼굴 생김새만큼이나 성품과 자질이 각양각색인지라, 어렵고 힘든 구도求道의 여정을 끝까지 함께하기는 쉽지 않다. 배움은 쉬운 데서 어려운 데로, 얕은 데서 깊은 데로 점진적 성과를 거두며 정진에 정진을 거듭해, 궁극적으로는 도의의 원칙을 훼손하지 않는 범위 내에서 융통할 수 있는 경지에 다다라야 한다. 일찍이 공자가 "군자는 천하만사에 있어 반드시 어떻게 해야 된다는 것도 없고, 또 절대로 어떻게 하면 안 된다는 것도 없으며, 오직 알맞고 마땅함에 따를 뿐이다"(4-10)라고 한 것은 바로 그 같은 맥락의 이야기이다.

9-31

"산앵두나무 꽃이 / 한들한들 춤을 추며 뒤집히누나 / 내 어찌 그대 그립지 않으랴마는 / 그대의 집이 너무 멀리 떨어져 있나니" 공자께서 말씀하셨다. "진실로 그리워하지 않음이로다! 집이 먼 게 무슨 대수란 말인가?"

"唐棣¹之華,² 偏其反而.³ 豈不爾思⁴? 室是遠而.⁵" 子曰: "未之思也
　당 체 지 화　편 기 번 이　기 불 이 사　실 시 원 이　　자 왈　미 지 사 야
夫⁶! 何遠之有⁷?"
부　　하 원 지 유

주석

1 唐棣(당체): 산앵두나무. 진달랫과의 낙엽 활엽 관목으로, 주로 산기슭 숲속에서 남.

2 華(화): 화花와 같음.

3 偏其反而(편기번이): 꽃잎이 상하좌우로 뒤집히며 바람에 나부끼는 모양을 형용함. '편'은 편翩과 같음. 가볍게 남, 나부낌. '편기'는 편연翩然과 같음. 나부끼는 모양, 한들한들 춤추는 모양. '번'은 번翻과 같음. 나부낌, 뒤집힘. 일설에는 이 '뒤집힌다'는 의미는 사람이 서로 멀리 이별한 것을 비유한다고 함. '이'는 어조사. 아래 구절의 '이'도 이와 같음.

4 豈不爾思(기불이사): '기불사이豈不思爾'의 도치. 부정문에서 목적어를 전치한 형

식. '이'는 제이인칭대명사. 너, 그대.

5 室是遠而(실시원이): 그대의 집이 너무 멀리 떨어져 있음을 강조함. '실'은 집, 거처. '시'는 어조사로, 술어 앞에 쓰여 치중置重과 강조의 어기를 나타냄. 일설에는 지之와 같다고 함. 이상의 "당체唐棣…" 4구는 '일시逸詩', 즉 『시경』에 수록되지 못한 고대 시가임.

6 未之思也夫(미지사야부): '미사지야부未思之也夫'의 도치. '지'는 앞 구절의 '이爾'와 같음. '야부'는 복합 어조사로, 논단論斷·판단의 어기를 나타내는 '야'와 감탄의 어기를 나타내는 '부'를 함께 써서 감개와 탄식의 어기를 강화함과 동시에 판단의 어기와 의미를 띠게 한 것임. 「헌문편」 "막아지야부莫我知也夫"(14-36)의 '야부'도 이와 같음. 한편 흔히 이 '부'를 다음 구에 포함시켜 '부하원지유夫何遠之有'로 끊어 읽으나, 그렇게 되면 '부'가 단순 발어사인 만큼, 전후 문맥의 어기상 어울리지 않음.

7 何遠之有(하원지유): '유하원有何遠'의 도치. '지'는 목적어 '하원'을 동사 '유' 앞으로 도치시키기 위해 들어간 어조사.

해설

여기서 공자가 풀이한 '일시逸詩'는 남녀 간의 애정을 노래한 작품으로 보인다. 시인의 뜻은 임이 그립지 않은 것은 아니지만, 임의 집이 너무 멀어서 무턱대고 달려갈 수가 없다는 것이다. 이에 공자는 그건 진실로 그리고 절실히 그리워하지 않기 때문이라고 질타했다. 이를 두고 주자는, 공자가 시의詩意를 빌려 반론을 제기한 것으로, 대개 "인이 어디 멀리 있더냐?"(7-30)의 의미를 역설하였다고 했다. 설득력이 충분한 얘기다. 다시 말해 공자의 질타와 반론에 내포된 언외지의言外之意(말에 나타난 뜻 이외의 숨어 있는 뜻)는 곧 인도仁道는 사람들이 생각하는 것처럼 그렇게 우리에게서 멀리 있는 게 아니거늘, 사람들이 좀체 진실로 그리고 절실히 인도를 추구하려고 하지 않는 게 문제라는 것이다. 공자가 「술이편」에서 "인이 어디 멀리 있더냐? 우리가 진실로 인하고자 한다면, 인은 바로 다가올 것이다"(7-30)라고 한 것은 바로 그런 얘기이다. 또한 공자가 「안연편」에서 안연에게 "인을 행하는 것은 순전히 자기 자신에게 달린 것이거니, 어찌 다른 사람에게 의지하겠느냐?"(12-1)라고 한 것 또한 같은 맥락의 말이다.

　사람이 무언가를 추구할 때, 관건은 절실함이다. 대상을 향해 나아가기가 아무리 어렵고 힘들지라도, 절실함이 있다면 분명 일심으로 매진할 것이다. 그러면 그 물리적·심리적 거리는 얼마든지 단축시킬 수가 있다. 일을 이루기가 어려울 때, 스스로에게 물어보자. "나는 과연 얼마나 절실한가?"

제10편

향당

鄉黨

「향당편」은 전편全篇이 한 장으로 되어 있다. 주자는 이를 17절로 나누었다. 요즈음에는 또 좀 더 세분하는데, 이 책에서는 27절로 나누었다. 이 편에서는 공자가 향리나 종묘, 조정의 일상생활 속에서 보여준 갖가지 예의범절들을 기록해, 그 세세한 면모를 엿볼 수 있다.

10-1[1]

공자께서 향리에 계실 때에는 한없이 온화하고 공손하시어, 마치 말을 할 줄 모르는 사람 같았다. 하지만 종묘나 조정에 계실 때에는 아주 분명하고 유창하게 말씀을 하시되, 다만 한껏 삼가셨을 뿐이다.

孔子[2]於鄉黨,[3] 恂恂如[4]也, 似不能言者. 其在宗廟朝廷, 便便[5]言, 唯
공 자 어 향 당　순 순 여 야　사 불 능 언 자　기 재 종 묘 조 정　편 편 언　유
謹爾.[6]
근 이

주석

1　10-1: 이 편은 전편이 하나의 장으로 엮어져 있으므로, 이 첫 절의 편·장·절 표시를 응당 '10-1-1'로 표기해야 하나, 편의상 이와 같이 표기하기로 함. 이하 같음.

2　孔子(공자): 이는 「향당편」 전편, 즉 전장全章의 첫머리에서 오직 한 번만 언급했는데, 이하 각 절도 모두 공자의 일상 언행을 기록한 것임.

3　鄉黨(향당): '향'·'당'은 모두 고대 행정단위의 명칭(6-3 주석 23 참조)이나, 여기서

는 이로써 향리, 고향을 이름.

4 恂恂如(순순여): 용모가 온화하고 공손한 모양. '순'은 遜과 통함. 겸손함. '여'는 형용사형 접미사로, 然과 같음.

5 便便(편편): 말을 유창하게 하는 모양.

6 爾(이): 耳와 같음. ~일 뿐임, 따름임.

해설

공자는 일가친지들이 많은 향리에서는 온화하고 공손한 태도를 취했다. 이는 누구보다도 박학다식했지만, 말을 함부로 하지 않는 겸손함과 마을 어른을 존중하는 품성의 발로일 것이다. 반면 공자는 대례大禮를 행하는 종묘나 국사를 논하는 조정에서는 오히려 분명하고도 유창한 말로 소견을 피력했다. 그것은 곧 "인을 행함에 있어서는 스승에게도 양보하지 않는다"(15-36)는 정신에 입각한 것이다. 사람은 때와 장소에 따라 언행을 달리할 줄 알아야 한다. 다만 어떤 경우에도 말을 함부로 해서는 안 된다.

10-2

조회朝會차 조정에 나가시어 하대부와 말씀하실 때에는 자못 강직하셨고, 상대부와 말씀하실 때에는 온화하고 기쁘게 시비를 논변하셨다. 그러다 임금님께서 자리하시면, 황공히 삼가 공경하면서도 차분히 절도 있게 몸가짐을 하셨다.

朝,¹ 與下大夫²言, 侃侃如³也; 與上大夫言, 誾誾如⁴也. 君在,⁵ 踧踖
조   여하대부언 간간여 야   여상대부언 은은여 야   군재   축적

如⁶也, 與與如⁷也.
여 야 여 여 여 야

주석

1 **朝**(조): 입조入朝, 즉 신하가 조정의 조회에 들어감. 여기서는 아직 임금이 자리하기 전을 이름.

2 **下大夫**(하대부): 주나라 때 제후 휘하에는 경卿(당시 삼경三卿을 둠)이 있고, 그 휘하에 또 대부(소경小卿이라고도 함)가 있었음. 춘추시대에는 경과 대부(소경)를 모두 '대부'라고 통칭했는데, 다시 이를 구분해 삼경은 '상대부', 소경 대부는 '하대부'라고 함. 공자는 이때 대사구 벼슬을 했으므로, 하대부에 속함. 여기서 '하대부'는 공자와 동렬同列 및 휘하의 하대부를 두고 이름.

3 **侃侃如**(간간여): 주자에 따르면, 강직剛直한 모양. 이는 『설문해자』의 풀이와 일치함. 반면 공안국은 화락和樂한 모양이라고 함.

4 **誾誾如**(은은여): 주자에 따르면, 온화하고 기쁘게 시비를 논변하는 모양. 이는 『설문해자』의 풀이와 일치함. 반면 공안국은 중정中正한 모양이라고 함. 다케조에는 이상의 '간간'과 '은은'은 결코 아첨하고 비굴한 뜻이 있는 것이 아니며, 단지 그 말에 강유剛柔, 즉 굳세고 부드러움의 구별이 있을 뿐이라고 함.

5 **君在**(군재): 임금이 어좌御座에 자리함. 곧 임금이 시조視朝(조정에 나아가 정사를 봄)·청정聽政(정사에 관하여 신하가 아뢰는 말을 듣고 처리함)할 때를 이름.

6 **踧踖如**(축적여): 주자에 따르면, 공경하며 불안한 모양.

7 **與與如**(여여여): 주자에 따르면, 위의威儀, 즉 몸가짐이 예법에 알맞은 모양.

해설

이는 공자가 노나라 대사구로 있을 때 입조入朝하여 상급 및 동료 신하들과 환담하고, 또 나중에 자리한 임금을 대하는 모습이다. 그 언사와 태도가 하나같이 "조정에서 윗사람을 섬기고, 아랫사람을 대하는〔在朝廷事上接下〕"(『집주』) 예의 법도에 어긋나지 않고, 한껏 적정適正함

598

을 보여준다.

10-3

임금님이 불러 국빈을 영접하라 하시면, 문득 얼굴빛에 정중함이
넘치며 발걸음을 조심스레 옮기셨다. 양옆에 함께 서 있는 사람에게
읍할 때는 마주잡은 두 손을 좌우로 돌리며 하셨는데, 그럴 때마다 옷
자락이 앞뒤로 정연整然히 일렁였다. 또 빠른 걸음으로 나아가실 때는
마치 새가 날개를 펼친 듯이 단정하고도 아름다우셨다. 손님이 떠난
뒤에는 반드시 임금님께 "손님께서 이미 멀리 가셔서, 이젠 더 이상 뒤
돌아보지 않습니다" 하고 결과를 보고하셨다.

君召使擯,¹ 色²勃如³也, 足躩如⁴也. 揖所與立,⁵ 左右手, 衣前後, 襜
군 소 사 빈   색 발 여 야   족 각 여 야   읍 소 여 립   좌 우 수   의 전 후   첨
如⁶也. 趨⁷進, 翼如⁸也. 賓退, 必復命⁹曰: "賓不顧¹⁰矣."
여 야   추 진   익 여 야   빈 퇴   필 복 명 왈   빈 불 고   의

주석

1 **君召使擯**(군소사빈): 임금이 공자를 불러 국빈을 영접하게 함. '소'는 (임금이)
  부름. '사'는 사역의 의미로, ~로 하여금 ~하게 함. '빈'은 儐빈과 같음. 빈객을 맞
  이함.
2 **色**(색): 안색, 즉 얼굴빛.
3 **勃如**(발여): 갑자기 얼굴빛이 변한 모양. 곧 한껏 정중한 모양을 이름.
4 **躩如**(각여): 경의를 표하느라 옆으로 피하듯이, 뒤로 물러나듯이 조심스레 걷는
  모양. 일설에는 빨리 걷는 모양이라고 함.
5 **所與立**(소여립): 함께 서 있는 사람. 곧 임금으로부터 같은 임무를 부여받은 동료

신하를 가리킴.

6 襜如(첨여): 정연한, 즉 가지런하고 질서가 있는 모양. 또 흔들리는 모양.

7 趨(추): 빨리, 서둘러.

8 翼如(익여): 새가 날개를 펼친 듯한 모양. 곧 그처럼 단정하고 아름다움을 이름.

9 復命(복명): 명령을 받고 일을 처리한 사람이 (명령을 내린 사람에게) 그 결과를 보고함.

10 顧(고): 되돌아봄.

해설

국빈을 영접하라는 어명을 받고 그 임무를 완수하기까지, 공자가 보여준 예모禮貌에 반듯함이 넘친다. 임금을 공경하고, 빈객을 존중하고, 임무와 책임을 중시하는 마음을 보여준다. 그뿐만 아니라 대열을 벗어날 때에는 양옆에 함께 서 있던 사람들에게 예를 표하는 것을 잊지 않는데, 이는 동료들을 겸공謙恭하는 마음이다.

10-4

조정의 큰 문에 들어가실 때에는 공손하고 삼가기를, 마치 문이 작아 몸을 들이밀 수 없는 듯이 하셨다. 서 있을 때에도 문 한가운데를 막아서지는 않으셨고, 걸어 다닐 때에도 문지방은 밟지 않으셨다. 비어 있는 임금님의 자리를 지날 때에도 얼굴빛을 정중히 하며 발걸음을 조심스레 옮기셨고, 또 말은 마치 말할 기운도 없는 듯이 하셨다. 옷자락을 잡고 당堂에 오를 때에는 공손하고 삼가며 한껏 숨을 죽여 마치 숨을 쉬지 않는 듯이 하셨다. 당에서 나와서는 계단을 하나 내려서면서, 얼굴빛이 편안해지며 기쁜 기색을 나타내셨다. 계단을 다 내려와서는 빠른 걸음으로 나아가시는데, 마치 새가 날개를 펼친 듯이 단정하고도 아름다우셨다. 다시 당신 자리로 돌아가서는 황공히 삼가고 공손하셨다.

入公門,[1] 鞠躬如[2]也, 如不容.[3] 立不中[4]門, 行不履[5]閾.[6] 過位,[7] 色勃
입공문   국궁여야   여불용   입부중문   행불리역   과위   색발

如也, 足躩如也, 其言似不足[8]者. 攝齊[9]升堂, 鞠躬如也, 屏氣[10]似不
여야 족각여야 기언사부족 자 섭자승당 국궁여야 병기 사불

息者. 出, 降一等,[11] 逞顔色,[12] 怡怡如[13]也. 沒階,[14] 趨進, 翼如也. 復
식자 출 강일등   영안색   이이여 야 몰계   추진 익여야 복

其位, 踧踖如也.
기위 축적여야

주석

1 **公門**(공문): 조정의 대문大門.

2 **鞠躬如**(국궁여): 공경하며 삼가는 모양. '국궁'은 (존경하는 뜻으로) 몸을 굽힘.

3 **如不容**(여불용): (조정의 대문이 공자를) 용납容納, 즉 받아들이지 않는 듯함. 곧 한껏 공경하며 삼가는 모양을 형용함.

4 **中**(중): 여기서는 동사로, (문의) 한가운데를 막아섬을 뜻함.

5 **履**(리): 밟음.

6 **閾**(역): 문지방.

7 **過位**(과위): 군주의 허위虛位, 즉 비어 있는 자리를 지나감. 옛날에는 임금이 자리에 있지 않더라도, 신하가 그곳을 지날 때에는 여전히 공경하고 엄숙한 마음과 몸가짐을 해야 했음.

8 **言似不足**(언사부족): 말소리를 아주 낮게 하여 마치 말할 기운도 없는 듯함을 이름. 이는 곧 공경의 뜻을 나타내기 위함임.

9 **攝齊**(섭자): 옷자락을 잡음. '섭'은 끌어당김, 잡아서 들어 올림. '자'는 장포長袍나 도포의 옷자락.

10 屛氣(병기): 숨을 죽임. '병'은 병폐와 같음. 제거함. 여기서는 억제함, 억지로 참
음. '기'는 기식氣息, 숨.

11 降一等(강일등): 한 계단을 내려섬. '등'은 계단의 등급을 이름.

12 逞顔色(영안색): 안색을 부드럽게 함, 얼굴빛이 편안해짐. 곧 높은 사람에게서
멀어지면서 점차 긴장이 풀리고 한결 편안해짐을 이름.

13 怡怡如(이이여): 홀가분하고 평온하며 기쁜 모양.

14 沒階(몰계): 계단을 다 내려옴. '몰'은 다함(盡), 마침(終).

해설

이는 공자가 조정을 드나들며 보여준 예모인데, 곳곳에서의 그 마음
가짐과 몸가짐에 공경하고 삼가며 정중하고 엄숙함이 넘친다. 공자
당신이 누구보다도 앞장서 예를 주창하고 중시한 만큼, 예를 지키고
표현하는 데에 성심을 다하는 모습이다. 이 같은 스승 공자의 예모를
생동감 넘치는 비유로 묘사하고 기록한 제자들의 섬세함 또한 범상치
않다.

10-5

홀笏을 들 때는 공손하고 삼가기를, 마치 그것을 들기가 버거운 듯
이 하셨다. 또 홀을 위로 올릴 때는 마치 읍하듯이 하시고, 내릴 때는
다른 사람에게 건네듯이 하셨다. 얼굴빛은 정중함이 지나쳐 전율하는
듯하셨고, 발걸음은 낮고 좁게 떼면서 마치 뒤꿈치를 끌며 한 줄기 선
을 따라가듯이 옮기셨다. 예물을 올릴 때는 온화하고 기쁜 얼굴빛을
띠셨고, 사적私的으로 방문국의 임금이나 신하를 만날 때는 더욱 편하

고 유쾌한 모습이셨다.

執圭,¹ 鞠躬如也, 如不勝.² 上如揖, 下如授. 勃如戰色,³ 足蹜蹜⁴如
집 규　국궁여야　여불승　상여읍　하여수　발여전색　족축축 여

有循.⁵ 享禮,⁶ 有容色.⁷ 私覿,⁸ 愉愉如⁹也.
유 순　향례　유용색　사적　유유여 야

주석

1 執圭(집규): 홀을 듦. '집'은 잡음, 듦. '규'는 옥으로 된 패. 우리나라에선 흔히 홀
　이라고 함. 옛날 신하가 사신으로 이웃 나라를 방문할 때, 임금이 신임의 표지로
　주어서 가져가게 한 것으로, 상단은 둥글거나 뾰족하고, 하단은 네모난 모양이
　었음.

2 勝(승): 이김, 감당함.

3 戰色(전색): 전율하는 기색.

4 蹜蹜(축축): 발걸음을 낮고 좁게 떼는 모양.

5 如有循(여유순): 뭔가를 따라서, 여기서는 곧 한 줄기 선이나 좁고 긴 길을 따라
　가는 듯함을 이름. '순'은 좋음, 따름.

6 享禮(향례): 옛날 사신으로 가서 방문국의 군주에게, 준비해 온 예물을 올리는 의
　식을 말함. '향'은 드림, 바침[獻].

7 有容色(유용색): 온화하고 기쁜 안색·기색을 함.

8 私覿(사적): 사적인 신분으로, 곧 비공식적으로 만남. '적'은 봄, 만남[見].

9 愉愉如(유유여): 편안하고 유쾌한 모양.

해설

이는 공자가 사신으로 다른 나라를 방문했을 때 보여준 예절이다. 공
무 수행 과정의 일거수일투족이 모두 예의 법도에 맞음은 물론, 공무
를 완수한 후 해당국 인사들과 비공식적인 만남을 갖는 과정에는 또

한결 편하고 유쾌한 모습으로 우의를 다지는 품이 그야말로 알맞고 마땅함의 진수를 보여준다.

10-6

군자께서는 감색과 보라색으로는 옷깃 장식을 하지 않으셨고, 연 붉은색과 자주색으로는 평상복을 짓지 않으셨다. 더울 때에는 곱거나 거친 갈포葛布 홑옷을 입으셨는데, 반드시 속에 적당한 옷을 받쳐 입어 갈포 옷이 겉으로 두드러지게 하셨다. 검은 덧옷에는 검은 양 갗옷을 입고, 흰 덧옷에는 흰 새끼 사슴 갗옷을 입고, 누런 덧옷에는 누런 여우 갗옷을 입으셨다. 평소 집에서 입는 갗옷 저고리는 길게 하되, 오른 소매는 조금 짧게 하셨다. 주무실 때에는 반드시 잠옷을 입으셨는데, 길이는 키의 한 배 반이었다. 앉으실 때에는 두꺼운 여우나 담비 털가죽 방석을 까셨다. 탈상脫喪 후에는 평소에 차던 패옥을 모두 차셨다. 조복朝服이나 제복 같은 예복이 아니면, 남는 천을 반드시 잘라 내셨다. 검은 양 갗옷을 입거나 검은 관을 쓰고는 조문을 하지 않으셨다. 매월 초하룻날에는 반드시 조복을 입고 임금님을 알현하셨다.

君子¹不以紺緅飾,² 紅紫不以爲褻服.³ 當暑, 袗絺綌,⁴ 必表而出之.⁵
군 자 불 이 감 추 식　　 홍 자 불 이 위 설 복　　 당 서　 진 치 격　 필 표 이 출 지

緇衣羔裘, 素衣麑裘, 黃衣狐裘.⁶ 褻裘長, 短右袂.⁷ 必有寢衣,⁸ 長
치 의 고 구　 소 의 예 구　 황 의 호 구　　 설 구 장　 단 우 몌　 필 유 침 의　 장

一身有半. 狐貉之厚以居.⁹ 去喪,¹⁰ 無所不佩.¹¹ 非帷裳, 必殺之.¹²
일 신 유 반　 호 학 지 후 이 거　　 거 상　　 무 소 불 패　　 비 유 상　 필 쇄 지

羔裘玄冠不以弔.¹³ 吉月,¹⁴ 必朝服¹⁵而朝.¹⁶
고 구 현 관 불 이 조　　 길 월　　 필 조 복　 이 조

604

1 君子(군자): 곧 공자를 가리키는데, 여기서 굳이 이같이 고쳐 일컬음은, 무릇 군
자라면 모두 공자처럼 해야 한다는 뜻을 내포한 것으로 이해됨.

2 不以紺緅飾(불이감추식): 감색과 보라색으로는 옷깃 장식을 하지 않음. '감'·'추'
는 감색·보라색. '식'은 장식함. 여기서는 옷깃 둘레를 함을 이름. 감색은 청색과
자색의 간색間色이고, 보라색은 적색과 청색의 간색으로, 당시 재계齋戒나 상례喪
禮 때 입는 옷 색깔이었기 때문에 공자께서 평상복 장식에는 쓰지 않은 것임.

3 紅紫不以爲褻服(홍자불이위설복): 연붉은색과 자주색으로는 평상복을 짓지 않
음. '홍'·'자'는 연붉은색·자주색. '설복'은 (집안에서 입는) 편복便服, 즉 평상시에 간
편하게 입는 옷. 연붉은색과 자주색은 모두 정색正色이 아니며, 진홍색의 간색인
데다 여인의 복색服色에 가까웠기 때문에 공자께서 평상복을 짓는 데 쓰지 않은
것임.

4 袗絺綌(진치격): 곱거나 거친 갈포 홑옷을 입음. '진'은 단의單衣, 홑옷, 즉 한 겹으
로 지은 옷. 여기서는 동사로 쓰임. '치'는 가는(고운) 갈포. '격'은 굵은(거친) 갈포.

5 表而出之(표이출지): '표지이출지表之而出之'와 같음. '지'는 동사 '표'와 '출'의 공동
목적어임. '지'는 곱거나 거친 갈포 홑옷을 가리킴. 주자에 따르면, 이 구절은 갈
포 옷 안에 속옷을 받쳐 입어 속살이 비치지 않게 함으로써, 갈포 옷이 완전한 겉
옷으로서의 역할을 하게 했다는 말임.

6 "緇衣(치의)…" 3구: 이는 옛날에 추울 때는 안에 가죽옷을 털이 밖으로 향하도
록 입고 그 위에 다시 덧옷을 입었는데, 그럴 때 공자는 안팎의 옷 색깔이 잘 어
울리게 입었다는 말임. 여기서 '치의'·'소의素衣'·'황의黃衣'의 '의'는 곧 덧옷을 이
름. '치'는 검은색. '소'는 흰색. '고羔'는 새끼 양. '구裘'는 갓옷, 모의毛衣, 즉 짐승
의 털가죽으로 만든 옷. '예麑'는 새끼 사슴. '호狐'는 여우.

7 "褻裘(설구)…" 2구: 평상복 갖옷 저고리를 길게 한 것은 보온을 위해서이고, 오
른 소매를 짧게 한 것은 일하기 편하도록 하기 위해서임.

8 寢衣(침의): 잠옷.

9 居(거): 「양화편」 "거, 오어여居, 吾語女"(17-8)의 '거'와 같음. 앉음(坐).

10 去喪(거상): 제상除喪, 탈상.

11 佩(패): 패옥을 참. 옛날 사람들은 평소 몸에 패옥으로 장식을 했으나, 상중에는
하지 않았음.

12 "非帷裳(비유상)…" 2구: 옛날 예복은 한 폭의 천을 온폭 그대로 썼으며, 남는 부분의 천은 잘라내지 않고 주름을 잡아 주름치마처럼 만들었음. 한데 공자는 예복이 아닌 경우에는 남는 천을 잘라내어, 품도 덜고 옷감도 절약한 것임. '유상'은 옛날 사람들이 입조入朝 때나 제사 때 입던 예복. '쇄殺'는 덞(減), 감삭減削함. 곧 (남는 천을) 잘라냄을 이름.

13 "羔裘(고구)…" 구: 옛날 길사吉事에는 검은 의관을, 상사喪事에는 흰 의관을 착용했으므로, 공자가 이같이 한 것임. '현관玄冠'은 검은 색의 관, 예모禮帽.

14 吉月(길월): 매월 초하루.

15 朝服(조복): 옛날 신하가 입조 때 입던 예복. 여기서는 동사로 쓰임.

16 朝(조): 조현朝見함, 즉 옛날에 신하가 조정에 나가 임금을 알현함을 이름.

해설

우리는 여기서 공자의 일상적 의생활과 복식服飾의 면면을 엿볼 수 있다. 이처럼 예절 규범에 대한 공자 자신의 엄격한 요구와 철저한 실천은 진정 후세 사람들에게 귀감이 되고도 남음이 있다.

10-7

재계할 때에는 반드시 목욕 후에 입는 정갈한 내의를 준비하셨는데, 그것은 삼베로 만든 것이었다. 재계할 때에는 또 반드시 식사를 평소와 다르게 바꾸시고, 거처도 평소와 다른 곳으로 옮겨 머무르셨다.

齊,¹ 必有明衣,² 布. 齊必變食,³ 居必遷坐.⁴
재 필유명의 포 재필변식 거필천좌

1 齊(재): 7-13 주석 1 참조.
2 明衣(명의): 재계할 때 목욕 후에 입는 정갈한 내의. 주자가 이른 대로, 이는 "그 몸을 맑고 깨끗하게 하는 것(所以明潔其體也)"이므로 이같이 일컬은 것으로 이해됨.
3 變食(변식): 주자는 이를 술을 마시지 않고, 마늘·생강·파·부추 같은 매운 채소를 먹지 않은 것이라고 함.
4 遷坐(천좌): 내실內室에서 외실外室로 옮겨 거주함. 곧 평소와는 달리 부인과 함께 거처하지 않음을 이름. '좌'는 머물러 쉼, 거주함.

해설

이는 공자가 제사를 앞두고 목욕재계하며 보여준 예절이다. 제사가 조상에 대한 그리움과 감은感恩의 의식이라면, 재계는 곧 제사에 대한 정성과 경건함의 표현이다. 제사에 임하는 공자의 자세가 얼마나 진지·경건하고 엄숙했는지 알 수 있다.

10-8

밥은 곱게 찧은 쌀이어야 싫어하지 않으셨고, 회는 잘게 썬 고기여야 싫어하지 않으셨다. 밥이 오래되어 쉰 것과 생선이나 육肉고기가 상한 것은 드시지 않으셨다. 상한 음식이 아니라도 빛깔이 나쁜 것은 드시지 않고, 냄새가 고약한 것도 드시지 않으셨다. 제대로 익히지 않은 것은 드시지 않고, 식사 때가 아니어도 드시지 않으셨다. 고기를 바르게 자르지 않아도 드시지 않고, 마땅한 양념장이 없어도 드시지 않으셨다. 밥상에 고기가 많더라도, 밥보다 많이 드시지는 않으셨다. 한데 오직 술만은 무한히 드시되, 몸을 가누지 못하거나 정신이 혼미한 지경까지 가지는 않으셨다. 저자에서 산 술이나 포육脯肉은 드시지 않으셨다. 식사 후 밥상을 물리면서 생강은 남겨두고 후식으로 드셨으나, 많이 드시지는 않으셨다.

食¹不厭精,² 膾³不厭細. 食饐而餲,⁴ 魚餒而肉敗,⁵ 不食.⁶ 色惡,⁷ 不
사 불염정 회 불염세 사 의 이 애 어 뇌 이 육 패 불식 색악 불

食. 臭⁸惡, 不食. 失飪,⁹ 不食. 不時,¹⁰ 不食. 割不正, 不食. 不得其
식 취 악 불식 실임 불식 불시 불식 할부정 불식 부득기

醬,¹¹ 不食. 肉雖多, 不使勝食氣.¹² 唯酒無量, 不及亂. 沽酒市脯
장 불식 육수다 불사승사기 유주무량 불급란 고주시포

不食.¹³ 不撤薑食,¹⁴ 不多食.
불식 불철강식 부다식

주석

1 食(사): 주자에 따르면, 독음은 사이고, 뜻은 밥(飯). 일설에는 양식糧食, 쌀.

2 不厭精(불염정): 쌀을 곱게 찧는 것을 싫어하지 않음, 곧 좋아함. 곧 곱게 찧은 쌀일수록 더 좋아함을 이름. '염'은 싫음, 싫어함. '정'은 쌀을 곱게 찧음. 또 그런 것.

3 膾(회): 소·양·돼지나 어류 등의 고기를 먼저 얇게 저미어 조각(片)을 낸 다음, 다시 횡橫으로 잘게 썬 것, 곧 육회나 생선회를 이름.

4 饐而餲(의이애): 음식이 상하여 맛이 시금하게 변한 것을 이름. '의'와 '애'는 모두 음식이 쉰다는 뜻임.

5 餒(뇌)·敗(패): '뇌'는 생선이 상함을 이르고, '패'는 육고기가 상함을 이름.

6 食(식): 먹음.

7 惡(악): 악렬惡劣·열악劣惡, 즉 품질 따위가 매우 떨어지고 나쁨.

8 臭(취): 냄새.

9 失飪(실임): 반생반숙半生半熟, 즉 음식이 반쯤은 설고 반쯤은 익은 상태. 또는 음식이 너무 설거나 너무 익은 상태. 곧 음식의 조리 상태가 적절치 않음을 이름.

'임'은 (음식을 불에) 익힘.

10 **不時**(불시): 제때가 아닌 때. 곧 식사 때가 아님을 이름. '제철 음식이 아니어도'
의 뜻으로 풀이하기도 하나, 당시의 농업 기술을 감안할 때 무리가 있음.

11 **醬**(장): 장, 간장. 곧 양념장을 이름. 또한 요즈음 말로, 각각의 요리에 맞는 소스
따위를 이름.

12 **不使勝食氣**(불사승사기): 곧 (고기를) 밥보다 많이 먹지 않는다는 말. 사람이 고
기를 너무 많이 먹어 밥 기운을 능가하면 몸을 상하게 된다고 함. '사'는 밥. '기'
는 여러 가지 풀이가 있으나, 첸무가 그랬듯이, 일단 글자 그대로 이해하기로
함.

13 **"沽酒**(고주)…"2구: 저자에서 산 술이나 포육은 먹지 않음. 곧 그런 먹거리들은
재료의 품질이나 제조 과정의 위생 상태를 알 수 없기 때문에 꺼렸다는 것임.
'고'와 '시市'는 모두 사다(買)의 뜻이고, '포脯'는 포육·건육, 즉 얇게 저미어서
양념을 해 말린 고기를 이름.

14 **不撤薑食**(불철강식): (식사 후 밥상을 물리면서) 생강은 물리지 않고 (후식으로) 먹음.
'철'은 「팔일편」 "삼가자이옹철三家者以雍徹"(3-2)의 '철'과 같이 (음식상을) 물리
다, 거두어 치우다는 뜻임. '강'은 생강.

해설

공자의 평소 식생활의 면면을 비교적 자세히 엿볼 수 있는데, 그 기본
자세와 의식意識에 반듯함과 절제미 그리고 위생 관념까지 넘친다. 그
먼 옛날에 어떻게, 오늘날 현대사회에서도 선진적이라고 할 만한, 그
같은 의식 관념을 가졌을까 그저 놀라울 따름이다. 성인은 보통 사람
들과는 달라도 한참 다르다는 것을 새삼 느낀다.

한데 또 어떻게 보면, 공자의 식성과 음식 취향이 지나치게 까다로
운 게 아닌가 하는 생각이 들기도 한다. 예컨대 "할부정, 불식割不正, 不
食", 즉 고기를 바르게 자르지 않아도 드시지 않았다고 한다. 여기서

'바르게(正)'라는 말을 주자는 '방정方正', 즉 (고기를 자른) 모양이 네모지고 반듯함이라고 했으니, 공자의 식성이 참 까다롭다는 느낌을 지우기 어렵다. 하지만 주자가 "고기를 바르게 자르지 않아도 드시지 않은 것은 잠깐이라도 방정함에서 벗어나지 않으려는 것이다(割肉不方正者不食, 造次不離於正也)"라고 한 것을 보면, 어설피 속단할 일만은 아닌 듯하다. 이에 왕시위엔은 주자와 같은 맥락에서 공자의 식성에 내재된 깊은 뜻을 설명했는데, 그 논지에 설득력이 충분해 참고할 만하다.

즉, 공자 당시에는 일반 사대부들은 물론 군주들까지도 그 사고나 언행, 그리고 생활을 막론하고 정도正道를 벗어나지 않은 경우는 찾아보기 힘들었다. 바로 그 때문에 공자는 여러 방면에 걸쳐 정도를 극력 창도했는데, 유명한 '정명正名'(명분을 바로잡음, 13-3 참조) 외에도 '정신正身', 즉 스스로 몸과 마음을 바르게 할 것을 강력 요구했다. 예를 들면 공자는 정치를 어떻게 해야 하는지를 묻는 계강자에게 답하기를 "정치 '정政' 자는 바르게 한다는 뜻이니, 대부께서 바르게 하기를 솔선수범하면 누가 감히 바르게 하지 않겠습니까?"(12-17)라고 했다. 그뿐만 아니라 "위정자 자신이 바르면 백성들은 영令을 내리지 않아도 알아서 잘하지만, 위정자 자신이 바르지 않으면 백성들은 설령 영을 내린다 해도 따르지 않을 것이다"(13-6)라고 하고, 또 "위정자가 자신의 언행을 바르게 한다면, 정치를 하는 데 무슨 어려움이 있겠는가? 하지만 위정자가 자신의 언행을 바르게 하지 못한다면, 어떻게 다른 사람을 바로잡을 수 있겠는가?"(13-13)라고 했다. 이 모두는 곧 위정자가 몸소 '바르게 함(正)'으로써 천하를 다스려야 한다는 사상 관념이다. 더욱이 『대학』에서는 또 '성의誠意(뜻을 정성스럽고 진실되게 함)'와

'정심正心(마음을 바르게 가짐·마음가짐을 단정히 함)'을 요구했다. 그러므로 공자는 일상생활 곳곳에서 스스로 바르게 함으로써 몸소 본보기가 되도록 했다. 예를 들면 이 「향당편」에 기록된 "자리가 바르지 않으면 앉지 않으셨다"(10-12)거나, "임금님이 음식을 하사하면, 반드시 자리를 바루고 먼저 맛을 보셨다"(10-18)거나, "수레에 오를 때에는 반드시 바로 서서 손잡이 끈을 꼭 잡고 오르셨다"(10-26)는 내용들에서 볼 수 있듯이, 공자께서는 매양 은연중에 솔선해 '바르게 함'에 수범垂範하려는 뜻을 가졌던 것으로 보인다.

그 밖에도 공자는 음식에 있어서는 정시定時·정량定量, 즉 정해진 시간과 양을 매우 중시했다. 특히 육식과 음주를 많이 하면 몸에 나쁜데다 술은 또 사람의 성품을 어지럽히고, 일을 그르치며, 예의범절에서 벗어나는 언행을 하게 할 우려가 있다는 데에 깊이 유의했다. 그러므로 공자는 「자한편」에서 이르기를 "술로 인해 곤란을 당하지 않는 것이 내게 무슨 어려움이 있겠느냐?"(9-16)라고 했는데, 이는 곧 여기서 말한 "오직 술만은 무한히 드시되, 몸을 가누지 못하거나 정신이 혼미한 지경까지 가지는 않으셨다"는 것과 마찬가지로 그 특유의 '절제력'에 힘입은 것이다.

그리고 저자에서 사 온 술이나 건육은 어떤 재료를 썼는지, 어떻게 만들었는지 알 수가 없기 때문에 마음 놓고 먹을 수가 없었다. 그래서 공자는 필시 술도 집에서 담그고, 고기도 집에서 절여서 말렸을 것으로 짐작된다. 또한 계강자가 약을 보내왔을 때, 공자는 그저 "절하고 받으며" 이르기를 "내가 이 약을 잘 몰라서 감히 맛을 보지는 못하겠소"(10-16)라고 할 따름이었다. 약성藥性이 어떤지 알지 못하기 때문에 선뜻 맛을 못 보겠다는 것이다. 공자는 밖에서 가져온 음식이나 약은 결코 함부로 식용, 복용하지는 않은 것으로 짐작된다. 공자는 또 "마땅한 양념장이 없어도 드시지 않으셨다"고 하니, 음식의 조미調味에도 상당히 신경을 썼고, "식사 후 밥상을 물리면서 생강은 남겨두고 후식으로 드셨으나, 많이 드시지는 않으셨다"고 하니, 이는 곧 양생養生의 요체가 아닐 수 없다. 요컨대 공자는 이처럼 음식지도飮食之道에 정통한 만큼 가히 음식의 전문가라 하기에 손색이 없다.

10-9

나라의 제사에 참여하고 받아 온 고기는 다음 날까지 묵히지 않으셨다. 다른 제사의 고기도 3일을 넘기지 않으셨는데, 만약 3일을 넘기면 드시지 않으셨다.

祭於公,¹ 不宿²肉. 祭肉³不出三日. 出三日, 不食之矣.
제 어 공　불 숙 육　제 육 불 출 삼 일　출 삼 일　불 식 지 의

주석

1 **祭於公**(제어공): 나라의 종묘 제사에 참여함. 옛날에 사대부는 임금이 주제主祭하는 제례祭禮에 참석해 돕는 역할을 함. '제'는 여기서는 동사로, 제사에 참여함. '공'은 공가公家, 공실公室. 곧 군왕이나 왕실, 조정을 이름.
2 **宿**(숙): 하룻밤을 묵힘. 옛날 왕실의 제사는 대개 이틀 정도 지속되었으므로, 제사가 끝난 후 임금이 신하들에게 하사한 고기는 이미 신선도가 떨어진 상태이며, 따라서 다음 날까지 묵히지 않는다는 것임.

3 祭肉(제육): 이는 공자 본가本家나 이웃 친지의 제사에서 쓴 고기를 이름.

이 또한 앞 절의 연장선상에 있는데, 공자가 나라나 집안 혹은 친지의 제사 후에 제육祭肉을 어떻게 보관하고 섭취했는지를 알 수 있다.

10-10

식사하실 때는 말씀을 나누지 않으셨고, 잠자리에 들어서도 말씀을 하지 않으셨다.

食不語,[1] **寢不言.**[2]
식 불 어   침 불 언

1 語(어): 여기서는 다른 사람과 대화하는 것을 이름.
2 言(언): 여기서는 스스로 말하는 것을 이름.

공자는, 식사 때는 입안에 음식물을 물고 말하는 것이 흉하기 때문에, 또 잠자리에 들어서는 조용히 잠을 청하기 위해 말을 하지 않은 것으로 보인다. 일설에는 이 또한 평소의 일상이 아니라, 제사 기간에 애도와 엄숙의 마음에서 비롯된 모습이라고 하나, 확실치도 않고 설득력도 떨어져 따르기 어렵다.

10-11

식사 때는 비록 거친 밥과 나물국이나 오이 같은 채소라도 먼저 고
수레를 하셨는데, 그때는 늘 경건하셨다.

雖疏食¹菜羹²瓜,³ 祭,⁴ 必⁵齊如⁶也.
수 소 사 채 갱 과 제 필 재 여 야

주석

1 疏食(소사): 7-16 주석 2 참조.

2 菜羹(채갱): 채소, 즉 나물을 넣고 끓인 국.

3 瓜(과): 오이 같은 채소. 『고논어』에 따른 원문은 '과'. 정현의 주에서 "『노논어』에
서는 이 '과' 자를 '필必' 자로 읽었으나, 지금은 여전히 『고논어』를 따라 '과' 자의
본음本音으로 읽는다"고 함. 한데 후세에 흔히 『노논어』에 근거해, 이를 다음의
'제祭' 자와 이어서 '과제瓜祭'로, 혹은 '과' 자를 아예 '필' 자로 고쳐 '필제必祭'로
읽어, '반드시 고수레를 하였다'는 뜻으로 풀이함. 하지만 확증이 없는 상태에서
는 자의적으로 풀이하기보다 원문을 존중함이 옳을 듯함.

4 祭(제): 여기서는 조상에게 제사를 지낸다는 것이 아니라, 고수레를 한다는 뜻임.

5 必(필): 반드시. 곧 늘 그러했음을 이름.

6 齊如(재여): 재계齋戒(7-13 주석 1 참조)하듯이 공경하며 엄숙함. 곧 한껏 경건함을
이름. '재'는 재齋와 같고, '여'는 연然과 같음. ~와 같은 모양.

고수레란 옛날 사람들이 식사하기 전에, 갖가지 음식을 조금씩 덜어
내어 그릇 사이에 놓고, 태초에 그러한 음식을 최초로 개발한 사람에
게 제사하는 것이다. 당시는 아직 음식 문화가 발달하지 못해 음식의
종류나 조리법 등이 별로 다양하지 못한 시대였던 만큼, 사람들이 고
수레 의식儀式을 통해 해당 음식의 최초 개발자의 공로를 추념追念하
며, 그 은혜에 감사하고 또 근본을 잊지 않는다는 마음을 표현한 것이
다. 대개 진귀한 음식인 경우에 고수레를 했으나, 공자는 검소한 음식
이라도 똑같이 그 같은 예를 경건히 행한 것이다.

10-12

자리가 바르지 않으면 앉지 않으셨다.

席不正, 不坐.
석 부 정   부 좌

옛날에는 의자 같은 게 없어 땅에 자리를 깔고 앉았는데, 공자는 자리
하나도 예의에 맞도록 바르게 놓여야 공경과 예우의 의미를 나타낸다
고 여긴 것이다. 이는 곧 앞에서 공자가 "고기를 바르게 자르지 않아
도 드시지 않았다"(10-8)고 한 것과도 같은 맥락의 얘기다. 이처럼 공
자께서는 매사에 항시 몸소 '바름'을 실천함으로써 제자와 사대부들

은 물론 뭇사람들의 본보기가 되었다.

10-13

고향 마을 사람들과 술자리를 함께할 때면, 노인들이 모두 나간 다음에야 비로소 나가셨다.

鄕人飮酒,¹ 杖者²出, 斯³出矣.
향 인 음 주　　장 자 출　　사　 출 의

주석

1 鄕人飮酒(향인음주): 고대 예제禮制, 즉 예의 제도에 따르면, 춘추시대 향대부鄕大夫(지방 관리)는 3년마다 군왕에게 현능한 인재를 천거했으며, 그들을 떠나보내기에 앞서 빈례賓禮로써 술자리를 마련해 환대했는데, 그것을 일컬어 '향음주鄕飮酒'라고 함. 다만 여기서 말하는 '향인음주'는 공자가 평소 명절이나 혼례 같은 경사 때에 고향 사람들과 술자리를 함께하는 상황을 이르는 것으로 이해됨. '향인'은 같은 고향 사람, 같은 마을 사람.
2 杖者(장자): 지팡이를 짚은 사람. 곧 노인을 가리킴. '장'은 지팡이. 여기서는 동사로 쓰임.
3 斯(사): 비로소.

해설

공자의 경로敬老 예절과 정신을 엿볼 수 있다.

10-14

마을 사람들이 신을 불러 역귀疫鬼를 쫓는 의식을 행할 때에는, 조
복을 입고 동쪽 섬돌에 서 계셨다.

鄕人儺,¹ 朝服²而立於阼階.³
향 인 나　조 복 이 립 어 조 계

주석

1 **儺**(나): 구나驅儺, 즉 옛날에 신을 불러 역귀를 쫓던 의식.
2 **朝服**(조복): 10-6 주석 15 참조.
3 **阼階**(조계): 동쪽 섬돌. 이는 주인이 오르고, 또 서는 자리임. 그래서 '주계主階'라
　고도 함.

해설

이는 흔히, 마을 사람들이 당신을 위해 구나를 행해줄 때면, 공자가 주
인으로서 최대한의 예를 갖춤으로써 사람들에게 감사하고, 또 잊혀가
는 고례古禮를 아끼는 성심을 나타낸 것으로 풀이된다. 주자가 "구나
는 비록 고례이기는 하나 유희에 가깝거늘, 그럼에도 조복을 입고 자
리하신 것은 당신의 정성과 공경의 마음을 다하신 것이다(儺雖古禮, 而
近於戲, 亦朝服而臨之者, 無所不用其誠敬也)"라고 한 것은 바로 그 같은 취
지의 설명이다.

　한데 주자는 또 혹자의 말을 빌려 이르기를 "(구나가) 조상신과 집
안의 다섯 신을 놀라게 할까봐 그 신들이 당신 자신에게 의지해 편안

히 계시도록 하고자 한 것이다(恐其驚先祖五祀之神, 欲其依己而安也)"라
고 했다. 이에 따르면 곧 공자가 미신적이고 주술적인 의식을 부정적
으로 생각하며 크게 신뢰하지는 않았지만, 사람들의 성의가 갸륵하여
차마 내치지 못하고 최소한의 예를 갖추어 감사하면서, 아울러 조상
신의 안녕을 도모한 것으로 이해된다. 실제로 공자는 평소 신명神明을
미신하지 않았으며, 단지 일상적인 행동을 천리天理에 맞게 하면 절로
천우신조가 있을 것으로 믿었다. 일찍이 공자가 중병을 앓자 자로가
다급한 마음에 천지 신령께 스승의 쾌유를 빌고자 했을 때, 제자의 호
의를 차마 묵살하지 못하고 완곡히 거절하며 제자를 안심시켰던 것
(7-35 참조)을 감안하면, 주자가 인용한 혹자의 견해가 보다 설득력이
있어 보인다.

10-15

사람을 시켜 다른 나라에 있는 지인에게 안부를 물을 때에는, 그에
게 두 번 절하고 보내셨다.

問¹人於他邦,² 再拜而送之.³
문 인 어 타 방   재 배 이 송 지

주석 ────────────────────────────

1 問(문): 문후問候·문안함. 형병은 '문'이 유遺(물건을 보냄)와 같다고 풀이했는데, 그
  것은 곧 옛날에는 다른 사람에게 문후할 때 대개 예물을 함께 보내어 정의情誼를

표했기 때문임.

2 他邦(타방): 다른 나라.

3 之(지): 지시대명사. 앞에서 말한 '인人', 즉 문안 심부름을 하는 사람을 가리킴.

해설

공자가 예물과 함께 사람을 보내어 다른 나라 지인에게 안부를 물을 때, 그 심부름하는 사람에게 두 번 절한 것은, 그의 수고에 대한 고마움과 먼 곳에 있는 지인에 대한 문안의 마음을 담은 행위로 이해된다.

10-16

계강자가 약을 보내오자, 공자께서 절하고 받으며 말씀하셨다. "내가 이 약을 잘 몰라서 감히 맛을 보지는 못하겠소."

康子¹饋²藥, 拜而受之. 曰: "丘³未達,⁴ 不敢嘗.⁵"
강 자 궤 약 배 이 수 지 왈   구 미 달   불 감 상

주석

1 康子(강자): 계강자. 2-20 주석 1 참조.

2 饋(궤): (음식이나 물건 따위를) 보내 줌.

3 丘(구): 공자의 이름.

4 未達(미달): (그 약성이 어떠한지) 잘 모름. '달'은 안다는 뜻.

5 嘗(상): 맛봄.

옛날에는 윗사람이 음식이나 약을 보내오면 배수拜受하고 맛을 보는 것이 예의였다. 당시 공자는 아마 병중病中이었던 것으로 보이는데, 노나라의 권력자 계강자가 보내온 약을 받았지만 맛을 보지는 않았다. 그것은 물론 약 복용에 대한 신중함의 표현이다. 하지만 공자는 아울러 허식虛飾 없이 진솔한 마음과 태도로 양해를 구함으로써 예모 갖추기를 잊지 않았다.

10-17

마구간에 불이 났는데, 공자께서 조정에서 돌아와 말씀하셨다. "사람이 다쳤느냐?" 그리고 말에 대해서는 묻지 않으셨다.

廐¹焚. 子退朝,² 曰: "傷人³乎⁴?" 不問馬.
구 분　자 퇴 조　왈　상 인 호　　불 문 마

1 廐(구): 마구간, 즉 말을 기르는 곳.
2 退朝(퇴조): 벼슬아치가 조정에서 물러나 집으로 돌아옴.
3 傷人(상인): (마구간에 난 불이) 사람을 다치게 함. 곧 사람이 다침을 이름.
4 乎(호): 의문의 어조사.

공자의 인 사상은 바로 애인, 즉 사람을 사랑하는 의식 관념이 핵심임을 상징적으로 보여주는 일화다. '퇴조退朝'라는 말에 비춰 볼 때, 이는 공자가 노나라 대사구 벼슬을 하던 시기의 일로 추정된다. 조정 대신이었던 공자의 사저私邸 마구간에 불이 났으니, 집안사람들은 말할 것도 없고, 이웃 사람들까지 나서서 진화에 힘을 보탰을 것이다. 그러나 그 누구보다도 앞장서 불길 속으로 뛰어들어 갖은 애를 다 쓴 이는 필시 마부였을 것이다. 천민의 신분으로 말 관리에 전적인 책임이 있는 마부는, 당시 어쩌면 말 한 필의 값어치에도 미치지 못하는 존재였을지도 모른다. 아무튼 낮에 마구간에 불이 났다는 말에, 공자는 혹여 사람이 다쳤으면 어떡하나 하는 걱정이 앞서 "사람이 다쳤느냐?" 하고 다급히 물었다. 하지만 말은 어떻게 되었는지 전혀 묻지 않았다. 그 옛날에도 말은 아무나 탈 수 없는 귀한 존재였다. 그러나 공자가 관심하고 중시한 것은 말이 아닌 사람이었다.

우크어창吳克强이 이른 대로, 이 장의 후반부는 그저 당시에 있었던 일을 기록해 '자퇴조, 문인, 불문마子退朝, 問人, 不問馬'라고 할 수도 있다. 하지만 『논어』 편찬자는 굳이 당시 공자가 한 말을 기록해 "왈: '상인호?'曰: '傷人乎'"라고 했다. 그것은 곧 마구간에 불이 났다는 말을 들은 공자가 사람 걱정에 얼마나 마음을 졸였는지를 생생하게 전하고자 한 것이리라.

아무튼 이 일화는 공자가 말하는 인심仁心은 바로 사람을 중심으로 하고, 공자가 창도한 인학仁學은 바로 사람을 근본으로 함을 웅변해준다. 천명과 귀신 관념이 팽배했던 당시에 공자는 오히려 인간의 존엄성과 고귀한 가치를 깊이 인식했고, 그 때문에 사람을, 그것도 모든 사람을 사랑할 것을 역설했다. 이 같은 인본 관념의 기초 위에 건립된 공자의 '인' 사상은 동서양을 통틀어서도 시원적 의의를 띤 휴머니즘의 전형을 보여준다. 더욱이 인류 사회에는 오늘날까지도 휴머니즘에 반하는 의식과 행동들이 넘쳐남을 감안할 때, 공자가 주창한 '인' 사상의 진보적 의의를 어찌 말로 다할 수 있겠는가? 요컨대 공자는 2,500년 전에 이미 후세 인류 사회의 영원한 화두인, 사람을 사랑하는 문제를 절실히 탐구했던 것이다.

10-18

임금님이 음식을 하사하면, 반드시 자리를 바루고 먼저 맛을 보셨다. 임금님이 날고기를 하사하면, 반드시 익혀서 조상에게 올리셨다. 임금님이 가축을 하사하면, 반드시 잘 기르셨다. 임금님을 모시고 식사할 때 임금님이 고수레를 하면, 당신께서 먼저 시식試食을 하셨다.

君賜食,[1] 必正席[2]先嘗之.[3] 君賜腥,[4] 必熟而薦之. 君賜生,[5] 必畜之.
군 사 식   필 정 석 선 상 지   군 사 성   필 숙 이 천 지   군 사 생   필 축 지
侍食於君, 君祭,[6] 先飯.[7]
시 식 어 군 군 제 선 반

주석

1 食(식): 음식. 형병 이후 이는 흔히 뒤의 '성腥', 즉 날고기라는 말을 상대해 이른 것으로, 익힌 음식을 가리키는 것으로 이해함. 한편 일설에는 음식을 일반적으

로 이른 것이라고 하는데, 그 또한 일리가 있음.

2 正席(정석): 자리를 바룸, 즉 비뚤어지지 않도록 바르게 함. 곧 그렇게 앉음을 이름. 이는 공경의 표현임.

3 先嘗之(선상지): 먼저 궁중의 사자使者 앞에서 임금이 하사한 음식을 맛봄. 그렇게 성은聖恩에 공경과 감사를 표하는 것이 옛날 신하들이 임금이 내린 음식을 받는 상례常禮, 즉 통상적인 예법이었음.

4 腥(성): 날고기. 곧 갓 잡은 소나 양, 돼지의 고기로, 익히지 않은 것을 이름.

5 生(생): 살아 있는 소나 양, 돼지 등의 가축을 이름.

6 祭(제): 고수레함을 이름.

7 飯(반): 밥을 먹음. 여기서는 시식함을 이름.

해설

공자가 임금의 하사품을 받았을 때와 임금을 모시고 식사할 때의 예절을 보여준다. '자리를 바루고' '날고기를 익혀서 조상에게 올리며' '가축을 잘 기르는' 것은 모두 임금에게 공경과 감사의 뜻을 표현하는 예절이다. 임금이 고수레를 하는 동안, 신하가 먼저 시식을 해 음식의 이상 여부를 살피는 것 또한 당시의 예법이었다. 여기서 '필必' 자, 즉 반드시라는 말을 반복하는데, 이는 곧 공자가 임금에 대한 예를 행하는 데에 얼마나 성심을 다하고 엄숙했는지를 여실히 말해준다.

10-19

병이 드시어 임금님이 문병을 오자, 머리를 동쪽으로 하고 누우셔서 조복을 펼쳐 놓은 다음, 다시 그 위에 허리띠를 걸쳐 놓으셨다.

疾, 君視之, 東首,¹ 加朝服, 拖²紳.³
질 군 시 지 동 수 가 조 복 타 신

주석 ────────────────────

1 東首(동수): 머리를 동쪽으로 함.
2 拖(타): 끎, 끌어당김. 여기서는 (조복 위에 허리띠를) 걸쳐 놓음을 이름.
3 紳(신): 대대大帶, 즉 옛날 사대부들이 예복에 매던 허리띠.

해설 ────────────────────

공자가 문병 온 임금을 대하는 예절에 공경심이 넘친다. 형병에 따르면, 옛날에 병자는 북쪽 창 아래에 침상을 두고 거처했는데, 임금이 문병을 온다고 해서 임시로 남쪽 창 아래로 침상을 옮기고, 머리를 동쪽으로 하고 누움으로써 임금으로 하여금 남면南面하고 병자를 볼 수 있도록 한 것이다. 옛날 사람들의 의식 속에서 북쪽은 군왕의 자리이고, 남쪽은 신하의 자리였다. 그런 만큼 평소 누구보다도 예법을 중시했던 공자인지라 아무리 와병 중이라 해도 임금을 높은 자리로 모시고, 신하가 낮은 자리에 처하는 예를 행함에는 한 치의 소홀함이 없었던 것이다. 한편 동쪽은 광명光明의 방향이기 때문에 '동수東首'하여 밝음과 빛을 추구한 것으로 이해된다.

그리고 임금을 뵐 때는 마땅히 의관을 정제해야 하나, 병상에 누워 있는 관계로 공자가 부득이 덮고 있는 이불 위에 "조복을 펼쳐 놓은 다음, 다시 그 위에 허리띠를 걸쳐 놓으셨다"는 것은 그야말로 임금에 대한 공경의 마음과 예를 표하기 위해 최선을 다한 것이다.

624

10-20

임금님이 만나고자 부르면, 마차 채비를 기다리지 아니하고 서둘러
집을 나서셨다.

君命召,¹ 不俟駕²行³矣.
군 명 소　 불 사 가 행 의

주석

1 命召(명소): (임금이) 명령을 하달해 (공자를) 불러서 만나고자 함.
2 不俟駕(불사가): 마차를 채비하기를 기다리지 않음. '사'는 기다림. '가'는 말(馬)에
　　다 수레를 메움.
3 行(행): 여기서는 걸어간다는 뜻이 아니라, 출발한다는 뜻임.

해설

공자는 임금의 부름을 받으면, 말에 수레를 메울 겨를도 없이 서둘러
길을 나섰다. 임금의 명령을 받은 이상, 한시도 지체할 수 없다는 공자
의 마음은 신하로서 도리와 예를 다함에 추호의 소홀함이 없는 모습
이다. 물론 서둘러 길을 나섰지만, 황급히 채비를 마친 마차가 뒤쫓아
오면, 그제야 마차를 타고 더욱 걸음을 재촉했을 것이다.

10-21

태묘에 들어가셔서는 일일이 다 물으셨다.

入太廟, 每事問.
입 태 묘 매 사 문

공자가 태묘에서 겸양과 호학의 정신을 바탕으로 제례에 신중을 기하는 모습이다. 이 구절은 「팔일편」 15장에도 보인다.

10-22

벗이 죽었는데, 거두어 장례를 치러줄 사람이 없자 말씀하셨다. "일단 우리 집에 빈소를 차려라."

朋友死, 無所歸,¹ 曰: "於我殯.²"
붕 우 사 무 소 귀   왈   어 아 빈

주석 ─────────────────────────────

1 無所歸(무소귀): 죽은 사람의 시신과 혼백이 귀의歸依할 곳이 없음. 곧 망자에게 아예 친지가 없거나 너무 멀리 있어 제때에 장례를 치러줄 사람이 없음을 이름.
2 殯(빈): 빈소殯所를 차려 관을 안치安置함.

해설 ─────────────────────────────

문하의 제자를 비롯하여 평소 친교가 두터웠던 벗이 불의에 세상을 떠났지만, 고향 집이 멀다거나 다른 여러 이유로 장례를 주관할 가족 또는 친지가 없을 때, 공자는 일단 당신 집에 빈소를 차리게 했다. 사정에 따라서는 초빈草殯(부득이 장사를 속히 치르지 못할 때 일종의 가매장假埋葬을 하는 것을 이름)까지 할 수도 있고, 또 끝까지 아무도 나타나지 않으면 필시 당신께서 친히 묏자리를 보아 안장까지 해주기도 했을 것이다. 진실로 붕우의 정의情誼와 사제의 정의情義를 중히 여기는 인자의 모습이로다.

10-23

벗이 보내준 선물은 제사 고기가 아니면, 설령 수레나 말이라도 받을 때 절하지 않으셨다.

朋友之饋,¹ 雖車馬, 非祭肉, 不拜.
붕 우 지 궤　　수 거 마　　비 제 육　　불 배

주석 ─────────────────────────

1 饋(궤): 원뜻은 (음식이나 물건 따위를) 보냄을 이르나, 여기서는 다른 사람이 보내온 물품(선물)을 이름.

해설 ─────────────────────────

붕우 사이에서 중히 여기는 것은 의리이지 재리財利가 아니다. 공자가 수레와 말 같은 귀중한 선물도 그냥 받은 것은 그 때문이리라. 제사 지낸 고기를 받을 때 절한 것은 벗의 조상에 대한 공경의 마음이다.

10-24

주무실 때는 시체처럼 꼿꼿이 눕지 않으시고, 댁에서 계실 때는 손님처럼 생활 예절과 규범을 깍듯이 하지는 않으셨다.

寢不尸, 居不客.¹
침 불 시　거 불 객

주석

1 居不客(거불객): 집에 있을 때는 마치 손님으로 온 사람처럼 지나치게 예절을 지키려고 하지는 않음. '거'는 집에서 한거閑居함. '객'은 본디 '용容'으로 되어 있으나, 양보어쥔과 왕시위엔 등이 그랬듯이 『경전석문』과 『당석경』을 따라 고침. '객'과 '용'은 글자 모양이 비슷해 착오를 일으킬 소지가 큰데, 이른바 '용'은 의용儀容, 즉 의표儀表와 용모를 중시함이니, '불용不容'이라 함은 곧 몸가짐을 아무렇게나 했다는 뜻임. 하지만 이는 「술이편」에서 "공자께서는 댁에서 한가로이 지내실 때에도 풍모에 위엄이 있어 경외감을 불러일으켰고, 안색은 온화하고 편안하셨다"(7-4)고 한 것과 전혀 맞지 않는 모습이라 수긍하기 어려움.

해설

공자가 평소 잠자리에서 시체처럼 꼿꼿이 눕지 않음은, 어쩌면 수신修身이나 양생 방면에 일정한 고려와 조예를 반영한 것인지도 모른다. 또 안식의 터전인 집에 있을 때는, 마치 손님 행세를 하거나 손님 대접을 하듯이 예절 규범을 엄격히 하면 모두가 피곤할 테니 가능한 한 온화하고 편안한 분위기를 조성한 것으로 보인다.

10-25

상복 입은 사람을 만나면 아무리 친한 사이라도 반드시 낯빛을 바
꿔 동정同情을 보이시고, 의관衣冠을 정제한 사람과 눈먼 사람을 만나
면 아무리 가까운 사이라도 반드시 합당한 예모를 갖추셨다. 수레를
타고 가시다가 상복 입은 이를 만나면 수레 앞턱 가로목을 잡고 예를
표하시고, 나라의 지도와 호적 목판을 짊어지고 가는 이를 만나도 수
레 앞턱 가로목을 잡고 경의를 표하셨다. 풍성하게 잘 차린 음식을 대
접받으면, 반드시 낯빛을 바꾸고 일어나 사의謝意를 표하셨다. 갑작스
럽게 천둥이 치고 사납게 폭풍이 몰아치면, 반드시 몸가짐을 고쳐 하
늘에 경외의 뜻을 표하셨다.

見齊衰者,[1] 雖狎,[2] 必變.[3] 見冕者[4]與瞽者,[5] 雖褻,[6] 必以貌.[7] 凶服者[8]
견 재 최 자   수 압   필 변   견 면 자 여 고 자   수 설   필 이 모   흉 복 자
式[9]之. 式負版者.[10] 有盛饌,[11] 必變色而作.[12] 迅雷風烈,[13] 必變.
식 지 식 부 판 자   유 성 찬   필 변 색 이 작   신 뢰 풍 렬   필 변

주석

1 齊衰者(재최자): 상복을 입은 사람. 9-10 주석 1 참조.

2 狎(압): 압근狎近·친압親狎, 즉 허물없이 가까이함. 여기서는 곧 아주 친한 사이를
이름.

3 變(변): 낯빛과 용모를 바꾸어 동정(남의 어렵거나 불행한 처지를 자기 일처럼 딱하고 가
엾게 여김)의 마음을 표함을 이름.

4 冕者(면자): 면의상자冕衣裳者. 9-10 주석 2 참조.

5 瞽者(고자): 9-10 주석 3 참조.

6 褻(설): 집안에서 편하게 입는 편복便服(10-6 주석 3 참조) 또는 속옷. 여기서는 전
의되어 앞의 '압狎'과 같은 뜻을 나타냄.

7 貌(모): 용모. 여기서는 특히 공경과 동정 등의 합당한 예모를 두고 이름.

8 凶服者(흉복자): 상복을 입은 사람. '흉복'은 상복. 여기서는 동사로 쓰임.

9 式(식): 식軾과 같음. 수레 앞턱 횡목橫木(가로목), 즉 옛날에 사람이 잡을 수 있도록 수레 앞에 가로질러 세워 놓은 나무 막대기. 여기서는 동사로, 그 가로목에 의지하며 몸을 굽혀 예를 표함을 이름.

10 負版者(부판자): 나라의 지도와 호적 목판을 짊어지고 가는 사람. '판'은 목판木版에 새긴 나라의 강토疆土 지도와 백성의 호구戶口 기록 등 국가 경영의 핵심 자료를 말함.

11 盛饌(성찬): 풍성하게 잘 차린 음식.

12 作(작): (자리에서) 일어섬. 여기서는 일어나서 감사하는 뜻을 표함을 이름.

13 迅雷風烈(신뢰풍렬): '신뢰열풍迅雷烈風'의 도치. 갑작스런 우레(천둥)와 맹렬한 바람. 여기서는 동사로 쓰임.

해설

공자가 일상의 다양한 상황에 일일이 합당한 낯빛과 몸가짐과 마음가짐으로 예를 다함으로써 인심仁心을 표현하는 모습에 진정 유가의 성자다운 품이 넘친다.

10-26

수레에 오를 때에는 반드시 바로 서서 손잡이 끈을 꼭 잡고 오르셨다. 수레에 타서는 수레 안쪽으로 뒤돌아보지 않으시고, 말을 빨리 하지 않으시며, 이리저리 친히 손가락으로 가리켜 보이지 않으셨다.

升車, 必正立, 執綏.[1] 車中, 不內顧[2] 不疾言,[3] 不親指.[4]
승거 필정립 집수   거중 불내고 부질언 불친지

1 綏(수): 손잡이 끈. 곧 수레를 오르내릴 때나 수레 위에 설 때 잡는 끈을 말함.

2 內顧(내고): (앞을 향하여 수레를 타고 가던 중에) 뒤쪽의 수레 내부를 돌아봄을 이름.

3 疾言(질언): 말을 빨리 함. '질'은 빠름. 일설에는 말을 크게 함을 이른다고 하나, 적절치 않음.

4 親指(친지): 친히 이리저리 뭔가를 손가락으로 가리키며 알려줌. '지'는 지점指點, 즉 손가락으로 가리켜 보임.

해설

공자가 수레를 탈 때나 탄 이후의 일거일동은 기본적으로 예절과 안전에 유의하고 있음을 보여준다.

10-27

사람들의 기색이 심상치 않자, 꿩들이 갑자기 날아올라 빙빙 돌며 날다가 다시 한곳에 내려앉았다. 공자께서 말씀하셨다. "산골짝 개울 다리 위의 까투리가 때를 참 잘 아는구나, 때를 참 잘 알아!" 자로가 꿩들을 향해서 두 손을 마주잡고 예를 표하자, 몇 번 힘차게 날개를 치더니 날아가버렸다.

色斯擧¹矣, 翔²而後集.³ 曰⁴: "山梁⁵雌雉,⁶ 時哉時哉⁷!" 子路共⁸之,
색 사 거   의   상 이 후 집   왈   산 량 자 치   시 재 시 재   자 로 공 지
三嗅而作.⁹
삼 후 이 작

1 色斯擧(색사거): 주자는 이를 새가 사람의 안색이 좋지 않음을 보고 즉각 날아가 버린 것을 말한다고 함. 유보남 역시 주자와 같은 뜻으로 풀이함. '색'은 안색, 기색. 일설에는 '위危' 자의 잘못으로, 글꼴이 유사해 빚어진 오류라고 하나, 확실치 않아 따르기 어려움. '사'는 즉則과 같음. '거'는 (새가) 낢, 날아오름.

2 翔(상): 날개를 펴고 빙빙 돌며 낢.

3 集(집): 『설문해자』에 따르면, 이는 여러 마리 새들이 한 나무 위에 모여 앉아 쉼을 이름. 왕시위엔은 이상의 "色斯(색사)…" 2구는 고시古詩의 일구逸句, 즉 한 편의 시로 온전히 전하지 못하고 낱낱으로 흩어져 전해진 시구일 가능성이 있다고 함.

4 曰(왈): 여기서는 '자왈子曰'과 같음. 곧 공자가 말한 것임.

5 山梁(산량): 산골짜기 사이에 놓인 다리. '량'은 교량橋梁, 다리.

6 雌雉(자치): 암꿩, 즉 까투리. 수꿩은 장끼라고 함.

7 時哉時哉(시재시재): 이는 공자가, 꿩들이 그때그때의 형세를 잘 살펴 날아올라야 하면 날아오르고, 내려앉을 만하면 내려앉으며 일거일동을 모두 능히 각각의 때에 잘 맞춰 하는 것을 찬탄한 말임. 자로가 예를 표한 것도 바로 그 때문임.

8 共(공): 공拱과 같음. 「위정편」 "중성공지衆星共之"(2-1)의 '공'과도 일맥상통함. 여기서는 공수拱手, 즉 두 손을 맞잡고 예를 표함을 이름.

9 三嗅而作(삼후이작): 몇 번 날개를 치더니 날아감. '삼'은 꼭 세 번이라기보다는 여러 번을 말함. '후'(냄새를 맡음)는 역대 다수의 주석가들이 지적한 대로, '격臭'의 오자誤字일 가능성이 높음. '격'은 새가 날개를 편다는 뜻으로, 곧 날개를 치며 날아오르려고 함을 이름. '작'은 일어남. 곧 날아감.

이 장은 예로부터 일련의 상이한 풀이를 낳을 정도로 이해에 어려움이 있다. 이에 주자도 "이 장에는 분명히 궐문闕文이 있기 때문에 무리하게 풀이해서는 아니 되며, 우선 들은 바를 기록하면서, 장차 이 장에 대해 잘 아는 사람이 나타나기를 기다릴 뿐이다(此必有闕文, 不可强爲

之說. 姑記所聞, 以俟知者)"라고 했다. 예컨대 마지막 두 구를 흔히 '까투리를 잡아서 (요리를 해) 바치자, 세 번 냄새를 맡고 일어나셨다'라고 옮기는데, 뭔가 억지스러운 감을 지울 수가 없으니, 그야말로 '무리한 풀이'가 아닐 수 없다.

아무튼 역자의 풀이는 왕시위엔의 견해에 근거하는데, 이 같은 이해가 그래도 가장 무난하다는 생각이 든다. 요컨대 여기서 공자는 새들이 시세時勢를 잘 살펴 날아오르거나 내려앉는 것을 보고, 사람도 그와 같이 진퇴와 거취去就를 시의에 맞게 할 줄 알아야 함을 일깨운 것이다.

참고 문헌

『논어』를 역주 해설하면서 직·간접적으로 참고하며 특히 많은 도움을 받은 문헌은 아래와 같다.(중국인의 이름은 편의상 청대 이전 사람은 한글 독음으로, 현대인은 중국어 독음으로 표기함)

고대 중국

위魏 하안何晏, 『논어집해論語集解』―『집해集解』(약칭, 필요한 경우 아래의 책들도 같은 방식으로 줄여 일컬음) •이는 정현鄭玄을 비롯해 공안국孔安國·포함包咸·주위周威·마융馬融·진군陳群·왕숙王肅·주생열周生烈 등 한漢·위대魏代 여러 명가名家의 고주古注를 집대성한, 현존 최고最古의 주석본임.

양梁 황간皇侃, 『논어집해의소論語集解義疏』―『의소義疏』

북송北宋 형병邢昺, 『논어주소해경論語註疏解經』―『주소註疏』

남송南宋 주자朱子, 『논어집주論語集註』―『집주集註』, 『사서혹문四書或問』―『혹문或問』, 『주자어류朱子語類』―『어류語類』

명明 호광胡廣 외外, 『논어집주대전論語集註大全』―『대전大全』

　　장거정張居正, 『논어별재論語別裁』―『별재別裁』

청淸 유보남劉寶楠, 『논어정의論語正義』―『정의正義』

　　모기령毛奇齡, 『논어잉언論語賸言』

　　황식삼黃式三, 『논어후안論語後案』

현대 중국

샤오민위엔蕭民元, 『논어변혹論語辨惑』―『변혹辨惑』

안드어이安德義,『논어해독論語解讀』

양보어쥔楊伯峻,『논어역주論語譯注』—『역주譯注』

양쑤다楊樹達,『논어소증論語疏證』

우신청吳新成,『논어이독論語易讀』

우크어창吳克强·장슈에센張學賢·마오싸이춘毛賽春,『논어열독여감상論語閱讀與 鑑賞』

자오싱건趙杏根,『논어신해論語新解』—『조해趙解』

청스취엔程石泉,『논어독훈論語讀訓』

청쑤드어程樹德,『논어집석論語集釋』—『집석集釋』

첸무錢穆,『논어신해論語新解』—『신해新解』

한국 · 대만 · 일본

한국 조선: 다산茶山 정약용丁若鏞,『논어고금주論語古今註』—『고금주古今註』

타이완臺灣: 왕시위엔王熙元,『논어통석論語通釋』—『통석通釋』

일본 메이지明治시대: 다케조에 고코竹添光鴻,『논어회전論語會箋』—『회전會箋』

이 밖에도 국내외의 많은 『논어』 역주본과 『상서尙書』, 『주역周易』, 『예기禮記』, 『대학大學』, 『중용中庸』, 『효경孝經』, 『순자荀子』, 『사기史記』, 『정관정요貞觀政要』, 왕충王充의 『논형論衡』, 허신許愼의 『설문해자說文解字』, 육덕명陸德明의 『경전석문經典釋文』, 왕염손王念孫의 『광아소증廣雅疏證』, 왕인지王引之의 『경전석사經傳釋詞』·『경의술문經義述聞』, 송상봉宋翔鳳의 『박학재찰기樸學齋札記』, 전조망全祖望의 『경사문답經史問答』을 비롯한 다수의 고금 전적典籍을 직·간접적으로 참고했다.

옮긴이 **박삼수**

경북 예천에서 태어났다. 경북대학교, 타이완대학교, 성균관대학교에서 각각 중문학 학사, 석사, 박사학위를 받았다. 울산대학교 중문학과 교수와 출판부 장, 미국 메릴랜드대학교 동아시아언어학과 방문교수, 중국 산동사범대학교 대학원 교외 논문 지도교수를 거쳤으며, 현재 울산대학교 명예교수로 있다. 옮긴 책으로는 《논어》(상·하), 《대학·중용》, 《노자》, 《장자》, 《손자병법》, 《맹자》(이상 문예출판사), 《주역》(현암사), 《왕유 시전집》(지만지), 《맹자의 왕도주의》(울산대학교출판부) 등이 있으며, 지은 책으로는 《공자와 논어, 얼마나 바르게 알고 있는가?》(지혜의바다), 《논어 읽기》(세창미디어), 《당시의 거장 왕유의 시세계》, 《고문진보의 이해와 감상》(이상 울산대학교출판부), 《동양의 고전을 읽는다 3》(공저, 휴머니스트) 등이 있다.

이메일 sspark@ulsan.ac.kr

쉽고 바르게 읽는 고전

논어 상

1판 1쇄 발행 2021년 6월 30일
1판 2쇄 발행 2024년 11월 30일

지은이 공자
옮긴이 박삼수
펴낸곳 (주)문예출판사 | 펴낸이 전준배
출판등록 2004. 02. 11. 제 2013-000357호 (1966. 12. 2. 제 1-134호)
주소 04001 서울시 마포구 월드컵북로 21
전화 393-5681 | 팩스 393-5685
홈페이지 www.moonye.com | 블로그 blog.naver.com/imoonye
페이스북 www.facebook.com/moonyepublishing | 이메일 info@moonye.com

ISBN 978-89-310-2215-5
ISBN 978-89-310-2214-8 (04150) 세트